騎乘鐵公雞

搭火車橫越中國

Paul Theroux

保羅・索魯

徐麗松 譯

RIDING THE IRON ROOSTER

By train through China

蘇
聯
貝加爾湖
烏蘭烏德
黑
龍
江
伯力(哈巴羅夫斯克)
滿州里
黑龍江省
烏蘭巴托
朗鄉
哈爾濱
滿
州
吉林省
長春
海參崴
二連
瀋陽
撫順
遼寧省
北韓
萬里長城
呼和浩特
包頭
秦皇島
北京
黃
大同
大連
天津
渤海
南韓
煙台
太原
日本
山西省
濟南
青島
山東省
國
西安
鄭州
黃　海
陝西省
南京
常州
合肥
上海
東　海
武漢
杭州
江
金華
浙江省
韶山
長沙
株州
湖南省
陽
福建省
台北
桂林
廈門
金門
西省
廣東省
台灣
廣州
香港
南　海

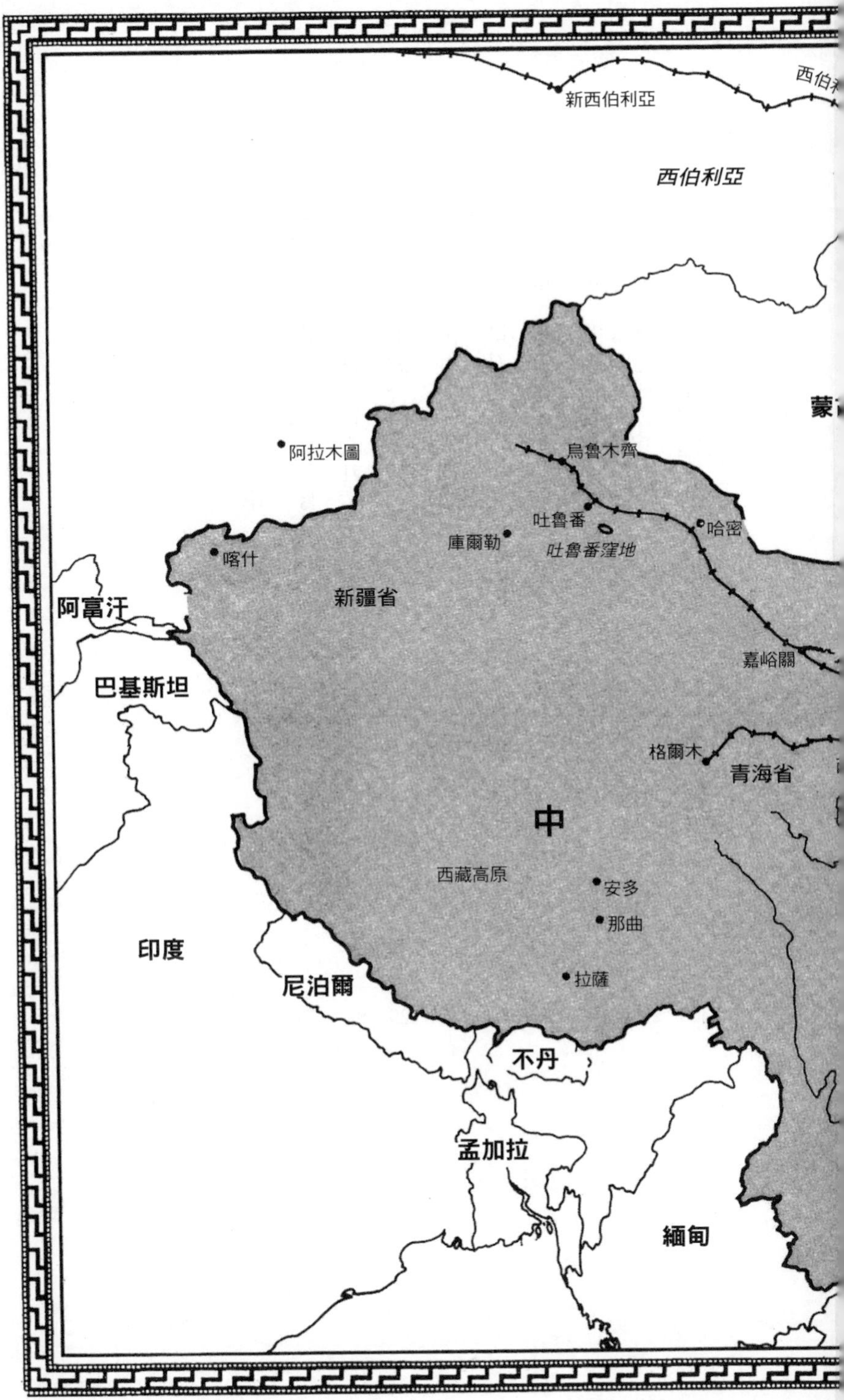

新西伯利亞
西伯利亞
阿拉木圖
烏魯木齊
吐魯番
哈密
庫爾勒
吐魯番窪地
喀什
新疆省
阿富汗
巴基斯坦
嘉峪關
格爾木
青海省
中
西藏高原
安多
那曲
拉薩
印度
尼泊爾
不丹
孟加拉
緬甸

目次

第一章　開往蒙古的列車

中國大得令人匪夷所思，它幾乎是一整個世界，而不只是一個國家。從前的中國人會用「天下」或「四海」的概念指稱中國。現在世界各地的人會到那裡購物，或因為有一個星期的假期及買張來回機票的閒錢而到那裡走看一番。我之所以決定去，則是因為我有一年的時間。我聽說中國人認為「老外最好騙」，於是我把這句話當成一個對自己的挑戰。我的第一個目標是經由陸路抵達中國，然後我打算在那片土地上待一陣子，繼續透過陸路行遍「天下」。

鐵路似乎是個完美解決方案。適逢我人在倫敦，而搭火車是從倫敦前往北京的絕佳方式。我所讀過的每一篇關於旅行中國的現代敘事，似乎都提到旅人因為時差這個因素——疲倦和失眠的不幸結合——而傷了元氣。「我們在那裡覺得很累」，這是到中國旅行的人、那些瞠目結舌的觀光客或大肆蒐羅廉價品的購物客們，經常掛在嘴邊的一句話。疲倦使人想坐下來休息，但在一個所有人都生龍活虎的國家，這種渴望會讓人對自己感到非常惱火。這不正是中國人的最大特色——無時無刻不在奔忙？即使在走過五千年連續不斷的文明以後，他們依舊走個不停。而中國歷史教給我們的重要事情之一就是：他們從不知道什麼時候該停下腳步。

我見過一九八〇年冬天的中國。那時它看起來黯淡無光、了無生氣，到處是剪裁鬆垮的藍色毛式中山裝、不具說服力的紅旗標語。如果你跟別人說「這些人在冰天雪地裡實在不應該只穿一雙棉布拖鞋」，對方會告訴你，他們已經很幸運了，從前可是沒鞋可穿、打著赤腳走路呢！煤灰和沙塵使整個國家呈現一片暗褐色澤，樹木非常稀少。我去賞鳥，結果只看到烏鴉、麻雀和一種看起來像飛鼠的髒鴿子。比較稀奇的鳥類都被中國人吞進肚子裡去了。

然後那中國人會指著濛濛細雨中一條泥濘巷道盡頭正在冒煙的工廠，那裡的工人們正彎腰駝背地拉著裝滿生鐵的木造推車。接著他會說：「從前這裡都是些娼妓、壞份子、賭博活動、刺眼的燈光和糜爛的舞廳。」他的口氣彷彿在說，那些輕佻、罪惡的東西都已經消失，我們應該覺得高興，而且應該對那些工廠感到讚嘆；但我只是嘆了一口氣。我看到的是年輕女孩在工廠裡耗費青春，在木造織布機上弄傷自己的漂亮手指，或為了製作精細的桂花針刺繡而毀了視力。一份中國官方統計資料顯示，中國境內有七千萬幅毛主席像掛在牆上。人民說到他的名字時，會把音量壓得很低。他們工作過勞、飽受煎熬，卻說「由於偉大無產階級文化大革命的成功……」，然後他們端來令我看了目瞪口呆的餐食。

美國人從中國回來以後會說：「他們有針灸！那裡沒有蒼蠅！不必給小費！他們會把你用過的刮鬍刀片還給你！他們工作簡直是做牛做馬！他們吃貓肉！他們超愛嬉鬧！」美國人甚至會稱讚毛主席，卻不知道其實很多中國人私底下非常厭惡他。

不過那些都已經是過去的事了，家兄尤金告訴我，他說如果我不趕快去看看，那就太傻了。中國已經有了不一樣的面貌，而且每天都在繼續改變。他很清楚自己在說什麼：從一九七二年開始，他已經到過中國一百零九次，他的身分是律師，也就是新時代的「大班」（編註：taipan，指十九世紀到二十世紀初中國大陸或香港的外國商人）。這次我計畫在春天的時候去。我不斷告訴自己：看看新的人、新的景象；換個新鮮空氣，享受當無名氏的樂趣。做這件事有兩種方式：一個是英國詩人兼小說家菲利浦・拉金（Philip Larkin，一九二二～一九八五）的方式，他曾說：「如果我可以當天往返，我倒不介意到中國看一下。」另一個方式則是全面洗禮。

我的想法是從倫敦上火車，經過巴黎，繼續往德國和波蘭前進，也許在莫斯科停留，轉搭西伯利亞火車，在伊爾庫次克下車，換乘蒙古列車，並在烏蘭巴托度過勞動節。基本上，我到中國要走的路線就是搭火車到蒙古，慢慢跨越亞洲大陸的遼闊額頭，然後南下進入它的其中一隻眼睛：北京。

☆

我心想，用這種方式到蒙古應該很輕鬆愉快，而且應該可以為我帶來成就感。我可以讀點書，做些筆記，定時用餐，欣賞窗外風景。我想像自己在臥鋪車廂裡看《孽海癡魂》[1]，聽火車汽笛聲在大草原上迴響，然後一邊想著，很快就會到了，一邊把毯子拉到下巴位置昏昏睡去。幾天後我拉開窗簾，會看到一頭犛牛站在無邊無際的褐色沙地上，然後我就知道那是戈壁沙漠。火車再開一天，風景會變得翠綠，很多人會站在稻田裡，頭上戴著形狀像燈罩的帽子，膝蓋以下都陷在泥水中。總之就是這類情景，然後我會走下火車，正式踏上中國土地。

事情並沒有這麼簡單。事情從來不會這麼簡單，所以就有了解釋的必要——用一整本書解釋。我的預想錯誤其實是我運氣好：先把事情搞錯，正是綺麗旅行故事的精髓所在。我原本以為到中國最簡單的方法是搭八種不同火車從倫敦到中國邊境，結果卻成了出乎意料、怪事連連的過程。有時

1 譯註：*Elmer Gantry*，美國首位諾貝爾文學獎得主辛克萊・路易斯（Sinclair Lewis，一八八五～一九五一）於一九二六年創作的小說。

感覺上是真的在旅行，充滿奇異的發現及旅行時特有的滿足感；但我更常覺得自己彷彿在倫敦一角沒踩穩，結果摔下一道長長的樓梯，可能是某位超現實畫家設計的那種不會結束的樓梯，然後我一直往下摔，碰碰碰，摔過轉彎的平台，繼續往下摔，碰碰碰，直到摔過大半個地球。

我不是一個人旅行，而或許原因正在此。我在倫敦加入一個二十多人的旅行團，老老少少都有。我心想，我要當個隱形人，只要混進那群人裡就好。然後我們出發，一邊安靜地聊天一邊微笑，看著雨雪打在車窗上。我對參加旅行團經驗缺缺，所以不清楚一些最基本的道理——英國人參加旅行團是為了省錢，而像凱斯卡特賢伉儷那種上了年紀的夫妻檔會心滿意足地說：「去年我們經由陸路去印度，實在太好玩了，而且我們在伊朗的時候，還會在車子後面泡茶喔。」我也不知道英國年輕人參加旅行團的目的，是要買廉價伏特加到布拉次克水壩[2]之類的地方喝個酩酊大醉，東歐則因為去了一堆伯明罕的護士而引起一陣喧囂騷動。

美國人參加這種團是為了交朋友，他們會不厭其煩地把之前到別的地方旅行的照片秀給我看。「戴草帽的是聖地牙哥來的華特謬爾夫妻，他們人都很好。我們現在還會收到他們的耶誕節賀卡。這是去加拉巴哥群島觀賞自然生態的照片。他們現在都抱孫子嘍。那是他們的兒子里奇，他在半導體業可是個重量級人物呢。」

美國人參加這種團還有一個目的：買東西。買東西似乎是這種人旅行的唯一重點。老實說，我真的從來不知道這件事。感覺起來那是個不錯的理由，至少比到俄羅斯喝個爛醉好多了。然後還有澳洲人，妙的是，無論你在世界上哪個角落碰到澳洲人，他們看起來總是一副正要回國的模樣。

另一件關於觀光團我以前不知道的事是，這種旅行毫無隱私可言。大夥兒幾乎從一出發就開始交換名字和個人資訊，如果你忘了他們的名字，他們還會一直提醒你。團員主要都是一些夫妻檔：

凱斯卡特夫妻、史坤斯夫妻、溫克爾夫妻（男的叫西瑞爾，女的叫蟲蟲）、韋斯貝特夫妻、維特里克夫妻、戈爾尼夫妻等等。其次是一些單身的人：薇兒瑪・沛利克，莫利斯・黎斯特和他的朋友「踢克」，一個上了年紀、自稱「瞎眼鮑勃」的加州人，一個面帶微笑、名叫艾胥理・瑞爾夫的倫敦東區佬，還有一個男的只說自己叫摩特荷。這些單身者看起來都有點傷心寂寞、缺乏自信，同時又顯得有點太急切。另外有個年紀不小的維爾奇小姐，她煞有介事地強調自己來自愛丁堡的「莫寧賽德區」。我們的領隊是諾爾斯先生，但要叫他克里斯，而我叫保羅。這些人都偏愛名字，從來沒人問我的姓氏。

在倫敦，艾胥理・瑞爾夫說他超盼望去香港的，然後他眨了個眼低聲說道：「聽說在香港有個地方，你可以請人做個跟自己那話兒一模一樣的乳膠屌，是中國人經營的地方，要價差不多五英鎊。」

莫利斯・黎斯特來自亞利桑那州，這次他是跟先前從軍時的死黨踢克一起旅行。踢克是個大嗓門，他堅持大家要用「踢克」這個奇特的綽號叫他；他打過仗，腦袋瓜裡的一塊金屬板是那段經歷的見證。莫利斯和踢克身穿互相搭配的外套和鞋子，頭上戴的是同一款防垮帽。這兩位美國退伍軍人年紀都六十好幾快七十了，雖然脾氣不怎麼好，但對所有事情倒是口徑一致。我感覺他們倆真像一對鴛鴦，已經走進某種類似婚姻的深刻境界。

踢克說：「之前我從沒到過歐洲，很不可思議吧？我當了二十二年的美國水兵，竟然沒看過歐

2 譯註：布拉次克水壩位於西伯利亞伊爾庫次克附近的安格拉河上，設在那裡的發電廠在一九六七年啟用後的四年間是全球第一大電廠。

洲。不過我去了中國，那是一九四六年的事。青島。」

他的牙齒彎彎的，笑起來有股凶狠的味道。我問他到歐洲最想做什麼。

「看看蒙娜麗莎，」他回道，「還要喝當地的啤酒。」

「聽說中國乾淨得一塵不染。」黎克・韋斯貝特說。

維爾奇小姐說：「我倒聽說那裡髒得很。」

為了讓她開心，黎克說：「倫敦倒是很乾淨！」

「哪有啊，倫敦髒亂不堪！」維爾奇小姐說完又提醒他，她來自愛丁堡。

「我們覺得倫敦挺乾淨的。」黎克邊說邊握著太太的手。韋斯貝特太太名叫蜜莉，六十三歲，腳上穿了一雙田徑鞋。他們是那種典型的老夫老妻，總是握著對方的手，不過很難知道到底那是因為他們真的幸福美滿，還是為了表達對外在的抗拒。

「你們當然會覺得倫敦乾淨，」維爾奇小姐說，「美國人的標準比我們低。」

來自澳洲西部的貝拉・史坤斯用一種聽起來懶洋洋的拉長口音說：「維爾奇小姐呀，你這次打算跟團到什麼地方呀？」

「香港。」這位老淑女回道。

然後大家心想，連續六個星期、一萬六千公里的路上都得忍受這個。老天哪！

至少我是這麼想的。

☆

史坤斯夫婦來自澳洲大陸另一邊的伯斯。太太貝拉習慣把伯斯到卡爾古利[3]的距離當作單位，藉以衡量每個地方的距離。倫敦到巴黎的距離相當於伯斯—卡爾古利來回；到柏林的路程等於「到卡爾古利，然後回伯斯，然後再回到卡爾古利」；莫斯科相當於到卡爾古利七趟。有一次我聽到她一邊喃喃自語一邊設法計算到西伯利亞伊爾庫次克的距離，最後我又聽到那句：「然後再回到卡爾古利。」

那年四月間一個下雨的星期六，我們一行人從倫敦維多利亞車站出發時，貝拉跟她先生傑克說：「沒有到卡爾古利那麼遠。」她是指到福克斯通[4]的距離。

我們的早餐是在格羅夫納旅館吃的。美國人坐在一起，澳洲人坐另一桌，英國人坐了兩桌，三位老先生則獨自坐著安靜地用餐。還有一桌比較冷清，只坐了一對一身健行裝束的男女，裝備有大背包、單肩包和相機。我邊吃早餐邊想：是不是有什麼問題？有個老先生在盯著我看，他直視我的模樣令我渾身不自在。不過後來我發現他戴的眼鏡鏡片很厚，所以他可能並不是在盯著我看，只是在透過鏡片努力觀看周遭，就像下雨天時人們隔著朦朧的玻璃設法往外看一樣。

上了火車以後，我坐在老先生旁邊。他說：「這趟旅行對我而言，意義重大。我的眼科醫師跟我說我的眼睛快瞎了，如果我想在瞎掉之前做點什麼事，最好趁今年趕快去做，所以我決定到中國看看。相信我，我一定會努力把眼睛張大。我估量著，這可是我最後的機會呢，非得好好享受一番不可。」

---

3 譯註：Kalgoorlie，澳洲西南部的礦業城市，距離伯斯約六百公里。

4 譯註：Folkestone，英國東南海岸港都，原為通往歐洲大陸的海運重鎮，但一九九四年英法海底隧道開通後，其重要性已大幅降低。

然後他告訴我，他的綽號叫「瞎眼鮑勃」，來自加州的巴爾斯托。我環視車廂內的情景時，才發現我是跟一大群人一起走這趟行程，這些人我完全不認識。我只能透過他們的臉孔初步認識他們，而臉孔可以告訴我們很多事，至少他們那些臉是如此。眼前的情景令我憂心忡忡。

他們凝視著車窗外的房屋往後退去，那些房屋也回首凝視著他們離去。搭火車旅行有一點令人約略覺得困惑不安的是，通常鐵路沿線第一排的房子都是背朝旅客，所以我們看到的盡是後門、排水管、廚房、洗好掛著晾乾的衣服。不過，這些其實比美侖美奐的前門和整齊乾淨的草坪更具表述力。倫敦郊區之所以讓人感覺沮喪，不是因為它看起來破陋凌亂，而是因為它也帶有某種永恆的意象，彷彿人必須永遠那樣生活。從後面窺見房子裡的生活情景其實也讓人感到寬心：某個男子在重新裝修浴室，某個婦人在餵貓咪吃東西，某個女孩在樓上房間裡梳頭，某個老太太埋首閱讀《每日快報》。當我們搭火車穿梭過這些活生生的場景時，如果我們不誠心祝福那些人都平安快樂，還真說不過去。他們並不知道自己正被別人審視著。鐵路是一種非常弔詭的東西，火車上的旅客可以看到房子裡的人，可是那些人卻無法真正看到火車上的人。

火車在福克斯通開上渡輪，橫越英吉利海峽。莫利斯和踢克憑弔著聯軍反攻、諾曼第登陸的情景，說起當時美軍首當其衝，死傷何其慘烈。

灰暗如鉛的海水拍打著渡輪。從東北方吹來的冷風在我們下船後一樣無情地吹過碼頭，我們一個跟著一個走進海關，遞上護照受檢，行李也被打開來檢查。

在法國這邊的布隆車站時，旅行團的人紛紛喊著「全員上車！全員上車！」，製造點歡樂氣氛。我身邊剛好出現一名身材肥胖的英國女子，頭髮全掉光了，手上戴著露指手套，她說她打算移民到紐西蘭。她名叫薇兒瑪．沛利克，年紀差不多三十二歲，她告訴我，她剛丟了工作。她看起來有點傷感，我才剛開始對她頭髮掉光這件事覺得同情，她已經湊過頭來問：「你在寫什麼？」

開往巴黎的火車啟動時，自稱摩特荷那位男士說：「大家可能覺得很好奇，剛才我到底在調車場上搞什麼飛機。」

並沒有人覺得好奇，事實上根本沒有人看到他。還有，摩特荷所謂的「大家」是指誰？

「我是在撿石頭，」他說，「我到每個國家都要撿石頭。其實在很多地方這麼做是不合法的，比方說南極。可是我還是從南極偷偷帶了一些石頭回家。要是被抓到的話，我得去坐牢的。我在每個地方都撿了石頭。加拿大，俄亥俄州，倫敦。每顆石頭都跟高爾夫球差不多大，撿了好幾百顆。我覺得我上輩子應該是個地質學家。」

我在《孽海癡魂》中看到這麼一段：

> 在〔壁爐〕的大石塊之間散布著形形色色的小石頭，粉紅色、褐色、土色，都是教區主教先生從世界各地撿回來的。主教帶你參觀房間時會得意洋洋地說，這顆石頭來自約旦的海岸，這顆是中國萬里長城的一小部分……

那天早上吹過英吉利海峽的東北風把一陣雪吹到北法，皮卡第地區成為一片凌亂的銀白。四月雪！薄薄的白雪覆蓋山丘，彷彿長長的白色床單被撕爛後披上了大地，泥土則像黑色條紋般從中顯露而出。這一切使原本單調乏味的地景變得像惡劣天候中的新澤西州那般充滿戲劇性，房屋、籬笆都被凸顯出來，本身毫無特色的村落頓時充滿立體派畫作的美感。每個小地方都化身成一幅冰凍的黑白肖像。

我總認為這些鐵路線似乎需要來點變化。太多人已經見過這些山丘和村莊，感覺上它們彷彿已經被他人觀看的目光磨損得毫無特色。中國吸引我之處在於，經過長期對外封鎖，現在連最老套的刻板印象——佛塔，都會顯得新鮮有趣；而在遙遠的新疆，旅行者可能覺得自己是馬可波羅再世，因為已經那麼多年外國人無法踏進那裡一步。但這片旅客熙來攘往的北法地區，早已被觀光客和火車乘客用眼睛磨去新意：繁忙鐵道的沿線風景總帶著某種被全面簡化的樣貌，彷彿再觀看下去，有朝一日風景就會完全消失。

團員們還在忙著互相認識，他們也免不了問我一堆問題：我是哪裡人？做什麼工作？結婚了嗎？有沒有小孩？為什麼參加這趟旅行？擱在我大腿上的是什麼書？我在巴黎有什麼計畫？是第一次去中國嗎？

我叫保羅，目前無業。我閃爍其詞——波特萊爾是怎麼說的來著？——「真正的旅人是那些為出發而出發的人。」某種不太確定為什麼的狀態，只是一直說著「上路！」[5]來到北法城市亞眠看起來了無生機的郊區，這種感覺不免顯得格外恰當。

我打算用我曾經聽過的一句話回答這些問題。有一次，在倫敦的一場晚宴上，我聽到一名男子這麼回答一位女士囉哩八嗦的問題：

「不必問了，」他語氣柔和地說，「我沒有什麼有趣的事可以告訴你。我把自己的人生都糟蹋掉了。」

我之所以沒說出這句話，是因為那件事其實是個悲傷的回憶，因為在那場晚宴之後半年，那男子自殺了。我覺得如果我把他的話搬出來重複，既不吉利，更對他有所不敬。

那位自稱瞎眼鮑勃模樣傷感的老先生，把手伸進旅行袋裡摸索——他的視力真的很糟，差不多得把鼻子貼在搭扣上往裡頭看——然後拿出兩捲衛生紙。

大家問他帶那玩意兒要做什麼，該不是要在歐洲地區用的吧？

「是要帶去中國的。」他說。

我決定不要告訴他一件事：偉大漢學家李約瑟（Joseph Needham，一九〇〇～一九九五）教授已經證明衛生紙是中國人發明的。十四世紀時，中國人就已經幫皇室宮廷製造邊長約八公分左右的芳香衛生紙，其他人則是用身邊任何找得到的紙張。但有些中國人知道怎麼「畫清界線」，例如六世紀時的學者顏之推就在《顏氏家訓》中寫道：「其故紙有五經詞義，及賢達姓名，不敢穢用也。」

艾胥理．瑞爾夫說：「他居然帶茅廁紙到中國！」

凱斯卡特先生說：「我認為中國人知道什麼是衛生紙。」

「他們當然知道，很多人一定都知道，但是他們到底有沒有這個東西，這就成問題了。我打賭西伯利亞火車上不會有這玩意兒，至於蒙古會不會有，大家應該心裡有數，對吧？」

瞎眼鮑勃這麼一說，沒有人敢再揶揄他了。一想到在越過亞洲大陸的旅途上可能沒有任何衛生紙，大家的心都慌了起來；他的意見表述造成車廂內一陣沉默思索。

抵達巴黎，一輛巴士來接我們，把我們載到旅館。那是在第十四區接近一條地鐵線末端的地方，看起來跟芝加哥或南波士頓的郊區沒有明顯不同，主要都是一些二次大戰後興建的住宅大樓，只不過原本粉刷得亮麗清爽的外牆已經變灰了。這種大樓實在太多，而且蓋得相當密集，於是大家不禁畫起問號：這裡是巴黎嗎？這是法國嗎？艾菲爾鐵塔在哪？巴黎市中心被維護得宛如一個藝術

---

5 譯註：「上路！」（法文：Allons）這個詞句也經常出現在另一位不凡旅人、象徵主義詩人韓波的詩作中。

巨作，但像這樣的郊區卻單調而難看。聖雅各地鐵站周邊高懸的窗戶和灰暗的人行道，似乎是為了引人跳樓自殺而打造。

然後有人告訴我（「很有趣喔！」），劇作家薩繆爾・貝克特[6]曾經生活在其中一棟大樓裡，而且一住就是好多年；他就是在那裡寫出那些描述人類存在如何毫無意義、多麼悽慘不幸的故事和劇本。我心想：難怪！那人還說，當年貝克特經常在早晨下樓走到我們下榻的聖雅各旅館喝咖啡。這家旅館看起來相當新穎，有點類似美國各地機場周邊那種孤獨寂寞的旅館，旅客到那裡過夜只是因為他們別無選擇。貝克特到這家旅館來，難道是出自樂趣？

我在街頭閒晃，溜進咖啡館探看，心裡默禱著貝克特會出現，結果只落得一場空。不過這倒讓人上了一課。當人們拜讀《貝克特在巴黎的異鄉生活》，他們並不知道他是住在聖雅各大道三十八號五樓的一間狹小公寓裡。在這種高聳而沉悶的大樓裡，居民天天守候在電視機前等待果陀。而這一切距離巴黎歷史中心區、距離左岸和那些著名博物館，只有十個地鐵站左右。

我們參觀了以展示印象派畫作聞名的網球場美術館。我流連在隊伍後方，聽著導覽解說，端詳那些作品。

在一間陳設了許多希斯里[7]作品的展覽廳裡，理查・凱斯卡特說：「這些我都不喜歡。」

我們經過莫內的《盧昂大教堂》系列，這些作品呈現淺藍、淺紫、粉紅色彩。

「這種畫如果讓我拿回家，我可就樂了。」維特里克太太說。戈爾尼夫婦也認同這個想法，他們說他們很想把那些畫都裝上貨車運回塔斯馬尼亞，只是這麼做的話一定會被抓起來！

至於亨利・盧梭[8]的《戰爭：不睦女神策馬狂奔》，黎克・韋斯貝特的見解是：「嘿，這些我喜歡，畫得很好，比較像美國的作品。」

在展示梵谷畫作的房間裡，一個跌跌撞撞地跟在父母親後頭的小孩問道：「他到底為什麼發瘋？」一小群人聚集在莫內畫的一幅威尼斯前面。

巴德．維特里克指著說：「那是大運河。那是聖馬可廣場。那是嘆息橋，沿著同一條運河過去就是了。還有喔，那裡是我們住過的旅館，不過當然，當時它還不是一家旅館。那裡我們走過，那裡是我們吃義大利麵的地方，那裡是我買明信片的地方。」

下雨了，然後下雪了，茫茫白雪使行人和車輛都安靜了下來。某天清晨，我們動身前往柏林。

☆

那是個潮濕黑暗的巴黎清晨，掃街的、送牛奶的一如往常地在街燈下工作。晨曦才開始在屋簷和煙囪上方露現，火車已經拖著笨重的軀體緩緩開出巴黎東站。我以為告別聖雅各大道就等於完全離開巴黎郊區，沒想到好戲才要上場，而且郊區景象是越來越灰暗、越來越沉淪。團員們把臉貼在車窗口，一臉驚愕和夢碎的表情。這不只不像心目中的歡樂巴黎，甚至連美國克里夫蘭的郊區都比不上。美國籍團員看得特別仔細。我們都不習慣眼前所見的一切。美國人用非常快速而廉價的方式開發郊區，沒有打算要它持久如新。我們都知道它會衰頹、傾圮，然後拆掉重建；美國的郊區看起

---

6 譯註：Samuel Beckett，一九〇六～一九八九，愛爾蘭籍作家、詩人，以荒謬劇場聞名於世，其中最知名的劇作是《等待果陀》。他自一九三八年起即定居於法國，以英文及法文創作。

7 譯註：Alfred Sisley，一八三九～一八九九，英國籍印象派畫家，出生於巴黎，一生幾乎都在法國度過。

8 譯註：Henri Rousseau，一八四四～一九一〇，以純真、原始風格創作的法國後印象派畫家。

來有一種暫時的感覺，因為它確實就是暫時的產物。但法國的郊區，那些別墅、連棟住宅、公寓大樓卻蓋得四平八穩但又相當難看，最可怕的是，它們讓人覺得彷彿永遠都將屹立不搖。大倫敦周邊地區的情形也一樣：如此充滿歷史的房子，怎麼看起來卻是那麼醜陋？

「那邊曾經是戰場，」火車跨越國界開進比利時的時候，莫利斯邊看地圖邊說。他從我們越過英吉利海峽開始就不斷提起二戰的故事。「我有些夥伴就死在那裡——」

「還有那邊也是……」莫利斯繼續邊看地圖邊說，他的意思是戰爭期間那裡也有一大堆屍體。

他傻笑著凝視那些還沒長葉子的樹木，彷彿毛鞭插在地上的小白楊樹，還有深灰色運河裡的黑色淤泥及髒汙的泡沫。

我還在看辛克萊．路易斯那本小說，並在空白頁上潦草地作些筆記。

「你是在寫筆記嗎？」維特里克太太問道。

我否認。

「那是在寫日記囉？」

我說不是。

我最討厭旁人觀察我。原本旅行的一大樂趣是化身為無名氏，而我沒有事先搞清楚在一個旅行團中每個人反而變得非常醒目，如果有人比較神祕，便會被視為一種威脅。我決定改用那種看起來很像檔案卡的空白明信片作筆記。

頭髮掉光的薇兒瑪說：「我已經很多年沒看到有人用這種明信片了。」

然後我又很後悔告訴她，我打算把卡片寄回家鄉，因為這就給了她藉口問我從哪裡來。

「我有在教一點書。」我告訴薇兒瑪。

就我觀察到的結果而言，團裡沒有人是喜歡讀書的，所以應該沒有人會在午餐後硬是抓著我聊美國小說，或因為我仔細觀察他們而覺得不安。我喜歡說我當老師。我喜歡別人看著我的那副眼神，他們彷彿在說：可憐的傢伙，他好像沒什麼話說，不如讓他一個人安靜吧。

要我裝成安靜、謙虛、沒有好奇心的人，實在太難了。這些人看起來都沒讀過什麼書，這是件好事，因為這樣他們就不會知道我。可是你也不能跟他們說任何祕密。我才跟薇兒瑪說我住在倫敦，沒多久理查．凱斯卡特就跑過來說：「聽說你住在倫敦……」

經過比利時的納穆爾時，巴德．維特里克向我表示他覺得這個國家比美國醜得多，然後當我對他的看法表示同意，說比利時的確很難看，他又忙著說：「保羅，這是你說的喔！」

我到底是什麼時候讓他知道我的名字？

午餐時，餐車裡唯一的空位是薇兒瑪身邊那個位子。彷彿所有人都在迴避她，但當我在她身邊坐下，每個人又開始躲避我。薇兒瑪告訴我，她本來在倫敦某個地方當玩具銷售員，但被解僱了。她抱怨自己申請移民紐西蘭的事遭受刁難，不過她還是執意要去，而且可能會永遠在那裡定居。她說她就是喜歡挑戰。

我隨手記下我們剛在列日停下來這件事，完全沒想到後來我會去查一些資料，寫出：

我們經過列日，這裡以蕾絲及肉腸聞名，也是喬治．西默儂[9]誕生的地方……

9 譯註：George Simenon，一九〇三～一九八九，比利時法語系作家，可能是有史以來最多產的文學創作者，出版過將近兩百部推理小說及其他無數作品。

薇兒瑪說：「你老是在寫東西。」

「沒有吧！」我有點急躁地說。我心裡想的是：求求你不要再一直看我了！

用完午餐後我打了個盹，然後被莫利斯吵醒。我聽到他說：「嘿，踢克，亞琛[10]到了耶！」他們兩個就站在走道上擋住其他人的移動。

顯然，火車上的德國人對這兩位大聲嚷嚷的美國人相當反感，他們心裡恐怕很想把這兩個老先生丟下火車。莫利斯高聲唱起獨角戲，說他在二戰期間參與了三個星期的亞琛戰役，不過那些德國人應該聽不太懂他說的故事。原來這隻猴猻可是個解放者呢！光榮離開戰場以後，多年後的他讓周圍所有聽得到他那大嗓門的人覺得無聊到極點，這樣該算是某種充滿詩意的因果循環吧。

在科隆，我注意到我們這一團多了四個人。他們是法國人，三男一女，他們一路上都混在一起，除了自己以外幾乎不跟其他人說話。他們經常吵架，不過沒有人知道為什麼。大約一個月後，在蒙古南部，我看到其中一個法國女人獨自站在火車站月台上。我們剛吃了很恐怖的一餐——冷馬鈴薯配羊脂肪肉。

我微笑了一下，用很親切的口吻說：「剛才的食物很可怕吧？」

「我旅行的時候不會留意吃的是什麼東西，」這個女的說，「不過在巴黎時，我對吃的食物就非常挑剔，一定得是最上乘的東西才行。」

那是這整趟旅行中，她對我說的唯一一些話。

早在德國，我就已經注意到這些法國團員不屬於外向型。這倒不是什麼問題。我自己也一直有所保留，沒有人在你旁邊問東問西是很愉快的事。

漫長的一天又要結束。我們通過伍柏塔爾，一座彷彿由一堆高聳難看的社會住宅在山坡上堆積而成的城市。然後是烏納，那裡有堆積如山的礦渣。再往前一段路，哈姆和古特斯洛彷彿是德國人成功地把美國印第安那州縮小以後放在那裡的結果。下雨使畢勒費爾特顯得陰森暗沉，我祈禱著夜晚趕快降臨，用一片漆黑簡化那古里古怪的景色。經濟繁榮彷彿把德國毀了容，整個國家被工業文明搞得滿目瘡痍。明斯特地區的褐色天空下矗立著許多工廠，都是些Droop、Rein、Endler、Kumpf之類的名字，聽起來有種世界末日的味道。德國這個地區看起來特別沉悶，原因是沒有樹木。森林是德國民族認同的一環，但酸雨已經破壞全國半數森林，另一半則被砍伐殆盡，高大的樹木業已被工廠煙囪取代。

那天稍早，團員的說話方式變得像是醫院裡的病人在交談。旅途勞頓使他們既害怕又疲倦。他們一直打瞌睡，醒來時就互相問：你睡得如何？之前吃那頓飯結果怎麼樣？晚餐是幾點？他們開始描述消化和排便情形。他們向旁人報告自己的身體狀況，以及會不會覺得疲勞或飢餓。

我仔細觀察是否有一些可能代表某種意義的改變出現，比如女人的說話聲開始變尖銳、男人開始不刮鬍子、或者某某人換穿運動服。

在赫姆史泰德，我們越過邊界進入東德。火車穿越一條大約跟快速公路一樣寬的通道，兩邊都是高高的鐵絲網，每隔幾百公尺會有一座閃著燈光的監視塔，在裡面站崗的士兵形影隱約可辨。

過了邊境，風景換成滿地積雪和泥濘，戰後才種植的森林還沒長成參天大樹，融雪季節的髒汙在瘦細的林木間分外明顯可見。沿途看到的任何城鎮都比我在西德看到的更沉悶，可是鄉村顯得比較原始，樹木也比較多，農場簇擁成群，道路燈光昏暗。一路上看不到什麼人，少數讓我看到的

10 譯註：Aachen，德國最西端的城市，位於德、比、荷三國交界處。

人，模樣都像農夫。

我們在黑夜中抵達動物園站（「請大家看管好自己的隨身行李，這裡到處都是毒販」）。柏林市區五光十色，交通繁忙，讓某些團員覺得它充滿生氣又浪漫迷人；他們把這裡視為文明世界的最後邊疆。過了這裡就是波蘭，然後是俄羅斯，然後是蒙古。柏林則是一片歡樂、性愛、書店、肥仔交織而成的景象，看起來比美國更加富裕。

可是柏林對我而言卻像一隻畸形的大怪物，而且實在不怎麼好玩。它是都市精神分裂現象中極其特殊的樣本、無比怪異的案例，這使得它的自負和偽善顯得格外引人入勝。不過這裡也是個虛幻的天堂，很難想像任何人生活在此相當一段時間之後，還能維持健康的精神狀態。這是一座歷史悠久的城市，曾在七百年間保有自己的風貌，但在納粹執政時期，原有的柏林崩解了，它不再是一座城市，而變成了一個象徵，然後更成為某種概念；大戰結束以後，它被重新規劃，概念則被化約成一種荒謬。現在柏林看起來依然像是個很糟糕的概念，而且越來越糟。任何明理的人都會認為它以巨大無比的型態展現著人類的愚蠢、任性和固執。倘若它不是如此悲哀，我們還可能一笑置之，但如同納撒尼爾．韋斯特[11]所言，沒有什麼比真正醜怪的東西更悲哀。

來自杜塞道夫的赫穆特．弗里林豪斯也是個造訪柏林的過客。他問我說：「你想不想去看柏林最有意思的地方？」

我說好。

他帶我前往KDW，一家大型百貨公司，全名是Kaufhaus des Westens（西方百貨公司），但一般人都以三個頭字母稱呼它。赫穆特要帶我去看的是美食樓層，尤其是那些銷售精美昂貴食品的專櫃和店鋪。

「這就是目前最新奇的東西，」赫穆特說，「美食文化。所有人都變成美食偏執。看到了嗎？兩百種乳酪，四十種咖啡，二十八種不同大小的臘腸，還有素食食品，給養生狂吃的食品，以及整間店面都賣各種魚卵的店鋪。」

琳瑯滿目的美食精品店販售一些看起來自以為了不得的美食、稀有而難以消化的食品，全都包裝、陳列得精緻而美觀。甜點、果汁、九十種麵包、擺了一整面牆的茶葉罐、各種想都想不到的義大利麵造型。乍看之下，這些東西根本不像食物，而是陳設得有如高級服飾般的特殊商品。如果世界上有「設計款食品」這種東西，這些就是了。形狀完美得有如陽具的大蘆筍，每根都貼了標籤，一磅要價二十美元。

我對肉品部產生一種恐怖的興趣，那裡一個個鋪子都擺滿切好的肉類——腿肉、肩膀肉、腳肉、臀肉、肘肉、一整個架子的舌頭、一整箱的心臟、罩上紙帽的胸肉、穿戴著皺紗衣領的豬頭……各種精心切成的肉品又紅潤又鮮亮。大部分肉品都經過這樣的妝點，呈現戲劇化的陳設效果，盡可能讓人不會聯想到屠宰場。

整個食品部裡，閒逛的人比真正買東西的人多，這是最奇怪的一件事：大家目瞪口呆地看著各種食物，一邊吞口水一邊往前移動（「沃夫岡，你看那些魚下巴！」）。食物被用來挑逗，使觀賞它的人口水直流、飢渴難耐，令我不禁覺得這一切（特別是肉品）是最現代版的色情。

「不錯吧？」赫穆特說，「只要看到這個，你就瞭解柏林了。」

我們離開KDW時，看到一份德國報紙的號外版報導美國飛機轟炸利比亞。美國的舉動是為了

11 譯註：Nathanael West，一九〇三～一九四〇，美國作家、編劇、諷刺家。

報復柏林某家舞廳被炸的事件，據說那是利比亞恐怖份子的傑作。消息傳得很快，德國年輕人迅速聚集在歐羅巴中心附近抗議，警方出動大約三十輛廂型警車，就停在繁華的選帝侯大道附近。警察忙著卸下鋼絲路障，架設在街道邊。

赫穆特說：「我們一直到最近才發現我們跟美國人有多麼不一樣。」

他的口氣帶著幾分尖酸。我決定不要提醒他德國舉世無雙的恐怖歷史。

「我認為我們轟炸利比亞是因為我們在伊朗人質危機發生以後，一直渴望轟炸某個中東國家。」我告訴赫穆特，「近年來，伊朗以沒有其他國家能及的方式羞辱了美國，我們一直無法忘懷那些事。我認為一般美國人也搞不太清楚伊朗和利比亞之間的差別。反正他們都是些沒有價值的危險狂熱份子，我們又何必浪費寶貴時間以禮待之？」

「美國人就是這樣看待我們的。」赫穆特說。

「其實不是這樣。」

我心想，如果他提起大戰時美國轟炸德國的事，我就要說「那是你們起的頭」。不過他沒提。他說他覺得柏林很奇怪，有股鄉下味，城裡住的大都是老人，失業率非常高。他說他等不及要回杜塞道夫。

接下來大半天我忙著採購食品。我買了薄荷茶、雪利酒、巧克力、抗生素。明天我們就會抵達華沙，那裡可能買不到這些東西。

示威遊行於傍晚展開，大約八千名青年男女高喊反美口號，朝位於選帝侯大道後側的「美利堅之家」推進。據傳他們打算放火燒掉這座美國文化中心，但警方帶著鎮暴盔及催淚彈集結在美利堅之家前方，並用高高的鋼絲路障把馬路隔在他們外面。示威活動開始失控，演變成近乎暴動的局面。暴民投擲石塊，打碎美國車的窗戶，並追趕任何看起來像美國人的遊客。

我並沒有目睹這場暴動，而是到德意志歌劇院觀賞莫札特的歌劇《唐．喬望尼》去了。我是稍早在旅館時臨時起意的，因為我聽到一些旅行團成員在為利比亞轟炸的事爭論不休，踢克甚至還說：「都是那些該死的阿拉伯死豬自作自受。」我要一整晚聽這種話嗎？我問自己。感覺起來莫札特先生似乎可愛多了。

我獨自前往歌劇院，而且很高興地發現旁邊沒人坐，所以我可以大剌剌地把手撐在座椅扶手上欣賞這齣精采歌劇。不過中場休息後，那個座位上出現了一名女子，而且當喬望尼先生忙著吹牛皮或安娜小姐在唱詠嘆調時，這女的在黑暗中悄悄轉頭打量了我好幾次。

「我是不是在哪裡見過你？」歌劇結束後她問我。

我說應該沒有。

「我覺得有。不過是在哪裡呢？」

我大概猜得出來她在哪裡看過我，但我不吭一聲。直到那一刻，我一直很驕傲沒讓旅行團的人發現我是個作家，而且還寫了一堆跟搭火車旅行有關的書。我心想假如他們知道的話，要不是覺得有壓迫感，不然就是沒事跑來騷擾我（「老兄，我有故事報給你寫。」），這兩種情形都一樣麻煩。我跟某些團員說我在出版業工作，跟另一些人則說我是教書的。我很少加入他們的交談，只是在旁邊微笑聽他們聊天，作我的筆記。當踢克的言語變得離譜，我眨了個眼就閃開了。每天午餐結束、大夥開始說自己的事時，我很快就會起身離開。我是那個一直「閃人」的老兄，那個姓氏不詳的人物。我是那個一直在看書，讓人不好意思打擾的人。我是帶了麥金塔電腦，站在月台上不成調地吹著口哨那個沉悶、無聊、沒什麼話說的傢伙。我對大家說的事都表示認同。幾乎沒有人認識我，甚至只有當他們在火車上看到我出現時，才會想起我也是旅行團的其中一個成員。而且就算在這時候我也低調得很，有點怪里怪氣的，只是乖乖在一旁寫東西。

「我在電視上看過你，沒錯吧？」那女人恍然大悟地說。

「有可能。」我說，然後我告訴她我的名字。

「太不可思議了！」她說，「我姊姊絕對不會相信這件事，她看過你所有的作品。」

這位女子名叫蕾秋．提克勒，我跟她說我正要前往蒙古和中國，打算寫一些相關的東西，也提到我不久前才從倫敦出發。說了這些以後，我發現自己彷彿鬆了一口氣。「那，美國呢？」「喔，我每年都有一段時間會住在鱈角，那個地方實在挺不賴的。跟這種讓我不斷作筆記的旅行，感覺上完全不一樣。」我什麼都告訴她了，我買了茶給她喝，我們一直聊到很晚，因為我忽然想掏心掏肺地說話。跟蕾秋說話沒有危險，她是個完全的陌生人，跟旅行團團員不一樣。

告訴她那麼多事讓我覺得很舒服，因為旅途上我一直搞神祕，幾乎逼迫自己變成隱形人。當個隨身攜帶麥金塔的沉悶、無聊傢伙，閃避所有聊天的場合，這當然不是什麼好玩的事。沉默不語的結果使我胸口都痛了起來。我很想針對中東問題向他們大作文章，而如果他們給我一點機會說說旅行的事，我可以像《古舟子詠》[12]裡頭那位老水手一樣緊緊抓住他們的手腕，訴說無盡的冒險故事。

蕾秋是一名在紐約執業的律師，這次到柏林是為了研究與石棉危害有關的法律訴訟。她參加一場保險公司的集會，與會者針對這個在法律界日益重要的議題發表報告，並進行資料評估。

我把所有事告訴蕾秋以後就回旅館房間睡覺了，內心感到非常踏實。在某種意義上，我們像是一對出軌的男女，或者說得更確切些，有種發生一夜情的感覺。我們之間瀰漫著一股溫柔，我渴望坦白說出心裡的話，而她是個很好的傾聽者。清晨五點鐘，我回歸旅行團，感覺彷彿又置身於一大群遠房親戚之間。

☆

我們搭火車進入東柏林，在那裡又換乘開往華沙的列車，慢慢朝波蘭邊界前進。警察、海關人員、士兵——他們的確實身分難以分辨——上火車檢查護照、查看現金，然後忙著開發票。他們的工作充滿神祕感，而他們穿的都是看起來很恐怖的舊鞋子。

從火車上看起來，波蘭顯得極為衰老，放眼望去盡是毫無生氣的田野、老舊頹圮的公寓樓房、破破爛爛的道路，以及布滿灰塵的大工廠。這個國家的外表就像個老人，而且看起來真的是搖搖晃晃，但它的人民卻是我所見過最溫文有禮的，他們徹徹底底地和氣而文明，或許也正因為如此，歷史上波蘭一直遭受被異族占領、蹂躪的命運。

我的廂房裡另外坐了一小群一起出遊的人：一對母女和一個小孫子，他們來自卡托維茲。那位少婦肌膚白皙，大大的眼睛澄澈如水，秀髮美麗迷人，讓我再次感受到波蘭年輕女人的致命吸引力。

「不要去蒙古了，」伊娃說，「到卡托維茲來，我帶你四處去遊玩。」

她的母親翻了個白眼說：「她在發神經，別理她。」

小男孩沃提耶克表情嚴肅，一聲不響地坐著。一名波蘭男子遞給他一顆蘋果，他乖乖拿了，不過沒馬上吃。這個情景也很有意思，波蘭人讓我覺得他們對待彼此非常親切而客氣；德國人在這方

---

12 譯註：*The Rime of the Ancient Mariner*，英國浪漫主義詩人柯勒律治（Samuel Taylor Coleridge）的敘事詩。

面表現差些，俄羅斯人則是糟糕透頂。

伊娃說：「我們在芝加哥、新澤西州都有親戚，在洛杉磯也有。要不是他們，我們恐怕會餓肚子。這些親戚會寄錢給我們。我很想到美國看看。不然就去巴黎，我可以學法文。」

伊娃二十八歲，兩年前離了婚，現在在一家銀行的外匯部上班。我告訴她，我在華沙的國營翰德洛伊銀行裡有些錢，想提領一部分出來用。她給了我那家銀行的地址、電話等詳細資訊，並說手續非常簡便。

這一家人拿出午餐準備享用時，順手遞給我一些三明治和水果，於是我開了一瓶阿蒙提亞多雪利酒，大夥兒一起享用。

「蒙古好遙遠喔，」伊娃說，然後她的語氣彷彿是在向小沃提耶克說話：「他要一路搭火車到蒙古耶！」

「你知道嗎，他們曾經來過這裡。我是指蒙古人。」

一二四一年的萊格尼察戰役，就發生在目前所在位置以南一百二十八公里的地方（火車剛在茲邦申停車），當時蒙古人在那裡殲滅德波聯軍。

「所有人都要到這裡來，」伊娃說，「波蘭就這樣被搞得一蹋糊塗。」

在火車站月台上，兩名面色蒼白的工人正在鑄鐵長椅上塗刷褐色油漆。他們的用量多得離譜，油漆在椅身上滴流，而當他們把油漆刷在椅腳上時，月台地面也被他們搞得髒兮兮。一些波蘭人不以為然地看著他們，不過一句話也沒說。工人頭戴紳士帽，手上提著塑膠工作箱。多數波蘭人似乎都有過胖的毛病，他們不斷談食物和糧食短缺的問題，不過這倒不足為奇：食物是胖子最喜歡的話題之一。他們身穿老舊的衣服，身上有麵包發酸的味道，房屋牆壁則經常是坑坑洞洞。

伊娃和她的母親及兒子在波茲南下車，改搭另一班火車前往卡托維茲，不過伊娃把地址給了我。「到蒙古以後寄張明信片來吧……」

我們在科寧耽擱了一陣，不過這樣正好，火車不會搖晃，我可以安穩地寫東西。我寫下這麼一段：

在一片暗褐的四月，波蘭，春天彷彿永遠不會到來——樹木光禿禿，枯萎的草地像一堆爛布，風冷颼颼地吹，地面佈滿石礫，公寓樓房上掛滿溼答答的衣服，翻好的田地上沒有任何東西發芽。一位農夫用一匹瘦馬犁田，有人在鏟沙塵，溪流溝圳中流著泥水，木竿上綁了一個塑膠袋用來嚇鳥；景色一成不變……這是四月的景象，波蘭的一切看起來都非常慘澹，連鴨子看起來都像要溺死，雞則焦躁地亂跳。但是再過一個月左右，情況就會完全改觀：春天終於到來，整個國家繁花似錦。儘管如此，當波蘭人還是一種可怕的宿命。

火車再度啟動時，我覺得唯一真正有趣的建築物是教堂；至少這些建築還有曲線，而其他建築都呈直角設計，屋頂平坦單調。

在索哈契夫一帶，風景忽然變得明朗起來，大地上出現一片片樹林，房屋比較美觀，一叢叢樺樹在風中搖曳。不過生活依然艱困，到處可見人民在勞動，做一些粗重工作，鏟土、砍柴、敲打岩石。所有工作看起來都非常辛苦，波蘭讓人覺得彷彿窺見從前的世界。

天主教的存在非常明顯可見，不只是教堂、人們掛在脖子上的念珠串，以及火車開動前他們在月台上互相祝福的模樣，雕塑作品也處處流露著天主教的痕跡。斯吉曼火車站的站前廣場上有一座高十二公尺的聖母瑪利亞雕像，矗立在二點四公尺高的基座上。這是我在義大利、西班牙，甚至在宣稱愛爾蘭女王就是聖母本尊的愛爾蘭都沒見過的情景。菜豆田裡也有許多建立在基座上的聖母塑像。每當我看到有個人在耕田，他後方遠處總有一尊聖母瑪利亞。

這些雕像既有膜拜的目的，也可能被用來把鳥類嚇跑，不過我感覺它們之所以無處不在，還有一個導因。它們是經典的法蒂瑪聖母雕像，而共產黨的政委們想必不知道一件每個天主教徒從小就學到的事：一九一七年，瑪利亞為葡萄牙法蒂瑪的三個小孩帶來的訊息是，如果他們非常努力地祈禱，俄國就會拋棄無神論的共產主義，皈依天主教。在整個一九五〇年代期間，美國各地的神父都會這樣宣告：「現在讓我們祈禱俄國皈依。」

這就是聖母瑪利亞雕像對大多數天主教徒乃至全體波蘭人所代表的意義；神的母親從不曾帶有這麼高的政治意涵。

我把《孽海癡魂》看完了，給了這本小說五顆星。現在我開始看巴爾札克的《高老頭》。這本書裡引用了一句波蘭諺語：「把五頭牛綁上運貨車」，意思是做事要未雨綢繆，以求萬無一失。但在波蘭讀到這句話，感覺很怪。這裡放眼望去，到處看不到牛，人力貨車看起來都鬆動搖晃，彷彿即將解體。一整天時間，火車慢慢開過波蘭西部，從東德邊界到華沙幾乎是四百八十公里的距離。沿途我沒看到任何農業機械化的跡象，一輛牽引機的影子都沒有。我看到的是農夫溫和地鞭策可憐的馬匹，而那馬兒正奮力拉著老朽的犁頭。縱然這情景如詩如畫，但也令人不禁覺得前途茫茫。

☆

「看起來還不賴嘛！」愛倫．維特里克抬頭看到波蘭第一眼時，這麼說。下午即將結束，西斜的陽光把耶路撒冷大道上的狹窄建築物立面鍍上一層金色，使一整個街區看起來宛如倫敦的哈洛德百貨公司。

「帶我離開這裡，」蜜莉．韋斯貝特在他先生黎克耳邊低語。黎克聽了回道：「放輕鬆，親愛的。我們明天就回到火車上了。」

我偷偷拋開所有人，走進華沙市區遛達。才剛踏出旅館大門，接連就有兩名男子靠過來問我要不要換錢，他們的匯率是官定價的五倍。我走到街道另一邊，看到一套用紫木雕刻而成、看起來又大又笨拙的棋盤組，這時又有個人走到我旁邊問我同樣的問題。接著，我往馬薩科夫斯卡大街（即元帥大街）的方向走去，一路上又有個人緊追不捨，問我要不要換錢，然後陸續提出好幾種匯率。

「你不怕警察嗎？」我問他。

「警察自己也要換錢啊。」他說。

無論是衣服、收音機或鍋碗瓢盆，商店裡的商品品質看起來都在水準以下，就連食品也是如此，讓人看了毫無胃口。所謂新鮮食材都有點枯萎而且沾了灰塵，食品罐頭凹扁變形，上面的標籤已經褪色。在每家商店裡，都會有人扯我的衣袖，然後輕聲問那個老問題：「要換錢嗎？」貧窮可能讓人顯得垂頭喪氣，但也經常使人變得卑鄙無恥、無法無天、充滿掠奪性而且危險。那些顯然在進行違法勾當的人總讓我覺得不安心，但當我跟某個波蘭人說到這件事時，他說：「別擔心，我們這裡有雙重道德標準，大家都是這麼做的。」

華沙那種彷彿破產的外觀也是一種城市表情：遭受打擊、意志消沉、孤獨寂寞而有些絕望，有人認為那是歷盡滄桑的表情，有人卻覺得那透露出某種尖酸怨懟。令人驚訝的是，一個經歷過那麼多苦難的民族卻能保有如此的尊嚴，而且人民是這麼禮貌而友善，這種謙和有禮的民族性格，剛好抵銷了他們的另外一面——飢餓造成他們不斷談論食物，窮困使他們顯得貪婪，物資匱乏使他們變得物質主義，經濟政策則導致他們的宗教狂熱。

我們住的旅館裡設了一間酒吧，叫做「談話庭」。那裡客人很多而且菸氣瀰漫，於是我決定四處晃晃，最後走進一家叫「哈瓦那俱樂部」的夜店，看一堆人在那裡搖來擺去。忽然又有一個聲音在我耳邊迴盪：「要換錢嗎？一美元換七茲羅提[13]。」

「我要那麼多茲羅提做什麼？」

說完，我轉頭一看，一位身穿黑色洋裝的胖妞在對我微笑。她香汗淋漓，橙色調的妝容顯得黏答答，睫毛膏也結出煤黑色的小顆粒。

「可以去買波蘭伏特加啊，不然就買各式各樣的小古玩。波蘭琥珀很有名，你也可以買。還有郵票。你住在旅館嗎？」

「對。」

「我可以到你房間看你。就是愛愛一下啦！五十美元就好。」

「那琥珀呢？」

她念了一個字，「bursztyn」，說這是波蘭文的琥珀。「很漂亮喔，是從大海底下弄來的。」

「問題是我的錢大部分都是茲羅提，美元很少。」

「我比較喜歡美元，」她說，「我們需要美元。在波蘭，沒有美元辦不成事。」

「你的美元從哪裡來？」

「從哥哥身上來呀！」

「今晚不行。」

我走出夜店，看著沿路陰暗的櫥窗，欣賞寬敞空曠的街道，然後回到「談話庭」。

隔天，我的第一大挑戰是到翰德洛伊銀行提領波蘭茲羅提，那些錢是我的版稅，但我不能把錢帶出波蘭；接下來，我還得在火車開動前把領出來的所有錢都花光。銀行九點半開門，而火車兩個小時後就會出發。我估計大概會有一個半小時左右可以把領到的錢花掉。這件事在紐約應該不難辦到，但這裡畢竟是華沙。

我只知道我的帳號。銀行位於一棟現代化玻璃帷幕大樓中，大樓頂端伸進低壓壓的雲霧裡。這天下著雨，我覺得自己彷彿在辦一件荒謬的差事。但如果我不設法領出至少一部分錢，而讓那些錢繼續放在帳戶裡，那就不只是荒謬，而是愚蠢。我曾經發誓絕不把錢送給團結工聯主席華勒沙，因為他曾經公開誇耀自己一輩子沒讀過一本書，而我寧死也不要把錢白白送進那種人的口袋裡。

我走進銀行。一整個樓層都是開放式辦公空間，數以百計的員工不是在電腦、計算機、打字機上敲敲打打，就是把一疊疊破舊的紙鈔東推西推。光是看到這個壯觀的作業情景，我就覺得我一定不可能領到錢。

我站在大理石櫃檯邊向裡頭的女性行員說明我有一個境外帳戶，想提領一些錢。

「請寫下你的帳號。」

我在一小張紙上寫下帳號。

「請出示護照。」

我把護照遞給她。

---

13 譯註：zloty，波蘭幣。

女行員沒有起身離開座位，而是不假思索地伸手從大理石檯面底下取出一個樣子頗像舊雪茄盒的小木盒。她瞄了一下我寫的帳戶號碼，然後又從小盒子裡抓出一小張紙。

「要領多少？」

「帳戶裡有多少？」

「二十六萬茲羅提。」

「那我領十萬。」

按官方匯率計算相當於六百美元。

女行員在那張紙上簡單簽了名，交給出納員，出納員把我叫了過去，然後把錢點交給我。整個程序花了不到五分鐘。

現在我的口袋差點沒被波蘭幣塞爆。

我向計程車司機葛雷哥利解釋我面臨的窘境。「你都可以買半輛車了，」他聽了以後說，「不然就買十萬公斤火腿。」

葛雷哥利說得一口道地的新澤西州南部英文。他說他曾在一家大洋城的卡車公司服務兩年，不過後來決定返回華沙。他稍微做了說明：「華沙是很糟沒錯，不過華沙是我的城市。我父親在這裡出生，我祖父在這裡出生，所以……所以……」他聳聳肩，「你喜歡這首歌嗎？」汽車收音機正在播放一首節奏輕快的曲調。我說喜歡，很好聽。

「我唱給你聽。」

我心想，拜託不必了。

哭吧，小姑娘，哭！
別再強忍，哭！
哭吧，小姑娘，哭！

「很好聽吧？」

「超好聽的。」我說，「也許我可以用我的錢買個古董。」

「古董店十一點半開門，」他說，「你會錯過火車。」

「那琥珀呢？你們怎麼說的來著，bursztyn？」

「好主意，我們到舊城去吧。」

可是珠寶店也要到十點半才營業。我們在華沙舊城區胡兜，穿梭在砌石街道、中世紀建築、一座堡壘的城牆之間。葛雷哥利告訴我，他不是團結工聯成員。「我不需要什麼黨。我太太就是我的黨。我的小孩，我的家庭，這些就是我的黨。」

一名男子向我搭訕，問我有沒有興趣買一張非常稀有的德國占領時期郵票。他秀給我看一張印有希特勒頭像的郵票，上面蓋了波蘭南部歷史名城克拉科夫的郵戳，然後他又拿出一張波蘭郵票，郵票上的聖徒和天使形象被納粹十字印記蓋了過去。

「你有多少張郵票？」

他從外套底下取出一本集郵冊，一共約有二十頁。他一頁頁翻給我看，裡面有更多希特勒的圖像，更多天使，更多套印了納粹十字的郵票，總數差不多四百張。

「我出一萬茲羅提，你全部賣給我。」

對方二話不說，馬上把集郵本交給我，把我的錢收下。

我們經過一家肉店，我說：「我可以買些臘腸。」

「得有這個才行。」司機把他的肉品配給簿秀給我看。他每個月的肉品配給量是二點五公斤。那是他的五月份配給簿，其中有些單子已經被撕掉了。今天才四月十六日，而他老早就把四月份的配給簿用完了。「波蘭這邊的肉類不是很多。為了賺美金，我們得把肉品外銷出去。我在大洋城看到的波蘭火腿比在波蘭本地看到的多多了。」

「你有沒有想過要改吃素？」

「完全沒有。」他邊說邊露出尖銳的肉食動物牙齒，「還有，我們波蘭人除了牛肉和豬肉以外，其他肉都不喜歡。我們不吃羊，也不吃雞。」

我說波蘭一定有一些人吃素。

他說他只認識一個吃素的人，是一位老太太，她的醫生禁止她吃肉。我感覺波蘭人的飲食習慣之所以無法動搖，或許根源於他們保守的民族性，他們因此會願意在肉店前面排隊一整個早上（華沙有很多這樣的隊伍），也不會想到要調整自己的口味，改吃法式鹹派或普羅旺斯燉蔬菜。這也讓我想到，拒絕改變飲食習慣的人不但固執而且自討苦吃，甚至很可能也非常迷信。

珠寶店開門以後，我很快買了琥珀，回旅館的路上又買了半打波蘭香檳、黃色魚子醬、醃蘑菇、罐頭沙丁魚等。我把車資付給葛雷哥利，外加一筆小費，感謝他的協助。現在還剩兩萬茲羅提，可是我已經想不出有什麼可以買了。

這時，我想起前一天搭火車時坐同一間廂房的伊娃和小沃提耶克。「到蒙古以後寄張明信片來吧……」伊娃這樣說過，也留了地址給我。我把剩下的茲羅提裝進信封，附上一張紙條，上頭寫著

「這是給沃提耶克的」，然後趕著寄給他們。

這天華沙下著雨，陰雨把這座城市的不幸與困頓襯托得淋漓盡致；火車出發前往蘇聯時，雨繼續嘩啦嘩啦刷過車身。

有了一整籃的波蘭好料，我決定在抵達蘇聯邊境的布列斯特里托夫斯克以前，在我坐的廂房裡舉辦個小餐宴。我邀請艾胥理、摩特荷、克里斯，以及旅行團裡幾個比較不愛打探的人。

我們在抵達邊境以前把大部分香檳都喝了。艾胥理醉醺醺地把臉貼在我的臉頰上說：「我跟摩特荷打賭說你是國務院的人。」

「你輸了。」我說。

火車停在邊境，讓海關人員上來搜索。一名女性檢查員在我們的廂房裡時，某人又啪一聲打開一瓶香檳，不過她的眼睛沒眨一下。她要找的是槍枝、書籍、現金、珠寶這些東西。「沒有槍。」我說，然後把所有行頭秀給她看。

在這段時間裡，火車所有車廂的輪子都被換掉，輪軸裝置被整個拆卸下來，換成寬軌專用輪軸。

「他們把我們的兩個人抓走了！」莫利斯．黎斯特叫道。他正在跟領隊抱怨。「俄國人硬是把他們架走了。」莫利斯說得上氣不接下氣，一臉驚恐。不過這是他意料中的事。

「我努力不要引起注意。」踢克說。

他們把巴德．維特里克帶去訊問，據說是因為他拿著一本《經濟學人》招搖。這樣算犯罪嗎？黎克．韋斯貝特被帶走則是因為他在廂房裡用他從馬里蘭州帶來的刮刀擦玻璃。他絕對是個間諜，不然為什麼要擦車窗玻璃？

我們就要啟程前往莫斯科，這時，維特里克和韋斯貝特終於被送回來了，晚餐時他們跟大家分享被羈押偵訊的故事。

我把最後一瓶波蘭香檳喝完，又讀了一些《高老頭》，然後沉入夢鄉。火車在夜裡通過明斯克和斯摩倫斯克。我醒過來時，鐵道沿線盡是積雪的田野和結冰的溝圳。鄉間房舍都是些小木屋和獨棟木造住宅，凹凸不平的道路上刻劃著車輪的痕跡，積雪上濺滿汙泥。

「我小時候，俄亥俄州就是這個樣子，」黎克．韋斯貝特說，「那是一九三〇年代的事了。」

☆

「我不參加觀光行程。」抵達莫斯科以後，我這樣告訴領隊。我決定在城市裡多走些路，因為幾天以後我們即將搭上西伯利亞快車，到時就算想走路也沒得走了。況且莫斯科的景點相當有限：由於整修工程的關係，克里姆林宮博物館關門，許多教堂也不對外開放。同團夥伴們最後享受到的只不過是搭旅遊巴士在市區晃了一圈。我到蘇聯國際旅行社經營的觀光飯店買票，準備到波修瓦大劇院看《胡桃鉗》，以及到史丹尼斯拉夫斯基劇院欣賞一齣現代芭蕾舞劇。我向售票員表示很高興這麼容易就買到票，他說：「因為你有美金啊！」

我走到聖巴賽爾教堂、大都會旅館──我在一九六八年時在那裡下榻過，現在它已經變成一棟紀念性建築──然後我進了故姆（GUM）國家百貨公司，瀏覽裡面的商品。

正當我瞧著一些看起來品質低劣的鬧鐘，發現左手邊及右手邊各有一名妙齡女郎逐漸挪移過來。

「不錯的鐘吧？你喜歡鬧鐘嗎？」

我說：「鬧鐘會把人吵醒，所以我討厭鬧鐘。」

「有好笑喔！」我右邊的女子說。她的髮色很深，年紀約莫二十來歲。「你要換盧布嗎？」

令我驚訝的是，她們倆其中一位正用嬰兒車推著一個小男孩，另一位則提了一大袋看起來像舊衣服的東西。她們長得都挺標緻，但顯然都忙於家務——帶小貝比兜風，洗衣服。我邀請她們一起看芭蕾舞，我每場演出都買了兩張票。她們說不行，得煮飯給先生吃，還有很多家事要做，不過要不要換點錢呀？官定價是一盧布兌七十二美分，她們要給我好上十倍的價錢。

「我換那麼多盧布要做什麼？」

「有很多事做啊。」

黑髮女子叫奧嘉，金髮那位叫娜塔莎。娜塔莎說她是跳芭蕾舞的。奧嘉會說義大利文；娜塔莎只會俄文，她有舞伶那種典型的纖細身材和白皙肌膚，而且有雙滿典型的斯拉夫鳳眼，眼珠子是亮澄澄的中國藍，她的俄羅斯嘴巴則帶有豐富表情。

我說我只想走路，我需要運動。

「我們跟你一起走路！」

於是大約十分鐘以後，我左右手臂各挽了一位俏佳人，一隻手還提著娜塔莎的衣物袋，奧嘉繼續推著嬰兒車裡的小波里斯，我們一行人就這樣沿著馬克思大道散步。奧嘉用義大利文跟我嘰哩呱啦地說話，娜塔莎則只顧著在一旁笑。

「嘿，保羅，看來你混得還不賴嘛！」

是一群旅行團團員，他們正要回到巴士上。我很高興他們看到我，不知他們接下來又會想到什麼？

女郎們和我進到一家咖啡館喝了一杯熱巧克力，然後說她們要再跟我見面。「我們可以聊天！」

不過跟她們約時間還真麻煩，可能是因為她們得想辦法瞞過老公，不過最後我們終於約好一個時間讓她們打電話給我。

那天晚上我去看了馬戲團，而我再次體會到我有多討厭馬戲，特別是共產國家的馬戲表演。所有人都說：羅馬尼亞人表演特技最棒！保加利亞有世界一流的雜耍演員！如果你一輩子沒機會看俄國人在鋼絲上表演，那就白活了！如果你沒看過中國表演者在牙齒間銜著一根筷子，然後讓筷子上的一堆陶片轉啊轉的，那你也可以跳樓了！為什麼我要跳樓？為什麼要有那麼多人這樣飛來飛去，像雪貂般翻筋斗、如陀螺般轉圈，用各種道具做出一些超人神功？

這個莫斯科馬戲團秀出會走路、跳舞的熊——好大的毛茸茸的東西，一邊流口水一邊直立著旋來轉去。我們也看到狗兒表演單腳站立，身體發亮的海豹用鰭玩球等等。那些動物都露出某種驚恐的表情，做出類似人類的動作，僵硬不自然地用後腳站立，帶著哀求的表情看著訓練師，彷彿在說牠們很怕自己萬一做錯了某個舞步，就會挨踢或遭到電擊處罰。

這一切令我感到非常不安，我覺得那些表演就像是毫無趣味的胡鬧。如果我認為那是農民娛樂最低俗的表現形式，是不是因為我的思考太嚴肅了？市場裡或市集廣場上那些窮人，就是靠玩這類把戲博得幾個銅板。這種開放空間裡的娛樂，不禁讓我聯想到奴隸或吉普賽人：人像狗那般跳躍，就像狗學人踢正步。而女性表演者之所以讓觀眾們看得目不轉睛，基本上是因為她們大方展露性感曲線——平時這種事在共黨政委主導的假道學社會裡是被批判撻伐的。

我很難想像一個教育程度高、充滿公平正義的社會會製造出馬戲團演員，也很難想像任何明理的人會去訓練熊跳舞。馬戲團在某些發達社會確實可能廣受喜愛，但那些表演人員主要來自其他地方。十九世紀末葉美國玲玲兄弟馬戲團的出現，是因為幾個出身威斯康辛州鄉下務農家庭的兄弟，透過學習雜技表演而掙脫赤貧處境。當年魯道夫．玲玲能夠用下巴撐起一具犁，而今天，「玲玲兄弟、巴能暨貝利大馬戲團」的明星團員幾乎都來自東歐或中國。

馬戲團之所以受歡迎，最簡單的解釋是大多數人都喜歡看表演，不管表演內容是音樂、翻筋斗、吵鬧聲、性愛、愛國主義或廉價的驚悚。他們喜歡看白子侏儒騎大象，或玲玲兄弟馬戲團最受好評的表演項目之一：二十五名黑人騎單輪自行車打籃球。這個現象還有另一個面向。「把人類轉化為動物的欲望，是發展奴隸制度的主要動機」，猶太裔保加利亞學者暨作家埃里亞斯．卡內提（Elias Canetti）在其著名論述《群眾與權力》中標題為〈轉化〉那個章節裡，如此寫道：「我們不能低估這種欲望的強度，正如它的相反欲望：將動物轉化成人類，也同樣強烈……比方說在大庭廣眾下讓動物表演之類的民間娛樂。」

莫斯科大馬戲團的演出為這個論點提供了佐證。最能體現蘇維埃思維的，無疑是俄羅斯馴獅人這種角色，而在大棕熊笨拙的舞動或龍蝦大隊方塊舞這些奇特表演背後，我們看到了蘇聯政治制度的真正樣貌。

我忽然想到一件事：我一個人獨自坐在莫斯科的馬戲團表演場裡，是多麼的愚蠢。我難以想像自己為什麼沒有去做些有趣得多的事，比如駕船在麻薩諸塞州東三文治的外海航行。然後我才回想起來，我正在前往蒙古和中國的路上。

回到烏克蘭旅館時，櫃檯傳給我一個訊息：奧嘉明天中午十二點會打電話來。她真的在隔天中午十二點整打了電話給我，說她兩點鐘會再打來。兩點時她果然又打來，說她和娜塔莎跟我約三點半見面。一連串電話使我們約見面的事顯得非常必要而且無法避免。一直到我坐在旅館前門台階上等她們時，才想到我根本不知道為什麼要跟她們見面。

娜塔莎走了過來，不過沒有跟我打招呼。她穿著舊衣服，手上提著購物袋。她對我眨了個眼，我跟她坐進一輛計程車，奧嘉已經在裡面，正抽著菸。我坐進去以後，奧嘉給司機下了指示，車子就開動了。然後他們不斷爭論到底這條路對不對，這樣走是不是比較省時。

聽他們吵了二十分鐘以後，我們已經開到住宅大樓林立的莫斯科郊區，我開口問道：「我們要去哪兒？」

「不遠的地方。」

街上有一大堆人正在耙樹葉或撿垃圾，我從沒見過那麼多掃街人同時上陣。我問這是怎麼回事。

奧嘉說今天是一年中唯一一天所有民眾都會無償投入城市清掃工作。這個日子叫作「勞動服務節」，民眾免費提供勞務，向列寧表示景仰，因為再過兩天就是他的誕辰。

「奧嘉，你不覺得你應該拿把鏟子加入勞動行列嗎？」

「我太忙了。」她說，而她那笑容似乎透露她的真正想法：門兒都沒有！

「我們是要去某人的家嗎？」

「我們要去我一個女朋友的家。」

奧嘉又對司機下了一些指示，司機右轉，開進一條巷道，然後一邊開過一條泥路一邊說髒話抱怨。這條爛路連接兩個不同社區。他繼續在這條兩邊矗立著單調住宅大樓的泥路上開了一段，然後把車停下來，氣呼呼地咕噥個不停。

「最後這段路我們用走的吧。」奧嘉說，「你可以付錢給他了。」

司機抓了錢就把車開走，我們則是朝著一棟十六層大樓走去。孩子們在四周玩耍，他們的母親正懷著高昂的勞動精神高高興興地掃街。

沒有任何人注意我。我只是個身穿雨衣的張王趙李，跟在兩個女人後面走在泥濘的人行道上，走過一面面滿是塗鴉的牆，經過被打破的窗戶，走進一扇被打爛的門，來到一處門廳，那裡擺放著三輛嬰兒車，地板上的磁磚有些已經缺了。這棟住宅大樓看起來跟倫敦南區或紐約布朗克斯區的大樓沒什麼兩樣。電梯已經遭受破壞，不過還動得了。內裝是上了亮漆的木料，上面刻了許多姓名縮寫。我們搭電梯直達頂樓。

「對不起，」奧嘉說，「我剛才打電話，但我朋友沒接，現在我得先跟她知會一聲才行。」

折騰到這般田地以後，我已經開始想像自己即將在這個地方遭受恐嚇、甚至搶劫：門後方出現三個俄羅斯彪形大漢，他們抓住我，把我口袋裡的東西全部拿走，然後把我的眼睛矇住，丟到莫斯科某個角落。她們應該不會是搞綁架的吧？我問自己會不會覺得擔心，結果得到的答案是：多多少少。

當我看到一名來不及打扮、表情驚訝的女子前來應門時，我稍微放心了一些。她的頭髮纏了起來，身上只穿一件浴袍。那時已經是下午將盡的時候了，她看起來卻好像才剛起床。她在奧嘉耳邊低語了一句，然後讓我們進去。

這名女子名叫塔提雅娜，原本正慵懶地躺在床上看電視，因為被這樣打擾而顯得有點惱怒。我說我要借用洗手間，順便快快估量了一下這棟公寓。房子很大，有四個大房間，還有一條中央走道，兩側都是書架。所有窗簾都是拉上的，室內瀰漫著蔬菜和噴髮霧的味道，還有那種晚睡晚起的人家裡特有的悶味——一股混合著床褥氣味、體味、腳丫子味的怪味道。

「喝點茶吧？」

我說好，然後我們在小廚房裡坐了下來。塔提雅娜一邊忙著用茶壺煮水泡茶，一邊梳頭、上妝。

餐桌上有一些雜誌：兩本舊的《風尚》，上個月的《Tatler》和《哈潑》。看到這些雜誌擺在這種地方只讓我更加確定一件事：我會永遠討厭這種雜誌。

「那些是我的義大利朋友帶給我的。」塔提雅娜說。

「她有很多外國朋友，」奧嘉說，「這就是我想帶你來的原因。因為你是我們的外國朋友。你要不要換些盧布？」

我說不用了，我沒打算要買什麼東西。

「我們可以幫你找東西買，」奧嘉說，「不然你給我們美金也可以。」

「你們打算找什麼讓我買？」

「你喜歡娜塔莎，娜塔莎喜歡你，不如你跟她做愛吧？」

我站起來走到窗邊。三個女人盯著我看，當我轉頭看娜塔莎時，她露出嬌羞的微笑，長長的眼睫毛搧呀搧的。她身旁的購物袋裡裝了一盒洗衣粉、一些用報紙包起來的菠菜、一些罐頭食品、一組塑膠晾衣夾，還有一大盒尿布。

「在這裡嗎？」我問，「現在？」

她們都在對我微笑。我從窗口往外看民眾忙著清掃人行道、耙樹葉、鏟起成堆的垃圾。為了慶祝列寧誕辰，他們展現出何等驕傲而無私的公民情操。

「跟娜塔莎做愛要給多少錢？」

「一百七十美元。」

「這數字算得挺精確的呢，」我說，「這個金額是怎麼決定的？」

「這是小白樺商店[14]裡一台卡式錄音機的價錢。」

「我考慮看看。」

「你現在就得決定！」奧嘉斬釘截鐵地說，「你有信用卡嗎？」

「你們接受信用卡？」

「不是啦，小白樺商店會收。」

「奧嘉，這可是一筆天大的數目。」

「哈！」塔提雅娜嘲笑道：「我的男朋友們送給我收音機、錄音機、音樂卡帶、衣服，算一算好幾千美元跑不掉，而你居然為一兩百塊美元計較！」

「聽著，相信我，不是我在吹牛，可是如果我喜歡某個人，我通常在跟她上床以前是不需要買東西給她的。在美國，我們做這件事純粹是為了好玩。」

奧嘉說：「如果我們沒有美金，就不能到小白樺買收音機，而且小白樺六點就關門了。我們這樣有什麼不對嗎？」

「我不喜歡被人催促的感覺。」

「你還囉嗦！少說幾句早就辦完事啦！」

14 譯註：小白樺（Beryozka；英文經常拼為Beriozka或Beriosks）商店是由前俄羅斯蘇維埃聯邦社會主義共和國所成立、以外匯進行交易的國營商店，通常販售一些在一般商店買不到的貨品，類似早期共產中國的友誼商店。一九九〇年代俄羅斯開放盧布兌換外幣以後，這些商店逐漸私有化，但因缺乏競爭力，大都已經被淘汰。

我真討厭眼前這個局面，強烈地感覺想逃離這群麻煩女人。廚房裡很熱，茶很苦，十六層樓底下那些耙樹葉的人令我感到沮喪。

我說：「我們乾脆先到小白樺吧？」

塔提雅娜換上外出服，我們搭上一輛計程車。二十分鐘後，時間已經五點過了許久，我們抵達目的地。不過對我而言，這只是個挽救面子以及搶救荷包的辦法。方才在那棟公寓裡，我對自己感到很噁心。

我們走進商店以前，三個女人又開始嘮叨起來。奧嘉說都是我的錯，我應該把握機會跟娜塔莎做愛，可是卻白白把時間耗掉了。塔提雅娜得到學校接女兒；娜塔莎得趕回家，因為她明天要跟丈夫及小兒子一起前往黑海岸度假，而她一直指望著出發前先把一台卡式錄音機弄到手；奧嘉則得回家煮飯。「Vremya，」娜塔莎說，「vremya。」時間哪，時間！

我從沒看過那麼貴的電子設備，那些收音機、卡式錄音機都貴得離譜，一台索尼隨身聽居然可以賣到三百美元。

「娜塔莎想要這種。」

奧嘉指著一台標價兩百美元的錄音機。

「這個價錢太誇張了。」

「這是很好的貨耶，日本製造。」

我看著娜塔莎，心想這些人怎麼可能對市場運作這麼毫無概念。

「時間哪！」娜塔莎又緊張地說。

「這些不錯，」我開始試戴絨帽，「你們不想要這個嗎？」

奧嘉說：「你現在就得買些東西，然後我們就得走了。」

我想像接下來的景象：小白樺的購物袋裡裝了一台卡式錄音機，大夥衝回塔提雅娜家，娜塔莎在頂樓房間裡叫著「時間哪，時間」，然後我離開現場時告訴自己：你上了個俄國女人。

我說：「塔提雅娜，你女兒正在學校等你。奧嘉，你的丈夫希望準時吃晚餐。娜塔莎，你真的很好，可是如果你不趕快回家整理行李，就沒辦法順利跟你先生到黑海度假了。」

「你要做什麼？」

「我有約。」我扔下這句話後，就轉身離開正要打烊的小白樺商店。

我來到波希瓦劇院，在外套寄存處、餐廳和吧台都有俄國女人用坦率的眼神看著我。那眼神中既沒有色慾也沒有浪漫，只是一種好奇，因為她們看到一個身上可能有外幣的男人。那不是我通常看到的女人表情，而是一種毫不曖昧地游移在我身上的凝視，加上一抹淡淡的微笑，彷彿在說：「或許我們倆可以找到某個辦法。」

莫斯科對旅行團的人造成某種懲戒效果，大家都變得非常安靜且小心謹慎。他們似乎真的很害怕，這是我沒料想到的。是因為那些目光凶狠的士兵和警察嗎？還是不斷遇到的安檢，連在旅館門口都得出示旅館入宿證才能進去？或者是因為那些龐大的建築和寬闊的大道？艾胥理說他在莫斯科覺得自己非常渺小。

踢克對我眨了一下眼睛，說他在莫斯科這三天裡從沒踏出旅館一步。他說很怕自己被抓起來，從此人間蒸發。

「他們為什麼要這麼做？」

「我當過美國水兵，」他說，「在俄國，他們會因為這種事而把你殺掉。我們趕快離開吧，我只想說這句話。」

☆

我們從亞洛斯拉夫車站搭上西伯利亞火車出發的那個下午，天氣非常陰暗，還下著雨。團員很緊張，話說個不停，大家都很高興要出發了，可是又擔心接下來不知會發生什麼狀況。有些人從不曾在火車上過夜，現在他們卻得在抵達伊爾庫次克以前，連續四天睡在火車上，而且是好幾個團員擠在一間廂房裡，就差沒有同床共枕。美國人被安排在一間，英國人在另一間，澳洲人也有一間，來自法國的無名四人組自己一間。我從被告知被安排到哪一間那一刻開始，就知道這段路會走得很開心：我是自己單獨一間。我的行李裡還有一堆波蘭美食，我在莫斯科也買了一些巧克力和香檳。我有書，以及一台短波收音機。我衷心期盼接下來四天的幸福。

在蘇聯，這種感覺是很不尋常的，因為他們並不熱衷於招呼單獨活動的人；一個自己旅行的人似乎難以引起他們的注意。如果一個人單獨走進俄國的餐廳，他得等很久才會有人招呼他；但餐廳裡那群喝醉了酒、不斷喊著「蘇歐米！蘇歐米！」（芬蘭！芬蘭！）、人數大約有三十五人的觀光團，卻得到高效率的服侍，不到一個小時就酒足飯飽地走回巴士。蘇聯人比較喜歡招呼大團體，他們喜歡像趕一群牲畜般，一下指使一下清點人數，完事後快快把他們送走。個人似乎經常被視為危險，而且總是很麻煩。對一大群觀光團小小地霸凌一番是這麼容易，何苦花心思應付個人？獨行旅人受到輕視、畏懼，就算他熬過官僚體系的折騰，辦好各種手續，也會發現自己旅行比跟團要貴上兩倍。蘇聯社會不認可「個人」的概念，所以最好的解決辦法是先參加旅行團，行程中再隨時脫隊。

如果我是一個人旅行，我大概永遠不可能獨享一個臥艙廂房。但由於整整兩個車廂被安排給了我們這個團，可是我們的人數卻只需要一個半車廂就夠，這麼一來，一部分人就有了單獨一間的好運。

這就是為什麼從莫斯科出發第一天，火車往基洛夫開去時，一路上我都非常快樂。我忙著看書、喝酒、收聽英國廣播公司的新聞報導，以及寫下先前跟奧嘉和娜塔莎的奇遇記。我覺得那像是一種休憩療癒：我閒散地打發時間，偶爾看著窗外不傷腦筋的風景，睡著以後三不五時又會有人進來把我叫起來用餐。而由於我們是旅行團，我們總是比其他乘客早吃到飯。

搭乘西伯利亞快車的經驗結合了單調和一種肅靜的美感。從早到晚，在轟隆作響、快速奔馳的列車外面，盡是樺樹林、起伏的山丘；黑夜過去，又是一整天的樺樹林和起伏山丘，直到那一切彷彿不再是風景，而成為一張壁紙。這種壁紙是如此簡單，同一個花樣不斷重複，到最後我們注意的不再是它的設計，而是接縫處的樣子。

白雪覆蓋著平緩丘陵區的山頭，樺樹林點綴其間——這無疑是大自然中最肅穆的景象，彷彿一張黑白練習畫，而偶爾出現的烏鴉和牠們的巢，那些棲息在枝椏間、或一副精神錯亂模樣在空中拍打翅膀的肥鳥，都使那風景顯得無盡寂寥。

我們經過彼爾姆，在一千七百七十公里處越過東西界標，然後繼續駛往斯沃德羅夫斯克。房屋逐漸變小，從市區的大樓變成郊區的磚造公寓樓，然後是木板搭建的房舍，接著房子越來越簡陋，彷彿只是砍劈木頭拼接而成，最後來到鄉野中，放眼望去只看到成段圓木堆成的迷你小屋，縫隙只用和著泥的草料塞住。整個俄羅斯建築史，就展現在短短八十到一百六十公里的路途上。

吃午餐時，我跟瞎眼鮑勃、薇兒瑪、摩特荷坐一桌。摩特荷向我們報告石頭收集工作的後續進展：他在柏林撿了一顆暴動份子投擲的石塊，在華沙撿了一塊石片，在莫斯科撿了一粒鵝卵石。接下來他計畫在火車停靠歐姆斯克站的十二分鐘時間，設法撿到有意思的石頭。

「這些房子好可怕。」薇兒瑪說。她戴了一頂毛氈帽，遮住她的禿頭。

摩特荷沒有刮鬍子，一臉鬍渣。每當我在這種旅行中看到有人這樣不刮鬍子，總有某種不吉利的預感。

我說，這個地區的人好像不太會為房子刷油漆，通常都只是漆一點當作裝飾；而在比較窮困的村莊，油漆甚至完全不存在，居民任由圓木小屋和棚屋經過長年日曬雨淋變成黑色。我話才剛說完，窗外就出現證據：一整個聚落都是造型矮胖、木頭變黑的小屋。

薇兒瑪說：「我想看一些相關的書。」

瞎眼鮑伯說：「保羅．索魯寫過一本關於西伯利亞火車之旅的書，你有沒有看過？」

「沒有。」薇兒瑪說，然後她看著我：「你看過嗎？」

我把臉貼在車窗上說：「你們看那些樺樹！我們永遠看不到長得肥壯的樺樹，這不是很奇妙嗎？這些樹木都是這麼纖細。你們認為原因……」

「我看過那本書，」坐在餐桌對面的摩特荷說，「戈爾尼夫婦有一本保羅．索魯的書，我不知道是哪一本。我看到馬坎在他的臥艙裡看。」

我在心裡暗記著接下來最好儘量避免跟戈爾尼夫婦打照面，不過即使如此，這一刻我還是覺得自己很假惺惺。可是我又能怎麼辦？我討厭成為別人注意的對象。我自己花了錢買票，所以我有權利享受個人隱私。我沒有欺騙任何人，只不過是對公開事實這件事稍微小氣了些。假如我採取相反做法，情況可能會令我苦惱，不只是大家可能會聊一些關於寫書的事，以及「你應該買一台文字處理器」之類的話，而且我還擔心自己會被迫負起免費導遊的義務——既然我以前搭過這輛火車，我應該知道那個樣子像熱水瓶的東西是不是教堂尖塔、那條河叫什麼名字、在伊爾庫次克買不買得到底片等等。

保持自己的隱私還是比較容易些。我有自己的廂房，寬敞的空間，一大堆美食，葡萄、餅乾、巧克力、茶，一切都使這趟西伯利亞鐵路之旅顯得像是五星級舒壓療程。而且我的小收音機在火車上居然可以用，這點實在太讓我驚訝了。有時我可以聽到英國廣播公司的新聞，有時收到的則是澳洲廣播電台或美國之音。我收聽流行音樂排行榜、關於中國舉辦莎士比亞文化節的報導、利比亞轟炸事件的後續效應。走到臥鋪車廂盡頭，俄國人稱作「薩摩瓦」的熱水壺就在那裡等著我取水泡茶。我把一天分成三等份，並為自己訂下工作任務：讀書、寫作。

那天晚上，一輪滿月照耀著萬里無雲的夜空，大地上到處是水澤，融雪淹進樺樹林。午夜時分，月光從空中及水面下兩面夾擊，照亮這些水澤，使大地彷彿是一面閃閃發光的鏡子，沒有樹葉的枝椏搖晃其間，顯得分外嬌弱。

搭乘西伯利亞火車時，每天都差不多一模一樣，這是這趟旅行令人感到安心的部分之一。這件事本身並不有趣，而這就是為什麼當西伯利亞火車的乘客很容易，要把它寫成故事卻會令人抓狂，因為沒什麼可以寫。這趟火車之旅是一種基於需要而發生的事件，而不是一個書寫主題。它比任何其他火車更像遠洋輪船——穩定前進的旅程，一成不變的風景。不過上次我搭乘這輛列車是十三年前的事，這段時間裡它已經有了許多改變，而且大多數改變都是一種改善。我相信戈巴契夫強調以成本效益原則改造蘇維埃社會生活的做法，是這些改善背後的助力。他曾公開批評蘇聯勞工無所謂的工作態度，從前臥鋪車廂裡那些頭髮花白、忙著打混的老車掌，現在已經看不到了；取而代之的是一對年輕男女，他們共同使用一個小隔間，輪班工作。戈巴契夫曾經抨擊酗酒是整個俄羅斯的普遍問題，但現在搭西伯利亞號已經不像從前那樣人人猛喝酒。車上還是有幾個酒鬼，不過他們不敢走進餐車，而且餐車裡也沒有賣酒。車廂變得比較乾淨，乘務員態度比較友善，乘客看起來也比較體面。不過如果火車靠站時間比較長，我下車在月台上散步時，還是有俄國人會走過來問：要不要賣你的鞋子？要不要賣你的牛仔褲？要不要賣你的T恤？或許這只是我自己的想法，但當一個國家的人民會跑來問你要不要把身上的內衣賣給他們，我認為這個國家在根本上一定出了什麼問題。

每天我都得把手錶往回調一小時；伊爾庫次克的時間比莫斯科快了五小時。一天損失一小時倒還不至於造成時差的困擾。第三天早上我醒過來時，看到窗外南方有一個大湖：查尼湖。不久後火車在巴拉賓斯克停下來，那裡很冷，氣溫在冰點以下。臥鋪車廂服務員哲尼亞瞄了一下天空，縮了縮身子，用俄語喃喃說著「會下雪」。摩特荷讓我注意到在巴拉賓斯克這一帶的大草原上，有些樺樹跟啤酒桶一樣肥壯，我從沒看過長成這樣的樺樹。這些老樺樹的粗大樹幹上有一部分樹皮已經爆開而且變黑了。

我們來到座落於鄂畢河上的新西伯利亞。這座城市大得令人乍看感到匪夷所思，不過回頭想想芝加哥，就不覺得有那麼奇怪了。而且跟芝加哥一樣，它也是因為鐵路發展而出現在人類文明的拓撲上。真正詭異的是，這裡竟然可以看到那麼多海鷗。在距離海洋一千六百公里的河面上，無數黑頭海鷗居然在浮冰間俯衝。鄂畢河全長近五千五百七十公里，是世界第四長河，比長江還長。

某個時候，馬坎．戈爾尼聊到那位無所不知的旅行家保羅．索魯，在若干年前完成的西伯利亞火車之旅。我一時沒法轉移他的話題，而大家也聽得津津有味，不時點頭稱是。在場似乎只有我不同意馬坎那種不但籠統而且有點自己編故事的描述方式，於是我找了個藉口起身離開。

其實我很想披露自己的身分，然後告訴他們這輛火車比我在一九七三年搭它時已經好很多，變得比較整齊乾淨，氣氛也比較文明有禮。先前乘坐它的經驗，讓我留下印象最深的事是火車開了幾天以後，餐車裡的糧食就開始短缺，於是我們只能吃雞蛋、清淡如水的湯和已經走味的麵包。我清楚記得火車在路線轉彎時搖個不停，盛在鋼碗裡的清湯也隨之晃蕩作響，差點沒濺出來。

睡覺前，我看到雲朵開始朝眩目的銀白色月亮聚集堆積，氣溫也越來越低。在遼闊的西伯利亞森林中，在深藍色的雪塘和尖聳的樹木間，想必有許多狼和野狗出沒。後來我真的看到這些動物的皮被撐在架子上風乾。我覺得那些人把狼皮拿來做帽子，實在太可惡了。月亮完全被雲遮住時，窗外景物頓時籠罩在一片漆黑之中。隔天早上我清醒時，火車已經開到泰舍特，外頭大雪紛飛。

春雪來得突然，地面頓時積了一層厚厚的雪。一片白茫茫的雪景中，只能偶爾看到幾條泥濘的小溪，裡面並沒有水在流動，看起來像是溪流形狀的巧克力冰淇淋在積雪中掙扎著顯露深咖啡色的形影。雪會為一個地方帶來一種奇異的安靜和孤寂，這種感覺在西伯利亞更是強烈；或者更精確地說，是「東西伯利亞」——我在小小的烏克火車站時，看到標牌上用俄文這麼寫著。雪下了一整天，有時火車穿越繽紛大雪時，天空、大地，周遭一切都變成白色，只有幾棵樹木的身影隱約從中透現。

根據黎克．韋斯貝特的說法，這些木造小城看起來跟一九二〇年代美國中西部的小鎮差不多，都是一些屋頂非常陡斜的一層樓房屋；鎮外是幾棟骯髒的工廠，噴出樣子跟天上的烏雲差不多的灰褐色濃煙，四周則是一望無際的草原——我們正在通過的是西伯利亞大草原上的廣寶蓮大平原。這些距離基瑪數小時車程的地方，看起來就像美國明尼蘇達州的戈佛草原。現在我正在看辛克萊．路易斯的小說《大街》，書裡書外的景象相似得令人驚嘆，都是茫茫荒野中忽然迸出繁榮城鎮。

暴雪在下午時逐漸減弱，後來火車接近安加爾斯克時，我們以為又開始下雪了，但其實只是風把雪從地上吹起來而已；雪真的已經停了。雪被風吹走以後，露出來的泥土呈現淺褐色，而且極為乾燥，要是光腳踩上那種硬梆梆的凍土，腳趾頭很容易緊緊黏上去。後來我看到一隻禿鷹在一棵光禿禿的樹上棲息，這才明顯意識到，在這個廣大地區的生命跡象是多麼稀少；在鐵灰色的天空下，就只有光禿禿的大地和被風捲起的飛雪。火車繼續往前奔馳，我試著再找到生命存在的痕跡。我覺得好像看到喜鵲和烏鴉，但那很可能只是光影製造出來的幻象罷了。

西伯利亞列車穿越一望無際的大草原整整四天半以後，我們終於抵達伊爾庫次克。真正驚人的並不是到這裡必須花這麼多時間，而是如果有人選擇繼續前往海參崴，那他還得再搭四天的火車，而且每一天幾乎都會跟前一天一模一樣，就彷彿橫越一片汪洋大海。

火車在晚上九點鐘開進伊爾庫次克，不過我們沒有在當地過夜。一輛巴士直接把我們從火車站接到六十四公里外一家位在貝加爾湖（Lake Baikal）畔的旅館。維特里克夫婦管這座超級大湖叫「白考兒湖」，他們是把老牌影星洛琳．白考兒（Lauren Becall）的名字拿來用了。

☆

湖面凍出厚厚的冰層，因為擠壓的關係，岸邊堆起了許多巨大的冰塊。貝加爾湖是世界第一大湖，含有地球上五分之一的淡水。除了胖嘟嘟的海豹和種類繁多的魚類生活在其中，俄國人也認為湖裡有許多怪物。他們還喜歡誇耀說，湖面的冰層厚達兩公尺；人可以從湖的一頭走到另外一頭，總距離是六百四十公里。當然也可以乘坐雪橇到對面的巴布希金，他們冬天就是用這種方式節省交通時間。貝加爾湖一帶有許多不可思議的事物。那些自然奇觀怎可能不令人讚嘆！巴夏亞里希卡那邊有很多毛皮農場，人們在那裡飼養銀貂、水貂、猞猁，拿牠們的毛皮做帽子。他們也會設陷阱捕捉紫貂。這種鬼靈精怪的小動物在人工飼養狀態下不會繁殖，不過野生紫貂多得很，一塊毛皮可以賣到一千美元。俄國人也誇稱貝加爾湖裡有珊瑚。沿著湖岸往南不遠，有一座村鎮叫李斯特維安卡，那裡有一座教堂，而且是真正的教堂，裡面有一名神父坐鎮主持。

俄國人倒從不曾誇耀他們的旅館。我們在莫斯科的旅館大得驚人，但灰塵很多，床墊裡塞的是麥稈，地毯破破爛爛，地板扭曲變形，被毯上有一大堆香菸燒出來的黑洞，浴室臭氣熏天，管子漏水，馬桶水箱龜裂。「這裡的茅廁實在是人間一大悲劇。」理查．凱斯卡特說。我認為他的話相當有道理。貝加爾湖畔的這座旅館採用大理石建材，看起來活像偉人陵寢，不過倒是很乾淨，只不過設備有一堆問題，所有房間都沒有窗簾，而且我換了三次房間才終於有熱水，但這時我又發現馬桶沒有坐墊。負責打掃的太太會撢灰塵、抹地板，但除此之外，旅館不做任何清潔維護。我指的不只是排水管、水龍頭等比較大的問題，還包括其他各種細節：抽屜手把掉了，窗戶沒有窗栓（就算有也沒用，那些窗戶早就被卡死了），門鎖失靈，燈不是壞了就是電源線裸露。所謂修理，就是拿膠布簡單黏一黏、用繩子隨便綁一綁。沒錯，所有旅行的人都必須準備好隨時面對不舒適的住宿環境，但我覺得在蘇聯生活不只是許多方面不舒適，經常根本就是置身險境。

團員們在這裡很不開心：天氣太冷，旅館太爛，食物太糟，而且這些西伯利亞人是怎麼回事，連笑都不肯笑一下？

新婚夫妻度蜜月時會來到這家旅館，其中有些會住下來，有些只是站在門口拍些照片，有些則會大肆歡鬧。我們入住的第二天晚上，隔壁房間來了一對新人，一整晚用錄音機播放俄國搖滾樂，凌晨兩點我終於忍不住跑去敲門叫他們安靜。新郎出現在門口，他顯然喝醉了酒，嘴角還淌著口水，而且他比我高了整整一個頭。不過當他看到我是外國人，決定放我一馬，儘管他後面那位年輕太太煽動他揍我。我回房後他們為了報復，把音樂開得更大聲，十分鐘後才關掉。

這一帶剛結婚的夫妻有個習俗是，請人開車載他們到安加拉河從貝加爾湖流出去的地方（那裡放眼望去盡是流冰和絨鴨），到了以後司機把車停在岸邊，新人開一瓶香檳互相舉杯慶祝，司機則負責幫他們拍照。新娘穿的是租借的蕾絲婚紗，新郎身穿黑色西裝，並披掛一條寬大的紅色緞帶當作肩帶。我走路到這個地點時，一路上就瞧見四對新人做這件事——儀式性的乾杯，擺姿勢讓人拍照。湖岸上到處可以看到香檳酒瓶。

這種情景讓人看了很沮喪。不知道是這個儀式本身的問題，還是因為蘇聯的離婚率超高，我總覺得那裡所有跟結婚有關的事物看起來都很矯揉造作。或許只是因為天氣太冷，貝加爾湖變成一大片冰，猶如南極大陸上結冰積雪的大平原。總歸一句話，冬天尚未告別西伯利亞。

☆

關於伊爾庫次克何以是西伯利亞首府、地區教育中心、亞洲大陸的十字路口，數不清的人都會熱心地提出解釋，不過我覺得黎克．韋斯貝特的說法相當正確，他說：「我小時候大急流城[15]就像這個樣子。你看那些戶外茅廁。我們在二〇年代以後就沒見過這種東西了。」我告訴他，我正在看辛克萊．路易斯的書，而這些西伯利亞城市活像書中描寫的基尼斯和戈佛草原城，只不過看起來比較衰敗些。不只是那些有門廊的木屋很像，那些充滿舊汽車和手推車的中央大街也很像，而那些門面寬得不得了的百貨公司，看起來彷彿就該跟路易斯小說裡一樣稱作「彭通百貨店」。真要說有什麼差別，大概就是西伯利亞的階級制度可能比較嚴密，而小說裡那個房地產經紀人喬治．巴比特來到西伯利亞應該會化身為超級黨棍。

來自愛沙尼亞的搖滾樂團「雷達」正在伊爾庫次克獻藝，刺骨的寒風呼嘯著吹過大河，旅館的人從一塊極不平整的木板上切出一個圓圈，放在我房間的馬桶上當作坐墊了事。奇怪了，這些人怎麼有本事把火箭送上火星？

一些年輕男子和一臉狡猾的女人在散步道上伺機而動，準備騷擾偶爾出現的外國人。

「要不要賣——」

他們什麼都想買：牛仔褲、T恤、田徑鞋、休閒鞋、手錶、毛衣、運動衫、打火機……他們會用盧布付款，要不然把俄羅斯娃娃安娜希嘉送給我玩一個小時也行。我有沒有收音機？有鋼筆嗎？

那天晚上我打開我那台小型短波收音機，聽到英國廣播公司全球台的新聞報導，是同一位女播報員的聲音，不過新聞內容聽起來有種不祥的徵兆：

> 瑞典當局指出，瑞典在大氣層中發現高強度放射性。當局表示，這與稍早芬蘭、丹麥、挪威已經陸續探測到的遠高於平日的放射性物質濃度有所關聯。最初瑞典方面認為，放射性物質是從首都斯德哥爾摩北方烏普薩拉附近的一座核電廠洩漏出來，但瑞典各地官員表示他們認為洩漏發生在更東方，也就是在蘇聯境內的某座核電廠。北歐地區已經有好幾天吹東風，放射性物質可能因此瀰漫到北歐各國。一份報告指出，芬蘭的放射線數值最高超出正常強度的六倍，

15 譯註：Grand Rapids，美國密西根州第二大城，在歷史上也是重要的交通樞紐，一九二五年美國成立的第一家民航公司就以大急流城到底特律為第一條航線。

挪威也高達平日的一倍半。

這是位於基輔附近的車諾比核電廠發生災變的初步徵象。那是兩天前發生的事，而我人就在蘇聯境內——在貝加爾湖畔詛咒蘇聯人連水管漏水都懶得修理。

☆

我們在上午離開伊爾庫次克轉往蒙古。團員抱怨火車延誤了整整三個小時，但這其實不算太糟，因為火車畢竟是從將近六千四百公里外的莫斯科一路開過來。這是一班莫斯科到蒙古的直達車，先沿著西伯利亞大鐵路一路開到烏蘭烏德，在那裡路線轉向南方，班車名稱則改為「蒙古快車」。這段路通過西伯利亞鐵路沿線地勢最崎嶇、景色也最優美的地方，也就是貝加爾湖以南的布里亞斯卡亞地區，居住在這個多山地帶的民族是以游牧為生的布里亞特人。火車繞過大湖南岸，經過斯柳江卡沿岸的冰釣漁人，貼著湖岸開到巴布希金，然後繼續往東而行。西南方向可以看到彷彿美國洛磯山脈的哈馬爾達班山脈，最高點海拔高度將近兩千四百公尺的壯麗雪峰連綿不斷，氣勢磅礡。這座高聳的山脈構成西伯利亞和蒙古之間的天然屏障，火車必須繞過山脈，沿著東側平緩的色楞格河谷地前進，才能進入蒙古。

我上次經過這裡時什麼也沒看見，那時我是往西走，而西行列車是在夜間繞過貝加爾湖。因此現在眼前所見燦爛陽光中白雪皚皚的山峰，對我而言是全新的風景。這列火車的臥鋪車廂灰塵遍佈，而且有一種被蹂躪過的感覺；側邊用西里爾字母寫了「蒙古鐵路」，並飾有蒙古國徽，圖案呈現一個頭戴氈帽、正在騎馬奔馳的人。火車在某個地方靠站時，數十名身穿藍色田徑服、臉部扁平的蒙古人跳下火車，在月台上迅速排成隊伍。他們是得了大獎的蒙古角力隊，剛結束在莫斯科的一連串比賽載譽歸國。其中一名選手告訴我，蒙古國徽上那位騎馬的人是蒙古的解放者——蘇赫巴托（Suhe Baator），也就是「蘇赫英雄」的意思。

俄國火車上的每個車廂都裝有擴音器，有時播放音樂，有時則是新聞或評論節目，因此車廂內總是環繞著那些背景音，而俄國人似乎有辦法把這些聲音當作不存在。這個聲音具有實用價值，會適時提供下一停靠站的資訊，以及列車幾點鐘會抵達那裡。過去由於擴音機的音量旋鈕被拆除，無法調整聲音大小，因此背景音日夜不停地嗡嗡作響。蘇聯在鐵路系統方面所作的改善之一，就是把音量旋鈕裝回去。蒙古的火車上還是沒有旋鈕，因此旅客成天都會聽到大聲放送的蒙古語播音。

「他們不能處理一下嗎？」維爾奇小姐語帶哀求地問道。

「我真想拿支斧頭對付那玩意兒。」踢克表示。他們向看起來很彪悍的蒙古女性乘務員提出要求，結果乘務員揮手把他們請走，一副「別打擾我」的模樣。

「或許她沒有旋鈕，」我說，「這樣的話其實算我們運氣好。因為如果我們把它關掉，她就沒辦法把聲音切回去了。」

擴音器傳出類似鴨子叫的聒噪聲。

「簡直快瘋掉了！」韋斯貝特夫婦說。

我告訴團員怎麼把聲音切掉，使他們對我刮目相看。我用一條橡皮筋綁住旋鈕拆除以後剩下的金屬頭，然後靠著操縱這條橡皮筋，順利把聲音關掉。這時我把橡皮筋拿下來，擴音器就一直安靜無聲了。

火車越過色楞格河，四周依然是一片荒涼的景色，彷彿永遠不會結束。山澗從森林中奔湧而出，大如汽車的冰塊漂浮在河面上。大地被褐色塵土覆蓋，不過雖然天氣很冷，樹上已經開始冒出嫩芽。蘇聯城市烏蘭烏德雜亂無章地延展在寬闊平坦的谷地中，市區盡是低矮的木屋和高聳的電線桿，調度場中停滿裝載樹幹的貨車。這個地區有許多伐木工及捕獸人，不過我倒沒看到這種人物上火車。就我視力範圍內所見，這輛火車載運了為數眾多的年輕蘇聯士兵。

離開西伯利亞鐵路路線轉向南方以後，火車爬上光禿禿的褐色山丘，而在下方的褐色山谷中，河流裡盡是充滿汙泥的冰塊，醜陋的城市在河岸邊不斷噴出煙霧。在烏蘭烏德以南僅僅數英里距離，大地已經變得極為貧瘠，沙漠般的戈壁幾乎一成不變地延伸到中國。曠野上只有一些稱不上樹木的大型灌木，長年受沙塵侵襲的粗獷草地，以及偶爾看到的幾個聚落，但連那些聚落看起來都非常淒涼。在許多空曠的地方，可以看到頭戴褐色毛氈帽的男子獨自佇立，他身上總會穿著一件有厚厚襯裡的外套，一邊抽菸一邊看火車經過，那靜止不動的身影彷彿蒙古大戈壁的象徵圖案。他到底是怎麼去到那個地方的？

形狀有如巨大沙丘的山巒是一片塵土和泛黃的草原。沒有樹木。黑色的山羊在一些孤立的小木屋附近吃草，馬匹用繩子繫在木栓上。放眼望去，到處不見人影。我感覺外人對這些遙遠聚落幾乎一無所知；外國人不准去參觀，居民沒有書寫傳統，他們等於是無聲的一群。這些地方也無比單純質樸，生活用水取自地面上挖出的洞，堆在木屋旁邊的木材可以讓他們生火。這是蘇聯境內極其荒涼的一個地區，感覺上彷彿已經進入蒙古。比較大的聚落外圍設有墓園，每座墳墓周圍都有方形柵欄，是為了防止——防止什麼？也許是要阻止野狼挖掘遺體。

午夜時分我們抵達俄蒙邊界，在兩邊都花了好幾小時辦理通關手續。蒙古和俄國的海關人員一樣粗魯，他們搜索行李，把床鋪扳開檢查，還把臥艙地板翻起來看。

「有沒有英文書？英文雜誌？」

我把我的行頭秀給他們看，但他們不感興趣。據說他們最積極搜查的是色情刊物，他們認為那比政治宣傳更危險；蒙古人尤其覺得色情就是邪惡的化身。

也許是因為蒙古人習慣看到不懂他們語言的外地人，他們工作時一言不發，也幾乎不做任何手勢，只是偶爾咕噥幾個字，而且用的是俄語。蒙古人無論男女，臉上都帶著一股稚氣。

習慣了蒙古人的安靜以後，隔天大清早那位凶悍的女乘務員跑來對我吼叫時，我的靈魂差點沒出了竅。我的廂房門有上鎖，但她有總鑰匙。她才敲了一下門，剎那間就把門打開，讓我措手不及，然後她叫著「喔！喔！喔！」我馬上明白她的意思是要我起來，她要收床單了。可是我們凌晨兩點多通過邊界以後才終於上床就寢，而現在才早上七點。火車預計在九點半抵達蒙古首都烏蘭巴托（「紅色英雄」），我還可以再睡兩個多小時的。我不理會她，翻過身繼續睡我的大頭覺。

這時，這位蒙古女士做出了一個驚人之舉，類似某些靈活的大人在小孩的派對上耍的把戲。她重新進到我的廂房時，催我起床的聲音放輕許多，然後她用兩隻手抓住我的床單邊緣，以敏捷的動作（搭配「喔！喔！」的叫聲）飛快地把床單從我身體底下抽走，然後踩著一雙飛毛腿閃人，留下我一個人在冷空氣中打哆嗦。

火車在長而直的軌道上前行，穿越無邊無際的草原、圓鼓鼓的山丘和平緩的坡地。在比較有遮蔽和陰影的地方，還殘留著一片片半月形的白雪。有時可以看到騎馬人的身影在空寂的大地上逆風前進，四周沒有任何道路、小徑，只有幾個圓形蒙古包（用蒙古語稱呼是「古爾」〔ghurr〕）。湛藍的天空底下只有一片淡淡的黃，這種景致美得令人驚嘆，那並不是沙漠，而是一座大得難以想像的天然牧場，上面稀疏點綴著幾群馬匹，偶爾可以看到一頭駱駝、一個人、一個帳篷。人類確實居住其間，但密度低得離奇。

蒙古人曾經策馬狂奔，直搗中國東部。他們騎馬往西，抵達阿富汗、波蘭。他們攻陷莫斯科、華沙、維也納，在那裡燒殺擄掠。他們使用馬鐙，而且把它傳到歐洲，歐洲人因而能夠進行長槍比武，而這可能也催生出中世紀的騎士文化。年復一年、冬春夏秋，蒙古人不斷騎著馬。當俄羅斯人離開戰場過冬，蒙古人依然繼續騎馬奔馳，在冰雪中招募新血。他們發展出聰明的冬季攻擊戰術：耐心等待河流結冰，然後縱馬越過冰原，於是他們得以迅速抵達任何地方偷襲敵人。憑藉著堅毅勇猛的性格，蒙古人到一二八〇年時已經征服已知世界的半數疆土。

但蒙古人也並非完全無所畏懼，當我們凝視這些廣袤的空間，便不難想像他們害怕的是什麼：他們最怕打雷和閃電。在這個沒有遮蔽的地方，人是多麼容易被閃電擊中！雷電交加的暴風雨一出現，他們就會迅速衝回帳篷，把自己埋在一層層黑色毛皮底下。如果外地人不巧出現在那裡，他們會把這些人趕到外面，當作他們倒楣。蒙古人絕不吃被雷電擊斃的動物，連靠近牠們都不肯。任何會導電的東西他們都會避開，即使在兩場雷雨間的空檔也是如此。早年蒙古人的生活目標除了偷盜、打劫、掠奪，就是設法讓雷電息怒。

我凝望著那些荒涼的低矮丘陵，忽然，烏蘭巴托的身影在遠方浮現，一條公路映入眼簾，佈滿塵土的巴士和卡車在上面行駛。我對這個城市的第一印象是它像一座軍事要塞，而這種印象深深烙印在我的腦海中。每棟公寓樓房看起來都像營房，每座停車場都像軍車調配場，每條街道的規劃彷彿都是為了行軍。事實上，大多數車輛都是蘇聯軍用車。建築物都有圍牆，如果是比較重要的建築，圍牆上還會裝設有刺鐵絲網。尖酸刻薄的人可能會說這城市像一座監獄，但即便如此，蒙古人也是非常快樂的囚犯，他們是一群青春洋溢、營養良好、穿著體面的國民。他們有紅撲撲的臉頰，手戴露指手套，腳穿馬靴；在這個到處一片暗褐色的國家，他們偏愛亮麗的色彩，三不五時就可以看到老人頭戴紅帽，身穿紫袍，鮮藍色長褲塞進色彩繽紛的長靴裡。這種穿著方式使出現在這裡的俄國人顯得非常突兀，就算他們不是軍人。我說這座城市看起來像軍營，但並不是一座蒙古軍營，而是俄國軍營；它跟任何我在中亞地區看過的軍營並沒有明顯區別。我們從伊爾庫次克開始，一路上就一直經過這種占地遼闊又沉悶無比的城鎮：營房，雷達天線，無法攀越的高聳圍牆，砲台，彈藥堆放場……而那些看起來像古墓的圓丘，想必是飛彈庫？

空蕩蕩的旅館散發羊脂肪的氣味。這就是烏蘭巴托的味道，空氣中瀰漫著羊騷味。任何一份菜單上一定都有羊肉，吃每頓飯都會看到羊肉被送上來，羊肉配馬鈴薯——詳細點說是一堆骨頭很多的羊肉配冰冷的馬鈴薯——幾乎可說是他們的國菜。蒙古人總有辦法把食物弄得令人難以下嚥、甚至覺得噁心，本來好好的食物轉眼間被他們糟蹋，不是冰冷冷地端上桌，就是把可怕的黑蘿蔔片灑滿在菜餚上，或者用一只羊耳朵當作裝飾。我特別抽出時間造訪當地食品店，看看那裡到底都賣些什麼。我看到油膩的黑臘腸、皺縮的馬鈴薯和蕪菁、黑色胡蘿蔔、一碟碟甘藍菜絲、一盆盆黃山羊耳朵、一塊塊變味的羊肉、一大堆雞爪。結果我在那裡看到最能引起「食慾」的東西，居然是一籃沒有包裝的褐色洗衣皂。

商店裡銷售越南鋼筆（牌子是Iridium）、北韓泰迪熊及各式玩具，還有俄國收音機。一台跟衣櫥一樣大、十八吋螢幕的俄國製電視機，售價是四千四百圖格里克（以官方匯率計算大約是一千五百美元，相當於蒙古人的平均年收入）。蒙古自己生產鞋子，他們做的靴子和馬鞍都漂亮得很。他們也做皮套。他們賣狼的毛皮、貂皮大衣，銀貂、松鼠、紫貂、兔子都被剝成毛皮來販售。羊皮大衣則非常便宜。我買了一件綿羊皮背心用來禦寒，只花了十美元，羊皮上還烙印了「蒙古製」的標記。

「你是獵人嗎？」一位蒙古人在街上問我。

這問題聽起來很奇怪，不過事實上有不少在蒙古長住的外國人——而不是像我們這種過客——的確是獵人。他們會搭輕型飛機前往蒙古西部的阿爾泰山脈，在那裡設陷阱捕熊、把狼的腦袋瓜轟爛、把漂亮的鹿送入黃泉。

我問這個人食物方面的事，請他聊聊那些羊耳朵啦、冷羊肉之類的東西。他說他最喜歡的食物是糖果。後來我真的發現烏蘭巴托到處是糖果店，裡頭賣的倒不是什麼精緻甜品，而是一些堅硬的糖果、熬煮而成的蜜餞等等，他們習慣把這類東西放進嘴裡吸吮，我想應該是因為大氣濕度實在太低，容易讓人覺得口乾舌燥。

烏蘭巴托一年四季幾乎都不下雨，整個蒙古的年平均雨量只有幾英寸。天空永遠蔚藍，堅硬的大地佈滿沙塵。這些穿著長靴和馬褲的人，一身打扮就像大漠裡的漢子，怎麼看也不像會生活在軍營裡。蒙古半數人口生活在烏蘭巴托，但他們很難被歸入「城市人口」一項——百分之三十五的首都居民依然住在蒙古包裡。

風塵僕僕的旅行團團員開始嚴重顯出疲態，不只是身體疲倦，人也變得牢騷滿腹，經常看人不順眼。他們沒有大聲抱怨，只是嘟噥著各種怨言。美國籍團員搞不懂為什麼這裡能買的商品這麼少，澳洲籍團員討厭這裡的食物（套句戈爾尼夫婦的話就是：「簡直是吃牢飯！」），那幾個法國人老是在吵來吵去，英國人努力把「不可以埋怨」掛在嘴邊，可是維爾奇小姐還是忍不住說了一句：「我快變神經病了。」

我在旁邊隨便聽聽。

英國廣播公司的新聞聽起來很像電影導演和演員奧森．威爾斯改編自十九世紀末英國科幻小說《世界大戰》的廣播劇。繼最初報導芬蘭和丹麥發現高強度放射性物質之後，陸續又報導德國及瑞士的放射性狀況。再過一天，新聞指出，基輔附近一處核子反應爐起火燃燒，災變發生於星期五。星期六，情勢難以判定。星期天，資訊依然模糊不清，但警報已經響起。我聽了一段綜合星期天英國各報消息的歸納報導，那已經是星期一的事。他們說至少有四千人死於災變，基輔居民大規模撤離，傷亡人數數以萬計，火勢無法控制。這些推斷在接下來幾天陸續被修正，但無法否認的是：可怕的災難真的發生了。

在這段時間中，旅客繼續從伊爾庫次克來到烏蘭巴托。我問俄國人他們是否有關於車諾比的消息，結果他們什麼都不知道；他們說我聽到的一定都是一些西方的政治宣傳。一個星期以後，當所有西方人都已經知道核災的事，一名剛抵達蒙古的俄國人還在說，根據蘇聯電視台的消息，有關人員正在基輔附近拆遷一座核電廠。

車諾比核電廠的輻射外洩意外，在蒙古沒有人知道，這件事令我覺得非常難過，況且蒙古本身就有同一型核子反應爐。蒙古被蘇聯占領、殖民已經夠糟了，但更慘的是這種大家長式的管理是以硬生生的方式在發生，蒙古人彷彿被當成小孩，什麼都不必知道，什麼都不用告訴他們。他們在黑暗中看不到真相。而他們對共產主義的闡釋方式非常老套，以九公尺高的身姿矗立在首都市區主要幹道上的史達林雕像，正足以說明這點。

我參加蒙古國家博物館的導覽行程，在那裡看到一些恐龍化石。那些恐龍跟我從前看過的完全不一樣，牠們有角、喙和爪；透過一些化石，例如一塊二點四公尺長的骨骼（那是牠的骨盆），我們不難想像出從前存在過的一些身型巨大的怪獸。

在一間陳設了許多弦樂器的展覽室裡，蒙古導遊說：「這是我們所稱的『莫林霍爾』（morin huur），這個名字出自一個非常古老的故事。從前有一個人，他有一匹駿馬，他非常喜愛那匹馬，騎在牠背上走遍蒙古。他愛他的馬甚至勝於他的家人！他愛馬的方式就像我們愛我們的戀人或家人。可是後來那匹馬死了。馬主人傷心欲絕，最後拿起一把刀把他的愛馬解體，取出所有骨頭，雕刻成類似提琴的形狀。他把馬尾巴做成弦，用骨頭和馬毛做出一把琴弓，然後他一輩子都在拉這把琴，思念他的駿馬。這就是『莫林霍爾』的意思——馬頭琴。」

☆

一股強烈得幾乎觸摸得到孤寂感，瀰漫在這整個國家。由於半數人口居住在首都烏蘭巴托（這樣統治起來也比較方便），鄉村地區幾乎空曠無人，遼闊的荒原中只有狼、熊、恐龍骨骼和零零落落的牧民。出了首都，十個蒙古人有九個住蒙古包。這片大地荒涼得宛如美國新墨西哥州或亞利桑那州，東歐國家的人找拍攝西部牛仔片的場景時，蒙古經常是他們的第一選擇。南斯拉夫最近到蒙古拍了一部《阿帕契》，那是一部充滿政治意涵的牛仔片，探討剝削的議題。

五一勞動節時，烏蘭巴托全體居民都會參加遊行，不是旁觀，而是加入遊行隊伍。加入遊行陣容是蒙古人的習慣，旁觀的人都是觀光客，今年包括一些芬蘭人以及我們這個旅行團：踢克、巴德、莫利斯、維爾奇小姐、薇兒瑪、摩特荷、艾胥理、戈爾尼夫婦，以及其他所有團員。我站在瞎眼鮑伯後面。

「那些舉旗的人是誰？」

他們是我在火車上看到那些身材魁梧的角力選手，不過現在他們把獎牌穿戴出來了。他們的身體姿勢和走路方式帶有一股猿猴樣。我覺得很難過，瞎眼鮑伯在人間最後用眼睛看到的東西，竟然是波蘭融雪季節的遍地髒汙、俄羅斯的沉悶無聊、西伯利亞的爛旅館，以及蒙古的角力選手。為了看得更清楚些，他從人行道上走進馬路，一不小心摔了個跤。

「我沒事！」他邊揉膝蓋邊說，「完全沒事！是我自己不小心！」

遊行隊伍每一排大約有三十人，每隔兩秒鐘就有一排人走過我前面。一個小時又十五分鐘後，最後一排人馬才通過，算算遊行人數一共相當於四十五萬人。他們舉著旗幟和標語，在通過很像列寧墓的蘇赫巴托陵寢時會把旗子往前傾斜。他們非常敬愛這位一九二〇年代的解放領袖。

隊伍中沒有任何士兵、武器或軍服——假如蒙古有自己的軍隊，俄羅斯就比較頭大了。旗幟上描繪了馬克思、恩格斯、列寧、蘇赫巴托、戈巴契夫等人的臉孔，還有一些很大的旗幟上可以看到蒙古革命人民黨暨人民大會主席巴特穆和的畫像（這個訊息是旁人告訴我的）。

擴音器裡傳出一名男子高呼口號的聲音：「蒙古革命人民黨萬歲！」

遊行民眾一陣歡呼，然後重複念著這句口號。

接下來踏步通過的是頭戴毛氈帽的小朋友，他們一邊打鼓一邊唱歌：

願太陽永遠照亮天空
願天空永遠一片蔚藍
願我的母親永遠年輕
願這個世界永遠和平

一幅大型旗幟飄揚著經過我們前方，上面描繪一九二一年列寧與蘇赫巴托會晤的情景。蘇赫頭部碩大堅挺，身穿傳統長袍。列寧頭上戴著他那頂列車長帽。旗幟上寫著：**無法忘懷的會晤**。

還有一幅肖像描繪的是蒙古太空人古爾拉格查，他於一九八一年隨著一具蘇聯火箭升上太空，詳細研究蒙古地形。

一面旗幟上寫著「華沙和平公約」，另一面寫著「我們追隨蒙古革命人民黨」。

「那面旗子寫的又是什麼？」

導遊幫我翻譯：「恭賀資本主義國家的工人。」

「那就是我們嘛！」黎克．韋斯貝特說。

勞動節遊行就此結束。

隔天，我們到蒙古唯一一座有實際運作的寺院參觀。聽著瞭望塔中的喇嘛吹法螺召集其他僧侶祈禱，我不禁思考這個國家的歷史和現況。從前蒙古曾經擁有兩千座寺院，其中的僧侶都屬於佛教格魯派（黃教）。到了今天，蒙古的宗教信仰卻只剩下這座隱沒在一棟公寓樓房後方的小木屋。蒙古大軍曾經征服世界，現在的蒙古卻連軍隊也沒有。蒙古人曾經入主中原，當上中國皇帝，滿州人也是蒙古人的一個分支。那一切都已經結束。曾經，蒙古人奔馳在遼闊的高原和山脈，今天的蒙古人卻生活在這座缺乏生氣的城市，擠在兩房小公寓裡。在所有層面上，他們都已經變成臣屬於他人的民族，而在這個領土面積名列前茅的國家，人民竟然居住在狹隘的室內。他們幾乎完全脫離世界而存在，但這種孤立不但沒有使他們憤怒，反而讓他們在許多方面顯得純真無邪。蒙古人的性格中有一種非常令人愉悅的特質。

或許今日蒙古的最大特點就在於此：經過效法蘇聯的革命以後，無論宗教、固有經濟、軍隊、社會秩序，原有的一切都被破壞殆盡，整個國家完全變貌，沒有蘇聯的協助就完全無法運作。蒙古人彷彿成為無助的嬰孩。舊有習俗和體制消失，蒙古處在真空狀態，蘇聯隨之介入，用蘇聯式的建築、都市結構、鐵公路系統、學校填補這片真空，蘇聯的意識型態也全面取代了原有的佛教。蒙古文字遭到廢除，改用俄國的西里爾字母。蒙古人對中國的固有仇恨被煽動起來，他們高興地接受蘇聯帶來的碉堡、要塞、飛彈，直到所有城鎮都變得完全不像蒙古；無論規模大小，任何聚落都有俄國軍隊駐紮，俄國軍人在那裡成天詛咒自己倒了八輩子楣，居然被派到這種鳥不生蛋的地方。

蘇聯的權威、干預、諮詢和財務援助造成非常深層的影響：這一切無不使蒙古人儼然成為需要別人照顧的小孩。我們很難想出天底下有哪個民族會比蒙古人更無助、更依賴他人。而且他們是以一種近乎狂熱的方式仰賴蘇聯，因為他們沒有別人可以倚靠。他們在世界上已經沒有別的朋友，沒有真正的親族關係。把他們變成孤兒的那個國家收養了他們，而且拒絕讓他們長大，以致於現在的蒙古有個令人無奈的特徵——蘇聯無所不在。

蒙古所有的攻擊性都鎖定在「中國」這個目標。坦克、大砲、飛彈都朝向中國邊界佈署，中國人被醜化成虐待者、帝國主義者。（中國對此倒也有所反擊，稱蒙古為猖獗、反動的霸權主義者。）在軍事及政治層面上，這種攻擊性的具體表現是俄國部隊在靠近內蒙古及新疆的邊界地區巡邏。在日常生活中，它則可能以投擲石塊的形式出現。

從烏蘭巴托到邊界的列車包含一節中國的臥鋪車廂，火車才開動沒多久，一名激動的蒙古人就從軌道旁向這節車廂扔了一顆石頭，打破一塊玻璃。國家財產對中國人而言是神聖不可侵犯的，於是他們要求停車，提出強烈抗議，堅持必須立刻修復才能繼續前進。除非蒙古人發誓會送新的車窗來，否則他們就在原地不動。蒙古人答應了。

我去查看破掉的窗戶時，摩特荷已經站在火車外頭，不過他不是要看那扇車窗。

「我在想辦法把那顆石頭找出來收藏。」他說。

後來他找到一顆石頭，不過警察要他把石頭放回原地。

隨後我們離開一片死寂的蒙古國中心，往南方行進。火車出城以後在褐土山丘上爬上坡，在一連串U字形大彎道上蜿蜒許久之後，終於駛進高地草原。那整片風景宛如一大塊經過精心修剪的羊毛皮，一大片同樣的黃色在風的吹拂及太陽光照射下，閃現忽而泛白忽而金黃的色澤。看似荒蕪的戈壁中充滿生物，我看到灰鶴、成群的野生駱駝、鵰、老鷹、禿鷹等猛禽，以及一種類似囊鼠、但體型偏長的褐色動物，可能是土撥鼠；只不過我沒看到犛牛。每次我朝窗外望去，都會看到某種生物，如果不是野生動物，就是蒙古人——那種不知從哪裡冒出來，騎著馬迎風奔馳的草原莽漢。

天氣晴朗，陽光普照。在蒙古大戈壁中，每天都是天氣晴朗、陽光普照；每天的日落都是壯麗的奇景，太陽逐漸變得溫柔，化成一顆紅色的大球，緩緩消失在地平線上，然後寒冷的夜晚就會到來。

那天晚餐我們吃的是中國菜。

「明天我們就到中國了。」維爾奇小姐若有所悟地說。

「到那裡以後，我恐怕就得跟各位道別了。」我說。

「不管你是誰，」艾胥理說，「那幾個法國佬把你叫做『神祕人物』。」

「不無道理。」

我環視圍坐在各個餐桌上吃飯的人。經過三星期持久而穩定的行進，旅行團的氣氛已經有所不同，變得急躁多了點，喧鬧少了些。大家都知道自己該迴避誰，聊天時哪些話題不受歡迎，哪個人有神經質，誰比較安全。團體裡也形成小圈圈，法國人一群，美國人一群，澳洲人一群，英國人一群，被排擠的四個人：薇兒瑪因為禿頭被排擠，瞎眼鮑伯因為視力不良被排擠，摩特荷因為狂熱地收集石頭被排擠，維爾奇小姐因為口不留情被排擠，也自然形成四人組。

我多聽了幾天短波收音機的新聞，發現先前許多關於車諾比核災的驚悚報導並不是事實。不過災情確實非常嚴重，而且情況依然危險，火災到現在還沒有撲滅。

因為冷的關係，我睡得斷斷續續。才剛進入夢鄉，忽然有人敲門，又是那位蒙古乘務員來收被單。我不情願地賴皮了一下，結果她又使出老戲法，雙手一拉，輕鬆俐落地把床鋪上除了我之外的所有東西都收走。

火車逐漸靠近札明烏德的邊境檢查哨。札明烏德是一個非常典型的遙遠邊城：無垠的沙漠，漫天的沙塵，沒有任何植物生長，荒涼破敗的小鎮無疑處在文明的最邊陲。火車站看起來像一座德國的鎮公所，不過是用石膏建材打造而成。通過邊境沒有任何手續。我等在那裡，算是賞鳥吧，然後四個小時過去，太陽升到頭頂。這趟旅行裡有這麼多的等待和延誤。

沙漠中逐漸出現一個藍色的東西，是一輛從中國那邊開來的火車頭，嘎嚓嘎嚓地沿著鐵道往我們這邊前進，撞上我們的火車，連接了起來，然後在燦爛的豔陽下，牽引著我們通過邊界，從蒙古進入中國。

第二章 開往大同的內蒙古特快車：二十四號列車

從前每次聽到中文的「鐵路」這個詞，我都會以為有人提到我的名字。如果請中國人試著用法文發音念出我的法文姓氏「Theroux」，聽起來確實很像「鐵路」。這個詞會讓我不由自主地轉頭：他們會不會是在談論我？

火車載著我們跨越中蒙邊界，進入二連[1]。穿越中國的內蒙古地區是我這趟旅行的目標之一。元上都位於內蒙古，不過忽必烈汗的恢弘皇城[2]至今只剩區區幾畝的殘破土牆。內蒙古又是一片遼闊無邊的草原，整個地區安靜得連火車進站的情景都會讓當地人看得目不轉睛。

二連距離外蒙古的札明烏德只有幾英里遠，不過這兩個地方看起來非常不同。札明烏德是個破敗的邊城，建築在被曬得發亮的沙漠中，當地生活百般寂寥，只要一頭駱駝走過大街，就會引來一陣注目。相較之下，二連是個由磚造建築構成的整潔市鎮，處處都有花壇，街道兩旁種了新的樹苗，郵局、電信局都開門營業，成衣工廠忙碌運轉。旅館雖然談不上優美，不過整齊清爽，彷彿在

1 譯註：全名為「二連浩特」。
2 譯註：引自英國浪漫派詩人塞繆爾·泰勒·柯勒律治於閱讀馬可波羅描述的上都景象之後，寫出的著名詩句：「忽必烈汗上都坐／恢宏皇城樂御邦……」（In Xanadu did Kubla Khan / A stately pleasure-dome decree……）。

親切地召喚我們入住。一群工人忙著把鑄鐵柵欄漆成綠色。

「黎克，你看，他們在微笑，他們在揮手呢！」

「嗨，你們好！」

「好久沒看到有人這樣微笑了。俄國人從來不笑。我要拍一張照片作紀念。」

火車之旅的團員都被那些微笑的臉孔迷住了。可是他們真的在微笑嗎？我覺得那群蒙古油漆工人可能只是因為陽光刺眼而瞇眼睛；他們也可能是因為看到我們這群人的樣子完全符合中國人給西方人取的綽號「大鼻子」而忍不住笑意。

這天是個非常炎熱的五月天，整座城在熱氣中閃閃發光。火車站和旅館裡都還有耶誕節裝飾——冬青樹枝、金銀絲線、小燈泡串。火車被轉軌送進停車棚換輪子。不過不只是換輪子，而是整個底盤都拆卸下來換上另外的底盤，而這個作業是按照中國人的做法進行的，也就是把整輛火車抬起來：用纜索把它綁住後再向外拉開，九十噸重的鑄鐵車體頓時吊在空中晃蕩。

火車到站是一件大事。一天只有兩班火車，可是火車裡通常都會坐一些外國人，也就是一些帶了錢來花或有外幣可以兌換的人。這些旅客中有人正要離開中國，有人才剛抵達，不過他們看起來總有那麼一點焦慮不安。中國人看到機會來了，忙著向他們兜售食物或紀念品。中國人的旅遊地點如果沒有餐廳就是一種殘缺，而中國人如果到了一個地方卻沒在那裡吃東西，會覺得彷彿沒去過那裡。因此二連的旅館設有一間大餐廳，為火車旅客提供含有八種菜色的大餐，讓他們吃得既感恩又覺得安心：中國比他們想像得整潔乾淨多了，如果其他地方至少都像這樣，他們應該會喜歡中國的。

巴德・維特里克說：「哇，很棒耶！他們很友善，很親切……」

他的意思是，中國人會忙著服務客人、幫忙倒茶。他們知道怎麼對客人表示禮貌，不過還是會忍不住多看幾眼我們的大鼻子和叭叭走路的大腳。這種好奇（也可能是嫌惡）很容易被一廂情願地以為是善意；中國人即使做個鬼臉，看在外國人眼裡也可能變成中國式的微笑。

韋斯貝特夫婦向三個路過的中國人招手，對方也學著他們揮動幾下手指頭。

「他們在對我們揮手呢！」

到底哪個情況比較糟──是聽那些立場傾右的觀光客咒罵俄國人，還是聽他們不分青紅皂白地讚美中國人？沒有人想到中國的政治制度其實糟糕透頂，大家只關心中國民眾是不是會對他們微笑。中國人懂得怎麼用很簡單（縱使有點笨拙）的方式操縱這些外來訪客的心理，可是這一切其實明顯得像小學生在交新朋友。

我在附近逛了三個半小時，等火車換好新的輪子返回車站。

清澈的藍天中，一架飛機往西方飛去。頭等艙旅客人手一杯貴族瓊漿──庫克香檳，正在研究華麗的菜單：雛雞和鵝肝肉凍，煙燻鮭魚慕斯佐新鮮魷魚沙拉，燻鴨絲菊苣沙拉，多寶魚佐明蝦襯蘋果，炭烤小羊排，蟹腿大蝦燴時蔬……然後有人問了空服員一句：「今天的鵪鶉胸做得怎麼樣呀？」

回到地表的內蒙古，一位老叟蹲在地上，把一碗米飯端到鼻子前面，用筷子把飯粒扒進嘴裡。如果飛機裡的乘客往下看，他們只會看到一片淺褐色的大地，長草的地方顏色稍微偏黃。那是一個幾乎完全空曠的空間，但這時我還不知道這種空曠的空間居然是中國最稀罕的風景。

我們再度上路，穿越平原。這是一個漫長而炎熱的下午，一路上只能偶爾瞥見人或動物的蹤影。我看到駱駝在吃草，看到馬群、雀鷹。沿途的火車站都有著蒙古名字：查干特格，郭爾本敖包。建築物蓋得相當簡約，不過有好看的瓦屋頂和飛簷，油漆也刷得夠鮮豔。月台上的中國旅客按照規定位置排隊，站得整整齊齊，可是火車一靠站，隊形立刻消失，所有人爭先恐後地擠在門口搶著上車。他們的穿著跟我印象中的中國已經有所不同，藍色制式服裝變少了，衣服顏色變多了，許多人戴著遮陽帽、太陽眼鏡，身穿亮麗的毛衣，還有一些女人穿了裙子。這一切對我而言都很新鮮，我想見識更多東西，非常高興自己做了再次造訪中國的決定。傍晚時分，遠方出現山巒的形影，那是內蒙古自治區和陝西省的交界處。

這個天然省界地帶中有一段長城穿過。火車沿著長城咔噠咔噠地走了一陣，然後在夜色降臨後從它下面穿了過去。萬里長城在這一帶相當支離破碎，而且看起來只是一堆褐色磚塊及碎石塊，乍看彷彿倒塌的土牆。然後我們抵達土褐色的大城市——大同。

中國導遊說：「我們本來打算安排你們住大同賓館，可是那裡最近變得不太乾淨了，現在只有中國人去住。」

我們被載到大同機車[3]工廠，這是一座相當典型的大型中國工廠，彷彿一座自給自足的城市。這裡也曾經是人民公社，裡面有學校、醫院、商店，周圍還有圍牆保護，以及一家旅館——大同機車賓館，這就是我們的住宿地點。

花了好幾個星期，我們終於進到中國內地。中國乍看相當破舊，不過忙碌而亂中有序，熙來攘往的人潮、五光十色的霓虹燈、燃燒煤炭的刺鼻氣味，無不令人感到新奇。在這個看起來荒涼貧瘠的地區，居然出現這片繁忙景象，這種落差感覺起來相當詭異。

而且這座城市顏色灰暗、遍地沙塵，因此置身大同彷彿走進從前的黑白電影。中國人的穿著也帶來類似老電影畫面的效果，他們喜歡下緣低的剪裁、白色罩衫、樸素而實用的鞋子，男人喜歡穿細條紋西裝，多數還戴了帽子。中國製造的汽車很像老警匪片裡看到的那些黑色大轎車。街燈非常高，不過亮度不高，鐵質燈柱有溝槽裝飾。城市天際線上盡是工廠煙囪，完全看不到萬里長城。煙霧瀰漫的空氣、閃爍不定的燈光，這一切看起來也都像老電影。可是這就是大同。

我看著書就睡著了，隔天很晚才醒來。走下樓時，早餐時間已經結束，大約十位服務員正忙著清理餐桌。其中一個人在吃剩下的食物，那些麵包和水煮蛋看起來彷彿根本沒有人碰過。他看到我時馬上停止咀嚼，然後我假裝有事在忙，他的嘴巴又重新動了起來，一邊收拾杯盤一邊餵飽自己。他的動作非常迅速，彷彿一隻掠食動物。

我走出旅館打算散步到著名的九龍壁看看，但繞了一些路以後便完全迷失了方向。過於簡化的市區地圖使我上了當，害我大幅低估了景點的距離。不過我將錯就錯，而且非常高興看到許多被塗抹得快要消失的標語，仔細看可以隱約看到上面寫著：**毛澤東思想萬歲！**大大小小的標語隨處可見，多得怎麼塗也塗不完。基本上，中國人是不破壞公物的，「愛惜公物」是共產黨宣揚的五大美德之一，所以從這些標語遭到破壞的情形看來，中國人是真的對這些文化大革命時代遺留下來的口號深惡痛絕。

很多人在路邊工作，有鐵匠、木匠，還有曬豆子、撿菠菜、洗衣服、收舊衣服等形形色色的人。也有人在路邊修汽車：焊接輪軸、修理引擎、幫輪胎打氣；技工的腿從用千斤頂抬起來的巴士底下伸出來……這些都是在中國的街道上特別容易看到的景象。

瀰漫在大同的黃色煙霧是沙漠塵土、空氣中的霧氣及工業煙霧共同組成的產物。這是一座由燃

3 譯註：機車即火車頭。

煤提供動力的城市，中國最大的露天煤礦場之一就位在大同近郊。清晨的濃霧充滿硫磺成分，使建築物看起來不但古老而且彷彿鬼影幢幢，行走其中的人們也變得宛如幽靈。事實上，這些建築並不古老，而營養充足、健康良好的民眾其實相當友善。

這座我在這次進入中國內地後第一個見到的城市，跟我離開西柏林以後看到的所有城市之間，有一個最大的不同是：商店中有琳瑯滿目的食物和商品，市場裡有堆積如山的蔬菜和水果。我不禁想到在華沙、莫斯科、伊爾庫次克、烏蘭巴托看到那些空蕩蕩的貨架和被擠壓變形的罐頭；披著黑色披肩的婦女手提網線袋，努力懇求店家讓她們多買幾顆已經皺縮的馬鈴薯，或剪條十五公分長的乾癟臘腸給她們。在莫斯科，我看過長排隊伍，每排不下三十人，等著向街頭小販買番茄；那番茄才剛從高加索山區運到莫斯科，雖然已經太熟太軟，但依然奇貨可居。看過那樣的景象以後，眼前的中國簡直就是豐饒的人間樂土。

☆

中國人是世界上最後一個還在製造痰盂、夜壺、踏板縫紉機、暖床爐、舊式鋼筆（帶有鋼尖、沾墨水寫字的那種筆）、木造牛軛、鐵犁、淑女車（把手往後彎曲的直坐式單車，可讓騎乘者身體直立而無須往前彎）、蒸汽引擎，以及一九四八年款帕卡德（Packard）汽車（中國人稱之為「紅旗轎車」）的國家。

他們也還在製造老爺鐘，就是那種必須手動上鍊，走時滴答作響，然後「噹！噹！噹！」報時的落地式大型機械鐘。這不是很有意思嗎？我覺得非常有意思，因為中國人在晚唐時期就已經發明全世界第一台機械鐘。跟許多其他中國的發明一樣，中國人後來把機械鐘的原理忘得一乾二淨，很久以後才又從歐洲引進時鐘。中國人最早發明鑄鐵，不久後就製造出鐵犁。最早成功冶煉出「宿鐵」（即鋼或「大鐵」）的是西元六世紀的中國冶金師。西元前四世紀，中國人就已經發明弓弩，直到一八九五年都還把它當成作戰武器。他們最早注意到雪花是六邊形。他們發明了雨傘、地動儀、磷光漆、轉輪、井徑儀、瓷器、魔術燈籠（「生動輪」、西洋鏡）、臭彈（其中一種配方是用大約七公斤人類糞便混合砒霜、牛扁、斑蝥粉）。他們在西元第一世紀發明鏈泵，目前仍舊在使用。他們做出人類第一具風箏，而歐洲的天空要等到兩千年以後才會看到風箏飛翔。他們發明活字，在西元八六八年就做出第一本印刷書籍（佛教《金剛經》）。他們在十一世紀就有了印刷機，而且學術研究明確顯示葡萄牙人向中國人學會製作印刷機之後，德國的古騰堡又從葡萄牙學到這個技術。中國人建造全世界第一座吊橋，以及第一座節段拼裝拱橋（建於西元六一〇年，現在依然在使用）。他們發明紙牌戲、釣魚線捲軸；兩千年前他們就懂得釀造威士忌。

一一九二年，一名中國男子用降落傘從廣州一座清真寺的宣禮塔成功飛躍而下，不過中國人其實早在西元前二世紀就已經開始進行降落傘實驗。南北朝時代的齊文宣帝高洋（在位五五〇～五五九年）也測試過「風箏飛人」，這可以算是懸掛式滑翔機的雛形：他讓人把抓著竹製風箏的受刑犯從高塔上推下去，其中有個人滑翔了超過三公里距離才墜落。中國人是最早採用方向舵的航海家，而西方人在一一〇〇年前後從中國引進方向舵以前，一直只會使用舵槳。西方國家的小學生都知道中國人發明紙幣、煙火和漆器。其實中國人也是最早採用壁紙的民族，直到十六世紀壁紙才透過法國傳教士傳入歐洲。中國人對紙的喜愛可說無以復加，考古學家在吐魯番挖掘到西元五世紀的紙帽、紙腰帶、紙鞋。先前我已經提過衛生紙的事。中國人也用紙製作窗簾、甚至盔甲——紙張的皺褶讓盔甲足以抵擋利箭。中國人發明造紙術一千兩百年以後，歐洲人才終於在西元十二世紀開始造紙。中國人也發明第一輛手推車，某些設計精良的古代中國手推車，西方人到現在都還不曾用過。其他例子不勝枚舉。英國科學家李約瑟的巨作《中國的科學與文明》全部完成時，將達二十五冊之譜[4]。

中國人在西元六百年前後提出全球第一份蒸汽引擎設計圖，目前大同機車廠則是世界上最後一個仍在生產蒸汽火車頭的工廠。他們不但製造那種又大又黑、呼哧呼哧的火車，更厲害的是，工廠裡完全沒有自動化設備。無論是鍋爐或小小的黃銅汽笛，一切都靠手工，用榔頭打鐵鍛造而成。過去中國一直從國外進口蒸汽火車頭，起初自英國引進，後來改向德國、日本、俄國購買。一九五〇年代後期，在蘇聯的協助下，中國人在大同建造這座鐵路機車廠，第一輛火車頭於一九五九年順利出廠。現在這裡有九千名員工，每個月生產三到四輛火車頭，基本上是沿用十九世紀的樣式，但做了一些改良。如同痰盂、縫紉機、洗衣板、牛軛、鐵犁，這些蒸汽火車頭經久耐用。目前這是中國鐵路系統的主要動力提供方式，雖然官方計畫在西元兩千年以前逐漸淘汰蒸汽火車頭，但大同機車廠將繼續營運。世界各地的蒸汽火車愛好者非常喜歡這種充滿懷舊氣氛的中國蒸汽火車頭，而在某些國家，例如泰國或巴基斯坦，多數火車都是靠大同機關車牽引。不過這種火車頭並不是中國的獨家特色，一九四八年時，我就喜歡站在麻薩諸塞州梅德佛的鐵路旁，看同樣這種會喘氣冒煙的火車頭轉軌。

大同機車廠像個巨大的打鐵鋪，類似一九二〇年代美國那些吵雜、骯髒、危險的大工廠。由於沒有自動化設備，它不容易被摧毀；就算今天一顆炸彈掉下來，明天工人還是可以回來工作。基本上它是由一堆棚架構成的複合體，不過總面積高達二點五八平方公里（約兩百五十八公頃）。工人蹲坐在燃燒室裡彎腰操作焊槍，他們一會兒爬進鍋爐一會兒又爬出來，拿鐵鎚敲打螺釘，以手拉動輪軸，用滑輪組操縱頭頂上的巨大車輪。外人必須非常努力地觀察，才能從一片混亂中看出端倪，明白眼前真的是一條裝配線。而且走路得非常小心，地板上到處有大洞，前後左右隨時會出現尖銳的東西、灼熱的金屬。可是工人們幾乎都沒有戴安全盔或穿工作靴，他們大都穿拖鞋、戴布帽，數以千計暴露於危險中的靈巧工人，就這樣在《鐵砧大合唱》[5]的豪邁樂音中，忙碌穿梭在一大堆冒著煙的鐵板之間。

這些工人每個月的基本工資是一百元，大約相當於四十美元，不過為了提高生產力，工廠也制訂獎勵計畫、提供獎金。

帶我參觀的工人譚先生說：「階層高的工人賺的錢比較多。」

「我以為大家賺的錢一樣多。」

「現在不是這樣了。基本工資也許一樣，不過近年中國推動的改革之一就是獎金制度。獎金的發放標準除了你的職務和工作性質，也包括居住地、物價水平等。」

這種彈性薪資標準就共產制度而言彷彿是異端，但這確實是目前中國的經濟運作方式。我問譚先生這種薪資結構改革是否成功。

他對我非常坦白，聳聳肩說：「大同在許多方面還是比較落後，包括薪資和工作條件等等。我們這兒算是比較偏遠的地方，需要改善的東西還很多。中國其他地方情況比較好，特別是南方。」

我們談話時，驢車載運沉重的鐵製部件穿過工廠，那些驢子嗅著鍛造金屬的火焰冒出的熱氣，

4 譯註：截至目前一共出版七卷、二十七冊。

5 譯註：出自威爾第歌劇《吟遊詩人》的著名合唱曲。

看起來一副可憐兮兮但逆來順受的模樣。

譚先生提供了一些統計數據。統計資料經常造成誤導，而中國的統計數字聽起來更像是胡謅：一百萬這個，兩百萬那個，冠冕堂皇的數字，聽到最後只覺得既空泛又虛假不實。

「我們有八十六棟住宅大樓。」譚先生說。但那又如何？裡頭的公寓又暗又髒，什麼都壞了，煤炭就堆在廚房門邊，牆壁龜裂，上面還有被塗掉的標語，每個房間裡都得擺上兩張床。中國最稀罕的東西反而是沒有床的房間。

「這裡的醫院有一百三十個房間。」譚先生說。可是這醫院不是個令人舒服的地方，環境不怎麼乾淨，穿堂風猛吹，而且非常吵雜。

大同機車廠最奇怪的一點是掛在貴賓室的毛主席肖像。根據冠冕堂皇的中國統計資料顯示，一九七六年毛澤東逝世時，中國境內一共掛了七千萬幅毛主席肖像。但鄧小平認為人物肖像是封建的象徵，於是在一九八一年那場承認文化大革命是一個錯誤的共黨全國代表大會中，決定實施零肖像政策，所以目前在中國已經很少看到毛主席的肖像了。

「你是怎麼處理你的毛主席肖像的？」我問譚先生。

「扔了。」

「為什麼不留著作紀念？」

「因為我不想紀念。」

工廠內的旗幟標語不具政治意涵，許多是關於工作安全，其他則是關於團結合作。有一則標語寫著：**工人要全力以赴，達成三大目標**。我問那三大目標是什麼，得到的答案是：一、控制生產時間，不使勞動白費；二、保持良好工作態度；三、增加生產力。這些目標的最大特點是含糊。過去，在不久以前的過去，工廠標語的內容不外乎毛主席的領導、打倒帝國主義者和他們的走狗等等。

我有一種感覺，既然這是一座機械工廠，它應該可以製造任何機器。生產這些鍋爐和鐵管的技術也可以用來生產坦克車和大砲。

「這麼說也沒錯，」譚先生說，「不過我們大同已經有一家專門生產坦克車的工廠。」

我不知道他透露這個軍事機密給我是出自刻意的坦白還是單純的天真，但無論如何，他說話的方式讓我很喜歡。我又問了他一些問題。

譚先生年約三十，可是看起來有點蒼老。中國人一直到二十六、七歲看起來都青春洋溢，然後就逐漸顯得垂頭喪氣，非常憔悴。過了六十歲以後，他們的面容上卻出現某種安詳，不但不顯得老朽，反而越來越風雅而有尊嚴，展現一種「無齡」的樣貌。譚先生經歷過文革，還在大同當過紅衛兵。

「不過我只是部屬，不是領導。」

「我明白。」

「我很高興那些都結束了。」他說，「毛主席死了，文革就結束了，不過之後那幾年還是充滿不穩定感。」他環視一下匡噹作響的工廠景象後繼續表示：「不過中央委員會裡有些人想把鄧小平搞下台，然後按他們的方式管理國家。」

「這樣不好嗎？」

「不好，因為那些人會搞獨裁。」

「報紙上有沒有人寫文章評論這些事？」

「報紙上不會有任何關於民主的東西，連『民主』這個詞兒都被視為邪惡。討論這種事是會惹禍上身的。」

「你怎麼知道？」

他微笑了一下說：「我曾經幫《大同日報》寫文章，可是他們老把我的文章改寫成政治宣傳，結果變得根本不是我寫的東西，所以老子就決定不幹記者了。」

「你怎麼有辦法就這樣走人？」

「其實也是被迫走的。我被人批評，然後被安排到一個工資比較低的崗位。可是我不在乎。如果寫了東西，刊登出來以後卻變成另外一回事，那還寫什麼？」

我們聊到貧富的問題——有些人住高級酒店，有些人在窯洞裡生活（山西省和甘肅省都有很多人住窯洞）。譚先生說中國的貧富差距很大，不過光是有錢不見得能得到別人的尊敬。

「有些有錢的中國人，我們管他們叫『二手販子』。」他指的是那些賺到錢的流動攤販或劣等貨商人。「他們不讀書，不上博物館，也不到廟裡拜拜。他們就只是有點錢而已。」

我教了譚先生「philistine」（市儈）這個英文字。

我參觀了大同附近的雲岡石窟。以前到這裡參觀的旅客會用粉筆在那些美麗的壁畫周圍畫圓圈，然後請中國工人把它劈砍下來，包了就帶走。另外一個非常受歡迎的活動是把佛像的頭砍下來。幸好現在還有很多完整的佛像，其中某些大石窟裡的佛像高達三層樓。不過中國的旅遊景點似乎有一種可以預期的宿命，就連最棒的一些景點（例如雲岡石窟），都在大力整修及粉刷之後，完全失去原有的藝術價值。早期的旅客透過順手牽羊式的小規模掠奪行為開始破壞文物，文革期間紅衛兵接手破壞工作，大肆掃蕩文化資產。如果雲岡石窟的雕塑沒有被破壞殆盡，那只是因為作品實在太多了，於是部分作品留了下來，但已經失去原有風貌。

懸空寺的情形也一樣。這座非常奇特的寺廟位於大同南方六十四公里左右的恆山，興建於北魏後期，驚險的階梯和露臺彷彿懸吊在垂直聳立的峭壁上。這是一個政府鼓勵民眾參觀的重要景點，中國遊客蜂擁而至。這個地方也遭受過紅衛兵的大肆破壞，後來雖然重建復原，但很多原有內涵在復建過程中消失了。現在的懸空寺看起來既俗麗又粗糙，修補的痕跡非常明顯。

「景點觀光」是旅行中特別值得商榷的面向之一，而在中國旅行時，它帶來的價值更是低得可以，基本上連娛樂都談不上，可以說只是在打發時間。感覺上那像是趕場朝拜，但旅人在忍受了朝拜儀式所有無趣與疲勞的部分後，卻無法獲得任何心靈上的滿足。

在參觀懸空寺的行程中，讓我覺得真正比較有趣的是走訪令家山谷。那是一座乾燥的大山谷，令氏家族的人就生活在那裡的窯洞中。他們在岩壁上有天然平台的地方鑿出居住空間和通道，在紅褐色的岩石中開出簡單的窗戶和門，大部分人就這麼生活在這樣建成的窯洞裡，只有少數幾家人住在谷底平地上的小土屋。這個地方看起來奇異而原始，但漫步其間，我可以看到居民生活得很正常：他們忙著種菜、捕魚、洗衣、燒飯、曬被褥；這裡也有幾家商店、一所學校和一座磚廠。這一切就位在高聳山巒間的一處凹谷，令氏家族的人生活在這裡，享受這麼清新的空氣、這麼廣闊的空間，一定覺得自己非常幸運。

中國的統計資料中有一個令人驚奇的數字是，三千五百萬中國人仍然生活在窯洞中。政府並不打算把他們遷出來改住樓房，不過有計畫要為他們提供居住條件比較好的窯洞。一九八六年五月十九日的《中國日報》報導一名具有遠見的建築師任震英，設計出改良式窯洞，讓窯洞空間變得寬敞，門窗大幅加大，並設置通風扇。其中一棟「樣品窯洞」擁有四十二個房間以及好幾間三房公寓。他認為窯洞具有冬暖夏涼的特性，而且可以節約能源和土地，讓省下來的資源貢獻於農業。

我認為這是一個水平思考的範例。的確，為什麼要重新安置窯洞居民？比較合乎邏輯的辦法是改善窯洞本身。

這種想法非常中國。就像蒸汽火車頭這種中國人年復一年不斷製造的嶄新古董。畢竟那是不錯的設計，只不過看起來有點過時罷了；而在這個出產煤炭的國家，使用蒸汽火車頭非常符合經濟效益。

如果這是一場時光旅行，我倒覺得相當安心。我的旅館房間裡有痰盂、夜壺，座椅有椅套、靠背頂端有防汙套，亮漆書桌上覆蓋著繡花墊布，上面擺了水壺、站立式日曆和一瓶塑膠花。抽屜裡有一小瓶墨水、一個筆架，上面放了一支沾墨鋼筆。這些東西都不怎麼「現代」，但各有功能，大部分也都經久耐用。

聽在多數西方人耳裡，這話似乎有點好笑、甚至荒謬；但這並不是個笑話，至少在一個居民還在用兩千年前設計的漁網捕魚的社會裡不是。中國比任何其他國家都要多災多難，但它不但總能熬過一切，而且繼續昌榮繁盛。我開始想，假如有一天所有電腦都爆炸、所有衛星都燒毀、所有噴射機都墜毀，而我們終於從高科技的迷夢中清醒過來，很久很久以後，中國人還會繼續開著呼哧呼哧的火車，在古老的梯田中用鐵犁耕作，在窯洞裡自得其樂地生活，拿起沾墨鋼筆繼續書寫他們的歷史。

第三章　開往北京的九十號夜車

姑且不談他們穿的制服經常太大，帽子戴得歪歪斜斜，腳趾露出便鞋前端；大多數中國官員都顯現出中國的官僚體系多沒修養、多麼不通人情。這跟沒有穿制服的一般老百姓簡直是天壤之別，後者通常相當懂得變通，也非常願意妥協。這種人通常出現在所謂「自由市場」，也就是那些新出現的集貿（集市貿易）市場，而不是在中國的鐵路系統中。

接近午夜時分，大同車站驗票口那個晚娘面孔、大吼大叫的女人，真是個名副其實的看門狗。往蘭州的火車發車前三分鐘，她已經把柵門碰一聲拉上，用大鎖鎖住，硬是讓一群焦急的士兵和一些剛趕到車站的旅客錯過車班，任憑他們拉著柵門懇求也沒用。更狠的是，她乾脆把驗票口上方的燈全部熄掉，讓所有人置身在一片漆黑中。她一直等到我要搭的北京方向列車進站以後，才開門讓我進去，然後她又把門碰一聲拉上，讓又一批晚到的人眼巴巴地看我上車。那已經不只是不通人情；中國官僚經常帶有一種虐待狂。

將近晚上十二點了，我在臥車上找到我的睡鋪，當作沒看到廂房裡的其他乘客（其中一位是不是女的？），直接倒頭就睡。清晨五點半，中國官僚們已經起床，其中一位嘩一聲把門拉開，把燈打開，要我們把被單交給她。我轉身繼續睡覺，設法重新回到方才的夢鄉——在鱈角的路易斯灣享受微風吹拂。那位腰間繫了圍裙、頭戴糕點師傅那種白帽子的臥車乘務員狠狠地用手指戳我的屁股，吼著要我起來。

「火車七點十五分才到站耶！」

「起來，把被單給我！」

「讓我睡覺！」

坐在我對面臥鋪上的年輕男子告訴我：「他們要你下床，他們要摺被單。」

「有需要這麼急嗎？火車再過將近兩小時才會到。我要睡覺。」

臥車乘務員抓住我的床單邊緣，我知道她要玩我在蒙古經歷過的那種把戲——雙手一拉，把所有被單從我身體底下扯走。

我只會說最基本的中文，沒辦法表達我現在想說的話，於是我請對面那個年輕人幫我。「拜託你幫我翻譯一下。如果他們真的想把工作做好，那應該先去打掃廁所。昨天晚上我看到廁所那麼髒，根本不敢用。地板那麼髒，窗戶那麼髒，熱水瓶裡也沒熱水。收床單有這麼重要嗎？」

年輕人搖搖頭，他不想翻譯。他知道，而我也心裡有數，被單早點摺好的話，火車一到北京站，他們就可以直接回家了。加班摺被單是拿不到加班費的。

咻！乘務員把被單抽走，讓穿著藍色睡衣的我在黎明前冷颼颼的空氣裡打哆嗦。

「說了也沒用，」年輕人說，「他們是不會聽的。」

他的意思是說他們怕丟面子。畢竟那些人也只是在執行任務。年輕人叫小彭，他正在看英文版《頑童流浪記》，增進自己的閱讀能力。我看到別人在看書時總覺得特別親切，不過我忍不住跟他說這本書對增進他的英文能力可能幫助不大。他是大同人，年紀二十七歲，已經結婚，太太是個祕書。他說她是個很單純的女孩，這也是她吸引他的原因。他們還沒有小孩。「我們只能生一個小孩，所以我們想再等一陣子。」

☆

北京逐漸天亮。我立刻發現，這座幅員遼闊、有點土氣的城市已經開始往空中發展，到處都是高大的吊車，是那種倒L形、有二十層樓高的重型吊車。我數了一下，火車抵達北京站以前，一共有六十具大吊車。他們正在興建住宅大樓、旅館、辦公大樓。我看到新的高架道路和公路隧道，大部分街道看起來都很新。某些街道交通壅塞。這座城市變得更大、更吵，看起來也更明亮而繁榮。這個情景令我驚奇，因為我看過北京比較單薄的模樣。當然，我也是在拿俄國的鬱悶、蒙古的困乏和波蘭的憤懣做比較——那種自我壓抑和與其相對的貪婪，那種食物短缺、滿街破車的情景。北京正在迅速轉變，彷彿某個人忽然下令「全力建設這座城市」！就某方面而言，這就是眼前正在發生的事。這種全新的氣氛和興旺的景象是短短五年不到的事。在漫長的中國歷史中，五年只是一轉眼，但毫無疑問，就在一轉眼間，這座城市飛起來了。

我的第一印象是「新」：新計程車，新大樓，新的廣告看板，乾淨的新街道，亮麗的新衣服。這座嶄新城市看起來不像是給老百姓住的，而是要讓外來的觀光客、生意人使用。我一下就看到九家大旅館正在興建，還有數不清的餐廳及百貨公司。但是沒有新的劇院或公園。一些新成立的學校教授各種外語，提供觀光旅遊相關課程；其中一家規模不小的學校，甚至是專門為了訓練計程車司機的外語能力而成立。有些電影院重新開張營業，不過沒有新的管弦樂團出現。北京不再像一座皇城，開始變成大型旅遊勝地。這種轉變中有一個特別令人不安的徵象：外國銀行家和會計師紛紛湧向北京。

一個積極興建新大樓的國家通常也會積極拆除舊有建築，這種說法通常八九不離十。在至少一千年間，北京城是一座堡壘，四周圍繞著高聳的城牆，城牆建築精美，擁有巨大的圓柱、壯觀的城門。一九六三年，為了興建一些醜陋的公寓樓房，北京城牆遭到拆除。它的消失並沒有讓太多人感到遺憾。北京的傳統住宅區是由許多四合院所構成，四周有圍牆，入口是圓月門，門後是屏風，再走進去是錯落有致的房舍。這些大部分都不見了——又是為了興建大樓而拆除。座落其間的小客棧不是已經不見、就是即將消失，取而代之的是大型旅館，如假日酒店、萬里長城喜來登，高價位國際觀光飯店已經不下三十家。北京完全沒變的部分是紫禁城，中國人至少知道，如果他們把紫禁城也拆掉，其他地方的人就沒理由特地來到北京了。在天安門廣場西南角，距離宏偉的毛主席紀念堂沒幾步路，近來出現一家肯德基炸雞。這個情景跟中國人在天安門廣場上感受到的愛國情操之間，不免充滿矛盾。

中國歷史層層交疊，新的局面總是急於抹除前一時代的痕跡；表達毛澤東思想的大字標語被塗去，改漆成豐田汽車、手錶或牙膏廣告，這種現象戲劇化地凸顯出中國歷史的特性。就在嶄新的汽車、電腦畫面或品牌標誌旁邊，經常還可以看到殘留在那裡的口號：「反動份子是紙老虎！」「敵人反對的，就是我們要支持的！」在大同，這類標語多得離譜，而且漆得斗大，當人們厭倦它時，唯一的辦法是把它漆掉，但經常還是有一部分內容隱約可見。或許這是北京人積極樹立廣告看板或漆出商業標語的原因，並不是因為那些內容多有價值，而是因為它可以有效遮蓋毛主席崇拜的痕跡——那些以邊長兩公尺的巨大漢字漆在城市各處的「毛主席最高指示」。

我問小彭為什麼那些標語被塗掉了。

「那些都很政治化。」

「這有什麼不好嗎？」

「沒有實際作用。」

不過一九八五年間一場足球賽結束後，歡慶勝利的活動演變成排外暴動，外國人遭受攻擊，汽車車窗被砸碎。日本商品的廣告看板成為許多暴力行動的焦點，後來不少看板不是被悄悄撤換，就是內容大幅修改。在此之前，另一場足球賽勝利（中國擊敗保加利亞），導致數以千計的中國球迷在某天深夜聚集在北京飯店門口高喊：「我們打敗你！我們打敗你！」當時北京飯店只有外國人入住，這也是為什麼暴民選擇以它作為目標。然而不知不覺中，所有人忽然開口閉口都是「外國朋友」。我忘了打哪兒聽過這樣的打油詩：

去年喚他洋鬼子
今年尊稱洋大人
夫人離去多辛酸
新歡駕到喜洋洋
古來風水輪流轉
世事多變人難料

外國旅客會被安排到指定旅館住宿，我住的那家叫做燕翔飯店，每晚房價一百六十元（五十三美元）。小彭住的是他所謂「中國人的酒店」，沒有名字，只有門牌號碼，一個晚上付三元（七十五美分）。這種情況算是稀鬆平常，中國經常實施雙重標準，中國人一個價，外國人另一個價，無論餐廳、商店、博物館門票、展覽入場券、公車、計程車、火車、飛機，大抵都是這個情形。平均而言，外國人付的價格是中國人的三到四倍。華僑屬於另外一個類別，一個華裔就算是在美國波士頓出生長大、一句中文也不會說，他也不算外國人。商務人員及官方訪客又是不同類別，而且擁有某些特權。

這些複雜的「階級分類」方式令人很難不想到，再這樣下去，遲早有一天會引發類似當年導致文化大革命發生的衝突情況。小彭說這不無可能，因為平均薪資（每個月一百元人民幣）仍然太低，獎金發放缺乏章法，而且中國正在面臨人民共和國成立以後的第一場通貨膨脹。

「不過我希望不會發生那種事，」小彭說，「我認為革命是一種破壞。」

「當年如果中國沒有發生共產革命，你們的生活應該會有很大不同。」

「可能比較好，也可能更糟。」他說。

我說：「可是你不覺得你們經歷過一段非常有意思的歷史嗎？」

「只是短短一段歷史。中國歷史太悠久了，文化大革命根本算不了什麼。」

諾拉．華恩在《流放的家》[1]中寫道：

> 我問他們這是什麼戰爭。舜珂的丈夫說：「這不是一場戰爭，只是一個時期。如果你多讀一些中國歷史，就能明白這點。在中國四千六百年的歷史中，每逢改朝換代，我們都會經歷一段動盪不安的日子，長度大約六十到一百年。」

小彭沒當過紅衛兵。文革期間他是個十來歲的少年，但他不願意加入單位，這使他受到排擠。

「為了證明我敬愛毛主席，我不得不參加遊行活動，不過我的心不在那裡。當時如果你在左手臂佩戴紅色袖標表示你是個紅衛兵，那是很棒的事，而最棒的就是擔任所屬單位的領導。」

「你們學校的紅衛兵是誰當領導？」

「一個叫衛東的男生。這名字其實是他自己取的，意思是『保衛毛澤東』。他在學校裡是個很重要的人物，他知道所有口號，經常要我們喊那些口號。那是個很奇怪的年代，整個國家處在一種革命狀態。」

「後來衛東呢？」

「我偶爾會跟他碰面，他已經變了一個人。他現在是個老師，也有了小孩。就是一個普通的勞動者。這種處境是很辛苦的。他沒什麼錢，得不到什麼尊重。那些口號、演說都是過去的事了。沒有人因為從前發生的事而責怪他，可是現在也沒有人對他感興趣了。」

「你覺得文革沒有帶來什麼成就嗎？」

「沒有，反而讓我們失去了很多東西。我們把時間都浪費掉了。毛澤東糊塗，他的腦袋一定是累了。周恩來本來應該有辦法讓我們脫離文革，可是他還是決定讓毛澤東領導。我們都很信任周恩來，這就是為什麼一九七六年清明節的時候會有那麼盛大的紀念活動，成千上萬的人自發性地出來憑弔他。不過我們也不知道該做些什麼，天安門廣場上擠了很多人，可是大家都覺得很迷惑。」

「你們什麼時候開始覺得不迷惑？」

1　譯註：諾拉·華恩（Nora Waln）是活躍於一九三〇至五〇年代的美國作家及記者，曾旅居德國及中國等地。《流放的家》（*The House of Exile*）出版於一九三三年，描述她身為一名美國女子在中國生活的所聞所見。

「鄧小平掌權，廢除毛澤東肖像，推動改革開放的時候。」小彭回道。

「這也有可能又是中國歷史上一個短暫的過渡期。」

「我希望它會是很長一段時間。」小彭說。

☆

美國駐中國大使溫斯頓・洛德（Winston Lord）的夫人貝蒂・包・洛德（Bette Pao Lord）的中文名字叫包柏漪。無論在美國或中國，包女士的名氣都比她丈夫來得響亮；這位華裔美籍作家的小說《春月》在美國是暢銷書，在中國正在被改編成電影。溫斯頓・洛德這個充滿貴族派頭的名字，感覺起來像是出自某一類型的女性書寫，包柏漪的作品所刻劃的人事物則是來自另一個截然不同的世界。她的小說非常精準地描繪出一個被捲入中國歷史洪流的家族生命圖像，精采作品獲得高度讚譽，可謂實至名歸，而故事呈現的背景也正是包女士親自觀察過的時代。她誕生於中國，在美國成長、受教育，後來以大使夫人身分返回故土的人生經歷，彷彿也與小說情節有所呼應。

包女士不到一天前才通知我隔天她要舉辦午宴，她一共邀了十六位中國客人。我有點措手不及，不過跟她碰面以後，我立刻就明白為什麼她會有這樣的行事風格：她是那種沒有人會對她說不的人。

她身形纖細，具有中國美女那種略帶嚴肅的美貌。她皮膚白皙，有如絲絨般細緻，渾身散發時尚雜誌所稱那種風華絕代的優雅。她那敏捷機靈而又自在滿足的神態，源自於一種對他人別無所求卻自然而然集寵愛於一身的生命經驗。她烏溜溜的秀髮往後梳成緊實的髮髻，再插上一根髮簪。她身穿時髦的白色外套和裙子，一件條紋罩衫，足蹬細跟高跟鞋，大大的白色珊瑚耳環鑲嵌在臉頰兩側，彷彿俄國珠寶品牌法貝熱（Fabergé）設計的時尚耳機。她非常熱切地設法讓我感覺輕鬆，結果反而使我有點緊張。

五月的北京已經相當悶熱，但包女士卻熱力四射。熱忱是她的特質，那是一種自信的表現，而且她無論說中文或英文都顯得熱情洋溢。她的動作輕快活潑，響亮的笑聲隨時從喉嚨深處蕩漾出來。為了吸引我的注意力或強調某個重點，她跟我說話時會非常不中國地戳我的手臂、拍我的肩膀或敲我的膝蓋。別人做出這些舉動可能使我招架不住，但包女士這麼做卻令我感到振奮。我非常享受被這位高貴優雅的女士戳手臂的感覺。

某個時候，提到做計畫的重要，她又拍了我的身體一下，然後說：「就像挑選適合的先生或太太……」

我心想這話有點怪，因為我自己從來不曾把結婚這件事當成意識性的選擇。結婚是另一回事：人因為墜入情網而決定結婚，無論最後的結局是好是壞。但她似乎非常理性（想必這是她身上屬於中國的部分），而且我推測她一定一輩子都在思量如何做出正確選擇。

她告訴我，她覺得自己非常幸運。我想很多女人一定很恨她，因為她擁有大多數女人想要的特質：出色的外表，過人的幹勁，卓越的表現。總之，她是個自成一格的小皇后。她告訴我她的年齡：四十七歲。但她看起來只有三十五，而且由於某些中國人的臉孔似乎不容易受到歲月摧殘，在很長一段時間裡，她可能還會一直維持這個模樣。

我們聊到寫作出版。她的寫作生涯可說是旗開得勝，已經出版的兩部作品都成為暢銷書。她到北京才半年，就已經開始計畫撰寫一本新的小說。經營大使家庭、規劃菜單、與傭人溝通協調、款待賓客、跟家人相處……大使夫人的生活使她化身為某種維多利亞時代的女主人。她說，為了讓自己在忙亂的生活中找到秩序，她有寫日記的習慣，而且未來可能考慮出版。

「比方說當我坐在鄧小平旁邊，或有人介紹我認識某個來訪的元首，我心裡就會想：『我得把這個記下來！』這很重要，對吧？」

「是很重要，不過大家讀別人的日記主要是為了發掘一些勁爆八卦或私密告白。我的建議是：把什麼都寫下來，不要修改或刪節，盡可能什麼都不隱瞞。」

「這就是你的做法嗎？」她邊說邊翹起腿來，雙手抱在胸前，一副質疑姿態。

「我只有在旅行的時候才寫日記。」我說。我沒告訴她，我認為日記——藉此設法記得生活中的一切——是寫小說的殺手。

「是因為旅行真的那麼有趣嗎？」

「不是。是因為旅行寫作是自傳體裁的一個次要形式。」

這時，有個女人沒敲門就走進來說客人到了。

「他們都是共產黨員喔！」包女士悄悄告訴我。她對自己相當得意。話說回來，在這種情況下，又有誰會不得意？畢竟中國十億人口中只有四千四百萬人是共產黨員，相當於百分之四點五。

這些賓客都是些作家或學者，他們大都出過國，而且幾乎都會說一口流利英文。他們對西方人的用餐方式見怪不怪：使用刀叉難不倒他們，先喝濃湯再享用明蝦和肉餅，他們也吃得很愉快。其中一個人告訴我，不久前黨書記胡耀邦還公開提倡使用刀叉。胡耀邦認為筷子不衛生，而中國人習慣用自己的筷子夾取同桌人共同吃的菜餚，這是導致細菌散播的因素之一。胡耀邦經常開這類玩笑。他甚至說過馬克思主義已經過時，而漢人應該考慮撤離西藏。

我問坐我旁邊的女士是否同意胡耀邦對筷子的看法。

「我傾向保持開放性思考。」她說。她的口音非常出色，不只是英文本身好，而且帶有上流社會的腔調，類似出身高尚的中學女校長。她的說話方式讓我聯想到英國名校切爾騰納姆女子學院（Cheltenham Ladies College）的校長，而且她看起來確實是英國人眼中最標準的女學者模樣。當她說她在北京大學教書，她的研究主題是亨利．詹姆斯，我絲毫沒有感到驚訝。

她說亨利．詹姆斯作品的中文翻譯版水平很低，讓她覺得非常苦惱。

「比如《貴婦圖像》裡的卡斯柏．古德伍德跟伊莎貝拉說『你就等吧！』，結果中譯本變成『等一下！』彷彿他馬上就會跑回來。很傷腦筋，可是又能怎麼辦？」

我問她政府會不會干預她的教學，因為畢竟一直到最近，外國小說長期被視為「糖衣砲彈」，是會毒害人心的布爾喬亞（資產階級）材料。

「現在政府會給我們自由，讓我們做好我們的工作，跟文革時期已經不可同日而語了。」她一邊說著，一邊非常細膩地用刀叉把餐盤裡的鳳尾大蝦尾巴上的殼去掉。「那時候校園裡到處裝了擴音機，一整天都開著。」

「你會覺得討厭嗎？」

「一開始會，後來就只是覺得無聊。其實無聊是文革最糟糕的部分。早上一起床就聽到擴音機大聲播放口號：『不忘階級苦，牢記血淚仇！』刷牙的時候，牙刷上寫著：『不忘階級苦，牢記血淚仇！』水槽上也寫了：『不忘階級苦，牢記血淚仇！』無論走到哪，到處都是標語口號。那簡直是對人的一種侮辱，大多數人都痛恨這些東西。我是徹底地覺得它無聊。」

她說這番話時還是保持著那種柔和而略帶慵懶的腔調，然後她又說：

「可是我們也無能為力。」

七十多歲的蕭乾安靜地聽這位女士說話。他在一九三九年到一九四五年間待過英國，由於大戰爆發的關係，他沒法搭船回中國，不過他表示大戰期間留在英國的經歷讓他看到英國最好的一面。這天他繫的領帶看起來很像老式學院領帶。我問他是不是，他說對，那是劍橋大學國王學院的領帶，他是在那裡研究英文的。

「我不認為中國是個打領帶的社會。」我說，然後我告訴他一個跟我最近見過的一位法國人有關的故事。我問那法國人，六〇年代法國社會的動盪和暴力有沒有改變他的思考方式？他的回答是：「有，我不再打領帶了。」

蕭先生說：「中國人開始習慣打領帶了。而且出國旅行的時候經常需要打領帶。」

他說不久前他去了新加坡。

「我在那裡教過書。」我說。

「他們創造了經濟奇蹟，」他露出微笑說，然後又補充道：「那裡也是個文化沙漠。除了錢，他們什麼也沒有。他們的廟宇對我們來說簡直像玩具。他們什麼都沒有，他們甚至不是真實的人。李光耀總理是個自以為是西方人的東方人，不過他也不算太壞。比如說他在政治方面維持了儒家式的家庭觀念。在新加坡，如果你家裡有老人，就可以減稅。這很符合儒家的精神，這種做法非常好。」

「我那時候的學生被新加坡政府欺負，」我說，「如果他們讀的是英文或政治學，就拿不到獎學金。政府只把獎學金提供給念經濟或商管的學生，他們認為那才是可以賺錢的學科。而且有些新加坡大學的學生是政府的線民。很有意思的是，他們注意的對象是毛派份子，如果有人支持中共，就可能被檢舉。」

「現在他們很想跟我們做生意，」蕭先生說，「可是他們的政府很嚴厲，想盡辦法監視、監聽。

新加坡的人民非常害怕。」

聽到中華人民共和國的共黨同志這樣對威權體制和恐懼感表示批判，感覺相當詭異。

我說：「可是這跟中國有什麼不同嗎？」

「就算在我們這裡最糟的年代，」他說，「就算是在文革期間，我們都沒有那些……就是那種用來偷聽你說話的機器，你們是怎麼叫的？」

「竊聽器嗎？」

「對。我們這裡沒有竊聽器。可是在新加坡，任何人開口說話以前都會用手摸摸桌子底下，看是不是有竊聽器。」

蕭先生沒有喝酒，不過其他人倒喝了不少，一杯接一杯，喝得臉紅還有點氣喘。

坐在蕭先生旁邊的年輕人問我，我到中國做什麼。

「就旅行嘛，搭火車四處看看。」我說。

「你在寫什麼報告嗎？」

「沒有。」我說，然後我告訴他我的座右銘：像狗那樣傻笑，然後漫無目的地遊蕩。

他說這就是他喜歡做的事。其實他做的事跟斯塔茲．特克爾[2]有點類似，他騎腳踏車到中國各地，用錄音帶錄下平民百姓的回憶，經過整理之後，將以書籍形式出版，即中國第一部大型口述歷史專書《一百個中國人的自述》。他問我有沒有什麼關於中國鐵路的事想問他，他說他算是這方面

2 譯註：Studs Terkel，一九一二～二〇〇八，美國作家、歷史學家、廣播人、演員。他最為人所知的事蹟之一是以美國平民為對象建立口述歷史。

的專家。他的名字叫桑曄。

我告訴他，我特別期待搭火車從北京到烏魯木齊。那是中國最長的火車路線，以四天半的時間穿越山區和沙漠。

「那班火車被人稱作『鐵公雞』。」他說。

他做了點說明。「鐵公雞」代表吝嗇的意思，因為「吝嗇的人連一根羽毛也不肯給別人，就跟鐵公雞一樣」。鐵公雞也有中看不重用的意思，中國人說相聲時喜歡把這個概念說成一大串：「瓷仙鶴，鐵公雞，玻璃耗子，琉璃貓。」這裡面沒有英文的用詞「白象」（white elephant）——昂貴無用、華而不實的東西——不過意思差不多。另外，「鐵公雞」這個詞也玩了文字遊戲，除了「鐵路」的「鐵」以外，還有「公」跟「工程」的「工」同音，「雞」則跟「機關車」（火車頭）的「機」同音。

不過，「鐵公雞」用來指稱北京到新疆的火車時，取的是「吝嗇、小氣」的意思，原因是直到不久以前，這條經常發生狀況的鐵路線長年由新疆維吾爾自治區的政府所管理。顧名思義，新疆可說是維吾爾族保留區，這個引人遐思的沙漠民族在文化上比較接近蒙古，跟漢族截然不同。自治區的鐵路管理單位「烏魯木齊鐵路局」抓著這條鐵路的管理權不放，可是又不做維修。我沒料到「鐵公雞」背後還有這樣的內幕，不過這倒使我更想搭它了。

午餐結束前，包女士請我說幾句話。中國人的正式餐會程序是以一連串小型演說為脈絡，餐會開始時，首先是主人致歡迎詞，然後是客人致謝詞，接下來是一些官腔官調的笑話、大家舉杯互相敬酒，最後餐會會忽然落幕，一切嘎然而止。沒有人會逗留，沒有人繼續坐著聊天。我參加過的所有中國人的餐宴，到末尾都彷彿一場消失戲。

我發表了我的小小演說。我起身向在場人士表示感謝之意，然後坐下。可是包女士催促我多說一些。之前我不是已經來過中國了嗎？是不是可以把兩次造訪中國的心得做個比較？

於是我又站了起來。我很坦白地說，即使在六年前，中國人還是不願意談文化大革命的事。談文革不只被認為沒教養，而且是不吉利的事，那是一種政治舉動，你會被貼上標籤，那是不能談的。真的要談文革的話，也得用些婉轉語來稱呼它，就像當年英國人把二次大戰稱為「最近那場不愉快」。可是這次我到中國，發現大家會談那瘋狂的十年了，而且當他們說出「文化大革命」這個詞眼時，經常會在前面加個「所謂」，要不然就是用「十年動亂」、「十年浩劫」等替代性講法。民眾開始用批判方式談論文革，這應該是件好事吧？

「你就只注意到這件事嗎？」包女士鼓勵我多說一些。

我說觀光客和商人似乎形成一個新的階級，而這群享有特權的資產階級人士可能會打擊到多數比較貧窮的中國人的信心。

「我們從沒真的把外國人當一回事，」坐在餐桌尾巴那位賓客說，「最近中國人最喜歡說的一句話就是：老外最好騙。」

「我覺得這種想法很危險。」我說。

包女士聽了說：「為什麼『危險』？」

「因為這不是事實。」

包女士說：「中國人不知道旅館裡都發生些什麼事，他們不能進去。」

「我們不被准許進去那些旅館，」北京大學女教授說，「不過也沒人真的會攔你。幾個月前我進了一家大酒店，裡面有保齡球場、迪斯可舞廳和書店。可是我沒有外匯券，所以什麼都不能買。」

某個人說：「我認為禁止中國人進觀光飯店的規定很快就會改變。」

包女士說：「我的朋友們聊過這個特權的話題。當然這是一個問題。我的中國朋友們的看法基本上有點悲觀，不過我比較樂觀。我認為情況會一直改善，而且我想助一臂之力。我覺得自己對這個國家有所虧欠，我得到的太多了。」

我說：「有趣的是，我自己也受過文革的影響。那是在六〇年代的動盪期間，當時我人在非洲，而中國正設法在非洲擴展影響力。我看了毛澤東思想的書，也會看《北京週報》。我覺得自己活像個革命份子。」

「我也有一本《毛澤東思想》，」一位男士表示，「不過現在不知道放哪兒去了，有可能已經搞丟了。你不是真的讀過《毛澤東思想》吧？」

為了向他證明我真的讀過，我引用了《毛語錄》裡的一句話：「革命不是請客吃飯。」我在中國旅行時也經常想到這句話：「調查問題就像十月懷胎，解決問題就像一朝分娩。調查就是解決問題。」

在場一陣無奈的嘆氣聲。

「他把我們都送回三十年前了。」某個人說。

「如果你到北京大學校園裡去，會看到一座毛主席雕像，」其中一名學者表示，「可是現在沒有很多他的雕像了。雕像基座上以前刻了一句『毛澤東思想萬歲』，但現在只剩下他的名字。」

我沒有立場提醒他們，他們跟中共中央委員會的思考方式其實已經脫節了。中央委員會不久前（一九八六年九月）才剛集會，並通過決議重申「四項基本原則」：堅持社會主義道路、堅持人民民主專政、堅持中國共產黨的領導、堅持馬克思列寧主義及毛澤東思想。

不過，這些午餐賓客屬於一個在中國一直存在的階級：士大夫。這個由讀書人組成的階級比較特別，經常受到猜疑、排拒。他們的存在很重要，但是沒有任何皇帝跟他們在一起時會覺得真正自在。文革期間，毛澤東就設法挫了他們的銳氣，並且羞辱他們，還把他們送到鄉下勞改。當時的說法是：如果你覺得自己這麼聰明，那就開始掃那些豬糞吧！勞動一天以後，這些下鄉的知識份子還得讀馬克思和列寧的著作。這很像一種極端的「厭惡療法」，它必然造成了一些效應，這也是今天中國的社會氣氛有這麼大不同的原因。

「在座各位應該大部分都會希望自己的小孩當個薪水低的學者，而不是賺大錢的商人吧，」包女士說，「我相信這是事實。」

我實在很想表態說，在中國這樣一個有高達九億人口是小農的國家，主要問題並不在商人與學者之間的選擇；不過我覺得這麼說好像很失禮。

顯然，這次聚在包女士家的這十六位隨身攜帶名片的知識份子，並不是典型的中國學者，他們都已經相當程度的西化，會喜歡喝咖啡，這可是中國最罕見的飲品之一；尤有甚者，他們會在用完餐後留下來多聊一會兒。

董樂山教授不久前剛完成喬治．歐威爾名著《一九八四》的翻譯。他是在一九八四年著手這項工作的，這個巧合實在太美妙了。他也把寇特．馮內果及索爾．貝婁的作品翻譯成中文，不過我今天想跟他聊的是歐威爾。

他說：「我認為這是一本很陰暗的小說。」

「你讀它時有沒有似曾相似之感？」

「你應該是指不太久以前中國發生的事，」他眨了個眼說，「不過我可以告訴你，文革比較糟，糟太多了。」

「那為什麼沒有更多人做這方面的書寫？」

「我們還在設法理解那件事，那是個非常傷痛的題材。」

在關於文革的寫作方面，有一個特別的類型稱為「傷痕文學」，因此用「傷痛」這個字眼相當恰當。廣受喜愛的中國作家馮驥才幾乎完全以文革為創作題材。不過我讀過最棒的文革書寫是陳若曦的《尹縣長》，這本書沒有在中國出版。

「閱讀《一九八四》應該會引發更多人的思考。」我說。

董教授側了一下頭，表示出警告的意味。他說：「可是大部分人都沒機會讀。這本書是受到管制的，是內參的材料。」

內參是「內部參閱」的簡稱，也就是一種特別的書目索引，只提供給某些特別理智而值得信賴的人閱讀。一般人沒有機會接觸到「內參」的書。還有一個類似詞語是「內部」，某些議題是內部議題，不可以跟外國人談，或者說，至少不應該跟外國人談。不過基本上我不覺得中國人真有那麼小心翼翼，他們什麼都願意聊，而且通常都用很坦然的方式聊。

董教授繼續聊《一九八四》以及只有知識份子能讀它這件事。「想看這種書的話，得經過特別許可才行。」

他說書店和圖書館都有一個限制級專區，只有擁有官方許可證的人才能進去看那些大膽、煽動性的材料。不過他說其實大部分人還是讀得到那些書，因為只要有一個人買了，就可以私下傳給其他人看。真正限制這種書籍流通的，是中國的知識階層本身——高高在上的士大夫們沒有習慣把書借給那些可能會受到不良影響的普羅大眾。

有趣的事情是，經過這番討論之後，隔了八個月，我剛好在南方港都廈門找到機會進了一家圖書館，在那裡看到董教授翻譯的《一九八四》。我問館員這本書是不是可以自由流通，她說：「當然可以啊！這本書好不好看？」

董教授表示，真正奇怪而且危險的書是那些情色經典，例如《肉蒲團》或《金瓶梅》。《金瓶梅》是明代的作品（創作於十四世紀），描繪一名墮落的年輕商人的生活，以及形形色色的荒淫豔事。這本書在一百年甚至更久以前開始有翻譯版在西方問世，其中克雷蒙．艾格頓於一九三〇年代完成的英譯本被視為最好的版本之一。

「你真的認為這本書有害嗎？」

「我自己倒不覺得。」董教授說。他的口氣中帶有一種自以為是的優越感，而就是這種態度讓中國知識份子容易成為一般人茶餘飯後的笑料，並使共產黨對他們產生某種程度的敵意。他繼續表示：「可是對普通讀者而言，它確實有害。中文常常不把事情明白說清楚，喜歡含沙射影。《金瓶梅》就是這樣。它沒把實際發生的事交代清楚，因此容易造成無謂的幻想。我認為它是應該被限制。」

我問董教授現在在忙些什麼，他說他最近編纂了一本英文詞語手冊，收錄一些一般中國人在英文字典裡不會看到的詞語。他舉了幾個例子：Walter Mittyism（華特米堤式妄想症[3]），Archie Bunker Mentality（阿奇邦克心態[4]）。

---

3 譯註：源自美國作家詹姆斯．瑟柏在短篇小說《華特．米堤的祕密人生》中所創造的角色華特．米堤。這個人物以英雄式妄想滿足自己，在某種程度上類似魯迅的阿Q。

4 譯註：阿奇．邦克是美國一九七〇年代代表性影集《一家子》的男主角，是個極端保守、充滿偏見的藍領工人。

董教授問我，我在做些什麼事。我說我剛寫完一本小說，場景設定在不久之後的未來。

「在中國，沒有人寫未來的事。我們很少思考這個問題。是有人寫一些科幻小說，不過關於『未來』的東西，完全沒有。」

「沒有人像歐威爾那樣，認為我們可以藉由書寫未來以評論現在嗎？」

他說：「中國有個成語是『鑑古知今』。這是中國人特別關心的事。曾經有一位北京市長寫了一個劇本，主角是個明朝的小人物。大家看了以後非常震驚，他們說：『你在批評毛主席！』不久後這位市長遭到撤換，然後就人間蒸發。」

「他是在批評毛澤東嗎？」

「是——當然是！」

大約一半賓客先走了，留下來的人現在想聊宗教。我說這不是我最擅長的話題，不過我會試著回答他們的問題。美國人信教嗎？為什麼從前約翰・史坦貝克和威廉・福克納的作品帶有宗教意味，現在美國作家的作品裡卻沒有這種東西？他們知道不少英美作家，不過他們提到書名的方式讓我感覺他們看的應該是中譯本：他們說他們讀過狄更斯的《兩地的故事》、《困難的時代》，霍桑的《紅色字母》，史坦貝克的《生氣的葡萄》等等。我向他們推薦我在西伯利亞列車上讀過的辛克萊・路易斯，然後我問他們自己寫的是哪方面的作品。

「我們對政治非常厭倦。」其中一位年輕作家說，「中國的作家一直在寫政治，大家會覺得中國作家對這個題材有偏執。可是現在情況在改變，我們想寫其他東西。可是我們需要找到讀者。」

我說，我認為他們應該不難找到對其他題材有興趣的讀者，因為政治和政治人物是那麼無聊。「如果你們寫些其他東西，一定會吸引很多讀者。」

另一個人說：「可是我們得先讓第一位讀者高興才行。」說著，他就舉起一根手指頭。

「他是指政治審查官。」某個人說。

我發現某些中國人相信普羅大眾看的書應該接受審查，但知識份子看的書不該被審查，我覺得這種觀念有點偽君子，不過我不想當場質疑他們的邏輯，以免把他們嚇壞。我說亨利．米勒在英國和美國一直被查禁到一九六〇年代，而《查泰萊夫人的情人》的猥褻罪審判是一九六〇年的事[5]。西方社會所謂的開明就姑且說到此為止吧！

「我們正在改善，」一位學者表示：「我們已經開始出版凱恩斯的一系列經濟學著作。」

我說凱恩斯對中國人而言可能就像勞倫斯之於西方人，然後我試著想像供應導向的經濟學理論被禁止、並且被描述為黑暗而悲哀的學說會是什麼情形。

離開包女士寓所前，我的酒意已經逐漸消散，這時一位年輕人走過來跟我說他聽說我對中國的鐵路感興趣。

「有一條鐵路你可以去看看，」他說，「叫作『死路』，文革期間很多人跑到那個鐵道路段自殺。一天一個，有時更多，他們就在火車開過來的時候跳下去。那個年代，北京的房子都很低矮，從平房窗戶跳出去是不可能死的，可是他們又很窮，買不起毒藥，所以只好選擇跳軌自殺。」

還有，假如你被火車撞死，中國鐵路公司必須負責你的所有喪葬費用。

★

5　譯註：《查泰萊夫人的情人》是英國作家勞倫斯的作品，於一九二八年由作家本人獨立印刷發行，一九六〇年才正式獲准在英國出版，但旋即遭司法當局以猥褻罪為由加以控告。

一位北京人告訴我：「幾年前我們看到外國觀光客時會說『美國人好老』。」這倒沒錯，那時只有高齡人士會到中國，因為這種旅行又昂貴又花時間，只有有錢有閒的退休老人才有本事到中國。可是現在大家都到中國了，有富豪也有背包客，有騙吃騙喝的，有騎自行車的，有觀光客、考古學家，還有一堆打算找個地方學中國功夫的人。到了北京，他們都會去看長城、紫禁城、頤和園、天壇，也都會到友誼商店逛。我上次到北京就已經參觀過那些景點了。那時我的感覺是，真有意思，還真大呢！不過我到中國的目的是找一些一點也不壯觀的東西看。

我去了「死路」。我馬上明白為什麼那裡會被選為自殺地點：那是一處鐵路轉彎的地方，視線被一座步道橋遮住，兩旁是積滿灰塵的陰溝。我可以看到當時的人跳下去和墜落的地方。如果不知道這些，看上去那只是個很平凡的地方，就是一段軌道而已，但是無比的恐怖卻潛藏在這份平凡中。

之後我決定到王府井大街那家大型外語書店逛逛，順道看看那裡會不會有董教授的英文詞語手冊。結果沒找到，不過店員拿了一本《英文新字和難字辭典》。在B開頭的部分，我看到balled（被〔親近的人〕斥責或拒絕）、ball-up（男子氣概）、ballsy（有種）、ballahoo（大吹大擂；喧鬧）（不過他們把這個字拼錯了，應該是ballyhoo才對）、banged（被插；〔嗑藥後〕感覺飄飄然）等等。shit（大便）這個字底下有個例句：「I feel *shitty* in my body.」（我覺得自己的身體很「大便」〔=很糟〕。）這是最近出現的美國俚俗用語。不過大部分字詞都是化合物的名稱，比如methyloxylate、Sulphur dioxide，以及它們的中文對等語（「甲氧基化」、「二氧化硫」）。

一位中國老先生正在翻閱這本辭典。

「這對我來說沒啥用，」他說，「因為我通常是翻譯音樂理論，而這本字典主要是科學。裡面很多字大概你也不會認識。」

「有些字看起來還滿眼熟的。」我回道。

老先生的名字叫章枚，是一位音樂家，精通包括鋼琴在內的多種樂器；他作曲、指揮，最近也擔任音樂教師。他說他也唱歌，是個男中音。除了中國的音樂以外，他也彈奏及演唱舒伯特（「非常哀傷」）、威爾第和韓德爾（「我個人的最愛」）的作品。他還喜歡史蒂芬．佛斯特[6]，說佛斯特在中國是最受喜愛的作曲家之一。

我說：「每次聽到他的《美麗的夢神》，都覺得想哭。」

「我還是比較喜歡韓德爾。」章老先生說。

章老先生相當瘦弱，有點駝背，不過當我說我想去散步，他提議跟我一起走走。七十五歲的他看起來比實際年齡老，不過走起路來相當敏捷。他說他剛到北京站送兒子上車。他的兒子搭火車到巴黎學習音樂，不過一路上不會停留。我說：「這趟路要花九天呢。」可是章先生說：「他有臥鋪可以睡覺，非常幸運。」

我問他政府會不會反對西方音樂。他說不會，近年來已經不會。後來我發現中國在這方面陸續訂有一些官方法規，例如一九七七年三月七日共產黨頒佈命令，廢除先前一項禁止演奏貝多芬作品的規定。

章先生從沒正式學習過音樂，他說：「我是自學的。抗戰時我參加新四軍，當合唱團團長，團裡一共有四十個人。合唱團的目的是振奮士氣。我也寫音樂、創作歌曲。」

我請他舉個例子。

6 譯註：Stephen Foster，一八二六～一八六四，美國民謠創作者，最為人所熟知的作品有《哦！蘇珊娜》等。

「有一次在江蘇的黃橋鎮，我們打贏了一場重要戰役，為了紀念那次勝利，我就寫了一首《黃橋燒餅歌》。」

他說那是一首愛國歌曲，主題是烤燒餅。士兵出發作戰前，部隊會烤燒餅給士兵吃，打完仗以後，又用燒餅歡迎他們歸來。

我說：「你有沒有寫關於邪惡日本鬼子的歌？」

「當然有嘍，」章先生回道，「我們在歌詞裡把日本人稱作鬼子、強盜、強暴犯，各式各樣的名字。因為他們確實四處搶劫、強暴。即使到現在，如果你提到『強暴犯』這個詞，大家立刻會認為你在說日本人。」

「那『鬼子』呢？」

他笑了起來。「所謂鬼子就是那些非常殘忍的人。不光是殘忍，根本是可恨透頂。」

我很喜歡章老先生。我問他餓不餓，他說會，不過消化不好。結果他還是點了一大堆菜，一共是三十三元，可是我們只吃了一點點。他用人民幣付錢，然後我給他等值的外匯券（外匯券的作用類似價值穩定的硬通貨）。這一切顯得相當大費周章，不過我感覺他之所以點了那麼多菜，主要應該是為了換到我的外匯。

他說他挑這家餐廳是因為這是一家廣東館子，而他本身是廣東人。我們用餐時，他聽到附近一桌有四個廣東人在討論他們的帳單，他們一共花了三十五元。

「他們花那麼多錢點菜吃，一定是商人。」他說。然後他問他們是不是商人，不過對方告訴他，他們就在附近的公家機關工作。

「時代不同了。」章老先生感嘆道。身為一名退伍老兵，他領有各種津貼和補助，每個月加起來有兩百七十一元。他說他覺得自己過得挺好。

我問他，日本人從前入侵中國，在中國造成那麼大的災難，現在看到這麼多日本觀光客到中國旅遊，他有什麼想法沒有？

「我們已經把那些事忘掉了。忘掉還是比較好。總之，毛主席也說過，大多數外國人都是好的，只有少數幾個不好。」

「我很好奇如果毛主席看到北京現在的樣子，他會怎麼說。」

「他會很感興趣，」章老先生說，「一定會覺得很驚訝。」

「他也許會不喜歡。」

「他應該會喜歡的。事實會教導他，這是他無法否認的。」

他跟我提到大部分人跟我說過的事：毛澤東晚年患了癡呆症。一九五七年以後，毛澤東就變了個樣，他不斷犯錯誤，而且很容易被林彪和四人幫誤導。

「老百姓崇拜他。這是不好的，他自己並不鼓勵這件事，不過他可以容忍。」

我問章老先生對中國的改變是否感到樂觀。

「是，」他說，「情況變好了。我們應該要有更多錢可花，不過如果我們願意先勒緊褲帶幾年，我想一定會有不錯的結果。」

「你有沒有想過鄧小平去世以後，情況可能會變糟？」

「不會這樣，他已經挑好繼任人了。」

「所以你不認為會有問題？」

「人口過多是一個問題。交通是個問題，現在我們就已經有太多汽車了。我們得處理這件事。

不過我們在許多方面做得不錯，例如農業。」

他說他喜歡中國現在的情況。中國歷史很長，不過分成許多不同階段。目前這個階段只是其中一小部分，可能要等很多年才能加以評估。這令我想到有一次有人問毛澤東，關於法國大革命，他有什麼想法？毛澤東的回答是：現在下結論還太早。

我們沿著王府井大街散步時，章老先生跟我分享了一些打仗時的故事。一九四六年四月，他曾經在一場高階會談上幫陳毅將軍翻譯，對方是一位美國將軍，不過名字他忘了。劉少奇也參加了那場會晤（後來劉少奇當上中華人民共和國主席，再後來於文革期間遭到批判、囚禁，受紅衛兵折磨，最後病死）。

「那位美國將軍送了一盒駱駝牌香菸給陳毅，送了巧克力給劉少奇，送給我的是一盒補給品。

「陳毅說：『我們現在是在山東，山東有很多水果樹。我特別准許你鼓勵美國人到這裡開設水果罐頭工廠。』可是他們沒有接受這個邀請。」

「然後我把大家嚇了一跳，」章老先生接著說，「我跟那位美國將軍握了手。美國那邊的翻譯是不敢跟陳毅將軍握手的。後來那些美國人，他們是聯合國善後救濟總署的人，他們告訴我：『同志，你非常前進。』

「我跟他們說：『人類生而平等』。」

章老先生是個好人，我們分手前他告訴我：「那家館子的菜不怎麼好吃，不過我很喜歡我們的談話。下次你到北京時來我家坐坐，吃點真正好吃的中國菜。」

☆

從火車上看起來，北京令人印象非常深刻：這是一座正在蓬勃發展的城市，到處是起重機，工人在梁架間忙碌穿梭，打樁機猛敲地面，彷彿怒吼著：中～國！中～國！

可是當我走進城市中四處遊走、仔細觀看，我發現那些新建的住宅大樓看起來搖晃不穩，有些簡直像超大型的兒童積木屋，不然就像巨大的建築拼圖組，由同樣的三房單位堆疊而成。他們大量採用預製建築法的原因顯而易見。當一座建築是一磚一瓦地從頭開始蓋起，窗戶會歪斜，門不容易平整，牆壁會有凹凸，整棟建築會給人一種強烈的「手做感」，某些建築師委婉稱之為「風土建築」。

「沒有人知道這些樓房可以維持多久，」一名住在北京的美國人告訴我，「有可能會像香港那些用口水和木屑蓋起來的樓房，不消一年就倒了。」

「你為什麼這麼認為？」我問他。

「因為這些房子大都是香港人來蓋的。」

的確，有個被稱作「華國鋒長城」的住宅區已經開始四處龜裂。那片醜陋的公寓住宅和高層大樓，是華國鋒在還沒有被鄧小平鬥出局以前推出的重點發展計畫，完工不到七年，外觀極不協調的社區已經到處是裂縫和髒汙，甚至開始搖搖欲墜。

我走進一棟高樓裡四處探看，跟住九樓的一位鄭賓文（音譯）先生搭上話。他說目前一切都還行，不過從他那遲疑的口氣聽起來，事情應該沒這麼簡單。

「任何時候都還行嗎？」我問他。

「其實夏天不太行。」他說，「北京的地下水位很低，夏天水壓不足，水最多只能到五樓。這棟大樓有十五層，所以五樓以上的人都得拿水桶取水。」

他告訴我，北京人最怕的就是乾旱和缺水。過去六年間，降雨量遠低於平均，今年的狀況恐怕也不好。（但是雖然雨下得那麼少，我看北京還是到處在蓋大樓。）

鄭先生說：「就拿浴室來說吧，這裡很像三〇年代的英國，這些房子裡都沒有熱水。如果想洗熱水澡，必須用水壺燒水，然後倒進馬口鐵做的浴盆裡，真的很不方便。不過我也沒什麼好埋怨的，大家都是這麼過日子。」

只不過觀光客、共產黨高官，以及最近興起的有錢階級（某些計程車司機和商販），並不是這麼過日子。一九八〇年時，北京只有三家計程車公司，現在有兩百三十家，一共一萬四千輛車。這些都是由政府或官方機構所管理，不過司機的收入相當高，因為搭計程車的通常都是拿外幣券付款的外國人。

所謂「自由市場」允許任何人做生意並保有賺取的利潤。這是鄧小平的改革項目之一，也是工廠勞工經常非常生氣的原因，他們抱怨物價不斷上漲，要求提高獎金。自由市場裡的街頭商販很容易就可以賺到五倍於工人薪資的錢。我在北京各處市集隨意查訪一些商販以後，發現他們一個月的收入大約在五百元到七百元之間，足夠他們買「三大件」。

一位女攤商告訴我：「以前大家首先要買的三件東西是腳踏車、收音機和火爐。現在的『三大件』是冰箱、錄音機和彩色電視。」

這種市集上的商販有些是退休工廠工人，他們只是想在白天裡有個有人情味的地方可去。他們會說「我一直就對舊珠子、舊鍋子這些東西感興趣」之類的話，而且他們那種跳蚤市場精神對像我這種來自鱈角的人而言，再熟悉也不過。他們喜歡聊自己多年來收集累積的特別東西，而由於他們是拿退休金的人，他們做這個並不是為了賺取生活費。這些商販跟那些長年在同一地點賣東西的人

（專門賣鳥、魚或花草的人）不一樣。在大多數中國城市裡，鳥類市場位在特定地點，可能好幾百年以來一直都是同一個地方。

我覺得用跳蚤市場來形容這種自由市集很合適，而且多數人確實是這麼稱呼它的。我在一個小攤位上看到一支鴉片菸斗，長約四十五公分，搭配一個銀碗和一只玉做的煙嘴。

「這是真的古董，只賣四十元，特別划算。買了吧。」

「算二十元好吧？」我說。

「已經很便宜了，要不是有個中國人陪你一起，我會直接在紙上寫一百二十元，然後告訴你『不二價，不買拉倒』。」

「好吧，二十五元。」

對方假裝沒聽到我的話。他說：「這支菸斗最有意思的地方是菸嘴。你看它有多堅固？」說著，他就把菸嘴用力往桌上敲。「以前騎馬的人會把這玩意兒掛在身邊，看到小偷或強盜來了，就拿這個敲他的頭。你看，就像一根棍子。啪啪啪！」

「三十元。」

「這碗哪，是真的銀，有一百年歷史了。我一輩子都在收集這種菸斗。以前我是在鞋廠工作，現在退休嘍！其實我也不需要把它賣給你，只不過因為你是個外國人，我就半賣半送的讓你做個紀念。」

「我最多只能給三十元。」

「同志，這可是古董呀！是收藏家的玩意兒。是菸斗也是防身武器。拿去吧！」

「好吧，三十五。」

「行，算你的了。要不要包起來？好。」他說著，然後拿出一份舊的《人民日報》，把菸斗捲進去。「這報紙也有兩個功能，現在是包裝紙，回家以後還可以拿來看。」

我是在前往澡堂的路上經過那個自由市場順道看看的。之前鄭先生告訴我，他們那裡洗澡多麼不方便時，我多問了一下，結果發現北京有很多公共澡堂，大約有三十間，都是政府補助經營的。這是到中國觀光時最便宜的遊覽項目之一，只要六十分錢（相當於十六美分）就可以進去洗浴，門口會提供一塊香皂、一條毛巾，還安排一個床位，在裡面可以待一整天，在蒸氣瀰漫的公共浴池裡洗澡，然後躺著休息。

我去的那家澡堂叫做興華園，開放時間是早上八點半到晚上八點。許多澡客是剛進北京的人，他們在舟車勞頓後想好好洗個澡，讓自己乾淨清爽地到親友家作客，這樣就不必麻煩他們準備洗澡水。

床位設在小廂房裡，圍著浴巾的男人或躺著休息，或四處走動聊天。這種地方很像羅馬浴場，具有社交功能，皮膚被燙得發紅的澡客互相潑水作樂，友善地大聲嚷嚷。如果想要有私人小房間也可以，只需要多付一倍左右的錢。

我正想著，這種澡堂看起來真像羅馬浴場或維多利亞時代的英國澡堂（維多利亞澡堂男女分開，各有入口，而這裡的隔壁就是一間女子澡堂），風塵僕僕的旅客和家裡沒有浴室的人到這裡洗澡真方便，而且氣氛這麼熱絡，活像個俱樂部……這時，一位中國同性戀者告訴我一些內情。

「大部分人上澡堂是為了洗澡，」他說，「不過如果想認識男生，跟他一起做點什麼，到澡堂也很好。」

「做點什麼？」

他毫不保留地說：「有一天我來興華園，看到兩個人在一間房裡，門也沒關，其中一個人把那話兒放在另一個人的嘴巴裡。就這種事唄。」

★

幾天後我走在街上，一個中國女孩走過來跟我打招呼。她跟在我旁邊走，還不到三十公尺吧，就把手臂勾住我的手臂，然後我們就像一對老派的戀人那樣走著。

她帶著我走。我挺喜歡這種完全不知道接下來會發生什麼事的感覺。

起初我以為她可能有點跛腳，因為她抓我抓得很緊。不過我看她走路很敏捷。

「我們要去哪兒？」我問她。

她露出神祕迷人的微笑，繼續帶著我走。經過友誼商店時，她拉著我進去，在門口開始摟住我。我們進到裡面看那些座椅（「看起來好舒服呀！」）和餐具（「沒有便宜些的嗎？」）時，她依然摟著我。這個情況感覺還滿好玩的，我不知道要是讓認識的人看到，我會怎麼反應，不過這也沒什麼重要了。

我說：「請問你貴姓？」

「馬。」她說完就咯咯笑了起來。「馬」這個字有太多同音字——媽麻馬罵，聽說中國人根據這些字造了一個包含十九個字的繞口令。

我們來到茶葉部。他們沒賣薄荷茶，甚至連聽都沒聽過。

「我從沒嚐過。」馬小姐說。

也可能是馬太太，因為片刻之後她鬆開我，跑到前面去抱住一個年輕中國男人。他看到她並不覺得驚訝，我估計他們應該是約好在這裡見面。她的情況應該是，由於她是個普通同志，她覺得除非她跟外國人一塊，否則可能沒辦法走進友誼商店。

讓我感到很困擾的是，方才她對我表現出來的親暱好像完全不是勉強出來的；可是才一轉眼，她就把我忘得一乾二淨，連頭也沒回一下。

那時我正要去拜訪一位姓陳的中國老師。我把這件事告訴他，他說：「有時候安全人員對我們真的很兇。」

可是這並沒有阻止非法錢商在觀光景點周圍纏著外國人，要他們用比官定價高兩成的匯率把硬貨幣換成人民幣。他們會走上來用中國腔很重的英文說：「要換錢嗎？」

我跟陳老師說，我不明白為什麼那麼多年的文化大革命並沒有提升人民的社會和政治意識。幾年前大家開口閉口說「服務人民」，現在居然是「要換錢嗎？」。

陳老師說，現在社會變得這麼亂，正是因為文革的關係，因為那場政治大地震使政治人物失去了公信力。

他說：「所謂文革其實有一點很好，它讓我們學會絕不要盲目跟隨。現在我們再也不會相信政治人物說的話了。」

陳老師和我正在一個攤位上喝茶。他舉起他的白色茶杯，然後說：「當年如果毛澤東說『這是黑的』，我們就會點頭稱是，然後說『非常黑』。現在我們不做這種蠢事了。最近有一位政府發言人說：『日本人是我們的朋友』，結果大家都嘲笑他。我們開天窗說亮話，沒有人是日本人的朋友。」

我問他文革的記憶會不會讓他感到羞辱。

「就是這個詞兒沒錯，羞辱。那時有多少紅衛兵下鄉去了以後就在當地結婚生子，放棄知識份子身分，當起農夫。現在他們不能回來了。他們想回來，可是回來只是丟人現眼。」

「你當過紅衛兵嗎？」

「當過。」他馬上回答。「那時每星期上三天課，另外三天向農民學習，休假日就讀毛澤東思想。我們收割、種稻米。幸好那時我很年輕，不會很嚴肅地看待那些事，就把它當作遊戲。但那不是遊戲。」

接著他說，他很驚訝現在北京的年輕人思想那麼開放。他們批評共產黨，討論民主和言論自由。他說：「他們說的有些東西讓我覺得太訝異了。」

「從前的知識份子和學者沒有公信力，」他說，「沒有人真的想上學，只有那些已經穩坐在位子上的黨員才有機會升遷，一般人的選擇不是當工人就是當農民。」

「那現在的人想要什麼？」

「現在因為別人不再是透過我們的政治意識來判斷我們的價值，所以大家對教育變得很瘋狂。這是近年來中國最大的改變。」

「可是那些從前當紅衛兵的，還有那些文革的受難者，他們應該不會去碰教育吧？」

「這你就錯了，」陳老師說，「你不知道現在上夜校的學生陣容多浩大！」

☆

我想前往上海，然後隨心所欲地搭火車暢遊中國。不過聽了陳老師的話，我決定在上路以前先客串當個夜校老師，看他說的是真是假。我接下北京孫中山業餘學校的課，上課地點是北京市中心一所晚上看起來很陰暗的大高中。我教的是英文，這是學校裡最熱門的課，不過多達三千名的學生也上商業方法、打字、會計、電腦等課程。有一位電腦老師是美國人，不過我沒見到他。

在這棟陰陰森森的大樓裡看到那麼多學生坐在暗濛濛的教室裡聽課，我先是一陣頭暈，然後覺得沮喪。燈光昏暗，粉筆在黑板上發出刺耳聲音，桌椅咯吱作響，教科書破損又有油汙，字典鬆散解體。年紀最小的學生只有八歲，最年長的是七十四歲。所有人白天都要工作，如果不是領工資的工作，就是在自由市場的臨時攤位賣卡帶、玩具或成衣。那些衣服是在廣東製造的，成本非常低，即使把攤商的三成利潤算進去，價錢還是便宜得離譜。

這門課採用的教科書是《現代美國英語》。

「你們很幸運有我當你們的老師，」我跟學生們說：「因為我是個現代美國人，而且我會說英語。」他們哄堂大笑。

其實我是幫他們平常的老師代課。包老師的母親住進北京協和醫院治療高血壓，北京一家特別出名的烤鴨店就在那家醫院附近，所以有人給它取了個綽號叫「病鴨子」。

上「醫療」那一課花了我們三天時間。課文裡有這麼一句：「美國的醫療費用高得驚人。」

「老師，」林同學問：「什麼是glaucoma〔按：青光眼〕？」

「老師，」趙同學問：「什麼是Blue Cross〔按：藍十字，一個基督教醫療組織〕？」

「老師，」李同學問：「幾個星期前，你們的總統下令轟炸利比亞。你同意他的做法嗎？」

我說我不同意，並告訴他們原因。然後我問學生們是不是同意政府所做的一切。他們說「不是」，然後咯咯地笑了起來，不過沒有提供進一步說明。

每天晚上，學生在黃昏後往學校聚集，坐在又悶熱、灰塵又多的教室裡，昏昏欲睡地上兩小時課，然後在黑夜中回家。

代課結束那天，我做了一場小小的告別演說。

「大家都跟你們說上夜校很好，」我說：「可是那些人自己做完一天工作以後就回家吃東西、打瞌睡、聽收音機。各位同學做的是全世界最困難的事之一：晚上這麼累的時候還來上課。一個人累的時候很難記住東西。其他人都在休息，而你們卻在白天工作結束以後還要趕著來上學，這等於是做兩份工作。」

這番話令他們心有戚戚焉。他們點頭稱是，催著我繼續說。

「你們可能會覺得沮喪，不知道為什麼到夜校上課這麼不容易，」我說，「相信我，這對所有人而言都不容易，必須有很大的勇氣才做得到。我對你們感到非常驕傲，你們也應該對自己感到驕傲。如果你們不夠堅強，是不可能出現在這裡的。祝大家心想事成，一帆風順。」

他們輕輕地鼓掌，然後因為我們已經超過時間，門房急著關大門，很快就把他們趕出學校，他們的身影便紛紛沒入黑夜中。在扉頁之間，這些夜校生感覺起來有點朦朧，彷彿夜裡的幽靈渴望著在白日的光芒下顯出分量，但卻沒有罪惡或過失賦予他們繽紛色澤。除了讚美他們的價值，鼓勵他們繼續努力在中國的茫茫人海中走出自己的路，我還能做什麼？要一位作家把充滿德行的人描繪成多采多姿的人物，從來就不是件簡單的事。

第四章 上海特快車

不過縱使這是個事實——我是指要把充滿德行的人描繪得多采多姿並不容易這件事——我們還是不得不承認，把悖德者描繪得令人難忘、甚至有時令人驚豔，是件相當容易的事。

這不僅涉及那些現實世界中活生生的人——那個矮胖的大屁股年輕人和他那位乾瘦扁平的新娘，我在上海特快臥艙廂房裡的旅伴們，在北京站一帶拉客那一大堆使出渾身解數想誘拐旅客到他們旅館住宿或上他們館子吃飯的人。（中國人放鬆商業廣告管制顯然還不夠，他們無法滿足於只是設置廣告看板或招牌；他們還喜歡走個人化路線：糾纏中國本地觀光客，騷擾剛從偏遠的甘肅鄉下進京城的土包子，抓起大聲公吼叫，拿著廣告旗幟揮舞，甚至連火車上的擴音器都不斷放送廣告歌曲和台詞。）為了充實我對中國式罪惡的瞭解，我還得研究虛構人物才行，而我選定的閱讀材料正是在北京那場午宴中稍微被聊到的那本明代情色小說《金瓶梅》。這部作品從問世之初就一直被禁，而這個事實本身儼然形同對它的最崇高推薦。小說在最初幾頁就顯現出它毫無顧忌的特質，而且還附有露骨的插圖。這本書是我搭乘上海特快車的完美伴侶，甚至足以陪伴我走過整個中國，因為我手中的英譯本厚達兩千頁。

方才提到那位矮胖傢伙和他那瘦巴巴的妻子就睡在我的床鋪上方。他占據了整個床鋪，而那妻子像一片刨削下來的木屑般捲在他身邊。她真的就像一片木屑那麼瘦，顏色也跟剛刨下來的木料差不多。他們一直親吻、喋喋不休地說話。男的來自新加坡，女的是香港人。他是個大腦發達的人，在電腦業工作，屬於那群缺乏幽默感、成天埋首螢幕、差點沒跟主機融為一體的新興電腦族一員，而他的大屁股還真有點像一座操縱台。女的則老是動來動去、不斷發出咯咯咯的笑聲；她腦筋糊塗，什麼都不知道，也不會做菜。雖然成長在一個英國殖民地，卻完全不會說英語（她也不會說中文），但這又何妨，只要肥仔付帳、買亮晶晶的小東西給她，就天下太平、萬事如意了。這男的姓鄧，老愛把他的胖臉擠在老婆的身體上。

廂房裡的第四個人就在我的床鋪對面，我們中間只隔了折疊桌和熱水壺。她是個上了年紀的女人，約莫七十來歲，她的行李包括一個小塑膠購物袋、一籃蘋果和一個果醬瓶，瓶子裡面是溼答答的茶葉，裝了一半滿。她旋開瓶蓋，從熱水壺倒熱水進去，滿了以後端到嘴邊一邊吹氣、一邊神態秀氣地大聲啜飲。

上鋪的大屁股小子對他的妻子小聲唧唧喳喳，引來她陣陣竊笑。

這個情景令我回想起一個我曾經打算寫的故事，是關於一個近視很深、一副巫婆樣的老嫗，她一直坐在那裡嘮叨天譴之類的事，而她的女兒和她男友則在房間對面一張椅子上做愛，女的壓在男的大腿上，彷彿哈密瓜插上水果刀；糟的是，老巫婆從頭到尾都相信自己把兩個年輕人嚇得六神無主。

上鋪的鄧先生確實讓我不禁聯想到我正在讀的《金瓶梅》。據說這本書充滿非常細膩的描寫和影射，我還真難以苟同。這根本是我看過的所有小說裡，把性愛場景描述得最露骨的一本。我剛讀了一段，描寫主角西門慶跟他的眾多女人之一躺著嬉鬧，他拿李子往她雙腿間扔，第三顆卡在她的私處，於是他用李子摩擦她，把它塞進她的陰道，直到她達到高潮，然後他把那顆李子吞掉。

「要不要吃糖？」上鋪那個肥仔問我，然後遞給我一些中國巧克力糖。時間接近午夜。他猛灌牛奶，又一直搔他那瘦太太癢。他們這麼晚還精力充沛，令我大感驚奇，所以我想他們應該是在度蜜月。

我抓了一點糖表示友善，不過老太太沒拿。她看起來眼裡泛著淚光，可是她並不是不快樂。某些中國人的臉看起來極度悲傷，眼睛腫脹，雙唇緊抿。有時我看到某個中國人的時候，會以為他剛哭過，可是並沒有，他只是板著那張臉——也許他是從廣東來的吧。這位老太太就有那樣的神情。她躺下來睡覺，睡著以後的她面容蒼白，一動也不動，彷彿不是死了就是已經垂死。

年輕女人的身影掠過天花板，落進她自己的床鋪，她的矮胖丈夫跟著撲了過去，然後她笑著又跳回我上面的床鋪。這光景該不會持續一整晚吧？他們穿的衣服是緊身設計，中國內地人最近也開始穿這種衣服，可能隱約代表對三十五年來被迫穿寬鬆制式服裝的一種反動。我覺得那年輕人應該是個在海外成長的華僑。

「燈繼續開著沒關係，」他跟我說，「我們無所謂。」

不過我看書看到這時候已經眼皮沉重了。我把一個章節讀完，心裡讚嘆著這書可真淫亂，然後我把燈關掉。

廂房裡發出撞擊聲，那男的又跳進老婆的床鋪。

夜半三更，我被上鋪傳出的聲音吵醒。起初像窗簾沙沙作響的聲音，然後忽然一陣翻雲覆雨，接著是一陣吸吮、吞食的聲音，彷彿有人在吃棒棒糖。之後一陣私語，那聲音低得讓我無法分辨它是出自胖小子還是俏姑娘，只知道是「不要」這個詞兒。「不要……不要……不要……」，喘息聲中反反覆覆的「不要」彷彿是在說「要」。

這情形持續了好久，有時整個韻律變得很慢。廂房中一片黑暗，只有偶爾經過車站時從窗簾縫照進幾束燈光。那聲音擾了我的清夢，等到我完全醒過來以後，它進一步讓我感覺自己是個徹徹底底的客觀個體。我覺得自己像個鬼魂，而這正也是作家的通常處境。我是空洞而不具實質的，就這樣飄在老太太和那對愛侶之間。

☆

黎明時我們出了山東省。我不是正在讀《金瓶梅》這部鹹濕的中國小說麼，它的故事場景就設定在山東。這本書生動地融合了性愛、睿智和生花妙筆，比如主人公西門慶第一次瞧見性生活不如意的潘金蓮時是這麼描寫的：

> 但見她黑鬒鬒賽鴉鴒的鬢兒，翠彎彎的新月的眉兒，香噴噴櫻桃口兒，直隆隆瓊瑤鼻兒，粉濃濃紅豔腮兒，嬌滴滴銀盆臉兒，輕裊裊花朵身兒，玉纖纖蔥枝手兒，一捻捻楊柳腰兒，軟濃濃粉白肚兒，窄星星尖翹腳兒，肉奶奶胸兒，白生生腿兒，更有一件緊揪揪、白鮮鮮、黑裀裀，正不知是什麼東西。觀不盡這婦人容貌。且看她怎生打扮？玲瓏墜兒最堪誇，露來酥玉胸無價。往下看尖翹翹金蓮小腳，雲頭巧緝山鴉。口兒裡常噴出異香蘭麝，櫻桃口笑臉生花。……猶如白馥馥、鼓蓬蓬發酵的饅頭，軟濃濃、紅縐縐出籠的果餡，真個是千人愛萬人貪一件美物：溫緊香乾口賽蓮，能柔能軟最堪憐。喜便吐舌開顏笑，困便隨身貼股眠。內襠縣裡為家業，薄草涯邊是故園。若遇風流輕俊子，等閒戰鬥不開言。……

不久之後，兩人即將開始偷情。這個橋段裡提到的纏足小腳很有意思。在另一個章節中，西門慶見到一位姓孟的女子，是個「月畫煙描，粉妝玉琢」的丫環，他不禁為她裙腳下那對三寸金蓮心蕩神馳：

> 薛嫂見婦人立起身，就趁空兒輕輕用手掀起婦人裙子來，正露出一對剛三寸、恰半叉、尖尖趫趫金蓮腳來，穿著雙大紅遍地金雲頭白綾高低鞋兒。……

我之所以特別提到這個，是因為我們離開山東之後，火車通過大運河，然後我們來到了徐州（舊名銅山[1]），我在那裡的月台上看到一位身材高挑、雙腳宛如殘株的老婦人，她正在用那對變形的殘肢辛苦地走路。真難想像這在從前竟被認為是令人銷魂的美。

清晨的徐州沐浴在一片柔和的金色光線中，我在這裡看到一個多月前離開倫敦以後見到的第一片真正的綠色風景——綿延的稻田差不多已經熟成，路邊小樹長滿樹葉，高大的楊樹隨風搖曳。這裡是中國東部的廣大平原地帶，曾經被分成一個個人民公社，現在則到處是小型農場，菜田一望無際，遍地甘藍一直延伸到視線盡頭，近處則是一頭頭站得四平八穩的大黑豬。我看到水塘、溪流，農人用耕耘機或牛犁田，工人用扁擔挑著沉重的物品；白鴨在游水，鵝群在拍翅，一個穿藍袍的小

1　譯註：這個地區早年設有徐州府，中華民國成立之初廢除徐州府，保留銅山縣，對日抗戰期間，汪精衛政權又把銅山縣第一區定為徐州市。後來中共擴大徐州的行政範圍，銅山反而成為徐州專區中的一個縣，二〇一〇年銅山縣再改制為徐州市銅山區。

女孩坐在水牛上，莊稼漢還沒吃完早餐就靠在堤岸上打瞌睡，活像法蘭德斯繪畫裡那些喝醉酒的農夫。一個農家院子裡有一頭懷了一大胎的黑色母豬，當牠蹣跚走動時，乳房不斷摩擦著佈滿塵土的地面。

有些稻子已經收割。中國非常自豪（它確實有理由自豪），它現在不只可以餵飽自己的人民，而且有史以來第一次達到穀物出口超過進口（通常中國是進口小麥，出口稻米）。由於近年來在田裡工作的人開始穿白色衣服，他們鋤田、收割的身影特別清晰可見，忙碌的農作景象因此顯得充滿戲劇性。有時經過一些看似固定不動的形影，以為那是稻草人，結果其實是辛勤的農民同志正偷閒倚靠著鏟子休息，或伸展雙臂練習武術、打打太極拳。

幾個小時以後火車開進蚌埠市，這是安徽省中部的一個鐵路交會點。我們這輛車被安排停靠在那裡一小段時間，因為他們正在拍電影，場景是一男一女在我們這列火車上送別，演的可能是個討厭的親戚什麼的。一大群民眾聚集在周圍觀看電影拍攝，工作人員和鐵路警察雖然忙著將群眾勸到鏡頭外，不過完全沒有粗暴動作，所有人（包括警察在內）都對這個拍片工作興致高昂。沒有人推擠，沒有人吼叫，現場瀰漫的愉快氣氛令我印象深刻。不過除非他們的剪接人員特別優秀，否則我相信銀幕上出現的畫面將會是兩千位正開心笑著的民眾在一旁觀看兩位演員互相道別。

總之，他們只拍了一次。上海特快開出蚌埠站，拍攝工作隨之結束。

然後我們又奔馳在蒼翠的田野間。我非常確定這次到中國旅行跟六年前的情形（那次我是搭船沿著長江旅行）之間有一點最大的不同是，上次我是在景物一片淒涼慘澹的隆冬時節走訪中國。那時我對中國的印象是雨、煙、霧、泥濘道路融合而成的風景，其間點綴著快要倒塌的房屋，民眾冷得把手縮進袖子裡，還有就是到處都可以在牆上看到的毛主席那張圓胖臉孔。每當我問人問題，對方的回答不是「也許吧」，就是「你覺得呢？」

六年過去，又逢春光明媚的季節，一切顯得迴然不同。由於中國是個高度農業化的國家，到處都呈現出美妙的春色。看到農田裡栽培、鋤草、收割的忙碌景象，任何人都會覺得心情開朗。整個國家萬物生長、綠意盎然，顯得朝氣蓬勃、希望無窮。新的甲子循環於焉開展，而這絕不是一個幻影。如果人們顯得急躁不安，那是因為他們清楚知道一個循環相當於六十年，也就是他們所謂的一甲子。海外華人學者潘翎寫了一本書叫《中國的新革命》（*The New Chinese Revolution*），探討中國近年的狀況，她開宗明義地說明「甲子」這個中國人的循環概念，然後明確指出：「一九二一年，中國共產黨在上海的一場祕密集會中宣佈成立；一九八一年六月，第一個循環結束，中共邁入第二個甲子。」就在一九八一年六月，鄧小平成為中國「最高領導人」（除了全國政協主席以外，他並沒有真正的頭銜），並將中國的大門敞開，西方隨即趕到。沒幾年光景，成果已經清楚展現，西化現象是最顯而易見的景象。

十一點剛過，乘客紛紛走出廂房，擠在走道上，湊在所有窗口，我問他們發生了什麼事，他們說火車即將通過長江。西方人所說的揚子江，在中國被稱作長江，通過這條長河在中國是一件大事，它就像中國的赤道，是這片廣闊國土的南北分界。中國北方與中國南方有明顯區別。他們說北方人專橫跋扈，喜歡爭吵，比較冷漠，熱衷政治，以吃麵自豪；長江以南的人則比較聒噪、友善，自得其樂，皮膚比較黑，行為馬虎隨便，但有商業頭腦，傾向物質主義，主食是米飯。

這條河非常寬，在這個地區流勢平緩，水色汙濁。這裡是南京。聳立在河面上的鐵橋是個著名地標，當年俄國人在橋蓋到一半時撤出興建工程，他們以為中國人無法自己完成，結果中國人卻成功蓋好這座橋，而且它是中國現代工程史上少數看起來賞心悅目的建設成果之一。橋下的河面上是數不清的船隻，整個中國河運發展史彷彿就展現其中；大小不同、風格各異的船舶來來往往，有舢舨、獨木舟、平底船，還有蒸汽輪船——這些碩果僅存的「東方紅號」從重慶出發，行駛兩千四百公里到長江口的上海。

我繼續看《金瓶梅》，陶醉在書中細膩刻劃的風土人情和淫穢情節中。這本書問世五百年後居然仍舊在中國被禁，真是件可惜的事。我真心覺得假如中國人能自由閱讀這本書，他們可以從中發現許多關於他們自己的事。我不認為書的內容會削弱他們的道德感，相反的，他們反而會感受到一種悸動，甚至受到深刻的啟發。

《金瓶梅》不只是赤裸裸的情色書寫，也隱約以道德故事自居。在將近兩千頁的性愛絕技描寫，以及各種春藥、催情劑、紅丸、銀箍、愛環、挽具的詳盡描述之後，故事到後來是主人翁西門慶在與熱情如火的潘金蓮瘋狂做愛後，精盡人亡。他喝得酩酊大醉地回家，沒法在床上展現男子氣概，金蓮深感失望：

……婦人脫了衣裳，鑽在被窩那，慢慢用手腰裡摸他那話，猶如綿軟，再沒硬朗氣兒，更不知在誰家來。翻來覆去，怎禁那慾火燒身，淫心蕩漾，不住用手只顧捏弄，蹲下身子，被窩內替他百計品咂，只是不起，急得婦人要不的。……

她把西門慶搖醒，給他服了三顆強力春藥丸，她擔心要是藥效不強些，會起不了作用。雖然他還是睡著了，不過他的陽具依然硬挺，於是她坐了上去：

……那話直抵苞花窩裡，覺翕翕然，渾身酥麻……舉股一起一坐，那話坐稜露腦，一二百回。初時澀滯，次後淫水浸出，稍沾滑落，西門慶由著她掇弄，只是不理。婦人情不能當，以舌親於西門慶口中，兩手摟著他脖項，極力揉搓，左右偎擦，麈柄盡沒至根，止剩二卵在外，用手摸之，美不可言，淫水隨拭隨出。比三鼓天，五換巾帕。婦人一連丟了兩次，西門慶只是不洩。龜頭越發脹的猶如炭火一般，害箍脹的慌，令婦人把根下帶子去了，還發脹不已，令婦人用口吮之。這婦人扒伏在他身上，用朱唇呑裹龜頭，只顧往來不已，又勒勾約一頓飯時，那管中之精猛然一股冒將出來，猶水銀之澱筒中相似，忙用口接咽不及，只顧流將出來。初時還是精液，往後儘是血水出來，再無個收救。西門慶已昏迷去，四肢不收。婦人也慌了，急取紅棗與他吃下去。精盡繼之以血，血盡出其冷氣而已。良久方止。婦人慌做一團，便摟著西門慶問道：「我的哥哥，你心裡覺怎麼的！……」

……看官聽說，一己精神有限，天下色慾無窮。又曰「嗜欲深者生機淺」，西門慶只知貪淫樂色，更不知油枯燈滅，髓竭人亡。……

這本書在中國有點像個幽魂，大家都知道它，但沒有人見過它。我不認為它公開出版了以後會造成反革命，禁止的結果反而使它名滿天下，引來萬般遐想。當年《查泰萊夫人的情人》自由出版以後，大家才發現原來那是多愚蠢難讀的一本書。總而言之，搭火車時看《金瓶梅》比看「紅星英雄」[2]

2 譯註：此處作者可能是以中共常用的紅星標誌為比喻，不過美國漫畫中也有一名稱為「紅星英雄」的俄國超級英雄，首度出現於一九六八年。

的故事或「行軍越勇猛，戰鬥越成功」之類的屁話，要有意思得多。

在丹陽附近的荒郊野外，一輛牽引機忽然從一條陡坡上滾了下來，跟火車撞個正著。火車在一陣尖銳煞車聲後停了下來。「這是什麼地方？」「這裡是火車站嗎？」「不是，是發生車禍了！」「有人被撞死了！」接下來是一陣忙亂，沒有人敢走下火車，以免火車開走、自己卻被留在原地。一名鐵路人員把一具可攜式電話插進軌道邊的插座，透過電話詳細描述現場狀況。大家都豎起耳朵聽。

「他說有台牽引機被撞爛了。」「他說我們應該叫警察來。」「他說沒有人受傷。」「他說錯在那個農夫。」「他說要等肇事責任確定以後火車才能開。」

被撞壞的牽引機倒在火車外面的軌道旁。四周聚集了一群人，都是在附近田裡工作的莊稼漢，他們帶著有點陰鬱的表情看著火車上這些比較有錢的旅客。一組鐵路局人員帶著對講機和筆記本出現，接下來是一陣漫長的爭論，設法找出在中國每次出問題時的核心關鍵：是誰的錯？這個問題的意思相當於：誰該為這個錯付出代價？雖然有個人受了傷，不過經過二十分鐘的爭論之後，結論是這個意外只是小事，沒有必要讓火車繼續耽擱——這畢竟是中國速度最快的長途列車，從北京到上海一路都不靠站讓旅客上下車，只有在加油時停車一下。都怪這些農民沒有看好他們的機具，讓一輛牽引機翻落下來撞上火車，而那個受傷的人是自作自受。火車重新出發上路。

矮胖的年輕人鄧先生把瘦巴巴的妻子趕回床鋪上，還拿一雙拖鞋打她。她張口咬他的腳踝，使他哀叫了起來。他們是在玩鬧。老太太在打鼾，聲音輕柔而斷續，彷彿帶著抑揚頓挫；她的兒子走進來看她，沒把她叫醒，只是微笑著凝視她打呼。

為了讓鄧先生停止胡鬧，我問他到中國做什麼。

「我每半年來中國一次，」他說，「我是做生意的。」

他是一名機械工程師，在多倫多受過教育。他特別強調他離開加拿大是一種犧牲：「李光耀把新加坡經濟搞壞了，失業率高達百分之八。我本來可以留在加拿大賺大錢的。」

我說我覺得新加坡這個經濟繁榮的小島國居然開始崩壞，而中國卻在快速壯大起來，這個局面很有意思。而且，海外華人似乎重新開始把中國視為祖國。

「這是個沒有用的地方，」鄧先生把拇指伸到窗外說。我馬上知道他指的是什麼。「中國，」他說，「他們花一大堆錢買他們不會用的高科技設備。他們有兩萬八千台電腦，可是不會用，只有百分之十能正常運作。他們買東西只是為了擁有它，為了看起來有面子，然後就把東西擱在那裡積灰塵。」

「你是說他們有一種原始的傲氣，造成他們在花錢方面沒有理智。」我說，「可是我倒覺得中國人很節儉，他們投資做得不夠，錢花得不夠。他們總是在自我欺騙，把事情矇混過去，然後把任勞任怨當成美德。」

「不過他們確實工作得很努力，尤其是農民。」鄧先生說，「他們能夠養活自己，這已經是件好事。」

「所以問題出在哪兒？」

鄧先生往四周瞄了一下，看到老太太在睡覺，然後輕聲地表示，問題是他們的腦筋。

他敲了一下自己的頭說：「他們的觀念很落後，他們是一群鄉巴佬，很無知，神經兮兮的，跟我們不一樣。」

「我們是指誰？」我問。

鄧先生笑了一下。他是指我嗎？他沒回答。他把窩在他懷裡的老婆抓起來搔癢，直到她的襯衫下襬都露了出來。她的腹部是包子那種淺淺的麵粉色，扁平胸部完全撐不起胸罩。這景象教人看了真不舒服。

不多時，老太太的兒子進來叫醒她。火車快到上海了。

☆

上海是個褐色調的河濱城市，看起來像紐約的布魯克林。由於中國人在人群中感覺比較安心，他們很喜歡上海熙來攘往的人潮和忙碌的街頭情景。上海給人的印象是屬於大都會的市儈和時髦。成功的中國設計師大都生活在上海，上海人也都知道YSL就是伊夫．聖羅蘭。我抵達上海時，碰到一位法國《ELLE》雜誌的編輯在街頭尋訪材料，準備撰寫一篇關於中國的文章，標題是「時尚革命」。根據陪同她的中國男子表示（我後來跟那個人見了面），那位法國女編輯對上海女人的「衣Q」印象深刻。她會請她們停下來，拍幾張她們的照片，然後問她們衣服是在哪裡買的。多數人都說衣服是在巷子裡的自由市場買的，不然就是自己在家裡根據西方雜誌上看到的服裝樣式做出來的。即使是在文革期間，女性工人到工廠上班時，也會在寬鬆的藍色制式服裝底下穿一些亮麗的毛衣或有花邊的襯衫；那時她們每天早上都習慣聚在女化妝室裡，互相比較隱藏在工作服下面的漂亮衣裳，然後才展開一天的工作。

由於上海是個國際化的都市，歷來比其他中國城市見過更多外國人，包括侵略者和友善訪客，因此這裡是個外語流通的地方。它一方面在政治上極端教條（他們特別喜歡喊些「反對書籍崇拜」、「思想政治工作是經濟工作和其他一切工作的生命線」等毛主席口號），一方面卻是中國最布爾喬亞（資產階級）的城市。當中國開始發生改變，上海總是第一個變；當中國發生衝突，上海是情勢最火爆、情緒最激昂的地方。上海洋溢著強烈的生活氣氛，就連我這種討厭都市的人都能感受到上海的精神，欣賞那種都市氣息。這裡不像廣州那樣充滿骯髒汙穢，但它還是相當折磨人，而且在炎熱的月份裡到處擁擠、悶熱、吵雜、臭氣熏天。

其中我最明顯感受到的是噪音，那種徹夜不停的大都市喧囂彷彿紐約市的原聲帶，夾雜著喇叭、警笛、垃圾車、吼叫、哀嚎的聲音。北京正在朝上空發展，很快就會是個摩天大樓林立的都市；但上海興建於長江三角洲的沼地上，向來採取橫向開發模式，一路向浙江的沼澤區延伸。一整天，打樁機忙著把鋼柱打進柔軟的泥地，設法加以鞏固，其中一台就設在我的窗戶外頭，它那凶狠霸道的長鼻子上下移動，制訂出我一天的生活韻律：中～國！中～國！那轟隆轟隆的敲擊聲影響了我的呼吸、走路和吃飯方式，我每踏出一步，或舉起湯匙，都不禁配合起那「中～國！中～國！」的震撼聲響。我說話隨著它起起落落，寫東西也跟著它突進又鬆弛；刷牙時，我發現牙刷上下移動的節奏完美契合打樁機的規律節拍——「咚！」一聲重重敲擊下去，然後「哐！」一聲尾韻：中～國！早上七點打樁機就勤奮地敲，到晚上八點還敲個不停。而在上海，這是不可能躲避的，因為任何街區都有工程在進行，迴盪著沉重的撞擊聲：中～國！

為了避開繁忙的交通和擁擠的人潮，我特別挑僻靜的小街道走。然後我意識到一件事，如果我現在一直抱怨這裡的噪音、打樁機和幾近瘋狂的活力，那我不免顯得自我矛盾，因為我第一次到上海時覺得這座城市又悶又頹喪，簡直奄奄一息。可是他們到底為什麼老是停不下來？就連巷道裡都擠滿了人，到處是臨時搭建的攤位，住宅被當成店面使用，排水溝邊成立了自由市場，人行道上修鞋的修鞋、修腳踏車的修腳踏車，還有木工忙著做家具。

在黃浦江畔的外灘後方不遠，我注意到一堵牆後頭有座尖塔，於是繞了一下找到門進去。那是聖若瑟天主堂，我在裡頭看到一名外表邋遢、穿著破外套和拖鞋的男子，本來以為他是門房，結果居然是神父。他態度虔敬、說話輕柔，同時又流露出一種戒慎警覺——那是中國的基督教徒在經歷過數不清的磨難之後，冶煉出來的一種神態。這座教堂在文革期間遭到破壞，被挪用為機器倉庫，牆上被漆上大大的標語，前庭則被當成停車場使用。

「Sacramentum〔聖體〕。」神父用拉丁文說。他指著搖曳的燭火，露出滿意的微笑：聖體就擺在神龕裡。

我問他這是什麼情況，今天有彌撒嗎？

他說沒有，然後把我帶到教堂後方，那裡有一具棺材，上面貼了一個紙質白色十字架。他說明天有個告別式。

「想必你會很忙，那麼多人到教堂裡來。」

「是啊。我們上海有五座教堂，每個星期天都擠滿了人。」

他邀請我參加彌撒。基於禮貌，我告訴他我會設法抽空過來，不過我知道我不會來。我是個異教徒，跟教堂八竿子扯不上關係。而且我很討厭某些西方人的行徑，他們在自己國家時從來不作禮拜，可是到了中國以後跑教堂卻勤快得很。他們這麼做可能是為了凸顯自己的不同，但也可能是在間接責備中國人——用宗教自由的尺標測試中國的包容度。我不否認那確實是一種測試方法，但我無法忍受看到一個自己不信教的美國人執行這個測試，所以我在中國絕不上教堂。不過有時當我看到小鳥在草叢間跳躍，會忍不住跪下來，驚奇而敬畏地凝視牠。

幾天後我在市區走路閒逛時來到人民公園，由於那是星期天，我決定查證我在北京聽過的一件事：據說北京的北海公園和上海的人民公園各有一個「特區」是想說英語的人會聚集的地方。結果這居然是真的。他們把這個區塊稱為「英語角」，占地大約半英畝，許多中國人就在樹下嘰哩呱啦地說著英語。英語角的出現，起初是因為有幾個在共產革命以前學過英語的老人（他們上過教會學校），在星期天時聚在公園裡用英語交談，以免自己的英語生鏽退步。然後他們發現自己吸引了許多人注意，一些想學英語的中國年輕人禮貌地跑過來討教。一九七九年剛開始時，聚會時間只有一小時，到了一九八六年，這已經成為持續一整個星期天的大事。中國人很容易把這種事情當成一種重要儀式，沒有任何人規定要組成英語角，但它卻扎扎實實地形成了，而且演變得相當正式。英語儼然成為新中國的非官方語言。

人民公園的英語角裡大約有兩百個人，他們站立和說英語的方式使他們看起來有點像鵝。有些人在練習英語或交朋友，但我發現許多人是因為正在申請英語系國家的大學或應徵要求英文能力好的工作而到這裡尋求協助。其他城市或許還不見得有這個現象，但在上海，說英語的人顯然已經構成某種次文化群體。

我碰到現年二十四歲的勒羅伊，他是在人民公園學會說英語的，五年前他就開始參與這個聚會。

「一九八一年我第一次來的時候，有個人問我：『你叫什麼名字？』我說不出我的名字，因為那時我一個英文字也不會說。我覺得非常挫折，於是我決定好好學習。我買了一些書，然後每個星期天都來。」

他英語說得相當好，不過有個問題讓我感到疑惑：他的英文名字是怎麼來的？為什麼他叫勒羅伊？

答案很簡單。他的英語開始進步以後，那個名叫李仁的年輕人開始叫他勒羅伊。他說在毛澤東的年代，英文名字被視為布爾喬亞、資產階級，是不好的東西，可是後來大家又開始學英語，英文名字也跟著回來了。通常選擇英文名字沒有一定的標準，如果某個女孩的中文名字叫甄莉，她可能會為自己取「珍妮」這個英文名，名叫朱瀾的可能取「朱利安」，姓陳的可能取個「強」之類的名字。勒羅伊有個朋友叫李秉，他選的英文名字是很有不列顛味兒的「賓利」，而且他試著讓自己說起英語來像個英國保守黨國會議員。由於電影《藍波》造成轟動，一名復旦大學學生乾脆把原來的英文名字改成「藍波」。在接下來幾個月中，我陸續遇到好幾位「賽兒妲」，也碰到過一位「林戈」。我忍不住想下個結論，這些中國年輕人成長在一個直到最近都極為民族沙文主義的文化中，他們取英文名字可能是在設法跟那種文化型態拉開距離。文革期間，如果一個人把自己叫作「比爾」，然後戴著太陽眼鏡和奇怪帽子走在大街上，他會顯得非常礙眼，而那種人就是現在會出現在英語角的人。

勒羅伊有大學文憑，現在在一家紡織廠當工程師，每個月薪水是八十元。不過他的目標是進入上海郊外新開幕的喜來登系列酒店「華亭賓館」實習。目前上海有三十一家觀光大飯店，不過喜來登華亭被視為其中的上上之選。

「你有多大機會被錄取？」

「其實我已經被錄取了，四百個人申請，有二十個被錄取，我是其中之一。可是你知道在中國我們不能隨便就離開原來的崗位，不管是辭職或換工作，都得得到允許才行。我如果到喜來登工作，每個月可以賺二百五十元，可是我的老闆不肯放人。」

「真糟糕，沒有別的辦法嗎？」

「這個嘛，他說他有個媳婦需要工作。他知道我爸是個工頭，如果我爸能幫她安插個工作，老闆會放我走，不然的話我就得留下來。」

他今天到英語角就是為了設法解決這個問題，他要請他的一些朋友給點意見。看來這裡除了是英語角，也是個「呼救角」。

勒羅伊有一種還在努力學習的自學者所特有的態度，專注中帶著緊張。他說他對非洲感興趣。

我想知道他對非洲現況的瞭解有多少，於是問他上伏塔共和國的新名稱。

「布吉納法索。」他回道。

「首都呢？」

「瓦加杜古。」

「很好！」

他說他還有很多東西要趕快學，因為他在文革期間浪費太多時間做那些無用的事了。我請他說得清楚些。

「學校大部分時間都停課，」他說，「有時候會上課，可是我們到學校只是為了批判這個人，然後批判那個人。我們批判孔子，批判老子。我們也批判老師。如果覺得老師不好，我們就把他叫做資產階級，強迫他寫悔過書，然後我們就回家。真的很浪費時間，不過我從沒認真把它當一回事。」

我試著在心中描繪一群頭戴紅帽子的小畜牲坐在教室裡威嚇老師，這是不難想像出來的情景。而且當然，「批判」這個中文字眼可以是很多東西的委婉用語。一名復旦大學英語系的女教授，現在走路得撐著拐杖，因為她曾經被紅衛兵「批判」，說白些就是拳打腳踢，理由是她提倡閱讀資產階級封建份子莎士比亞。但時代已經改變。不久前，也就是一九八六年春天，這位教授在上海莎士比亞戲劇節中，為一齣由學生製作的莎劇《無事生非》擔任指導老師。

中國人學英文的好處是可以規避很多官方障礙。比如雖然很多中文書被禁閱，但英文版不難找到。勒羅伊說他看過《一九八四》和《動物農莊》的英文版，我說我很驚訝，因為董教授告訴過我，歐威爾的書屬於「內參」，需要特別准許才可能接觸。可是勒羅伊並不知道這件事，他甚至不知道這些書有中譯本，因為他以為連翻譯都是禁止的。

「你讀了《一九八四》有什麼感想？」我問他。

「就很像現在的中國，某些部分的中國。比方說西藏，有時也像上海。」

我說我覺得這本書是在探討恐懼和不確定的問題，可是當我請他多舉一些例子，他開始顯得支支吾吾，我不想讓他有被審問的感覺，於是就放棄了這個話題。他知道中國情色經典《金瓶梅》，不過不知道學者可以讀它，甚至不知道這本書有在流傳。他以為《金瓶梅》屬於口傳文學，只是一堆大家在私底下傳誦的鹹濕故事。

我問他上海哪些改變讓他印象最深刻，他說最明顯的差別是一般人的穿著打扮，不過民眾的態度也有很大的轉變，無論是對自己的想法或對未來的期許都是如此。他建議我去看看自由市場，以及民眾現在自己在家做的各種賺錢工作，例如縫紉、修補鍋子、修理浴缸等等。還有私人課程：英文課、音樂課、裁縫課。只要交個二十元，就可以向經驗老到的裁縫師學藝，這是每星期上兩次課、為期兩個月左右的課程標準價格。從前老百姓沒有任何需要上課學做衣服的理由，因為所有人穿的都是那種由工廠統一製作的制式藍色棉質服裝。

勒羅伊接著又說：「不過最大的變化是現在所有人都有工作了。以前有些人沒工作，如果沒工作就得待在家裡，政府不會給你錢，你得自己跟父母拿錢。現在大家都找得到事做，工作機會很多。」

我祝福他到喜來登酒店工作的計畫進展順利，然後我繼續在街上遊走，設法檢驗他說的關於民眾在家工作賺錢的事是否合乎事實。似乎大部分人真的都在努力做點什麼事來多賺些錢，不管是縫紉、做鍋子、補鞋子、修雨傘或賣自家做的衣服。這種自由業在一九八〇年以前，大家聽都沒聽說過。自由市場發展得也很快，小生意人在那裡販賣蔬菜、雞蛋、寵物食品、時鐘、舊手錶、舊眼鏡，甚至他們捕捉來的鳥。

上海正在放映一部充滿血腥暴力的復仇片，英文片名叫《沒腿先生》，電影海報上可以看到坐輪椅的男主角用槍轟掉當初害他沒了腿那個人的腦袋。中國觀眾蜂擁在電影院門口搶票，他們說票非常難買。所有電影在中國票房都很好，其中尤以暴力片賣座特別好，比如最近《藍波》在中國各地院線幾乎是場場爆滿。

一位戴紅色袖標的老先生正在人行道上指責一個路人，我走過去問他在做什麼，他說他是吐痰糾察隊隊員，目前正在配合政府推行全民不吐痰運動。我非常贊同中國政府的做法，不過我倒覺得中國人吐痰的行為令人嫌惡的程度，遠低於他們吐痰前大聲清喉嚨的習慣，那卯足全力「咳！」的一聲，從五十公尺外就聽得清清楚楚，好比疏洪圳抽除泥水時的可怕聲音。在這之後，吐痰本身彷彿只是高潮結束後的尾聲。

我回到人民公園的英語角，在這個充滿俱樂部氣氛的快活場所遇到秦醫師，他說他是個精神科醫生。

我跟他說我之前以為中國沒有精神科醫生，至少大學裡不會有心理學系。那中國有精神病院嗎？

「五年前政府准許精神醫學研究，我馬上就念了這個學科。」秦醫師說，「在那之前，精神病照護是不存在的。如果有人出現相關症狀被送診，他得到的治療是針灸。」

「憂鬱症和精神分裂症這種疾病用針灸治得好嗎？」

「不行。精神病的案例其實很多，在我工作的上海醫學中心，隨時都會看到這種病人。現在我們有了名聲很好的醫療制度，也有很多中國的精神科醫生，他們年紀都很大，從前在德國或美國讀的書。」

「你怎麼治療病人？」

「我們用藥物，然後也跟他們說話。有暴力傾向的病例不多，不過我們有很多憂鬱症患者。這似乎是很中國的一個問題。大約百分之七十的病人有精神分裂症。工廠裡的醫生會把病人轉診到我們這兒，然後我們對他們進行治療。」

我問他是不是有很多偏執狂的病例。

「不多，這種病在中國很罕見。在我們醫院，我只知道三個這種病例。」

「美國的偏執狂經常認為自己是華盛頓總統，其他國家的患者可能會說他們是希特勒或拿破崙。那中國患有偉大妄想症的人會說自己是誰？」

「皇帝啦，毛主席啦，上帝之類的。」

我跟秦醫師說話時，一名男子走過來問我：「你會說德語嗎？」

「當然。」我用德語回答，然後結結巴巴地說了點德語讓他開心。他德語說得很好，他表示一九三〇年代期間他幫上海的德國領事館當信差，就是在那時學德語的。

我們周圍聚集了一小群人。「說英語！」有個人說。另一個中國人疑惑地問：「你們在說什麼語言？是法語嗎？」轉眼間大約有二十個人靠攏過來聽這位老先生說德語。

「如果你要待在這兒就得說英語。」一個太愛管閒事的中國人揪著老先生說。為了緩和氣氛，我問那人叫什麼名字。他說他姓曾，然後請我猜他幾歲。我說：「差不多七十。」

「我是一九〇六年生的，」曾老先生說，「我還記得我父親說：『皇上在位。』我也記得他提到皇上背後那個老女人」——也就是慈禧太后——「真是個邪惡的老太婆。」

「你怎麼有辦法把自己維持得這麼年輕，曾先生？」

「很簡單。我父親說：『絕對不要抽鴉片』，所以我從來沒抽。那時大家都在抽鴉片，身體變得很不健康。可是我很強壯，肺部非常強壯。」他吸氣挺起胸膛，然後呼氣。「我不抽鴉片還有一個原因。要是父親看到我抽鴉片，就會打我的背。」

我說：「你幾乎經歷了整個二十世紀。你心目中最好的時代是什麼時候？」

「剛解放的時候。那時真的太美妙了，所有人都很高興。那是一種和平。」

「是因為這樣所以覺得特別好嗎？因為有和平？」

「不只是這個。我有兩個女兒。革命前女孩被看成沒有價值，大家都要男孩。可是革命以後我就不需要擔心，我那兩個女兒也不需要對自己感到羞恥了。我可以跟你說說我太太的事嗎？」

「好啊。」我說。曾先生的說話方式有一種屬於老時代的淘氣，周圍的民眾都靠攏過來豎著耳朵聽他在說些什麼。

「我出生一年以後，父母決定我得跟同村裡的一個女生結婚。後來我在二十三歲時娶了她。她是一個男人能找到的最棒的妻子，而且是最棒的廚師。她會做麵條，做魚丸，做最好吃的餃子。我現在都還能吃到美味無比的餃子。」他舔了舔嘴，圍觀的中國人都笑了。他很清楚自己成為眾人注意的焦點，但還是一副從容模樣。「她是我最棒的朋友！我可以給你看她的照片嗎？」

我說我想看，於是曾老先生把手伸進塑膠袋裡翻找。那裡面有一瓶米酒和一堆餅乾、一把梳子、一些藥丸、一根變黑的香蕉和一份破舊的報紙。圍觀群眾把頭湊過來看他找相片。

曾老先生把照片拿出來時，眾人不是倒抽一口氣就是發出噓聲。他拿著照片轉了一圈秀給大家看，那是一具躺在棺材裡的屍體，一堆皺褶綢緞間露出一顆小小的頭顱，旁邊有些枯萎的花和一個香爐；那是個女性死者的枯槁面容。

「她是個好愛人。」曾老先生驕傲地說。他微笑地看著照片，然後又把照片拿給在場所有人看，那些人扮了個鬼臉後就陸續離去。

我在上海遇到的其他一些人對女生平等這件事有不同看法，而中國社會很顯然是重男輕女。一胎化政策實施以後，生育超過一胎的人會受到嚴厲處分，民眾普遍偏好男孩。據說殺嬰現象相當普遍，坊間悄悄流傳的消息指出，有為數眾多的女嬰一出生就被勒死，或像主人不要的小貓般被丟進水裡溺死。但這種殘酷的行為很難驗證。更有可能的情形是由於胎兒生產前可以事先檢驗出性別，導致了墮胎劇幅增加；我無法取得墮胎的相關統計資料，不過數字無疑非常高。任何孕婦都可以在任何階段進行墮胎，這被視為一種愛國的表現。我打賭被墮掉的女胎鐵定多於男胎，而當我把這個推論告訴上海的中國人時，他們說可能性確實不低。

☆

我在北京時，《一百個中國人的自述》共同作者桑曄跟我說，如果我到上海，一定要去看距離市區大約二十五公里的新興工業地帶——閔行。

「像你這樣的旅行家到了那裡，一定覺得大開眼界。」桑曄說，「閔行的典型居民原本是偏遠鄉下地方的農民，後來變成工廠勞工。他們習慣住茅屋的生活，現在卻住在公寓大樓裡。問題是他們老習慣不改。他們不習慣沖廁所，而且會在房子裡養雞養鴨。」

他描繪出一幅鄉巴佬住進高層大樓的情景，畫面中是臭氣熏天的廁所、在通道上活動的牲畜、靠著牆上擺放的草耙，還有在樓梯間爬上爬下的豬。

「他們也沒有拋棄其他一些農民習俗。」桑曄說，「農村裡的人每天晚上吃晚飯以前，經常會四處走動，看看親戚們吃的是什麼東西。可是這件事在公寓大樓裡比較麻煩。結果呢，電梯操作員每天都差點沒發瘋，因為時候一到，一大堆人就要搭電梯上上下下，到住其他樓層的親戚家看一下。」

他最後說：「閔行是個亂得有意思的地方，從來沒有觀光客去那裡。」

光是這句話就足以激起我的好奇，我都還沒離開北京，彷彿就已經看到那些豬呀雞呀，還有那些莫可名狀的廁所。於是有一天，我決定到閔行看看，結果那裡的公寓住宅讓我很失望——沒有一棟樓房超過六層，而由於中國法律規定只有高過六層樓的房子才需要安裝電梯，所以那個關於電梯的故事很明顯是空穴來風。這個城鎮只是個占地很大、沒有特色的地方，約有三萬人居住，城裡有發電廠、工廠、商店和一個小市場。可是豬和鴨在哪兒？

我在樓房後側看起來平凡無奇的街巷中走走逛逛，沒發現什麼特別值得注意的東西。街上有行人、自行車騎士、上班族、學生、逛街買東西的人、喘著氣爬樓梯的老人，有些人心裡可能在想：「這個老外在看什麼？」

我碰到一個人告訴我目前當地正在成立一個聯合企業，準備生產玩具火柴盒小汽車。聽起來不太有意思。還有一家化妝品公司。我設法忍住打哈欠的欲望。百事可樂也打算開設一家裝瓶廠。

我說：「聽說這裡的公寓跟其他地方不大一樣。」

他聽了似乎頗疑惑，不過他說如果我想看看這裡的公寓，不妨到他家坐坐。

這是中國人很典型的好客表現。我剛到中國時，很快就發現他們幾乎毫無例外地非常友善而且沒有疑心，在市區以外的地方更是如此。他們樂於交談，對自己的家庭很驕傲，非常好奇想知道我對中國的改變有什麼看法，態度也相當開明。而且他們完全不知道我是何方神聖。

「進來吧。」這位男士說。

那是一棟有兩間臥室的公寓，室內瀰漫著蔬菜的味道。裡面也有一條大通道、一間浴室和一間廚房。房子裡住了七個人，五大兩小。這家人原本住在我搭的火車抵達上海以前經過了的無錫，一九五九年閔行開始發展以後，他們就搬過來了。

他們在當地工作。五個大人（兩名男性、三名女性）都在上班。每間臥房裡都擺了兩張床，還有衣櫃、椅子、桌子和電視。公寓非常整潔，窗台上種了盆栽植物。房子裡沒有書。

我說到電視機時，他們把電視打開，螢幕上出現一部西部片，我看到好萊塢老牌影星葛雷哥萊·畢克和奧莉薇雅·德·哈維蘭在說中文。我們看了一會兒，他們泡茶給我喝，然後我們閒聊起閔行的事。

「有人跟我說閔行這裡有些居民會在家裡養雞鴨。」

「沒有啊，這兒沒有人養雞鴨。」

一位女士說：「你們在美國都騎馬呢。」

「只是騎著玩的。」我說。

他們不太相信，他們似乎認為美國到處都是牛仔，而我內心裡還是覺得閔行一定有人養豬養鴨。

「所以你平常沒騎在馬上嗎？」

我知道「馬上」在中文裡的意思是「立刻」、「趕快」。

「現在我得『馬上』走了。」我開了個玩笑。

隨後我離開了閔行。這個小旅行雖然有點無聊，不過還是挺不錯的；我發現桑曄說的話並不合乎事實。話說回來，為什麼骯髒土氣就一定得比新穎整潔來得有趣呢？

☆

我在上海遇到一位姓王的先生，樣子相當時髦，看起來很年輕。結果我發現我們是同年出生的，都屬蛇（不過王先生用的是「蛇」的委婉用詞「小龍」，他說他是「小龍年」生的）。他人很好而且談笑風生，總有說不完的故事。我經常跟他碰面，大都是在錦江飯店一起吃午餐。他性格敏感，不過也充滿反諷式的幽默感；他說他到過美國一次，走在舊金山街頭是他這輩子覺得最快樂的時候。他隱約表示他很想移民到美國，不過他沒多提這件事，也沒請我幫忙。即使在上海這個無奇不有的城市，他的穿著還是很不尋常——金絲雀黃法式獵裝，淺藍色休閒褲，手腕上戴著金錶，脖子上掛了金屬鍊，還有一副名貴的墨鏡。

「我喜歡比較亮一點的衣服。」王先生說。

「文革期間可以這樣穿衣服嗎？」

他笑了一下說：「搞得真夠慘了！」

「你有受到批評嗎？」

「還被逮捕了呢！我在那段時間開始抽菸。我發現人在抽菸的時候會有時間思考。紅衛兵們把我關在一個房間裡，他們說：『你居然敢說毛澤東夫人江青是個瘋女人。』她就是瘋女人沒錯啊！我就點了根菸抽，這樣我才想得出話來說。」

「你說了什麼？」

「說了不該說的話嘛！結果他們要我寫文章。自我批判！」

「說說文章的內容吧。」

「他們給我一些題目：『為什麼我喜歡狄更斯？』『為什麼我喜歡莎士比亞？』」

「我以為你應該說你不喜歡這些人。」

「他們不相信，」他說，「他們說我是反動份子，逼著我非得說我喜歡這些作家不可。實在太可怕了！每天晚上我下了工作崗位以後都得寫六頁，然後他們會說：『什麼狗屎嘛！再寫六頁。』」

「那時你做的是什麼工作？」

「在紅衛兵樂隊裡拉小提琴，永遠拉同樣那些曲調：《東方紅》、《毛澤東思想萬歲》、《大海航行靠舵手》，都是這種東西。他們要我淋著雨拉。我說不行，小提琴會解體。他們不知道小提琴是用膠水組裝的。我淋著雨拉，小提琴就解體了。他們後來又給了我一把，在除四害運動期間要我站在樹下拉，目的是防止麻雀飛到樹枝上。」

另外三害是蚊子、蒼蠅和老鼠。

「真荒謬。」我說。

「我們還把淮海路上了油漆，那才叫荒謬。」王先生說。

「那麼一條大街怎麼上油漆？」我問他。淮海路可是上海市區的主要幹道之一。

「為了表示對毛主席的尊敬，我們把它漆成紅色，」他說，「這不叫蠢叫什麼？」

「你們漆了多長一段路？」

「將近六公里。」他說著，笑了起來。他回想起另一件事：「不過還有更蠢的事。我們每天上崗工作時都得在門口面對毛主席的肖像跟他請安，舉起《毛語錄》說『毛主席萬歲』。回到家也得做這樣的事。老百姓會做一些東西表達對毛主席的敬意，比如織個毛主席徽章，或用針尖兒繡個小紅星，然後把它放在單位裡特別設的敬拜室，那房間還是漆成紅色的。那些都是獻給毛主席的東西。如果他們想證明自己對毛澤東忠心耿耿，甚至會把毛主席徽章別在自己的皮膚上。」

「這麼做想必可以讓紅衛兵刮目相看。」我說。

「那些事不只涉及紅衛兵。現在所有人都責怪紅衛兵，但當時每個人都有份。這就是為什麼現在大家覺得那麼羞愧，因為他們發現自己在毛主席這件事上跟其他人都一樣蠢。我認識一位銀行家，他那時被指定當蒼蠅捕手，他的職責是殺蒼蠅，然後把蒼蠅屍體裝在火柴盒裡。每天下午有人會去數：『一百十七隻，不夠多。明天要達到一百二十五隻。』然後後天又要更多，明白吧？政府還說會有戰爭。『敵人隨時會來，要未雨綢繆。』」

「什麼敵人？」

「帝國主義者嘛，俄國，印度，美國，」王先生說，然後翻了個白眼，「管它哪一國，總之就是會來殺我們。所以我們必須製造磚塊，為戰爭做準備。一個人一個月做九十塊磚頭。可是我父母親年紀大了，所以我得幫他們做。那時從單位回家就得寫『交代材料』：為什麼我喜歡西方音樂？然後是做磚頭。我每個月得交出兩百七十塊磚頭。還有，他們老愛問我的洞的事。」

「你的洞？」

「就『深挖洞』那個規定嘛。那也是為打仗做準備。萬一發生戰爭，每個人都得有個洞，所以紅衛兵經常會來敲門問：『你的洞在哪兒？』」

王先生說上海到處都是防空洞，是毛澤東下令興建的（「為了防範隨時將發生的戰爭」），不過當然從來不曾用上。我請他帶我參觀防空洞。我們在南京路一一五七號找到一處拱形地窖，以前看起來應該很像荒廢的地鐵站，不過現在已經改裝成冰淇淋店了。令人驚奇的是，這裡現在顯然變成年輕男女約會接吻的地方，很多情侶用他們認為是愛情擁抱的搭肩姿勢依偎在一起。看到這些年輕人在狂熱偏執的紅衛兵興建於一九六〇年代的地窖裡卿卿我我，感覺非常諷刺。不過同樣諷刺的是，這個現在叫作「東昌咖啡廳」的地方是由政府所有並負責經營。

有一天我跟王先生聊我搭火車穿越蘇聯的經歷，我提到那裡由於消費物資非常稀少，俄國人老是纏著外國人，要他們把穿在身上的牛仔褲、T恤、運動鞋之類的東西賣給他們。

「我在中國從沒碰到這種事。」我說。

「中國沒有這種情形，」王先生說，「不過這倒讓我想起一件事。大概三年前吧，有位俄國芭蕾舞者到上海來，我去看了他的表演，跳得真棒！那位舞者長得很英俊，我在一家酒店認出他來了，他對我抱以微笑。然後他指著我的運動鞋，又指了指自己。我明白他想要我的鞋子，那雙鞋子很貴，是耐吉的，花了我五十元。可是我不太在乎錢。我們把腳靠在一起比了一下，尺碼一樣。我一句俄文也不會說，可是我感覺得出來他真的很想要那雙鞋。」

「你賣給他了嗎？」

「我給他了，」王先生說著，忍不住皺了一下眉，「他那麼想要有雙鞋，讓我看了很難過。他在自己國家居然買不到這種東西，我覺得很悲哀。我當場把鞋子脫下來，然後光著腳走路回辦公室。他高興的不得了！我心想，他回到俄羅斯以後，會永遠記得這件事。他會說：『有一次我到中國，遇到一個中國人，問他要買他的鞋，結果他把鞋給我了！』」

過了片刻，王先生又說：「中國什麼都找得到，食物，衣服，鞋子，自行車，摩托車，電視機，收音機，古董。如果你想找女孩，你也找得到女孩。」然後他瞪大眼睛說：「男孩也有，如果你要的是男孩子的話。」

「還有時裝秀。」

「電視上每星期都有時裝秀，」他說，「上海的時裝秀最出名了。」

我問他老一輩的人對這些新的發展有什麼想法——我是說，幾年前中國還嚴厲譴責外國的墮落，所有人都穿著鬆垮垮的藍色制式服裝，現在卻到處是時裝秀和風塵女郎。

「老一輩的人喜歡中國現在的生活，」王先生說，「他們覺得很興奮，很少人表示不苟同。他們覺得以前受到太多壓抑了。」

幾天以後，我找到機會測試了這件事的真實度。我受邀到一位不久前才退休的前政府官員家作客。（中文稱這些官員為「幹部」，在概念上類似法文以cadre（框架，骨幹）一字稱呼主管）。這個人名叫甯百駱（音譯），六十七歲，是個忠黨愛國的毛派人士。他沒受過正式教育，他是在一九四〇年到一九四九年之間從新四軍的基層做起，負責安排政治活動、收集軍隊所需的食品和經費，先是為了跟日軍作戰，然後是對抗蔣介石的國民黨部隊。他的早年記憶之一是有天晚上在上海，他錯過最後一班黃浦江渡輪，結果被一名日本兵拿棍子打，怒罵他深夜不歸。不久後他加入一個抗日組織，然後加入軍隊。

「那些經驗會讓你仇恨日本人嗎？」

「不會，」他說，「我們只是恨他們那些將軍。」

中國人的譴責總是針對高階人士，下屬是無辜的。這就是他們在文革結束之後，能夠平心面對那個罪大惡極的罪行的原因。那齣為時整整十年，從內蒙到西藏、在中國所有城鎮村莊上演的恐怖劇碼，都是四個乾癟惡魔的傑作，都是四人幫的錯。沒有任何紅衛兵被要求以個人身分為當時的恐怖行為負責，沒有人遭受審判，而且除了偶爾大聲發個牢騷以外，我也從沒聽過有誰嚴厲譴責他們。

在我的印象中，甯同志是個骨瘦如柴的人，臉長得有點像老牌好萊塢男星亨弗萊·鮑嘉，兩頰上有長長的皺紋，說話時舌頭會磨在牙齒上，發出有點咬字不清的聲音，這也跟鮑嘉有幾分神似。我很容易就看出他是個死硬派，那種經歷過三〇年代的匱乏以及在此之後一直到近年經濟起飛之間的所有發展階段，從中薰陶而出的思想純粹、刻板強硬的官僚。他到現在仍然在穿藍色的毛式中山裝。我覺得他真是我請教中國社會發展現況的理想人物。

雖然他本人看起來極為簡樸，他住的公寓從中國的標準看來倒是相當寬敞，有四個大房間，還有一個廚房和一個門廳。跟其他中國住宅一樣，這裡的每個房間都擺了床。甯同志跟他的夫人、還沒出嫁的女兒、他的兒子和媳婦，以及兩個孫子一起住在這間公寓。

甯夫人端給我一碗用米做的甜疙瘩。「是蒙古人的東西，你一定會覺得好吃。」

那甜疙瘩黏中帶脆，口感特殊，令我不禁想起美國穀麥片包裝盒背面提供的甜品做法中的描述：「絕佳甜品點子，好吃又好玩！小朋友吃了一定吵著要再吃！」

我一邊把黏在牙縫中的疙瘩屑剔出來，一邊說如果甯先生參加過新四軍，那他一定知道《黃橋燒餅歌》。

「我愛人和我都會唱呢！」甯同志回道。

我告訴他，我在北京見到過那首歌的作曲者章枚，跟他聊了許多日本人被描繪成鬼子、強姦犯、強盜、惡魔之類的事。

「我對日本人沒有個人偏見，」甯同志說，「我不反對他們到中國做生意。可是日本社會有一種軍國主義成分，這點我們必須非常小心。除了這個以外，中國人跟日本人是有很多共通之處的。」

我說我六年前到中國來過，那時的印象很不一樣，不過有一種所有人在貧窮中一律平等的感覺。我說：「現在有些人變富了，少數人甚至變得超級富，這種情形會不會讓你擔心？」

「你知道西瓜大亨的事嗎？」

王先生告訴過我那個故事。一位身無分文的農民知道中國人喜歡吃西瓜籽，於是他開始做起小生意，然後越做越大。他聘請員工，買了土地，日進斗金，成為百萬富豪，然後他開始欺負員工，政府課他重稅，最近他放棄賺到的所有財富，回到家鄉當農夫。有人還根據這個故事寫了一齣道德劇，並獲得政府許可搬上舞台，這齣劇叫《傻瓜的長征》。

「他的確是個傻瓜，」甯同志說，「有錢沒什麼不好，我們的目標就是讓所有人都有錢。」

「可是財富會創造出特權階級，這會動搖社會主義國家的根基。」

「在中國，特權不是用錢買的，」甯同志說，「權力來自政治圈，不是金融圈。」

「那貪腐行為該怎麼說？」我問道，「那些中國人叫『走後門』的勾當？」

「當然是有一些這種例子。當一個人太過重視金錢，就會有這種危險。」甯同志舉起一隻瘦細的手指頭，「應該是由人來操縱錢，而不是由錢來操縱人。」

我們談貪腐。目前有個實例：一名中國商人因為收取政府賄絡、挪用公款，最近被上海法院判決有罪。他的女性共犯被判處很多年的監禁，他本人則被處決——用中國的方式，以子彈射擊後腦勺。

「他在香港有人脈。」甯同志說。他的意思彷彿是：那就是這個齷齪罪惡的根源。

「你覺得用死刑來處罰偷竊金錢的行為，會不會讓民眾認為有點過度？」

我這句話讓甯同志嘲笑了一下。他的牙齒泛黃，長長的手指甲也是。「錢的數目不小呢，所以這個案子相當嚴重。任何偷盜那麼多錢的人都該處死。」

「所以你支持死刑？」

「這是中國的傳統，」甯同志說，「殺人償命，就這麼簡單。那個人犯下的罪也一樣嚴重。」

這種跳躍式邏輯是中國人思考方式的典型特徵，同時勞動改造也已經不再像過去那麼受支持。我特別想瞭解甯同志對死刑的看法，因為近年除了鄧小平的改革以外，我還看到中國在一九八三年到八六年之間處死了一萬人，其中不光是殺人犯，還包括強暴犯、縱火犯、詐騙份子、小偷等等。一九八三年八月三十日，三十名被判了刑的罪犯在北京遭到公開處決，地點是一座體育場，現場有六萬民眾在歡呼。不久之後，死刑犯名單擴大到包含皮條客、間諜、武裝搶劫、盜用公款者、祕密會社組織者等。要計算有多少中國人被判「最終解決方案」（雙手綁在身後，強迫跪在證人面前，最後一顆子彈穿透脖子與頭蓋骨連接處的後枕骨，把他們送上西天）並不難，他們的照片都會被公佈在他們的居住地，通常是張貼在火車站或郵局外面的佈告欄。在這些壞蛋圖片集中，已經被槍決的犯人頭像旁邊會有一個紅色記號。

我說：「我個人並不支持死刑。」

「為什麼？」甯同志問。

「因為死刑很野蠻，而且沒有用。」

「那幾星期前恐怖份子在柏林用炸彈攻擊一家舞廳，如果由你作主，你會怎麼處置他們？」

「我不會判他們死刑，如果這是你想問的問題。」我說，「總而言之，你不會想到把政治暴力和刑事暴力區別開來嗎？不管那些人的身分到底是什麼，我們先假設他們是巴勒斯坦人。那他們不就是解放軍嗎？」

「我們會把那些人在柏林做的事視為恐怖主義，那是一種刑事犯罪。」甯同志表示，「至於武裝鬥爭，」他繼續說道（他用的字眼是毛澤東思想中所指的人民戰爭），「又是另一回事，武裝鬥爭是合法的。」

甯同志對死刑的立場堅定不移，認為皮條客、流氓、縱火犯、勒人致死者都該槍斃；他強調這種極端處置方式可以有效降低犯罪率。這可以說是毛共思想中最違反儒家的一點，孔子厭惡死刑，他的人道思想（例如《論語》〈顏淵第十二〉第十九章所言[3]）向來被毛共視為軟弱而危險。即便是鄧小平這種思想相對開明的人物，也毫不猶豫地執行死刑，堅決相信死刑能帶來中國成語所說的「殺雞儆猴」之效。他曾在對全國政協常務委員會的五名最高幹部做精神講話時表示：「現在總的表現就是手軟。判死刑也是一種必不可少的教育手段。」（該演講內容收錄於鄧小平文選《當代中國的基本問題》）

回到金錢的問題，甯同志表示，他不認為在當前這種積極賺錢的經濟型態中會出現什麼財政問題。政府將控制勞動力，保護勞工，向富人徵稅，全面監督公司企業。他說他覺得物價上漲的問題才真的嚴重，在有些情況下，通貨膨脹甚至達到兩位數字（他直接用了inflation〔通貨膨脹〕這個

3 譯註：季康子問政於孔子曰：「如殺無道，以就有道，何如？」孔子對曰：「子為政，焉用殺？子欲善，而民善矣。君子之德，風。小人之德，草。草上之風，必偃。」

英文字）；不過薪水也在逐漸提高。甯夫人說她認識一位在她家鄉無錫工作的女繪圖師，每個月工資有三百元。這在中國是相當高的薪水，不過其中大部分是來自獎金，因為她很有生產力。

「所以，甯同志，你對未來非常樂觀嘍？」

「當然！」

「你看不到任何危險的社會趨勢嗎？」

「是有一些，不過我們在努力想辦法處理。政府已經開始推動一項稱為『精神文明運動』的計畫，現在到處可以看到相關海報和標語。如果你有機會到蘇州河邊，那裡就看得到一幅寫了大字的大型海報……」

精神文明運動是針對改革開放實施以後，隨著社會壓制鬆綁而來的各種反社會行為所做的直接因應措施。這項運動於一九八五年展開，由於中國人總喜歡以條列方式陳述工作信條，他們便把這個計畫分成了「五講」和「四美」。

「五講」主要涉及人際溝通，包括講文明、講禮貌、講秩序、講道德、講衛生，這些都是為了對抗社會中日益嚴重的髒亂邋遢現象。如果「五講」還無法感化髒亂邋遢的人，就可以考慮用「四美」薰陶他：心靈美、語言美、行為美、環境美。

作為一項運動和一個工作計畫，這些口號感覺起來有點矯揉造作，不過無可諱言，比起過去採取的各種激烈手段——「破四舊」（破除舊思想、舊文化、舊風俗、舊習慣）、三反五反[4]、迫害知識份子、焚書、讓老師帶上高帽然後整天在一大群嘲諷辱罵的學生面前反覆念著「我是牛鬼蛇神，我是反黨份子」——精神文明運動當然好太多了。

精神文明運動的內容是甯同志向我說明的。我很喜歡他，也對他印象深刻。他關心國際新聞，對我這個完全陌生的人展現好客之道。他的包容當然是源自於他主動收起對外人的不信任（他在內心終究堅持毛澤東思想），但是他本身就沒有任何貪念、嫉妒或虛榮心。他也完全不霸道，而且我非常尊敬他願意跟我辯論。

不過後來我聽說甯夫人對他不太高興。我們的談話內容，她從頭到尾都聽到了。她說：「假如我們對現在的政策有所懷疑或批評，自己私底下說說就好，不應該對外國人說。」

☆

中國有個現象彷彿是個謎。如果一個地方以風景優美聞名，中國人便會搶著到那裡遊覽，結果洶湧的人潮把原有的美感都破壞了。如果火車開得非常快，例如從北京發車的上海特快，每個人都會搶著去搭，於是就變得一票難求。餐廳也一樣，好餐廳總是被擠破頭。還有旅館。預訂搶手旅館的房間是不可能的任務，更慘的是有時他們還會嘲笑你自以為有任何機會——中國人要把你打發走時是可以非常粗魯的，就像他們的手肘可以非常堅硬。

這個謎樣的現象在上海可說無處不顯現。譬如說，上海是個以人行道著稱的都市，行人享有寬敞的人行道，在這裡走路晃蕩是人生一大樂事。於是人人彷彿都在走路，市區總是人潮洶湧，擠得水洩不通。

不過如果你學會像中國人那樣推擠，在上海走路漫遊是有可能的。很久很久以前，中國人就克

4 譯註：「三反」即反貪汙、反浪費、反官僚主義。「五反」即反行賄、反偷稅漏稅、反偷工減料、反盜騙國家財產、反盜竊國家經濟情報。

服了人類天生恐懼被碰觸的特質。在擁擠的群眾中，你彷彿硬是被別人推著走。不過我覺得擠得最嚇人的，非上海的公車莫屬。

我聽了甯同志的建議，走路到蘇州河畔看那幅精神文明運動海報——堅持四美。然後我繼續往前走到碼頭一帶，那裡到處是倉庫（中國人稱之為「貨棧」），到處是油汙，一片忙碌景象，也有很多小小的室內工坊，鐵匠也有、鎖匠也有，還有做箱子的、捲繩子的等等。我來到上海海員俱樂部，那是一棟氣派的大樓，裡面有華貴的柚木鑲板、雕槽設計的牆頂飾帶，裝飾著藝術風格燈具，以及典雅舒適的撞球間。建築體本身頗為老舊，而且外牆覆滿煤灰，不過沉鬱中散發著一種傲然挺立的風骨，相當吸引人。

俱樂部裡展示了各式各樣的紀念品及手套、繩索、墨鏡、便鞋等船員必需用品，也有中國士兵在越南作戰的相關政治宣傳資料，不過是以淡化事實的方式把他們描述為「南中國邊區守衛」[5]。我記下了一些圖片說明。有一張照片上是一名手拿大毛筆的政協委員，說明文寫的是：「胡耀邦同志揮筆寫下一段話，呼籲邊區守衛部隊士官兵努力揮舞筆桿和槍桿，致力使中國國家及人民富強。」另一張照片上有五名軍人彷彿緊張地斜眼瞄著附近的樹叢，但底下的文字卻寫著：「英勇的第六連士官兵在老山防衛戰中贏得重大勝利。」

我喝了一杯啤酒後繼續在街上走，心裡想著：這些人是在耍我們嗎？他們還在越南作戰，而且想必遭到激烈反擊，因為如果一個政府需要這樣宣傳自己的英勇，極可能表示戰況並不樂觀。當一個國家高喊著會堅持到底，戰到最後一兵一卒，這經常代表它已經準備要投降；而在中國，除非某件事被正式否認，否則我們可以不必相信它。任何官方否認的事很可能反而是事實。

我繼續往前走，在過去稱為「百老匯大廈」的樓房前方轉個彎，跨越河上的鐵橋[6]，走進外灘的黃埔公園，看著那些依然矗立的一九二〇年代歷史樓宇。我開始幻想著，世界上有一些城市只有靠粗糙地臨摹自己的本質——或者他人對它們的期望（就像高個子不得不學習打籃球）——才能成功，上海就是這樣的城市之一。

黃浦公園門口的解說牌提供了一些歷史資訊：

這座公園早期由上海公共租界警察負責看守，中國人不被准許進入。帝國主義者於一八八五年進一步於公園門口設立告示牌，上面寫了「中國人與狗不准進入」，引起中國人民一致反感和憤慨，最終迫使帝國主義者移除告示牌。

後來，我看到另一塊解說牌說明了黃浦公園受歡迎的程度：

每年遊客超過五百萬人，假日期間的遊客密度有時高達每平方米三個人。

在中國人的觀念中，人潮擁擠是件美妙的事：西方人在群眾中會覺得喘不過氣，中國人則會覺得受到鼓舞。而如果某個景點有數以百萬計的遊客造訪，代表它真的特別有價值。

5 譯註：一九七九年中國及越南因為領土糾紛發生戰爭，此後一直到一九九〇年雙方不斷發生邊境衝突，總計造成越南方面二十餘萬人死亡，中國方面死亡人數也超過一萬人。

6 譯註：一九三四年興建的百老匯大廈，現稱上海大廈，是一間五星級酒店，該座鐵橋則是外白渡橋。

不過這並不是我嚮往的東西。我又走了一段路，過了外灘，在一棟有彩色玻璃的樓房陰影中納涼。這棟建築物看起來不是教堂，而是一間銀行或會計公司，因為繪有伯恩．瓊斯[7]風格仕女的窗戶，分別標有「真理」、「智慧」和「謹慎」的字樣。門廳採拱頂設計，擁有圓頂天花板、縞瑪瑙圓柱和黑色大理石地板。我心想，在文革期間，最容易遭到大肆糟蹋的應該就是這種地方。

為了釐清我的疑問，我請教了在裡面上班的藍泓謙（音譯）先生。現在這裡是一棟政府辦公廳。我說：「這個地方能安然度過文革，實在令人驚訝。」

「其實它差點被毀掉。」藍先生說，「一九六七年，紅衛兵衝進來到處潑油漆，所有窗戶和這些大理石牆面完全被油漆覆蓋住，而且還是黑漆，導致這些裝飾全都看不見了。後來我們花了不知多少力氣和金錢，耗費整整十年時間，才終於在去年全部清理完畢。」

再沿著那條街走了好一陣子，我來到上海市人民政府外事辦公室，我在那裡跟汪侯康（音譯）先生（他的頭銜是宣傳處處長）以及他的助理鐘小姐有約。

在這棟樓房的棕櫚庭廊裡，我說：「這房子很棒。」

「它從前屬於一位資本主義者。」

然後他告訴我，目前他們跟二十個國家一共開展了一百六十四個合資計畫。我表達驚訝之情，不過沒有進一步詢問，因為已經有賢明人士告訴過我那些計畫大都還在紙上談兵的階段，只有極少數合資企業已經開始營運。假如我現在追問汪處長有多少計畫已經實現具體效益，可能會讓他覺得為難。

由於我一整天都在街上閃避車輛，我想到這個問題：「你認為中國人民以後會擁有自己的汽車嗎？」

「只有很少數人會有，而且不是為了休閒，而是為了做生意。我們的目的是製造汽車，然後賣到其他國家，我們感興趣的是外銷市場。」

我問他覺得鄧小平的改革政策正式實施以後，有哪些改變特別明顯。

「雜誌變得比較多采多姿，比較開放，圖案比較精美。還有就是文字內容。」

「政治方面嗎？」

「不是，性愛方面。以前的人從來不寫性愛的東西，現在寫了。」

鐘小姐說：「有時候讓人看了挺難為情的。」

「現在的人敢於通過故事來表達自我，」汪處長說，「這是新的現象。他們也可以進行各種討論，不會因為說了什麼而被貼上『右派』、『反革命』、『資產階級』之類的標籤。」

「所以現在沒有人會把別人叫作紙老虎了嗎？」

「現在還是有紙老虎，」汪處長說，「紙老虎是一個比較哲學性的概念。」

然後我們談到金錢的問題。他說：「情況已經改變了。就拿我來說吧，一九五四年時，我一個月賺九十二元，然後一直到七九年才第一次加薪。」

「可是在你的薪水完全沒變的那些年裡，物價有沒有上漲？」

他笑了。我並沒有說什麼好笑的事，但中國人的笑可以有很多不同意思。他現在笑的意思是：你問得太多了。

服裝的主題沒有引起爭論。汪處長說：「解放後，人民很珍惜簡單的衣服，他們把藍衣服和藍

7　譯註：Burne Jones，十九世紀英國前拉斐爾派畫家。

帽子當作是革命的象徵，穿了那種衣服就覺得自己是革命人士。那種衣服很耐穿又便宜，穿上它會覺得自己很節儉，覺得所有人一律平等。」

「為什麼現在大家都不穿了？」

「慢慢地，有些人想穿顏色比較豐富的衣服，可是他們害怕。那時的觀念是，如果一個人穿顏色豐富的衣服，他就是資產階級、布爾喬亞。」汪處長說著又笑了起來。這次他笑的意思是：我自己並不那麼認為。「他們還記得當年紅衛兵會拿著剪刀四處走動，只要看到你的袖子太寬或太窄，就會把它剪破。如果你的頭髮太長，他們也會把它剪掉。」

「你認為那一切會再發生嗎？」

我腦海中浮現那樣的情景：紅衛兵拿著長剪刀走在南京路上，密切觀察誰的袖子太寬或秀髮隨風飄揚，看到目標以後就舉起長剪刀，喀嚓喀嚓！我忽然明白，一個熱血沸騰、思想狂熱的少年拿著剪刀，比一個士兵拿著槍要可怕得多了。

汪處長說：「我認為答案是絕對不會。」

我說：「你的語氣相當肯定。」

「是很肯定，因為十年動亂」——這是現在流行的婉轉用語——「做得太過火了。規模太大，太恐怖了。如果只是一件小事，那有可能再發生。可是那件事牽涉到所有人，我們都記得很清楚。我可以肯定告訴你，沒有人希望它再發生。」

☆

在任何人能說出來的話之中，最聰明的一句是「我不知道」，但在中國沒有人會常常說這句話，尤其外國人更不會。這件事在上海唯一的例外是美國總領事史坦・布魯克斯（Stan Brooks）。他目光犀利，從不輕易相信預測和概略的說法。他來自懷俄明州，從一九七〇年代起陸續待過幾次中國，那些年間，身材魁梧的毛主席依然讓所有人害怕，他的權威影響了所有的決定，並讓所有同僚形同他的僕人。

「我把那些人稱為『凡是主義者』。」布魯克斯先生說。這個稱呼是他用中文「凡是」這個詞的概念自創出來的。「他們的觀念是，凡是毛主席說的，白的也好、黑的也好，都是對的。有些政協委員因為這種『凡是主義』心態付出了代價。」

我說中國的改變令我非常訝異，不只是衣服、交通狀況這類表面上的改變，還有比較本質性的改變，例如民眾談論政治、金錢和他們的未來的方式，以及他們的旅行方式。他們五年前才開始被准許旅行，現在他們已經無所不在。事實上，許多人想到國外旅行，然後永遠不回中國。

「他們有些人的簽證是個問題，」布魯克斯先生說，「他們到美國讀書，然後得到工作，就在美國留了下來。數以千計的人永遠不會回中國。」

「你應該早就料到中國會改變，」我說，「可是你曾想像它會變成現在這個樣子嗎？」

「完全沒有，」他說，「從沒想像到。我們可以看到一個新的階段正在開啟，但這是出乎我們意料的。」

「沒有政治學者假想過未來的狀況或提出預測報告嗎？」

「我沒聽說過。就算有，想必也沒法預料到現在的情形。這種發展讓所有人都大吃一驚。」

布魯克斯先生認為，既然沒有人預測到現在的狀況，接下來會有什麼發展也是無法預測的。我認為這個觀點非常合理。

「我們目睹中國正處於激烈震盪的過渡期，」他說，「沒有人能拍胸脯保證下一步會發生什麼事，我們只能密切觀察並祝福他們。」

晚餐時間來到，這時在領事館的餐桌上已經坐了十二個人。眾人開始聊起中國學生待在美國的問題。

「抱歉，」一位瘦瘦的老先生清了一下喉嚨。他是樊教授，過去在上海復旦大學歷史系任教。他才開口說了兩句話，餐桌上頓時鴉雀無聲；他那柔和但驟然出現的聲音，使所有人不禁感到難為情。

「我的小孩親眼看到紅衛兵羞辱我，」他用溫和理性的語氣說，「諸位能怪他選擇留在明尼蘇達州嗎？」

接下來只有樊教授繼續吃飯，其他人都呆住了。他叉起一小朵花椰菜，完全不知道自己已經成為注意焦點。他彷彿是在對坐他左手邊那位女士說話：

「我在監獄裡待了六年，一九六六年到七二年，」說完，他微笑了一下，「可是我都是這麼告訴我的朋友們：『我只在那裡待了三年，因為每天夜裡，當我在黑暗中睡去，我會夢到我的童年，我的朋友，夏天的天氣，我的家人，夢到花兒、鳥兒，夢到我讀過的書，還有我經歷過的所有快樂。只有在我醒來以後，我才又回到了監獄。』我就是這樣熬過來的。」

他把叉子上的食物送進嘴裡時，四周又是一陣寂靜，這時他才注意到大家在聽他說話。

接著，他說他相信一九七二年尼克森訪問中國的事多少促成他後來被釋放，因為尼克森的某些陪同人員表示對政治犯感興趣，並要求參觀監獄。

「通常我們一個星期可以吃一片肉，不過那肉薄得很，要是風吹得強，一下子就被吹走了。尼克森訪問中國之前，我們忽然開始有三塊肉吃。看管監獄的人都很害怕尼克森會忽然跑來看我們受到什麼樣的待遇。」

樊教授曾經到劍橋大學皇后學院留學，從一九三〇年到一九三九年都待在英國。他說話的方式帶有一種害羞，這卻使他的睿智顯得更加令人震懾，而當他準備開始說某件令人震撼的事時，他會發出輕輕的咯咯笑聲。他看起來大約七十五歲，我覺得牢獄生活雖然使他顯得蒼老，但在某方面卻也使他更堅強。或者我該說，過去曾經當過政治犯的中國人經常給我這種印象。他們遭受的痛苦、孤獨、甚至虐待，似乎從來沒有削弱他們；他們反而因此變得更強悍，更藐視那些逮捕他們的人。他們不只信念益發堅定，也變得更加直言不諱。

儘管樊教授在這方面相當典型，不過他還是令人印象非常深刻。他輕輕地咯咯笑了一下，然後說：「美國沒有任何理由怕中國。中國人只對世界上兩種東西有興趣：權力和金錢。美國擁有的權力和金錢比任何其他國家都多，為了這個理由，中國會一直需要美國的友誼。」

很顯然，他說這番話是帶著終極的譏諷，一種前景黯淡、淒涼絕望的心情。他又咯咯地笑了一下，把毛澤東稱為「那個老傢伙」，然後說毛主席其實跟封建時代的皇帝沒兩樣。這件事布魯克斯先前也跟我說過。

「在監獄裡，我們必須研讀那個老傢伙的演講詞，」樊教授親切地笑著說，「整整四大冊。有時他們會叫我們朗誦講詞，如果念錯一個字，獄監就會非常生氣，叫我們從頭再念一遍。除了這件事，我們什麼也沒做，整天就像動物一樣呆坐在石頭地板上。我只能盼望快快上床睡覺，在夢中回憶往事。」

有人問道：「樊教授過去是犯了什麼罪行？」

「我的罪行？喔，我的罪行就是聽收音機，美國廣播，英語的廣播。」

晚餐結束後，我陪樊教授回家。他住得不遠，而且初夏夜色正逍遙。

「你剛才提到的羞辱——」

我開了口，但不太知道該怎麼問，不過他明白我想知道的是什麼。他說：「有一天晚上，那是一九六六年九月的事，紅衛兵來到我家，有四十個人。他們進到屋子裡，就那樣衝了進來，男的女的都有。他們基本上就在現場審判我，像在舉行批鬥大會。他們批判我。你應該懂什麼叫『批鬥』吧？他們所有人都待在我家裡，一共待了四十一天，在那段時間裡不斷批我、鬥我，騷擾我、訊問我。最後他們判定我有罪，是個資產階級反動份子。那就是我的罪行，我就這樣被關進了監獄。」

「他們是怎麼判的？我是說，判你坐牢多久？」

「隨他們決定。我完全不知道自己何時會被釋放，最可怕的就是這個。」

「四十個紅衛兵，真的非常可怕。而且待在你家將近六個星期！那裡面有你認識的人嗎？」

「有哪！有些是我的學生，」樊教授又輕輕地咯咯笑了一下，「都還在社會上活躍著呢。」說著，他的身影就沒入屋裡。

☆

我在上海走動的那段日子，經常經過上海雜技場，那是市區中心的一棟圓形建築。我開始對它感到好奇，於是去看了一場表演。我不只欣賞到形形色色的翻筋斗、小丑表演、軟體特技，還看到一位表演者口裡含著一支筷子，用它頂住十二人份的餐具。看了這樣的演出以後，我想做進一步瞭解。

負責雜技活動的是上海市人民政府文化局的劉茂友（音譯）先生。早年他在上海圖書館當助理，但這座圖書館即使在業務最忙的時候也是一片寂靜，因為基於某些行政作業因素，任何人想借書都幾乎是不可能，圖書館員形同虛設，差不多等於是書架看管人。於是劉先生逮到機會就跳槽進入文化局，隨後在一九八〇年陪同中國雜技團首度赴美巡迴演出。

「我們把它稱為一種劇場，因為這種表演具有藝術和戲劇的成分，」劉先生說，「它具有三個面向：雜技、魔術和馬戲。」

我問他這一切的緣起。

「解放以前，所有雜技表演者都是家族成員，他們一邊旅行一邊表演，在街頭或開放空間中獻技。後來我們覺得可以把他們集合起來做適當的訓練。當然，中國人幾千年來一直都玩雜技，唐朝時他們的發展達到高峰，被允許自由演出。」

劉先生說得眉飛色舞，於是我問他對唐朝有什麼想法。

「那是中國最棒的年代，」他說，「最自由的年代，所有形式的藝術在唐朝都能蓬勃發展。」

原來上海市文化局的淵源還可以追溯到唐朝呢！他繼續口沫橫飛地說：

「解放以前，雜技演員表演的只是一些動作，不具有藝術形式。但是他們在運用身體之餘也應該能運用心靈才對，這就是我們成立訓練中心的動機。我們不希望這些雜技演員心靈空洞，所以每天早上練習技藝之後，他們都要研讀數學、歷史、語言和文學。」

他說一九八六年一共有三千個人申請加入雜技團，只有三十個人雀屏中選。他們年紀都很輕，只有十到十四歲，不過劉先生說文化局要找的不是現成技術，而是潛力。

「我們也表演馬戲，」他說，「還有一所訓練動物的學校。」

這倒引起我的高度興趣，因為我憎恨與動物表演有關的一切。每次看到馴獅人，我都覺得不如讓獅子攻擊他；每當我看到奇特的小雜種狗穿裙子、戴花邊帽從圓環中飛掠而過，便會有一股強烈衝動想看到那個身穿閃閃發光的褲裝、正在折磨牠的人感染狂犬病。

「劉先生，請跟我說說你們是怎麼訓練動物的？」

「解放以前只有猴子受到馬戲訓練，現在我們也讓貓表演。」

「家貓嗎？寵物貓咪？」

「對，牠們會做各種把戲。」

我遇到的許多中國人都相信貓、狗這類動物不會感覺到疼痛。牠們活在世界上的目的就是為了被人使用——訓練來工作、宰殺來吃。如果你看到中國農民過的生活有多無聊、多辛苦，可能就不會訝異於他們虐待動物的行徑。

「也有豬和雞。」劉先生又說。

「雞表演特技？」

「不是小雞，是大的公雞。」

「公雞會做些什麼？」

「牠們會單腳站立，應該說是單手站立。還有一些其他很好玩的東西。」

只有老天才知道這些人到底是怎麼讓那些大腦跟豌豆一樣大的公雞做各種很好玩的表演，但我隱約可以猜到他們是把雞綁起來不斷拉拉扯扯，直到牠們掌握要領，變成一種反射動作。

「那豬呢？」我問。

「豬不常表演，不過牠們可以用兩隻腳走路。」

他說到這裡時，我明白了是什麼東西讓我感到困擾不安。原因是他說的一切都令我聯想到《動物農莊》，而由於那本書是一個影射獨裁統治的寓言，劉先生所描繪的種種景象因此更顯得糟糕透頂。他的描述活生生地映照出書裡頭的農莊即將淪入高壓統制時的情景。「一頭豬正在用後腳走路」，出人意料的景象引來一陣疑惑和恐懼。歐威爾繼續描述：

> 對，是「尖嗓子」，牠走得還有點笨拙，彷彿還不太習慣用這種姿勢支撐牠碩大的軀體，但已經可以達到完美平衡……不久之後，從動物農莊的另一扇門走出長長一列豬大隊，全員都在蹬著後腳走路……

我想到這個情景時，劉先生正說著：「……還有獅子和老虎，以及中國唯一一隻會表演的熊貓。」

他說動物和雜技演員經常巡迴表演，甚至渡海到美國演出，許多團員都有在美國工作的經驗。一九八五年的一項協議讓中國雜技演員以每次一到兩年的期間加入玲玲兄弟馬戲團的演出。第一年中國派出十五位雜技演員，一九八六年時則有二十名中國的外聘雜技演員在美國工作。

我問劉先生，財務方面是怎麼安排的。

「我沒有具體的瞭解，」他說，「不過玲玲兄弟馬戲團會付錢給我們，然後我們付錢給演員。」

「玲玲兄弟馬戲團付給你們多少錢？」

「依據表演性質不同，大約每星期兩百到六百美元不等。這是一個人的費用。」

「那你們付給團員多少錢？」

「大約一百元人民幣。」

相當於三十美元。

還說那些會表演的豬呢！我不禁心想，人類到底還會願意讓自己成為出口商品多久。對某些人來說，這個時間不會很長：就在我跟劉先生見面那個星期，一名表演雜技獅子角色的中國男子在紐約銷聲匿跡，好幾個月後依然沒有人發現他的蹤影。

☆

在上海的最後一天，我試著釐清到底為什麼我會這麼討厭大都市。不只是因為噪音、汙穢、人潮雜沓、車水馬龍，人類彷彿遭受擠壓，時時神經緊繃；還有一種隱隱約約、令人不寒而慄的感受——多少人來人往，他們年輕過、工作過、而後死去；現在其他一些人就住在死去的人曾經生活過的地方。我對荒野的印象帶有某種與純真有關的聯想，而置身在這樣一座大城，讓我無法不覺得自己游移在鬼魅之間。

在中國的城市中，我這種感覺越來越明顯。我不斷想著，這裡曾經發生過可怕的事，然後不禁顫慄。這個感覺之所以益發強烈，很可能是因為中國人不願意觸及鬼的話題——中國官方禁止人民談論鬼神。同樣地，儘管中國容許人民實踐宗教，但條件是不可以在檯面上談論，而且任何具有宗教信仰的人都不被准許加入中國共產黨，這是共產黨的基本規定之一。

上海讓我覺得充滿陰魂，到處幽微地透露著血腥暴力的暗示和囈語。無數瘋狂無理性的謀殺事件在這座城市上演，不只發生在破舊不堪的樓宇中那些狹窄昏黃的房間，也出現在大街小巷、甚至公園花圃中。最後，我對這座城市的魅力變得完全無感，它在我的想像中有了惡魔般的形象。或許我該怪伶牙俐齒的上海人對那些令人毛骨悚然的故事做了如臨現場的描述？

我在復旦大學聽到一些陰森恐怖的故事，而那個校園確實鬼影幢幢。乍看之下那裡並不像個學術殿堂，它的外觀看起來像一座中國工廠——同樣的低矮樹籬和尖銳圍欄，同樣的黃色牆面、入口警衛室，同樣那些佈滿灰塵、只蓋了一半的附屬樓房，教師住宿區宛如營房，周邊座落著一些農村般的房舍，裡面設有理髮室、洗衣房、蔬果店、肉鋪、麵店、自行車修理行等等。整座校園彷彿一個中國的工業城，是沒有計畫、任意開發的結果，以最低經費興建，任何角落都必須利用，最後給人一種缺乏章法、前景堪憂的印象。

這個初步印象有某種程度的誤導性質，因為樹籬和圍牆後方的校園其實整潔有序、綠樹成蔭，甚至像在安詳地沉睡，或者可能在靜靜地思考。而彷彿為了展現他們的深刻思慮與嚴正決心，不久前學生們對高達十二公尺的毛主席雕像進行了破壞，他們把原來刻在基座上的格言「毛主席萬歲！」刮掉了。

這座雕像乘載著關於文化大革命的記憶。文革期間，復旦大學的學生不是透過申請或入學考試進來的；工廠及工作單位會挑選出特別狂熱、足夠凶暴的份子，把他們送到復旦大學修理倒楣無助的教師。學生認為到學校裡逼迫老師戴上高帽、一整個早上在校園裡走來走去，是個嚴肅的任務，而且那些學生並不全是紅衛兵，他們只是血氣方剛，喜歡那種把校園搞得冠履倒易的快感。

那是一種令人難以抗拒的想法——把整個社會翻轉過來，讓毛頭小子掌管大權，宣布十年假期展開，折磨父母及其他權威人物，將他們丟進監牢，把街道漆成大紅色，高唱革命歌曲，報復過去的敵人，全面拒絕上學讀書。但任何人只要看一眼就知道這樣的社會發展完全不切實際，更可說是危險萬分。任何社會一旦經歷這樣的過程，必然變得愚蠢、殘暴、魯鈍、粗俗、落後而沒有安全感。

「我給你舉一個英文課的例子，」一位姓劉的復大主管說，「那些學生走進教室，向毛主席像致敬，然後老師一開口上課，他們就打岔。『這是在浪費時間』，『這門課是帝國主義的東西』，『讀英語要幹啥用？』盡說這些東西。」

劉先生對毛主席的態度是，這個老傢伙在一九五〇年代末期真的完全瘋了。先前我就曾聽人說他年老以後變得糊塗，但他們是指他患了非常嚴重的癡呆症，而不是發瘋。

「你認為他瘋了？」我問。

「就說他犯了很多錯誤吧。」劉先生說。

「告訴我一兩個例子。」

「好。一九五七年時，北京大學校長是毛澤東的親近友人，他去見毛澤東。這位校長名叫馬寅初。他說：『現在中國人口已經有六億，我們必須在來不及以前設法處理人口問題。』大家都說毛澤東像個皇帝，事實並非如此。他倒是有某些特質，像個賢者，會說一些很有智慧的話。他很生氣馬校長質詢他，連提出這個問題都讓他不高興。他說：『有什麼問題嗎？一個人生下來有一張嘴，但他也有兩隻手可以餵飽自己。』」

「那算是一句有智慧的話嗎？」

「那是一句蠢話，」劉先生說，「馬校長心情沮喪地走了。他辭去職務，後來就待在家裡專心讀書。那是毛澤東犯下的第一個大錯——在專家提出警告後無動於衷。」

「可以請你再說明幾個他犯的錯誤嗎，劉先生？」

「再給兩個例子。他一直強調集體領導和群體決策，但那些都只是說說而已，事實上民主完全不存在。那是非常嚴重的矛盾。他還犯了一個大錯——用個人聲望左右人民。他操縱了他們，最後這一切都造成社會腐化。」

復旦大學校長是一位非常傑出而個性靦腆的女性，名叫謝希德，先後就讀廈門大學、美國史密斯學院（一九四九年畢業），然後在麻省理工學院取得博士學位。她的過人聰穎、教育背景及在物理學領域的獨特研究，在文革期間不但一無所用，甚至成為被批鬥的原因。她被迫離開上海，被送到工廠當女工，白天組裝收音機，晚間研讀毛主席思想。毛主席思想被編成歌曲，謝博士被要求吟唱那些歌。難怪她的寓所牆上會有一幅龍飛鳳舞的書法作品，上面寫了「勁松」兩個字，彷彿一位理想主義者藉此告誡世人要如堅忍強勁的松樹般在狂風中屹立不搖。這幅書法是前國務院副總理、中國科學院副院長方毅的作品。方毅這個人也以堅持獨立思考著稱。

謝校長走路明顯會跛，有人在私底下傳說她在文革期間曾經遭受酷刑虐待。不過她的靦腆讓我也變得靦腆起來，不好意思問她這麼唐突的問題。而且無論如何，文革期間遭受肢體暴力的人不計其數，連鄧小平其中一個兒子鄧樸方都被人從窗戶丟出去，背脊折斷，到現在還得坐輪椅。

我旁敲側擊地詢問當年學生狂熱到什麼程度，因為我想到樊教授跟我說過他連續四十一天被紅衛兵軟禁在自己家裡批鬥的事。

「當時的大學生很壞，」謝校長說，「小學生只是覺得困惑，他們基本上不太知道到底發生了什麼事，不過高中生真是壞到極點了。」

我沒回話，因為我希望她繼續說。她說話的聲音柔和卻清晰，帶著一種堅定。

「復旦大學這裡的學生會羞辱他們的老師，」她說，「可是大家都知道，高中學生甚至不惜把老師打死。」

我說也許那些令人匪夷所思的暴力並不真的是一個政治上的問題，而是一個心理問題，那種嚴重偏差可能源自中國人民被剝奪了童年的深層痛苦。我問謝校長，心理系是否研究過那十年的狂暴和集體歇斯底里。

「我們沒有心理學系。」她說。

問題確實就在於此——中國人對過去的處理方式跟他們處理個人隱私的方法一樣，就是掩飾、避而不談，不願確實找出責任歸屬，只要抓出幾個代罪羔羊就算了事。中國的古代歷史清晰鮮活，彷彿昨日，但比較近代的歷史卻往後退縮，變得模糊不清，而十年或十五年前發生的事更是籠罩在一片死寂的陰影中。難怪中國的官方政策禁止人民相信鬼魂。

不過就算上海緊繃得隨時可能爆裂，它終究是一座真實的城市，而它令人覺得充滿幽魂的特質只是凸顯出它是一座有歷史厚度的大都市。江河上往來的船舶、市民的自豪感、大海吹來的空氣、林立在市區的院校，無不令我想起波士頓。我原本打算在上海多待一陣子，但有一天我居然碰到維特里克夫婦和韋斯貝特夫婦。他們前一天才剛抵達上海，隔天就要離開。

「我們要去廣州，」黎克說，「你要不要跟我們一塊走？這趟路會花三十六個小時，據說沿途的風景美得令人屏息，而且廣州非常漂亮。」

我心想，就豁出去了吧，於是我說好。

第五章　開往廣州的快車

在中國上下火車總令人覺得像參加消防演練，著急的人們喘息著推來擠去；但旅途本身對所有人而言卻是閒散慵懶的極致享受，宛如一場中年人的睡衣派對，洋溢無盡回憶。在我看來，中國人一輩子沒有選擇餘地地過著單調至極的生活，做著無聊透頂的工作，從搖籃到墳墓之間彷彿不斷踏著中國式的二步舞，於是搭火車成為他們最快樂的時光。他們喜歡擁擠的廂房和喧囂的談話聲，他們喜歡吞雲吐霧、大聲啜飲熱茶、打牌，還有穿著拖鞋四處走動——我也特別喜歡這麼做。我們小睡、清醒、打呵欠，看世界在窗外飛馳而過。

這是我們這個旅行團抵達香港之前的最後一趟車，我很高興見到其中一些熟悉的面孔。

「有沒有看過這篇《中國日報》的文章？」艾胥理．瑞爾夫問我，然後把報紙秀給我看。頭條新聞是「奇蹟手術挽救斷手工人」，描述一個人在工作的成衣廠中被捲入縫紉機器裡，手臂遭到截斷。光讀到這裡，我心裡就已經聯想到閹割情結所造成的那種劇痛般的焦慮。這還不打緊。那位可憐工人被緊急送往醫院，在一場劃時代的外科手術行動中，他的手臂被接了回去。「他現在正在接受術後治療，學習重新使用這隻手臂。」報導還提到一些其他工人手指或腳趾被截斷後獲得重新縫合的案例，而手術總是成功。

我心想，修補東西這麼厲害，真是個了不得的社會。手斷了不表示就成為職場廢物，只要想辦法把它接回去，就可以把人送回工作崗位。中國的發明時代在一千年前已經結束，現在的中國人重視的是精進修補的藝術，湊合著能用就好。而且這不是肉眼無法辨識的修補，某個東西經過縫補以後，必然留下顯而易見的痕跡——這是個「補丁社會」。內衣、襪子、鞋子，通通都要修補。我忽然想到，他們把毛主席思想塗掉、漆上新的標語，這不也是一種修補！不過，毛主席確實反覆提到浪費是一種罪惡：「決不可只顧一時，濫用浪費。……財政的支出，應該根據節省的方針。……貪汙和浪費是極大的犯罪。……」《毛主席語錄》中有一個章節的標題是〈勤儉建國〉。

毛澤東時代的中國與鄧小平時代的中國之間最大的差異之一是，毛派那種對修繕縫補的狂熱已經開始退燒，安貧樂道現在被視為老套，而鄧派人士則喜歡嶄新的事物。現在的新衣服便宜得很，沒有人需要浪費時間修補舊衣服。不過我相信那些為斷肢病人造就奇蹟的醫學進展，想必源自於毛時代的「修補湊合著用」思維。

不過，這種新聞報導還是讓我起了一身雞皮疙瘩。我看到一個報導說有一名男子的陰莖折斷，結果被成功補了回去。全中國還有另外五十個人也做了這種手術，「其中百分之九十八的人，陰莖運作恢復正常。」《中國日報》這麼寫著。有些人接受的手術稱作「一期型陰莖再造」，它不是把原來的陰莖縫合回去，而是用不同「零件」——一塊肋骨、一塊皮膚移植物、一些鬆軟的管道，組裝出一根全新陰莖連接到病患身體上。一項調查顯示，這些人在手術完成以後大部分都有生育功能。開發出這項技術的主要人物張滌生教授驕傲地說：「有位接受了一期型陰莖再造手術的父親還很高興地把他女兒的照片寄給我們。」

最離奇的一項人體修補案例不久前發生在瀋陽。《中國日報》對此也做了報導，標題乍看令人有點一頭霧水：「移植腿救了女孩的手臂」。

十一歲的孟欣，左手臂和左腿在一場火車意外中遭輾斷。為了救治她，六名外科醫生取用斷腿的一部分做成一條手臂，連接到她的手上。經過十八小時的手術，孟欣移植前臂的皮膚恢復正常運作，移植的手指也恢復了觸覺。她可以握拳，也可以移動左手臂了。

不過任何人只要在中國看過舊公共汽車引擎蓋底下的情形，或仔細觀察蒸汽火車頭焊接的部分，或看街邊的裁縫師、修鞋匠工作，就不會對這種修補手術感到驚訝了。只要看過大火車站裡那些不可思議的水管裝置是怎麼為火車加水，就能明白這些中國人當然遲早有能力想到如何幫某個可憐的斷根男拼湊出一條像樣的全新命根子。

艾胥理還在看著我讀那些報導。我把報紙還給他時說：「真的很厲害呢。」他眨了個眼說：「『神祕人物』也誇獎了喲！」他刻意使用法文發音，模仿那幾個法國人私底下把我叫做「神祕人物」的模樣。「你是中情局的人，對不對？你是個特務，你跟大家說你是記者，但這只是個掩護，你嗅覺敏銳，設法讓大家說一堆話，然後就躲進房間裡寫報告。」他笑了起來，「沒事，我不在乎！我絕對會守口如瓶。」然後他看向窗外，「老天，我快被這個國家煩死了，我等不及回家。中國菜，每天都是中國菜。還有這些人！」

「你是說中國人？」

「中國人倒還好，只是他媽的個兒小。」他說，「我指的是我們這個團。」

團員們都站在走道上，看窗外飛逝而過的中國景致。這一帶景色不太美，上海的工業地帶綿延了將近一百六十公里，直到火車開進杭州。杭州是個旅遊天堂，有一座大湖和許多寺廟、旅館、麵攤、照相亭。馬可波羅提到過杭州，這是杭州這個旅遊天堂最引以為傲的事之一。旅遊摺頁資料當然會拿這件事做噱頭（馬可波羅說杭州是「世界上找得到的城市中最偉大的一座」），不過我怎麼看都不覺得這裡特別吸引我。而且我一直很懷疑馬可波羅的可信度，他什麼都描述了，照理說應該天南地北都去過，可是為什麼在他的遊記裡從沒提過萬里長城或中國人喝茶這件事？

艾胥理說旅行團的人快讓他精神崩潰了，然後他告訴我團上的一些新動態。全團最討厭的那個人（踢客）和禿了頭的薇兒瑪變成一對。法國人的廂房裡發生打架事件，其中一個人鬧著要告另外一個人，然後他插花加入美國小隊，也就是維特里克和韋斯貝特那兩對夫妻。瞎眼鮑伯那次彷彿脫線先生[1]般白目摔倒之後，瘀傷非常嚴重。黎克．韋斯貝特打算再寫一封信給雷根總統，這次的重點是中國的表裡不一。澳洲籍團員覺得越來越焦躁，不過由於行腳逐漸往廣東移動，他們也鬆了一口氣，因為中國南方離澳洲還是近些。貝拉．史坤斯說，到了那裡，距離家鄉就不到往返卡爾古利四趟的路程了。凱斯卡特夫婦因為一件小事而毀了自己的人氣：有一天天氣很熱，他們喝了啤酒卻不肯付錢，堅稱他們已經付了那麼多團費，那杯啤酒應該要免費才對。為了區區一塊錢（零點二六美元），他們氣得坐在那裡讓自己七竅生煙。石頭收藏家摩特荷又陸續有了新的斬獲，現在他已經快提不動他那袋寶藏了。

傳來踢克諷刺地說話聲音：「我們去參觀墳墓如何？今天都還沒看到墳墓呢！」

「我真想把那混蛋直接丟進墳墓裡。」艾胥理說。

他們都變得又疲累又暴躁。我真想告訴他們，你們都需要好好睡一覺再說。這就像小學生參加校外旅行，一開始好玩，時間太久就變了樣。「第三十七天。」維爾奇小姐在日記裡寫著。

「我們已經走了一萬六千公里，」她說，「一萬六千公里啊！而且相信我，這是非常難得的事。」

這裡是浙江省，古老的中國。這裡沒有時裝秀，沒有遊手好閒的紈褲子弟，沒有「要換錢嗎？」[1]，沒有人談微晶片或改革的事。

這裡大都是稻田，翠綠的嫩芽從黑黑的泥沼中直挺挺地冒出來。一片開闊的風景中幾乎沒有樹木，地勢不太平整的平原後方是稜角分明的丘陵，遠方則是青色的山巒；茶葉、稻米、藍綠色的蔬菜、發臭的溝渠、農田間的小瓦屋、足跡遍佈的泥土路；人人身穿風格類似的寬大衣服，頭上經常戴著斗笠。我看到兩個男孩在一具鏈傳動泵旁邊踩著踏車打水。根據李約瑟教授的研究，中國人從西元第一世紀就開始使用這種機械，一直到今天。

浙江省中部這條山脈叫做括蒼山，山脊呈鋸齒狀凹凸，山體紋路很多，綠色植被和白色岩石呈帶狀交錯，彷彿宇宙巨獸抓過的痕跡。田園中沒有成蔭的大樹。在一個農業國家中，這種樹木是非必要的奢侈品，因為它不利於農作物生長。於是陽光不受阻礙地照射著大地，簡樸的農民辛苦工作，用有限資源耕耘出一片尚稱豐饒的田園風景。樹木和房舍這種熟悉景物在這裡顯得比例很詭異，人的樣子也忽然縮小了。

播種、栽種、收穫，他們所做的一切都與糧食有關。看起來彷彿坐在田埂上的婦女，其實是在除草；小孩不是在田間嬉戲，而是在為農作物澆水；河流裡水深及胸的男子不是在游泳，而是拿著漁網沒入水中捕魚。這片土地只有一個目的：提供糧食。中國人彷彿一定要讓糧食出現在視線中，而這也是為什麼這個發育到口腔期就停止成長（這是學者孫隆基在《中國文化的深層結構》中提出的說法）的民族，會在菜園裡感受到那麼多快樂。這片田園的幾何對稱太明顯，脈絡太缺乏變化，

1 譯註：Mr. McGoo，一九四九年創造出來的美國漫畫人物。

我開始覺得眼睛疲倦，渴望看到比較原始的風景。截至目前所見，中國似乎是個沒有荒野的國家，整片大地都已經被農民開發、攪擾過。我認為這種竭盡所能地開發的行為，帶有某種違反自然和神經質的成分；中國人真的找到辦法把他們的整個國土侵吞了。

飢餓使他們擁有靈活的創造力。火車在金華停了一段時間，我看到一輛載運豬隻的三層貨車。中國的動物似乎總是被安置在與牠們體型匹配的空間裡。有什麼會比這更殘忍？我想答案可能是：很多事都比這個更殘忍——知識份子被迫耙雞糞，穆斯林教徒被迫養豬，物理學家被迫組裝收音機，歷史學家被迫戴高帽，一個人因為是個老師而被打死。相較於這些文革時期的殘忍恐怖，把豬養在小籠子裡並不是那麼可怕，縱使這可能會導致一些其他形式的無情。這天的天氣非常濕熱，火車開過時，那些豬在貨車的架子上彷彿在嗚咽著哀鳴。

窗外的遠景是山巒，前景則是像荷蘭一樣的平地，上面是方形的水田，道路是又長又窄的土路。時間在這片風景中靜止不動，這裡沒有年月更迭、季節遞嬗，人們的穿著千百年不變；再怎麼仔細看那些工具和器械，也無法推斷它們到底已經被使用了多久。我看到一台打穀機，樣子活像是全世界第一台打穀機——只是把一個拼湊出來的敲擊片鏈接在一根棍子上。還有牛軛、木犁、長叉耙、捕魚網，這些都是古代就有的設計。黃昏時分，火車已經開了六百四十公里，但整段路上任何時候，我們都會看到農田及農夫彎腰工作的情景。每一塊空間都種了作物，不過因為時值春天，連普通的甘藍菜都顯得美麗。

我開始跟一位姓趙的中國人聊天，他剛到上海看女朋友，現在要回湖南長沙。

「我帶她去了一家餐廳，點了許多菜想讓她對我刮目相看。我點了雞、鴨、魚，什麼都點了，一共花了我二十元！」

相當於六美元。我一時心想，那又怎麼樣？我仍不明白他臉上為什麼出現焦躁的神情。

然後趙先生說：「那可是我一星期的工資啊！我吃也吃不下，那天晚上躺在床上輾轉難眠。」他緊握拳頭往下敲。「二十元哪！我忍不住想罵人。到現在我都還覺得難受！」

「我相信她一定很感恩。」我說。

「她是，」他說，「她是個單純的女孩，是個鄉下女孩，很純真。」

景色開始改變，山多了起來，但太陽跟著就下山了。我的廂房裡有一對澳門男女，男的叫曼紐爾，是葡萄牙人，女的叫維若妮卡，是個華人。維若妮卡身材很瘦，有張小學男生般的臉，頭髮也剪得像個小學男生。她在上鋪板著臉孔一陣子，然後我們陸續進入夢鄉，可是因為我從來沒能真正習慣在陌生人之間睡覺，於是我在半夜醒了過來，繼續看我的《金瓶梅》，並再次注意到這本書裡有多少關於嗜足癖和綑綁遊戲的精采描寫。我抬眼一瞧，發現維若妮卡正從上鋪往下盯著我。

☆

黎明時分，天空一片粉紅，火車停靠在株州。趙先生在這裡下車，換乘另外一班車轉往長沙。

我向他告別。我很感激他告訴我一件事——距離長沙不遠的一條鐵路線上有個地方叫韶山，毛澤東就出生在那裡的一座村莊。

「以前所有人都要到那兒參觀，」他說，「現在沒人去了。」

我心想，有機會我一定要去那裡看看。趙先生仔細向我說明怎麼去到那裡。

廣州列車現在轉為朝南前進。綿延的山巒依舊聳立在遠方，我們通過衡陽一帶的梯田。鐵路在衡陽一分為二，一條通往廣西，另一條通往廣東，這兩個省分過去合稱「兩廣」。

從上海出發到現在，景物已經有了明顯改變，不只是地形不同了（現在火車已經開進地勢險峻的山區），農耕方式也變得不一樣（盈滿水的梯田彎彎曲曲地迤邐在山坡上）。這裡的人戴的是宛如車輪般的寬邊帽，住在有門廊的磚瓦屋裡，一棟伙房裡大約住了六個家庭。有些民居看起來相當氣派，成排柱子支撐著門廊屋頂，模造龍形裝飾點綴著屋簷上的排水槽。

任何一塊可用的平坦地面都種了東西，豆子在梯田邊上生長，山坡上種有甘藍，路邊則是菠菜及其他綠色蔬菜。整塊大地都被翻動過，使得一切都顯得相當人工，特別是呈皺褶狀的山丘。那些山彷彿渾然天成的垂直栽培方案，階段平台式的農耕有效節省了空間。樹木細長高大，似乎要把空間中的所有空隙填滿。

「那是衡陽嗎？」曼紐爾問道。

我說是。

「衡陽就是當年秦始皇的丞相李斯被鋸成兩半的地方，他是因為焚書而被處死的，西元前二一三年的事。」他在剛毛般的大鬍子底下露出微笑，「有趣的是，他是被縱向鋸成兩半。[2]」

曼紐爾離開葡萄牙時本來打算在澳門待兩年，不過現在已經待了五年。他還不知道澳門回歸中國時，自己還會不會在那裡。這是他第一次到中國，他說在中國看到的一切讓他印象深刻，不過他又露出了微笑。

「也許五年後，這一切又有了天翻地覆的改變。」

「你是樂觀的嗎？」

「你們有沒有聽過一句話——樂觀者說哪種語言呢？」

「中文。」維若妮卡說。

「錯，樂觀者說俄文，悲觀者說中文。」他皺了一下眉，「聽起來怪怪的。我覺得應該是樂觀者說中文，悲觀者說俄文。不過這樣也不太對。」

我們在這個問題上爭論。我說：「有沒有聽過人家說『我向我的僕人說英文，對我的情婦說法文，跟我的馬兒說德文』？」

「還有跟我的乾洗師傅說中文。」曼紐爾說。

「還有跟我的廚子說葡萄牙文。」維若妮卡說。

我們有一整天的時間得打發，於是我們開始設想什麼可能是全世界最長的火車之旅路線。我們選定葡萄牙東北角的布拉干查為出發點，往南到里斯本之後來個大轉向，跨越整個伊比利半島，從巴塞隆納往北進入法國，經過巴黎、莫斯科、伊爾庫次克、北京、上海一路到香港。

火車來到郴州，這是一座位在山谷中的工業城市，四周都是尖聳的灰綠色高峰。中午時分，火車通過湖南和廣東交界，來到坪石鎮。這個地區的峭壁鬼斧神工，看起來像是神廟，垂直的立面彷彿精心雕琢而成，但這完全是大自然在玄武岩中切割出來的特殊形貌。這裡有些石塊巨大如山丘，頂上還蓋了廟宇。

「pagoda（佛塔，寶塔）這個字來自葡萄牙文，」曼紐爾說，「葡萄牙文的pagode是『吵雜』的意思，我猜當初他們是把噪音跟這種宗教建築聯想在一起。[3]」

2　譯註：史書記載李斯遭誣陷被處以腰斬，但「縱向鋸成兩半」可能只是傳說。而他被處死是因為秦始皇死後的權力爭奪，並非肇因於焚書一事。

3　譯註：pagoda的葡萄牙文是pagode，據考證應該是借用自印度南部達羅毗荼語的pagôdi或pagavadi（濕婆神

他說Mandarin（漢人，華人）這個字也是葡萄牙文，源自動詞mandar（掌管）[4]；還有，日文的謝謝（arigatō）衍生自葡萄牙文的謝謝（obrigado）[5]。

我來到餐車。為了避免與踢克接觸（誰想聽他說「我一回國就要立刻吃一大塊牛排……」這種沒水準的話！），我特意選在一名中國男子旁邊坐了下來。火車開過植被低矮的叢林，但即使在這種地方，比較稀疏的樹木底下還是有人種了稻米和玉蜀黍。我心想：中國好像沒有古老的大樹，至少我沒看過。

食物並不好吃，不過為了讓我的餐食內容有點特色，我發明了一個「每日一菜」制度。之前我吃過太多餐完全不會留下記憶的食物了，這個情況必須改變。在開往廣州的列車上，食物也以濕濕黏黏、勾芡用得很多的粵菜為主，有香菇、雞肉、糖醋魚、炒得油油的蔬菜等。我選擇鱔魚當我的「每日一菜」。

用餐時，我想起六年前有一次我跟一位中國年輕人一起吃飯，他是個浮誇自大的高官小孩，也就是中國人說的「高幹子弟」。我跟他討論政治，某個時候他會用反擊的語氣告訴我：「我是無產階級子弟，你不是，你是個資產階級。」

我把那件事告訴了現在坐在我旁邊的這位食客。

「什麼是『無產階級』（proletariat）？」他聽不懂這個英文字。

我稍微做了說明。

他搖搖頭。「我不是，我的階級比這個要高。我是個白領工作者。」

由於餐車裡有很多外國觀光客，我們自然聊起「外國人」這個話題。朱先生說外國人跟中國人很不一樣，他們都比較容易情緒激動，說話聲音很大，而且很容易上當。

我們討論中國人常說的「老外最好騙」這件事。朱先生說這是真的，我則堅持認為這只是一種沾沾自喜和自我矇騙。這句話實在沒什麼道理，不過我還沒遇過任何中國人打從心裡不這麼認為。我說大多數外國人都以為中國人真的這麼相信，而這只會導致中國人的錯誤觀念進一步加深。梭羅在《湖濱散記》末尾寫道：「試想中國式的自大和人類滯塞不通的自滿情結。」

然後火車經過英德，皺縮起伏的山巒前方有一座座蓮潭，山坡上是尖聳聳的蒼翠竹林。乍看之下，你可能以為這是原始的大自然，可是你錯了：竹林裡的竹筍是要吃的，竹子被用來做籃子、蓋房子；蓮花不是野生的，那也是一種農作，蓮花的根部會被採收來吃。而這也是我的「每日一菜」，這道是甜點——糖漬蓮藕片。

〔Shiva〕的妻子），而這個字衍生自梵文的bhagavati（女神）。可能是因為印度教或佛教廟宇經常香火鼎盛、信徒川流不息，pagode這個字在葡萄牙文中引申出「喧囂嘈雜」的語意。

4 譯註：英文的Mandarin源自葡萄牙文的mandarim或荷蘭文的mandorijn，但這兩個字與葡萄牙文動詞mandar並無關係。mandar的詞源是拉丁文的mandāre（命令、委任），而mandarim則是演變自馬來文的menteri或manteri（朝臣、資政、部長）；這個馬來文字又源自梵文的mantrin，而mantrin衍生自mantra（曼陀羅、經文、咒語）。一說這個動詞的語意強化了葡萄牙文使用者選擇以mandarim代表「華人」這個概念的動機。

5 譯註：學術研究結果認為這是以訛傳訛的說法。日文的「謝謝」（ありがとう，arigatō）源自動詞「有る」（aru，「有、存在」之意）及形容詞「難し」（katashi，「困難」）結合而成的ありがたし（arigatashi，在現代日語中演變為ありがたい〔arigatai〕），有「難得」之意，詞源可追溯到一千多年前，而葡萄牙人直到一五四三年才初次抵達日本。這兩個詞彙之間的近似性純屬巧合，唯一的可能是葡萄牙文的obrigado促使日文更普遍地採用語音相近的arigatō表達「感謝」之意。

一整天的路途上，鐵路旁邊都看得到另一條軌道在鋪設，是通往香港的重載車輛專用鐵軌，為迎接一九九七年香港回歸中國而興建。

我坐在窗邊看著外面的雨中風景。一名男孩騎著牛回家，火車的聲音把一群豬嚇得在香蕉園裡四散奔逃，植物生長得異常繁茂，鐵路兩旁的高大雜草不斷刷過火車車身。我看到一叢叢深綠色的竹子，婦女忙著劈柴火，男人在房屋的木頭框架上塗泥土造牆。有人在剝藍桉樹的樹皮，橘色土質懸崖下方聚集了一群水牛。廣東是個氣候潮濕的省分，看起來肥沃豐饒，毫無枯槁倦態，一切都充滿生氣與秩序。可是我看到的所有人和事物都有特定作用，這讓我的眼睛覺得非常疲勞——沒有任何東西是隨機、偶然的產物。抵達廣州前不久，火車停了下來，一隻藍色大蜻蜓飛到我的車窗附近。一隻中國蜻蜓的身影閃動在鬱鬱蔥蔥的廣東，這個景象太完美了。

火車裡非常悶熱，少不了三十四、五度，而且濕度很高。有些乘客癱了，有些則上氣不接下氣。我真不想抵達廣州，因為這樣我就得換下舒服的睡衣。外面雨勢凶猛，罩著大雨衣的腳踏車騎士在滂沱大雨中衝刺。我沒有心理準備面對這麼多車輛和這麼繁忙的商業——賣音響和電視機的商店、用收音機聽香港搖滾樂的計程車司機、氣派豪華的大旅館，比如白天鵝賓館，中國人會專程跑去看大廳裡那座瀑布；中國第一大的花園酒店，擁有一千一百四十七間客房；中國大飯店（它的宣傳口號是「服務現代商務貴族」），那裡的招牌是牛排：「以頂級牛排著稱……空運直送的特選美國及紐西蘭牛排源自穀物飼養牛隻……本店牛排風味絕佳，遠近馳名。」牛排這玩意兒也顯示中國人願意迎合外國人到什麼程度，因為基本上中國人認為牛排只是經過簡單烹調的一大塊肉，是野蠻而沒有味道的食物，只有蒙古人或西藏人那種原始民族才會吃。

我遇到的人對廣州都沒有太多想法。他們主要想談的是香港，以及它將如何在中國的控制下徹底改變等等。我不相信這點。我不認為香港會改變。我反而覺得廣州已經在迅速蛻變成另一個香港，而且在大多數方面，它們兩者之間幾乎沒有分別。

廣州的中國人似乎很清楚以香港人的方式忙碌賺錢是人生最重要的事。他們也會嘲笑政府隆重宣布的口號。廣州市區的一些看板上可以看到一個共產黨標語：「向前看！」不過廣州人都喜歡開玩笑地用雙關語說：「向錢看！」

☆

停留廣州期間，有些中國人問我想看些什麼，我說：「參觀人民公社吧？」結果他們差點沒笑掉大牙。中國人笑的時候大都不是在對什麼好笑的事作出反應，而是在說「哈哈，我們慘了」，或「哈哈，你真不該這樣說的」，再不然就是「哈哈，我這輩子從沒感覺這麼糟糕過」；不過，這個廣州人是真的在開懷大笑。想要在廣東省參觀人民公社是荒謬至極的想法，因為已經沒有這個東西了！難道我不知道鄧小平已經公開表示人民公社是個失敗的實驗？難道我不知道所有人現在都是自力更生？

我說：「六年前我到廣州時，去了城外一處大型人民公社。那時所有人都說那是個模範公社，辦得非常成功。那裡有工廠、稻田、果樹、罐頭食品產業。我拜訪了一位女士的家，她家裡有收音機、電視機、冰箱……」

「她一定是整個公社裡唯一有那些東西的人！那是用來唬你的詭計！」

「我還是滿想知道那裡現在變成怎樣了。」我說。

「都已經分割成個體戶了。」

個體戶就是單一居住單元，也就是一個家庭自己住，或經營一個家庭事業。

「現在運作得好嗎？」

「比從前好多了。」

「所以如果我到那裡問居民現在情況如何，他們會說『很棒』嗎？」

「對。」

我說：「我怎麼知道他們不是在唬我？也許那也是個詭計。」

「不不不，」那廣州人說，「現在大家都會說出自己心裡頭的話，他們不必再害怕什麼了。」

「可是當時他們向我保證我看到的那個模範公社運作得非常完美。」

「不然你希望他們說什麼？」

這句話倒挺有道理。的確，他們為什麼要在外國人面前貶低自己？這種事對他們而言是那麼地沒面子。

「那個公社非常大，」我這位中國朋友說，「想拜訪公社委員會主席，甚至還得搭火車去。」

「你只是在打比喻嗎？」

「對，開玩笑的。」

因為一些無趣的理由，我沒去成一九八〇年造訪過的那個公社，因此無法比較當時和現在的印象。我記得最清楚的就是參觀那位女士的家，看到她那台遍佈塵埃的電視（上面有一大塊紅布，布做的電視罩在中國還很流行），聽她滔滔不絕地說那裡是個工人天堂，然後到外面看小朋友在青綠的溪水邊餵白鴨。可是我發誓只要一逮到機會，我一定要回去仔細看看那裡是否有什麼改變。

廣州的變化非常明顯，其中一個就是現在到處都是遊客。有些遊客年事已高，身體孱弱，他們等不及要去看長城。

「輪椅上得了長城嗎？」他們互相詢問，「有沒有無障礙坡道？」「有身障者專屬停車空間嗎？」「會不會有殘障人士入口？」

身體那麼弱的人會冒險離家那麼遠去遊玩，讓我感到非常驚訝。可是他們看起來真的自信十足、充滿好奇心，我實在不得不佩服他們的勇氣。

另一方面，廣州像世界上某些地方一樣，擁有既優質、服務項目又周全的旅館，因此客人根本不需要走出酒店一步：各式各樣的商店、活動，多采多姿的服裝、地毯，各種餐廳和其他設施一應俱全，都可以在空調大樓的不同地方找到，任君享受。當前中國社會生活的面向之一就是旅館成為重要旅遊景點，足以跟寺廟或博物館媲美。

民眾到廣東有許多不同理由，不過我聽過最有趣的理由是七個身材削瘦的香港年輕人說的，他們專程到廣州就是為了打十柱保齡球。

我沒有笑他們。把一顆球甩出去，讓它在亮晶晶的球道上往前滾，然後看著它把球道盡頭的球瓶撞得東倒西歪，這種不必耗費大腦的活動聽起來還滿好玩的。那是個炎熱的下午，而廣州是個喧囂吵雜的大城，去看看又何妨？

我在保齡球館裡東晃西晃，不過沒有下場去玩。我碰到一個美國人，他叫巴頓，是個石油商，他的工作是監督油井鑽探。是外海油井嗎？他沒說。他的態度相當謹慎，可以說相當中國，彷彿懷疑我從事工業間諜活動。

巴頓到廣州有四年了，之前他在波斯灣，他很討厭那裡。不過他也討厭中國，他負責的測試井並沒有帶來利潤，雖然其他地方的一些油井算是成功。而由於油價現在掉得很低，花那麼多錢繼續探勘似乎不太值得。他跟我說了一些我本來不知道的事：中國是個產油大國，由於中國的汽車不多，加上中國的發電廠和大部分火車都以國內生產的煤為動力，所以它出產的石油有相當的剩餘，可以外銷原油和汽油到美國（汽油和煙火是中國對美國最重要的輸出）。

不過，石油探勘計畫縮水，難免對巴頓的生活方式造成負面衝擊。他的妻子和小孩住在香港，原本一家人每個月團聚兩次，現在每個月只能見一次面。巴頓說這樣很辛苦，不過也是逼不得已。

「我得讓兩個小孩念大學，所以我需要這份工作，我需要錢。所有生活在這裡的鬼佬都需要錢。」

大多數住在這裡的西方人都用「鬼佬」稱呼自己，這個詞本來是中國南方人和香港人用來嘲笑外國人的，意思跟「洋鬼子」一樣。

「我在新加坡得到過一個工作機會，也是跟石油業有關，」巴頓說，「我好像應該去做那份工作才對，可是新加坡那地方太嚴厲了。我受不了李光耀，他是個狗屎，到那邊的話，我大概每天等著吃大便。」

他笑了出來。他的笑聲聽起來有痰，很像老菸槍那種很有潤滑感的聲音。

「你知道我們怎麼叫李光耀嗎？有點良心的希特勒。咳哈！咳哈！」

我自己跟李光耀也曾經有過節，所以我覺得巴頓的形容頗恰當也滿好笑的，不過他的嚴肅態度倒讓我嚇了一跳。

我告訴巴頓我親身經歷的「中國石油開採故事」。一九六八年時，中國駐烏干達大使館請了一群紅衛兵到首都坎帕拉表演，節目包括各種特技、雜耍和手風琴演奏，表演人員都戴著紅色袖標。不過，整個晚會最精采的部分是一齣演繹石油鑽探情景的紅衛兵芭蕾舞劇，劇中的鑽油地點是中國最寒冷、最荒涼的地方之一——東北黑龍江省的大慶。

在烏干達炎熱的夜晚中，表演者在厚厚的冰層和岩層間舞動、鑽探，模仿凍瘡、失溫等身體現象。但無論他們怎麼挖，就是挖不到油，後來他們筋疲力竭地倒下，幾乎準備全面放棄。

整個過程中，一群紅衛兵一直在旁跳舞、說話、揮舞拳頭，激勵著辛苦勞動的工人。在最低潮的時候，當所有人已經準備放棄鑽油，忽然有一名紅衛兵拿出「紅寶書」《毛語錄》，開始朗讀毛澤東思想。

他選讀的段落出自〈自力更生，艱苦奮鬥〉這個章節。他露出又大又方的牙齒，高聲喊著：「什麼叫工作，工作就是鬥爭。哪些地方有困難、有問題，需要我們去解決。我們是為著解決困難去工作、去鬥爭的。越是困難的地方越是要去，這才是好同志！」

他們幫打扮成起重工及鑽探工的舞者（這些舞者手上戴著繃帶似的露指手套，腳上包著一堆破布）加油打氣。毛澤東思想激勵了他們，隨著合唱團的歌聲「偉大的舵手……最紅的太陽升起在東方！」，鑽探人員回到崗位奮力工作，最後石油終於噴湧而出。整齣表演以高超的燈光控制和背景投影襯托得完美無瑕，舞台最上方是一幅閃閃發光的毛主席肖像，紅衛兵們大聲歡呼：石油！毛主席思想！繁榮富庶！工人服務人民！克服萬難！

現在，那一切都已經成為過去，典型的石油工作者是疲倦不堪的美國人，他們與家人分隔兩地，為的是領份好薪水，讓小孩順利讀完大學。

規模龐大的貿易博覽中心是廣州的驕傲，展示著琳瑯滿目的中國商品。我在這裡遇到一位來自香港的陳先生，他的臉上似乎寫著對中國的不滿。他到廣州是為了拜訪親戚，他很喜歡他們，他也非常忠誠盡責，不過很討厭中國人對毛澤東的觀念。我本來以為陳先生是個好脾氣的人，沒想到他談到這點時差點破口大罵。

「毛澤東讓中國處於黑暗中幾乎三十年，」他說，「這就是商品水平低的原因。」

我說有些商品看起來還不錯啊，那些腳踏車、扳手、地毯等等。雖然電器用品不美觀而且看起來很危險，但那些有圓珠飾的包包、螺絲起子、罐頭食品、紡織品都算價廉物美。

「光做這些東西不夠，」陳先生說，「這些人被蒙蔽在黑暗中。他們自以為瞭解世界，其實根本什麼都不知道！」

他濃重的廣東腔英文使這句話聽起來更具戲劇性了——其實根本什麼都不知道！

「毛澤東是個笑話，他太愚蠢了，可是他們居然相信他。哈！」

「所有人都說現在不一樣了。」我說。

「看起來不一樣，其實一樣。你知道為什麼嗎？因為他們都是一個模子。」

這種夾雜著懷疑與恐懼的尖酸刻薄，是中國人口中所謂「香港同胞」的性格特色。這種論調在廣州被他們表達得最強烈，因為廣州市是全中國跟香港最相似的地方。這種焦慮具有感染性，廣州大部分的人都很想知道（他們當然有理由希望知道）這個問題的答案：接下來會發生什麼？

我試著找出一些或許能夠回答這個問題的人。最有本事提供解答的，當然是某個一個半小時前才抵達廣州的美國銀行家——沒錯，我是在開玩笑，不過他過去已經來過這裡。這個人名叫亞瑟·弗利戈，他不管說什麼都像是在口若懸河地推銷商品，乍聽極具說服力（至少他顯然說服了自己），但馬上就會讓人覺得不真誠。不過他說得熱血沸騰，我也只好耐心地聽。

「忘掉那些旅館，忘掉那些友誼商店和禮品店，忘掉餐廳、保齡球館，所有與遊客有關的東西，」弗利戈說，「那些都會自生自滅。會賺一些錢，但沒什麼大不了的。」

「可是那也無可厚非，中國人正在設法吸引觀光客啊！」我說。

「得了吧，那些都無關緊要。他們要的是外國投資者。所以你該看的是其他東西，石油、工業等等。合資企業。想不想知道一個有趣的統計數字？我們公司透過我在香港的銀行處理大約兩百家合資企業的事。猜猜看這兩百家裡面有多少家目前有營運，我是說在實際經營運作？」

我說我猜不到。

他舉起兩根手指。「兩家，就這麼多。而且兩家都完全沒有賺錢。」

「可是大家都在談合資企業。」

「他們只是在虛張聲勢。大多數公司都已經把高層人員撤走了。以前他們派出高薪主管到中國，結果那些人並沒有讓公司賺錢，於是他們把那些成本高昂的美國雅痞撤掉，換成某個香港來的張三李四。你知道我的意思，就是那種穿褐色西裝、手提塑膠公事包的中年人。『加油，小張！』然後小張衝刺了一下，撞上一堵牆，踉踉蹌蹌地往後倒。『加油，小張！』他們又喊，然後小張又撞上了牆壁。沒什麼大不了的，反正他一年只花公司兩、三萬美元。現在他們就是請這種傢伙在搞，六位數薪水的主管已經不存在了。」

為了挫挫這位弗利戈先生的銳氣，我說中國人看起來對做生意很有信心。

「我不是在說中國人，我說的是投資人的信心，而這個部分似乎在衰退。因此接下來的三、四年會是個關鍵期。有些公司已經完全撤出中國。他們畢竟不是慈善家、也不是理想家，終究還是以賺錢為目的，所以如果不賺錢，他們就會走人。現在中國正處於大幅擴張期，但截至目前並沒有出現獲利——沒有足夠的獲利可以讓人合理地對未來抱持希望，或決定進行大規模投資。泡沫可能會破裂，而一旦它破裂了，這裡會天下大亂。不出五年，我們就會知道他們這一套到底行不行得通。」

我覺得這個人說的東西挺有意思，因為他沒有任何政治立場，他只是務實而不帶感情地專注於如何以最快速度賺錢。我認為非常妙的是，中國有很多人跟他其實是一樣的。

有些中國人已經開始盜墓。在擁有最多「豪華」墳墓的華南地區，走私墓葬文物是最普遍、最常被判刑的犯罪之一，走私販挖掘盔甲、武器、盆甕、銅器、銀器及各種裝飾品，然後設法把這些東西帶到香港。在一九八四年到一九八六年短短兩年間，中國警方查獲超過一百個走私案件，回收兩萬件文物，其中不只包括一般的家族珍藏品，還有許多是從湖南的漢唐古墓偷來的古董。在某些情況中，也會發生類似中世紀歐洲地區常見的那種破壞行為，農民蹂躪漢代的古箏或古琴，因為上面有他們認為不吉祥的雕虎裝飾。衡陽縣也發生六十座古墓被養豬戶破壞的案件，他們盜取陵墓的磚石，用來建造豬圈。不過大多數從墓地中被挖掘、偷盜的文物都成為走私品。

走私者的典型做法是把這些價值連城的掠奪品藏在大批甘藍菜底下，用船或貨車偷渡到香港。運送目的地幾乎千篇一律是香港，因為這種物品在中國沒有合適的銷售管道。

中國境內幾乎沒有人販賣真正有價值或年代久遠的古董，因為中國法律禁止人民銷售任何超過一百五十年的文物。也就是說，市場上最「古老」的文物頂多是那些出自清代晚期，品質低劣、品味不高的仿製品。如果想買唐代青瓷、明代缽碗，甚至更古老的陶土文物或新石器時代雕塑，就非到香港不可，而由於近年走私猖獗，香港的古董市場呈現前所未有的榮景。

「現在中國人知道那些東西有價值了，」一位古董商告訴我，「他們以前會賣給政府，不過現在沒那麼傻了，因為政府給的價錢太低。大家的觀念不一樣了，所有人都想做這個生意，都在努力挖。他們想盡辦法要挖出另一座西安，另一批兵馬俑，可是一旦挖了出來，他們肯定會把它們偷渡到香港，到時要看那些東西的話，所有人都得到荷李活道或摩羅上街的古董店。我現在已經可以看到一些想都想不到的文物，就算你到倫敦的維多利亞與艾伯特博物館都不可能看到那種東西，我不是在開玩笑。他們真的是在掠奪墳墓，到處挖洞偷盜寶物。過去從來不曾出現過這樣的光景。」

★

要說中國「不是什麼」很容易。中國不是由一群狂熱地高喊口號的工人和農民組成的國家。中國已經不再政治化。現在民眾聽到有人提及毛澤東時，會翻白眼開始打哈欠。中國建設得並不特別好，我在這裡看過的一些樓房蓋得是難以想像的潦草。中國的城市並不漂亮，甚至連很多鄉村地區看起來都像被剖開、扒皮過。中國不太整潔，不太安靜，不民主。中國不是曾經的那個中國，特別是在廣東這裡，這點再清楚也不過。

但要說中國「是什麼」倒非常困難。或許在中國複雜難解的表象中存在著一線希望能讓我看到它的本質，但當我坐看大雨滂沱落在廣州市區，我對自己無法釐清這一切的意義感到心焦如焚。而且中國有很多人會擺架子，或許在廣州這個現象特別明顯，因為廣州的外國訪客特別多。於是我心想：我應該開始不要開口說話，只要默默地寫下自己的感想，讓火車把我帶到中國各個角落，到最高聳、最低窪、最炎熱、最寒冷、最潮濕的角落，前往最杳無人煙的地方，也造訪人口最密集的區域。這是唯一的辦法，最後我再做出判斷。

離開廣州前幾天，我遇到一名女子，她說她到過廣州許多次。她也即將離開，不過方向跟我不同。她叫麗莎．帕克爾德，住在香港，十多年來經常走訪中國各地，但現在已經感到厭倦了。她年紀四十好幾，看起來是個積極進取的人，對文化和商業都有充分興趣，知道怎麼讓自己忙碌充實。她看起來也頗有人脈。

她跟我都認為中國的情況已經改變，我問她是否記得改變是在哪一年發生的。

「記得哪一年？」她笑了，「我還記得改變是發生在哪一個星期呢！是鄧小平發表演說的時候。那場演說造成熱烈迴響。中國人對解讀官話特別專業，他們知道鄧小平說的東西意義非凡。那是一九八四年某個星期的事，在那以後，一切都變了。」

她的口氣聽起來頗為尖酸，於是我說：「可是有很多東西變得不錯。」

「我不認為，」麗莎說，「我討厭中國的改變。現在他們要的只是玩具和其他各種玩意兒——彩色電視、手錶、錄音機、冰箱、摩托車。他們變得貪婪，開始變得很不老實，謊話連篇，互相不信任。你記不記得以前都聽到人家說他們會把你用過的刮鬍刀片還給你？現在大家架子可大了：『喔，我們不需要這個，我們自己有刀片。』說得真誠實！真直接！真中國！」

我說從前他們是遵守毛澤東的指示，《毛語錄》裡頭寫得很清楚。軍人必須遵守「三大紀律」和「八項注意」，這些規定也適用於各級黨工。三大紀律是：一切行動聽指揮、不拿群眾一針一線、一切繳獲要歸公；八項注意則包括說話和氣、借東西要還、損壞東西要賠償、不打人罵人、不調戲婦女、不虐待俘虜……等。中國人近年來在行為上的改變，會不會是源自一種對毛澤東的希望幻滅之情？

麗莎說：「他們的藉口是他們必須把握時機設法得到他們要的東西。他們擁有這種自由制度才只有幾年，不過他們都知道中國一直有一些激烈變動的時期。沒有人預測到目前這個時期會忽然出現，也沒有人料想得到它什麼時候會結束，於是他們奮力衝刺。他們覺得這一切可能明天就會消失，所以他們伸出雙手拚命抓。『我們不能遲疑，因為可能不會有第二個機會。』我問他們的時候，他們都是這麼說的。」

「他們有這種心態倒也難免，因為他們在過去三十年吃了太多苦頭，而且還要聽那麼多道理！」

中國人的生活中充滿勸導、告誡，經常有如一場無止境的諄諄教誨。許多時候，中國共產黨的道德詔令跟艾伯特．哈伯德[6]那些「玉米餅主張」式的格言[7]，甚至可說是雌雄莫辨。而且不只是毛澤東，他的跟隨者也致力打造或彙編「愚公移山」、「模範士兵雷鋒」等等包羅萬象的寓言，教人要忠黨愛國。

「我要說的是真正的、最可怕的那種貪腐——共產黨的貪腐。」麗莎．帕克爾德說，「只有高層黨員得到好處，他們出國旅行，住五星級飯店，可以拿到外匯。其他人民沒有這種好運。而軍隊正在看著這一切，他們沒有分享到這些。當軍人的沒有任何額外賺錢的機會，他不是經濟體系的一部分，他只是在一旁觀看人來人往。」

我已經聽過這種論調了：只有軍隊（中國的軍隊至今仍沿用充滿懷舊感的「解放軍」這個稱呼）掌有中國未來的鑰匙，因為沒有人能在軍隊不同意的情況下治理國家。暫且放眼亞洲大陸另一端，我們清楚看到巴勒斯坦解放軍的極端保守。

「軍隊正在觀看，它看到了什麼？它看到精神上已經空虛破產的人民。在又肥又瘋又老朽的毛主席還領導國家的時代，人民至少還有某種信心、甚至理想，還有團結合作的觀念。中國人特別喜歡用『團結合作』這種詞語，但這種精神現在完全不見了。他們變得不親切、不禮貌。我認為他們已經迷失了，這一切的結局一定會很慘。」

不過麗莎的一番話非但沒有掃了我的興，反而讓我更想深入投身於中國。但這雨還真令人心

6　譯註：Elbert Hubbard，一八五六～一九一五，美國作家、哲學家、出版商，早年曾當旅行推銷員致富。

7　譯註：「玉米餅主張」是美國作家兼社會評論者馬克．吐溫提出的觀點，認為人們傾向於放棄任何可能妨礙他們生計的看法或信念。他在一篇評論中寫道：「告訴我一個人如何得到他吃的玉米餅，我就告訴你他的想法是什麼。」

煩。我聽說內蒙古從不下雨，而遙遠的甘肅到處長出番紅花。於是我規劃了一個長途旅行，穿越中國西部的各個省分。這個計畫規模太浩大，我不得不請鐵路局協助安排。他們覺得很狐疑，要我到北京去請那裡的人跟我討論。不過他們說這是需要核准的。

旅行團團員即將離開中國返回家鄉。有些人已經提早啟程——維特里克夫婦、韋斯貝特夫婦，他們買了一大堆紀念品（漆器、地毯、筷子、銅器、扇子）；凱斯卡特夫婦甚至已經抵達他們在英國東南部濱海貝克斯希爾的家。

踢克和莫利斯抵達廣州以後就幾乎不曾離開過白天鵝賓館，成天泡在旅館的酒吧裡。踢克說：「家鄉的人如果聽到我搞了一個禿頭女人，他們絕對不會相信。」

他輕聲地咯咯笑。他的笑聲總讓我想到他那腦袋瓜裡有一塊金屬板的事。然後他對我擠眉弄眼。「可是我是個美國水兵，」他說，「我們什麼都可以搞。」

他在廣州遇到一個年輕日本女子。他經過那女人的房間，房門是開的，他開始跟她胡扯，然後就上了她的床。踢克已經六十七歲了，長得一副強姦犯嘴臉。可是當他說起那場豔遇，他的五官顯得柔和許多。而那只是昨天的事，就發生在旅館四樓。

「真的很棒，」他說，「那個女孩子在六個小時裡給予我的情愛，超過我結婚十五年得到的總和。」

摩特荷只是坐在旁邊看。他喝得很醉，樣子很寂寞。他在這趟漫長旅途中沒有結交任何朋友。他問我接下來打算做什麼。我說往北走，看更多的中國。

「更多的墳墓，」他說，「更多的筷子，更多的佛塔。你的目的是什麼？」

「設法瞭解這一切。」我說。

「你打算搭火車嗎？很花時間呢！」

「搭火車會讓我有成就感。」

摩特荷笑了起來。我感覺他不是什麼聰明的人，不過我倒也沒跟他說過太多話。我只是記下他去找石頭的時間，而他收集一整袋石頭這件事確實令我匪夷所思。他的最大收穫是一塊長城的石頭，但他不知道是否能在廣州火車站的海關口岸順利把它偷渡過去。

這些旅行團團員各個都有令我驚奇之處。我忽然發現，要不是跟他們一起搭火車旅行了一萬六千公里，我不可能對他們有真正的認識。我在倫敦就觀察過他們，比起那個時候，現在的他們在某些方面變好了，有些方面則顯得更糟；但無論好壞，他們都已經無可指責，因為他們在旅途中證明了他們就是「人」。有著隱士性格的石頭收藏家摩特荷居然還為我帶來一份意外驚喜。之前我一直認為他是個沒什麼大腦的人，根本沒把他或他那袋石頭認真當作一回事。

「你知道『逍遙遊』嗎？」他忽然冒出這麼一句。

我說我不知道他指的是什麼，是不是某個集結中國熱門觀光點的遊覽行程？

「威廉．渥茲華斯[8]的作品，」他說，「我在學校裡讀過。」

「喔，原來你是指他寫的《逍遙遊》。」

摩特荷把眼鏡往上推了一下，然後念起詩來：

漫漫長路百般寂寥
沙塵酷暑大雨傾盆

8 譯註：William Wordsworth，一七七〇～一八五〇，英國浪漫派詩人。

漂泊商旅負載沉重
彎腰行進總需停歇
此等旅人自有歡愉
……

老天爺，我居然從頭到尾都不曾把眼前這位老兄放在眼裡……

不過說到「旅人自有歡愉」，那天我決定離開廣州。晚上我躺在床上時不禁想到，一般人對中國的幻想根深柢固，要把那份幻想打破、讓他們看到事實真相，是非常艱難的事。這跟前往阿拉斯加看愛斯基摩人的冰屋、到大溪地看草裙舞，或到非洲看那些嘴唇肥厚碩大的「烏邦吉人」[9]有很大不同，但卻又有那麼點相似性。西方人倚賴那些他們吸收到的三手資訊來建構虛幻的中國想像當然不上道，但硬要把貧窮視為健全的社會氛圍一樣沒道理。

我做了個噩夢：我走在人潮洶湧的街上，四周環繞著不友善的猙獰面孔，我覺得自己被困在大城市裡難以呼吸。夢境逐漸消失之際，我在一身冷汗中醒來。那是個中國城市，那是個中國式的噩夢。在看起來最平凡無奇的街頭，這個謎團逐漸解開的國家不斷祭出令我嚇得魂飛魄散的景象。但我越來越覺得，那些可怕的魑魅魍魎真是美不勝收。

9 譯註：這是一個坊間的誤稱，事實上並沒有這個民族。非洲及南美洲某些民族有一種人體改造習俗，他們將唇釘或唇板等裝飾物固定於嘴唇，久而久之形成肥大變形的唇部。十九世紀末西方人開始把非洲變唇女性引進歐洲，在馬戲團及其他一些表演中展示。一九三〇年代玲玲兄弟馬戲團以「烏邦吉人」（Ubangi）稱之，但該團公關後來表示這個名字只是他在地圖上隨便挑的地名，因為聽起來很有異國情調。烏邦吉河是剛果河的重要支流。

第六章 開往呼和浩特及蘭州的三二四號列車

中國西部的鐵路向來處在多事之秋，野生犛牛經常導致火車誤點，沙塵暴也三不五時出來攪局，過去這一個月情況更是糟糕透頂。我出發上路前看到《中國日報》的一則新聞，說二十年來最嚴重的沙塵暴使長達五百三十公里的軌道遭塵土掩埋。報導內容精準地呈現悽慘實況：十二級強風連續肆虐四十八小時，遮天蓋地的沙塵暴造成十萬噸沙塵堆積在鐵軌上，四十七輛火車被迫停駛，鐵路線關閉九天，其間有一萬名旅客被撤離。有人在沙塵暴中喪生，也有人受傷。甘肅及新疆的許多縣與世隔絕。

不過這場災難並沒有受到國際媒體關切，甚至大多數中國人自己也搞不清楚狀況（那不過是一篇過目即忘的小小新聞報導），而且善後工作很快就完成，種種情形都使這件事顯得非常「中國」。（一九七六年的唐山大地震造成超過二十五萬人罹難，但其他國家幾乎沒有注意到它發生；一九五〇年代後期導致一千六百萬人餓死的飢荒，也沒有得到國際上的注意。）在一場死亡和毀滅之後，搶救人員人手一把鏟子，把火車挖出來、將鐵軌清通，建造新的防沙牆——這次是真正的牆，而不是成排的草堆。中國在政治上充滿矛盾，中國社會在科技面向上也可說是一團糟（那些玩具般的電話、摩斯電碼和字跡潦草的訊息，實在不太適合以「通訊」一詞稱之）；不過中國人有辦法拿起鏟子解決天災帶來的禍害，而且他們的表現極為傑出。「挖掘」可以說是中國的全民運動，如我的朋友王先生所言，在文化大革命期間，所有人都必須為自己挖個洞，為戰爭做準備。我忽然想到，就連萬里長城也可以算是挖掘者的超級巨作。據傳毛澤東生前總喜歡舉「愚公移山」的例子，那也有點像一名挖掘者在傳福音，這件事的重點在於愚公一點也不愚笨，而中國人確實有辦法靠人工挖掘移走大山（包括可以被比喻為大山的帝國主義和封建制度）。

鐵路線清通以後，我動身前往內蒙古的呼和浩特。我不是單獨一個人旅行，而是有一位矮胖的先生跟我一起行動。他的臉長得有點像又可愛又有點哀怨表情的海獅，這樣的容貌在中國並不罕見。這個人姓房，他不擅長說英語，不過俄語這個讓我丈二金剛摸不著頭腦的語言他倒說得很溜。我們之所以一塊兒出行是我跟鐵路局方面討論的結果，不過那個過程不是一般的討論，在性質上更像一場鬥爭會。

一個小代表團來到我住的旅館，用一堆禮貌的客套話拖了我一大段時間，不斷搬出「知名作家」、「重要人士」、「外國朋友」等名號要脅我。的確，我是如此地重要而尊貴，連獨自前往中國西部旅行都不可能，他們非得派人陪同不可。

我說通常我都是獨自旅行，而且我認為單獨旅行是一件很棒的事。我忍住沒說的是，就算我需要有個旅伴，也絕不要是像鍾先生那種身形碩大而沒太多大腦、笑起來一臉邪氣、吃東西咕嚕作響的人物。

一群人坐在旅館的餐廳裡，包括鍾先生、房先生、陳先生和我。鍾先生呼了呼他的茶，大聲啜了一口，在雙頰之間漱了好幾下，終於把茶吞下去。他吃麵的方式更可怕、更大聲：他那張嘴變成一個大黑洞，然後把一束溼答答捲成一團的麵條用力吸食進去。他的喘氣聲使我覺得很想揍他。

方先生至此還沒開口說過話，陳先生則只是偶爾插幾句話設法協助溝通。

「似乎沒有什麼合情合理的理由需要派人跟我一起走。」我說。

鍾先生又「呼！噓！」地喝了一口茶，在口裡大聲咀嚼那液體，然後說：「這是為了讓你得到正確的信息。」

「我想我應該有能力自己得到正確的信息。」我說，「我也算旅行過不少地方了。」

「可是沒包括中國。」

「中國我也來過，六年前。那次我是搭船沿著揚子江走。」

「你是說長江，」鍾先生馬上提供了「正確信息」，一臉我搞不清楚中國人怎麼稱呼那條河的模樣。跟所有學究一樣，基本上他的腦筋非常倔強而且滯塞不通，一心想阻撓別人的好事。

「我也到過北京和廣州。」

「北京和『廣州』。」他又吸食了一大口麵條。他再次糾正我，因為我說「廣州」時用的是外國人習慣用的 Canton 這個字，但他強調正確說法是 Guangzhou 才對。

「鍾先生，我用的是英語中習慣使用的地名，比如『希臘』這個國名在希臘文裡雖然是用跟中文聽起來比較像的 Hellas 這個字，可是英語系的人是講 Greece。還有我們說羅馬是用 Rome，而不是義大利文的 Roma。所以我不明白這樣——」

「我必須跟你一起去。」鍾先生說。

絕對不行，我心想。

「我們明天晚上走。」他說。

打死我也不可以，我心想。

「我會隨時協助你。」他說。

「我真的覺得你們特別客氣，」我說，「可是我實在不需要別人幫忙。」

鍾先生那張臉又大又蒼白。他對我露出個微笑，然後說：「我可以幫你提行李。」

我說：「你上過大學嗎？」

「上過啊，交通大學。我念的是工程。」

「那你的專業是工程，而不是幫人提行李。」

「我的英語很好，我可以當你的隨行翻譯。」

「可是我想練習漢語。」

「這個部分我也幫得上忙，」他說，「而且你還可以多教我一點英語，跟我說些文學和你們國家的事。」

「我真的想一個人輕鬆點。」我說。

「有人好好照顧你，你才能真的輕鬆。」

「我不想讓人照顧，」我說，「我只想搭火車，欣賞窗外的風景。」

「喔，不行，」他說，「我們必須盡力幫忙，你是我們的責任。而且我們可以交流交流。」

為什麼房先生在旁邊一句話都不說？

「有時候我其實並不想說話，」我說，「我只想坐著看書，或靜靜地看車窗外的風景。」

鍾先生把臉湊在茶杯口，張開那對蒼白的嘴唇，發出嘶嘶聲喝了一口茶。我打從一開始就對這個人反感，差不多在互相介紹時就已經很不喜歡他，因為他那種人的談話方式會讓人覺得是在責備別人。我因為把一些文件放在房間，必須回去拿，結果他馬上就說：「別走丟了！」「不可以一去不回呀！」

「你們這麼熱心要照顧我，實在很體貼，不過我一個人真的可以處理。」我說，「有時我真的不想跟別人說話，我不會需要別人的協助。」

接下來，幾個中國人嘰哩呱啦快速交談了一陣，其中說得最多的是原本一直不說話的房先生。他那張海獅般的臉孔令我深感好奇，還有他那對哀傷的眼睛和下垂的嘴角也是。他語氣堅持，充滿權威，而且他之前靜靜聽我們說話時樣子，顯得相當聰明。

房先生說話時，人長得癡肥、態度又放肆無禮的鍾先生繼續大聲吃麵喝茶。某個時候，他甚至用吃麵的聲音來回答旁人的話。我觀察他的結論是，他是個被寵壞的討厭小孩，而且從他嘮叨的方式看來，他以前應該當過紅衛兵。

他忽然輕聲地說：「房先生說他會跟你去。」

「為什麼？」

「因為他不會說英文。」

難怪之前他一直默默不語。

「可是我也不想跟他一起出行。」我說。我心裡浮現出房先生跟我共處一室的親密情景。

「他就只是坐著。」鍾先生說。

「可是他得坐在別的廂房，」我說，「因為我想見到其他乘客。」

「沒問題，他可以坐另一個廂房。」鍾先生說。

「如果他不必跟我說話，不需要一直待在我旁邊，而且坐的是另一間廂房，那我就不明白為什麼需要他跟我一起走？」我說。

「他可以隨時確保你一路平安舒適。這是我們的待客之道。你可是我們的貴賓呢，哈哈！」鍾先生的大笑聲聽起來既殘忍，又像是一種指控。

我說：「房先生是處長，他一定很忙。他有自己的辦公室，有很多工作等著他做。他得寫報告。而且他應該有家人吧？有太太、有小孩？」

「兩個女兒。」

「喔。如果他不來的話，大家不是都比較輕鬆嗎？我可以在當地聘請導遊，不會很貴的。」

「也許吧。不過我們中國人是這麼辦事的。」

陳先生開始顯得焦躁。他用眼神告訴我：夠了，別再強詞奪理。

於是，在前往呼和浩特的火車上，我就有了這位身材矮小微胖、話很少的旅伴。這一切簡單說就是：中國當局聽到風聲說我在中國旅行，他們擔心我會到處打探，然後在背後寫東西批評他們，於是他們派了個房先生監視我。有趣的是，這個小插曲可能是我在中國碰到過最惹我發毛的事。他們如果真希望我玩得開心，就不該決定用這種方式騷擾我，請個官員像保母一樣監管我，妨礙我的行動自由。

火車駛過河北省遼闊的平原和無盡的稻田時，我們兩個人獨自坐在廂房裡，我用中文問房先生會不會說英文。

「說得不好。」他用中文告訴我，然後他讓我知道他的俄語很流利，他曾經在北京一所技術學院教俄語和俄國文學。

他用俄語發音念出幾個俄國文豪的名字：「葉甫蓋尼．奧涅金，普希金，契訶夫，果戈里，杜斯妥也夫斯基。」

「屠格涅夫，托爾斯泰，」我說，然後他點點頭。「還有布爾加科夫，馬雅可夫斯基。」

說出這一連串名字就等於是我們之間的對話，不過那是很短的一段對話。之前我一直強調我不想跟人坐著說英文，所以他們乾脆派了個說俄文的先生當作給我的教訓。

不過我很感恩能夠順利躲過鍾先生的陪伴。我不想跟任何官員一起旅行，但至少房先生人很客氣。他主動說要幫我提行李，然後又幫我把它抬上行李架。我說我都可以自己來。他自己只有一個小小的行李袋，因為中國人一般都沒有太多東西，他們旅行輕便得很。房先生的袋子裡裝了一本厚厚的書，其他幾乎什麼都沒有。

「普希金嗎？」我問他。

他笑著把書拿給我看，結果那是一本英漢字典。我試著查了幾個帶有猥褻意味的字，然後又隨意翻了翻，看到「誹謗」（calumny）這個字，後面有個定義，然後是一個採用斜體印刷的例句：「由於敵人不斷誹謗，魯迅被迫更努力地反擊。」

火車開到呼和浩特需要十二個小時，不過因為這是一班開往蘭州的長途列車，所以在午夜就發車了。廂房裡來了兩個活潑逗趣的廣東人，他們要搭到大同，然後換乘太原線的火車。他們說他們的目的地是平和的一座煤礦，那是中國規模最大的露天開採煤礦區之一。

我在地圖上找了一下。

「我沒看到平和。」

「那個地方還沒出現在地圖上。」

這又是中國的一個弔詭之處：他們蓋城市比印地圖還快。他們把鐵路都建好了，卻還沒想到要在地圖上把黑線描繪出來。

「整個山西省都是一座礦脈。」其中一個廣東人說。他的專業是重機。他說有兩千個人已經投入挖掘工作，很快就可以生產出煤礦。

「平和是什麼樣的地方？」

「很可怕的地方。」另一個人微笑一下說，「地勢平坦，風很大。沒有樹，到處都是沙塵。就是沙漠。」

他們帶的行李非常可觀，不過他們說裡面裝的幾乎都是食物，因為平和那裡最缺的就是這個。除了煤礦以外，平和什麼都沒有。

第二天清晨，他們拖著疲憊的身體和沉重的補給品下車。不久後，火車開進內蒙古，沙塵遍佈的荒涼景色出現，低矮的樹木看起來像是發育不良，方塊狀房舍是以平滑的泥土建成，到處都是山羊和雜種狗，人民在犁溝中砍土、在田間劈草，偶爾我又會看到那種典型的蒙古騎馬人出現。傳統上，漢人把這種地區視為塞外蠻夷之地，它被含糊地描述為「草原」，所有人都祈禱自己不會被派到這裡工作。不過，漢人終究還是迫使原來居住在這一帶的蒙古人大量遷居，現在外移到此的漢人已經成為人口主力。

火車開過一條彎道，車頭出現在視線中，那是一輛又大又黑的火車頭，不斷發著粗嘎的吼叫聲，噴出濃煙和蒸氣，彷佛是一個裝了輪子的大茶壺。在蒙古的平野上，空氣靜止不動，火車冒的煙不容易散開。雖然我距離煙囪有整整十八個車廂之遠，但火車通過比較直的路段時，引擎煙氣會直接流過我的窗口，在我臉上留下黑色的汙跡。

中午時分，天氣酷熱難當，大地一片焦黃，遠方羅列著皺皺的山頭，那些山看起來光禿禿，顏色泛藍，比較近的地方則有一些似乎長了青苔的小山丘。風景中沒有樹木。到處都是犁過的田地，但沒有任何農作物生長。村莊裡每一棟房舍四周都有土造的圍牆。就算沒有別人告訴你，你也不可能不知道這裡是蒙古人的國度——全世界看起來最蒙古的地方，大概就是這裡了。

我看到房先生鬱悶地凝視窗外的景物，不禁為他感到心疼。我問他教俄文的事。

「我很喜歡那份工作，」他說，「除了文革那段時間以外。」

「那時發生了什麼事？」

「從一九六六年到一九七二年，我一堂課也沒教，只能待在家裡看書。」

「為什麼？你被批判了嗎？」

談到批判，那可能代表四十六個人坐在教室裡對老師吼叫，甚至打他。

「對，他們說我是修正主義者。」然後他用哀怨的語氣說：「從某個角度來看，這麼說也沒錯。我不瞭解馬克思列寧主義的理論。」他轉過頭來看著我，然後又說：「他們自己也不瞭解。」

「後來你會不會覺得憤憤不平？」

「不會，我什麼都沒說。他們都很年輕，什麼都不知道。那整個年代是一場災難。」

回憶使房先生難過起來，我決定讓他一個人安靜地待在自己的廂房裡。不過在好奇心的驅使下，我又回去找他，因為我想弄清楚那些年他除了待在家裡看書以外，到底是怎麼度過的。

我問他：「你的意思是你成天就坐在那裡翻書嗎？」

他搖搖頭。「我搬石頭。」

他進一步解釋說，其實他被勞改了。原來他教書那所技術學院整個移到河南省洛陽市北方一個叫孟津的偏遠地方，他們在那裡興建了一座橫跨黃河的大橋。

「這些鐵路大部分都是那些被送到鄉下勞改的知識份子建造的，」他說，「這就是為什麼花那麼久時間才蓋出這些東西。我們這種人哪搞得清楚這些事。」

房先生說當時他非常憎惡那一切。他表示，五〇年代時日本和中國還不相上下，但到了六〇年代，日本快速發展，中國卻反而退步。「你看現在兩個國家差多少！」

我不同意他的分析，不過倒也不想跟他辯，只是問了一句：「你希望中國變得像日本那樣嗎？」

「老實說不希望。」

我們仍然坐在窗邊。山巒逐漸變得更遙遠，房屋則越來越多、越來越密集、越來越難看。火車就要開進一座城市了，絕對錯不了。我們通過一片寬闊的乾涸河床，那是大黑河的一條枯竭支流，我也看到長得高瘦而型態略顯笨拙的樹木，那是很蒙古的樹木長相，看起來有種假假的感覺，因為它們就這樣忽然出現在不毛之地，而且樣子那麼瘦弱，不可能有任何實際功用。我在中國看到的樹，大部分似乎都純粹屬於象徵性質。我看到遠方的水塔和煙囪，然後又看到一片塵霧。那片塵霧底下就是內蒙古自治區首府呼和浩特。

呼和浩特不算是一個真正的城市，而像一座被擺進蒙古大草原的要塞，而且城裡每棟建築看起來都像工廠。這座城市是俄國人規劃的，大部分也是由俄國人所建設，但即便是那些比較新的建築物——旅館、賓館、百貨公司，看起來也相當可怕。我懷疑這城市長成這副模樣會不會是因為蒙古人自己的關係，畢竟我們不能期待長期住蒙古包的游牧民族對都市計畫特別擅長。不過事實並不是這樣，呼和浩特住的並不是蒙古人，放眼望去，城裡都是穿短袖襯衫的漢人，他們扳著臉孔、騎著腳踏車穿行在市區街道上。

「你想看什麼？」房先生問我。

「我想看蒙古人。」我說。

「沒有時間。」

他解釋道，蒙古人都住在大草原裡，在他們稱為「大綠山」的崎嶇山脈中。呼和浩特市區沒有任何騎馬人、摔角手、弓箭手、犛牛群。那些近年來被冠上「少數民族」稱號的人都生活在荒野中，那是他們的固有權利。

我婉拒了參觀成吉思汗（一一六二～一二二七）陵墓「伊金霍洛」的安排，那是不久前中國為了安撫蒙古人的民族自尊而蓋出來的東西。基本上，那就像是一棟不知打哪兒冒出來的水泥建物，樣子像一個刷成白色的巨大蒙古包。

「我想看這裡的人怎麼生活。」我說。

房先生帶我到五塔寺，那裡有一堆臉部被挖掉的佛像，那是文革期間破壞行動所遺留的後果。不過這個地方位置相對高，可以看到舊城區的屋頂、彎彎曲曲的巷道，以及清真寺的宣禮塔。

「我們到那裡去好了。」我指著那個方向說。

結果房先生把我帶到車上，車子開到城外的王昭君墓。他告訴我：「王昭君是兩千年前的一位宮女，她穿過沙漠，嫁給一位少數民族酋長，這是漢朝為求跟匈奴和睦相處而使出的策略。」這是一座高達五十公尺的人造土丘，房先生催著我欣賞這座陵墓的精妙——想想看，那是多麼龐大的挖掘工程！

「我想看一些人民。」我說。

他帶我參觀一座佛塔、一座喇嘛寺，然後我們去了清真寺。

「這裡有多少穆斯林？」我問一名頭戴無邊帽的男子。

「成千上萬。」

「有人到過麥加嗎？」

「有一個，」他說，「政府去年派出去的。」

清真寺採用中國風味的裝飾設計，有弧形的瓦屋頂和漆成紅色的屋簷。主建物中央部分的門口上方高處有一面大鐘，使這座清真寺看起來有點像火車站，不過這鐘是用油漆漆出來的，連上面指示的時間也是。時間顯示十二點四十五分，但沒有人知道為什麼。

第二天早上我偷偷溜下樓，跳過早餐不吃，直接往旅館門口走去，然後忽然間房先生匆忙跟上來，發出一個聲音。那是某種笑聲。在中國待過這麼一陣子以後，現在的我已經可以分辨各種不同的中國人笑聲了。我算算差不多有二十種，不過沒有任何一種稱得上是幽默的笑。有些是緊張的笑，有些是尊敬的笑，有些則是警告的笑。中國人發出像按喇叭那種宏亮的笑聲時，經常是為了抒解突如其來的焦慮。另一種比較短促、有點神經質的竊笑聲，代表發生非常糟糕的事了。這天早上房先生的笑聲有點像海豹在叫，那意思差不多是「站住，別動！」我聽了當場僵在原地。

「保羅先生，你要去哪裡？」

「出去散個步。」

房先生跟他在呼和浩特的聯繫人問了一下。我的散步獲得官方核准，我被載到幾十公尺外的人民公園，在那裡暫時獲得自由。這公園不大，遍佈著沙塵，周圍立著高高的圍牆，公園裡有一座已經乾了的人工湖。我在公園裡漫步。即使在這麼個大清早，一些中國情侶已經在公園裡談情說愛。中國的情侶很可憐，除了公園以外沒什麼地方可去。我不禁心想：我真不該對一座蒙古城市抱有太大希望。

房先生和他的聯繫人在公園出口的旋轉門外邊等我。

「散步開心嗎？」

「很開心。」我說。

「現在你想做什麼？」

「我想回去沖洗一下，」我說，「我需要刮個鬍子。」

房先生錯愕地笑了一下，然後要我等等。他又跟他的聯繫人談了一下，我站在一旁皺眉凝視市區景象。一片蔚藍的天空萬里無雲，地面是一片黃褐色，空氣中充滿沙塵的味道。這是很蒙古的一天。

房先生跟我做了手勢，要我回到車上。車子穿過市區，來到一處我乍看以為是工廠的地方，然後才發現那是一家旅館。走進去以後，一股夾雜著油漆脫落和地毯腐朽的氣味撲鼻而來。我被帶進一個房間，裡面有理髮椅和水槽。一位年輕人擰著一條毛巾走過來。

房先生說：「他很年輕，不太有經驗，不過他會試試看。」

年輕人露出微笑，把暗藏在他那條毛巾裡的嚇人剃刀掏出來打開。

「我可以自己刮鬍子。」我邊說邊在一個水槽邊坐下來，開始刮鬍子。

房先生又笑了，那笑聲代表的是既緊張又佩服的心情，以及某種壓抑和焦慮。我可以感覺他在擔心接下來我又會做出什麼奇怪要求。接下來一整天，我一直設法躲開房先生和他的當地聯繫人，最後我終於在參觀市集時辦到了。那是下午快接近傍晚的時候，我們（房先生、他的聯繫人、司機和我）正在觀賞一堆蔬菜，忽然間我發現他們盯著一堆擺得相當凌亂的甘藍菜看得出神，我趁他們一不注意就溜走了。

我找到賣鳥的地方，心裡頭有一股衝動想把所有可憐的鳥兒買下來，讓牠們通通飛走。從前中國有個節日叫「放生節」，目的就是鼓勵民眾讓動物回到大自然中自由生活。中國人對鳥非常瘋狂，他們願意花一大筆錢買最稀奇的鳥，然後把牠們養在華美的籠子裡，要不然就是把牠們吃掉。他們並不是真的喜歡鳥，他們渴望擁有鳥，但對鳥並沒有真正的感情。呼和浩特的鳥市集裡有人把雀鳥塞進小塑膠袋裡提來提去，買到牠們的新主人則是用汗漬漬的手抓著鳥走。我說這樣對鳥不太好，結果他們馬上讓我看他們已經在袋子上刺了洞，讓鳥兒可以透氣，這代表他們非常慈悲。

我看到朱雀、老鷹，而最受歡迎的看起來像是珩科的鳥種，牠的翅膀呈褐色，脖子上有一圈環形紋路。一位鳥販把它的名字寫下來，我後來問了人，知道那是一種蒙古雲雀。聲音這麼有音樂性的鳥，居然被人從自由自在的遼闊大草原中抓到這裡來，裝進小小的竹籠子裡販賣，這是多麼悽慘的命運。不過還有比這更悲慘的：法國人最變態的一種食物就是把雲雀做成肉糜，抹在麵包上吃。

後來房先生找到我，他介紹幾位官員給我認識，他們都是從北京被派到呼和浩特的。我在呼和浩特遇到的人除了穆斯林之外，其他都是從北京派來的。呼和浩特是個不受歡迎的派駐地點，但沒有人埋怨。不過我還是覺得很奇怪，我都到內蒙古兩天半了，居然一個蒙古族的人都沒碰上。我問過的所有人給我的解釋都一樣：他們總是隨便把手一揮，咕噥一聲「那邊」，意思是指遠方那遼闊無邊的黃褐色大草原。

離開呼和浩特那天，我們在月台上等火車時，我提醒房先生我們的協議——不待在同一間廂房。他說沒問題。我們後頭忽然一陣騷動，十五個拖著腳走路的人正在護駕一名高官走過月台，他們是來送行的。那位高官是個身材削瘦、表情嚴肅的人，頭上戴了一頂藍色鴨舌帽，身上穿了一套鬆垮垮的藍色服裝。他那身毫無剪裁可言的衣服，讓人一看就知道他是個死硬派黨員；保守派人士（也就是中國人口中的「左派份子」）到現在還沒放棄那種素簡到極點的毛式穿著風格，而眼前這位高官的模樣特別可怕，彷彿在向周圍所有人挑釁，看誰敢嘲笑他那條蓬蓬的褲子。

他的部屬殷勤地伺候他，他們那種表現得極為誠懇的態度讓人看了不是輕蔑就是同情，再不就是無動於衷——那位高官就擺出這副臉。那群阿諛奉承的小官僚讓高官看了忍不住皺眉眨眼，當他們熱烈地向他告別時，高官片刻就把身子別了過去。

我找到我的廂房，結果那高官居然已經坐在裡面泡茶。我發現原來泡茶還有一種「左派」的方式。道地的死硬派共產黨員會隨身帶著胖嘟嘟的舊玻璃瓶，然後一次又一次地回沖裝在裡面的茶葉，而且就算他們要放新的茶葉進去，也不會先把舊的倒掉，直到溼答答的茶葉充滿玻璃瓶至少一半。我在中國鐵路公司提供的茶杯裡放了一小撮茶葉（他應該知道我用的茶杯是鐵路公司提供的？），然後從熱水壺倒了熱開水進去（熱水壺也是鐵路公司提供的免費服務）。

「您好啊！」我說。

他點了個頭，不過沒吭聲。

「您要到銀川或蘭州嗎？」

他盯著我看了一下。

「我要到蘭州。」我說。然後我用英語告訴自己：「老天，你可真友善，不過你不管我也罷，我自己躺著看這本書多舒服。」

我看的書是蓋群英（密德蕾．卡柏）的《戈壁沙漠》，內容描述這位英國女傳教士於一九二〇年代在中國旅行的經歷，那時她搭著馬拉的小車在土耳其斯坦[1]的沙漠中四處遊歷。

1 譯註：土耳其斯坦意指「突厥人之地」，是十九世紀歐洲人對新疆及現在的中亞各國的籠統稱呼。蓋群英走訪的是東土耳其斯坦（或稱「中國土耳其斯坦」），即新疆地區。

火車開動，往西方顛簸行進，太陽逐漸變紅，慢慢消失在遠處蒙古高原上方的一片沙塵中。隔天早上，那個穿藍色蓬鬆褲的人已經走了，我猜他應該是在內蒙古的包頭就下了車。

火車大致沿著黃河往上游前進，黃河在內蒙古地區形成一個大彎道，在貧瘠的寧夏回族自治區則比較直。沒有人對寧夏說過一句好話，我現在知道為什麼了。這是一個強風吹襲、被太陽烤焦的地區，人口稀少，許多居民是生活及外表都非常落後的回族，也就是中國的穆斯林。中國人私底下認為這些人又髒又迷信，但在公開場合卻極力誇讚他們的奇特風俗。中國人對境內的回族有某種罪惡感，因為文革期間，中國人知道回人最怕豬和豬肉，卻故意讓回人負責豬圈，叫他們養豬或切臘肉。

內蒙古的荒蕪平原和長草的山巒漸漸退去，風景換成類似愛爾蘭那種圓渾的大山，上面散落著羊群。所有山坡都遭受嚴重侵蝕，遍佈石塊，到處是溪谷、溝壑，還有許多人工挖出來的閘門水道及採石場。整個地區看起來彷彿像遠古時代發生過一場大洪水，把所有生物及表層土壤都沖走，只留下一片荒蕪但壯觀的景象。

然後我們又進入平原地帶，它平坦得有如一張巨型撞球桌。這裡的鐵道完全筆直，努力拉著火車前進的蒸汽機關車又把黑煙直接噴向所有後面的車廂。轉眼間，黑色的炭花已經開始在我身上和蓋群英的書上堆積，我趕忙把窗戶關上。我想，一定是這種充滿筆直線條的景物給了生活在其中的人民靈感，蓋出以直角造型為主的房舍——平平的屋頂，方塊狀的牆壁。如此遼闊的荒涼地景，令人不禁興起一股念天地之悠悠的愁緒，但仔細一看，又發現幾乎所有可以耕作的地方都已經被人開發過了。只是我沒有在這些灼熱的田野中看到任何人的影子。太陽在高高的藍天中緩緩移動，下方的一切看起來都像被灼燒成淺褐色。城鎮非常稀少，而且每一個在興奮期待中看到的城鎮結果都令人洩氣——又是一堆方塊狀的工廠和方塊狀的房舍。

蒸汽車頭呼哧呼哧地吸氣、喘鳴，冒出長長一條黑龍般的濃煙，帶著它那典型的晃動和嘎嘎作響聲，努力拉著火車穿越寧夏的荒原。某個時候，從挑高的鐵路上往下望去，我看到一座充滿平房和庭院的城鎮，彷彿某個美國城市郊區的仿造版，說起來還真有幾分像用泥土把我的故鄉梅德佛在中國內陸打造出來。

我在餐車裡時，外頭的風隔著生鏽的窗格發出模糊而低沉的呻吟聲。這時是午餐時間，所有人都把頭埋進飯碗裡。今天吃的是炒得油油的菠菜、彷彿乾蟲子般的肉絲，以及某種不知名動物的關節骨頭肉。

與我同桌的是小盧，他要前往蘭州。他年紀二十多歲，已經大學畢業。不知道是不是因為我們正在餐車裡的關係，他提到現在的人行為有多麼貪婪自私。

「他們都說：『所有人都是這麼做，我為什麼不這麼做？』」

我說：「也許是因為以前的高壓管制鬆綁了，現在大家覺得比較自由。」我說我看過有人寫說，通常一個暴政統治結束以後，人民的行為會變得比較魯莽而且不顧一切；有時，忽然出現的自由可能會導致混亂。不過我這麼說並不是在批評自由。

「我也不知道，」小盧說，「可是從前完全沒看過這種情形。即使在環境最險惡的時代，中國人還是表現得比較有責任感，以免使家人蒙羞。可是現在已經變成人人為己了。」

我說，整體上我還是覺得中國人很有禮貌，也樂於助人。

「這得看他們年紀多大，」小盧說，「最糟糕的是那些文革發生時年紀十到十五歲左右的人。他們被剝奪了一切，沒有童年，沒有教育，沒有家庭，沒有專業訓練，他們完全沒有快樂可言。現在那些人大約三、四十歲，他們非常憤怒，對所有人都憤怒。他們覺得自己被欺騙了。我在蘭州認識一個女的，她說：『假如市政府不安排一棟房子給我，我就要自己去找一棟，然後直接搬進去，誰也趕不走我。』我告訴她這樣做是違法的，她說：『我不管。』這不是中國人該有的態度，可是她的年紀差不多就是三十五歲。她在文革期間失去了一切。我們現在真的生活在一個很奇怪的時代。」

「我們這輛火車不算太怪吧。」我打趣地說。

他對我微笑了一下，說：「不久以前，我在這輛火車上看到一個狀況。一個硬座車廂的乘客躺在一整排座椅上，也就是他一個人占據了三個人的空間。其他乘客都很生氣，但那人就是躺著不動。最後他們找來一個警察，強迫那男的起來。」小盧停頓了一下說：「那男的說他不起來。警察說：『起來。』那男的說：『你們想幹嘛？』當然，如果那男的真的不肯合作，警察也拿他沒辦法。可是那是非常不尋常的舉動，非常不中國。那人的年紀也是三十出頭左右。這又證明了我剛剛說的話。他們是失落的一代。這件事有趣的地方在於他死都不肯起來。最後警察只好走了，他的任務失敗。他甚至還動用了邏輯：『你只買了一張票，可是卻占了三張票的位子』，就跟他說這類的道理。『我不管，』那男的又說，『你能怎樣？』這就是他們那個年齡層的典型態度。」

「你覺得情況很嚴重嗎？」我問小盧。

「很嚴重，把我嚇壞了。」他回道。

小盧問我打算到哪裡。我說我要到新疆，他聽了扮了個鬼臉，帶著一絲痛苦地淡淡一笑。他說他不會想到沙漠裡去。吐魯番、烏魯木齊這些地方完全引不起他的興趣。

「假如我有錢又有閒，我會去杭州或蘇州。」他說。他的願望跟很多中國人差不多，就是到那些有名的地方跟幾百萬名遊客擠在一塊兒。「不然就到廣州。」他說。又是一個像迪士尼樂園的地方。

每當我問中國人：「你想去什麼地方旅遊？」很少有人會提到長城以外的地方，這或許反映出他們在潛意識中依然害怕塞外地區毛茸茸的猴孫和野蠻人。

火車上有二十來個大學生，他們從北京到蘭州參加游泳比賽。他們坐的是硬臥車廂，看起來似乎很高興可以擠在小宿舍般的廂房裡一起玩鬧。在他們讀的技術學院裡，宿舍就差不多像這樣，八個人擠一個小房間，房間裡到處掛著衣服，所有人都睡在靠著牆壁架設的床板上。

火車從寧夏開進甘肅時，我開始跟他們說話。他們之中有些人比較害羞，有些人像小貓一樣活蹦亂跳，有些人聽到我問一堆問題只是皺眉瞪著我看。我問了其中大部分人一個問題：你認為人死後還有生命嗎？結果他們都肯定地表示：沒有。

「可是大部分美國人都認為有。」有個人說，其他人則點頭同意他的看法。

我之所以問他們這個問題，是因為我們一開始的話題是夢。他們向我描述他們做過的夢：有些與犯錯或迫害有關，有些則是在眾人間裸體，或是被人追趕。

「每個人都會做這類的夢。」我說，「我以前常做一個夢，有個長得像一顆大馬鈴薯的怪物追我。還有，我到這把年紀了還會夢到我在某個很重要的考試之前，突然發現自己完全沒準備。」

我們是用英語交談，他們的英語都說得很好。其中一個人的外表甚至相當「西化」（應該說是中國式的西化）——他把頭髮燙成波浪捲，這在當時的中國大學生之間相當少見。這種髮型是那年夏天中國大城市裡最時髦的髮型，許多有點錢的人，不論男女，都喜歡燙個那樣的頭髮。儼然中國社會新貴的計程車司機很喜歡搞個鋼琴家李伯拉斯（Liberace）那種髮型，把頭髮燙了以後往上梳得蓬蓬的，有時還稍微染了點顏色。不過這類髮型在整個社會中還是比較獨特，因此不可能不招惹人注意。在上海的鳳凰美容院或北京的金華燙髮中心外面，總是有路人把臉貼在窗玻璃上，驚奇地看裡面那些酷哥讓人燙頭髮。

有著波浪捲髮型那位學生說他從來不會做夢，我猜他是假定做夢這件事對他那種走在潮流尖端的人而言太過老套了。

總之，我結束了這個話題，然後走出他們的車廂。不過後來我看著窗外佈滿碎石的風景時，有個女學生走過來跟我說她做了一個夢讓她覺得很擔心。

「其實是三個夢，不過都跟我爸爸和弟弟有關。」她的臉孔很精緻，眼神相當焦慮，說話的語氣很害羞但也很堅定。顯然方才她不想在其他同學面前提起她的夢。「在第一個夢裡，我爸拿棍子把我弟打死了。在第二個夢裡，他把我弟吊死。在第三個夢裡，他開槍把他射死。這些可能代表什麼？」

「你爸爸有暴力傾向嗎？」

「非常暴力。」她說。

「你媽媽呢？」

「我媽半年前過世了。」

「你是什麼時候開始做這些夢的？」

「媽媽過世以後。」

「你住在北京嗎？」

「不是，我在北京讀書，不過我老家在武漢附近的鄉下。是一棟很大的房子，有九個房間，地方很偏遠。那個地方也很奇怪，附近都是竹林。你知道竹子發出的那種聲音嗎？」

我點點頭。風吹在竹林裡時，竹子的莖稈發出的聲音是世界上最讓人發毛的聲音之一。

「那是一棟老房子，」她又說，「我媽媽是在房子裡過世的，現在只有我爸跟我弟住在裡面。我爸不只是有暴力傾向，他也非常不快樂。我很害怕。你覺得我的夢會成真嗎？」

我說她可能因為自己離家到北京讀書而覺得自責，她媽媽生前可能對她爸爸有某種抑制作用，然後現在她想保護弟弟。

「上次我看到我弟時，他不太友善。那是春節的事。我很高興見到他，可是他不想跟我去散步。」

這一切聽起來令人相當鬱悶，我設法想出些話來安慰她，不過我還沒開口，她又說話了。

「我覺得一定會發生什麼可怕的事，」她說，「我爸會把我弟弟殺了。」

其實我也有這種感覺，不過我沒這麼說。我告訴她不要擔心，不過請她儘快回家走走，去看看弟弟，設法獲得他的信任。

她說：「這個夢告訴我，我應該在武漢找工作，離家近些。」

火車經過的甘肅這一帶風景看起來彷彿遭到轟炸過，可是那些坑洞以及像被炸出來的溝壑，其實都是風和水的傑作，而且主要是風，因為這裡是半沙漠地區，氣候非常乾燥，沒什麼水。黃河的水流看起來靜止不動，像一大鍋濃湯，山丘是玉米餅的顏色，看起來也像玉米餅那樣鬆脆。

我跟那些學生聊天時，某個時候我發現房先生在偷偷觀察我。我知道他是被派出來監督我的，所以我一直設法找機會把他甩掉；不過我還是為他感到有些難過，因為他一定得寫報告描述我的行為，說明我在火車上跟別人低聲交談時都說了些什麼，可是可憐的房先生根本聽不懂英語。他那張海獅臉經常使他看起來一臉憂愁。

我碰到一位老師，發現她的年紀跟我差不多。她姓施。一九六七年她還是學生的時候，熱烈地支持文革，志願從北京大老遠跑到安徽省的一處茶園勞動。她放棄任何繼續讀書的念頭，摘茶葉摘了六年。

「我覺得那就像和平工作團隊。」施老師說。

「不對，」我說，「和平工作團隊又天真又沒效率，而且沒有人對我們施壓要我們參加。可是中國人下鄉勞動都是因為毛澤東的強力號召。」

「是我自己要求要去的，」施老師說，不過她有點在迴避我提到的施壓那個部分。「我想像農民那樣勞動。」

「你成功了嗎？」我問她。六〇年代間我去非洲的時候，也不知天高地厚地想過起土著的生活，住在泥土屋裡，於是我離開和平工作團隊的房舍，自己搬到一個當地小鎮，住進一棟有兩個房間的小土屋。但這個土著生活實驗，後來以失敗告終。我的非洲學生都認為我這麼做有失身分地位，我的鄰居則都非常怕我。他們認為搬到泥土房子裡住的外國人，不是間諜、就是怪客。

施老師說：「一開始很棒，我們會舉行比賽，看誰採的茶最多。採茶其實不難，辛苦的是彎腰的動作，身上一直背著一大袋茶葉彎腰採茶，確實不容易。」

那個茶園沒有電燈，不過旁邊有一條溪，所以那些從城市去的年輕人決定在溪裡建造個小水壩，然後設置一具發電機。這確實很像和平工作團隊會做的事，也就是說，外面來的人會幫當地農夫決定他們需要的就是城市裡的一些舒適玩意兒，特別是諸如果汁之類。

「我們花了一年時間辛苦地建造水壩，水壩造好以後，我們訂了一個日期要舉行小小的點燈儀式，讓電力開始流動。我清楚記得那天晚上的情形。電來了以後，我站起來哭了，我實在太高興了。其他人也在哭。

「勞動單位的老電工說：『你們這些北京年輕人應該是很強悍的，怎麼哭了呢？只不過是個簡單的小水壩，很簡單的電力，還有幾顆小燈泡而已嘛。』

「他錯了。我們是用我們自己的雙手把那些完成的，就像採茶一樣。我們是為了這個而哭。」

雖然施老師把下鄉的知識份子跟和平工作團隊相提並論，讓我有點不高興，不過她說到這裡時，我還是覺得很感動。我清楚看到這兩者之間確實有關聯，而且這兩種運動都出現在同一個年代。

說了那些陳年舊事以後，施老師沉默下來，然後她又開口：「後來情況改變了。一九七四年我開始當老師，紅衛兵來查我們。他們告訴我們該教些什麼。他們很壞，會霸凌我們。我想教的是英語，可是他們不喜歡。他們說那是布爾喬亞的東西，沒有任何用處。這時，我對文革的想法就有了轉變。」

身為一名英語教師，施老師說她理解毛澤東的想法，因為她讀過英國浪漫派詩人雪萊的作品。

我說：「什麼？」

「毛澤東是個政治革命家，」她說，「不過他也是個浪漫詩人。這就是問題所在。」

她眼中的毛澤東是個穿著寬鬆長褲的夢想家，用沾墨鋼筆寫下一篇篇詩句，帶領臉頰發亮的青年到田裡收割稻穀。不過，那位浪漫老叟或許就跟所有浪漫主義者一樣，不僅不切實際，而且相當自私而自我中心。到了六十多歲，他甚至連精神都出了毛病。這一切與理想主義青年雪萊有很大的差距，跟描繪「拾水蛭者」的渥茲華斯也有相當程度的不同[2]。

2　譯註：有一種稱為「歐洲醫蛭」的水蛭，在十九世紀的歐洲被大量用於放血醫療，因此，歐洲各地特別是英國出現許多撿拾水蛭的人。浪漫主義詩人華茲華斯的詩作〈堅毅與自立〉，描述他在英國湖區自宅附近遇到一名拾水蛭者的情形。

「他也是個暴君，不是嗎？」我說。

施老師說這點她不清楚，而且思考最近的歷史是件痛苦的事。她也很想去美國，或許讀個書，轉換一下生活步調。

下午已經快要結束，天氣潮溼而灰霾。這一帶那些看起來像玉米餅般酥脆的山巒中有許多岩洞，使每一處山坡看起來都像史前集落。這並不是一個視覺幻象，甘肅省確實有許多人過穴居生活，他們匍匐行走於山壁上的橫向平台，他們生活的岩洞就鑿挖在那裡面。

一位年輕人也在我旁邊看那些岩洞。我以為他是游泳隊的成員之一，不過他說不是，他從事的是橡膠業——製造輪胎。蘭州是中國的橡膠生產中心之一。

我說「很有意思」，他聽了對我微笑了一下，不過表情顯得有些懷疑，彷彿想激我說說看輪胎或橡膠有什麼有意思的地方。

「比如保險套嘍？」我說。

不過他聽不懂這個英文字，請我為他說明一下。這種說明需要一些手勢以及有點微妙的描述，但他很快就弄懂了我的意思。

「我不做這種東西，」他說，「不過我們中國是有這種東西，它的用處是控制生育。你知道我們這裡實施的一胎化政策吧？」

我心想，如果這個國家到處都是五個人擠一個房間裡睡，這本身就是一種控制生育的方法吧？不過我沒跟他說這個。中國嚴重缺乏隱私，甚至連樹木都不多，我還真不明白他們是怎麼懷孕生小孩的。

不過，這個話題倒是讓這位張先生想起他在北京的一個經歷。

他說：「我走在一條街上，有個人攔住我問：『要不要來個姑娘？』我說不需要。『一流的喲！只要五塊錢。』我說我沒興趣。他說：『我可以在公園裡幫你找個很黑很隱密的角落，你可以跟她單獨在那兒，沒人會打擾你們。』我說我不想要那姑娘，不過也許我的朋友會有需要。那時我正在陪一個美國來的橡膠業參訪團，其中有個人問過我哪裡可以找姑娘。這種事是不合法的，不過確實可以找到姑娘。」

張先生繼續說：「結果對方說：『不行，我們不要美國人。』我說：『為什麼？』『他們的老二太大了，姑娘是個中國人，比較嬌小，找個美國人來她們會很痛。』我請他再考慮一下。」

張先生咯咯笑了起來，也許他忽然覺得自己的玩笑開得過頭了，畢竟我已經跟他說過我是美國人。他會想到要說這件事也有點不尋常。他刻意用不苟同的語氣說這個故事，藉此自我掩飾，設法讓色瞇瞇的故事帶著點道德性。

拉皮條的要他先別走，他去問問那女孩。

「然後他回來告訴我：『姑娘說她可以跟美國人做，不過要收二十塊。』」

說到這裡，張先生忽然顯得緊張起來。難不成是怕我把他也想成是拉皮條的？畢竟在那個過程中他也跟那皮條客作了交涉，而拉皮條在中國是可以處死的罪行——一槍射進後腦勺斃命。

張先生一副非常生氣的模樣說：「我們一定要把中國的這種人都除掉！」

火車已經在深谷中開始減速，遠方逐漸可以看到在黃河兩岸冒著煙的蘭州。

第七章　鐵公雞

蘭州市位於黃河河谷中，兩側被山脈夾住，所以市區沿著黃河呈帶狀發展。蘭州郊外有數以百計的磚廠和冒著煙的燒窯，整座城市也呈現土磚色，跟周遭土褐色的風景色調差不多。在這個初夏午後，我看到一片潮濕泥濘的景象。古時候蘭州是中國的關口，是遠赴帝國邊疆之前最後一個可以更換馬匹、購買補給品的地方。下一個大型聚落遠在土耳其斯坦，歐洲則在更遙遠的西方。今天的蘭州看起來依然像一座邊城，同時也具有所有中國城市都有的那種草率興建、修修補補的風貌。這裡幾乎沒種什麼樹，但到處都是電線桿、電線和高大的工廠煙囪。新疆出產的原油大都在這裡提煉，而且據說中國的原子彈也在蘭州製造。假如某天一顆原子彈在這個泥土色的偏遠地方意外爆炸，世界上又有誰會知道？

有些遠看像煙囪的建物，原來是清真寺的宣禮塔。這裡是回教世界的東方邊界地帶，這個地區的其他重要伊斯蘭信仰中心位於中國邊陲的吐魯番、喀什、和闐等地。這裡的山巒岩石遍佈，幾乎草木不生。城市雖然簡樸而荒涼，倒也因此顯得整潔有序。河流很淺，河上通行的船隻頂多是舢舨；含沙量大的河水介於橘色和褐色之間，看起來很像可可。岸上有人撒網捕魚，漁網拉上來後，他們便把活蹦亂跳的小魚用手指捏起來放進容器裡。另有一群人利用河岸上的岩石鞣製羊皮——羊皮浸泡過了以後，他們把它鋪在岩石上，在上面跳上跳下。岩石和石頭都相當平滑，有些渾圓扁平，類似海灘上看到的鵝卵石。據考證，黃河在遠古時代並不存在，現在的黃河上游地區是由互不連通的河流所組成的內陸水系，蘭州這種低窪地區則可能是內陸海的一部分，後來因為高原地層抬升，內陸河流逐漸連通，才逐漸形成往東流向大海的黃河，孕育中國文明。長江也可能在更久遠以前經歷過類似的地質史，在往東流動的過程中切鑿出三峽，將沉積物帶到大陸東緣，形成今天中國東部的廣大平原地帶。

在蘭州待了幾天以後，我發現這裡有一個區很像北京的胡同，街道狹窄而複雜，其間座落著小巧可愛的院落、美麗的雕花門廊，古樸的瓦屋頂上長了雜草，孩童蹲坐著玩耍，大人拿著掃帚打掃環境，到處流露著老舊街區特有的情趣。五泉山公園裡的寺廟有一位住持，他看到我顯得驚慌失措，回答我的問題時結結巴巴，說沒幾句話就請我趕快走人。古老殘破的寶塔下方設了一座小射擊場，小朋友拿著空氣槍朝破破爛爛的靶子射擊。這片山坡上有許多漆繪的屋宇，但到處是被人破壞過的痕跡。我還看到一座圓形廣場，一些蠻勇耍酷的騎士在那裡把摩托車騎上一個嘎嘎作響的鐵籠，圍觀的中國民眾看得目瞪口呆，不過懶得拍手喝采。

蘭州市區其他地方看起來像是「前天」才蓋出來的——也就是一九五〇年代中國在蘇聯指導下興建通往西部的鐵路時。這座城市看起來並不富裕，但商店中還是有琳瑯滿目的商品，市場裡則是堆積如山的蔬菜。這裡是一個鐵路交會點，火車從中國各地開來，因此蘭州可以享有從東海或黃海運來的魚，廣東的水果，華北的肉品，以及新疆的杏仁蜜餞、葡萄乾、梅子、核果等等。商店裡也販賣電視和冰箱，這是當前中國人最夢寐以求的兩種家電。

我在英文版《中國文學》（一九八六年秋季號）中讀到一篇關於蘭州的短篇小說，標題叫〈高原的風〉，作者是知名作家暨文化部長王蒙。故事情節略嫌勉強，不過生動有趣，描述消費意識提高的新中國社會裡一個家庭的生活。宋朝義老師擺脫了他在六〇和七〇年代過的克難生活，掙錢買了房子，也有了電視機和冰箱，他認為自己的生活算是「無懈可擊」了。

倒是他的兒子，仍然一百一十個不滿意。希望買錄影機，希望安裝一個會奏電子樂段的門鈴，買摩托車和橡皮船。乾脆買空調設備，澳大利亞出品……

我覺得這個購物清單真是怪得可以，不過它似乎相當精準地反映了當代中國人對物質的渴望。不過我還是忍不住心想：買橡皮船？

在蘭州這段日子裡，房先生依然緊緊跟著我，我四處晃蕩，他也跟著我四處晃蕩，我呆坐著打發時間時，他就可憐兮兮地呆站在附近。不過有一天他居然發揮了作用。我經過一處公共廁所，看到外頭人行道上擺了一些大塑膠桶。那味道臭得可怕，我問旁邊的人那裡面裝了什麼，不過似乎沒人能給我答案。這時，房先生忽然從我背後冒出來，用他知道的少數幾個英文字之一告訴我：

「尿。」

一共有六十三個五加侖塑膠桶排放在那裡等人來收取。「收尿」這個很少有外人注意到的中國社會面向，令我感到非常困惑。可憐的房先生熱心地想讓我知道它的功用。他自己對這件事其實一無所知，不過我們一起探看，然後靠著他那本字典的協助，設法解開這個謎。

在公共廁所中，小便池上有個牌子寫著：「我們需要優質尿液，請勿丟入任何東西，不可吐痰，不可投入紙張和菸蒂。」另一個牌子寫了：「本尿液將用於醫學。」

一名男子從廁所裡走出來，房先生和我上前問他這東西是做什麼用的。

「他們收集這個是為了醫學目的，」他說，「我自己不會用它，不過據說這是很好的藥物。」

「這種藥可以用來治療什麼？」

「我不知道。」他說。

我問他這個尿是不是也會被用作肥料。

「喔，會啊，」他說，「也可以當肥料。」

我們談話時，路人陸陸續續從堆放在路邊、臭氣熏天的濕黏塑膠桶旁邊走過去——三百一十五加侖的人尿。

房先生這幾天顯得無精打采，我想如果找件差事讓他做，他可能會覺得自己有點用處。我請他查一下這個尿液收集工作的來龍去脈。他離開一陣，回來時手上拿了一張破紙片，上面只寫了「酵素」。他說那是一個醫生寫的，不過我還是不滿意。

後來我發現這個尿是用於內分泌學，工作人員會把尿液昇華以後提取出荷爾蒙結晶。一千年來，尿液在中國一直具有複雜的醫學功能。在中國古代，它被用來治療各種病症，包括性無能、性腺機能減退、經痛等。從尿液提取的荷爾蒙也可以解決兩性人的毛病。尿液還可以用來提取類固醇及垂體激素。我甚至在這個小小的探索過程中驚訝地發現，原來目前使用的助孕藥是提煉自更年期義大利修女的尿液。

我請房先生幫忙查證尿液用途的決定，帶來了一個不良作用——他以為我對他的態度已經軟化，並且急切地希望為我做更多工作。他問我，是不是有別的事需要他幫忙？我一時也想不出有什麼事會勞駕他，不過我到蘭州火車站買前往吐魯番和烏魯木齊的車票那天，看到一群人在吵吵鬧鬧，還有一些態度惡劣的售票員。有個人告訴我，他一早就到了火車站（這時已經是下午四點），但到現在還是沒買到票。我問房先生可不可以去幫我買票，他說當然好，接著發出一陣顫抖音般的笑聲，這代表他緊繃的情緒輕鬆了起來，然後他迅速前去執行任務。隨後房先生在他標題為《保羅・索魯》的機密備忘錄中，可能用沾墨鋼筆寫了：「此人對尿很有興趣。」

☆

我們在午夜時分離開蘭州，這是一天中搭乘長途班車的最佳時刻。上車，把票交給乘務員，然後睡覺，幾分鐘後隨著火車顛簸的韻律沉沉入睡，醒來時已經往前推進八百公里。

我現在搭的這輛火車就是北京那個年輕人提過的「鐵公雞」，因為這班快車說是由一群一毛不拔的小氣鬼所經營的。不過，其實「鐵公雞」這個說法帶有一種偏見，醜化了維吾爾這個少數民族。在大多數方面，這輛火車跟中國其他地方的火車大同小異。而且一毛不拔絕對稱不上是不尋常的行為，勤儉刻苦、修修補補，早就是中國社會生活最普遍的特色之一。奢侈受到譴責，連最簡單的舒適也會被視為墮落，不方便、簡樸、克難則向來被稱作美德。一直到最近幾年，才開始有人大聲承認自己追求物質享受和繽紛色彩。不過，這個新的社會現象並不會讓我覺得是一種放縱；長期以刻苦自居的社會，很可能忽然變得格外縱情享受。

因此就哲學層面而言，「鐵公雞」這名字並不適合。不過在其他所有方面，這火車倒真是一隻鐵公雞——當蒸氣從黑色的大鍋爐滾滾冒出，火車拖著笨重的身軀搖晃前進，它發出的聲音真的就像公雞在啼叫或拍打翅膀。這火車像個鐵做的大怪獸，咔嗒咔嗒響個不停，不斷發出汽笛聲和鈴聲，又吵鬧又粗魯地朝西方而行，開進從前稱為「土耳其斯坦」的沙漠地區。

我睡得像一頭死豬。火車不是特別擠，房先生睡在另一間廂房。我本來以為車上會很悶熱，結果卻相當冷，我得躲在中國鐵路公司提供的馬毛毯子裡。

清晨六點，我在一片黑暗中醒來。中國全境都採用北京時間，所以在蘭州時，到晚上九點天還是亮的。我又翻開蓋群英的《戈壁沙漠》，並發現火車正通過書中提到的「鬼門關」。從前的中國人認為出了這個關口以後，就是一片狂風呼嘯、鬼哭神號的荒原，令他們恐懼不已。(「有人提到穿行在黃沙底下的急流，有人說沙丘中藏有深不可測的湖泊，荒山會發出雷鳴般的聲響，遠遠看到泉水，結果卻只是幻覺。」) 我讀了約莫一個小時，到七點鐘，外面還是一片漆黑，太陽依然躲在遠方的山巒背後。火車開到一個叫沙溝台的小站，那裡唯一的生物是一頭騾子和一個趕騾人，騾子身上背了一堆水袋，等在平交道前。

太陽尚未升起，遠山在光線反襯下，顏色顯得很黑，山上草木不生，山形彷彿經過摺疊的厚棉被。在蘭州時，我覺得周圍的山巒活像是水餃，圓渾造型中帶著捲曲的皺褶和紋路。我喜歡這種用大水餃鋪出來的荒原。在這個遠處山巒起伏的半沙漠地帶，沒有任何其他影像更容易浮現在人的腦海。近處的山丘上有很多拱門狀的洞穴入口，裡面都是甘肅穴居人的家。這個岩石遍佈的省分，景色真是奇特，而且它又長又窄，我知道火車一直開到明天都還出不了甘肅。如同在甘肅的西南側與它接壤的青海，甘肅也因為關了許多政治犯而惡名昭彰，儼然是中國的西伯利亞。短短四十年前，行經甘肅這個路段的旅人會看到一座大石碑，上面寫了「天下第一大屏障」，也就是戈壁大沙漠。

來到小城武威，景物驟然完全改變。此時，鐵公雞置身於陰涼深邃的山谷中，幾哩之外可以看到充滿綠意的山丘，遠處聳立著褐色的山巒，更遠方的地平線上則是白雪皚皚、綿延不斷的大山脈。彷彿冰雪打造的山脈藍底白邊，看起來像一把橫躺的利劍。在火車開過的蒼翠山谷與遠方的雪山之間，大片荒原無盡伸展。

那座山脈是祁連山的東側支脈大通山，其中有些高峰將近五千公尺。大通山位於甘肅與青海交界地帶，山後的青海省設有許多勞改營，再往南走則會抵達西藏高原。

先前有人警告過我，這趟西行鐵路之旅沿途都會是一片荒蕪的地區，非常無聊，結果我發現事實並非如此。我開始明白，中國境內最空曠的地方才是最美麗的地方，而且其中有些地區非常肥沃，例如火車穿過的這些山谷。這些山谷構成了北方絲路上的一連串綠洲。這種全然的空曠在中國非常稀奇，令我看了極為訝異，所有庭院和樹木生長之處看起來都鬱鬱蔥蔥。岩石比較多的地段也長出一叢叢青草，大群大群的羊徜徉其間快活吃草。沿路可以看到許多騾子、烏鴉，有時會經過一些土牆圍繞的小鎮。在某個地方，我看到大大小小六頭駱駝安詳地看著火車開過。騾子對火車倒是無動於衷，牠們一邊在主人的驅策下把水管拉到定位，一邊露出牙齒嗯啊嗯啊地叫，互相騎乘、張口咬對方。

火車上坐了不少人，不過還不至於擁擠。餐車幾乎總是空無一人，可能是因為乘客大都是維族人，而中式餐點中豬肉用得特別多，就算某些菜色沒有用到豬肉，其中的材料也不可能是按回教儀式處理過的清真食材。由於生意清淡，廚師通常會跟我聊天，問我想吃些什麼。要不要炒點雞肉和明蝦？或者來點肉絲？肉丸好不好？豆腐炒豬肉丁呢？還是薑片魚？花椰菜炒蝦米？不然炒個黃瓜？

跟中國人生活中的許多事物一樣，中國菜經常有非常華麗的名字，每道菜都有清楚的身分和譜系。但當菜真正端上桌時，看起來卻經常大同小異，顏色差不多，味道也類似，而且經常有點難嚼。

下午三點左右，火車穿越祁連山和賀蘭山這兩座大山脈之間一片綠意盎然的平原。有時，我可以看到萬里長城的殘破遺跡。這條鐵路沿線凡是地勢平坦的地區都發展出密集的農耕，有些地方生長了許多又高又瘦、看起來有點多餘的楊樹。中國人不喜歡種有綠蔭的樹，因為樹蔭底下的農作物不容易生長。他們比較習慣象徵性地種些高瘦的樹木，當作圍籬。「森林」的概念對中國人而言很陌生，中國境內只有東北地區的黑龍江省北部有真正的大森林，而且我聽說碩果僅存的森林還一直遭到砍伐，木材被用來做成筷子、牙籤和乒乓球拍。

在大多數其他國家，樹林、草地或沙漠這類大地元素可能構成典型的地景特徵，例如楓樹會讓我們聯想到加拿大，橡樹讓人想到英國，白樺象徵俄國，沙漠或叢林則可以代表非洲。可是中國不會讓人聯想到這種東西，中國的地景中最普遍、最顯著的特徵是人，而且通常是為數眾多的人。每當我凝視一片風景，都會看到其中有個人在看著我。

即便在這個不毛之地，仍然到處可以看到人和聚落。村莊四周都建有圍牆，裡面的房屋本身也有圍牆，這些牆都是以磚塊堆疊，再塗上泥巴而成，類似在絲路另一端的阿富汗或伊朗經常可看到的防護用圍牆。這種圍牆彷彿留存了關於蒙古人及其他游牧民族燒殺擄掠的記憶，那是中亞地區揮之不去的夢魘。

天氣變得非常炎熱，大概有三十五度左右。我看到十八頭羊擠在一棵枝葉稀疏的山楂樹下躲避豔陽。小朋友在小河溝裡踢水納涼。頭戴燈罩狀斗笠的農夫在田裡種東西，一次把一株秧苗插進泥土中，那情景與其說是農耕，更像是繡花，彷彿在田埂間慢慢勾出精細圖案。雖然火車兩邊都有深色的山脈和高峰，但前方的大地卻彷彿逐漸消失，地面看起來像是往下傾斜，並且有海岸地區那種平滑而又遍佈石頭的外貌，令人感覺火車已經接近大海。這時是一天當中最熱的時候，但大地上卻到處都可以看到人。幾個小時後，在一片遼闊的石礫沙漠中，我看到一名男子身穿褪色的藍色制式服裝，騎腳踏車在石頭路上顛簸行進。

鐵路附近有沙丘——顏色明亮、有著柔軟斜坡的大土堆，不過遠方依然是連綿的雪峰。我從沒料到地球上會有如此奇異的風景。

晚上八點鐘左右，火車抵達嘉峪關，這時我正在冷冷清清的餐車裡吃飯。我往窗外看去，那情景永遠烙印在我心中：在戈壁沙漠的夏日暮色中，一座中國城鎮在沙地上燈光閃爍，聳立其上的就是萬里長城西側的最後一個城關——嘉峪關，它的崗樓足足有十層樓之高。嘉峪關是一座堡壘式建築，門樓具有寶塔狀屋頂。火車在通過長城最西端時速度減慢，我看到一堆化為小丘的磚土，以及長年被風侵蝕後已經變得低矮圓潤的塔樓遺跡。在逐漸變暗的天色中，破舊的萬里長城在這裡顯得像一具幽魂，襯托著一座彷彿中國盡頭的城鎮。其實長城還繼續往西蔓延而去，不過規模變得很小，而且早已坍塌得不像樣，只能讓人隱約憑弔曾經存在的光輝和偉大。這一切都令我興奮，而且我還看到城門上漆有紅漆，城樓屋頂則鋪設黃瓦，讓我更強烈地感覺到，過了這裡，火車就真的離開了中國，駛向未知。夕陽斜掛在灰暗的山丘、沙漠和藏青色的樹林上方，這些景物大都是透過朦朧一片的塵埃看到的，而那日薄西山的奇異氛圍使我不禁覺得一旦天色完全黑了下來，我就會摔到世界的邊緣之外。

走回廂房時，我經過軟臥車廂，看到維族人把小地毯鋪在臥鋪間的狹窄通道上，跪在那裡朝西南方的麥加祈禱；中國乘客則忙著刷牙、喝茶、吊掛衣服；一台手提式錄音機以極大音量播放阿拉伯音樂。有些人在睡覺，更多人在唉聲嘆氣，還有幾個人在大聲清喉嚨、吐痰。一小群人在打牌，幾個人在大吵大鬧，不遠處有個少婦在餵嬰兒吃奶。地板上到處是痰漬、柳橙皮、花生殼和茶葉渣。又有幾個人走進車廂，他們剛從洗手間出來，嘴裡還漱著水。

有個人抓住我的手臂。燈光很昏暗，不過我可以看到他有個大鼻子和捲曲的頭髮，穿了一套喇叭褲西裝，這種風格今年在新疆沙漠的綠洲地區很流行。

「要換錢嗎？」那人用維吾爾口音很重的英文說。

維吾爾族是中國官方明定的少數民族之一，新疆則是他們的自治區。這支民族屬於土耳其語系，一千兩百年前，他們的祖先曾經在這裡建立王國。現在他們的很多後代子孫看起來會讓我想到義大利的鄉下農夫——難怪當年馬可波羅會覺得他們既友善又歡樂。十三世紀間，他們被蒙古游牧民族擊敗，並被徵召為蒙古汗國的士兵。他們皈依伊斯蘭教，採用阿拉伯文字書寫他們的語言，屢次被中國征服，數度武裝反抗，最近一次大規模反抗是發生在一百年前。新疆地區大約有四百萬維族人，感覺起來他們與漢人相處得並不和睦，似乎經常嘲笑他們。他們的世界確實截然不同，信仰的是阿拉，住的地方是中亞草原，女孩喜歡歌舞，交通工具是驢車，吃的是羊肉和烤餅。「巴札」（有屋頂的市集）是他們的生活重心，形形色色的異族旅客經常出現在他們周圍，現在他們自己也經常四處旅行。中華人民共和國成立以後，他們直到最近才被准許自由出行。

在北京或上海的友誼商店或觀光飯店外頭，經常可以看到維族人的身影，乍看很像地中海地區來的交換學生。他們通常穿深色西裝、打領帶，腳上穿厚底鞋。他們也會戴手錶和太陽眼鏡。他們的中文大都說得不靈光，不過這倒不能怪他們，畢竟會說維吾爾語的漢人也有如鳳毛麟角。不過，這個民族的獨特歷史使他們通曉五十種語言的數字——數字無疑是巴札中的基本語言。他們也都懂得說一句英文：

「要換錢嗎？」

「怎麼算？」

「一美元換四塊。」

官定價是六塊人民幣。

「換六塊好吧？」我只是在為討價還價而討價還價，因為在中國這個檯面上非常正直、沒有小費制度、不施小惠、強調打擊貪汙的經濟體中，碰到黑市交易是很新鮮的事。這個維族人和我正在做一件犯罪的事，而這令我感覺非常愉快。

「不行六塊。」

「五塊。」

「不行五塊。四塊吧。」

我發現他的眉毛濃密，下巴方正。

他問我想換多少美元。他拿出口袋型計算機，說如果超過一定數目，他就可以給我比較好的價錢。火車繼續隆隆駛向安西。我玩膩了討價還價的遊戲，而且我根本不想用黑市價格換錢。令我驚奇的是這人對一比四這個匯率的堅持，對他而言那彷彿是個神奇的等式。不過維吾爾人絕不是傻瓜，兩個月之後，中國政府居然把人民幣貶值到這個匯率。

這天夜裡，火車通過猩猩峽（也稱星星峽），這裡向來被中國內地人視為通往土耳其斯坦的大門。

☆

「安西和哈密之間的沙漠荒蕪得不可思議，均勻、灰黑、石礫遍佈的大地一片淒涼，令路經的旅人立刻感到震懾。」這是蓋群英的描述。讀了她的書以後，我才發現我錯過了這個地區最重要的寶藏之一——敦煌石窟。那是一座由佛像、壁畫、洞窟所組成的沙漠聖城。不過我不打算虧待自己，火車一到吐魯番，我就要去參觀失落的故城——高昌（明清時代曾按維吾爾語發音稱為「哈拉和卓」）。

我就寢時雖然已經夜深，但地景中泛著一種奇異的微光。早晨起來以後，我走在車廂中舒展筋骨，這時窗外是一片沙土和石頭鋪成的風景。較遠處有一些駝峰狀的獨立沙丘，由於四周空無一物，它們看起來像是從別處緩緩飄移到那裡。那些沙丘彷彿造型簡單的巨型動物，在沙漠中拖著龐大軀體行進，所到之處所有生物都被壓得窒息而亡。

不久之後出現一片綠地，那是一座綠洲。從前只有唯一一條小公路連接這些沙漠邊緣的綠洲，而所謂「從前」，其實只是三十年前。更早以前則是一條崎嶇不平的土路，是輝煌絲路所遺留的痕跡。不過這裡的綠洲不是只有幾棵樹圍繞著一座死水塘那種比喻性質的簡化意象，而是規模不小的城鎮，複雜的地下灌溉水道系統源源不絕地供應取自天山的泉水，使這個地區成為葡萄和甜瓜的盛產地。稍後火車停靠在哈密，這裡出產的甜瓜清香撲鼻、甜美多汁，就是享譽全中國的哈密瓜。縱然現在的哈密看起來彷彿只是五〇及六〇年代水果種植公社的殘影，但它也曾經繁華昌盛，直到二十世紀都還由可汗統治。歷史上蒙古人、回紇人、藏人、準噶爾人都占領過哈密，中國人自西元七十三年（東漢時代）起也多次統治過這裡。清朝晚期發生的同治回變，使哈密在一八六三年到一八七三年間遭到重大破壞，再經過二十世紀的文化大革命，哈密的原有風貌已蕩然無存。中國人非常懂得如何讓一座城市變得面目全非——消除它的所有特徵，全面剝奪它的獨特性，彷彿切除它的口鼻。現在的哈密除了哈密瓜，唯一有名的就只有生鐵。

過了哈密之後，鐵路沿線的山脈頂端有一片片彷彿馬鞍座毯般平坦而呈方塊狀的積雪，但火車內及外面的沙漠中，氣溫都非常高，車裡至少有三十八度，車外更炎熱。無情的太陽炙燒著沙土和石塊。偶爾可以看到一些溪谷，其中最古老也最深的溪谷中有一些植被，可能是乾枯的梧桐樹，有些地方覆蓋著呈顆粒狀凸起的灰色地衣，除此之外唯一可以辨識的植物只有一叢叢的駱駝刺。火車正開往一片遍佈沙塵的山丘，環繞在它周圍的是一座藍色的山脈，山脈後方有許多更高的山，山頂有一片片積雪以及條紋狀的結冰帶，有可能是從前冰河殘留的痕跡。

這些是我對博格達山的第一印象。「博格達」在蒙古語中是「神山」、「神之居所」的意思。這座山脈高聳而崎嶇，山頂的積雪為荒涼的地景帶來生氣。山腳下除了沙漠還是沙漠，一片令人嘆為觀止的荒原，而在這天下午的豔陽下，那片景色亮得讓人睜不開眼睛。雨水在這裡永遠缺席，那些山巒顯得像一堆沒有生命的岩石，宛如被下過毒的巨大地塊。這裡是亞洲了無生機的核心地區。

鐵公雞跟過去兩天半一樣，以約莫五十公里時速繼續緩慢前進，但周遭景物越變越奇特。火車開得慢是件好事，假如它開得太快，就沒法慢慢捕捉從稻田、小山丘到大荒山的過程中風景的萬千變化。如果從蘭州直接搭飛機到這裡，旅客下機時想必會大吃一驚；假如是從北京直接飛來，那就更要瞠目結舌了。從任何地方搭飛機到這裡，感覺上都會像是一場穿越星際的不思議時空之旅。

我穿著睡衣在火車裡走來走去，穿梭在睡眼惺忪的維族人之間，偶爾喝杯啤酒。啤酒一杯半公升，價格相當於十五美分。

由於這裡採用的是北京時間，一天最熱的時候已經是下午四點半，而一直到將近晚上十二點，天色都還亮得可以看書。

在這個光線奇異、由沙土和冰雪組成的世界中，彷彿被燒紅的石頭大山不斷往火車衝來。遠方可以看到一座綠色盆地，海拔低於海平面五百公尺，那是全中國最低窪也最炎熱的地方。又是一座綠洲——吐魯番市。綠洲外面方圓百里都是灰黑色砂石，吐魯番市區距離火車站足足有三十二公里。我在這裡下了火車。

☆

吐魯番（「地表最酷熱的地方之一」）在四百年前是個人口非常密集的綠洲。更早以前，這座沙漠城鎮陸續遭受一波波游牧民族、中國人、藏人、回紇人及蒙古人入侵。絲路的昌榮，使這座大綠洲發展成繁華的市集城鎮，但從十六世紀開始，它就一直走下坡。隨後軍閥及滿州人都置它於不顧，於是出現一批新的掠奪者，也就是野心勃勃的考古學家。兩千年持續不斷的文明所遺留的壁畫及雕塑遭到他們盜取，被運到東京、柏林、劍橋、麻薩諸塞州等地。

這種地方我絕對不能錯過。火車站位於窪地邊緣，從這裡放眼望去，只看到矗立在石漠中的電線桿，以及遠方紅得發紫的巨大山脈——火焰山。我一直到幾乎進入吐魯番市區才發現這座城市的存在，而它看起來非常不像中國，反倒像中東地區的城鎮，彷彿直接從舊約聖經中躍然眼前，隨處可見驢子、葡萄藤涼亭及清真寺，居民有著古銅色肌膚和灰色眼眸，跟黎巴嫩人相去不遠。

這片沙漠的形貌是難以置信地可怕，灰黑色的地面佈滿石塊，沒有一絲綠意，而且石頭看起來非常尖銳，要是光著腳走上去，想必馬上會被割傷。有些地方看起來像一大片煤灰，上面散落著煤渣和被燒焦的石頭。有些地方看起來則像一片塵埃，期間點綴著一些圓圓的小土丘。我後來發現這些土丘是「坎兒井」灌溉系統的一部分。坎兒井是一個由無數地下水道和鑿井所構成的供水網絡，在兩千年前的西漢時期就已經發展出來，並一直沿用至今。吐魯番四周的沙漠還有一部分看起來像海底，彷彿潮水永遠退去後遺留的海床。所有人都稱這裡為「戈壁」——無水之地。雨水在吐魯番永遠缺席。

在這個沙漠中難得有點綠意的扁平谷地，所有的水源都來自地下，盆地裡沒有中國式的高樓大廈，大多數房舍都呈方形，而且非常低矮。大部分街道上都有爬滿葡萄藤的涼亭，不僅可以提供遮蔭，看起來也賞心悅目。這座山谷是中國的主要葡萄產區（吐魯番甚至有葡萄酒廠），而且還生產三十種不同品種的甜瓜。由於產自全世界最荒涼的沙漠地帶之一，這些水果令人感覺特別彌足珍貴。泉水、樹蔭和鮮果使吐魯番顯得清新可人，在無垠荒漠中宛如鶴立雞群。

房先生仍然隨時跟在我身後，稍微保持一點距離，然後三不五時爆出一句聽起來不怎麼吉祥的話。

對一個在中國旅行的外國人而言，有一句話聽起來特別不吉祥：「這是一家新旅館。」這句話有時讓我聽了心裡非常害怕，因為基本上它代表的是剝落的壁紙、座墊綻開的椅子、裸露的電線、故障的電燈、佈滿毛髮的地毯、堅硬的床鋪、沒有水的浴室、鬆脫的磁磚、沾了黏膠的水槽、沒有浴簾的淋浴間、必須自己修（比如打開蓋子擰浮球）才能用的馬桶等等。仿木櫥櫃的門經常卡住不能開，窗簾薄得無法遮光，門把鬆動，衣架變形，電話不通，收音機故障，這些也都是常見的問題。房間裡一定有彩色電視及塑膠花。這種旅館不只聞起來有魚膠味，更充滿管理失敗的氣息，可是房價卻貴得離譜。總之，我在中國偏愛住老旅館，雖然看起來不漂亮，但至少東西都堪用。

可是房先生說吐魯番的老賓館已經客滿，於是他把我安排到一家還沒有名字的新旅館。旅館根本還沒完工，也還沒有房客，處處瀰漫濃濃的水泥味道。堆滿砂石的中庭裡有一座噴泉，裡面是灼熱的沙塵和一隻僵硬的死老鼠。酷熱使我有點頭昏腦脹，我呆站在那裡，聽到外面有頭驢在叫。

因為這裡採用北京時間的關係，早餐要到九點半才供應，午餐是兩點，晚餐則是晚上九點。像麻州三文治角採用的那種文明時間，在中國土耳其斯坦變得非常不便。我在清晨六點又熱又餓地醒來，但必須等好幾個小時才能用早餐；到了晚上，當吃飯時間終於來到，我早已失去食慾。可是用餐時間是遵照官方規定，不能彈性調整，而當地人早已習慣晚起晚睡。我完全無法說服任何人早上早點起來，好好利用清晨比較涼快的時間。

「我們會錯過早餐喔。」房先生說。

「這有關係嗎？」

「我們一定得吃早餐。」

我心想，你除了管我，還會別的嗎？可是不只是吃飯時間神聖得非遵守不可，由於早餐已經包括在房價裡，所以就一定得吃。還有一個原因是中國人喜歡吃，民以食為天。更重要的是，中國人可能在用餐的時候覺得最自由自在；吃飯總是個放鬆心情歡慶片刻的時機。

不過我從來不想吃這裡的早餐——那些麵條、稀得像水的稀飯、餃子，有時加上香菇和溫牛奶。服務員看到外國客人可能還會「貼心地」送來一杯柳橙汽水或百事可樂，讓他配著麵條吃。

我在吐魯番買了當地白葡萄製成的葡萄乾，這是中國最棒的葡萄乾，另外也買了杏桃乾。我坐在房間裡一邊吃這些東西、喝龍井綠茶，一邊寫些筆記，直到房先生和司機吃夠了他們的稀飯，然後我們出發，沿著塵土飛揚的街道前進。

吐魯番經常像一座火爐。不過陰天的早晨很舒服，雲層很低，氣溫不超過三十五、六度。我喜歡這個市鎮。這是我在中國看過的城鎮中最不中國的一個，也是最小巧玲瓏、最可愛的城鎮之一。市區完全水平發展，機動車輛非常少，到處都很安靜。

這是個維吾爾人的城鎮，中國人很少。街上也可以看到烏茲別克人、哈薩克人、塔吉克人、通古斯人等，他們有點O型腿，穿著長馬靴，一派蒙古人模樣。他們的臉孔看起來很粗韌，有些人長得像斯拉夫人或吉普賽人，而他們大部分都讓人覺得彷彿是不小心迷路到這個綠洲，短暫停留後就會重新上路。吐魯番巴札裡的女人有一半都有算命師的長相，其他則像地中海地區的農婦，跟中國其他地方的人可說是天差地別。這些身穿絨布裙裝、褐髮灰眼、有著吉普賽五官（而且其中有些胸部非常豐滿）的女人，散發著一股跟遠東地區的女人不一樣的魅力。如果你發現她們的祖先是義大利人或亞美尼亞人，不必感到驚訝。在西西里島的巴勒摩或美國麻州的水鎮，我們也看得到許多這種長相的人。

她們的目光也在流連。有些女人走到我身邊，把手伸進絨布衣，從酥胸間抽出一疊鈔票，然後帶著濃濃的當地口音問：「要換錢嗎？」

她們把錢放進我手裡，那錢還保留著她們豐腴胸口的溫熱，然後說匯率是四比一。她們口裡有金牙，有些人看起來像狐狸，當我說我不需要換錢時，她們便對我發出噓聲。

吐魯番的市集是個非常美妙的地方，完全就像我們想像中的中亞巴札。那裡賣的東西包括刺繡馬鞍袋、皮套、自製摺疊刀、籃子、腰帶等等。肉品市場只賣各種羊肉。在這個伊斯蘭市集裡，豬肉不可能有容身之地。有一些攤位賣肉香四溢的烤羊肉串。許多產品是吐魯番最有名的新鮮水果——哈密瓜、西瓜、橘子。乾果大約有二十種。我買了葡萄乾、杏桃乾、杏仁、核桃，然後忽然想到這些都是沙漠商隊的食物。

吐魯番市集裡也有一些雜耍師在表演翻筋斗或吞火，還有一個人在倒翻過來的手推車上玩紙牌魔術。這個市集洋溢著一種屬於中世紀的氛圍——那些塵土、帳篷、商品、表演者，還有聚集在那裡的群眾，戴無邊帽的男人、戴面紗的女人，以及頭髮亂糟糟、踩著髒兮兮的小腳尖聲嬉鬧的孩童。

☆

沒有什麼東西比古城遺跡更能讓人清晰地感受到人類的努力。「從前這裡是一座偉大的都城」，人們指著那些倒塌的城牆、殘破的街道和堆積的塵土說。然後我們站在一個了無生機的地方，遙想當年的奧希曼狄斯[1]、王中之王，再看輝煌故城早已被沙丘埋沒，徒留一片唏噓。當一個美國人想像這種地方，他會覺得充滿悸動，因為美國沒有任何地方可以與之比擬，頂多只是一些鬼城、名不見經傳的小鎮，完全沒有這種規模宏偉、舉世聞名的城市遺址，見證著從前的偉大。或許美國特有的樂觀特質，正是因為美國沒有任何城市在歷史的摧殘中化為遺跡。失落的故城雖然帶有某種令人消沉惆悵的特質，但它也能讓我們對房地產產生健康的無視心理。

高昌故城破敗得完美無瑕。在一千年期間，這座城市名聞遐邇，但現在只剩下一堆塵土和斷垣殘壁。目前它還沒有遭受終極羞辱——大批觀光客湧入——但總有一天，當笨重的鐵公雞成為流線型的現代列車，他們一定會找到這個位於吐魯番市區東方四十公里沙漠中的古城遺跡。這座城市有過十多個不同名字，包括哈拉何卓、火州、霍州、二堡（第二個驛站）、達西亞努斯（Dakianus，這是從羅馬皇帝德西烏斯〔Decius〕的名字衍生出來的地名）、艾普索斯（Apsus，衍生自位於現今土耳其的古希臘城市艾菲索斯〔Ephesus〕）、亦督護沙赫里（高昌回紇王亦督護之城）等。「高昌」後來成為被普遍接受的名稱，不過這並不怎麼重要，因為它真的沒有留下太多東西。然而，碩果僅存的遺跡還是足以讓我們感受到這個地方曾經多麼宏偉，是一座規模浩大的城市，也正因為如此，它看起來無比淒涼。所有偉大的文明遺址都瀰漫著這種一切皆已成空的憂傷氣息。

城牆和防禦工事幾乎都已經消失，但從少數還矗立著的建築體看來，不難想像這裡曾經是一座令人讚嘆的堡壘。古代這裡是這個地區的首府，後來它陸續成為唐朝、回紇的城市，最後又被蒙古人攻占。回紇人不希望城市被毀，於是沒有抵抗就投降，讓蒙古人全權統治。此時，蒙古也統治著整個中國，也就是十三及十四世紀的元朝；在那個時代，西方人的足跡開始踏遍中國各地，其中一位就是馬可波羅。

這時的高昌已經是個穆斯林城市，之前它曾經信仰佛教。高昌也是「異教徒」活躍的地方，摩尼教、聶斯托里教派[2]都曾在這裡蓬勃發展。我們只要稍微探討一下那些所謂異端，就會發現他們的教義其實相當有道理。摩尼教徒是波斯先知摩尼的追隨者，他們認為所有人類都具有善惡兩面，分別代表光明與黑暗、精神與肉體，這兩種特質互相依存，而人生就是在這兩種極端之間不斷拉鋸、奮鬥的過程。聶斯托里教派則是一批被視為異端的基督徒，他們反對人神一體的概念，認為耶穌基督的肉身雖然同時代表神與人，但這兩者是分離的。他們還認為聖母瑪利亞要不是上帝的母親，就是耶穌這個人的母親，但不可能同時身兼兩者的母親。由於聶斯托里教派的詮釋與主流教會相違，他們在西元四三一年舉行的艾菲索斯大公會議之後遭到迫害與放逐，於第七世紀流落到絲路東端的中國。西元六三八年，他們在長安建立了第一座教堂[3]。

---

1 譯註：奧希曼狄斯（Ozymandias）是古埃及法老王拉美西斯二世的別號，英國詩人雪萊於一八一八年將其呈現於著名詩作〈奧希曼狄斯〉中。

2 譯註：聶斯托里教派（Nestorianism）也稱東方亞述教會，是從東正教分裂出來的教派，即後來中國人所稱的大秦景教。大秦是古中國對羅馬帝國的稱呼，特別是指中國人比較熟悉的亞述（敘利亞）、近東一帶。

3 譯註：聶斯托里派基督教傳入中國後被稱為「大秦景教」，一度盛行於長安，中國其他地方也陸續建起教堂，即「大秦寺」或「十字寺」，信奉者多為非漢人。其於中國發展的沿革記述於西元七八一年所立的「大秦景教流行中國碑」。

那一切並沒有在高昌故城留下任何痕跡，沒有教堂、異教徒、書籍、圖像，沒有任何留存至今的市街，而這更令人不禁發思古之幽情。現在唯一看得到的是驕陽照射在土磚和破牆的景象，所有宗教、貿易、戰爭、藝術、財富、政府、文明皆已化為塵埃。但在這個了無生氣的宏大遺跡中，卻盈漾著令人蕩氣迴腸的氛圍。我一直喜歡把中國內陸這片大沙漠想像成一個曾經是一片汪洋的地方，海水退去，留下一望無際的鵝卵石沙灘；高昌故城完美契合這個意象，它就像一座巨大沙堡，在海潮侵蝕下，已經幾乎被全部沖散。

這裡唯一有生命的東西是山羊。壁畫及雕像已經被盜走，不是落入私人收藏，就是成為博物館典藏品。農民把許多建築物拆掉，取磚蓋房子。當地民眾如果發現盆甕瓶碗，會直接拿回家用，這樣他們就不需要買新的餐具。高昌那些古代陶製品是深受古希臘及羅馬影響的工藝品，品質非常精良。

我參觀了附近一座維吾爾人的村莊，問村民他們知道哪些高昌故城的事。「就是一座古城。」他們說。那些人的皮膚呈古銅色，臉上長了鷹勾鼻，他們的村落相當蔭涼，在地圖上完全找不到這些地方。他們養驢，村子裡有清真寺和小市集，不過除了維吾爾語，他們完全不懂中文或其他任何語言。這個地方叫作「火燄山公社」，但這還真稱不上是個公社。整個村子彷彿在沉睡。婦女從黑面紗底下隔著布料皺褶打量我，我看到其中一個人的樣子跟我的義大利祖母幾乎一模一樣。

我的嚮導劉先生不會說維吾爾語，雖然他在離這裡不遠的地方已經住了二十年。我覺得這些住在沙漠中的維吾爾人，似乎不太把漢人當一回事。我們把車子發動準備離開時，車子側邊不知被什麼東西砸了一下，司機猛踩了一下煞車，作勢要追那些嘻嘻哈哈的小孩。他大聲發牢騷，不過沒有人走過來探看，甚至沒有人在聽。接下來又發生一件不禮貌的事，司機停車想找人問到阿斯塔納古墓該怎麼走，他的頭一伸出去，就有兩個小孩跑來把茅草塞進他的耳朵搔他癢。小孩一晃眼就溜了，司機馬上跑出去罵他們。

「那些小孩很壞。」劉先生說。他看到我笑得開心，於是狠狠瞪了我一下。

阿斯塔納地下古墓裡的屍骸已經有六百年歷史，不過保存得非常完美，他們並排在精雕細琢的石板上，臉孔彷彿露出笑容。

「你想拍張這些死人的照片嗎？」負責看管的女士問我。

「我沒有相機。」

她沒理我，接著又說：「十元拍一張。」

劉先生說：「我最討厭看死人的屍體了。」然後他快步走上階梯，逃離墓葬室。

他走了以後，看管人馬上問道：「要換錢嗎？」

☆

我很不想離開吐魯番。這是我在中國第一次見到看起來不像中國的城市，而我忍不住想，到底哪裡不一樣。這是我到過最熱、地勢最低、最奇特的地方，座落在沙漠中的不毛之地，城裡盡是臉色陰鬱的老翁、拚命想辦法賺錢的婦女、拿石頭砸東西的小孩。這些並沒有讓我覺得置身於危險之中，事實上，我挺喜歡看到有人用他們的方式抵抗中國的沉悶，排拒那些滿口官腔、缺乏幽默感的官員。這個地方能夠保住自己的驕傲和文化是件不尋常的事，就算他們的文化只是甜瓜、鈴鼓和伊斯蘭崇拜。這是一座存在於一片了無生趣的荒原中的綠色島嶼，搭火車抵達這個地方是非常令人興奮的經歷，特別是當那是一輛會喘氣、冒煙、滴水的蒸汽火車。

我又搭上鐵公雞，在房先生的密切陪同下離開吐魯番，前往烏魯木齊。烏魯木齊距離吐魯番只有一百六十公里左右，不過由於鐵路蜿蜒穿越天山山脈，車行速度非常緩慢。一連串互相交錯的谷地，構成中國最美的風景之一——峭壁、山溪、佈滿大石頭的溝壑、深邃的峽谷。火車吃力地通過十二座隧道，每次衝出隧道後又沐浴在眩目的新疆豔陽中，下方的白楊河急流奔湧，淹沒火車頭的喘息聲。

某個時候，一隻黑白相間、高達一點五公尺的鶴在溪流中央拔腳展翅，往附近的峭壁緩緩飛去。天空中的雲朵千變萬化，火車在這些光線迷人的山谷間穿行數小時之後，鐵路開始變得平直，我們越過土褐色的沙漠，直奔煙氣瀰漫的大城烏魯木齊，這裡是中國境內能搭火車抵達的最遙遠地方。再往西方，下一個大城市是蘇聯哈薩克共和國的阿拉木圖。游牧民族和馬夫向來不知國界為何物。烏魯木齊有很多哈薩克人、韃靼人、烏茲別克人、塔吉克人、蒙古人，不過超過三分之一人口是維吾爾人，火車站建築是維吾爾風格，站名也用維吾爾文標示。

要找到對烏魯木齊讚不絕口的旅客，可說比登天還難。這座城市最初是漢人在絲路上建立的前哨，於唐朝時發展成繁榮的商貿中心，後來陸續被匈奴及蒙古人攻占。它成為中國土耳其斯坦的首府，但卻饒富俄羅斯風情。對許多早年前往東方的人而言，烏魯木齊是進入中國的第一站，而這座城市帶給旅人的失望總是遠遠大過於驚豔（「沒有人會為了離開烏魯木齊而感到遺憾」），因為這裡完全缺乏文化氣息。寶藏、古墓、故城等所有值得掠奪的東西，都位在東邊更遠的地方。烏魯木齊純粹是個政治的都市，聚集了辦公廳、訊問室、監獄、官僚、間諜。在二十世紀初葉俄國革命的年代，烏魯木齊是這樣，現在的烏魯木齊也差不多是如此。

不過，這座一百五十萬人口（其中漢人只占少數）的城市在醜陋中還是散發出一種魅力。褐色的山巒環繞在城市四周，市區街道寬敞，有許多烤羊肉串店。許多店家把珍奇動物的毛皮掛在門面上頭展示。白天氣溫很高，民眾的重要休閒活動之一是在樹蔭下打撞球。整個烏魯木齊到處都可以看到戶外撞球桌。

我們抵達旅館以後，房先生消失了一段時間，不過他的位置換了個楊先生代替。我問楊先生烏魯木齊是否有俄國人，他說這裡的俄國人社區還不小，是一九三〇年代形成的。我剛錯過了他們的復活節慶祝活動，中國政府是在解放後第一次允許他們舉行復活節慶典。

看到烏魯木齊這種多元族群並存的風貌，我不禁好奇文革期間這裡會是什麼樣子。

「情況很糟，」楊先生說，「不過少數民族對文革不感興趣。他們沒有真的參與，很少有人跑去當紅衛兵。」

「如果他們不參與，是不是會被迫害？」我問。

「當然會，」楊先生馬上表示同意，「他們當然受到迫害！伊斯蘭教被宣佈為違法，祈禱也是違法的。清真寺被認為是壞東西，紅衛兵跑進去把東西全都砸毀。很多人受到處罰。」

「他們怎麼處罰穆斯林？」

「逼他們養豬。」

我心想，這是很典型的做法，而且還真的完美達到目的。許多人經常喜歡說毛澤東時代的中國人很能夠寬恕——他們相信救贖和教育改造。但對我而言，強迫物理學家組裝劣質收音機、要求文學教師種甘藍或掃雞糞、威逼穆斯林進豬圈工作，這種舉動顯現的是無與倫比的報復心理。讓一群歇斯底里的少年掌管中學也是同樣離譜，那麼做的結果不用猜也知道，就是小鬼迫害老師，考試時故意交白卷證明自己反對知識，因此是優秀的毛主席信徒。

「我認為少數民族一定很不喜歡那些東西。」我說。

楊先生發出尖銳的笑聲，那個意思應該是說：那是當然嘍！

他說：「他們想抗議，可是又不敢。他們其實很想進行一場反革命！」

「他們現在會想鬧反革命嗎？」這個問題很敏感，因為一直有傳言顯示維吾爾人的不滿。任何人在新疆各地看到那些老是皺著眉頭，一副不贊同、不合作態度的維族人臉孔之後，絕不可能懷疑這些人並沒有真的認同中華人民共和國揭櫫的理念。

楊先生又笑了，那笑聲比剛剛稍微低沉了些，應該是代表一種警告：不可以問這種問題！不過我認為還是可以把他那特別的笑聲詮釋為一個涵義複雜的「是」。

我又有了個無法甩開的地陪楊先生，他問我在烏魯木齊想看些什麼。

我說：「可以讓我回味無窮的東西。」

我們開車到南山牧場。這座牧場距離烏魯木齊約莫只有二十來分鐘車程，但看起來卻像烏干達西部。「月亮山」聳立於青翠的大草原之上，上面有幾座白雪皚皚的高峰。那些山跟我在中國其他地方看到的山之間最大的不同是雲杉林，這種樹木長得高大挺拔，枝葉呈墨綠色。在一些草地上有放牧山羊或綿羊的牧民，以及他們的羊群，哈薩克族的居民生活在小土屋和圓木小屋中。這裡也有蒙古包，附近有一些男子在走動，他們頭戴有護耳的毛氈帽、穿馬靴和馬褲。我也看到一些穿長袍厚襪、戴面紗的婦女，她們看起來像俄國的農婦，而且有著長鼻子和大肚子，跟中國內地的婦女很不一樣。她們在自家附近種菜，身邊有驢子、脾氣暴躁的狗，還有臉頰紅潤的小孩。小孩跑跑跳跳，因為天氣冷的關係，鼻子上淌著鼻涕。

為了躲開楊先生，享有一陣子清閒，我快步走上山坡，發現了一處瀑布。瀑布下方的溪流中有冰，是夾帶泥質、泛著黃褐色的冰，厚厚的冰層凍在岩石間。在短短二十幾分鐘車程之外的烏魯木齊，民眾正流著汗在樹蔭下納涼打撞球，而這裡卻還一片冰冷。

我遇到一位維吾爾人，名叫朱馬琿（音譯）。「琿」是「先生」的意思，「朱馬」則是伊斯蘭教安息日「主麻」（即星期五）的音譯。他似乎宣稱自己曾經擔任中國駐敘利亞大使，不過他的意思也可能是他曾在駐敘利亞大使館工作過。他的中文說得跟我一樣糟，不過土耳其語和阿拉伯語倒是說得跟維吾爾語一樣好。

他說他來自靠近蘇聯哈薩克邊境的塔城，距離烏魯木齊大約八百公里，住在那裡的人大概算是中國境內住得最遙遠、但還能被稱作「中國人」的人了。想到這點，我倒有了個主意。

「你不算是中國人吧？」我問他。

「我當然是中國人！」

朱先生長得高頭大馬，臉也胖胖的，人很友善。光看他的外表，可能會覺得他是土耳其人，某個士美拿[4]商人的後代，或是一個挺著肚腩的帕夏[5]。他說他到過麥加朝聖。

我們在山路上信步而行，走過一處公共廁所。中國人經常在風景最優美的地方建個廁所，我們距離它還有十幾二十公尺，就已經聞得到臭氣熏天。我在中國看過的公共廁所都髒得無法使用。所有外國人都會提到這件事，中國人則從來不會主動提。這並不是因為中國人嘴巴有潔癖，而是因為他們對這件事一方面覺得羞恥，一方面也逆來順受，於是總是沉默地忍耐。

4 譯註：Smyrna，古代愛琴海東岸的城市，現在是土耳其的伊茲密爾（Izmir）。
5 譯註：帕夏（pasha）是從前奧圖曼帝國或北非地區高級文武官的稱號。

「我想你們美國應該沒有很多這種東西。」朱先生說。

「對。」我回道。我心裡想的是那棟磚造公廁，不過我說了之後才發現他正用手指著一個蒙古包，那裡有個老牧民（可能是塔吉克人）正在提一桶水。

「可是你們那裡有沒有帳篷屋？」他問。

「沒有你們這兒這麼多。」我說。

中國人對野餐的概念相當於幾塊乾掉的蛋糕和走味的餅乾。楊先生在車上拿了野餐盒給我，我一直到往山坡上走了好一段路才發現那裡面裝的是什麼，於是把整盒東西都丟給牛吃了。

那天下午我肚子餓，於是到烏魯木齊的市場裡找東西吃。我最喜歡的小吃是餃子，不過這裡的特色食物是羊肉串及「饢」（烤餅）。「饢」這個字應該跟南亞烏爾都語或興地語中的 nan 是同一個字源，所有上過印度或巴基斯坦餐館吃飯的人都知道這是什麼東西。

到烏魯木齊旅遊的西方人少之又少，因此居民看到西方人時會蠢蠢欲動。他們會偷偷打量，想攀談幾句，或送點乾果及新鮮葡萄。有個人設法吸引我注意他賣的藥品：身體被展開的乾燥蜥蜴（這可以治療高血壓）、鹿角（具有壯陽功能）、蛇、青蛙、烏喙，還有一小綑看起來很恐怖的條狀東西，他說那是驢子的臍帶。

我問他那是做什麼用的，他含糊地回答：「對你非常好。」

市集裡的商販不是頭戴無邊帽、蓄了大鬍子的男人，就是穿褐色長袍的渾圓女人，他們賣的東西包括烏魯木齊當地製造的地毯、從其他地方運來的衣服等等。他們看到我就會把商品舉起來，招呼我過去，然後每次我走過去以後，他們就會拉住我的手腕，給我貼身一句「維吾爾式問候」：

「要換錢嗎？」

我在烏魯木齊其他地方看到更多動物屍體，這足以顯示這座城市是位在多麼內陸的地區，在它周邊的鄉野中還有各式各樣的野生動物在活動。在某間商店裡，我除了看到常見的蛇、乾燥蜥蜴和臍帶以外，還看到狼皮、狐狸皮、六至七件熊皮，以及一隻大老鷹的屍骸。那隻美麗的大鳥是具有白色肩部的「帝雕」（這是我的鳥類書籍告訴我的），展翼寬度大約有兩公尺，體型比賣它的維族婦女還大。

「要不要買？」婦人問我。

「我買了要做什麼？」

「可以拿牠的羽毛摩擦皮膚，這是很好的藥。」

「這個呢？」我指著一顆瞪羚的頭顱，那上面還繫了兩支可愛的角。

「也是藥。磨成粉用，可以讓你強壯。」

不少西方科學家宣稱傳統中醫有效，但這個女人所說的，還有市集裡那個賣驢子臍帶的男人所說的，應該都是無稽之談吧？

我願意相信漢方草藥可以治療高血壓，或者針灸有其實際功效，可是當有人抓起一隻死貓頭鷹說「這很棒喔，對眼睛很好」，我真的很想對他說：「胡說八道！」如果我沒這麼說，那只是因為當時我還沒學到「胡說八道」這個詞語。

目前中國境內還有一些老虎，有些在湖南，有些在東北。不用說也知道，這是一種瀕臨絕種的動物。由於老虎的食物來源變得非常稀少，牠們經常餓得連昆蟲或青蛙都會吃。在一份《今日中國》雜誌中，我讀到這麼一段：

〔中國的〕老虎是一個寶藏。虎皮可以做成名貴的大衣。老虎的骨頭、腎臟、胃部、陰莖都是非常寶貴的藥品。用老虎肋骨做成的藥非常好，對治療風濕性關節炎特別有效。

把碩果僅存的幾隻動物殺掉就已經夠糟了，但他們做這件事居然是為了如此愚蠢的理由。我看最適合刻在絕種動物墓碑上的墓誌銘大概是：牠很美味。

我試著請房先生教我怎麼用中文說「那純粹是迷信，沒有科學證據可以支持」，可是我沒達到目的。他問我為什麼想學說這句話，我提到中國人把可愛的班頭鵂鶹幼梟做成湯來喝的習俗。他說做這道湯有兩個好理由：第一，很好喝；第二，對視力非常好。

他非常困惑竟然有任何看起來明理的人會這樣擔心鳥類或野獸的性命。我沒有跟他辯。中國人自己生活在擁擠而不舒適的環境中，居住條件其實跟動物差不了太多，因此我們不能指望他們會想到要同情動物。的確，中國人出生和死亡的方式跟他們的動物之間有相當驚人的雷同。

房先生後來又說了一句話讓我很驚訝：「焦先生想見你。」

「誰是焦先生？」

「中國鐵路公司烏魯木齊鐵路局局長。」

「他怎麼知道我在這兒？」

「我告訴他了，」他說著，又露出那種海獅般的傷心表情，「他想跟你吃飯。」

焦錫谷〔音譯〕局長是個膚色黝黑、看起來很強悍的山東人。他臉寬脖子短，時間越晚，他喝的新疆白酒就越多，在酒精的作用下，他的黝黑臉頰變得通紅，眼睛則不只是紅而且還縮小，變得像兩顆煮過的漿果。

他的助理介先生也來一起用餐，由於他是部屬，他說的話並不多。說完一些客套話（「您的大駕光臨令我們深感榮幸」）之後，我發現接下來會是很大的一餐。冷盤小菜送上來以後幾乎沒人動，可見後面大概少不了十幾道菜。

我問了焦局長鐵路方面的事。鐵路建設和維護的問題有哪些？他說最嚴重的問題是沙塵暴，強風經常吹到九或十級。冷空氣接觸到戈壁地區的熱空氣會導致嚴重的不穩定氣流。穿越天山山脈的隧道也是非常浩大的工程，花了很多年時間才完成。

「這些都是我們自己完成的，我們沒有得到外面的協助。」

「我以為蘇聯那邊有提供協助。」我說。

「他們規劃了通往烏魯木齊的鐵路，做了初步探勘，不過只是空中測量。他們沒有預想到真正的困難。而且我們跟蘇聯的友誼在一九六〇年就斷了。」

「所以你們那個時候就開始自力更生？」

「對。我們碰到的最大麻煩是他們把所有材料都搬走了。軌道、機器設備、木材，全拿走了，通通裝上車運到國界那邊。他們也把規劃圖都拿走了，所有文件捲起來帶著一走了之。完全沒人幫我們！」

「可是你們還是維持原來的規劃嗎？」

「我們別無選擇。我們維持原來規劃的路線，在一九六三年把它蓋出來了。」

我說：「這條鐵路線是通往蘇聯邊界的。」

「這是當初的目的沒錯，」焦局長說，「我們現在還在蓋。」

「你們打算把這條鐵路跟蘇聯那邊的鐵路接起來嗎？」

「對。在阿拉山口那個口岸。」阿拉山口就是準噶爾盆地的關口。「我們已經蓋到烏蘇了。現在兩邊對於誰該負責興建連接鐵路線，還有些爭議，不過我們的設想是在一九九〇年以前完工通車。」

焦局長越說越興奮：「我們以前有個口號：『今年烏魯木齊，明年到國界！』」

「這是什麼時候的口號？」

「一九五八年。」

我們一邊說話，服務員一邊把菜餚一道道送上來，我們品嚐了一些之後，他們把菜端走，又送來新的菜。陸續有新疆大盤雞、羊肉、黃瓜炒紅椒、香菇白木耳，以及我在中國吃到最美味的菜——一種有辣味的煙燻茶香鴨。這道鴨的做法是先在鴨肉上塗抹黃酒，然後風乾，撒上蔥花，蒸熟以後再用油炸得又酥又香。我特別記下了中文菜名：樟茶鴨。

介先生注意到我特別愛吃這個菜。「你喜歡這道鴨。」他一邊說，一邊又夾了好幾塊到我的盤子裡。

我說：「如果我遇到會做這道菜的女人，我就娶她。」

兩個人沒什麼表情地看著我點了一下頭，大概我說出這句蠢話就只能得到這個吧。

為了改變話題，我問了一個問題：「漢人會跟維族人通婚嗎？」

「很少。主要是因為維族人很怕他們如果跟別族的人通婚，他們自己的數目會變少，所以他們設法避免通婚。當然有時候我們會看到維族男人娶漢族姑娘，不過漢人不能娶維族姑娘。」

「為什麼說『不能』」？

「這是違法的，政府禁止這件事。」

我猜他指的是新疆維吾爾政府。這裡是一個自治區，有自己的法律，在烏魯木齊也有自己的議會。

「總之他們是穆斯林，而我們不是。」焦局長說。

他說他到烏魯木齊已經二十八年了，最初是響應毛澤東的號召，志願到新疆當先鋒。我問他會不會說維吾爾語。

「只會一點點。」他說。

「這個語言很難。」介先生說。他到這個地區已經三十一年，他的家鄉在渤海灣口的大連。這兩個人都有一種漢族的自負，就跟當年英國統治印度一樣，中國人統治新疆的想法是：讓當地人學我們的語言就好，我們不要麻煩自己學他們的語言。

菜還一直送上來，他們誇說都是當地的特色菜。吃到最後一道菜時，我才發現他們賞給了我無上的光榮：整個晚餐裡沒有米飯、麵條或烤餅。那些東西通常是為了在菜不夠多的時候填飽肚子，但今晚可是接連不斷的美味佳餚。

「你們退休以後會回家鄉嗎？」我問。

「不會，我會留在這兒。」焦局長說，「我的小孩都在這裡，現在這兒是我的家了。我會在這裡終老。」

我們聊起搭火車穿越中國最好的旅行路線。他們說他們喜歡搭火車到西安，因為沿路的風景是中國最棒的，而且最有氣氛。

「你們是想到絲路，」我說，「古代的歷史。」

焦局長說：「對。近代歷史比較沒意思。」

我想起跟楊先生談到文革期間的烏魯木齊，於是問他們當時這裡的情況是不是很激烈。

「很激烈！」焦局長說。他的眼睛真的變得又紅又小。他揮了一下黝黑的手，「真的很激烈。」

「鐵路交通有受到影響嗎？」

「有啊！有一次連續二十四天無法行駛，那是一九六八年的事。有很多亂象，很多事非常慘。其實紅衛兵並不是單獨一個團體，他們也分成不同派系。有兩個派系在烏魯木齊鬧起來了。」

「怎麼個鬧法？你是說吵架嗎？」

「一開始是吵架，雙方都認為自己對毛主席所說的話的詮釋方式才是正確的。他們互相指責對方是右派。吵了一陣子，他們得不到結論，結果就拿起槍桿子來了。對，拿槍打，碰碰碰！死了人。」他的眼睛看起來好像哭過一樣，不過那只是酒精的關係。「真的很慘。」

「你認為那種事有沒有可能再發生，比如說第二次文化大革命？」

「不可能！」他猛然說，「絕對不可能！」

「毛澤東有沒有來過烏魯木齊？」

「沒有，我想他太忙了，」他說著，瞄了介先生一眼。「不過周恩來來了新疆，到處都走遍了。」跟所有中國人一樣，他提到周恩來時，語調顯得特別親切。「最近鄧小平也來了。他很開心，對這裡印象非常好。」

這時我們都已經喝得相當有醉意，很適合聊戰爭和友誼之類的問題。我提到日本，並說我覺得他們以前想靠軍事手段征服世界，結果失敗了，現在他們打算透過主導世界經濟來宰制世界。中國在一九四〇年代把入侵的日本人趕走，但現在日本開始靠經濟占領中國。身為中國人，他們有什麼想法？

「我們中國人有句話，」焦局長說：「害人之心不可有，防人之心不可無。」

最後幾道菜被拿走了。焦局長有點搖搖晃晃地起身，我們互相道謝。接下來沒有別的客套話，沒有多幾句閒話家常，沒有人在原處耽擱。中國人的餐宴向來都是這樣嘎然而止。

☆

接下來幾天，我發現新疆的這個地區在發展石油開採業，石油產量已經不少，一部分甚至還外銷到美國。在新疆東南部羅布泊一帶的沙漠中，中國在進行原子彈試爆。北京的大學生對此進行示威抗議，但警方制止所有抗議活動，原子彈試爆則繼續進行。

中國大部分的礦產來自新疆，從山頭的許多雷達天線看來，這裡一定是個戰略地位非常重要的地方。我參觀工廠以後覺得心情鬱悶，因為我在裡面看到女工非常辛苦地製作花樣非常簡單的絲質地毯，一個人一個月做一平方碼，大約一年做出一條不太漂亮的地毯。烏魯木齊也有很多雕玉的師傅做這種血汗工作，他們花好幾個星期才做出一尊笑嘻嘻的玉佛，花半年的功夫剪裁、拋光，才做出一個玉盤。而且我覺得這些東西恐怕沒有太大的銷路。

不過似乎並沒有人在意。烏魯木齊處在某種時間錯位中，一切都發生得比較遲。早餐九點半才吃，晚餐是夜間九點。每天晚上十點半左右，太陽破雲而出，把一片燦爛金光灑上大地，直到十一點多天色才逐漸暗去，然後過了午夜，整個地方卻驟然變冷。

我到沙漠裡看駱駝，然後前往烏魯木齊東北方的博格達山區，遙望那些有如插天尖刺的高峰。接著我遊覽天池，這座高山湖泊海拔將近兩千公尺，距離山腳也有六百多公尺。聳立在天池盡頭的就是海拔將近五千五百公尺的博格達峰，它和周圍的其他山峰看起來彷彿一條狼的下顎側影，忽白忽黑的獠牙嵌在稜角分明的頷骨中。觀光公路盡頭有麵攤、中國少年先鋒隊員及許多中國遊客，但再往前走二十公尺，就忽然一個人也沒有，只有一片松濤鳥鳴。這是我至此看過最美麗的景致，這片長了巍峨松樹的荒原看起來不像中國，但也不像歐洲，路邊和森林裡的人居地都是一些蒙古包、小木屋或迷你聚落，聚落裡同樣是那些穿著馬褲和長馬靴、有點O型腿的男人，戴面紗、穿長罩袍的女人，以及臉頰紅撲撲的小孩。我跟一個看起來像哈薩克的人說中文，他只是笑了笑。

我在天池邊遇到一個漢人，姓鄭，他給自己取了個英文名字叫湯姆，這是因為他讀過《湯姆歷險記》。他有了英文名字以後，辦公室裡所有人也學他取英文名字。他在新疆北部城鎮阿勒泰的農業銀行上班，那裡是中國非常偏遠的一個地區，一邊是俄國，另一邊是外蒙古。

我們在湖邊聊天，湯姆．鄭說：「我們公司裡有麥克、朱利安、詹恩、韋恩和鮑伯。」

湯姆說他今年三十四歲，也就是說他的青少年時代正值文化大革命。我算了一下，文革高峰期的時候，他十六歲。可是文革的浪濤也波及遙遠的阿勒泰嗎？

「當然！」湯姆說，「我們那裡也搞文革，那時我讀中學。」

「你們有紅衛兵嗎？」

「有，我就是紅衛兵！就在我自己的學校裡！我還是搞組織的！」

湯姆．鄭穿了一件黃色毛衣、一條中國的藍色牛仔褲，以及一雙白色休閒鞋。他帶了一台手提收音機，以及一個上面有「上海」浮水印字樣的塑膠旅行袋。

我說：「你有批判你的老師是右派嗎？」

「有！」他熱切地說。

「你有《毛語錄》嗎？」

「有，毛澤東思想。」

「你也唱歌嗎？」

「當然。《東方紅》，還有其他許多歌，所有的歌我都唱。」

「你會批判那些走狗和走資本主義路線的人嗎？」

「當然！」為什麼他在微笑？

「你們在阿勒泰有破壞什麼嗎？」

他的臉沉了下來，停頓片刻，瞄了我一眼，忽然顯得有點侷促不安，然後他深吸了一口氣，說：「你那個時候人也在中國，對吧？」

第八章 開往西安的一〇四號列車

中國的火車有時真是糟得可以。在十二個月的旅行中，我搭了將近四十輛火車，其中沒有一輛的廁所不是髒得像豬圈。擴音機每天大聲叫嚷囉嗦十八個小時，簡直是毛澤東時代日復一日播送口號的翻版。乘務員有時宛如暴君，餐車提供的食物經常水準不高，用餐環境總是紛亂吵雜，使吃飯成為可怕的折磨。不過，中國的火車之旅有時會帶來美好的補償——親切體貼的乘務員，偶爾出現的優質餐點，舒服的睡鋪，運氣好的時候真的一切圓滿；而當所有細節都不如人意，至少一定還有這個安慰：裝了熱水的胖茶壺可以隨時讓我泡杯茶喝。

不過，無論我找到多少批評中國火車的理由，比起在中國搭飛機的苦難，都可說是小巫見大巫。我在烏魯木齊到蘭州的航班上稍稍體會到這點——我選擇搭飛機，因為實在沒必要回程還花好幾天再搭一次「鐵公雞」。我被告知要提前三小時抵達機場，於是我在早晨七點就來到機場，但航班誤點整整五小時，結果我到下午三點才登上飛機。那是一輛蘇聯製的老飛機，金屬外殼不只是皺，還有破裂的痕跡，看起來就像一包香菸抽完以後剩下來的鋁箔紙包裝。座位擁擠不堪，我的膝蓋被壓得痛了起來，而且腿部的血液循環幾乎完全停擺。每個座位都坐了人，每位乘客都帶了一大堆隨身行李，一綑又一綑的物品隨時可能從行李架上掉下來，砸到人的頭。飛機都還沒起飛，已經有乘客在悄悄地嘔吐，他們低頭用雙手捧住嘴巴，姿勢莊重，彷彿在祈禱。這是中國人嘔吐時相當典型的樣子。兩小時後，空服員發給每個人一個信封，裡面裝了三顆焦糖風味的糖果、一些口香糖，以及三個煮得黏黏的甜品；一張保鮮膜包住一塊黑黑的牛肉乾，看起來像油麻絲，吃起來的口感則像腐敗的繩索；然後還有一根牙籤。看來中國人相當樂觀，相信光靠一根牙籤就可以剔掉塞牙的肉乾。又過了兩個小時，一位身穿老郵差制服的小姐抬了一個托盤在通道上走動，我想那上面可能會有些比較可口的食物，便隨手抓了個東西，結果是個鑰匙環。機艙裡一開始很悶熱，後來又變得很冷，我甚至可以看到自己呼出來的空氣。飛機還會發出咯滋作響的聲音，彷彿在海面航行的縱帆船。又過了兩個小時，我心想，再這樣下去我要發瘋了。然後出現一段喉音很重、聽起來像漱口的廣播，說飛機即將降落。這時除了還在嘔吐的乘客以外，其他人紛紛站起來取行李架上的物品，雖然空服員要求他們立刻坐下並繫好安全帶，但他們彷彿完全沒聽到，繼續站在通道上搖搖晃晃、互相推擠，咕噥著抱怨。飛機就這樣砰然落地，在跑道上使出平衡特技往前滑行，最後終於停靠在蘭州機場航站。我這輩子再也不搭中國的飛機了。

「你覺得中國的飛機怎麼樣？」房先生忽然流利地說出一整句英語。

「可悲可嘆。」

「謝謝！」他說。顯然我用的字太難，他似乎沒聽懂。「我們再搭飛機到西安吧？」

「你搭飛機，我搭火車。」

「明天出發？」他帶著期待的口氣說。

「今天晚上。」

房先生顯得頗有倦容。如果我把他搞得很累，說不定他會暫時不管我。他並不會刻意煩我，但每次我看到他抓著一本字典跟在我後面十步，悄悄地觀望我，我都會覺得渾身不自在。我猜他現在可能想查出我剛用的「可悲可嘆」這個詞。

蘭州火車站裡出現一個侏儒，個子真的小得離譜，還不到九十公分高。起初我以為那是個小孩，但他走路非常篤定而且輕快敏捷，小孩走路是不可能這樣的。我再一看，他滿臉皺紋，而且皺著眉頭一副焦慮表情。他戴了一頂很小的帽子，穿著一雙很小的鞋。有人開始注意到他，我跟在他後面走進車站。

民眾開始指指點點，有人尖叫，有人喊他。有個人伸手找相機，不過來不及拍下照片。一個小孩看到那位侏儒之後，向旁邊的媽媽叫喊。然後最奇怪的事出現了。一群聾啞人士看到他了，大約有十五個人，他們發不出聲音，但看得出來很興奮，動作誇張地指著那位表情嚴肅的侏儒比手畫腳。他們一邊比手勢表達他們看到他的驚訝情緒，一邊試圖把他圍住，渾然不知他們正在上演一齣荒謬至極的小丑默劇，而那位侏儒只不過是個急著要回家的普通人。然後我聽到一陣爆笑聲，是一些路人覺得那群聾啞人士很好笑，而那個侏儒更是好笑。侏儒快步走開，群眾則瞪著這群聾啞人用暹羅舞者彈手指般的動作互相溝通。

中國人似乎從來不會掩飾自己對周遭任何事物的興趣。他們會很坦率地瞪著眼睛看。我看書的時候，他們會把臉湊到我的書旁邊，看我在讀什麼；我打開皮夾時，旁人會大大方方地看裡面有什麼；我打開行李包時，甚至會有一群人擠過來看我有什麼衣物。中國人很少單獨出現，他們通常都是一群觀看者中的一員，這使得他們可以放膽看。怪異的、可憐的人事物都可以讓他們看得目不轉睛。

蘭州火車站前出口大門的地方，大約有三十個年輕人排成一長排，手裡舉著旗子、標語牌、寫了金色字的紅色旗幟，還拉著長布條。他們默不作聲，耐心地站著，彷彿一群送葬的人。我心想搞不好他們真的是送葬隊，正等著靈柩從一〇四號列車下來。時間是深夜十一點，由於這裡是蘭州，這個時間的天候非常寒冷而潮濕。

「房先生，他們在做什麼？」

「他們在等著歡迎代表。」他毫不遲疑地回答。

「什麼代表？」

「會議代表。」

「什麼會議？」

「好多不同的會議都有可能。」他說。

我覺得房先生可能隨便給個答案來塘塞我，於是我繼續追問下去。

「也許是農業會議。」房先生說。

他的「也許」讓我覺得狐疑。我猜那些人可能在罷工或示威抗議什麼的，假如真是如此，那就很有趣了，因為《中國日報》從來不報導罷工抗議這類新聞。事實上大多數時候，民眾舉行示威抗議的訴求就是要中國的新聞媒體加以報導。當然，前提是他們必須能順利舉行示威抗議；要得到許可是很不容易的。

「那些標語說的是什麼，房先生？」

「我沒戴眼鏡看不清楚。」

「那麻煩你戴上眼鏡好嗎？」我說，「我很好奇。」

「哈！哈！哈！」他戴上眼鏡，身體往前傾著看，然後叫了出來。「哈！哈！哈！」

這個並沒有歡樂意味的哼哈聲應該是在說：我真是鬧笑話了。

接著他取下眼鏡，表情又變得非常肅穆。中國人的笑似乎經常有讓笑的人鎮靜的作用，它不只是在說明某個情況，更有一種排解壓力的功能。

「他們是在幫旅館做廣告。」

「哪家旅館？」

「很多家旅館。」

「多少家？」

「很多很多家，」他帶著哀嘆的口吻說，「旅客下火車以後，抬頭就會看到那些牌子。這家有好東西吃，那家的房間很好，這家比較近。各家旅館互相競爭，他們是在搶生意。」

房先生很驚訝這種急進的商業作為居然會出現在甘肅這個偏遠的省分。我想他大概也沒料到蘭州居然有這麼多餐廳、客棧和旅館。這比那些簡單的自由市場代表更多的意涵，足以象徵資產階級概念和競爭本能已經滲透進社會中了。

我說：「他們在走資本主義道路！」

房先生冷冷地回答：「我們現在已經不再說這句話了。」

我每次提到「階級敵人」、「走狗」這些詞語時，房先生的眉頭都會皺一下。

我們經過一個喧鬧場景：兩百名旅客爭先恐後地要擠進硬臥車廂的旋轉入口。我們從旁邊繞過去，敲了軟臥候車室的門。候車室服務員開門讓我們進去，並把我們帶到座位區。這些座椅的墊子做得實在太厚了。我在腦子裡記下我該把椅背套放進中國生產的過時物品一覽表中（其他項目包括：洗衣板、沾墨鋼筆、緊身胸衣、不求人〔抓背用的長柄扒〕、魚膠、痰盂、蒸汽火車頭……），然後我跟房先生借他那本字典。

在「道路」這個詞條底下有「資本主義道路」，「狗」這個詞條底下也有「走狗」一詞。我查了「自由」，看到一連串詞義解釋，每個解釋旁邊都有一個用作說明的例句。我把其中最有趣的例句記了下來：

中國人民享有言論、通信、媒體、集會、結社、遊行、示威以及罷工等自由。

資產階級思想不該被允許不受控制地傳播。

小資產階級對紀律的個人主義式違逆。

自由主義在革命團體中會造成極大危害。

我們不能自行做決定；我們必須請求領導階層指示。

這本中國官方的英漢字典是國家出版社於一九八五年重新印製的版本，但裡面提供的定義和例句都跟中國社會的實際生活有根本上的矛盾。我心想：只有等到這本字典獲得修訂及改寫後，我才可能相信中國真的改變了。字典內容顯然過時，但就像其他許多還在被宣傳的東西——馬克思列寧主義、毛主席思想的指導精神等胡扯蛋——它並不會發揮實際作用。這種思維已經死了，但卻還不肯真的躺下來。

午夜前後，火車開進車站。車站外一陣騷動，幫餐廳和旅館拉客的人搶著獲得剛出站旅客的青睞。我上了火車，走進臥鋪車廂，房先生已經不見蹤影。我找到我的床鋪，發現沒有其他旅客要到西安。臥鋪車廂空空如也，這是中國火車上最罕見的景象，值得我好好珍惜。這種情況幾乎稱得上奢侈，而且無疑帶來無比的舒適。我有自己的鵝頸燈、塑膠花、熱水壺、枕頭、毛毯、羽絨被。小邊桌上鋪了桌巾，椅子上有一點五公尺長的鉤織背套。

唯一惱人的東西是音樂。這次我用平常的橡皮筋把戲沒法操控旋鈕，只好拿出瑞士刀，從天花板上把擴音器整個旋開，在裡面拔掉電源，然後把板子裝回去，這樣我終於可以安靜看書了。我正在看的是魯迅的《阿Q正傳》，因為有位中國女士告訴過我這本書反映出中國人的民族性。截至目前為止，我看到阿Q的浮誇、愚笨、虛假和懦弱，他也會展現類似普特爾先生[1]那種對周遭事物的鬧劇式誤解。這是不是就是魯迅想表達的重點？[2]

我繼續閱讀。火車拖著笨重身軀往前挪移，汽笛發出充滿懷舊氣息的呼喊，這些都讓我覺得心情異常平靜。

☆

洗手間地面的排出口旁邊擺了一桶死掉的鰻魚，我是在半夜三更看到的。那真是個令人難以忘懷的景象，而且也幸好讓我看到那些死魚，因為隔天早上到餐車時，我問廚師今天有什麼菜，他的回答是：「好吃的鰻魚！」

1 譯註：查爾斯・普特爾（Charles Pooter）是英國作家格羅史密斯（Grossmith）兄弟發表於一八九二年的喜劇小說《小人物日記》（*Diary of a Nobody*）中的主角。

2 作者註：毛澤東曾說：「〔阿Q〕的突出特點是習慣於用自己安慰自己的方法，在任何情況下都認為自己是勝利者，即『精神勝利者』。阿Q主義就是指這種『精神上的勝利法』。」（《毛澤東選集》，第一卷，（英文版）二八二頁。）

他說這班火車的營運是由青島鐵路局負責，它才從海岸開進來，現在馬上又開回去。火車繞了中國大半圈，山東特產都上了車，有海鮮、軟糖和中國最棒的啤酒。

這時我們還在甘肅，朝東南方向向陝西省推進（陝西與山西很容易搞混，山西省是在陝西省東北方，東邊與河北接壤）。火車剛通過了天水，這裡的地景跟我在新疆乃至甘肅其他地方看到的又有天大的不同。這是一片經過精心開發的中國風景，泥山上雕出層層梯田，田裡長得密密麻麻的稻穀都已經成熟了。只有在下方的山谷底部，才看得到一些平坦的田地，除此之外，整片大地都經過人為介入，整個鄉村景致都是人類憑藉雙手打造而成：山坡上建有石牆，用來撐住梯田，到處都開闢出小徑、階梯，水閘、排水道、壟溝無處不見。這裡種的小麥比稻米更多，收成的小麥已經綑成堆，等著運去脫粒——很可能是由那頭深陷泥地、只看得到上半身的水牛負責載運。

人類占有這整片地景，加以形塑之後創造出實用功能。看起來不太漂亮，但整體上具有某種對稱性。我們沒法說「看看那片山坡的風景！」，因為那並不是山坡；整座山宛如一座巨型階梯，上面遍佈著梯田、以土牆護邊的水圳、土牆房舍和泥土路。中國人懂得製作精雕細琢的核桃雕，把那種工藝放大無數倍之後，就成了這些經過人工塑造的蜂蜜色山巒。就算山坡上突出一塊大岩石，他們也可以在上面造出一片田，而陡峭山坡上那些階梯和層次看起來有如馬雅金字塔。這種風景在中國西部相當罕見，遠看有幾分神似昆蟲創造的複雜泥土王國。這個完全人工化的景象，令人看了既驚嘆又害怕。當然我們也可以說，世界上所有城市都是完全由人工打造而成的，但這裡並不是一座城市，照理說它應該只是聳立在渭水兩側的山巒，可是人類的雙手卻已經把它完全揉捏過。

渭水淺而泥濘，流勢平緩，在這個時節裡，河上到處是沙洲。

中午時分，火車停靠在一個鐵路分叉點寶雞。這裡有個人告訴我：「渭水裡沒有魚。」話剛說完，他猛力清了一下喉嚨，吐了一大口痰在月台上，然後做出一個可能是禮貌性的反射動作——用鞋底把痰抹了一下。

彷彿所有人都在清喉嚨、吐痰，有時是一道痰快速噴向地面，有時則像拋物線失去動力，落在痰盂邊緣彷彿燭蠟般緩緩流下。他們一般習慣往垃圾桶或樹幹上吐痰，不過政府完全沒有宣導禁止在地板上吐痰，我甚至還看到有人在地毯上吐痰，只是事後一定會禮貌地用鞋底把它抹一抹。

寶雞車站的月台上，許多人走路都拖著腳，看起來有點像在溜冰，雙臂擺動活像翅膀拍打，肩膀彷彿慢跑般侷促地上下晃動。有些人走路則像動作神速的人偶，四肢不斷抽拉。有人踩碎步，有人步履沉重，有人低著頭，雙手往前伸，不斷為自己推擠出一條路。許多人的姿態非常粗俗不雅。我沒想到有些中國人會是這副模樣。

還有就是他們講話可以震耳欲聾，連珠炮般的聲音持續不斷，彷彿他們不是聾了，就是認為旁人都沒在聽，非得大聲嚷嚷不可。收音機和電視機也總是開到最大聲。為什麼會這樣？難不成這整個國家都失聰，或者這只是一種令人惋惜的不良習慣？

中國人經常把門開著，這似乎又是一個民族習慣。他們也喜歡穿內衣坐在火車裡。他們天生就知道該怎麼悠閒，連短短一段旅途都可以化為歡樂無限的睡衣派對。他們穿衣服和打包行李都一絲不苟，可是卻會到處亂扔垃圾，也可以把廁所搞成人間地獄。看到一群穿戴整齊的旅客走出被他們弄得一蹋糊塗的車廂，不禁讓人感覺匪夷所思。

中國人吐痰、喊叫、盯著陌生人看、在公共場所脫衣服，但置身於這一切之中，他們卻鮮少爭吵。他們極為害羞，幾乎可說是膽小，他們也謙虛而天真。毛澤東曾說：「謙虛使人進步，驕傲使人落後。」搭乘火車時，中國人也經常顯得若有所思。

☆

火車通過了渭水峽道，過了寶雞之後，大地開展了起來，變得比較平坦，麥田鋪陳其上。農民忙著收割、綑綁，用推車把麥稈運走。天氣變得非常炎熱，空氣灰濛濛一片，不過在這個悶濕的午後，因為收割的關係，田裡頭到處都是人。麥子的高度達到他們的胸口，當他們拿著鐮刀彎腰收割，身影就完全沒入田中。

這一帶的房舍非常破敗，不過即使看起來最貧窮的房子也裝了高高的電視天線。在中國的某些鄉村地區，這又是一個令人不解的謎：在充滿田園風情的環境中，居然會出現難看的公寓和軍營般的樓房。火車停靠在咸陽，中國第一位皇帝曾在這裡「坑儒」，活埋了四百六十名批評者。然後我們又通過渭水，這個河段的水太淺，連小船都無法通行；再穿越一大片麥田之後，火車駛進西安。[3]

☆

正式進入西安市區的第一個徵兆是四周高聳的城牆，它的樣子類似歐洲的中世紀城牆，興建於十四世紀明朝期間，不久前剛整修完成。城牆上有雉堞、崗哨和瞭望塔，並依據弓弩的大小開設窗口，這點跟萬里長城非常類似。也跟長城一樣，西安城牆的用途既是為了將某些人保護在城內，也是為了把另一些人阻絕在外。西安城牆高大而厚實，火車到站前行經北門，這座城門看起來像一座寺廟，有紅色的梁和龐大的拱形屋頂。城門旁邊有一面大旗幟，上面用六十公分寬的大字寫著：講紀律，守法律。

西安火車站是新建的，市區街道寬敞，規劃得非常整齊，彷彿整個城市的設計就是為了供人參觀。作為燦爛但宛如曇花一現的秦帝國都城，以及絲路的東方起點，西安一直被遊客視為必訪之地。早在八千年前，這一帶的居民就已經生活在相當程度的舒適中；西安東郊的新石器時代考古遺跡——半坡遺址，就是絕佳證明。西安的輝煌歷史首先讓人聯想到的是統一天下的秦始皇，他焚書坑儒，建造萬里長城，規範法律，統一貨幣、道路規格、度量衡，車同軌、書同文，舉世聞名的兵馬俑也是他下令製作而成。這些都是發生在兩千多年前的事，而早已被漫漫黃沙淹沒的兵馬俑，一直要到十二年前（一九七四年）被農民偶然發現後，才終於重見天日。

「我比較年輕的時候沒有遊客到西安來。」夏先生跟我一起在市區四處遊走時說。他是個三十二歲的當地導遊，是我在中國旅行期間聘請過的眾多導遊之一。「是有一些東歐來的參訪人員和專家，不過我從沒看過美國人。」

「他們是什麼時候開始來的？」

「當然是在兵馬俑被發現以後。很多人非常感興趣，後來又有越來越多東西出土。一九八〇年的時候有考古學家挖到銅製的馬和馬車。大家很喜歡看這些東西。」

這對中國人而言是非常棒的事。他們或許明白了一件事——觀光客的價值在於他維持注意力的時間長度。在一個極權國家中（就政治而言，中國當然也名列其中），觀光旅遊是個完美的措施。

3 作者註：經常有人指控毛澤東的作風就像秦始皇。一九六九年間，他對這種批評做了回應：「秦始皇算什麼？他只坑了四百六十個儒，我們坑了四萬六千個儒……。你罵我們秦始皇，不對，我們超過秦始皇一百倍！」原籍比利時的漢學家李克曼（Pierre Ryckmans，筆名西蒙・萊斯〔Simon Leys〕）在其著作《影子中國》（*Chinese Shadows*）中引述了這段話。

遊覽型觀光客四處參觀景點，等他們把景點看完以後，就可以走人了。非遊覽型旅客則會四處流連，他可能忽略博物館、美術館，會問一些不該問的問題，讓周遭的人感到緊張、困擾、甚至沮喪，所以最好趕快把他遣返回國。此外，典型的非遊覽型旅客錢花得不多，他行動不定，出沒無常，任由他到處闖盪是件危險的事。

我非常厭惡中國式的所謂「觀光」。我感覺中國人把自己掩藏在那些整修過的遺跡後面，藉此讓人不去仔細觀察他們的實際生活。而且他們的復建工作做得很差，通常可以說是失敗，油漆工程也非常潦草。那些地方總是又擁擠又吵雜。中國的情侶在日常情況中難以正常談戀愛，只好透過觀光活動躲開平日的干擾，大大方方地當情侶。在任何聖山或著名佛塔四周，都可以看到許多坐著不動的情侶在擁抱或（有時候）接吻。就算某個景點很難看或沒什麼意義，他們也不會抱怨，因為重點不在於景點本身，而是觀光、出遊這個儀式。

西安是我看過的少數例外之一。這座城市是真的很美也很有趣，有一種相當莊嚴肅穆的氛圍。這點跟中國大多數其他城市截然不同，那些城市基本上都規劃不當、工廠林立，被煤炭燻得發黑。可是西安知道自己的重要性。旅館如雨後春筍般立起，以容納迅速增加的旅客；在這個過去數世紀間偏離主要路徑的省城中，民眾似乎清楚意識到它已經成為赫赫有名的新興旅遊勝地。

西安市場中的攤販肆無忌憚地招徠生意。他們熱烈招呼顧客、討價還價，甚至不惜苦苦哀求。他們販賣模鑄的兵馬俑人像、蓆子、牛皮裁製的人偶，以及粗劣難看的小杯墊。他們把商品抓到你面前，然後大聲叫：「明朝古董！」

觀光客和自由市場經濟大約在同一個時間出現，因此最初的外國遊客正好碰到那些第一次有機會做小生意賺錢的貪婪商販，看他們拿著手工藝品揮舞叫賣。

有一小部分商品是真的好貨，源自閣樓儲藏室和舊櫥櫃：祖傳珠寶、年代久遠的裝飾品、積滿灰塵的香爐、有裂痕的玉璽、用銀鍛造的煙盒、絲質舊衣物、一些非常古老而美麗的真絲刺繡服裝、呢帽、玉觴、老銅鎖、木雕神像、銀指甲、華麗的髮簪、香水瓶、鼻煙壺、白鑞罐、精美的茶壺、有破損的盤皿、象牙筷、嚴重損壞的花瓶等等。

中國人完全靠自己的力量把政府推行的自由市場制度發展成生氣蓬勃的跳蚤市集。木作工藝創造出各式各樣的飾品和寶物，攤商及流動小販在中華人民共和國成立之後，首度化身為奮力糾纏顧客的生意人。

我在新疆時想到一件事，維吾爾人正在重新找回他們的本來面貌——旅行、游牧、做生意，堅守穆斯林教規，時時找機會換外幣。類似現象也在其他層面出現。過去為了毛主席而不得不假扮為政治鸚鵡的學者們，現在紛紛把自己打造成從前的士大夫模樣；賭博、喝酒重新成為生活常態；人民成為個體農戶、補鍋匠、修理師傅、小生意人。這些人生活在大城市周邊地帶，他們是新出現的自由市場一族。這群人的興起，分外引人遐思。

他們有選擇的餘地嗎？政治的大門向他們緊閉。他們不能移民。他們不能批評政府。共產黨彷彿就像共濟會那樣的兄弟會，非常神祕，可能也很險惡，而且差不多一樣難以加入。他們會做嚴格篩選，而最有機會被相中的是那些最順從、最像機器人、最唯唯諾諾的應聲蟲。

在這種情況下，又有誰不會挖出家中的銀器寶物，努力向觀光客兜售？

「這是老東西——很老的東西！」他們大聲喊著，「清初的！明朝的！只要五十塊！你願意付多少？出個價給我！」

這一切令我驚嘆不已。沒有定價，沒有固定銷售場所，沒有間接費用。只有一個眼睛張得老大的人拉著我的手臂，把一串老珠子遞到我面前。

這整個行業更有意思的地方在於，它賣的東西從可以查考的寶藏到徹徹底底的仿製品，可謂無所不包。我到驪山園參觀一座人造山丘，那很可能就是中國第一位皇帝——秦始皇的陵墓，而同樣很可能的是在西元前二〇六年，也就是他所建立的朝代結束那年，這座陵墓就已經遭到劫掠。

一名在驪山園附近的市集裡徘徊的男子發出噺聲吸引我注意，然後指著他襯衫上的隆起，表示那裡面有美妙的東西。

「你想賣東西給我嗎？」我說。

他噓了一聲要我別說話，並擺出擔心的表情。他小心翼翼地把他的寶貝秀給我看。那是一個有蓋子的黃銅罐，高約十二公分，上面有刻飾。

「兩百元。」他說。

我對他笑了一下，可是他堅持這個價錢。「你看看，」他說，「看它的邊兒，看這上面，仔細看。」銅罐上刻有性愛圖案，一共呈現五種性愛姿勢，外加一些小字說明及裝飾花樣。我也看得出來它已經有相當歷史，不是古代的東西，不過是真的老東西，應該是清朝，十九世紀。也許早於一八五〇年。我查了一下歷史書，知道那相當於道光時期。

「我出五十塊。」

他對我笑了一下，比我對他笑時狠些。

「怎麼了？」

「這可以放特別的藥。」他露出色瞇瞇的眼神說。

他是指春藥。這種容器裡除了這個，還會放什麼？

他把價格降到一百五十元，然後再降到一百元。最後我拿出八十元外匯券，我們的非法交易就拍板定案了。這雖然不是什麼寶藏，不過算相當稀奇，而且實在比旅遊路線上那座土山有趣得多。

仿製品不難看出來，不過那麼多人明知故犯地賣假貨這件事，有助於理解中國這股重新爆發的企業精神。這些仿製品有一小部分是小石像，不少是仿得很差的銅器，不過最常看到的是以大理石或石灰岩製成的頭像或雕刻，做得彷彿是從廟宇或洞窟劈砍下來的文物。「很古老，」商販都這麼說，「宋朝的！明朝的！清朝的！」他們出價非常高，然後逐漸降價。五十個其他商販在旁邊賣相同的東西，很可能都是產自同一間專門製造贗品的工廠，但這完全不會妨礙他們宣稱自己的東西是貨真價實的古董。

兵馬俑遺址旁邊最近開了一家特地興建的市場，規模很大，裡面賣的盡是這類東西：仿製文物、跳蚤市集常見的各種飾品，以及真正的寶物。政府用這種方式表示承認這些自由商販的存在。一部分賣場攤位有屋頂，使用者必須付一些低廉的租金；其他則屬於露天市集，硬體設施只有桌子和椅子，東西往桌上一擺就做起生意來了。

我跟一名攤商用一美元左右買了一個香水瓶，他告訴我：「外國人來的時候生意很好，不過中國人不買這些東西。他們不喜歡古董。」

不過中國人對兵馬俑倒是相當自豪。[4]我在那裡的時候，數以千計的遊客也在現場觀看那些人像，其中來自海外的人很少。多數中國遊客都是搭乘他們的工廠、合作社或工作單位租的舊巴士，

4 作者註：儘管如此，一九八七年六月間，有一些中國的打劫犯在西安試圖以八萬一千美元的價格賣一尊兵馬俑頭像給一名外國交易商，結果遭到逮捕，想必他們的下場是死刑。

從大老遠顛簸著過來參觀。他們衣著不怎麼體面，在炎夏高溫中汗流浹背，成群結隊地快步穿梭，站在造型像一座大倉庫般的兵馬俑博物館前露出笑容擺姿拍照。外國遊客拿起相機拍他們，有些中國遊客為了回禮（或說回敬他們的侮辱），也拿起相機拍外國遊客。

兵馬俑本身不容許拍照。這些古代塑像沒有讓我失望，它們實在太奇異了，要覺得失望還真不容易。這些僵硬挺直的塑像是實物大小的馬匹和戰士，數以百計的戰士身穿盔甲，彷彿在一個大如足球場的區域中行軍。他們個個都有不同的長相和髮型，據說每一尊陶土士兵都復刻了某個遍佈帝國全境的軍隊中的實際人物。還有一個說法是，各自不同的兵馬俑「展現東亞大陸居民的所有體型與相貌」，藉以強調中國的統一。無論原因為何，每個人物的頭部確實都是獨一無二的，而且他們的後頸部都刻了字，可能是士兵的名字，也可能是負責製作他的陶土雕刻家的名字。

這些塑像數目龐大，而且栩栩如生，使這整個地方顯得極為奇妙，甚至令人感到些許不安。當你欣賞他們時，會感覺他們似乎在往前（也就是往你的方向）移動。要用雕塑表現穿戴盔甲的人物非常困難，但即使這些兵馬俑身上都穿了厚厚的護腿和馬靴，袖子也顯得非常沉重，他們看起來卻都靈活矯捷，跪在地上的射箭手和弓弩手都神情警覺，幾乎與真人無異。

兵馬俑是秦始皇下令製作的，目的是守護他的陵墓，而這個陪葬部隊顯然在這位暴君生前就已經讓他非常陶醉。身為中國統一後的第一位皇帝，秦始皇向來好大喜功。在他之前，中國處於戰國時代的分裂狀態，當時萬里長城已經開始零星地興築起來。

秦始皇是秦莊襄王之子，本名政，於西元前二四六年繼承王位，當時年僅十三。不到四十歲時，他就已經收服整個中國，並稱自己為始皇帝。他建立全新典章制度，並派一位將軍帶領囚犯及農民修築萬里長城；他廢除奴隸制度（中國人民因而首度得以擁有自己的姓氏），燒毀所有沒有直接對他歌功頌德的書籍，用這種方式確保歷史從他開始。他的各種恢弘計畫致使人民徭役沉重、人心疏離，國庫被掏空。他三度遭逢刺殺陰謀。最後，他在出訪中國東部期間駕崩，他的大臣們為了掩飾皇帝之死，用死魚掩蓋住腐臭的軀體，運回都城安葬。第二位皇帝秦二世即位三年後被迫自裁，第三位皇帝子嬰（諡號秦殤帝）也遭到相同命運，在中共所稱的「中國歷史上的第一次農民起義」中被項羽殺害。

這段歷史中最令人驚異的不是秦始皇建立的豐功偉業本身，而是他在那麼短的時間內就完成了統一天下的工作。在他死後，他建立的偉大王朝以更快的速度在混亂局勢中崩潰。兩千年之後，中國統治者的治國目標與秦始皇可說幾乎完全雷同，不外乎征服、統一、一致。

至於兵馬俑，最獨特之處在於這些塑像完全維持原貌，不像中國境內旅遊路線中的其他古蹟那樣被胡亂修復。西元前二〇六年間，兵馬俑遭到叛變百姓破壞，他們侵入陵墓，盜走陶土戰士所持武器，包括弓弩、矛、箭、槍柄等，那些都是真正的武器。此後埋在土中的兵馬俑就被完全遺忘，直到一九七四年有一位農夫在挖井時，鏟子碰到一顆戰士頭部，他把它挖了出來，考古挖掘隨之展開。這些戰士塑像是中國古代重要藝術傑作中唯一沒有被重新著色、假造及遭到後續破壞的。假如它們在文革以前就被發現，無疑會遭到紅衛兵大肆破壞，就像他們搗碎、焚燒、熔燬無數珍貴文物那樣。

中國遊客湧向西安也是為了參觀華清池。這是一座唐代溫泉療養中心的遺址，一九三六年的西安事變就在這裡發生，當時進駐華清池佈署剿共作戰的蔣介石在兵變中被捕，扣押兩星期後才釋放。遊客擠在蔣介石跳窗逃跑的地方觀看，問「彈孔在哪兒？」的聲音此起彼落。

遊客也會去大雁塔、鼓樓、臥龍寺、半坡新石器時代考古遺址等地。在半坡遺址有一個標牌寫著：

在這個生產力水平還比較低的原始社會中，人類無法理解人體結構、生死問題及許多自然現象，於是他們開始有了最初的宗教概念。

遊客還會到大清真寺參觀，這裡還看得到許多信仰虔誠的民眾。這座清真寺建於一千兩百年前，屢次經過擴建、破壞、拆除、重建後保存至今。我參觀這個地方時，它正在進行整修。我問一位老先生西安有多少伊斯蘭信徒，他說有好幾百個，其中幾十人到過麥加。他還說文革期間清真寺成為飼養家畜的地方，主要是豬。這似乎是當時最普遍被用來羞辱伊斯蘭教徒的手段。我離開時他說：「我們是遜尼派，不是什葉派，不支持何梅尼。哈～哈！」

我沒聽過這種「哈～哈」聲，那意思似乎是：異端份子去死吧！

我走在清真寺的門廊和立柱間，看著那些阿拉伯文題字，然後又遇到一位老先生。

「Salaam aleikum（祝你平安）。」我用阿拉伯語說。

「Wa-aleikum salaam（也祝你平安）。」他回道。接著他改用中文問：「你是從巴基斯坦來的嗎？」

「不是，從美國來的。」

「美國有穆斯林嗎？」他又問。他在中文句子裡直接用 mussulmen 這個源自土耳其語的字代替中文的「穆斯林」。

「有啊，還不少。」我說，「你為什麼以為我是從巴基斯坦來的？我看起來像巴基斯坦人嗎？」

「也許吧。」他聳聳肩，「我也不知道，我沒看過巴基斯坦人。」

第九章　成都特快車

看到房先生側著頭瞇一隻眼，露出無奈又渴望的表情，一撮頭髮還亂糟糟地往上翹，我不禁感到難過。他有時候真的很沉默。他只是跟著我，或許心裡希望我會搞不清楚狀況出差錯。每當我請他幫忙，他都顯得非常感激。現在我們正在西安車站的軟臥車廂專用候車室，翻閱雜誌打發時間。他勤快地查字典，設法瞭解英文刊物《中國產品月刊》裡的一頁商品資訊，這情景使我看了更難過。我在翻同一本雜誌，他看的那一頁是「江蘇陶瓷廠」的廣告，這家工廠製造一些難看的小雕塑，有天使、耶誕老人、白雪覆蓋的教堂、米老鼠、拿弦琴的合唱團男童等。房先生在設法理解的是這類描述陶瓷產品的破英文：「天才的設計！生動的樣式！新鮮的顏色！無盡的有趣！」

他抬頭對我微笑，我看了覺得更沮喪，因為我猜想他的心情應該不好。然後我又想到他應該完全不是心情不好。他跟無數中國人一樣，只是性格矜持而認命，面對失望之情時，設法硬起脖子來。對，萬里長城是令人讚嘆的傑作，唐朝曾經燦爛輝煌，中國曾把日本打得落花流水，中國人發明了毒氣、衛生紙和小數點；但中國的漫長歷史中也充滿波折及動亂。他們確實忘記他們曾經發明機械鐘，不過我們無須為此感到不解。只要看看最近一百年間中國發生的動盪：太平天國之亂，令中國蒙羞的歐洲及日本殖民，義和團運動，一九一一年滿清帝國被推翻，孫中山建立民國，對日抗戰，第二次世界大戰，國共內戰，中華人民共和國成立，大躍進，各種歇斯底里的整肅及清算，以及達到瘋狂高峰的文化大革命。誰能不感到焦慮不安？這些突如其來的苦難與浩劫，無疑導致民眾對未來顯得幾乎毫無信心。最好還是別去想。此外，把失望表現出來是沒面子的事，這可能是中國人不會在送禮者面前拆開禮物、也不會加以評論（無論禮物是大是小）的原因之一。他們被驚動時的立即反應總是笑，這可能也跟面子問題有關。

身為俄文專家，房先生曾經教授普希金，在中俄友好的年代會到莫斯科及列寧格勒出差擔任翻譯，但在一九六〇年代卻因為教布爾喬亞、屬於資產階級的外語而被強迫在一條人鍊中接力搬石頭。現在，他被指派公開跟蹤一個不知感恩的美國佬搭火車穿越四川中部。所以，他不是抬起頭來叫「接下來玩什麼？」，而是露出羞怯的微笑。

他假裝沒看到我上火車，不過我向他喊了一句：「我們成都見。」

傍晚五點半左右，天色依然很亮，火車緩緩開出車站，穿過麥田和在田裡忙著收割的農民。火車也通過一連串小山丘、土墩，想必那是些陵墓，但恐怕都已經遭到劫掠。從前的人會把盜取的文物拿到政府的古物交換局換點小錢，然後政府會把文物放在國營商店中以高價出售；現在已經沒有人這麼做了。我在旅館聽說西安附近最近又出現一個新的考古挖掘地點，那裡有更多兵馬俑出土。我請他們提供進一步資訊，不過他們都說不知道，有可能是他們想要保密。

夕陽西下，蒸汽火車在一條側線上「恰克恰克～嘶！恰克恰克～嘶！」地前進，這時，一名膚色黝黑、滿身大汗的中國男子把廂房門打開，拖著四個大包包進來。

「我是從九龍來的。」他說。

他看起來身體狀況很糟，上氣不接下氣，胡亂摸索著包包背帶和拉鍊，拿出一串叮噹作響的鑰匙，把它掛在寬寬的皮腰帶上。他的運動鞋發出臭氣。他不斷用中文和英文說抱歉，眼睛腫得只剩兩條縫。

「我昨晚喝太多了。」

他忽然把包包擱下，衝出廂房。回來時，他一邊清喉嚨一邊說：「我到廁所裡吐了。」

又有一個人走進來。這種進進出出的情況相當平常，總是有人想找空的座位或床鋪，找到合適的位置以後，付個追加費就可以使用了。空的廂房通常不會空很久，而旅客來回進出的情形可以持續一整晚。

剛進來的這個人年紀算輕，樣子看起來有點兇。他的臉很結實，有個大肚腩和一雙大腳。

「我要睡這兒。」他拍了拍我坐的床鋪。

「這是我的床鋪，」我說：「我睡這兒。」

他不喜歡我這樣說。他穿的是某種制服——軍褲和卡其夾克。他讓我想到粗魯霸道的紅衛兵，而我很確定他一定是個超級黨棍。

我不理他，繼續寫我的日記，記下一些關於西安的有趣思考。那個「紅衛兵」轉而向來自九龍那個人嚷嚷。

「他說他要睡那個床鋪。」九龍男告訴我。

「抱歉。」我說。

我是第一個走進廂房的，而且這是我的床鋪，所以我可以大大方方地使用桌子和角落的椅子。我知道那傢伙想要我的位置，因為九龍男說：「他要寫報告。」

「我也要寫報告。」我說。

「他的報告很重要。」

「我的也很重要。」

「他的報告是要給政府的。」

「那一定是一堆狗屎。」

「他寫的不是什麼鐵路的東西。」九龍男說。

他們兩個都拿出香菸吞雲吐霧，廂房裡頓時煙氣瀰漫。我請他們不要抽菸。最近中國鐵路公司規定，只有在其他人同意的情況下才可以在廂房裡抽菸。這時時間已經很晚了，而且小廂房又熱又悶。

「這是違反規定的。」我說。

他們把菸熄掉，開始聊天，聲音很大，幾乎是在吼叫。九龍男是那種中文說得很糟的典型香港人，紅衛兵則來自烏魯木齊，一口劣質中文。這種語言問題完全沒有阻礙他們溝通的欲望，只是大部分時間他們都得互相打斷，不斷大聲重複已經說過的東西。我把窗戶打開，讓一點涼風透進悶熱的廂房。火車的黑煙馬上衝了進來，那「恰克恰克～嘶！」的聲音令我聽得牙齒打顫。

「他說他得寫報告。」

「我得先把我的東西寫完。」我說。

「他想抽菸。」

「只有經過廂房裡所有人的同意才可以抽菸，」我說，「可是我不同意。」

「他想知道為什麼牆上有個菸盒。」九龍男敲了敲牆上的煙灰缸說。

我看到列車服務員在外面走動，於是我說：「去問問服務員吧。」

「每間廂房都有菸盒，」紅衛兵帶著威逼的口氣說，「那是幹嘛的？」

「是用來把菸熄掉的。」我說，並狠狠盯著他，挫一下他的銳氣。

「我們應該合作。」他說。那意思是：別再當個討厭鬼。

「友誼為重。」他又說。

他幾乎是咬牙切齒地說出這句話。

「我沒管你的事，你也不需要管我的事。」我說，然後在心裡罵了一句：「死鬼！」

我繼續寫日記，可是他們兩個吼個不停，讓我無法專心，最後我只好到餐車去。時間已經過了八點，對習慣在六點半或七點以前吃晚餐的中國人而言，吃飯時間已經結束，不過服務員還是熱心地念出一串菜名。我點了菜，可是菜遲遲沒送來。我問服務員是怎麼回事。

「車上有外國人。」他回道。

「我就是外國人啊！」

「可是你是一個人，」他說，「我們得先把團體的菜做好。」

火車在寶雞停了下來，一星期以前我們也曾經過這個鐵路分叉點，不過這次我們要轉彎前往四川。八點半已過，菜還是沒來。服務員說：「有外國人……有團體。」

我說我快餓死了，請他快點把飯菜送來。但飯菜還是一直不來。

然後外國觀光團出現了，是十四個矮胖型的瑞典人，他們頭髮花白，手臂都曬黑了。其中有個人拿著一台錄影機。他摸摸弄弄那台機器，其他人則把手臂擱在黏黏的餐桌上。我還沒點啤酒，他們的導遊就把所有啤酒點光了。然後飯菜送了上來，先送給他們，最後才送到我桌上，這時時間已經超過九點。這些瑞典人吃得很慢，笨拙地用筷子夾起滑溜溜的麵條。火車在秦嶺站停靠時猛然一晃，結果有些麵碗都滑到他們的大腿上了。

「我還是會餓，」我跟服務員說，「還有什麼吃的嗎？」

「我們有香腸。」

「豬肉的嗎？」

「不是，馬肉。」

我吃了四根馬肉香腸，還挺好吃的。肉色偏黑，肉質堅韌，有強烈的煙燻味。

我回到廂房時，裡面擠了一堆人，有九龍男、紅衛兵和另外三個人。走道上也擠了一堆穿睡衣的人，還有小孩在尖叫，以及一些玩牌的人。電扇嗡嗡地轉，火車隆隆地跑。

「他是新疆來的，」九龍男說：「是個學生。他想知道你的名字。」

「我叫保羅。他坐到我的床上了，我想睡覺。」

我說話的口氣不怎麼客氣，結果轉眼間廂房就空了許多。我們把燈熄掉，但另外那三個人——廂房裡又來了一個新的人——繼續在黑暗中扯著大嗓門兒說話。

沒有破曉，只是霧氣顏色亮了些，也變得濃了些。火車在這個清晨時分從陝西進入人口密集的大省分四川之際，我看到一些長了許多節瘤的小樹，丘陵和山岳的模糊輪廓也映入眼簾。在這幅宛如一幅簡單水墨畫般的風景中，人看起來彷彿小小的墨點。

繚繞在山間的霧氣被太陽曬了以後慢慢變薄，綠意逐漸顯露出來，展現出一片鬱鬱蔥蔥的山林，以及下方的稻田。我彷彿在透過蝕刻玻璃看到這片風景，一切都顯得朦朦朧朧，但偶爾可以清楚瞥見山頭、田野、谷地的美麗輪廓。最明顯的線條是沿著山腳開闢的小徑，那窄小而緊實的泥土路看起來彷彿被烤得顏色相當明亮。在這片模糊的風景中，我看到許多人忙著鋤田、騎腳踏車或牽長毛豬到市場裡賣。

霧氣使風景顯得柔美，不過等到霧氣完全被陽光催散，原本充滿田園詩情的景象卻變得有股衰老的氣息。在這個潮濕的夏季早晨，農民正辛苦地進行日常勞務。中國的農人做的是非常耗費體力的工作，不過令人略感欣慰的是，近年來農民的生活開始變得不錯，賺的錢比老師或工人的工資多很多。自由市場經濟的發展確保農產品可以有好價格，他們不再需要以低得彷彿在折磨人的官定價把產品賣給政府。火車從陝西到四川只開了幾百公里，不過我們已經從小麥種植區進入稻米區。這裡比較靠近南方，天氣也比較溫暖潮濕。

這是在中國搭火車旅行的好處之一。這個國家從南到北充滿令人震撼、不解、感到矛盾的事物，而搭火車可以幫助旅行者建立視覺上的聯繫。所有其他旅行方式都會使人感覺無所適從，無法瞭解驟然改變的事物。不過即使是搭乘火車，有時旅人還是可能無法理解眼前所見的變化，但相對而言，火車還是可以提供許多解密的鑰匙。中國不是一個簡單的鄉村景色，它是由數百種農作物、一千種地景構成的大拼圖。有時火車只開了一小時，但景物已經全然變貌。

現在看到的是玉米田，收割的人正忙著把割下來的玉米投進麻袋裡。我看到水牛在吃草，一隻褐白相間、有橘色喙的鵜佇立在一塊水田中央，婦女身上綁著籠子，還有一個真人在扮演稻草人，原來是個小男孩揮舞著繫了藍色彩帶的長棍子在嚇鳥。有個人在溝渠邊釣魚，他用的是中國的方法，雙手各握一根魚竿。

我聽不懂那位霸道紅衛兵的中文，所以問九龍男願不願意幫我翻譯我的問題。

他說：「我也有興趣知道！」

「他是做什麼工作的？」

紅衛兵坐在床鋪上，彷彿在生悶氣。

「他在一個研究單位工作，是農業方面的。不對，是外語研究所。在烏魯木齊。」

「我不久前也到過烏魯木齊。」

「他說，到烏魯木齊的人很多。」

我說：「他在研究所教什麼語言？」

「他沒法回答你的問題。」

「他會說什麼外語嗎？」

「他說他在那裡工作——」

紅衛兵在床鋪上急促地說話。

「——他不是老師。」

「他的工作是什麼？」

「他是幹部。」

也就是官員。到底為什麼他們會用這個跟法文的cadre同樣概念的詞？或許是因為他們不喜歡「官員」這個詞，因為它聽起來似乎有封建主義和階級制度的意味。

「他是中國共產黨員嗎？」

「是。」

所以他屬於中國人之中的極少數。

「請問他是什麼時候入黨的？」

「八歲的時候。」

「不可能吧？」

接下來又是一陣急促的說話聲。

「他說是十六歲時，他在那時加入共產黨。」

「請問他以前有沒有當過紅衛兵？」

「有，他說他以前是紅衛兵。」

我很高興我一開始就猜到這點。不過為什麼他到現在看起來還是一副紅衛兵模樣？

「問他是不是造反派的成員。」據說造反派是紅衛兵裡最粗暴、最凶狠的一批人。文革結束很久以後，他們還在跟所謂「保皇派」的人鬥。

九龍男翻譯了我的問題，不過接下來一陣咕噥應該是代表「他問得夠多了」。紅衛兵從床鋪上跳下來，穿著塑膠拖鞋劈劈啪啪地走到外面的通道上。

火車逐漸靠近成都，九龍男告訴我這是他頭一次到中國。他姓張，年齡跟我一樣。他把護照拿給我看，讓我看到他的名字，而我們居然是同年同月同日生。

「屬蛇。」我說。

他已經結婚，有三個小孩，是個計程車司機（香港人說「開的士的」），到中國來旅遊是基於情感上的理由，跟無數海外華人一樣。當然也有比較實際的因素：折扣，免費贈品，同胞的善意，身為海外同胞安排事情比較方便，以及其他所有跟「民族裙帶關係」這個概念有關的東西。他在西安碰到一群司機，結果那些人買了一堆啤酒讓他喝得酩酊大醉。難怪他上火車時會是那副模樣。

「十年以後你就可以把你的的士從九龍開到中國了。」

「是可以，」他說：「可是我不想。」

「中國的的士司機很賺錢的，他們沒告訴你嗎？」

由於一般中國老百姓花不起計程車錢，搭計程車的客人都是老外。共產黨說這種現象會造成惡性影響，我也同意這點。我覺得中國的計程車司機這個族群非常固執而且貪財，可是他們的駕駛技術卻不怎麼樣。搭計程車的時間只要稍微長些，就一定會出個什麼意外，通常是你搭的車撞到腳踏車。

張先生說：「他們一天至少必須賺七十元，計費表達到這個數目以後，多出來的部分他們才可以抽成，可是他們只需要工作八小時。我們在香港每天都做十二個小時，生活很辛苦，吃的東西很貴，租金很貴，一切都貴得不得了。」

「也許中國政府接收香港以後會設法改善情況。」

「不會，他們只會毀了香港。他們沒有民主。」

「現在香港也沒有民主啊！它是個英國殖民地，總督是英國指派的。」我忽然想到，香港那個地方在政治體制上真的跟時代嚴重脫節。我說：「奇怪的是，香港很少人真的會說英語。」

「我們都說廣東話。」

「這就是重點了。香港其實是廣東省的一部分，英國文化並沒辦法滲入，它完全就是廣東。」張先生不想跟我爭辯這件事，他說：「我不在乎，我打算到美國去。」

「你是指永遠離開香港？」

「對。我有個姊姊在舊金山，我也已經向香港的美國大使館提出簽證申請了。」

「你到了美國還會開的士嗎？」

「不會，我會到餐館工作。」

「中國餐館嗎？」

「當然，那裡有很多，在中國城。」

「你去過美國嗎？」我問他。

「沒有，」張先生說，「不過我跟朋友聊過了，我到那裡的話，每星期可以賺八百美元。」

「做什麼工作？」

「可能是當廚師。」

「你說『可能』是什麼意思？你會做菜嗎？」

「我是廣東人，我想我知道怎麼做廣東菜。」

「為什麼不待在香港？」我問他，「你真的怕中國接收香港以後，情況會改變嗎？」

他想了一下，然後說：「在香港工作太辛苦了。在美國比較好，生活比較好。」

「為什麼不去英國？」

「我不想去英國，那裡生活不好。」

「你到過英國嗎？」

「沒有，不過朋友跟我說過了。」

他開始收拾行李。時間接近上午十一點，窗外是一片濕氣蒸騰、綠油油的風光，稻田的景象不斷閃過。不久，火車就要抵達成都了。張先生顯然已經對我的問題不耐煩，不過我對這個人真的很好奇，他居然已經決定完全放棄在香港的生活，移民到美國追求「美好新生活」，生活在中國城那個小小天堂裡，跟已經在那裡落地生根的其他中國人一樣，賺美國薪水，可是不需要融入美國社會，不需要對那個民族熔爐般的大共和國做出任何遷就。這個殖民地子民居然排斥殖民母國——英國，這點也令我非常驚訝。

「英國首相是誰？」

「我不知道。」

「中國領導人是誰？」

「鄧小平。」

「美國總統是誰？」

他疑惑了一下，不過只是短短一下。「總統嘛，」他開始認真思考，然後抽了一口氣說：「尼克森。」

尼克森都已經離開白宮十二年了。

「你說尼克森是現在的美國總統？」

「對，應該是。我很喜歡他。你喜歡嗎？」

「不太喜歡。」

「你支持哪個黨？自由黨，還是另外那個？」

「自由黨，」我說，「其實真正的稱呼是『民主黨』。」不過張先生沒在聽我說話，他正忙著背起行李，等火車開進成都站。我說：「順便請問一下，香港現在的總督是誰？」

「某某爵士之類的。」張先生說著就忙不迭地下了車。

☆

在一家人聲鼎沸、燈光昏暗、氣氛有點像車庫的餐廳「陳麻婆豆腐」（這裡號稱是麻婆豆腐的發源地），我往鏡子裡瞧了一下，發現房先生正瞪著我的後腦袋看。服務員先送上一碗我點的麻婆豆腐，然後又端來一盤紅油炒手。我沒點這道炒手，菜單上沒這東西，是他們從外面的攤子買來的。

「是那位先生要請你的。」服務員指了一下餐廳後方說。

可是這時房先生已經離開了。過去幾個星期以來，他一直很注意在觀察我，他知道我喜歡餃子，可是沒有直接跟我說過。他悄悄點了炒手給我這個舉動讓我很感動，可是我也不免起了點疑心：他到底還觀察到我哪些事？

這道麻婆豆腐裡用來調味的材料包括油、洋蔥丁、豬絞肉和切成跟拇指指甲差不多大的紅椒。煎餃的餡料是菠菜。米飯潮濕結塊，不過我已經習以為常了。中國人用大鍋子煮飯，煮出來的結果經常都比較溼黏。這種館子可以算是中國式的速食餐廳，民眾走進來以後很快就用完餐離開。我附近坐了一位盲人和導引他的男孩，那盲人緊緊握著男孩的手腕。食客們飽餐一頓以後，有的把鼻涕擤在手指上，有的「咳」一聲清喉嚨，或把痰吐在地板上。

我看到一個人正準備往痰盂裡吐痰，趕忙把頭別開。像我這樣覺得餐廳裡擺個快要滿出來的痰盂不太妥當，到底算不算是個老古板、大驚小怪、種族中心主義的蠢老外？

我看到一名女子在看我。

「你是美國人嗎？」她帶著期待的語氣用英語問我。

這位女士姓紀，她說她很高興遇到美國人，因為她最近去了美國一趟，玩得很開心。她主要是為了拜訪親戚，大部分時間待在西雅圖，不過也到舊金山、洛杉磯轉了一下，甚至去了拉斯維加斯，在那裡試了一下手氣，結果沒賺也沒賠。

我在上海時遇到過一位女士，她告訴我波士頓中國城的景象使她看了很沮喪。她說那地方看起來又愚蠢又老朽，彷彿是廣州的貧民窟。那些人難道就只會像一群乖乖聽話的羊一樣，搞不出什麼新花招嗎？我問紀女士，她覺得那個上海人生氣有沒有道理。

「我明白她的意思，」紀女士說，「我不喜歡美國的食物，所以我大都是上中國餐館吃飯。那些餐館都很糟，所謂四川菜館，完全不行。」

「不過沒有太多人會吐痰，」我說，「這些痰盂——」

「中國人太會吐痰了，」她說，「政府正在設法消除這個習慣。」

到處都可以看到關於吐痰的宣導海報，不過目的並不是真的要禁止吐痰，而是告訴民眾吐痰要吐得準些。簡單說就是：請使用痰盂。

我們繼續聊了一會兒，我問她家庭方面的事。她說她離婚了。

「幾年前我愛人遇到一個年紀輕的女人。」她說，然後主動透露自己的年齡：四十八歲。

「離婚容易嗎？」

「很容易。」

「中國有很多人離婚嗎？」

「很多。」

她沒有多說什麼，不過總之這是個敏感話題。中國社會中存在著一些眾所皆知的壓力源：缺錢、住房擁擠、官僚體制、一胎化政策等，還有許多夫妻因為工作關係被迫分居兩地（處在這種狀況的配偶比例相當高），他們被分配到不同工廠、不同城市，有時甚至是不同省分。許多離婚夫妻是文革期間農民與知識份子之間的配對。

也許我的問題讓紀女士不好意思了。在坦率地說了一些話之後，她忽然變得害羞而保留，然後匆忙就離開了。她是不是發現有人在觀察她？我付了午餐錢，走出餐廳散步。

成都有不少佛教寺廟和漂亮的公園。過去二十年間，中國有許多城市失去了城牆、城垛和美麗的城門，成都便是其中一個；不過有趣的是，成都是少數還在一條大街上保留高聳的毛主席雕像的城市之一。隨著時間過去，那些雕像遲早會消失。成都毛主席像的規模在中國名列前茅，它不但沒有被拆除，甚至沒有被破壞過。毛澤東生前喜愛唐朝詩人杜甫的詩，因此當年杜甫的住所——位於成都西郊浣花溪公園內的杜甫草堂，儼然成為民族聖殿。不過成都這座城市本身大而無當，嚴重缺乏魅力，雖然少數傳統市場和店鋪住宅還在，但絕大多數都已經遭到拆除，換成一棟棟工人住宅和高樓大廈。

鼓勵民眾住在大城市及高樓大廈裡可以讓政府更容易管制他們的生活。當然，中國的城市一直都很擁擠，但中華人民共和國將中國城市的魅力全面剝去，使它們變得索然無味，並不斷提醒人民，他們只是大機器中的小螺絲釘。我走在成都市區，一邊舒展筋骨、消除長時間坐火車所造成的疲勞，一方面思索這個問題。中國的城市讓我覺得非常渺小、無足輕重，它們不是可以讓人閒逛、漫步的地方。中國的城市就像一座巨大迷宮中的某個角落，而且走不了多遠就會遇到障礙；道路會忽然結束，不是設了路障，就是有檢查哨。難怪所有人都搶著擠上火車。中國人到了西雅圖或舊金山以後會想留在那裡，也是沒什麼好驚訝的事。

有一天我在成都郊區漫步時路過四川人民醫院，那裡看起來非常忙碌，或許是因為我剛好碰到探訪病人的時段，總之就是醫院一帶人潮熙來攘往。醫院對面的馬路邊，賣水果和蔬菜的攤位已經架設起來，民眾可以到那裡買禮物給病人。不過在這些攤位中有六、七個是賣藥的郎中，他們賣的藥除了鹿茸、鳥喙、蛇皮之類騙人的東西以外，也有許多中國醫院會接受的漢方草藥。江湖郎中挑這種地方賣藥是很聰明的決定，他們顯然是希望如果有人不滿意醫院提供的治療，就可以到這裡來買蜥蜴乾、鹿茸粉這類東西當作補充藥方。

我走到哪裡，房先生就跟著我到哪裡，一樣是那副遲疑的模樣，緊張兮兮地跟在我身後一段距離，然後在我們目光不經意交會時露出微笑，不過那微笑總是帶著某種害怕。

我在成都市中心附近經過一幅宣導家庭計畫的大型海報看板，上面呈現一位中國領導人在歡迎一個小女嬰來到這個世界（女嬰的父母把她抱給領導人，等待他的嘉許）。海報下方寫著：中國需要家庭計畫。

我回過身想請教房先生，剛巧看到這位老兄發出一聲驚呼。他馬上恢復鎮定，對我露出笑容。那笑容應該是在說：真不好意思我尖叫了。

「那人看起來很眼熟，」我說：「是周恩來嗎？」

「沒錯，是周恩來。」

「為什麼把他擺在家庭計畫宣導海報裡？」

「人民喜歡他，大家都尊敬他。」

「為什麼不放毛澤東？」

「在家庭計畫宣導海報上?!」房先生說。他認為這個想法很荒謬不是沒有道理的，畢竟當年毛澤東曾經大肆鼓吹中國人多多生育。「那樣不太好。」他接著說。

我問他目前一般人民比較尊敬毛澤東還是周恩來？

「我自己是比較喜歡周恩來，我想很多其他人也是。不過我沒辦法幫他們表達意見。」

「房先生，你為什麼比較喜歡周恩來？」

「他誠實，是個好人。還有就是文革期間他吃了很多苦。」

「他被批鬥了嗎？」

「在公開場合沒有，是在他們內部，可是這樣更慘。老百姓也都知道。」

繼續往前移動以前，我問房先生：「你何不乾脆回酒店休息休息？你沒必要這樣跟著我。」

「我們中國的做法就是這樣。」他說。

成都的公園吸引一種比較新派的中國年輕人。我在六月的這個下午觀察一對年輕情侶走進成都一處郊區的人民公園，第一個注意到的是，那男的看起來完全不像家庭計畫海報上的年輕爸爸。他嘴巴上叼著一根特長規格香菸，手裡提著公事包造型的卡式收音機兼錄音機，正在大聲播放刺耳的音樂（可能是香港的熱門音樂卡帶），音樂聲淹沒了他們的說話聲，也驚嚇了公園裡那些看起來有點灰頭土臉的雀鳥。他穿了一件T恤，上面寫了大大的Cowboy（牛仔）字樣，圖案則是一個頭戴牛仔帽的長鼻子男人。他還穿了緊身牛仔褲和厚底鞋，高高的鞋跟略顯娘味。他的頭髮是經過專業燙髮做成波浪形，這種廣州時髦髮型傳到上海之後，最近也在成都地區流行起來。他戴著太陽眼鏡，收錄音機提在手裡頭晃啊晃，還故作瀟灑地吐出一個個煙圈。

他的女朋友（看他那副努力表現給對方看的模樣，那女的絕不會是他太太）穿了一件輕盈飄逸的粉紅色洋裝，有可能是她自己做的。她也穿了年輕女孩喜歡的尼龍及膝長襪，以及一雙高跟鞋。她還戴了一副太陽眼鏡，鏡框上裝飾了水鑽。

這天他們休假，到公園裡休閒一下。稍後他們會走到一棵樹後面，在那裡用老套的方式卿卿我我一番。公園裡和林蔭大街上有很多這樣的情侶。他們是中華人民共和國的新生代、共產革命的繼承者，但他們的座右銘是「把握機會，能撈就撈」。

我問房先生有沒有看到那對男女，他說有，然後表示他很不欣賞這種年輕人。

「都是文化大革命搞出來的，」他說，「他們看得出那是一場災難。那段時間裡，整個社會都被擾亂了，什麼都沒有人遵守，所以現在這些年輕人盡是這副模樣，沒禮貌，沒紀律，沒思想。」

「聽起來你很生氣呢，房先生。」我說。

他沒有回答，只是又笑了一下——一陣尖銳、斷斷續續、有種爆炸感的笑聲，意味著他非常憤怒。

先前房先生就說過他不喜歡現代中國小說，他的意思是最近寫出來的東西讓他覺得反感。《北京文學》、《收穫》、《每月文學彙編》裡描述那些被寵壞的任性小孩和花錢如流水的兔崽子，到底他們都是些什麼人？其實就是每天我們都會在公園裡看到的那些年輕人，他們設法擺出一副酷模樣，多少也就等於模仿西方人的樣子——太陽眼鏡、捲髮、厚底鞋、及膝長襪、喇叭褲、牛仔褲、電晶體收音機、耳機，少數命特別好的還會有摩托車。女孩無不夢想要有花俏的胸罩，而這大概是在中國最多餘的衣物品項了。

說到胸罩，我倒想起徐乃健於一九八二年發表的一篇小說《因為我是三十歲的姑娘》。在這個隱約指控極權政治扼殺愛情的故事中，身為「剩女」的女主角的表妹告訴她：「你穿這是哪門子胸罩，這麼大，難看死了！到新街口買個新款的去。他們那兒有很棒的樣式，廣州做的。你可真落伍呦！……」（轉譯自一九八五年出版的英文版《*Because I'm Thirty and Unmarried*》）

中國政治家及旅行家梁啟超則精準描述了中國人在面對東方和西方之間的選擇時，所感受到的心理矛盾。他在一九二〇年出版的《歐遊心影錄》[1]中指出：「國中那些老輩，故步自封，說什麼西學都是中國所固有，誠然可笑；那沉醉西風的，把中國什麼東西，都說得一錢不值，好像我們幾千年來，就像土蠻部落，一無所有，豈不更可笑嗎？」[2]

房先生繼續跟我走在街上，不過一如既往地是走在我身後幾步路。我們路過一家點心攤，聽到有人在大聲唱歌，那喧鬧的聲音是在設法臨摹一首音調高亢的中國歌曲。唱歌的是個男的，他背對著我們坐在一張桌子旁邊。他身邊那兩個同伴神智清醒，臉上露出嚇壞了的尷尬表情，唱歌那人看來應該是已經達到中國人喝醉酒的最高境界：滿臉通紅，高聲唱歌，嘴角還淌著口水。要是再讓他喝一瓶啤酒，他的眼睛一定馬上腫脹，氣也喘不過來，可能很快就不支倒地。

「這也是文化大革命的結果，」房先生說，「他還在乎什麼嗎？他已經失去所有的紀律，連自尊都沒了。這種行為真是糟糕透頂。」

然後那男的站了起來，他還在唱歌，整個人搖搖晃晃。他把身體轉向側邊。他沒看到我，不過我看到他了——是張先生，九龍那個計程車司機。

1 譯註：梁啟超密切關注世局發展及其對中國的影響，於第一次世界大戰結束後旋即辭去段祺瑞內閣財長一職，赴歐從事巴黎和會的會外運動，並在歐洲多國考察見學一年有餘，一九二〇年春回國後寫成《歐遊心影錄》。

2 譯註：引自《梁啟超遊記》〔《歐遊心影錄》、《新大陸遊記》合輯〕，二〇一二年，北京，東方出版社，四八頁；作者取材自英文版《歐遊心影錄》（*Travel Impressions of Europe*），二四二頁。

第十章　旅宿峨嵋山：開往昆明的二〇九號列車

全世界最大、也可能是最難看的佛像，距離成都大約是三小時的火車車程，位於成昆鐵路沿線的河濱城市樂山。樂山大佛和它周邊的寺廟使這裡成為重要的進香地點。大佛座落於三條河流交會處的岩壁中一個跟峽谷一樣大的凹處。據說因為河水匯流造成的湍急水勢使無數船民溺死，於是當地居民在一千兩百年前興建了這尊大佛。即便是在今天，當我來到現場觀望，還是可以看到舢舨上的船夫艱辛地與激流搏鬥。

不過與其說這尊佛像是個讓信徒朝拜的物體，不如說它鮮活地說明了中國人對奇特事物——特別大、特別詭異、極端不尋常的東西——的高度興趣。大佛的耳朵足足有四公尺長，中國遊客會在大佛的大腳上嬉戲，佛像大腳趾的指甲上可以停得下一輛汽車。近看這尊大佛會覺得很像童話故事《大人國》裡的巨人——很大，可是很平凡，而且身形不成比例，雜草還從身上的裂縫中長出來。我心想，從河面上看這尊佛像，或許不會覺得這麼醜怪。那個星期河上有龍舟賽，我也順道看到更多詭異的行為：划龍舟的人把驚慌的鴨子丟進河裡，然後划著他們那漆得非常鮮豔的船去追趕鴨子。

樂山一家餐廳裡聚集了一些划龍舟的人，他們唱歌、暢飲啤酒，舉行喝酒比賽（輸的人必須把衣夾夾在耳朵上，使自己看起來像個超級蠢蛋）。我點的午餐包括這個舒服城市的幾道特色菜：青蛙腿、四季豆仁，然後我便動身前往神聖的峨眉山。峨嵋跟樂山一樣也是個朝聖地，信徒認為爬上這座高達三千一百公尺的聖山是虔誠的表現，這裡可以說是前往更神聖的西藏之前的最後一個中途站。

我在峨眉遇到一個由八個老人組成的小朝聖團，他們年紀都已經七十多歲，手上拄著登山枴杖，身上背了製作得非常精巧的柳條籃以及一綑綑的食物。他們是很典型那種裝備輕便、滿臉笑容的朝聖者。

「你們是從哪裡來的？」

「萬源。」

萬源位於超過四百八十公里外的四川省東北部。

「你們為什麼到這裡來？」

「我們來拜神。」

「接下來我們要到成都的武侯祠，」一位老婦人接著說，「也是去拜神。」

這些老婦人戴著一種類似修女帽的頭飾——細心摺疊，然後用別針別住的漿挺白布；她們穿著護脛般的厚襪子，跟同行的老先生們一樣也拄著拐杖。一群人都很硬朗、豪爽，也非常風趣。有幾位女士抽菸斗，還有一位抽的是雪茄。男士們穿著有大袖子的斗篷。他們說他們已經登頂過了，我不禁肅然起敬，因為他們腳上穿的不是涼鞋就是薄薄的布鞋。

中國有五座聖山，稱為「五嶽」。中國的佛教徒以及許多外國健行客都夢想能把這五座山全部爬完。麻煩的是，由於這些山岳非常神聖，而且是位於中國，因此數千年來山客一直絡繹不絕。登頂的路早已鑿挖出階梯，整條路上都是麵攤、賣明信片的鋪子、兜售念珠串的和尚、流動商販、水果販，還有許多幫遊客拍照的攝影師，每張收費一元。在體力充沛、奮力往山上爬的老奶奶們之間，也有很多穿中國T恤的美國遊客和穿美國T恤的中國遊客、背著大背包的德國人、手上拎著法文版中國旅遊指南的法國人。這一切皆無損於聖山的神聖，但確實使登山本身少了些樂趣。

不知為了什麼原因，峨嵋這個地方有很多猴子，是很會皺眉頭那種恆河猴。牠們會騷擾朝聖客，偷抓他們的食物，然後慵懶而自信地騎上食物主人的後頸，坐在那裡讓兩隻腳吊在他胸口上晃呀晃。牠們這樣騎著人前進時，還會剔牙齒。在峨嵋附近的一條鄉間小路上，我看到一名騎腳踏車的男子就這樣讓猴子騎在自己肩上，彷彿一對父子開心出遊。

我住宿的地方說是「峨嵋鐵路大學」，這是房先生的安排。事實上這裡是西南交通大學的峨嵋校區，有多達三萬名學生。我住在學院的賓館中，由於它是「現代化」的新設施，因此不能免俗地具備中國人專為他們最昂貴的建築物所添加的詭異特色。一旦這些建築物脫離傳統中國建築的範疇，就會出現一些奇特的東西，譬如露臺上的水泥傘、縫有襯墊的絨布牆、餐廳中顯眼的保險絲箱、熊貓壁畫牆、浴室裡的仙人掌（彷彿在暗示浴室沒水）、嚇人地突出在牆壁上的電線、天花板上看起來彷彿諷刺漫畫的水漬、擺設在狹小房間裡的超大沙發等等。這種地方還有一個常見特色是倒映出周遭景物的水池。這種造景水池非常具有娛樂效果，因為你永遠無法預期那裡面會有什麼：死魚、鞋子、自行車輪胎、生鏽的罐子、筷子……但就是不會有美麗的水藻這種無聊東西。峨嵋這裡的造景池水放得很滿，水裡有一塊從牆上掉落的大鏡子，已經在池底粉身碎骨。

「你覺得賓館怎麼樣？」房先生問我。

「很棒，」我說：「我想待久一點。」

可是賓館廚師打量了我之後，做了一件中國鄉下廚師所能做的最殘忍的事之一——他做了西式食物給我吃，或者該說是他認為是西式食物的東西。沒煮熟的馬鈴薯，肉還紅紅的雞，水煮甘藍菜，以及一種看起來很怪的東西，我忍不住問那是什麼。

「威——」

他的英文跟他做的西菜一樣勉強，不過最後我還是搞懂他的意思了：他是說「維也納炸小牛排」。

不過我挺喜歡這個地方的。我在內蒙古、嘉峪關、吐魯番、烏魯木齊也有過這種感覺，而那些地方都位於中國比較原始而空曠的地區。我已經厭倦了中國的城市，可是這裡的小城生活令人很愉快，我可以在鄉間自由自在地晃上一段很長的路，看農夫鋤田、看豬在泥裡打滾。在一些偏僻的小村莊裡，我看到小朋友坐在茅屋前寫作業。

☆

峨嵋的火車站設在一條長長的泥土路盡頭，附近有一個市集賣水果和花生給登山朝聖的人，這些人爬完山以後回到車站一帶，倚著拐杖耐心地等候火車到站。然後，在麻雀啁啾鳴叫及竹林的沙沙聲響中，火車汽笛聲響起。我很喜歡這種鄉下的火車站，等火車時置身於一片稻田及圍繞在四周的四川山巒中，感覺實在很完美。呼哧呼哧的大火車準時抵達，準備把我往南載到雲南。前往昆明的車程長達二十四小時，所幸這輛火車出奇地空，我一個人獨享一間廂房。由於這個地區氣候炎熱悶濕，廂房裡沒了抱枕，但擺了草蓆。

「從這裡到昆明有兩百座隧道。」查票員幫我剪票時說。他話才剛說完，我們立刻置身於一片漆黑之中，火車進了第一座隧道。

我們四周是一座座圓錐狀山丘，由於坡度實在很陡，梯田只開發到半山腰。在中國這種竭力發展土地經濟的國家，這還真令人覺得不尋常。由於天氣陰霾，雲層極低，瀑布彷彿從雲間直落而下，山徑則沿著山坡蜿蜒而上，消失在霧氣中。

隧道數目之多，代表我們一整路都會置身山中——起伏的山巒，深邃的山谷，跨越峽谷的狹窄吊橋。山澗兩側地勢險峻，非常壯觀，狹長的谷地夾在高聳的山脈間。凝視著這些壯麗風景，不難想像前人開闢鐵道的艱辛。事實上，在一九七〇年代初期以前，這條鐵路線的許多工程問題一直被認為無法克服，但拜無數士兵和囚犯搏命建設之賜（當年他們如果怠忽職守，可能會被槍斃），鐵路終於順利完成。

鐵路無法直接穿越大雪山脈，因此它是從山脈邊緣地勢比較低的地方繞過，在山側穿出一座座山洞，越爬越高，然後轉個大彎，往相反方向而行。這時往下一望，看到隧道入口就在腳底下，才知道原來火車還在同一片山坡上，只是攀得更高了。不久後，火車終於翻過山頭，轉到另一座山谷，再次盤旋往下方河谷而去。這條河叫大渡河，河道非常寬，河水比天上的烏雲更灰。沿河望去，所見大都是石頭，一些漁夫坐在河岸上用長竿釣魚或用古老的魚柵捕魚。

這是截至目前我見過最陡峭而密集的山區，而且火車最多不到幾分鐘就會開進另一座山洞。因此為了閱讀或寫東西，我必須讓廂房裡的燈一直開著。某個時候火車通過一處明亮的山谷，兩側有巨大的白色岩石坡，靠近山腳的地方開闢了農園，有些菜園呈四十五度角傾斜；一晃眼，火車又轟隆轟隆地通過一條黑暗的隧道，嚇得吊掛在壁面上的蝙蝠驚慌竄飛。這條路線上的乘客免不了抱怨旅途太長，不過它無疑是全中國最美的火車旅行之一。我不明白為什麼遊客總是急著從一座城市轉往下一座城市，飛快地參觀景點。中國存在於所有那些地方的中間，而這個中間只有搭火車才能抵達。

我來到空空如也的餐車。廚師問我：「你午餐想吃什麼？」

「我們這個是四川的火車，對吧？」

「對。」

「那我來些川菜好了。」

他給我送來川椒雞、麻辣豆腐、青椒炒肉、青蔥爆炒薑片、湯和白飯，一共相當於一美元，然後我回到廂房裡午睡。在某些國家，搭火車有如一段暫停的時間，旅客只等著抵達目的地；在另一些國家，火車旅途本身就是貨真價實的旅行經驗，其間點綴著餐食、睡眠、運動、交談和風景。現在這趟火車之旅當然屬於後者。午後三點鐘左右我醒過來時，發現外面的雲霧已經消散了，長長的火車鳴著汽笛，已經從險峻的谷地開上比較高、視野比較開闊的山巔。

我坐在窗邊凝視景物飛馳而去。在一條山徑上，四隻大小各異的黑豬排成一排，小跑步前進。有些山巒被侵蝕出一道道溝壑，有些則遍佈矮松林。深深的紅色山谷，光禿禿的土壤，植被濃密的綠色山丘。河流跟黏土質地面呈現一樣的紅色。這時颳起風來了，火車站的刺柏枝葉震顫，忽而被吹彎了腰。由近到遠層疊著五座山脈，各自顯出不同的灰藍色調。火車來到一處叫沙馬拉達的美麗山谷小鎮，在堅固的房屋和瓦片屋頂後方，十個赤身露體的小孩在泥岸上翻筋斗、跳入河中戲水。這時時辰還不晚，但太陽已經逐漸潛入山後，山谷中出現長長的森冷陰影，彷彿山巒披了斗篷垂盪而下。

夜幕降臨之前，我在一處山谷的盡頭看到鐵道下方有個平台，那是一座墓園。墓園有很大的石砌大門，上面有一顆紅星，紅星圖案通常代表與人民解放軍有關的事物。這個墓園大約有五十座墳墓，它們像方形的石造盒子，裡面擺放了鮮花。除了在穆斯林的地區，例如新疆或以回族為大宗的寧夏，在中國並不容易看到墓園，至少不容易看到新的墓園。墓園被視為浪費空間，通常死者在火化以後，骨灰會被放在家裡的架子上，旁邊可能擺了茶葉罐、塑膠花、蘇某某或林某某參加工廠旅遊活動時在某某湖畔拍的照片、附有溫度計的月曆、小白貓玩線團的織錦畫等。

我問了一下那座墓園的事。

列車長何先生說：「那裡埋葬的是鐵道興建期間因公殉職的人員。這個工程非常艱鉅，前後一共花了十年呢！」

也就是一九六〇年代初期到一九七〇年代初期，那是一個愛國主義高漲、民族思想勃發的時代。那時不但願意犧牲奉獻的軍人和工人數量是前所未有地龐大，而且還有為數眾多的政治犯參與建設。那群鬥志高昂的人所付出的努力，造就出這條鬼斧神工的成昆鐵路。

我逐漸進入夢鄉，但睡得斷斷續續，因為每次火車進入隧道，車廂裡就會充滿火車的呼嘯聲，以及車頭排出的黑煙和蒸氣。天亮時，我們已經置身在地形起伏更多、氣候更潮濕的雲南山區。由於雲南省大部分地區海拔比較高，這些山谷終年氣候涼爽，四季如春。

早上七點，一位脾氣不好的乘務員就跑來大聲敲門。不過敲門只是一個形式，才敲沒兩三下，她就已經用鑰匙把門打開，要求收被單。「快點起來！下床！被單給我！馬上給我！」我心想：老天，這些人真夠嘮叨。

「服務員為什麼那麼急著收被單？」我問列車長何先生。

他說：「因為火車在昆明停留的時間不長，只待幾個小時，然後就要掉頭開回成都。」

難怪那些人老愛嘮叨，他們都工作過度了。

何先生是從基層慢慢往上爬的，最早他是個行李員，後來陸續當過查票員和廚師，那些工作的薪水都差不多，每個月人民幣一百元左右。他在二十歲時進入鐵路公司，他說他沒受過教育（「六〇年代的時候沒什麼機會學習」），我猜他的意思是說他是文革的受害者。他之所以決定進鐵路公司上班，是因為他父親也是鐵路公司的人。多年之後，現在的他已經成為這整列火車的總管。

「我升遷是上面指派的結果，我並沒有主動申請。」何先生說，「有一天他們忽然跑來告訴我：『我們想請你當列車長』，我就答應了。」

我問他關於乘客的事，因為我覺得目前中國的特色之一是有大量旅客在全國各地跑。

「沒錯，」他說：「特別是在這幾年，各式各樣的乘客都有。」

「他們會給你帶來麻煩嗎？」

「你的意思是？」

「他們會不會喝太多酒？會不會大聲叫嚷、吵架或干擾車上的秩序？」

「不會，他們很守規矩。我們沒有那類問題。其實可以說我們什麼問題也沒有。我的工作很輕鬆。整體上來說，中國人很遵守規定，這是中國人的本性。」

「那外國人呢？」

「他們也遵守規定，」何先生說，「很少人會破壞秩序。」

「你有加入公會嗎，何先生？」

「當然有，鐵路工會。所有員工都是工會成員。」

「你們的工會做些什麼事？」

「提供關於工作狀況的意見，討論相關問題。」

「工會會討論錢的問題嗎？」

「不會。」他回道。

「假如工作條件不好，比方說你們沒有足夠時間睡午覺或吃飯，如果工會的意見沒有落實到實際工作上，你們會不會考慮罷工？」

何先生沉默了好一陣子，然後說：「不會。」

「為什麼？英國或美國的鐵路員工動不動就罷工。中國人是有罷工權利的，你們的憲法裡頭寫得很清楚。」

他摸了摸下巴，表情變得很嚴肅。

「我們服務的不是資本主義者，而是人民，」他說，「如果我們搞罷工，老百姓就沒辦法出行，這會損害到他們。」

「這個回答很好，何先生。可是現在中國有很多資本主義者。不只是西方國家來的觀光客，很多中國人自己都在累積財富。」

「對我而言，他們都是乘客。」

「我猜我也算是個資本主義者。」我說。

「在我的火車上，你就是我們尊敬的乘客。哈！」這聲「哈」的意思應該是說：這方面的問題問得差不多了吧！

「何先生，你說你有個兒子。」他先前告訴過我，他的兒子今年六歲，在成都上學。「你會不會希望他跟你和你父親一樣到鐵路公司上班？」

「坦白告訴你，我會。不過這不是我能決定的，選擇權在他。我不能告訴他該做什麼。目前他最想的是當個軍人。」

在外頭的走道上，旅客已經紛紛開始把行李扔向窗外的月台。昆明到了。

☆

中國遊客湧到昆明的一大原因是為了欣賞多彩多姿的原住民，有不下二十三個不同少數民族，他們都穿戴鮮豔活潑的民族服飾，包括做工精美的裙子、棉襖、靴子、頭飾等。他們從雲南的偏遠鄉間大老遠來到昆明，販賣漂亮的刺繡衣物和手工編織的籃子。他們非常吸睛，充滿粗獷的鄉野氣息，渾身散發原住民族特色。毛澤東採行那些刻板、灰暗的政策，只不過像一滴水滴進他們色彩繽紛的部落生活中。對中國人而言，雲南的少數民族是介於山地人和動物之間的特殊族類。

這些少數民族自己的想法是什麼？他們在心理上是叛逆，還是已經在政府壓迫下認命了？無論如何，他們的人數很少：在雲南全境，獨龍族只有五千人，基諾族只有一萬兩千人，普米族也只有兩萬四千人左右。維吾爾族和彝族是截然不同的問題，他們的人口數以百萬計。大約在我走訪雲南那段時間，蘇聯的哈薩克和吉爾吉斯發生起義及暴動。不難想像那種事在目前的中國也可能會發生，或許類似十九世紀期間在新疆及其他回族地區爆發的回變。類似的後果也很容易想像——叛亂遭受無情的鎮壓。

遊客到昆明也是為了參觀石林（「這顆岩石叫『雞樹』，你們看得出為什麼嗎？」），遊覽受到汙染的大湖（滇池），以及到湖邊山上的廟宇拜觀，那裡遊人絡繹不絕，川流不息的腳步就差沒把廟宇整個磨掉。其他地方的廟宇如果還沒有被冰淇淋棒、糖果紙或吃了一半就扔掉的月餅掩埋，遊客也會跑去參觀。

我到昆明是為了走路，我甚至有好幾天成功擺脫了房先生的跟蹤。我參觀了一個紀念周恩來逝世十週年的展覽；中國正在形成某種「周恩來崇拜」。今年也是毛澤東逝世十週年，可是好像沒有人舉辦類似的展覽。周恩來特展中展示了三十多張相片，毛澤東只出現在其中一張，是一九四九年中國被共產黨解放時拍的，畫面上毛澤東很小，周恩來很大。

在展場附近的一家古董店，我看到一個線條優美的銅製香爐，是水牛造型。在一堆廉價珠寶、破損的口袋錶、齒已經扭曲的老叉子和各式雲南菸袋之間，那香爐顯得鶴立雞群。我問了價錢。

店家給我的價格是一萬七千美元。

我在昆明巷弄中的市集穿梭時，還忍不住一直笑。我在這裡學會怎麼大啖好吃的餃子而不致招惹肝炎、霍亂或腺鼠疫（這種中古時期經常流行的奪命疾病，例如歐洲的黑死病，最近又在雲南北部和青海爆發）。很少有其他菜餚比中國的新鮮水餃或煎餃來得美味，而最美味的餃子就在這種露天市集裡。可是他們用來裝餃子的餐盤是在一盆髒水裡洗的，筷子則是用抹布擦一下就直接給下一個客人用。

為了講求衛生，我請他們把餃子擺在我自己帶的紙張上，筷子可以在爐火上炙燒片刻，把細菌殺死，這樣就可以安心用餐了。不過事實上，許多中國人出行時都會自己帶雙筷子。

整個昆明我最喜歡的地方是翠湖公園。倒不是因為這座公園本身吸引人——公園裡有一個迷你賽車道、兒童足球場，和一個設在兩個褐色帳篷裡的可憐馬戲團（其中萬眾矚目的表演是一隻看起來被折磨得很慘的熊在一個小籠子裡走來走去）。所謂翠湖則已經虛有其名，湖水完全乾涸，湖底雜草叢生，可以算是一片翠綠，只是沒有水。

不過這座公園早已成為民眾聚會消磨時間的好所在，許多人在這裡唱歌、表演話劇或戲曲、彈奏音樂。剛開始看到這個場面時，會覺得有點詭異。他們聚成小小的團體，公園各處大約有二、三十個這樣的團體，每群人裡面都有人在表演，其他人則是觀眾。有些人是兩個人一起表演，有些則是三人組，而且經常還有別人在一旁拉琴伴奏，而最普遍的組合是一位老先生搭配一位老太太。

「他們在唱一首情歌。」一位觀眾告訴我。這個人姓辛，他跟我一樣看到這些人的表演覺得很感動。

他說：「在十年時間裡我們都互相憎恨，對所有人疑心重重。那時我們幾乎都不跟別人說話，情況很可怕。」

他指的是文化大革命，不過他沒明白說出來。就像許多其他中國人一樣，他可能嫌「文革」這兩個可笑的字會汙染他的嘴巴。

「對這些人而言，這就像在作夢。尤其是年紀比較大的，他們都覺得難以置信。這就是他們聚在這裡的原因。大家到這裡來談天說地，回憶往事。他們不想忘記那些老歌，那是他們緬懷過去的方式。」

這些音樂表演格外不尋常之處在於那種活潑和奔放，因為中國人平日非常害羞，很容易不好意思，覺得獨自成為他人凝視的對象是非常痛苦的事（這或許足以說明為什麼文革期間紅衛兵召開批鬥大會時，有些被批鬥的人受不了那種痛苦，最後以自殺了結一切）。有些人單獨上場表演，充分反映出他們的活力和自信。當一個人覺得幸福快樂，要他站出來在眾人面前唱歌就容易得多了。

有些表演者以對話方式說故事，有些則表演傳統歌謠。至少有一半的銀髮表演者是在唱雲南版的京劇，也就是「滇戲」。我看到最有氣勢的表演是由四、五名歌者所詮釋，他們站在樹下，演出一齣「花燈戲」，內容是一個傳說中發生在浙江的淒美愛情故事。

「這個故事在整個中國都非常有名。」辛先生說。

他為我說明了劇情。故事主角是一位名叫梁山伯的青年與他的戀人祝英台，故事情節和《羅密歐與茱麗葉》不無相似之處。由於雙方家庭堅決反對他們來往，他們只好透過偽裝來相會。梁山伯想到一個妙計，他把自己打扮成女人（公園裡表演梁山伯的人手裡揮著一把秀麗的花扇，藉此暗示男扮女裝），因而得以接近心愛的祝英台。兩人間的情意與日俱增，但兩家人都反對他們成婚。經過一些複雜的發展（「故事曲曲折折」，辛先生說），他們終於明白他們永遠也不可能結婚，於是祝英台決定殉情。梁山伯到她墳前唱了一首哀傷的情歌，然後也了斷了自己的生命。故事到此結束。

昆明這座公園裡，色彩斑斕的群眾最喜歡的就是這齣表演。表演的地方位於竹林邊，並有一群頭戴圓帽、身穿褪色藍上衣的老先生拉琴伴奏。不過，我看到連身體最瘦弱的老先生和年紀最大的老太太們臉上都露出非常生動的表情，而且他們都非常活潑愛玩。我在中國看過的所有人之中，就屬那群人最快活。

☆

中國的一大問題是這整個國家充斥著人，而除了偶爾發生的地震或沙塵暴之類的天災，我們很難在這片國土上看到人在大自然的偉大力量下顯得微不足道的景況。中國人把山移了、把河流改道了，他們消滅動物、消除荒野，大自然只能臣服在他們面前求饒。只要人口夠多，把一整塊大陸鏟平來種甘藍確實不是難事。中國人蓋出的一道大牆，是人類從月球遠眺地球時唯一能看到的人造物體。一整個省的土地都可以化身為菜園，山也可以不再是山，而是以垂直方向種植稻米的手段。有些破壞並不是刻意造成的，畢竟就中國而言，繁榮一直都是汙染的同義詞。

上面說的是我抵達雲南之前對中國的感覺。我在這裡看到一些比較熟悉的景象，也是我覺得比較細膩而令人振奮的情景：大自然讓人顯得渺小，濃密的叢林擠壓人類的生活空間，大地的力量侵襲他們，他們受到風吹雨淋日曬，天地間無法預測的災難無情地打擊他們。

我在通往越南的路上看到這樣的地景。昆明距離越南邊境只有三百二十公里。有一天我看地圖時，發現有一條鐵路通向南方[1]，於是我請房先生幫我安排搭火車走那條路。他如影隨形地跟著我，不就是為了表現中國人的待客之道？他不是多次提醒我找些事給他做？當我請他幫我翻譯，他不是興奮得不得了？當我跟他一起口徑一致地批評那些被寵壞的臭小孩，然後說：「都怪他們的父母！」他不是開心得很？

可是當我請他幫我申請許可，以便搭火車沿著那條窄軌鐵路旅行，他的臉色竟然一下子變得很難看。

「那是不允許的。」他說。

「這條鐵路開放營運到寶秀。」我說。我查過火車時刻表，每天有兩班火車。

「但你是個外國人。」

「房先生，之前你一直說願意幫我忙。如果你不肯幫忙，那你每天跟著我一起有什麼意義？」

「我試試看吧。」他說。我知道他說這話是認真的，因為他忽然顯得慌張——他正在開始鼓起勇氣，準備拜見某位高官。

當天晚上房先生來找我，說申請獲准了，我可以搭火車往南走。可是往越南的路線在一九七九年就被切斷了，所以我只能旅行到三分之一遠的地方，也就是宜良，然後就得走回程。我說這樣沒問題。

「魏先生會跟你一塊去。」

「魏先生是誰？」

「你明天就會知道了。」

火車在早晨七點出發，魏先生已經提早到火車站等我。他買好了車票，我什麼話都還沒說，他就開始一直抱歉，說火車很小、車廂很小、是蒸汽火車頭、座位不舒服、沒有餐車等等。魏先生是個三十多歲的小個兒，看起來有點營養不良。不過他並不像乍看之下那樣陰鬱，他只是緊張。他說他很不喜歡這種小火車和鐵路經過的那些叢林地帶。

我很想告訴他，我就是想看人類在大自然的威力下顯得多麼微不足道，不過我決定還是不要說。我在昆明市場買了四百五十公克左右的花生米（大約零點三五美元），前半段車程我跟魏先生一起分享這包花生米，設法讓他覺得放鬆。

這條鐵路是法國人建的。十九、二十世紀交會之際，法國已經鞏固了在中南半島（他們稱為「印度支那」）的地位，於是決定拓展內陸空間。他們打的如意算盤是把法國產品銷到中國西南各省賺錢。而且法國人也想買很多東西，例如絲綢、礦產、毛皮、皮件、寶石等。他們還隱隱約約想把勢力擴展到中國境內。鐵路於一九一〇年完工，在此之後一直到幾年前，從上海將產品運到河內後再靠這條鐵路送往昆明，比完全走中國內地更方便。

魏先生對這班火車印象不好，但對我而言卻再理想也不過——最美妙的火車之旅，就是在這種彷彿沉睡的鐵路支線上搭著嘎嘎作響的火車穿越鄉野。這種火車在歐洲和美國已經消失了，不過它依然馳騁在中國的大地上。乘客下棋的下棋，抽菸斗的抽菸斗；他們的菸斗是用長長一根竹管做成

1 譯註：這條鐵路是昆河鐵路（舊稱滇越鐵路），連接昆明與越南河口，屬窄軌鐵路，已於二〇〇三年停止客運服務，二〇一四年起客運功能由新建成的蒙河鐵路提供。餘見下文。

的，看起來彷彿排水管。他們都是鄉下人，沒有太陽眼鏡、厚底鞋、卡式錄音機或廣州的性感胸罩。

過了一段時間，魏先生打開了話匣子。他說：「我錯過了學習的機會。」我知道他是指文革，於是就順勢跟他聊起這個話題。「我真痛恨那個時候，」他說，「昆明的情況非常糟。」

「因為他們會砸廟嗎？」

「不只砸廟，他們還打起來了。我們工廠跟另一家工廠打，他們在街上打架，大家都在尖叫。他們有棍子，有槍，還放火，結果死了人。」

「死了幾百人？還是幾千人？」

「我不清楚，可能幾百個人吧。」

「那時你是紅衛兵嗎？」魏先生現在大概是三十五歲，算起來年紀剛剛好。

「不是！」他斬釘截鐵地說，「我不喜歡那些人。」

「你現在看到那些以前當過紅衛兵的人，會覺得他們是壞人嗎？」

「現在？不會，我不會這麼覺得。他們不是壞人。他們也不是在捍衛什麼毛澤東，他們只是嘴巴上這麼說說而已。每個人都認為自己可以做得更好，他們是為了爭這個而打的。」

「可是他們殺了人。」

「這個部分我們不能怪他們。該負責的是那些領導者。」

這句話可說是家常便飯，而且還相當管用：所有的錯都要歸咎於四人幫。挑出那群代罪羔羊，可能又是一個足以說明中國社會運作方式的良好實例。有需要把整個國家撕裂嗎？只要揪出四個人，由他們承擔一切罪過，並立即加以清算——還有什麼比這種儀式性的做法（電視轉播了他們的審判過程）更理想？

火車開了將近二十公里以後，魏先生整個人輕鬆起來了（這時，我也已經知道他不是個文革走狗），他開始把沿途景點指給我看。那裡是跑馬山，山上那些房子是火葬場……

「他們把死人送到那裡，」魏先生說：「然後把汽油倒在屍體上放火燒，把它燒成骨灰，再放進一個小盒子裡。死者家屬把骨灰拿回家以後就擺在桌上。」

「大家都這麼做嗎？」

「大多數人都這麼做。有些人會把骨灰帶到山裡頭，送到廟裡。不過我們是拿回家。我母親的姐姐就裝在我家的一個盒子裡。」

一九七〇年代時，美國的企業家試圖把棺木外銷到中國；顯然這種火葬場是他們的頭號敵手。十九世紀期間，美國人也發揮過這種開闢商機的精神，當時雪菲爾德銀器公司把大批刀叉運到中國，希望改變中國人用筷子吃飯的習慣。

鐵道旁邊有一些像蜂房一樣的東西，我仔細一看，才發現那是墳墓。魏先生說三、四十年前中國人會這樣埋葬死者，但是現在已經不這麼做了。

我看到有人在顏色偏黃的涼爽樹林裡走動；前往市集的農民在鐵路附近停下來，把蔬菜拿到水圳裡洗，那水非常髒。在一個陰涼處，有個人不疾不徐地扳開一頭水牛的喉嚨——他正在宰殺那頭牛。牛隻四腳朝天躺在地上，被切開的喉部顏色鮮紅，一團肉往下垂盪，鮮血還在往鐵路邊溝裡流。

有個老婦人在沿途眾多小站之一上了車，她帶了一個小女孩，然後一名少婦又跟了過來，背上趴著一個小嬰兒。

我開始跟她們說話。魏先生把她們說的雲南鄉下方言翻譯成英文給我聽。那位少婦頭一胎生的是個女嬰，她和丈夫都很失望，於是決定不顧一切地生第二胎。她一懷孕，馬上就被處超生罰款一千元，但她心甘情願地付了錢，希望嬰兒會是個男孩。結果果然生出了個男嬰。

這些人窮得令人難以想像，她們衣衫襤褸，臉上佈滿皺紋，雙手龜裂，頭戴舊呢帽、腳穿破拖鞋。這位少婦為了生下第二胎，因此得設法湊出大多數城市居民工作一年才賺得到的錢繳給政府。（由於中國家庭的第二胎幾乎都是男孩，許多人相信殺女嬰的行為一定很普遍。）

「都市人沒有多的小孩，」魏先生說：「他們生一個就很高興了。可是鄉下人需要比較多小孩，小孩可以幫忙到田裡工作，他們老了以後，小孩也可以照顧他們。」

一胎化政策於一九七六年開始實施，成效似乎不錯，但人口依然繼續以超出預計的速率成長。最近他們開始害怕二十世紀結束時，中國會有太多老人（這也算一種「蘑菇效應」），他們也開始擔心一胎化家庭會導致社會上充滿被寵壞的青少年。目前有一種人物確實已經開始在中國首度大量出現：肥胖而自私的小孩。他們吃糖吃得滿口蛀牙，成天坐在電視機前面，三不五時就吵著要再吃一支冰淇淋。

火車正通過鑿在接近這些美麗山丘頂端的狹窄凹槽。邊坡上蓋了擋土牆，以避免土石流發生，不過作用並不大。人類在這裡微不足道，大自然不斷狠狠地考驗他們。世界本來不就是這樣嗎？中國人把一片壯觀的風景開闢成一望無際的甘藍菜園，那才叫違反自然。

魏先生說他想盡辦法在長沙一間技術學校讀了幾年書。文革期間，他的工作是在昆明一家工廠裡修理貨運車廂。他說他很討厭那個工作，而且做得很差。他一直希望能上大學，可是那些年裡他卻只能成天拿著噴槍，在心裡頭詛咒。

我說我打算到長沙看看，而且很想去參觀長沙附近的毛澤東出生地韶山。他去過了嗎？

「我十年前去了，一九七六年的時候。」說完，他做了個鬼臉。

「你覺得怎麼樣？」

「我不喜歡，」他說，「那裡對人民不好。那個地方不好。」

「可是毛主席是在那裡出生的。」

「我知道。」他帶著令人匪夷所思的語氣說。

「他不是個好的領導人嗎？」

「毛主席造了孽。文革阻礙了中國的發展。韶山不是個好地方。」

他說這話時，態度非常嚴肅，使我反而更下定決心要到韶山去看看。

「你最尊敬的中國領導人是哪位？」

「鄧小平還在世，他有可能之後還會犯錯，所以最好舉已經死掉的人。很多人都喜歡周恩來。」

「你喜歡他嗎？」

「很喜歡。」

「他是在哪裡出生的？」

「淮安，在江蘇省。」那個地方離這裡很遠，在上海北方。

「你對周恩來出生的地方有什麼想法？」

「我心裡頭很喜歡，我想到那裡看看。」

「為什麼這麼多人尊敬周恩來？」

「因為他為中國人付出很多。」

「鄧小平不也在為中國人付出嗎？」

魏先生皺了一下眉。「我剛說了，他還沒死。他還有很多時間犯錯。」

太陽逐漸爬升到天頂，鐵道旁的植物更加濃密，風景變得像熱帶，充滿竹林和鳥鳴。有些房舍開始映入眼簾。不是典型的中國房舍，是用灰泥砌的房子，有綠色百葉窗和大大的涼廊，很像在越南的法國式城鎮裡看到的那種房子。我在順化、峴港和西貢的一些巷子裡看過這種房屋，那是法國的政府住宅，是殖民政府官員住的地方。而現在，我看到這些房子是鐵路公司員工的宿舍。在雲南的山丘深處看到這種充滿法式風情的建築，感覺相當奇異。這些房子可能有一百多年了，但依然屹立不搖，而且還有人生活在裡面。

這裡就是宜良。火車站的一個告示牌寫著：人民鐵路為人民。

「我餓了。」我說。

「你不可以在這裡吃飯。」衛先生說。

我心裡一驚：什麼？

我還來不及抱怨，魏先生就拉著我走出車廂，下到月台上。我的腳才剛踏到地面，不知怎地就已經在回昆明的路上了。回程班車開動以後，我還上氣不接下氣。我幾乎完全沒看到宜良。我只不過是想在老法國區逛逛，看一些房子，跟居民說幾句話，到市場裡晃晃啊！

魏先生說他只是聽命行事。後來房先生向我解釋了一下。這輛火車是不讓外國人搭乘的，可是我堅持要坐。政府禁止外國人進入雲南南部，因為這會造成安全風險——中國和越南還在邊境打仗。不過，房先生向鐵路當局說明我有興趣的是火車本身，而不是沿路的城鎮。於是當局人員表示，只要我不在任何地方下車閒逛或吃東西，我就可以搭火車；但到了某個地點時，我一定得下車並立刻返回昆明，不能東看西看。我就這樣在沒有違法的情況下走了一趟這條鐵路。那真是個「非常中國」的解決方案。

第十一章　開往桂林的八十號快車

一對年輕男女牽著手走進列車廂房，情況頗不尋常。不過他們有個非常中國的理由可以解釋。

「我們今天早上結婚了，」男孩說，「我們要到桂林幾天。」

原來是蜜月旅行！男孩二十多歲，身材削瘦，神態略顯鬼祟，不過穿著相當時髦，皮夾克、尖頭鞋齊備。女孩穿了一件洋裝。在中國的火車上，穿洋裝跟牽手一樣不尋常。那料子是藍色綢緞，有蕾絲花邊，雖然跟她腳上的紅鞋及黃色短襪搭配得有點怪異，不過因為裙腳滿高的，我可以看到她的腿。其實並不是那雙腿的姣好曲線特別吸引我，而是那雙腿的存在本身使我覺得很有意思。女人的腿在中國是相當罕見的風景，因此看到的時候總覺得非常新奇。

「你們希不希望我到別的廂房去？」我問他們，「我很樂意喔。」

「怎麼了？」那男的說。

「這樣你們就可以單獨在一塊兒了。」

「我們倆在上鋪就算單獨在一塊兒啦！」男的邊說邊把包包丟到上鋪，然後把新娘推上另一側的上鋪。

一直到火車離開昆明車站很久，他們就這樣坐在那上頭。夜漸漸深了，時間大約九點，今天可能是他們第一次一起過夜，至少是第一次以夫妻身分一起過夜。方才我說很樂意把整個廂房讓給他們的時候，是真心的嗎？當然不是。打從進入中國那一刻開始，我就不斷設法衡量這個國家，而它的大經常令我感到無比困惑。要想釐清其中的一些真相，我需要很多好運才行，因此我不會放過任何機會。每當身邊有女性打開皮包，我會設法往裡頭瞧，看皮包裡都裝了些什麼；到別人家裡時，我不惜偷偷拉開他們的抽屜，翻閱他們的信件，觀察櫥櫃裡的物品。男人打開皮夾時，我會設法數裡面有多少錢。如果計程車司機把女朋友的照片別在儀表板上，我會仔細欣賞她的模樣。如果我看到別人在看書或雜誌，我會把書名或刊物名稱記下來。我會比較各種東西的價錢，也把我在牆上看到的塗鴉或標語內容寫進筆記本。我會請人幫我翻譯牆壁看板上的文字，特別是那些死刑犯有過什麼「豐功偉績」（他們被槍決之前，可怕的犯罪細節都會被詳細公佈出來）。我會記得哪個冰箱裡擺了什麼東西，哪個人的行李箱裡裝的是什麼東西。我會記得他們衣物上的標籤內容，而其中最讓我啼笑皆非的是「Pansy（三色堇）牌」男士內衣[1]；另外「White Elephant（白象）牌」工具[2]、「Typical（典型）牌」縫紉機也令我印象深刻。我會翻閱各種英文使用手冊，查看裡面會出現什麼文法錯誤或狗屁不通的句子；我也喜歡收集旅館英文住宿規則中的經典語句（例如：「住客請勿在洗手台中執行排尿動作」）。我隨時隨地明察秋毫，而為了不漏掉任何細節，我會拿無數問題騷擾別人。所以，說真的，我怎麼可能主動錯過跟一對新婚夫妻共度良宵的大好機會？

他們抽菸，低聲說了些話，刷刷地翻雜誌。我做了簡短的記錄：

> 晚上十點十六分。蜜月夫妻沒有活動。滿足的呼吸聲，可能是鼾聲，其中一個可能睡著了。很掃興。

那菸味令我困擾，而且在這輛上海鐵路局運營的爛火車上，什麼東西都壞了。電扇早已一命嗚呼，門鎖被拉得完全脫落，座椅扶手彎曲斷裂，行李架垮了，車窗無法往上拉開。最後面這點最嚴重，因為現在廂房裡真的又悶熱又菸味瀰漫。我很高興蜜月夫妻要不是真的睡著了，就是假裝沒注意到我，因為我正在做一件很大的事：我把瑞士軍刀拿出來，旋開車窗固定鎖，扳開整個窗框，把車窗往上抬起十五公分，然後再把窗框裝回去。神不知鬼不覺，沒有人會發現我動過手腳。在火車上亂碰東西可是會遭受嚴厲處分的，就算只是把中國鐵路公司的磁杯敲破一角，也得要罰錢。

一整夜上鋪一片寂靜，沒有任何值得報導的故事，我唯一能說的就是：中國人過人的冷靜再次獲得證明。

早晨醒來時，我發現火車已經開進岩石遍佈的貴州省，四周到處都是金字塔形的石灰岩山和花崗岩峭壁。岩石地形中充滿綠意，彷彿置身愛爾蘭，這裡的居民也住在像愛爾蘭那種粗糙質樸的石屋，房屋的木梁同樣是那樣簡單切削而成。這些房子是我在中國見過的房屋中看起來最堅固的，在房屋四周，屋主的土地用對稱而美麗的方形乾砌石牆圍繞起來。

在這些宛如巨大石板堆積起來的山坡上，能耕作的土地非常少，足夠平坦的地方更少。只有辛苦建造擋土牆、切割出平台，才能把農園開闢出來，然後以所有能用石塊打造的有用東西——橋梁、引水渠、道路、石堤、河壩，交織出一片扎實的鄉村風光。村鎮中有許多別墅及兩層樓房（在中國其他地區的鄉間看到的房舍幾乎都是一層樓平房），都是以石材砌造而成，並擁有石板屋頂。

---

1 譯註：pansy 原意為三色堇，在俚語用法中則有「陰柔的男同性戀者」、「娘砲」、「媽寶」等意。

2 譯註：white elephant 在英文中引申為「昂貴或珍奇但無實際用處的累贅物品」之意。

這裡的墳墓也用同樣的花崗岩蓋得四平八穩，架勢十足，所有墓園看起來都像迷你版的村鎮。

蜜月夫妻爬下床，到餐車去吃那些稀飯和麵條，我則留在廂房裡喝綠茶、吃些在昆明買的香蕉。火車經過安順（「一度是鴉片貿易中心」），然後在貴陽停了一段時間，我在這裡遇到雙先生。

雙先生年紀接近七十，泛出梅子色澤的臉頰上留了鬍鬚，頭上戴了一頂走了樣的帽子，手臂上的袖標顯示他是一名鐵路公司員工。不過他其實已經退休了，只是因為悶著無聊，跑回來當月台督察。

「家裡待得都膩了。」雙先生說，「我做這工作有半年了，我很喜歡，不過我並不需要這個錢。」

他說他每個月領一百三十元。

「你怎麼花這些錢？」

「我沒有小孩或家人，所以我會買音樂來聽。」他微笑了一下說：「我很喜歡音樂，我會吹口琴。」

「你買中國的音樂還是西方音樂？」

「都買。不過我挺喜歡西方音樂。」

「哪一種西方音樂？」

他用非常清楚的咬字說：「輕管弦樂。」

火車上或車站裡不播放中國歌曲時，就是放這種音樂，比如《溜冰圓舞曲》、《瑪拉雅之花》（即《玫瑰玫瑰我愛你》），或歌劇《卡門》選曲。

「貴陽這裡旅客多不多？」

「很可惜，很少人到這裡來。我們這個省一直到一九八二年都禁止外國人進來。有些人會路過，可是不會停下來玩。其實貴州有很多地方可以去，有一些很棒的廟，有黃果樹大瀑布，還有溫泉。你下次回貴州來，我帶你四處走走。」

在中國，越是到偏遠的鄉下，老百姓越是熱情好客。

蜜月夫妻已經換上新的衣服迎接下一段旅程了，先生穿了夾克、戴上墨鏡，太太穿了一件粗呢裙。他們忽而抽菸，忽而打盹。他們這麼無精打采，是不是表示蜜月已經結束了？

下午三點左右，我們已經來到貴州省東南部，這裡的山丘比較綠，上面有一些開發過的痕跡，表示從前有人在那裡種田，只是田地已經坍塌了。因為大山多的關係，通往桂林的鐵路繞了個大彎。這些山雖然導致交通聯絡不便，不過真的很漂亮，上面長滿了青草和綠樹，遠看彷彿鋪了美麗的絨毯。天氣變得更熱了，大部分乘客都在睡覺，火車經過都勻時，幾乎完全沒有人醒過來。都勻這個城鎮看起來像墨西哥，頗具氣勢的灰泥車站漆成黃色，蔚藍的天空中映襯著棕櫚樹的高大身影。

再往南走，風景又有了戲劇化的改變。灰色山丘的造型變得像駝峰、煙囪或邊緣磨平的佛塔。這是全世界形狀最奇特的山丘，也是最具中國風情的自然風光，因為出現在中國山水畫中的山峰就是這個樣子。這是一片極具象徵性、幾乎可以說是神聖的風景。這一切突然間躍入眼前，長條狀聳立的山丘感覺非常古老，令人彷彿置身一座高樓早已化成巨石柱的古城。

火車來到麻尾，這是一個座落在大煙囪狀石灰岩山峰與墨綠色松樹林之間的火車站。周邊沒有市街，只有一些村落散布在附近。乘客紛紛衝下火車，跑到車站外頭，那裡大約有五十個小販擺桌賣水果，有黃色和紫色的新鮮梅子、沾了灰塵的香蕉、圓圓的西瓜。這是到目前為止火車在這種小地方停留得最久的一次，我相信這一定是刻意安排的——火車停車讓乘客買水果。那對蜜月夫妻買了一顆西瓜。

火車再度上路，我們進入了一個新的省分——廣西，從這裡到桂林市還有三百二十公里，一路上都會是這種中國古典山水畫的風景。

這個地區種植稻米，但水源並不充足。可能是因為這個原因，我在廣西看到非常巧妙的汲水泵及灌溉設施。我一共看到大約十種不同的運水設備，其中有一個鏈泵的操作是靠兩個小孩踩踏板。根據李約翰教授的研究，這種泵在西元一世紀發明出來以後就一直維持原貌，從來沒有改變。我看到的泵都是機械泵，沒有馬達，甚至連水管都沒有。最大也最詭異的泵，樣子很像一支大湯匙，是以木材製成，長度大約有三公尺，一名婦女用它把水從一塊地勢比較低的田打到上方的另一塊田。她不只是簡單地用泵把水提起然後倒進上面的田裡，而像是動作神速地用大湯匙舀水潑灑出去，看起來彷彿在玩一種相當費勁的遊戲。

在這些大煙囪般的高聳山丘之間，我看到一座小村莊，乍看之下它也很像是從地下噴出來的岩造物。可是鐵路沒有穿過那些石砌房屋，那裡沒有火車站，沒有月台，也沒有平交道。村莊位於一個低窪地區，泥濘的街道籠罩在陰影中。令人印象特別深刻的是那裡的馬非常多，民眾正在買賣馬匹，有人在騎馬，或把馬綁到樹上，或把牠們綁到馬車上。這是個市集日，下午即將結束，商販已經在收拾東西。在接下來一小段時間中，在鐵路沿線的小路上，我看到一些小馬拉的車正在回家的路途上。在中國內地看到馬車伕感覺頗不尋常，我問了一下才知道這些人屬於一個少數民族——苗族。苗族一共有五百萬人，其中一大部分分佈在廣西。中國人對這些人相當尊重，不過這些少數民族的風俗習慣在中國人眼裡顯得比對西方人而言更陌生，他們會瞪大眼睛看這些明明生活在中國境內卻如此奇特的人，覺得非常好奇，可是終究無法真的了解。他們似乎永遠無法明白這些生活在自治行政區（廣西省境內光是苗族就有三個自治縣）內的小民族具有哪些長處，因此他們似乎也永遠無法認真對待這些人。中國人差不多是把他們當成異國寵物來看。

廣西有個非常詭異的景象是那些灰色石灰岩山丘中的岩洞。山丘看起來像肥壯的柱子或佛塔，那些岩洞則使它們顯得彷彿中空。後來我知道廣西是個岩洞非常多的地方。有些岩洞是地底下的溶洞，不過我看得出來有很多地上岩洞都已經被改造成房屋。樣子最奇怪的岩洞看起來像張大的嘴巴，裡面的白色鐘乳石活像獠牙。

在這些塔狀山丘之間，一隻灰白相間的鶴佇立在一座淺水池塘裡。中國人認為這種鳥非常吉祥，是長壽的象徵。火車聲驚嚇了那隻鶴，牠展翅高飛，在空中旋轉翱翔，火車則轟隆轟隆地繼續穿越在不斷鋪陳的中國山水畫中。

餐車廚房裡，一名年輕女子邊刷鍋子邊用中文唱歌。

我知道你愛我
我在等著
可是你要我往哪去？

她正在用硬硬的刷子刷洗一個跟她幾乎一樣大的鍋子。廚房相當原始，裡面很黑，有個黑色的煤炭爐，以及一個破裂的水槽。用餐時間到來時，那裡面的忙碌情景與其說是廚房，更像是打鐵鋪。這輛火車上的餐點非常可怕。午餐是難吃的魚乾、又油膩又噁心的火腿、走了味的明蝦和硬邦邦的米飯。幸好我在昆明買了不少香蕉，也還留了一些在四川買的花生。

我邊聽廚房女子唱歌邊閒晃，這時一名年輕男子跑過來自我介紹。他叫陳祥安（音譯），來自上海，在餐車裡工作。他完全不會說英語，他問我，可不可以幫他解決一個問題？

「我很樂意。」我說。

「我想請你給我取一個名字——英文名字。」

這種要求不會不尋常。英文名字在中國又重新流行起來了，現在他們可以合理地相信如果他們取個隆尼或南茜之類的名字，並不會被紅衛兵批鬥成布爾喬亞走資派或修正主義的苗子。

「聽起來要像我的中文名字才行。」他說。他是在這個時候告訴我他叫祥安。

我想了一下。我覺得「祥安」這名字聽起來像愛爾蘭人的尚恩（Sean或Shaun）。我先提議了這些名字，然後告訴他「山姆」（Sam）更好念，而且我覺得山姆．陳聽起來挺有上海味。

他向我道謝。後來我看到他推著餐車，身上只穿了一件T恤和一條藍色四角褲，然後繫了一條圍裙。他反覆地念著：「山姆．陳，山姆．陳，山姆．陳……」

廚房裡的女生還在用尖尖的鼻音唱那首情歌：

我知道你愛我

我在等著……

蜜月夫妻回到廂房，他們一起爬進同一個上鋪，用折疊刀把在麻尾買的西瓜剖開，然後用一根湯匙輪流挖著吃。他們發出嘖嘖聲，聽起來有點像做愛的聲音。這位妻子終於不必再拚命抽她的金獎牌香菸了，而且他們為了分享西瓜而這麼窩在同一個床鋪裡以後，就沒有再分開。

廚房裡的女生還在唱歌，聲調鏗鏘有力而且充滿感情：

我知道你愛我
我在等著……

黃昏時分，火車開到一座寬闊山谷的上方高處。由於夕陽已經西斜，山谷變得很暗，籠罩在一片陰影中。山谷外圍都是渾圓的山峰，那些山峰的顏色也在逐漸變黑，不過山谷另一邊的山峰看起來很遠，大概在五十公里外。太陽完全落到最遠方的山巒背後時，天空彷彿重重地壓向這片大地，山谷則顯得極為深邃，我無法看到谷底，只看到一片黑暗的陰影，感覺上好像無底洞。火車仍然在往上爬行，還沒走到最高點，燦爛火紅的夕陽餘暉已經消失，黑夜降臨，火車在黑暗中繼續前進。

廂房裡依然炎熱，我躺在草蓆上看《綁架》[3]，然後在十一點左右沉入夢鄉。半夜我醒過來時，燈還亮著，我拿橡皮筋把滑門固定好。後來燈暗掉了，我聽到上鋪又開始傳出吃西瓜的聲音，蜜月夫妻倆躺在同一張床鋪上。可是我知道他們不是在吃西瓜，因為幾個小時以前他們就已經把它吃完了。現在我聽到的聲音更濃潤、更有滿足感，而且夾帶著深呼吸的聲音，彷彿某個人津津有味地吃東西時發出的幸福嘆息聲。他們正在黑暗中盡情品嚐對方。

3 譯註：*Kidnapped*，蘇格蘭小說家、詩人、旅行作家史蒂文森（Robert Louis Stevenson，一八五〇～一八九四）以十八世紀的蘇格蘭高地為背景所創作的小說。史蒂文森也著有《金銀島》、《偕驢旅行賽凡山》等膾炙人口的作品，其中後者是最早將徒步旅行與露營描述為休閒活動的著作之一。

清晨四點鐘，火車抵達桂林時，他們還沒把那事兒辦完。

☆

江樂松（音譯）先生說：「我們中國人總喜歡說，除了飛機火車之外，樣樣都吃。」他露出沾沾自喜的表情。

「我聽過這話。還有人說除了桌子和椅子以外，所有四隻腳的東西你們都吃。」

「你這個人挺好玩的！」江先生說，「對。中國人吃樹，吃草，吃葉子，吃動物，吃海藻，吃花。桂林這裡的人吃的東西更多，吃鳥、蛇、烏龜、鷺鷥、青蛙，還有一些別的東西。」

「什麼別的東西？」

「我不知道那些東西英文怎麼叫。」

「是狗嗎？貓嗎？」我仔細看著江先生，「你們會吃貓肉嗎？」

我聽過某個觀光客說他很反對中國人吃貓肉。

「我不是指貓狗這些東西，這些所有人都在吃。」

「是浣熊？」我在一本旅遊指南裡看到桂林人很喜歡吃浣熊肉。

江先生聽不懂「浣熊」的英文，趕忙又查了一下隨身帶的英漢字典。

他的神情突然顯得鬼鬼祟祟，往四周張望了一下，然後把我拉向他。「可能沒吃這個吧，我從沒聽說過。可是會吃很多別的東西，我們會吃——」他涵義深長地抽了一口氣，「禁止的東西。」

我們會吃禁止的東西——這句話令人聽了好奇得心中打顫。

「哪種禁止的東西？」

「不好意思，我只知道它們的中文名字。」

「是哪一類的？」我問，「蛇嗎？」

「蛇乾，蛇湯，這些倒沒被禁止。我是指一種有用鼻子吃螞蟻的東西。」

「穿山甲！正式名稱叫鯪鯉。」我說，「我不想吃這種東西，太多人吃了。牠已經成為瀕臨絕種的物種。」

「你會想吃禁止的東西嗎？」

「我會想吃有意思的東西，」我模稜兩可地說，「麻雀怎麼樣？鴿子、蛇呢？還是烏龜？」

「這些很容易，我可以安排。」

江先生很年輕，新官上任三把火。他的行為舉止好像也隨便了些，有種嘻嘻哈哈可是並不真誠的樣子。許多經常跟年紀比較大的外國人打交道的人都是這副模樣，那些外國人則挺喜歡這種有人順從、討好他們、同時也會拿他們開玩笑的感覺。我覺得江先生那種逢迎諂媚又吊兒郎當的態度是刻意裝出來的，目的是攪我的局。

我跟他說過我不想做觀光，可是我們見面才不到一小時，他就把我帶到桂林附近的岩洞，數以百計的中國遊客在那裡熙來攘往。

「我們到這裡做什麼？」我說。

「真抱歉，」他說：「我們馬上走吧。我以為你可能會想看看我們這兒最有名的蘆笛岩。」

我心想，跟著一大堆人看這種枯燥乏味的所謂奇景有什麼意思？況且到貴州、廣西這一路上，我看了綿延好幾百公里的奇特岩石地景，一輩子的份也差不多算看完了。我之所以喜歡那些岩山，是因為我覺得我是自己發現它們的，而不是某個人牽著我去那裡，然後對我嚷嚷：「你看！」

「既來之則安之，我們就去看看吧。」我說。

跟中國的許多旅遊景點一樣，例如兵馬俑、明十三陵，蘆笛岩也是某個老百姓在挖井時無意間發現的。那位老兄的鏟子開啟了一扇通往巨大石灰岩洞窟的門，裡面有形形色色的岩室、通道和洞穴。那是一九五九年的事。此後，岩洞裡安裝了燈光、標示桿、露臺、階梯，洞窟被馴服了，也能讓中國人接受了。

岩洞裡的景象相當醜陋，像廉價的迪士尼，是一個令人覺得庸俗的大自然創作，上帝喪失品味的後果。拿聚酯或混凝紙造個類似的岩洞，效果恐怕也差不多。洞裡四處在滴水，不斷發出汩汩聲，又濕又黏的石灰岩塊從洞窟頂部垂下來。對洞穴探險愛好者而言，這裡就像一般人心目中的日落道[4]或上海外灘，擁擠的參觀人潮魚貫穿越，在滑溜溜的地面上一邊設法穩住身子，一邊聽導遊解說洞內千奇百怪的造型。

「這個我們叫蓮花石。這個是海螺殼。這是象腳石。各位看得出它的形狀嗎？這是鯉魚……」

我甩掉江先生和房先生（房先生依然一直跟著我走），獨自跑到灕江畔看船。有些船屋是可以租用的，於是我租了一艘船，船主是兩名老婦人。我們往下游漂流，經過一些圓嘟嘟很可愛的岩山和一些漂亮的廟宇。一段時間以後，她們說不能再往下走了，否則會沒法用篙把船撐回去。不過我知道這條河繼續往南流以後，會匯入桂江，然後是西江，然後流到廣州。我問她們是否去過那麼遠的地方。

「去過，不過不是用這種船。」她們說的中文有那種有點像漱口又有點像鴨子叫的廣東腔，而且說得幾乎跟我一樣糟。「我們是搭大船去的。」

「為什麼不是這種船？」

「這種船去了就不可能回來了。」她的意思是說，不可能用篙把船從廣州往上游撐到桂林。可是我興起一個強烈的念頭，想帶一艘小船（比如折疊式皮艇）到中國，把船在桂林之類的地方張開來以後，搖著槳從一條江划到另一條江，晚上就睡在岸邊的樹下。如果用這種方式旅行，可以透過全然不同的角度欣賞這個國家，而且可以避免跟房先生或江先生那種人混在一起。等我划膩了船，我就任它順著泥濘的水流而下，從某個大江口漂進中國海。

撐篙的老婦人累了，把船泊在灕江南岸的一個小漁村附近。樹蔭中有一些很簡單的筏，大約是用六、七根大竹竿綁在一起做成的，另外還有一些舢舨和船屋。許多船上棲息著鸕鶿，幫我撐船的婦人說那叫墨鴉或魚鷹。

在馬可波羅之後第一個到中國旅行的西方人描述過這種鳥。他叫鄂多利克修士，是一名來自義大利東北部弗留利地區的傳教士。他於一三二一年離開烏第內的方濟各修道院，到東方旅行三年。他是光著腳旅行。他嚴以律己，非常堅韌而虔誠，整個旅程中都穿著苦行者的剛毛襯衣。

從東海岸的福州開始旅行了三十六天之後，他留宿在一個人家裡，那人告訴他：「先生，假如你想看我們怎麼捕魚，請跟我來。」

那是六百六十多年前的事，不過今天的中國人依然沿襲用鸕鶿捕魚的方式，所以鄂多利克修士的描述仍舊適用：

4 譯註：Sunset Strip，精確地說是日落大道（Sunset Boulevard）西半段，即貫穿洛杉磯西好萊塢區，與比佛利山聯繫的高級購物地帶。

然後他把我帶到一座橋邊，他的手臂上帶了幾隻潛水鳥或水禽（按：即鸕鶿），這些鳥被綁在木竿上，每隻鳥的脖子上都綁了一條線，避免鳥把魚捕起來以後立刻吃掉……他把潛水鳥從木竿上鬆開，鳥一下子就飛進水裡，不到一小時，他的三個籠子已經裝滿了鳥幫他捕到的魚；這時，主人把鳥脖子上的線解開，讓牠們再次飛進水裡大快朵頤一番，鳥吃飽了以後就會飛回來，讓主人把牠們綁回木竿上。

在我們的船附近，我看到一艘船上有多達十七隻這種鳥在棲息。有個男孩正在沖洗一個泥濘水桶，我跟他聊了一下，他說這種鳥一隻要價三、四百元，不過根據兩位老婦人的說法，真正的行情是將近一千元。無論如何，就算價格只有一百五十到三百元，還是個很大的數目，所以這鳥還真得有本事才成。現在這些漁人為了防止鸕鶿把魚吞掉，會在牠們的脖子上裝一個環，而不是像從前那樣綁一條線。

截至目前所見，我覺得中國人對動物基本上相當殘忍，不過他們該務實的時候也很務實，比如他們知道傷害這些有實用價值的鳥不只殘忍，而且非常愚蠢。運送豬隻到市場上時把牠們塞在大箱子裡，或不顧水牛哀怨的哞叫聲，硬把牠們裝上貨車載去賣，或把雞捆成一大束好讓買主扛回家，這種虐待動物的行為沒關係；但昂貴的鸕鶿就不同了，一定得好好呵護牠們才行。一艘船上有個人正在像愛撫貓咪一樣摸弄著他的鳥，親暱地跟牠玩耍；另一個人在餵他那群鸕鶿吃東西，撫摸牠們的羽毛，把臉湊到牠們身上逗牠們玩。

這種學名叫 *Phalocrocorax carbo* 的「普通鸕鶿」，是唯一被用來捕魚的鸕鶿。牠是一個外來物種，是從遙遠的山東省捕捉到以後，裝在籃子裡用貨運火車載來的。

我們繼續往前行進，我志願站在船屋左舷撐篙。可是船很快就漂到一處急流中，雖然我的塊頭比我的撐篙搭檔大上兩倍，可是英雄無用武之地。另一位老婦人及時幫我解了圍，我退場之後，她們一下就把船穩住，輕輕鬆鬆地把它撐回城裡。

隔天，我看到房先生的另一個面向。我正在拿我那些關於文革的老問題請教江先生，而江先生正在用一種平淡無趣而且含糊其辭的方式回答我，忽然間，房先生開始用中文霹靂啪啦地說了一堆話，我可以確定他是在罵那個年輕人。

「你跟他說什麼？」

「我要他跟你講實話，」房先生說，「了解關於文革的真相是很重要的。外國人必須知道這些真相，我們必須面對那些事實。那是一場大災難，假如擺個笑臉假裝我們不在意，那成什麼體統？」

這話讓我聽了覺得超棒。房先生平時低調沉默，但確實是個實話實說、堅持自己想法的人，而且我知道他很看不慣江先生這種立場游移不定的新生代雅痞。

江先生辛苦地設法告訴我些什麼，可是他畢竟才二十二歲，他說他對文革沒多少清楚的記憶。「我知道我父親被認為太右派了，」他說，「我們家被送到一個很遠的地方勞改，負責種稻米。我父親原本是個中學英語老師。我們一家人在鄉下待了六年，向農民學習。那對他們而言非常辛苦，可是我還太小，還沒法體會。第一年我們沒有房子，住在一個類似穀倉的屋子裡，是存放種子的地方。但我們沒有收成，只能吃附近的樹葉，挖樹根吃，生活得跟動物沒兩樣。」

「你父親會不會覺得憤怒？」

「他不談那些事。」江先生說。

「從來不談？」

「從來不談，啥都不說。」

「為什麼？」

「因為那是個辛酸的年代。」

房先生說：「他這麼做不對。他應該把事情拿出來說。他應該告訴人民當時是什麼情況。」然後他把他那張愁容滿面的圓腫臉孔轉過來看我。「一場大災難。」他說。

☆

過了幾天我才又見到江先生。那幾天裡我在街上走逛，到市場裡東看西看，裡面有很多珍奇鳥類和漂亮的烏龜，但都被關在籠子裡，顯得無精打采。我搭了一艘觀光船沿著灕江到下游的陽朔，沿途欣賞那些矮墩墩胖嘟嘟的山丘。那些山丘看起來與其說是山，更像是冰淇淋甜筒或駝峰，在靜謐的河面上直接從自己的倒影中擎天而立。船上人很多，遊客非常喧鬧——「在這裡蓋棟住宅大樓多好！」「那一座應該叫作『桃莉芭頓[5]山』！」不過這個地方漂亮得太離奇，所以其他都沒關係了。在圓圓鈍鈍的山丘和鬱鬱蔥蔥的竹林之間，有小孩在游泳、大人在釣魚，水牛只露出鼻子在河中戲水，有時牠們還會潛進水底挖起一些水草。

縱使下著雨，縱使船上遊客喧囂擾嚷，這段九十六公里長的水上之旅依然美妙無比。船在陽朔慢慢迴轉，讓人彷彿透過平移鏡頭畫面飽覽建於低矮崖岸上的小城。石砌棧橋擁有優美的屋頂，許多衣著鮮豔的中國人站在那裡等船停好讓我們上岸。乘客一下船，整座城就騷動了起來，一大群商販和揮著竹製不求人（抓背器）的老婦迅速蜂湧而至。他們等遊船靠岸已經等了兩天，而時間是異常寶貴的——搭船來的遊客在陽朔可不會久留。

一些身穿黑色睡衣、頭戴斗笠、滿臉皺紋的中國男子讓鸕鶿站在他們肩上（那鳥偶爾還會排便），當遊客拿起相機拍照，他們會索價一元。有人在賣風箏、茶壺隔熱墊、圍裙、餐巾、扇子、雕花沙拉皿。一些手工製作的眼鏡吸引了我的注意，任何人戴起那種眼鏡，看起來馬上就像個中國文人。我買了一副，另外還買了一個銀盒和一個看起來頗有年代的木偶頭。這是一個典型的觀光市集，大部分商品都是沒有價值的東西，不過有些迷人的工藝品，偶爾可以看到一些從潮濕的閣樓或儲藏室非法拿出來販賣的老寶貝。觀光客似乎很驚訝於中國人大肆哄抬價格的做法。照理說經過幾十年孤立於世界之外的共產統治，那些中國人應該比較天真才對吧？他們應該沒有權利知道他們攤子上賣的那些東西的實際價格呀？怎麼會喊價喊成這樣？其實天真的是那些觀光客。中國商販相當堅持他們訂的價格，當觀光客吼叫著要討價還價時，他們甚至會報以噓聲。即使在灕江邊上，在這條泥濘河流彎處的一座遙遠小城，遊客也不容易買到價格特別低廉的東西。這在中國算是很普遍的情形，或許這是他們生存的關鍵之一。我心想：中國人已經迅速覺醒。

那天晚上，江先生從一株盆栽棕櫚樹後方冒了出來，把一名模樣像小猴子的男子介紹給我認識。

「這是我們的司機。」江先生說。

「我姓齊。」那人說話時彷彿露出微笑。不過那其實不是微笑，他只是在咧嘴念出他的姓氏而已。

「我已經根據你的要求幫你都安排好了，」江先生說，「司機會載我們到桃花餐廳。」

5 譯註：Dolly R. Parton，當代美國歌手、詞曲創作者、演員、作家，以鄉村歌曲聞名。

司機戴上一雙手套，動作敏捷地為我開門。江先生坐進司機旁邊的副駕駛座。司機調整後視鏡，把手伸到窗外打手勢（雖然我們是在停車場，周邊看不到任何汽車在行駛，他還是做了這個動作），然後把車開上一條空空蕩蕩的街道。才走了五十公尺左右，他把車停了下來。

「怎麼回事？」我說。

江先生模仿胖伯伯大笑的那種聲音：「喔！吼！吼！」然後用自覺無趣的語氣補了一句：「已經到了。」

「那應該不必開車來嘛！」

「您是貴賓，不可以走路的！」

我已經知道這種話只是中國人的口頭禪。每次有人用這種聽起來很正式但卻不太正經的口吻說話，我就知道他們又在呼攏我了。

走進餐廳前，江先生把我拉到一邊說：「會有蛇湯和鴿子。」

「很好。」

他搖了搖頭。「這些還不叫特別，只能算普通的東西。」

「那我們還會吃什麼？」

「到裡頭我再告訴你。」

到了餐桌旁邊，他們幾個人爭論了一陣，說了一大堆話，不過我聽不懂。最後江先生說：「這是你專用的桌子，特別的貴賓桌。我得告辭一下，司機和我會在隔壁的小房間吃。請坐吧！你就盡情享用，別管我們。」

毫無疑問，這些只是客套話。

「你們跟我一道吃吧！」我說。

「喔，不行！」江先生說，「我們在隔壁工人用餐的小房間裡簡單吃吃也挺舒服的。」

我心想，他呼攏我到這個程度實在不只有點誇張，不過我對吃這頓特別大餐也覺得有些罪惡感，況且自己一個人吃一堆好菜，顯得頗為自私。

我說：「這麼大一張桌子，你們儘管坐吧。」

「那也行。」江先生用敷衍的口吻說，然後表示司機也應該照著做。

司機被一起請上桌是相當平常的事。在長途旅行中，讓司機參與活動是中國人的生活樂趣之一。如果有宴席，他會受邀一起享用；如果有遊覽行程，他也會一道參加，一整路上每頓飯他都會坐在同一桌吃。這是個很文明的習慣，我覺得值得加以鼓勵，於是我點頭表示同意，雖然這次司機只載了我五十公尺的路。

「這是特別準備的晚餐，」江先生說，「有鷺鷥，可能也會有一種叫鵪鶉的鳥。菜色很多，連禁止的東西都有。」

這話已經不讓我覺得特別期待了。這天晚上很熱，這年輕人感覺不老實，而且現在我還不怎麼餓。

「喝點酒吧，」江先生邊說邊倒了三杯酒，「這是桂花酒，桂林這個地名其實就是桂花林的意思。」

我們把酒乾了。這酒相當甜膩，而且有點藥味。

菜餚分好幾批送上來，種類非常多，不過分量不大。司機趕忙把菜夾進自己的餐盤裡，也許是因為怕一下就被吃光了。

「這道是烏龜，」江先生說：「產自灕江。」

然後他把聲音放低。「這個呢，是禁止吃的，叫娃娃魚，非常罕見，非常好吃。捕這種魚非常不容易，而且是違法的。」

這魚確實鮮美，魚肉切成小塊，在香氣四溢的醬汁中燉煮而成。司機的筷子又很快夾起其中最肥美的幾塊魚。

江先生又湊到我旁邊悄悄說：「這叫山羌，是山裡頭抓的，用洋蔥拌炒。這也是禁止吃的東西。」

「山羌是什麼？」我問。

「山羌有點像大兔子，牠是吃水果的。」

我後來查了，山羌也叫小麂，算是一種小鹿。這種動物經常被視為有害動物，在倫敦郊外的高爾夫球場上常常可以看到。馬可波羅在他的遊記裡提到他在艾古努王國吃過山羌：「這種動物的肉非常好吃。」他還把一隻山羌的頭和腳帶回威尼斯。

我嚐了鴿肉、蛇湯、山羌、鷺鷥、娃娃魚、烏龜。這些食物吃起來讓我不禁覺得有幾分畏懼和沮喪，一方面是因為真的很美味，一方面是因為中國的野生動物並不多。這些動物在中國都已經開始瀕臨滅絕危險。我一直很不喜歡中國人愛吃稀有動物的習慣，熊掌、魚下巴、馴鹿的鼻子……這些都讓我覺得反感。我讀過一篇文章說中國人持續獵殺越來越稀少的老虎，因為他們迷信老虎可以製成治療性無能和風濕的藥，這真的太離譜了。現在我覺得自己也很離譜——這樣吃東西是有錢沒事幹的人做的蠢事。

「你覺得怎麼樣？」我問江先生。

「我喜歡竹筍佐烏龜這道，」他說，「山羌有點太鹹了。」

「這個你以前吃過嗎？」

「當然吃過。」

我試著在心裡描述蛇、鷺鷥和鴿子的味道，然後不禁笑了起來，想到每次聽到有人品嚐珍奇的異國食物，他總會說吃起來像雞肉。「司機先生覺得怎麼樣？」我問江先生。

司機始終一句話也沒說，只是忙著吃。他夾了一塊龜肉放進嘴裡大快朵頤，然後又夾了一塊娃娃魚。

「他很喜歡這個魚。」江先生說。

司機沒抬眼。他吃東西的樣子就像荒野中的掠食動物，他會停頓一下，神情警覺，眼神閃爍，然後像動物用爪子抓起東西那樣，拿筷子火速攫取一塊食物送入口中。

後來我開始覺得吃這麼多「禁止吃的食物」讓我有點頭暈噁心，彷彿一名印度教徒吃了大漢堡。我說我要走回旅館，江先生設法把我送上車，可是我拒絕了。然後他一邊故作豪爽地笑，一邊有點忸怩地把帳單拿給我：兩百元。

這是一筆很大的數目，相當於這些年輕人四個月的薪水，或一個外國人從桂林搭飛機到北京的機票錢。兩百元可以買到兩輛中國最棒的飛鴿牌豪華型腳踏車，或買一台很好的收音機，或在萬里長城喜來登住宿一晚。兩百元也相當於上海一間普通套房兩年的租金。在吐魯番的市集，可以用這筆錢買到一個古董銀碗。

我把錢拿給江先生，期待他有所表示，結果完全沒有。這一切都只是形式。中國人似乎習慣不對別人的好客表現作出具體回應，不過我繼續堅持：

「這頓飯有沒有讓司機大開眼界？」

「還好，」江先生說，「他已經吃過很多次了。哈！哈！哈！」

他的笑聲迴盪在我耳際。這是我在中國聽到的少數真正的笑聲之一，它的意思是：我們總有辦法騙到外國人。

外國人就是從某個不毛之地來的怪物，全身毛茸茸，臉上長了大鼻子，中國人會把他們看成沒有開化的土包子。我們這些外國人擠在「中土之國」邊緣的一些小國家裡生活，那些地方名不見經傳，不過倒也很奇特。從前的中國人曾經相信外國地區的人會把自己一群群綁在一起，以免被老鷹抓走。有些奇怪的外國社會只有女人，她們靠凝視自己的影子就可以懷孕。我們的鼻子像食蟻獸，我們的毛髮比猿猴還多，我們的體味聞起來像死屍。有一個奇異的種族甚至會在人的胸部挖洞，這樣就可以把竿子插進去，大家互相提著走動。這些古時代的想法大部分都已經不存在，但卻化為一些自我欺騙的俗話諺語，而其中有些確實也有幾分道理。無庸置疑的是，我方才聽到的笑聲是真實的。

第十二章 開往長沙和韶山的慢車

我在桂林車站搭上前往長沙的火車。這是一輛老式火車，車廂非常老舊。火車裡相當冷清，看起來甚至有點陰森。火車的始發站也是個詭異的地方，是廣東沿海的湛江，終點站是長江中游的武漢。太陽剛下山，可是還很熱。我換上睡衣，開始讀《綁架》，然後進入夢鄉。

夢裡，我依然搭著這班火車。周遭景物逐漸變黑，火車在沒有樹葉的樹林間停了下來。火車站是一座大型木造建築，有著陽台和高高的屋頂，不像我看過的其他車站。我知道這不是我的目的地，但我還是下了車，走進那個地方。室內牆壁粉刷成白色，到處點綴著盆栽棕櫚樹，鐵軌直接穿過大廳，售票處附近有兩三個月台。這整個情景都令我覺得撲朔迷離。

為了把這個地點記進日記，我問旁人：「這是什麼站？」

一個中國人回道：「問問本地人吧。」

有一些工人在鐵軌上敲敲打打，他們的工作服上都是油汙。他們是黑人，或者說是黑人和中國人的混血。

他們附近某個人說：「這座車站是英國人建的。」

那些黑種工人都不會說英語。其中有個人用中文說：「這是什麼地方孔夫子。」

我覺得這一切非常無厘頭。我仔細看那些工人，他們很像好萊塢老電影裡的黑人，皮膚顏色不深，眼睛顏色比較淺，目光彷彿能把人穿透。

我忽然發現我在車站裡耽擱了太久，火車已經要開了。我開始恐慌。有人擋住我的去路，一名女子走到我身前問我：

「你是保羅．索魯嗎？」

我說：「不是」，然後從她身邊穿過去。

我弄錯了方向，走到七號月台，我的火車應該是五號月台才對。我來來回回跑。有個旅客在嘲笑我，另一個旅客說：「英國人把這個車站取名叫『孔夫子站』。」

我在千鈞一髮之際上了火車，然後我在搖搖晃晃的廂房中一身是汗地醒來。時間是午夜。煤煙衝進廂房，車窗嘎嘎作響，就跟我夢裡的情景一樣。

火車在黎明前抵達長沙。寬敞的街道還很暗，而且很悶熱。房先生在我身後低語。

「怎麼了，房先生？」

「火車！」他說著就笑了起來。在這麼個大清早，那笑聲聽起來很可怕。他又發出那個聲音，然後說：「火車！」

他彷彿快撐不下去了。

☆

使房先生不舒服的不只有火車，還有長沙這個城市。在所有中國人心目中，長沙跟關於毛主席的記憶牽連在一起。毛澤東出生在長沙附近的韶山，也就是「紅太陽升起的地方」。他在這裡求學，然後在這裡教書。他在長沙成立中國共產黨，發表無數演說，募集黨員。長沙是他的城市，湖南是他的省分。多年間，每當中國人獲准旅行，他們都會虔誠地來到這裡向毛澤東致意，而韶山是旅程中一定要去的地方。

房先生早已厭倦了毛澤東，厭倦政治言論，所有政治象徵和歌曲都令他反感。他對共產黨也毫無興趣，只想繼續做他的工作——他在北京是有事要做的。他不會明說他已經厭倦了跟著我走這趟旅行，他不可能粗魯到這種程度，可是我知道他已經接近忍耐極限了。這些日子以來每次我們上火車時他都會咕噥，而他在長沙火車站這聲「火車！」讓我非常確定他快要受不了了。

再搭火車、再看跟毛澤東有關的東西，這是房先生的一大惡夢。

他的苦惱反倒使我的心情相當愉快；我很高興來到這個深具象徵性的地方。在這趟旅途中，我一直想造訪毛澤東的故鄉，並跟前來拜謁的民眾聊聊。近年來似乎已經沒什麼人對毛澤東還有好話說，可是長沙的人又是怎麼想的呢？

帶我參觀中國共產黨誕生地的葉先生向我介紹毛澤東雕像時說：「他很少犯錯，就算犯錯也都是些小錯。」雕像非常大——毛澤東身穿大衣、戴著帽子，正在揮手致意。

「你對他感到驕傲嗎？」

「非常驕傲！」葉先生神情傲然地說，「我們對他做的許多事都感到非常驕傲。」

邵先生說：「大部分中國人對他感到驕傲，但也有少數人不同意。」

「鄧小平說他是個偉人呢！」葉先生反駁道。

我說：「我們到毛澤東博物館好嗎？」

「已經關了，不再營業了。」邵先生說。

「真的？什麼時候關的？」

他們一陣沉默，那沉默意味的是：不要問。

「當年毛澤東教書的中學呢？」我問。

葉先生皺了一下眉說：「那裡距離市區有十公里。我們可以開車經過，可是不能進去。那裡沒什麼意思。」

可是民眾以前都會到那裡拜謁呢！

「我提議我們到湖南歷史博物館，」邵先生說，「那裡頭有個女人已經兩千歲了。」

這名經過甲醛處理保存的裸體女子躺在有機玻璃棺材中，腐化及解剖作業早已使她的臉孔醜陋不堪。她嘴巴張大，體肉呈深紫紅並泛著白色。她死於漢朝時期，死前吃過西瓜。現場展示了從她的胃裡取出的西瓜籽；其實連她的胃部也被展示出來，她所有的臟器都陳設於玻璃瓶中。中國人湧入這座博物館參觀的理由，跟我小時候喜歡去哈佛大學比較動物學博物館「阿加西博物館」的原因一樣。那時我對那裡頭一顆醃在大瓶子裡的大猩猩頭顱興致勃勃，尤其是那兩顆果凍般的眼睛從眼眶脫落後漂浮在瓶子頂端的情景——基本上那是一種對恐怖事物難以遏止的變態興趣。

進行長途旅行時，旅人最容易落入的陷阱之一是把大城市「迷你化」，這不是出於惡意或輕浮，而是為了心安。面對缺乏魅力、表情木然的中國城市，我傾向於設法透過想像力加以簡化，使它顯得有意思。長沙就是一個絕佳的例子。我知道這個城市有好幾所大學、好幾間技術學院、醫學院和醫院。大多數中國城市在這些方面都有很充足的設施，它們具體象徵著中國決心追求健康、學識及自給自足。中國人認為這種建設具有極高的必要性，同時他們也無法理解為什麼許多非洲及其他第三世界國家汲汲於興建奢華的機場及高速公路。中國人瞧不起炫耀式的建設項目，並認為接受財政援助的國家用這種方式花錢，不但落伍而且可悲。整體而言，中國人對於不願意做出犧牲的人會感到困惑不解。這件事本身是值得欽佩的，但不斷受制於中國人的犧牲精神也是非常累人的事。在參觀過二十座醫院、四十所大學之後，我決定放它們一馬了。

總之，長沙雖不只有關於毛澤東的記憶和一名醃在甲醛中的兩千年前女子，但這個城市的其他東西確實不特別吸引人。我覺得難以判斷旅館和學校、醫院和監獄之間的區別。中國的現代建築物強調功能性，但不講求舒適性，因此外人不容易加以辨別。除了在三、四個主要城市以外，外國人到中國最普遍的經驗之一就是早晨在一間枯燥乏味的旅館房間中醒來，看到佈滿水漬的天花板、破損的窗簾、有缺口的熱水瓶、腐爛的地毯，一時不知道自己是學生、住客、病人還是囚犯。

不過這個情形正在改變。我遇到四個湖南省旅遊局長沙辦事處的人員，其中一位名叫孫冰（音譯）的人說：「我們是本單位的銷售與市場部門。」雖然他的英文很勉強，但我可以明確感覺到一切都在快速變化中。

李先生說：「我們希望外國朋友們知道我們這個省有多棒。」

「因為有毛主席的關係嗎？」

「不只是這個，」張先生說，「我們最大的祕密武器是武陵源。」

「這是某個偉大政治家的名字嗎？」

「不是，是一個地區的名字。比桂林美太多了。」

「有石灰岩山嗎？」

「當然有，而且形狀更漂亮，」孫先生說，「更有意思，更大。加上還有森林和鳥類。」

「還有少數民族。」陳先生說。

「多采多姿的少數民族，」孫先生接口說道，「總之是一個極具魅力的觀光組合。」

繼續稱讚吧，我心想。四個新生代中國人在行銷湖南省的風景名勝，我喜歡這個場面。我忍不住再次想到：中國人正在迅速覺醒。

「現在還沒有人知道這個地方，」張先生說，「它還是個秘境，沒有人到那裡去。」

「為什麼？」

「因為沒有旅館。不過目前有一家旅館正在興建，等它蓋好以後，這個地區就會舉世聞名了。」

李先生說：「湖南是一個很有意思的省分，大家應該多認識它。我們必須跟其他省競爭，不過我們很有本錢。以前民眾到湖南來並不是為了欣賞這裡的景色，不過現在他們開始來遊覽風景名勝了。」

說到這裡，他把我帶到一張餐桌旁坐下，然後我們慢慢享用湖南大餐。我認為湖南菜是我吃過的中國菜裡最好吃的。這場餐宴包括了蛙腿、烏龜、鴨、內臟、海參、湯、蔬菜，沒有米飯也沒有麵條，那些東西是給口味比較粗的人填肚子的。我知道他們準備這麼一大桌好菜是為了贏得我的讚賞，他們天真地認為透過餐宴可以贏得「洋鬼子」的心，這讓我覺得相當感動。中國人在請求別人施予恩惠以前，不惜採取極不細膩的手段加以籠絡，比如祭出這種令人食指大動的餐宴。或者，這其實是一種細膩的手段？無論如何，他們發現這種做法很有效。不過，就算他們沒有再次幫我盛上美味的蛙腿，我依然會對湖南山巒的美景讚不絕口。

☆

李先生說「以前民眾到湖南來不是為了欣賞這裡的景色」，這句話千真萬確；他們到湖南是為了瞻仰、朝拜。過去還沒有鐵路時，人們會從長沙往西徒步一百二十公里到韶山；一九六〇年代末期鐵路開通以後，他們隨之搭乘中國最奇特的火車到那裡。他們非常相信文化大革命的口號——「太陽從韶山升起」，這句話的寓意是毛澤東在那裡出生。從前中國人甚至會取「韶山」的名字，以表達對毛澤東的景仰。我自己就見過不只一位「李韶山」。

六〇年代期間每小時都有好幾班火車開往韶山，現在則是每天一班，於清晨六點從長沙出發，三小時後抵達韶山，傍晚返回長沙。這是一列老火車，行駛於一條原有作用已經不復存在的鐵路支線。

即使在鐵路開通之後，靠雙腳走這條路前往韶山依然是非常受歡迎的活動。那不僅是紅衛兵及革命份子證明自己的革命情操的最佳方式；長途行走本身就是毛澤東政治規劃的一部分，他曾要求人民鍛鍊鐵一般的腳底，藉此培養美德。這麼做的用意在於使文革期間的民眾擁有一雙堅實的腳，因為當「無名的敵人」企圖進攻中國時，人民將必須靠雙腳撤離城市。毛澤東使人民心中充滿對戰爭的偏執，人民也因此被要求製造磚頭以及挖掘壕溝、地堡、防空洞。他命令人民在休假日時行走三、四十公里，使腳底變得有如鋼鐵般堅硬（「搞得我整個腳都起水泡」，一位跟我聊過的王先生說）。他們為此從長沙走四天路到韶山，一路上高唱《東方紅》、《韶山升起紅太陽》，夜晚就睡在沿途的農舍。他們也會唱一些依據從《毛澤東思想》中擷取的語句譜成的歌曲，例如：「全世界人民團結起來，打敗美國侵略者及其一切走狗！……」這段話的最後一句是「一切魔鬼通通都會被消滅」。這種取材自《毛澤東思想》的歌曲中有一首我特別喜歡，有人告訴過我，當年民眾步行前往韶山時會邊走邊唱這首歌來打節拍。歌詞如下：

革命不是請客吃飯，
不是做文章，不是繪畫繡花，
不能那樣雅緻，那樣從容不迫，文質彬彬，
那樣溫良恭儉讓。[1]
革命就是暴動，
是一個階級推翻一個階級的暴烈的行動。

民眾在火車上也會唱歌、揮舞旗幟。他們會佩戴毛主席鈕扣飾、徽章及袖標。這些事我們不能等閒視之；就其規模和熱烈投入的程度而言，它可以跟回教徒前往麥加朝聖相提並論。一九六六年某天，一支多達十二萬人的隊伍湧進韶山這個村落，他們高唱革命歌曲、手拿《毛語錄》表演節目，向偉大領袖請安。

二十年後，我搭著一輛空蕩蕩的列車抵達韶山。火車站空空如也，長得離譜的月台也無比冷清，一個人也沒看到。車站非常整潔，不過它的空寂因此顯得更加詭異。車站漆成淺藍色，環境可說纖塵不染，但卻無比荒涼。偌大的停車場上沒有車，售票窗口也沒有人。大門上方有一幅巨大的毛澤東肖像，一塊看板上寫著：毛澤東是偉大的馬克思主義者，是偉大的無產階級革命家、戰略家和理論家。

這句話非常微妙——它沒有提到毛澤東是偉大的領導者。毛澤東死前表示他希望人民記得他是一位導師，但這個遺願顯然沒有獲得重視。

我走在這個村鎮中，心裡想著再沒什麼比空空如也的停車場看起來更空蕩了。這裡有非常多停車位，許多是為大型巴士而設的，但沒有任何一輛車停進去。我走進為達官貴人而設的旅館，坐在幾乎沒有其他客人的餐廳中，在毛澤東的肖像底下一邊用餐、一邊聽別人吐痰的聲音。

韶山的洶湧人潮成為追憶，時間早已將這個小城遺忘，彷彿只留下鬼魅和回音，因此我的好奇心也更加強烈。這個地方其實相當優美，像個鄉村度假區，有漂亮的樹木和綠意盎然的農田，一條溪流穿越而過，澆灌一座座蓮塘。在任何其他地方，這種空寂的氣氛很容易令人覺得沮喪，但這裡的缺乏人氣卻帶有某種健康的特質——還有什麼會比拒絕崇拜政治人物更健康？偶然看到的幾個遊客到這裡都是為了野餐，而不是為了瞻仰偉人。

毛主席故居位於村鎮另一頭的一個林間空地中。房子相當大，湖南風格的建築設計及漆成黃色的灰泥外牆，使它顯得宛如一座西班牙式莊園；房子通風良好、涼爽宜人，有一個中庭，並可眺望周遭美麗的田園景致。一八九三年毛澤東就出生在這棟房子裡。每個房間都有清楚的標示：父母臥房、胞弟臥房、廚房、豬圈等等。這是一棟有錢人家的房子。毛澤東的父親是個相當富裕的農民，善於理財、抵押，經常是靠放債賺錢。房子裡空間很多，有大穀倉、寬敞的廚房。毛媽媽的爐灶保存良好（上面掛了牌子寫著「請勿碰觸」），附近有個標示牌寫了「一九二一年毛澤東在這座爐灶附近教育家人捨小家為大家」。客廳中還有一個標示牌寫著「一九二七年這裡舉行了討論革命的集會」。

1 作者註：英文版《毛澤東選集》的註釋提到孔子的門生曾說「溫良恭儉讓」是孔子提倡的美德。由此可見毛澤東在這段話中批判孔子缺乏革命精神。

這跟參觀林肯木屋的感覺很不一樣，跟布倫海姆宮[2]、保羅・列維爾[3]故居更是截然不同。其中一大差異是毛澤東故居內部空空如也。出現在附近的幾個中國人對這棟房子本身似乎無動於衷，他們只是坐在樹下聽喧鬧的收音機；另外有幾個女生身穿漂亮洋裝，那美麗衣裳就彷彿是一種政治宣言。但這些人都只是一閃而過，整個故居一直顯得冷清寂寥。這種空，具有非凡的意涵。在人民蜂擁至韶山的年代，這裡象徵著政治忠貞和服從；現在它的空寂，則凜冽地反映出人們的漠然。就某個角度而言，漠視比摧毀更戲劇化，因為它依然存在的事實只是更尖銳地嘲諷著它的曾經。

這棟房子瀰漫著一股老舊聖堂的霉味。它在功能已經消失後依然挺立，看起來反而有點荒謬，彷彿某個曾經聚集無數狂熱教徒的邪教聖殿，但教徒早已奪門而出，將身上的服裝撕破，再也沒有回來。時代已然改變。文革末期，漢學家李克曼訪問中國，然後以悲觀而充滿斥責的口吻撰寫旅行紀事《影子中國》。他在這本著作中指出「每年約有三百萬人拜謁」韶山，相當於每天八千人。今天，這個數字大約是零。

韶山之所以讓現在的中國人覺得尷尬，是因為這整個規劃的目的在於使毛澤東顯得超乎凡人。他就讀過的小學被以一種令人不舒服的宗教崇拜方式重新佈置，把童年時期的毛澤東呈現得儼然有如聖人。但整棟校舍、整個校園空無一人，因此這些都是枉然。我感覺中國人似乎成群結隊地遠離這一切。

有一個攤商在賣明信片，我看到一張「毛澤東故居」（畫面是房子座落在林間空地上的情景），還有一些毛澤東徽章。這是我在中國唯一看到他的臉孔出現在商品上的地方，而且只是出現在一個小小的徽章上。其他商品包括印有「韶山」字樣的毛巾和餐巾。

毛澤東博物館內有一家紀念品店。

我說：「我想買一個毛主席徽章。」

「我們沒有這個東西。」店員說。

「那毛主席畫像呢？」

「這個也沒有。」

「那有沒有《毛語錄》？」

「沒有。」

「其他毛澤東的書呢？」

「沒有了。」

「這種書都到哪去了？」

「賣掉了。」

「全都賣掉了？」

「都賣掉了。」

「你們還會再進一些來賣嗎？」

店員說：「我不知道。」

那麼，毛澤東博物館裡賣的是什麼呢？飾有香港女星彩色照片的鑰匙圈，香皂，梳子，刮鬍刀

2 譯註：位於英國牛津，是英國唯一一座不具宗教或皇室性質而以「宮」命名的鄉村宅邸，因首相邱吉爾出生於此而有「邱吉爾莊園」的別稱。

3 譯註：Paul Revere，一七三四～一八一八，美國銀匠、實業家，獨立戰爭時期的愛國者。

片，面霜，硬糖果，花生糖，鈕扣，紗線，香菸，男士內衣。

博物館本身確實把毛澤東展現成超乎凡人的聖者，十八個房間的館藏與說明構成一部聖徒傳，毛澤東顯得與耶穌基督相仿，從年紀很輕時就開始宣揚革命理念（在母親的爐灶旁告訴家人要捨棄小家、成就大家）、募集追隨者。博物館裡有雕像、旗幟、徽章、個人物品（他的草帽、便鞋、菸灰缸等）。在每個展覽房間裡，他的生平事蹟都以照片及說明文字的方式呈現：求學時期、工作、旅行、胞弟死亡、長征、戰爭、第一次結婚……

在一間又一間鉅細靡遺甚至冗長多餘的展出之後，在最後一個展覽間發生了一件詭異的事。在十八號展覽室，時間忽然被高度壓縮，從一九四九年到一九七六年這整個他領導中國的時期，包括他的死亡，都以閃電般的速度呈現。

這裡面沒有提到他的另外兩段婚姻，完全沒有江青的影子。在歷史照片中，江青、林彪這些「非人」都被噴霧處理得毫無痕跡。整個一九六〇年代只用一張照片代表——一九六四年，中國首次進行原子彈試爆時形成的蕈狀煙霧；除此之外，那十年彷彿完全不存在。儘管這座博物館成立於一九六七年，也就是無產階級文化大革命的高峰期，館內卻沒有任何關於文革的史料。

館方把那麼多毛澤東後期的事蹟遺漏掉，用如此精簡的方式展現那麼長一段時間的推移，使參觀者最後看到這段歷史顯得像一個小盆栽。在前面的展覽室中，他看起來先是像個被寵壞的兒童，然後變成陰沉地皺著眉頭的憤青。在最後一間展覽室中，他卻露出非常詭異的微笑，那笑容在他的南瓜臉上顯得令人不安。一九五六年之後，他似乎就變得糊塗。他開始戴斗笠、穿鬆垮垮的褲子，臉龐下垂，神情逐漸顯得瘋狂或老年癡呆。他看起來不像原來的自己。在一張照片中，他動作遲鈍地打乒乓球。從一九七二年開始，他會晤美國總統尼克森、柬埔寨前領導人施亞努「太皇」及一些東歐國家元首時，樣子活像一頭卡通大象，不是神態瘋瘋癲癲，就是彷彿不太能察覺貴賓對他展露微笑。這座博物館裡有許多證據顯示中國人經常流傳的一件事：一九五六年之後，毛澤東就變了一個人。

毛澤東從一開始就想把自己塑造成一個謎，這點他是成功了。深諳中國的美國政治家理查·索樂文（Richard Solomon）曾說毛澤東是「一個口腔民族的肛門領導人」。我們可以嘗試描述毛澤東，但無法總結他一生的事蹟。他有耐心、樂觀、大膽狂妄、病態地反對知識、浪漫、軍國主義、愛國、沙文主義，具有青年式的叛逆精神，刻意擺出矛盾姿態。

韶山訴說著關於毛澤東的一切：他的盛衰榮辱，他在今日的地位。我很喜歡這輛空蕩蕩的火車開進空蕩蕩的車站的感覺。還有什麼比此情此景更能說明什麼叫滄海桑田？至於這座城鎮和這棟故居，就像無數已經沒有人去祭拜的中國廟宇一樣，只是一堆按對稱方式疊起的石堆，無言地象徵著白費、困惑和消亡。中國充滿這種供民眾憑弔某某人的地方，而在不知不覺中，這些地方已經悄然成為擺桌野餐和賣紀念品的藉口。

☆

房先生雙手抱頭，坐在旅館大廳。有個人在他附近使勁咳了一聲，吐出一大口痰，然後用鞋底在地面塗抹一陣，但房先生絲毫不受驚動，看也沒看一眼。

「我要走了，房先生。」

他抬起頭，用腫脹的眼睛望著我。

「你要去哪？」

「去廣州一下，然後去北京。」

他呻吟了一聲。「搭火車嗎？」他問道。他的嘴唇看起來很乾。

我想起在雲南宜良看到那個標語，於是我說：「人民鐵路為人民。」

他聽到這句話不禁蹙了個眉，然後說：「我今年五十六歲了，這次我已經搭了很久的火車。從前我是俄文翻譯，到過列寧格勒和很多其他地方，可是我從沒一次旅行搭這麼多火車。我從來不曾在這麼多火車上睡覺，或者應該說我根本沒法睡覺。火車啊，火車！」

「火車不是交通工具，」我說，「火車是國土的一部分，它本身就是一個地方。」

「不搭了。」他沒聽我說話，自顧自地說。

「我要去廣東。」

「我必須跟你去，」他說：「可是我們改搭飛機。」

「抱歉，飛機不行。中國的飛機把我嚇死了。」

「可是火車——」

「你搭飛機，」我說：「我搭火車。」

「不行，我得跟你一起行動，我們中國人是這麼做事的。」

他看起來可憐兮兮，但我就是沒法真的可憐他。他被派來看管我，從頭到尾盯梢我。他是相當低調沒錯，不會妨礙我的行動，可是誰要他來的？不是我。

「你回北京去吧，」我說：「我可以自己到廣東。」

「廣東之後你還會搭火車嗎？」他問。

「我不知道。」

「飛機比較快。」

「我一點也不趕時間，房先生。」

他沒再說話。我很高興，我並沒費什麼力，就贏得了這局。他已經束手無策了，現在他痛恨火車，被睡眠不足折磨得很痛苦，巴不得立刻回家。

可是隔天晚上他還是跟我上了開往廣東的特快車，在餐車裡坐在我後面。他看起來身體狀況不好，更糟的是，餐車裡馬上湧入一大批興高采烈的觀光客，他們的班機被取消了，只好改搭火車。

那是一群好心腸的美國人，這種人在美國旅遊業蓬勃發展之初會到科羅拉多州派克峰之類的地方玩，現在則是到中國。他們到處購物，巴士載他們到一座座廟宇參觀，他們除了參觀，就是買一堆東西。他們話說個不停，可是說的東西都跟中國文化無關。有人會說：「老喬死了以後，他老婆又結了兩次婚。那婆子有嚴重的酗酒傾向。」有人會說：「香蕉對健康很好，香蕉是攝取碳水化合物的。」如果其中某個人提到廣東，就會有人說：「到廣東打保齡球不錯喔！」

不過他們說話倒沒有餐車裡的廣東人說得多，嗓門兒也沒有廣東人那麼大。美國人以審慎的態度對此表示欣賞。

服務員送來一盤青菜。

「誰會吃這個？」一位精力充沛型的女士說。

「這是什麼？」另一位女士問道。

第三位女士瞧了一眼之後說：「我兒子會吃這種東西。」

「是菠菜嗎？」

「是一種菠菜。」一名男子說。

「不管這個！」一個德州男大聲嚷道，「這裡的街上很安全！我可憐的老婆是在德州西部鄉下長大的，二十三歲以前從沒見過城市。可是現在我可以讓她把價值一萬美元的金飾戴在身上，然後把她丟到街上去，她絕對不會碰到任何麻煩。因為這裡是中國，不是德州。」[4]

「可是這裡的水不能碰。」精力充沛的女人說。

「味道像洛杉磯的水，我喝不習慣。」某個人說。

「喝起來像薩吉諾[5]的水。」一名年輕女子說，「是因為氯的關係。我在那裡喝過一杯咖啡，難喝死了。我說：『這咖啡是不是有什麼問題？』但不是咖啡的問題，是水的問題。」

她的朋友（或者丈夫）說：「除了薩吉諾以外，像荷姆拉克那種鳥不生蛋的地方，水質都很棒。」

「哇，我真高興我沒帶尼龍衣物，」精力充沛的女人說，「你們有料到中國會這麼熱嗎？」

「這裡的確很熱，」德州男說，「可是北方就冷了，冰天雪地。這是事實。」

「他又來上菜了。」

「老天，那玩意兒會有名字嗎？」

一名女子帶著鄭重宣佈的口吻說：「我要叫我所有節食的朋友到中國來。我是指那些對食物真的極度挑剔的朋友，他們一定會馬上減重成功！」

「可是真正挑剔的人不會到中國。」年輕女子說。

離開餐車時，我聽到某個人語帶焦慮地說：「我的問題是，他們會怎麼處理這一大堆剩菜？」

一名廣東男子進入我的廂房，邊喘氣邊伸手到背包裡翻找東西。他的模樣有點像猿猴，有點詭異。他說著只有自己聽得懂的話，爬到上鋪，繼續翻他的包包。我把燈關掉，他又把燈打開。他從果醬瓶啜了一口茶，然後哼了一聲。他吵鬧地走出廂房，回來時身上穿了條紋睡衣。晚上十二點，他還在進進出出，把桌子當踏板往上鋪爬時，他那隻猿猴般的腳差點沒把我的眼鏡踩扁。我終於睡著，不過凌晨三點又醒過來。那人拿著手電筒在看書，並輕聲喃喃自語。接下來我一直睡得很糟。

在廣東時，我覺得自己跟房先生一樣心情煩躁，於是我決定多待一陣子，暫時不預訂往後的車票。心情惡劣時待在一個國家是不應該的，因為你會開始抱怨這個國家使你心情不好，然後做出錯誤的結論。

某個時候，我光是想到廣州有豪華旅館就忍不住笑了起來。旅館裡有精緻熟食店和迪斯可舞廳。那裡的中國人已經開始練習舉重、看健美雜誌。白天鵝賓館有漢堡也有沙拉吧。中國大酒店設有一家空調保齡球館。現在外國人到中國購物、享用美食、打保齡球已經不足為奇了。

房先生緊張地問：「不搭火車了吧？」

「暫時不搭了。」

「也許你會回國？」

「也許。」

---

4 作者註：是不是有某個中國的神聽到這句話覺得不爽？有可能。大約一年之後，一九八七年六月二十日，一名來自德州的華裔美籍男子就在這班火車上被兩個中國人殺害。被害者名叫伊華．契爾（Ewald Cheer），嫌犯殺人的動機是為了搶錢（一百八十六美元）。他是四十年來第一位在中國遇害的美國人。凶手很快就被判有罪並處以死刑。

5 譯註：位於美國密西根州。

他是不是隱約露出微笑？

「我會陪你到車站，」他說，「中國人習慣送行。」

「沒有必要的，房先生，」我說，「你何不直接搭飛機回北京？」

「明天早上有一班飛機。」他說，語氣很急切。

「不必為我操心。」我說。

他顯得不太情願，不過沒再多說話。我為他買了一本桂林的圖片集，那天晚上我在大廳看到他時，把書送給了他。他沒有拆開包裝紙，直接把東西夾在手臂下，用那對哀傷的海獅眼凝視了我一下，說了聲「好」，握了一下我的手，然後用英語說：「掰掰。」語畢，他驟然轉身離去。我心想，果然沒有任何一起稍微回顧這段日子的餘地。他繼續往前走，頭也沒回一下。

然後，因為這裡是廣州，我去打了保齡球。

第十三章　北京特快：十六號列車

我沒有立刻重新上路。接下來這段日子裡發生了一連串公共事件，撼動中國社會。我發現一件事：在中國要把事情弄錯實在太容易了。我才剛下了結論，認為中國正在大舉改革、迅速繁榮，人民獲得更多自由，外資持續增加，結果這個國家竟然陷入危機。確實，中國的某些面向從來不曾改變：種稻的人依然在田裡彎腰，除草的人依然坐在板凳上工作，小男孩依然腳踩兩千年前的人發明的灌溉泵，牽牛的、趕鴨的依然在鄉間小路上活動。不過在我離開廣州、再度出發旅行中國之前這幾個月，人民幣貶值了三成，原本的一美元兌換人民幣三元，掉到一美元兌換將近人民幣四元，硬貨幣的黑市交易極為活絡，「要換錢嗎？」變成更普遍的打招呼方式。想出國的人成為被批評的對象，政府通過法律，要求打算出國留學的人在奔赴國外以前需先繳交五千元保證金，這可是個天大的數字。外國投資金額跌落百分之二十，鄧小平抨擊中國廠商製造沒有人要買的低劣商品。

文革結束以來，學生第一次走上街頭抗議[1]。抗議活動非常有秩序，但這種非法集會所隱含的叛逆性質被視為社會混亂的跡象。中國人對社會失序的恐懼使這些活動的重要性被大幅放大，儘管

1 譯註：此即「八六學潮」，又稱「丙寅學運」，指中國各地高等院校學生自一九八六年十二月至一九八七年初以民主為訴求發起的學運。

我個人覺得那些遊行和訴求大都只能算是半吊子。傳統上，十二月及一月被中國人視為適合打破現狀的月份，因此抗議活動帶有某種儀式性的期末成分——高昂的興致，逗趣的帽子，一定程度的搞笑。學生想抱怨的事當然很多，在海報及他們高唱的歌曲中，學生們呼籲媒體自由、選舉改革、多黨制度、正式允許遊行示威等等。他們也要求性愛自由，並籲請學生餐廳改善餐食品質。這波學生抗議聲浪影響了八個大城市，參與規模少則廣州的數百人，多則高達上海的十多萬人（另有人數相當的旁觀民眾），造成上海癱瘓一整天。

向來喜歡找代罪羔羊（這種做法比全面搜捕「壞份子」要簡便得多）的中國政府，把這場爆發於全國各地的抗議事件歸罪於一個人——天體物理學家、合肥中國科學技術大學副校長方勵之教授。之前他一直非常忙碌，在《中國青年新聞報》中發表多篇文章，批評學生民主意識低落。他向合肥的學生宣揚他的理念，在抗議活動爆發前一個月，他還到上海交通大學向學生演說。

方教授在演說中希望傳達的訊息同時結合了高尚的思維和一些老生常談。他提倡人類生而具有各種權利——生存、結婚、思想、接受教育的權利；中國如果要改變封建思想，逐漸趨近現代的思考標準，唯一的辦法是知識份子必須展現他們擁有的力量。他還強調政府領導人絕非無可非難。

方勵之指出，民主只能通過鍥而不捨的努力逐步達成。他著名的口號是「東風吹，戰鼓擂，現在誰也不怕誰」；他認為批評政府領導人是民主的表徵，在他的觀念中，人人有權批評領導人。

中國官方把這類觀念浮濫地稱為「資產階級自由主義」，認為那是一種特權階級自私自利的抱怨行為。方教授發表演說之後不久，《人民日報》就抨擊他的「資產階級自由化傾向」。在中國人的思維中，抱持自由觀念的人是右派，堅守共產黨路線的人則是左派。

方教授遭到汙名化，台灣則被譴責為麻煩策動者。政府刊物指出這其中有一部分是「職業流氓」的傑作。上海一名漆器工廠的工人因為成立自己的政黨「衛民黨」而遭到逮捕，罪名是反革命。他是該黨的唯一成員，但這件事依然非同小可。在中國自行成立黨派相當於意圖推翻共產黨，這是叛國的行為，處罰方式是槍斃。

媒體針對即將舉行的抗議活動進行報導，這個事實本身就足以顯示中國政府對此已經有所警覺。許多人都知道，北京學生的訴求之一是希望報紙刊登關於抗議活動的新聞。在此之前，類似的騷動都被全面隱瞞。果不其然，政府的第一個舉措是在抗議活動舉行當天清晨四點派水車前往天安門廣場大量噴水，目的是讓地面全部結冰，使學生在滑溜的廣場上無法行走。但當天上午依然有三千名學生出現在天安門廣場，並得以穩住腳步；當三十四名學生被逮捕並帶去偵訊，學生們又連夜發動另一場抗議，高舉更多標語、高喊更多口號，三十四名學生隨即獲釋。

中國政府最擔心的事是上海的工人和學生聯合參與示威遊行（照理說這兩群人並非天生的盟友）。為了拉攏工人，政府嚴厲譴責學生。上海市長向一大群集會學生發表演說，結果遭到砲轟。一名學生喊道：「你是誰選出來的？」這句話極具震撼力，因為它暗示市長只是個黨棍（市長是由中國中央政府指派），這是極為大膽的指控。

抗議活動非常平和。此外，抗議人士的訴求基本上是在支持鄧小平的各項改革政策。所謂「資產階級自由化」不過是政府自己在推動的事罷了。但政府不希望自己的做法被用這種方式解讀，他們不願意被視為容許超級不知悔改的走資派、幕後反動份子、封建主義苗子、各種走狗、所有那些形式上屬於左派但本質上右傾的人，以及右派偏離思想的提倡者等異端份子（以上採用的是中國政府的既有分類方式）在社會上滋長茁壯。就我所見，這是最近一次中國出現不知何時該歇手的情形——首先是政府不肯放手，然後是學生堅持到底。

有人懷疑在這一切的背後，一場中國領導階層的權力鬥爭正在上演。學生受到操縱，但操縱者不是方教授（他先被解除大學教職，然後又被開除黨籍），而是企圖使右傾改革派的鄧小平失去公信力的左派人士。或者是右派份子在教唆學生，藉此引發左派人士做出過度激烈的反應？

我決定自己尋找真相。

在一個悶濕的冬日裡，我來到廣州南郊位於珠江另一側的中山大學，看那裡的學生是否還在舉行示威抗議，結果發現並沒有。種了許多尤加利樹的校園裡，氣氛非常平靜。學生們在騎腳踏車、打排球或慢跑。他們洗衣服、談戀愛、讀書。有些人盯著我看。他們說話沒有太多禁忌，甚至自在地談論示威抗議的事。他們說他們的教授也強烈批判政府，特別是官方壓制新聞或進行不實報導的政策。

「他們怎麼知道政府在做不實報導？」我問。

「因為我們知道真相，」一名學生說，「我們在這裡會聽香港的新聞。」在廣東收聽香港的電台節目效果非常好，音量大而清晰，某些香港報紙也在廣州流通。

一位英文名字叫安德魯的學生（他是廣東人，本名是幸佗〔音譯〕）說：「你想知道什麼關於我們這裡示威抗議的事，我都可以告訴你。」

我很喜歡他的態度，不過他能說的事其實不多。他說南方的學生比較滿足於現狀，比較重視金錢，對政治不像北方人那麼認真。

「我們的抗議活動只有兩百個學生參加，」他說，「他們在這裡抗議了一下以後，就一邊唱歌一邊遊行到城裡的政府辦公廳。規模不大，跟上海或北京無法相提並論。」

「學生的訴求是什麼？」

「民主和改革。」安德魯說。

「可是中國已經在快速改變了。」我說。

「老人是這麼認為，」他說：「我們這些年輕人認為改變太慢了。不過那都是政府的政策，他們希望中國看起來很穩定，這樣才能有效吸引外資。如果中國到處發生暴動，就沒有人會願意來投資了。」

我問他對未來有什麼規劃。

「我想做生意，」他說：「進出口。」

「你可以賺很多錢。」

「希望吧。」

「然後你就成為了走資派。」

「也許喔，」他說著，竊笑了一下。「我認為我們有很多東西要學。我們要好好運用資本主義好的部分，但不要用到壞的部分。」

「這有可能嗎？」

「我們可以試試看。」

這是新的思考方式。「有錢有光彩」這類口號，現在已經被視為政治正確了。這是年輕人、勢力崛起的學生、甚至許多農民的思維；其實它基本上也是鄧小平的思維。這一切都與毛澤東的思想完全相左，而這也是現在韶山已經沒有人要去的原因之一。

安德魯將自己視為一個個體，有自己的需求和欲望。過去三、四十年間，所有中國學生被問到他們的抱負是什麼時，他們都會回答「服務人民」，但安德魯並沒有提到這點。他說的是「生意」、「錢」、「進出口」。他用功讀書，喜歡他的同學，思想也相當開放。他跟七個同學一起擠一間宿舍，要做功課時就上圖書館。他最喜歡的作家是馬克．吐溫。他在學校的電影院（是一名姓梁的香港大亨出資興建的）裡看過《金色池塘》、《超人》和《藍波》。

我說《藍波》這部電影裡的一切都是我最厭惡的東西。

「可是他很強大，」安德魯說，「他的身體很有意思，他的外型、他所做的事都非常有意思。」

這點倒不無道理，電影中那種異想天開自有其妙處。可是我說：「你知道那個故事跟越南有關嗎？」

「知道。」

「這樣的電影不是反動、資產階級、極端的帝國主義傾向嗎？」

安德魯聳聳肩說：「我們不會把它看得那麼認真。」

他今年二十一歲，父母是老師，在文革期間都曾遭受迫害。

我說：「所以他們是臭老九。」

「對。」他說。他完全知道我說這句話的意思。當時毛澤東宣佈敵人有九種：地（地主）、富（富農）、反（反革命份子）、壞（壞份子）、右（右派）、叛徒、特務、走資派，以及第九類「臭老九」，即知識份子。這個分類方法非常奇怪，因為它似乎涵蓋了全體人類。

他的父母被送到鄉下勞改，工作是鏟土。他們的命運好過我一位朋友鍾小姐的哥哥，他被毛派人士鎖進中山大學校園裡的一個掃帚櫃，罪名是他父親從前當過國民黨政治人物。他被關在掃帚櫃裡兩年，歷經嚴酷的偵訊，最後上吊自殺了。

我把這個故事說給安德魯聽，他說這種故事其實還不少。這的確是個不爭的事實，但也使我在中國期間無論身處何處，都覺得周遭充滿鬼魂。

「你相信鬼嗎？」我問安德魯。

「不相信。」他說。我看得出來他說這話是認真的。

他不迷信，不信教，顯然也對政治冷感。一般人投入中國政治是不會有什麼搞頭的。他非常實際，屬於中國第一個沒有帶著任何教條成長的世代——沒有皇帝，沒有神明，沒有主席，沒有道教，沒有毛教，沒有佛教。安德魯所屬的這個世代也完全沒有受到基督教的影響。民主遙不可及，他懶得參加學生抗議活動。他的務實中其實帶有某種認命的鬱悶。

那天晚上我忍不住想，他以後會變成什麼樣子。不過答案非常明顯。假如他走做生意這條路，賺了一些錢，他會達到某種程度的富足，並養育一個一胎化家庭。他不會講「服務人民」之類的話，他會視自己為「知識份子」，也就是中國人觀念中不需要用手勞動的人。如果他按照目前的打算，自己當老闆，他應該會很努力工作。休假日時，他會到像我住的這種旅館，享受各種「假日特別活動」，譬如耶誕餐宴、歲末派對（「贈送免費帽子，還有各種好康，保證歡樂無限」）、一客二十八元的「元旦香檳自助式早午餐」等。

☆

生活在活躍又獨裁的中國，有一個非常糟糕的面向是，我們很少有機會正確掌握實際發生的事。這並不是因為中國政府莫測高深。懶惰的旅行者和訪客最期待的莫過於中國各式各樣的祕密，但可惜中國人並不是那麼難看透。與世界其他地方比較起來，中國官僚的行事特別顯而易見、容易解讀。同時，任何人卻都會覺得中國的媒體遮遮掩掩、閃閃爍爍。中國人追蹤時事動態靠的可以說是耳語和心電感應，以及政治局的含沙射影：如果傳言說某位高官「感冒」，那他可能已經被解職；如果他在「療養」，他大概是遭到流放；如果他「病得很重」，他恐怕是難逃一死。

所謂「自由」，指的也不是真正的自由或思想開放。「自由」在中國的涵義是非常負面的，如同字面上顯示的「任由自己隨意行事」，它隱含放蕩或荒淫的意思。中國官員和大多數美國共和黨員應該會同意「自由」一詞的意義，對毛澤東而言，自由更代表濫用。

回到學生抗議的問題，中國政府依然對此大作文章、瘋狂叫囂，但是民眾並沒有公開反擊。中國人在最認命的情況下，會有一種咬緊牙根、默默忍受一切的表情。世界上沒有人可以比沉默的中國人更沉默。我又到處問了我平常問的那些帶有挑釁意味的問題，但得到的反饋很少。我相信中共當局內部一定在進行權力鬥爭，但八十三歲的鄧小平到現在依然沒有指明繼任人選。

我在廣東車站遇到的一名香港學生告訴我：「政府否認有任何問題存在。」

「那就表示一定有問題，」我說，「只有在官方正式否定一件事之後，我們才終於能夠相信這件事。」

在這個潮濕的冬夜，我們正在等候開往北京的特快車。據說這是中國最好的火車之一，走的路線是歷史悠久的湖廣鐵路。這是一趟三十六小時的旅程，必須在火車上睡兩夜，總里程超過兩千四百公里，途經五個省分，將中國由南到北切成一半，並在武漢跨越長江。

有些到中國的旅客聽到你說要在一班火車上度過兩天，都會忍不住嘲笑，結果他們自己可能被困在機場五天，苦苦等待濃霧散去。每個在中國搭過飛機的人都有悲慘的飛航遭遇可以分享。

火車旅客唯一的痛苦經歷發生在月台上，在其他旅客上車那一刻。他們之中哪些人會出現在你的廂房呢？這種彷彿抽籤的感覺比相親或「盲目約會」更令人緊張，因為那些人在接下來的整個旅程中會跟你一起吃飯睡覺。我在火車上看到過麻瘋病人和小屁孩，在前往桂林的班車上還看到一個人帶了五隻鸚鵡旅行，可是卻沒有籠子。

我觀察民眾上火車的情景。一位身穿棉襖的老婦人提了一個餐盒，裡面裝的是一些氣味刺鼻的東西，有燉鳳爪、廣式牛腱和海苔包皮蛋（皮蛋可是中國人非常心愛的食物）。有一個花花公子型的年輕人戴著太陽眼鏡，提了一台收音機。有個人帶了三個行李箱和一籠香蕉。有個推銷員提了一箱樣品，可能是橡皮塞子。三個脾氣不好的鬍子哥穿著奇特的高跟鞋現身。一個小家庭組合——父親形容憔悴，母親頂著一頭捲髮，被寵壞的小孩看到任何會動的東西都要抓。頭髮梳理得刺刺的學生一臉厭煩樣；腦滿腸肥的黨棍穿著毛式中山裝；偷偷喝了一大堆酒的酒鬼眼睛腫脹；漂亮的小姑娘跟她那惡龍般的奶奶一起出行；一群香港胖男生全都戴著嶄新的眼鏡；一名物理學教授準備前往某處開會。只會用廣東話說幾個字的大嗓門華裔美國人忙著對所有人說那幾句字；中年日本夫妻臉上看起來沒有一絲皺紋，但神情卻相當焦慮；從國外回來的學生提了一堆免稅禮品、西式服裝及樂器箱。身材纖瘦、面帶笑容的解放軍士兵看起來毫無戰力，因而顯得特別可愛——軍人身上如果穿著大了四號的制服，實在很難讓人覺得威武可畏。

我跟幾個推銷員被分配到同一間廂房。其中有一個是中國版威利．羅曼[2]。另一個人很活潑，可是實在太愛笑，他說：「我賣的是機械工具」，那副模樣看起來也真夠像美國的推銷員了。第三個人幾乎讓人完全看不到他，這令我想到中國人在相當程度上完美掌握在擁擠環境中順利生活的藝術。

2 譯註：Willy Loman，一九四九年美國戲劇作品《推銷員之死》男主角。

賣工具的葉先生非常欣賞我的毛衣，直說「很漂亮，品質很好，很保暖，在北京派得上用場」，他也會問一堆很直接的問題：「你是——什麼？大約三十五歲？有小孩嗎？」

他遞給我一小包乾肉餅當作見面禮，跟我分享他的茶，然後收下我送給他的一條巧克力棒。我心想，這種人是很友善，可是也讓人覺得很累，幸好他大部分時間都在睡覺，只可惜會大聲打鼾。「威利．羅曼」也睡得很多，不過他會在清晨四點鐘醒來，開始做閒散的柔軟體操，搖頭晃腦、拍打前臂。他推銷的是飼料和穀麥，他的行李包括了一堆盒子和手提箱，占滿了行李架。他的樣子總是顯得非常嚴肅，但當我跟他眼神交會時，他會忽然爆出笑聲，然後給我一個大大的微笑。他的笑聲帶有一種急迫性，意思是：「拜託不要問我問題！」然後當他把頭別開，他馬上就開始皺眉。這點倒也非常中國。

第一天晚上我們這間廂房籠罩在驚天動地的鼾聲中。偶爾那一陣陣宛如狂風的噪音會把我吵醒，它比火車輪子喀噠喀噠滾在鐵軌上的聲音更嘹亮。不過大致上我還是睡得很熟，一直到九點才起來。

那天早上天氣很冷，車窗上凝結出一道道水珠。我用冷水刮鬍子——不過火車上的水永遠都是冷的。不久後火車抵達長沙，幾個月前我去韶山參觀毛澤東故居時來過這裡。夏天時這裡熱氣蒸騰，市容一片慘澹；冬天來到，這裡煙霧迷漫，整個城市呈現灰褐色澤，顯得更加難看。「中國城市」這個詞在我心目中已經成了某種特定形式的可怕，就像「俄國廁所」、「土耳其監獄」或「報導倫理」。在冬季的冷雨中，被燻黑而且龜裂的公寓樓房、泥濘的街道、瘦細的樹木、暗褐色的天空，無不使中國的城市顯得可怕至極。

不過這座城市對乘務員而言代表一個指令，要他們趕緊生火。車廂內慢慢暖和了起來，乘客很快脫去衣服，換上皺皺的睡衣，穿著塑膠鞋啪嗒啪嗒地走來走去。他們撐在車廂之間的牽引裝置上，站在那裡刷牙。有些人在走道上打太極。

午餐時間，餐車裡人很擠。雖然火車上沒有外國觀光客，所有人身上都穿著舊衣服，而且也會大聲叫嚷、隨地吐痰、任意把菸氣吐到對面的人臉上，但他們似乎有不少閒錢可撒。我猜在這條賺錢的生意路線上往來的人，主要是廣東人：廣東是商品生產重鎮，北京則是可以獲利的市場。這些外表邋遢的乘客都是生意人。我隔壁那人跟他的妻子吃一頓飯就花了二十元。換算起來差不多五美元，雖然稱不上什麼大數目，但這是一般中國人將近一個星期的工資。這名男子頭髮糾結蓬亂，已經開始花白。他一邊抽菸一邊吃飯，一手拿筷子，另一手拿菸。他的小兒子沒有吃東西。這個愛耍脾氣的小孩忙著把所有牙籤從小塑膠桶裡挖出來撒了一地，然後把一杯水打翻，接著又拿起一個菸灰缸邊敲桌子邊尖叫。他的年紀大約五、六歲，當爸爸的只顧笑看這個喧鬧景象，這顯得非常不中國。但這還不是這輛吵鬧的火車裡唯一不像典型中國人的行為——車上有很多酒鬼，而且不只是一些愛喝啤酒的人，還有一些年紀大的人狂飲自己帶上火車的米酒，喝得酩酊大醉。

我看了一會兒書，然後打了盹，接著在湖南北部的岳陽市醒了過來。這又是一座灰暗的城市，周圍是樣子肥胖、陰影很多的山。又過了幾小時，火車來到武漢。我在一九八〇年時到過這裡一次，那時武漢留給我噩夢般的印象，街道泥濘，黑黑的工廠把充滿泡沫的毒水排進長江。現在武漢看起來比那時更大了，但沒有以前黑。數以十計的高大起重機正在打造新大樓，其中包括一家醫院。

長江在武漢一帶幾乎有一點六公里寬，兩岸有許多棧橋和階梯，看起來類似印度恆河岸的石梯。漢口這邊也有許多新的大樓，而且街上有汽車，而我記憶中的漢口還有很多老婦人拉著貨車及推車的景象。大樓和交通壅塞不見得代表市區環境改善，但它確實帶來不同。現代化沒有讓任何中國城市變得比較不那麼可怕，許多城市甚至因為建築規劃不佳而顯得更恐怖。

武漢的天氣相當冷，讓人覺得似乎應該穿上靴子、戴露指手套。我廂房裡那幾位推銷員走出火車時，身上穿的就是這些衣物。他們透過車窗把行李拉出去，動作顯得相當笨拙。他們看到一個女孩提著一條死魚走在月台上時，不禁露出困惑的表情。

火車開出武漢車站之前，臥鋪車廂乘務員進來說我得離開。

「你弄錯床鋪了。」她說。

「我的床鋪是對的。」我說。我知道她想把我挪到別的床位去，不過我不認為她有理由把我更換到錯的地方。我請她確認了我的車票和床鋪號碼，然後裝腔作勢地抱怨一番，藉此獲得聽她對我道歉的滿足感。

「弄錯了。」她模稜兩可地說，然後硬是把我帶到另一個廂房，裡面有一對成年男女和一個嬰兒。

「小貝比多大了？」

「兩個星期。」

嬰兒在打鼾。過一段時間他開始哭，男子拿出奶瓶餵他，母親離開廂房。

他們一直是這個情形。嬰兒包在一條厚棉被裡，看起來有點像印地安人抱嬰兒的搖籃框。男的忙著打理小貝比的大小事情，餵他喝奶，換尿布，逗弄他；女的則優哉游哉、無所事事，有好幾次我看到她在隔壁硬座車廂裡睡覺。或許這位年輕母親病了，不過我不想過問。總之，一切都是那男的在打點。

「是個男孩。」他餵嬰兒喝奶時說。我並沒有開口問，是他主動說的。他是個醫生，妻子也是醫生。他在北京工作，妻子在廣州工作，他特地趕到廣州迎接小孩出世。現在他們要到北京一起過幾個月，因為媽媽有育嬰假。廂房裡到處都是奶瓶、奶粉、罐裝即溶牛奶配方。他們使用拋棄式尿布，用過的就丟在我床鋪底下的垃圾桶。我並不介意，我很喜歡嬰兒那種奶騷味，而且那爸爸對嬰兒表現的關心和愛令我很感動。

我在床鋪上看書，那男的拍著嬰兒讓他打嗝，女的則在一邊觀看。我喝了一些廣東雪利酒。跟這個小家庭共享一間廂房，感覺有點像住在森林中的小木屋。晚餐時我吃的是這班火車的特餐——熱嘶嘶的鐵板雞塊。餐車的氣氛非常熱絡，蒸氣瀰漫，叫嚷聲此起彼落，啤酒冒泡，癮君子吞雲吐霧，服務員把菜用力擺在桌上，然後把吃完的空盤子抓走。

跟我坐同桌的兩名年輕男子已經喝得半醉。我喜歡這種擁擠的餐車快速穿越在夜色中的感覺，看著食物一盤盤端出來、乘客大快朵頤。

「我們是賣燈泡和照明設備的，」其中一名男子說，「我們賣了一個星期，現在要回家了。」

「家在哪兒？」我問。

「哈爾濱。」

「我剛好要去那裡，」我說：「我要看冰雪節和那裡的森林。」

「現在太冷了，什麼也看不到，」另一個人說，「你只會想待在房間。」

「這是一種挑戰，」我說，「不過……有多冷？」

「攝氏零下三十度。」他說，然後倒了一些啤酒到我的杯子裡，我們乾杯。

這時的我已經把中國人的友善視作理所當然了。他們關注別人的方式有時令人感到迷惑，例如他們會在我身後把頭湊到我肩膀上，看我在筆記本裡寫些什麼，或把潮濕的臉頰靠到我的書本上，好奇地盯著上面的英文字看。不過他們的好奇和善意都是真誠的。

「你們經常旅行嗎？」我問。

「對，到處旅行，不過沒有出國。」第一個人說，「我想出國，可是沒辦法。」

「你想到哪裡？」

「日本。」

這讓我覺得驚訝。我的反應想必是顯現在臉上了，因為那推銷員馬上問我，我對他的選擇有什麼看法。我說：「我覺得日本人有時候很討厭。」

「美國人還丟原子彈炸他們呢。」

「這是很糟糕，不過是他們偷襲珍珠港引發戰爭的，對吧，同志？」

「沒錯！」另一個人說，「同一天他們就攻下了上海。」

中國人認為說別的國家壞話是沒禮貌的事，特別是在一個外國人面前。這就是為什麼這兩個人笑得很開心。踐踏日本人，好玩！爽啊！我們坐在那裡聊天扯皮，直到其他人都已經離開餐車。然後火車在信陽停靠。我們已經從河北省進入河南省。這座車站被灰黑色的冰和泥濘的雪覆蓋，跟幾天前廣州的棕櫚樹和蜻蜓可說是天壤之別。

在我的廂房裡，年輕爸爸跟嬰兒依偎著窩在下鋪，太太則睡在上鋪。整個晚上那男的都在照顧嬰兒，他們睡在一起，小嬰兒發出所有嬰兒都會發出的傻笑和哼氣聲。有時候男的會坐起來，用熱水壺裡的熱水和塘瓷杯調配一份雀巢力多精嬰幼兒牛奶。他很體貼地沒有開廂房裡的燈，而是靠走道燈看東西。嬰兒鬧得凶了些，爸爸溫柔地把奶瓶塞進他嘴裡，然後是一陣滿足的哼氣。當爸爸的非常有耐心。火車停了又開動，耽擱在側軌上等一列南行快車通過，然後在孤寂的貨車發出的一陣陣汽笛聲中繼續往前滾動。那男的在黑暗中輕聲向嬰兒說話，唱歌給他聽，嬰兒逐漸睡去以後，他把他裹進床鋪裡，然後自己也爬進去躺了下來。

早晨，低沉含糊的聲響、冰冷的空氣以及詭異的白晝光線都是下雪造成的結果。火車奮勇穿越風雪，這景致非常美，彷彿火車正在暴風雨中的洶湧海面上與浪濤搏鬥。

擴音器早已在播送節目。晨操時間過了，有大量預錄笑聲效果的喜劇節目也過了，現在播放的是音樂。《卡門》選曲之後是《聖母頌》，以及《萊茵石牛仔》、《碧草如茵的家園》和《花兒都到哪兒去了？》這類經典美國老歌。

我喝著綠茶，凝視窗外的風雪。風雪逐漸減弱，不過感覺起來天氣更冷了。地面是泥土凍結的那種淺褐色，光禿禿的樹木在白花花的雪景中顯得瘦弱。雪中的中國城鎮不再令人感覺像經歷一場惡夢，但其他一切都沒有改變，風雪並沒有讓世界停止運轉。驢子依然在拉乾草車，工人湧進工廠，兒童頭戴呢帽、背著書包、穿過田野上學去。許多人在雪中騎腳踏車，沿著清出一部分路面的道路前行。

天空是灰燼的顏色。太陽稍微露臉了幾分鐘，透過雲霧顯現出完美的圓形身影，但顏色是很淡的橘紅，像快要燒壞的舊燈泡。它柔弱地掛在天際，然後開始顫抖，慢慢又躲進雲層的厚衣裳中。

火車依然非常吵雜。有個人在吼叫，但不是在發脾氣，只是在進行一般的談話。我忽然想到許多監獄可能就是這個樣子。權威者的聲音總是透過擴音機播送，人總是不斷在四周出現，沒有任何隱私可言。對任何習慣寂靜和私密的人而言，在中國旅行是非常奇異的體驗。

接近北京時，冰凍的田野和犁溝被白雪勾勒出清楚的線條，鐵路旁的煤炭堆放場中，工人正用冰鎬和鏟子劈砍煤堆。雪不深，只有幾吋，不過在強風吹襲下被壓得很緊實。遠方，透過朦朧的空氣，我又看到矗立在快速興起的中國京城中那些高大的起重機和吊車。

☆

由於北京是個平坦、乾燥的北方城市，位於蒙古邊緣，因此這裡的天空很美。在冬天的冰冷空氣中，天空藍得簡直不像話。從前中國把自己比擬為「天下」——在美好的天氣中，那片天是多麼驚人！它澄淨透明，像一片由空氣形成的汪洋，但沒有一絲皺褶或紋路，沒有任何雲朵像波濤般點綴湛藍海面。無盡、深邃、毫無瑕疵，它慢慢染上冰霜，然後在冬日下午結束時變得一片灰濛濛。

我再度前往長城參觀，心想這時那裡應該沒什麼人。約翰遜醫師告訴包斯威爾他有多麼想到中國看長城。包斯威爾自己不是那麼確定。他家裡還有小孩要照顧，他有什麼合理的理由去中國？

「爵士，」約翰遜醫師說：「如果你這麼做〔去中國〕，就等於是在做一件對養育出顯赫的下一代非常重要的事。你的好奇心和你的精神會像一道光芒返照在他們身上。別人永遠會將他們視為一位曾經千里迢迢去看萬里長城的父親的小孩。我說這話是認真的，爵士。」[3]

長城令人震懾，它不只是一座偉大的防禦工事，更是一種視覺表述，專橫地昭告著：我是天子，這就是我能夠海納天下的證據。從用意上來看，這種成就有點類似某個藝術家夢想把舊金山金門大橋進行禮物包裝的瘋狂創作計畫[4]。長城忽高忽低，蜿蜒盤繞在高聳陡峭的山巒間。它的目的何在？當然不是阻絕敵人。來自大漠的敵人本來就不可能攀越那些峭壁。長城不又是一個絕佳例證，說明中國人熱愛占有土地，依自己的意欲加以打造成形的傾向？

無論如何，冬天的長城完全不寂寞。遊客蜂擁而至，他們在長城上奔跑跳躍，黑壓壓的身影彷彿一條長蛇上的跳蚤。

這讓我想到一件事。「蛇」這個意象已經算不錯，不過長城更像一條龍。龍是中國人最喜愛的生物（「在所有生物中，其地位只遜於人」），而且直到相當晚近的年代，也就是大約八十或一百年前，中國人一直認為龍確實存在。許多人說自己看過活生生的龍，當然龍的骨骼化石也已經陸續出土。龍代表好兆頭，它尤其是一個很好的守護者，也是中國最友善、最恆久不變的象徵之一。惡龍、屠龍英雄不存在於中國文化中。我在中國的龍和萬里長城間找到一種令人眩暈的動人對照——長城就像一條巨龍般蜿蜒在蒙古的山巒中，它的城垛看起來就像龍背上的鰭，它的磚石看起來就像鱗片，它彎曲扭動的身影也如一條龍般守護著大地，從一個世界的盡頭無盡延伸到另一個世界。

從長城回市區的路上，我決定走訪北京大學，那裡不久前才發生過學運。校園位於城市邊緣，環境類似公園，有松樹、人造山丘和一個美麗的湖。湖面結了冰，身材瘦細的學生在那裡溜冰、滑跤，他們臉頰紅撲撲，帽子上的護耳上下晃動。

我跟一位名叫洛伊的美國教師一起看他們溜冰。洛伊說：「他們確實有不滿。他們想要相信在報上看到的、在收音機裡聽到的東西。目前他們的資訊來源是美國之音電台或英國廣播公司。他們

3 譯註：這個橋段出自蘇格蘭作家詹姆士．包斯威爾（James Boswell）為英國辭彙學家、詩人、作家、出版人塞繆爾．約翰遜（Samuel Johnson）撰寫的傳記《約翰遜傳》（*The Life of Samuel Johnson*）。這部作品出版於一七九一年，被視為現代傳記文類發展史上的里程碑。

4 譯註：當代藝術家雙人組克里斯多（Christo）於一九八五年為巴黎新橋進行包裝，據說他們也曾夢想為金門大橋如法泡製。

想要相信他們的政府，但他們無法相信。他們希望能夠相信鄧小平開展的各種改革會一直持續下去。」

有三個理論可供解釋忽然在校園中爆發的不滿情緒。第一，如洛伊所言，學生們確實有一些不滿。第二，政府內部分裂，學生被自由派人士當作考驗保守派的工具。第三，學生抗議是保守派人士的傑作，目的是破壞自由派的公信力。

我深深相信學生是自發性地進行抗議活動。他們的不滿非常真實，但也有點迷亂。

「他們真的很害怕，」洛伊說，「他們不認為會被逮捕，結果卻有人被逮捕。他們不認為警察會對他們動粗，結果警察居然打了一些學生，並且嚴詞咒罵了許多人。他們知道如果再發生類似情況，他們還是會被逮捕，而且不會輕易獲得釋放。這使他們非常驚恐，他們可能會因為這樣而被開除學籍。」

「可是中國憲法明定人民有示威抗議的權利。」我說。

「當然，不過必須提前五天提出申請，而且學生必須事先提供自己的姓名，」洛伊說，「這樣政府就清楚知道負責領導的是哪些人。」

學生們繞著冰湖一直轉，尖叫聲此起彼落。

「不會再有抗議活動了，」洛伊說，「他們太害怕了。可是這件事很有趣。他們藉此檢驗了他們的自由，結果發現他們完全沒有自由。」

學生們不願意告訴我他們的名字。這也難怪，誰能指責他們現在疑神疑鬼？他們站在未名湖的冰上，當我把話題從天氣轉到學生的訴求，他們的態度忽然變得謹慎。

一位男學生告訴我，他是個「小領導」。他說他是哲學系的學生，參與了示威抗議及後續活動——五百名學生返回天安門廣場舉行守夜祈禱，從一月一日晚間持續到一月二日清晨，直到傳出消息說被警方逮捕的同學已經安然獲釋。

「我們的老師支持我們，不過他們不敢正式表態，」他說，「官方說法是他們譴責學生的行為。但政府對任何事都會做不實報導。他們說第一次抗議活動有三百名學生參加，事實上人數多達三千人。」

我問：「你認為這種鎮壓行為是社會主義政策造成的嗎？」

「我沒有資格回答這個問題，」他說，「可是我可以告訴你，中國很多學生的問題是他們沒有權力意志。」

身為一名哲學系學生，他可能是在引述尼采。然後我想到洛伊說學生們害怕的事，於是我問他，會不會覺得學生已經怕到不敢再舉行抗議活動了。

「不，還會有，」他說，「還會有更多。」

片刻後他離開了，我跟其他學生繼續聊天。這些臉孔凍僵了的學生穿著軟塌塌的舊溜冰鞋，看起來非常快活。為了討他們歡心，我借了一雙鞋試溜了一下，他們看到我滑跤然後掙扎著站起來，忍不住一陣大笑，隨後就變得非常友善。我對中國有什麼看法？他們問我。美國的學生跟中國的學生比起來有什麼不同？我喜歡中國菜嗎？我會用筷子嗎？我最喜歡中國哪個城市？他們的手凍得發白，有些人有暴牙，模樣看起來都傻呼呼的，很可愛。當我問他們有沒有女朋友，他們把臉別開，咯咯地笑了起來，那模樣似乎很難讓人聯想到反革命份子。

☆

我多次提出要求，希望舉行「高階會晤」，也就是讓我有機會跟重要政府官員交談。過去我做這種請求時，達到的唯一效果就是使某些人疑神疑鬼。他們反過來要我解釋：我在中國做什麼？他們要求我提供行程表。他們用一種非常聰明而有點離奇的伎倆，將可能造成尷尬的訪客置入圈套，比如說他們堅稱我是個重要人士，不應該獨自出行，於是硬塞了個房先生到我身邊。房先生早已回到他在北京的辦公室，他不知道我還在中國。現在我一個人自由自在地旅行。

我又壯膽提出舉行「高階會晤」的請求，希望他們不會又想修理我，丟個奶媽全天候監管我。我收到一個訊息說要我到「真理部」[5]找一位白同志，訊息裡說我什麼事都可以問他。我感到一陣歡喜。

動身前往真理部之前，我請教一位中國朋友我該向那位官員問些什麼問題。他說：「無論你問什麼問題，答案都可以在《人民日報》裡找到。」

載我到真理部的計程車司機對我交給他的地址大感驚奇，他說：「你在美國能夠這麼容易就會晤政府官員嗎？」

我誠實告訴他，我在華府從來不曾遇到過真正高階的政府官員，而且我也從來沒有想要見那些人。這種事只有在外國才會變得重要。不過更重要的是，我在整個旅行過程中都在跟老百姓說話，火車乘客、農民、市場攤商、在公園裡玩耍的小孩、學生等等，他們才是真正重要的人物；話說回來，如果我花一整年時間跑遍中國大江南北，假如不找個高官聊聊共產黨方面的看法，實在有點說不過去。

「如果是你去見那位官員，你會問他什麼？」

司機說：「問他以後的事。」

「以後的什麼事？」

「我的生活會怎麼樣啦？改革會不會繼續下去？我們會有更多民主嗎？物價呢？還有──」他開始笑，「我要怎麼拿到新的出租車執照？」

我見到白同志，他是個小個兒，穿了一套藍色的毛式中山裝。他用緊張的口吻表示他並不是什麼官員，也不是我要見的高官，然後他透過緊鎖的牙齒間發出沉重的呼吸聲。接著他笑了起來，那是中國人表示警告的笑聲。

白同志把我帶到一間部會接待室，接著便去通知高官我到了。

胡同志大搖大擺地走了進來，跟我做了個手勢，請我回到軟蓬蓬的扶手座椅上。他的年紀大約五十左右，有鄧小平那種寬闊、雄貓般的臉孔和不會眨的眼睛。很顯然他屬於新型態的共產黨員，穿了一套灰色西裝，繫了一條圓點領帶，樣子跟正在崛起的趙紫陽差不多。他看起來活潑敏捷，甚至有點缺乏耐心，不過他是個坦率的人，而且英文很流利。

經過一陣開玩笑的開場白以後，我請教胡同志中國和蘇聯之間的關係。他說中蘇兩國之間有貿易往來，但在政治上有一些阻礙──蘇聯援助越南、阿富汗戰事、蒙古駐軍等等。

「蘇聯以為他們那種社會主義可以輸出到其他國家，但這種想法是一大錯誤，」胡同志說，「這是行不通的。」

---

5 譯註：「真理部」（Ministry of Truth）出自喬治．歐威爾的小說《一九八四》，是大洋國的四個部會之一。這個單位在現實世界中的中國並不存在，只是民眾對中共中央宣傳部、國務院新聞辦公室、國家互聯網信息辦公室等多個言論審查機構的戲稱。

「中國的社會主義可以輸出嗎？」我問他。

「我們不會把自己的想法強加在別人身上。」他回道。

然後我迂迴地問他一個問題：我想知道最近發生的抗議活動是否使中國政府覺得緊張。

「你可能是在說北京及其他地方的學生抗議事件，」他說，然後解釋道：「目前中國還處於社會主義的第一階段，我們才開始發展。在某些方面我們還屬於低度開發，因此我們的做法是慢慢地、小心地前進。在鄉村地區，改革進展得非常順利，可是在城市地區還有許多需要改善的地方。」

「這個階段的社會主義會維持多長時間？」

「直到我們達成目標。」他說。他給了我一些統計數據、收入數字和未來預測等，不過在一個充滿不確定的世界中，這種數字對我而言沒什麼意義。我覺得他不只忽略了通貨膨脹的因素，也無視中國人民水漲船高的期盼。

我說：「你會不會覺得中國人民太急於看到改變的成果？」

「有些人確實很急，」胡同志說：「特別是學生。那些學生對民主有什麼認識？他們用非常抽象的方式在談這個東西，缺乏具體的概念。」

他說個不停，不只是以高姿態貶低那些學生，而且我似乎覺得他也是在給我一個鉅細靡遺的答案，避免我再多提問題。他還在繼續指導我關於民主的意義。

「你認為那些學生不了解民主嗎？」

「每個國家對民主都有一個嚴謹的定義，」他說，「美國有美國的民主，中國也必須有中國的民主。」

「所以你認為學生的抗議行動是真的危險？」

「有些因素可能會失控，」胡同志表示，「他們可能會造成失序。假如缺乏有效控制，就有可能出現混亂，也就是所有人為所欲為。這樣的結果可能是另一場文化大革命。」

我無法理解這裡面的邏輯。不是應該反過來說才對嗎？如果政府繼續蓋緊鍋蓋，如果所謂超級左派成功壓制學生，又一場文革發生的機率才更大。他是舉文革這個例子來嚇我，不過我覺得跟他繼續辯這個問題不會有什麼結果。

「你應該再多看一些東西，」他說，「你可以讀讀我們的『四項基本原則』。」

「我已經讀過了。」我說。那份資料以五種語言發行（包括中國官方最喜歡的語言之一「世界語」），在大多數火車站的候車廳裡都可以拿到，我有很多機會翻閱它。「我正好想請教你這方面的問題。第四個指導原則提到堅持馬克斯列寧主義和毛澤東思想。」

胡同志的眼睛密切地盯住我。「毛澤東」這名字在中國總是能使人聚精會神，「毛」可能是這個國家裡聽起來最強有力的一個語音。

我說：「我很想知道，毛澤東思想中的哪個項目在今天最有具體意義？」

「我們不可能概括性地說明毛澤東思想，」胡同志用柔和的口吻說，「它太細緻，包含的層面也太廣了。毛澤東寫的東西涵蓋了一切。」不過當我堅持要他舉出重點，他還是說了：「他的《實踐論》可以說濃縮了他的思想精華，這是目前我們應該遵循的原則。」

我後來讀了那篇論述，發現它是在辯證行動的必要性，談的是如何透過行動來學習，而在這個以務實為重的社會運作指導原理中，「實踐」一詞可以說是「生活」的同義詞。它是一份對抗教科書、對抗所有學究文化的宣導手冊。然而弔詭的是，毛澤東喜歡文學，卻討厭書本。毛澤東似乎用這樣的文句為這篇論文做了總結：「一切真知都是從直接經驗發源的。」這是一位奮鬥者的座右銘，而且我認為是相當不錯的座右銘：行動就是一切。對一名旅行家而言，這也是一個可供自我砥礪的絕佳座右銘。

「你不能忘記中國是獨特的，」胡同志說，「沒有一個模式可以直接套用於中國。我們必須用自己的方法解決我們的問題。」

我說：「中國吸取西方的技術，可是不效法西方的意識型態或影響力，你認為這是不是問題？」

「完全不成問題。」他一派輕鬆地說。

「可是透過新科技，想必有一些負面影響已經滲透到中國了。」

「我們必須教育人民有效分辨好的影響和壞的影響。」

中國人說的「教育」這個字眼，一直讓我覺得有點模稜兩可。教育有時候是指課堂上的學習，但它也經常化身為監獄、勞改營、流放，甚至（鄧小平自己就坦白強調過這點）槍決。

「你認為西方文化有什麼特別墮落的成分？」我提出這個問題是希望能激他。

「貝多芬的音樂很好，其他許多東西也很好，」胡同志說，「我不認為毒品和暴力是西方特有的問題，它們只能算是副產品。中國可以不要有這些東西，賣淫也可以不要有。」

我想起計程車司機的話，於是我問：「改革政策會繼續維持下去嗎？還是可能逐漸消失？」

「會按照目前的方式繼續下去，」胡同志說，「我們希望保持我們的開放政策，擴大對美貿易。我們相信改革，希望能達到百分之七或八的增長率。」

目前中國官僚階級普遍認為政治改革的唯一目的是促成經濟成長。他們不會想到啟迪人心、發揮快樂的想像力這些東西。如果自由化的結果並無法帶來物質上的富裕——每個鍋子一隻雞[6]，他們可能會決定重新把鍋蓋拴緊。我繼續在這個主題上跟胡同志聊了一段時間，不過我不確定他的立場到底是什麼，而且我已經開始非常留意我提出的問題，以免它們透露出太多關於我的事。

胡同志讓我覺得自己非常年輕，充滿懷疑，甚至有點大膽狂妄。我十六歲時，我父親也曾讓我有這種感覺。我們之間形成了某種不自在的「父子關係」。中國式權威在本質上有某種成分會使任何提問的人顯得幼稚、天真、容易受騙，甚至是有幾分危險。

我們談起在中國旅行的事。他問我有什麼樣的經驗，感覺是不是正面的？我說是，然後跟他分享了一些我搭不同火車的體驗。

胡同志說：「你在中國去過的地方比我還多。」

「我相信這絕不是真的。」我說。

「是真的，」他說：「我沒做過太多旅行。」

「你到過烏魯木齊嗎？」

「沒有。」

「黑龍江的朗鄉呢？」朗鄉是中國東北的一個偏遠伐木城鎮，我打算去那裡看看。

「我沒聽過這個地方。」胡同志說。

「西藏呢？」

他搖搖頭：沒去過。「可是我到國外旅行了很多地方。」

他用很明顯的動作抓了一下袖扣，然後又很明顯地看了一下手錶。於是我說我很感激他抽出寶

6 譯註：這是美國總統胡佛於一九二八年競選時喊出的口號，全文為「每個鍋子一隻雞，每間車庫兩輛車」（A chicken in every pot, two cars in every garage.）。

貴時間見我，可是我得告辭了。他起身送我到門口。

「你的很多見解都很有趣，」我說，「我相信很多人會對你說的話很感興趣。」

「哪裡哪裡，」他說，然後露出我跟他見面之後的第一個微笑。不過我知道那當然是一種焦慮的微笑。「不過不要引述我的話。」

「都不要提嗎？」

「不要，這是我們的私人談話。」

「那你提到毛澤東論文的事呢？《實踐論》？我覺得那個部分非常有意思。」

「什麼都別提，」他說，然後他臉上那貓一般的狡黠笑容消失了。「不要提我的名字。」

胡同志離開以後，白同志從一堆沙發和茶杯間冒了出來。他送我上計程車。「你聽到他說的話了」——他怎麼會知道？——「不要用他的名字，不要提到真理部。」

我說：「可是那位官員說的事都很有趣啊！他為什麼不希望我把它寫出來？你知道我是個作家。」

「我知道，你可以寫，不過就寫『一位中國官員』。」

難不成時空又回到明代，所有朝中官員低聲耳語、四處奔忙，努力把罪責推卸出去，在交錯的鏡像中一切真假莫辨？那已經不是有沒有膽識的問題，而是連任何責任都不願意承擔。

「好吧，」我說，「那我可以引述你嗎？說這話是你說的？」

「哈哈！最好不要吧！」

我改了他們的姓氏，不過我還是把這段語言拉鋸放了進來。如同偉大的舵手所言：一切真知都是從直接經驗發源的。

第十四章　開往哈爾濱的國際特快：十七號列車

我想見到哈爾濱最經典的樣貌：在隆冬中被凍結在一片冰雪中。這裡是中國東北部最遙遠的行省，過去曾經是滿州的一部分，現在則稱為黑龍江省。黑龍江也是中國和俄國的界河，俄國人將之稱為「阿穆爾河」。這條河的流域是中俄兩國邊界紛爭的因素之一，過去二十年來發生過武力衝突，也出現過低級鬧劇——中國士兵把褲子脫下來，光光的屁股朝向北方，戲弄蘇聯邊界守衛，藉此引發小規模爭端。

我搭的火車通往邊界城市滿州里，之後會進入西伯利亞，與西伯利亞大鐵路連接。我搭這班火車一方面是因為它是前往哈爾濱最快的方式，一方面則是為了想看什麼樣的人會搭火車進入蘇聯。結果我發現很少人會跨越國界。這是前往莫斯科最迂迴的陸上路線，而沒有人會這樣去海參崴。

我在一個寒冷的下午離開北京。火車穿越一片黑白相間的風景，有樹木、路燈桿、被積雪勾勒出清晰輪廓的犁溝。整個鄉間風景就像一幅鋼鐵鐫版畫，而且看起來越來越犀利而鮮明，因為北京那種混著沙塵的雪逐漸遠去，換成潔白的雪，在中國內陸的澄清空氣映襯下，顯得特別乾淨透亮。在隆冬季節往北方旅行是令人興奮的體驗，我打算一直往前行進，到比哈爾濱更遠、位於黑龍江北部的森林地區。有人告訴我那裡有真正的荒野——高大的樹木和各種鳥類。

我跟三個黑不溜丟的香港華人被分到同一間廂房。他們說他們很冷。他們身上穿了厚厚的尼龍滑雪裝，走路和移動手臂時會發出刺耳的摩擦聲，聽得我渾身不舒服。這個臥鋪車廂裡幾乎都是穿著這種滋滋作響的滑雪衣的香港人，他們從九龍上車後就直奔中國東北。他們從來不曾到過中國，也從不曾見過雪。他們的英語說得非常糟，但他們卻是不列顛王國的殖民地子民。他們也不會說中文。跟我見過的大多數香港人一樣，他們有一種小地方的土氣，可是又可笑地自負。這是殖民造成的結果嗎？他們都營養良好，有些愚蠢，在政治上非常天真。在某些方面，香港其實跟英國本身差不多，都是由一堆外島所組成，內部都有移民問題、語言隔閡，以及僵化的階級制度。

「你們要去滑雪嗎？」我問。

他們說不是，只是剛好在銅鑼灣一家折扣百貨公司挑到這些滑雪裝。

他們看著窗外一隻毛茸茸的肥羊在啃牠在雪地中發現的一小叢褐色的草。羊抬起頭，看著這些乘客。

截至目前他們對中國的印象如何？

「落後了三十年。」其中一個人說。他大概沒有自覺他生活在地球上僅存的幾個殖民地之一，而從政治角度來看，香港從鴉片戰爭以來幾乎沒有什麼改變。

「落後什麼三十年？」我問。

他聳聳肩。他可能只是說出他在某個地方看到的一個句子。

「你們認為中國內地的人跟香港的華人之間有差別嗎？」

「當然有！」好幾個人一起說，而且他們都露出驚訝的表情，彷彿無法相信我會問出這麼無知的問題。可是我還是堅持問下去。

「你們看到香港人時，立刻就可以認出他是港人嗎？」

「這很容易。」

「看到中國大陸人也認得出來嗎？」

「對。」那人說。我請他說得詳細點，他回道：「內地人的臉看起來比較粗糙。」

「那香港人的臉是什麼樣子？」

「比較細緻。」

他說，從說話和穿衣服的方式都可以馬上看出來。嗯，這個連我都知道。香港人不是體重過重，就是為了趕流行而把自己弄得瘦巴巴。他們經常扯著大嗓門說話，喜歡穿嶄新的衣服，戴時髦的太陽眼鏡。他們把自己想像成走在時代尖端，非常相信香港人很現代的迷思。他們經常顯得笨拙粗魯，缺乏耐心，而且要求很多。他們相當有市儈氣，也很容易互相囉哩囉嗦。他們的許多性格特徵是他們身為英國殖民地居民的結果。殖民制度非常父權主義，跟父親管小孩相去不遠。殖民政府把居民當小孩管教的結果是，殖民地變成一個亂七八糟的大家庭，有些小孩特別受寵，有些完全被寵壞，有些則變成不良少年或叛逆青年。

我當然沒有拿這些想法煩我的室友們，我只是坐在那裡想，他們到底為什麼不把身上的滑雪裝脫掉。

他們之中有個人沉浸在一本手相學書籍中。吃晚餐前，他看了我的手相。

「這是你的感情線，」他說，「有沒有看到它是連著的？這代表你情感豐富。這條是生命線。你應該會活到八十或八十五歲。」

「多告訴我一些。」

「沒辦法，」他說：「我只讀到第五章。」然後他繼續啃他的書。

在蒸氣瀰漫的餐車裡吃飯是非常吵鬧的體驗。一開始整個餐車裡都是香港人，可是他們覺得菜太難吃，很快就一哄而散。火車上一共大概有四十個香港人，他們衣服嘶嘶作響地走回廂房，在那裡吃巧克力餅乾填飽肚子。

他們犯了一個錯——他們點的是比較貴的套餐，這個餐要價二十元，菜色有油膩的豬肉、刺一大堆的魚、難吃的罐頭餐肉。十元的餐點其實好多了，只有蔬菜和湯，健康又清爽。我喜歡餐車裡一堆人吃飯的氣氛，服務員嘮嘮叨叨，乘客大快朵頤，有時食物不小心被打翻。整個場面乍看很混亂，其實這裡頭有嚴格的規矩，上菜的順序是不會亂的。火車上的餐車服務員雖然大部分看起來脾氣不好，其實他們心裡是友善的。他們並不是個性不好，而是因為工作太多而變得暴躁。他們既不會低三下四，也不會騷擾客人給小費，因為這種地方完全不需要給小費。他們只是專心做他們份內的事，雖然態度略嫌簡慢，但不至於粗魯。不過客人對他們粗聲粗氣的時候，他們還是會吼回去。

火車在夜裡陸續停靠在瀋陽和長春，因為冷和吵鬧的關係，我醒了過來。服務員本來已經給了我棉被和毛毯，可是外面的冷風一直灌進火車，雪被帶進了走道，窗戶上結了厚厚一層霜。我去上廁所時（火車上的廁所其實只是地板上的一個洞），一股熱氣立刻升了起來，彷彿我是在火熱的爐子上撒尿。

香港來的年輕人像關在地窖裡的犯人般在廂房裡直發抖，喝著熱水取暖。我給他們一些綠茶（是珠蘭牌的，說是古代帝王喜愛的茗茶，提供給擁有帝王品味的現代人），可是他們說不用，他們比較喜歡喝熱水，也就是中國人說的「白茶」。

清晨五點三十分，門砰一聲打開，乘務員走進來擺了一壺熱水，然後大聲嚷嚷：「起床，吃早飯了。」

她走了以後，我把燈關掉，又鑽進被窩裡睡覺。

幾分鐘後她又回來了。

「誰把燈關了？」她邊問邊把燈打開。她站在門口，用力呼吸，蒸氣從她的嘴巴和鼻子冒出來。「我要收被單了，交過來給我！」

那幾個香港年輕人冷得死也不肯交出被單，我也不認為有理由這麼做，畢竟火車還有四個小時才會抵達哈爾濱。這只是這些乘務員的老伎倆，他們要在火車抵達之前很久，就先把所有被單摺疊、清點好。

「他們要收被單了。」一位年輕人用英文說。

「也許她要收去洗。」另一個人用英文回答。

「不是。」第三個人說。他們說英文是為了讓我聽懂，還是他們本來就習慣用這種難以理解的口音（「欸喜她要搜氣洗」）互相交談？這人繼續說：「有個內地人告訴我，他們每隔四天才會洗一次被單，即使有四個不同的人用過它。」

後來我詢問了這件事，發現這的確是事實。難怪他們一定會發一條乾淨毛巾給每一位旅客，讓他們鋪在枕頭上。

乘務員又跑回來好幾次，最後還是用老辦法把被單用力抽了去，留下我們在床上打哆嗦。我忽然想到一件事，這些乘務員（通常是女性）如果到英國的寄宿學校當舍監，一定能完美勝任。她們很專制、很囉唆，自認無所不知、無所不曉；她們都有超級大嗓門，而且都毫無幽默感；只要是規定的事，她們一概不通融。她們不只是強悍，根本就是堅不可摧、攻不可破。她們讓中國的火車順利運轉。

黑龍江還沒天亮，可是民眾已經在夜色中沿著積雪的小路匆忙行走。我看到大約五十個黑色人影穿行在雪地中，他們都被厚厚的衣物包得像一個個不倒翁。他們有大有小，有些要去上班，有些要去上學。

太陽終於升起來——彷彿一團火從霜雪中劈劈啪啪地燒起來——時，天空非常清朗，雪地呈現屬於北國的淡藍。在沒有清過積雪的道路上，民眾騎腳踏車艱辛地前進，車伕趕著毛茸茸的馬努力拉車。平坦遼闊的雪原上處處露出農作物的殘莖。這是黑龍江省和隔壁的西伯利亞之間最主要的差別（我們現在的位置已經比海參崴要北邊很多）。這裡都是農田，西伯利亞則大都不是森林、就是未經開發的荒原。通往哈爾濱的路途，基本上是穿越耕作過的農地；積雪還不夠深，沒有完全遮住底下的犁溝。

在一些村落和小鎮，房子看起來很像俄國的房屋。這些農舍最不中國的部分是屋頂，由於這個地區容易積雪，屋頂都蓋得非常陡峭。有些房屋是有胖煙囪的大磚房，類似美國的舊式鄉村莊園；有些房屋則像我在搭西伯利亞火車，沿路看到那些有小煙囪管從屋簷伸出來的雅緻小木屋。這些房屋的煙囪沒有冒很多煙，原因很簡單：即使在這種酷寒的地方，勤儉的中國人也堅持要省燃料，於是養成習慣生活在冰冷的屋子裡。他們認為如果多穿一套衛生衣就可以有效保暖，為什麼要多浪費煤炭？

☆

人們在寒冷的空氣中淌著鼻涕，雙頰被風吹得紅撲撲。在一片北大荒般的風景中，哈爾濱這座城市顯得不太真實。它擁有濃濃的俄國風情（有洋蔥造型圓頂的教堂、有角樓和山形牆的別墅、有壯觀列柱的辦公大樓），也具有古老國家的城市所特有的那種化石般的奇異外觀——某種已經死去、石化了的破舊感。俄國式的華麗裝飾被掩蓋在一層煤灰及凍結的泥雪中。有時可以看到日本式的屋頂，以及中國式辦公廳或雕像，而這些大部分都醜陋無比，使這整個城市看起來更詭異，因為除了它們的造型比例很怪以外，上面還掛著彷彿有節瘤的長冰柱。我最喜歡哈爾濱在清晨的模樣，這時它會閃爍著冰霜的光芒，彷彿晶瑩剔透的微小稜鏡撒落在醜陋的城市面容上。

這座城市的歷史不過短短一百年左右。這裡原本只是松花江畔的一個小漁村，一八九〇年代，沙俄從衰敗的滿清政府詐取許可，開發一條穿越滿州通往海參崴的捷徑，於是小漁村被建設成了鐵路交會點，城市開始迅速興起，數條鐵路持續營運，直到一九〇四年的日俄戰爭，以及隨後爆發的俄國革命。進軍中國東北的日本勢力不但強大而且貪婪，日本人希望從這裡展開奪取整個亞洲的宏大計畫，但他們扶植的滿州國只從一九三一年維持到一九四五年。第二次世界大戰結束後，俄國迅速設法恢復在這個地區的地位。哈爾濱向來以距離巴黎只有九天火車車程自豪，因此它能夠比上海更早獲得最新時尚、音樂、報章雜誌。脫衣舞、查爾斯敦舞、迪克西蘭爵士樂都是在一九二〇年代透過哈爾濱引進中國，原因就在於西伯利亞大鐵路將巴黎與它連成一氣。

時代已經改變。現在哈爾濱的姊妹市是加拿大亞伯他省的艾德蒙頓。只要稍微注意看一下哈爾濱，就不難發現箇中奧妙。這座城市的嚴峻外觀和黯黑無趣的夜晚，都使它顯得與加拿大內陸的偏遠城市有若干雷同。

不過在加拿大，人們會沾沾自喜地笑談當地的嚴寒天氣，而在哈爾濱乃至整個黑龍江，沒有人會談論寒冷這個話題，除了外地人——外地人對這個話題總是津津樂道。為了避免不斷需要問別人氣溫的事，我自己買了一支溫度計，但不可思議的是，它居然只能測量到冰點，也就是攝氏零度。

我第一次把溫度計拿到戶外時，管子裡的紅色液體立刻掉進最底下的球體中，縮成小小一顆圓珠。結果我還是得問別人氣溫。這時是上午十點左右，在燦爛的陽光下，氣溫是攝氏零下二十九度。到了夜晚，氣溫還會下降十度。假如換算成我熟悉的華氏溫度，那數字低得嚇人，我寧可不去想它。

我戴手套，穿長衛生衣褲、保暖靴，戴有護耳的帽子，穿上兩件毛衣之後才套上皮外套。在冷得令人癱瘓的陰天裡，我穿得還比這個更多，差不多把行李中所有的衣服都穿在身上了；我變得蓬鼓鼓，像一顆巨大的傻瓜蛋，但我還是冷得發慌，必須時時衝進室內像神經病般跳上跳下。中國民眾也都把自己包得緊緊的，有些還會戴面罩，可是許多人腳上只穿了一雙橡膠底燈蕊絨便鞋。他們的腳為什麼不會被凍到脫落？他們非常愛穿厚厚的針織內衣褲，因此他們的腿部看起來肥得像大象腿，跟他們被凍壞了的瘦削臉龐形成奇異的對比。

他們不太洗澡，原因很多，主要是因為他們沒有熱水或浴室。不過這也沒什麼關係，在冰冷的北國，臭味幾乎是聞不到的。他們即使進入室內也不會把衣服脫掉，甚至連吃飯時都穿著大衣、戴著帽子。道理很簡單：所有地方的暖氣都被開到最小——毛澤東的教條要求要節省燃料，暖氣和照明被視為不必要的奢侈，務需儘量節約，除非會影響到生鐵或棉布等重要物資的生產。無論在室內或室外，隨時隨地都得穿大衣、戴帽子的生活方式使他們養成非常不好的習慣，其中最糟糕的是他們似乎從來不關門，不管你走到哪裡，總會看到一扇門半開著，讓寒風像刀割一樣灌進室內。

我住的旅館不可免俗地也冷得不得了，我成天必須穿三或四層衣服。旅館名叫天鵝飯店，但我習慣把它想成「凍鵝飯店」。大廳裡有一座假山庭園和造景水池，但大廳裡冷得池中的魚早已被凍死，庭園植物則僵硬發黃。穿厚外套、戴毛氈帽的滿人和漢人坐在大廳沙發椅上，一邊抽菸一邊大聲喧嘩。我聽說哈爾濱有一間比較暖和的旅館，叫做國際飯店，不過在整個黑龍江省，似乎沒有任何人在乎旅館有沒有暖氣。各家旅館引以為傲的是美食，競相為饕客提供熊掌、鮮菇燉駝鹿鼻、蒙古火鍋、白木耳湯、猴腿菇、雉雞肉串等佳餚。

我是在俄羅斯正教的耶誕夜（一月六日）抵達哈爾濱的。我前往一座教堂，那裡有一位蓄鬍髭的男人（他顯然不是中國人，可能是俄國人）一邊發抖，一邊用松樹枝裝飾雕像和神聖畫。教堂內部不但很冷，而且看起來很淒涼。隔天這裡舉行了一個耶誕彌撒，有二十個人誦經、唱歌、點蠟燭，他們都是俄國人，其中大部分是老婦人。他們有早期基督教徒那種鬼祟的模樣，不過很顯然這裡並沒有人迫害他們。他們以相當陰鬱的方式進行耶誕彌撒，結束後沒有人願意跟我說話，嘎吱嘎吱地踩著雪就離開了。

即便是在一月份，大多數活動依然在戶外舉行。露天市集在零下三十度低溫中營業，民眾在那裡閒逛、採購，買下各式各樣的冷凍食品（甜瓜、肉品、麵包），還買冰淇淋當場舔著吃。冰淇淋是哈爾濱最受歡迎的點心，尤其是香草冰淇淋。第二受歡迎的是櫻桃大小的小山楂，他們把山楂裹上紅色的糖衣以後，串在木叉上拿著吃。市場上的攤販看起來都很快活，他們戴著帽子和手套，臉上圍著舊布塊保暖。不必說也知道，他們成天都待在這麼寒冷的戶外。他們看到我時咯咯笑著叫道：「嘿，老毛子！」

「老毛子」是哈爾濱人對淺色髮外國人的稱呼，因為老人的頭髮顏色通常都偏淺。他們還給俄國人取了一個特殊名稱叫「二毛子」，這個稱呼帶有不敬的意味。

我到哈爾濱幾天以後，哈爾濱冰雪節開幕了。這是一個把觀光客吸引到這座超級大冰庫的花招，不過這花招倒搞得相當不錯。大部分的展覽作品都是冰雕，中國人說的「冰燈」其實更名副其實，因為每一座冰雕內部都裝設了電燈，使它們看起來像一盞盞大燈籠。

哈爾濱全城動員起來參與這場盛會。雕刻家把冰塊堆在燈柱周圍，然後開始切削，直到它看起來像佛塔、火箭飛行器或人物。每個街角都設置了冰雕，有獅子、大象、飛機、雜耍師、橋梁，有些冰雕高達十幾公尺。規模最龐大的作品位於人民公園，展覽面積廣達八十英畝。這裡不只有冰雪版萬里長城，還有小型泰姬瑪哈陵、兩層樓的中國亭閣、一輛巨大的汽車、一整個排的士兵、一座艾菲爾鐵塔，以及其他四十多件作品，都是用冰塊雕琢而成，內部都有被冰凍起來的螢光燈。為了看到這些美麗的燈光，民眾必須在氣溫低到零下四十度的夜晚前來參觀。不過沒有人嫌冷。他們四處穿梭，滑倒了又爬起來，一邊吃冰淇淋，一邊瞪大眼睛欣賞這些俗麗至極但又美妙無比的急凍藝術創作。

「這種冰雕是俄國人引進的，」一位日本人告訴我，「這不是中國的傳統藝術形式。不過中國人很喜歡，所以他們積極掌握製作冰雕的技藝。在冰雕裡設置燈光的點子，也是中國人想出來的。」

盛岡先生身穿神奇纖維衣物、戴著頭巾型帽子，他是為了回憶往事而再度來到哈爾濱。他說，只有冬天到哈爾濱，才能看到這個城市真正的面貌，可惜很少有外國人敢在冬季這幾個月份前來旅遊。

我說，這想必是因為天氣實在冷得太嚇人了。

「沒錯！」他說，「我在一九三〇年代住過這裡，那時我是學生。那個時候這裡很奇妙，有很多沒錢的俄國貴族。他們有些人帶了珠寶到中國，然後用變賣的錢過活。有些人生活得很氣派，住在你在城裡可以看到的那些別墅裡。可是大多數俄國人都是窮困的移民。那時這裡是日本的城市。」

我們在冰雕作品之間漫步，穿越一條冰雕隧道，走上一座冰雕村莊的大街，經過一對冰雕獅子。

盛岡先生說：「就像你們會嚮往巴黎，我們嚮往的是哈爾濱。」

「我們嚮往的是巴黎的性愛和浪漫。」我說。

「你以為那時我們在哈爾濱有些什麼東西？我們有脫衣舞孃、夜總會、巴黎最新時裝、最新流行的東西，書籍、音樂，什麼都有。對我們來說，這裡就像歐洲。這就是為什麼那個時候的日本年輕人都很憧憬五光十色的哈爾濱。」

盛岡先生描述這座超級中國冰庫的方式聽起來非常不尋常，不過當然，他說的是滿洲國時代的哈爾濱，那時這個地區是由東洋的天皇子民所管轄。

「脫衣舞孃是俄國人，那是最吸引人的活動。其中有些女人其實擁有非凡的身世，可是因為時運不濟，後來淪落為舞孃，到歌舞廳裡跳舞——」

他說到這裡，我的腦海中浮現這樣的畫面：一整個房間裡坐滿了色瞇瞇的日本人，他們張大嘴巴、目不轉睛地盯著台上扭腰擺臀的俄羅斯辣妹甩動白鮮鮮的豪乳。

「而且你知道的，俄國女人在三十歲以前真的很美，」盛岡先生繼續說，「她們真的是很棒、很可愛的女人。告訴你，那些女人有不少是貴族。我記得有一個夜總會歌手跟我描述她從前在俄國的鄉間別墅參加豪華派對和美麗舞會的情景。」

這是一個引人入勝的舊世界故事，儘管它充斥著剝削的氣息。盛岡先生說當時哈爾濱的夜總會裡大約八成的客人是日本人，另外兩成是有錢的中國人。「幾乎沒有俄國人，」他說，「他們花不起這個錢。在三〇年代的上海，日本人和中國人的比例大約是一半一半。」

我很想再跟他多聊一會兒，可是我的腳已經凍得讓我非常擔心會得凍瘡。我向他致歉，說我不得不離開公園，躲到比較溫暖的地方去。

「也沒有太多其他值得說的東西了，」盛岡先生說，「一九四五年八月日本戰敗，一切都結束了。俄國軍人非常殘酷，他們之前不是歹徒就是囚犯，他們拿下哈爾濱以後，開始大肆屠殺、強姦。那又是另外一個故事了！」

河畔的斯大林（按：即史達林）公園還有更多冰雕作品，有城牆、圍籬、獅子、城垛，還有很多冰滑梯、冰滑道，讓民眾乘雪橇衝進已經結成冰的松花江。河面上有馬拉的雪橇以及底下有滑板、上面揚了帆的冰船，可是沒有很多人利用，畢竟有閒錢的人並不多。不過倒是有很多人去玩一個繞著一座塔轉的冰溜滑梯，結果不少人把腳踝碰得瘀青。

這又讓我想到一件事：在所有可能將陸續進駐中國的外國公司中，出現機率最小的應該是保險公司。我心想，誰會幫這些人保險？我看到一個人在冰雕上滑著玩，他跌了一大跤，把頭撞破了。他被拉到雪地上，躺在那裡一動也不動。這是一個到處是裸露電線和坑洞的國家。據報導，有觀光客在電梯井中消失。遊客因為人身傷害、疾病、行程縮水等原因對中國國際旅行社提出的賠償申請總金額，達到天文數字。中國的工廠一般而言宛如致命陷阱，但中國人卻可以興高采烈地帶領參觀訪客穿梭其中，走過一座座會抓你頭髮、戳你眼睛的機器，跨過地板上的大洞，經過燒得劈啪作響的熔爐及流了一地的有毒物質。保護頭盔使用得並不普遍，我看到的焊接工很少有戴保護面具的。

我的旅館非常冷，不過對待客人很親切。他們甚至有點過於友善，使我不禁感到狐疑，比如有個人對客人熱絡到令人懷疑他是不是想伺機扒你的口袋。我的房間位於十一樓。「歡迎光臨本樓層！」標牌這麼寫著。這是相當不尋常的事。又有一些標牌寫了：「身體健康！」然後還有：「昌隆長壽！」

我問樓層服務員是不是有什麼事。他只是微笑了一下，然後說：「歡迎光臨本樓層！」

「為什麼要歡迎我到本樓層？」

「希望你住得高興。」

「我在中國還沒看過有人會特意歡迎我來到某個樓層。」我說。

「這是我們酒店裡很棒的樓層。」

他強調「這是很棒的樓層」時，聲音顯得尖銳不自然，令我不禁感到焦慮，於是我進一步打探了這件事，結果發現前一年這家旅館發生可怕的火災，死了兩個人，十一樓被完全燒毀。引發火災的是一個美國商人，據說他在床上抽菸。他遭到中國方面扣押。根據我查證的結果，因為他的公司拒絕支付中國這邊要求的七萬美元損害賠償，以致他被羈留在旅館相當長一段時間。可是在那場火災之後，旅館並沒有採取安全預防措施。沒有避難樓梯，沒有煙霧感應器，沒有防火裝潢。他們唯一做的事是印製數百張硬紙板標示牌，放在每一間客房，上面寫著：「禁止在床上抽菸。」

在哈爾濱停留期間，有一天我遇到一個加拿大人，他說他非常高興到這裡來，我聽了很驚訝。他的名字是史考提，無巧不巧就來自哈爾濱的姊妹城——加拿大亞伯他省的艾德蒙頓。

「可是我是這裡唯一的艾德蒙頓人。」他說。

史考提身材碩壯，為人開朗，這是他第一次來到中國。他在這裡名聲響亮，令他覺得難以置信。他受邀參加過省長的宴會，見過許多省級黨政要員。他被派到這裡兩年，擔任一家鋼鐵廠的廠長。看他說話的模樣，他應該差不多就要相信自己對中國工業的未來非常重要。「這個情況很難描述，」他說：「不過我算是個非官方名人。」

「希望這個情形會持續下去。」我說。我知道中國人一旦不需要某個外國人，他們便可以對他非常輕率。十九世紀時，馮桂芬就把中國人向外國人學習的心態定義得清清楚楚。馮桂芬是一名十九世紀的國策顧問、教育家及改革家，致力推行洋務運動、提倡中體西用。他把外國人視為蠻夷，但他表示中國必須靠他們學習機械方面的技術，特別是造船和製造槍砲。他說：「我們應該聘請幾個蠻夷，並挑選一些能夠善用自己心智的中國人接受指導，然後由這些人訓練出更多本地工匠。」他還說：「我們應該使用蠻族的儀器，但不要採用蠻族的典章制度。我們應該利用他們，藉以驅逐他們。」這些話在相當程度上符合了今日中國政府的態度，也足以說明為什麼中國現在會聘請這麼多「外國專家」。所謂外國專家就是有技術可以傳授的外國人，但他絕不可以錯誤地相信他獲邀在中國無限期停留。在中國的專家是要被使用的，一旦他們不再有用，就得被送回國。

我問史考提會不會想家。他說他才到哈爾濱四個月，時間還不夠久。

「我太太會想念到超市買菜的生活，她很不喜歡這裡的廚房。」他說，「我呢？我想念的是牛肉。這裡沒有牛肉。」

我倒沒發現這點。不過話說回來，吃中國菜的時候如果不特別問，通常很難知道那裡面有什麼東西。中國人料理時總有辦法讓最顯而易見的食材也宛如罩上一層神祕面紗，使人無法看出那是什麼。

「你的鋼鐵廠怎麼樣？」我問史考提。

「是老式的，」他說，「所以我必須很強悍才行。老實跟你說吧，我很殘忍。可是我不得不這樣，不然品質沒辦法起來。就拿今天來說，我做了什麼事？我拒絕了一整個訂單，價值高達兩萬美元。這下他們可緊張了！」

「你為什麼拒絕那筆訂單？」

史考提忽然變得興致高昂、眉飛色舞地聊工作的事。當他這樣說起煉鋼，我可以確定他是派到中國的完美人選——一個負有使命感的工程人員。他不是那種會平白無故讓自己吃虧的人。假如有人敢叫他蠻族，我絕對相信他會用他的方式回敬。

「每一塊鋼上面都必須烙印一個熔煉爐號，但那些鋼品沒有這個號碼。我把貨退回去說：不行！」他頑皮地笑了一下，又說：「最後我會接受這個訂單，只要等貨品上有了號碼就行。可是他們不知道這個。這就是我的祕密，我先讓他們緊張一陣，讓他們對自己把工作搞砸這件事做個思考。」

「這個鋼很重要嗎？」

「當然！」他說，「是管道凸緣呢！」

我們聊了一下管道凸緣。其實管道凸緣沒有太多足以令人想像馳騁的東西，不過我們聊天的地方是市區少數夠暖和的旅館之一。當室外溫度是攝氏零下三十八度，站在室內跟一位胖胖的加拿大先生聊管道凸緣，可以算是個相當令人愉快的經驗。

在哈爾濱這段時間，我一直設法安排前往黑龍江北部更荒涼的地方。我沒先弄清楚我想去的地方朗鄉並不對外國遊客開放，不過我還是說服了中國當局。我說我一定會很乖，不會待很久。他們說會考慮我的申請。

在等候回覆期間，為了打發時間，我到商店裡尋寶。我買了一雙手套，但沒買毛氈帽。那麼可愛的動物（銀貂、紫貂、水貂、狐狸），居然變成那麼醜陋的帽子和大衣。還有，把雄鹿殺死，取高貴的鹿角做成阿姨那件舊大衣上的鈕扣，這是多麼恐怖的事。我在哈爾濱古董商店找到一個象牙製品。「這是一個地球，」店員說：「是古代的鐫雕作品。」

「不可能。」

我何以知道古代的中國人不可能雕出一顆圓形的地球？這是基本常識。中國人在一八五〇年以前一直相信世界是平的。

這不過是一顆大戰前的俄國撞球，但我還是把它買下來了。

第十五章 開往朗鄉的慢車：二九五號列車

「外面冷嗎？」我問。

「很冷。」田先生說。他的眼鏡起了一層霧。

清晨五點半，哈爾濱的氣溫是攝氏零下三十五度。外頭下著小雪，宛如無數微小珍珠在黑暗中飄落。雪停了以後，風吹了起來，這風簡直是名副其實的劊子手，當它無情地吹在我臉上，我覺得彷彿刀片劃過。我們正前往火車站。

「你非得跟我來嗎？」我問田先生。

「朗鄉是不開放旅遊的，」他說：「所以我必須來。」

「中國人是這麼辦事的。」我說。

「一點也沒錯。」他說。

黑夜中的冷清街道上，人們一群群擠在一起等公車。冬天在哈爾濱長時間等公車，感覺起來像是很恐怖的休閒活動，而且順道一提，這裡的公車沒有暖氣。義大利記者帝奇亞諾．坦尚尼[1]描述他旅居中國的痛苦經歷時，在關於黑龍江（「老鼠王國」）的部分引述了一位法國旅行者的話：「雖

1 譯註：Tiziano Terzani，一九三八～二〇〇四，精研東亞問題的義大利記者、作家。

然沒有人確實知道上帝把天堂擺在哪裡，但我們可以確定的是，祂選的絕對不是這個地方。」

風勢緩了下來，但天氣依然冰冷。徹骨的嚴寒狠狠撞擊我的額頭，扭曲我的手指和腳趾，我的嘴唇也差點沒被凍焦。我覺得自己像行將就木的山姆．麥吉[2]。我走進車站候車室，一股冰冷又襲捲而來，我的臉彷彿被壓在一塊冰板上。候車室裡沒有暖氣。我問田先生對這點有什麼感覺。

「暖氣不好，」他說，「暖氣會讓人動作遲緩、昏昏欲睡。」

「我喜歡暖氣。」我說。

田先生說：「有一次我到廣州，那裡的天氣熱得讓我非常不舒服。」

田先生現年二十七歲，畢業於哈爾濱大學。他走動的樣子充滿喜感。他很有自信，做事不囉嗦，有耐心，個性坦率。這些特質都讓我很喜歡他，因此他能力不足這件事也就沒什麼重要了。朗鄉距離這裡搭火車要一天的路程，往北穿越雪地。感覺起來田先生是個輕鬆的旅伴，我不認為他會干涉我什麼。

他沒帶包包。他可能在口袋裡放了一支牙刷，他在那裡也塞了呢帽和變形的手套。他沒有任何累贅物品，因此行動起來自由自在。他是中國式素簡生活的極致典範。他穿著長衛生衣褲睡覺，吃飯時會穿大衣。他很少洗澡。身為中國人，他也不怎麼需要刮鬍子。他看起來沒有任何財物，就像沙漠裡的貝都因人。這點也令我深感好奇。

猶如母龍吼叫般的聲音從候車室的播音器裡傳出來，是北京那個婆子在播報晨間新聞。在中國，新聞報導聽起來總像某種類型的嘮叨。

「你在聽廣播嗎？」田先生問我。

「對，可是聽不懂。」

「我們絕不能容許一小群人破壞生產。」田先生把鴨鳴般的廣播內容翻譯給我聽。播音員正在宣讀一篇《工人日報》的頭版社論，這是中國共產黨頭一次公開對學生抗議事件表示譴責。候車室裡有一些其他人，不過他們自顧自地聊天，沒有在聽廣播。他們穿著保暖衣物，戴毛氈帽、手套，穿長靴。他們菸抽得很凶，有時候會站起來使用這間候車室裡最重要的物品——痰盂。

潑婦般的聲音依然從擴音器噴湧而出，田先生有一搭沒一搭地幫助我理解內容。

「資產階級自由主義已經肆虐了許多年，它是人民內心的毒素。有些人到海外旅行以後會說資本主義很好，然後抹黑社會主義。」

我問田先生：「有人在聽這個廣播嗎？」

「沒有！」他說。他看了一下某個人把唾液吐到地板上，然後用毛皮靴子的鞋底抹了一下。「他們在忙別的事。」

「抗議活動在數個城市舉行，」播音員繼續嘮叨，「他們不愛國，不守法，不講秩序，表現出破壞行為。在某些情況下，他們是受到外國份子的教唆。中國人民不能坐視不顧，讓無法無天的學生奪取權力。資產階級自由化是我們必須嚇阻的東西……」

報導持續很久，冗長的播音清楚顯示中國政府非常擔心。廣播內容隱約透露出威脅意味，暗示政府可能採取報復措施。

2 譯註：Sam McGee，英裔加拿大詩人羅伯特．瑟偉斯（Robert W. Service，一八七四～一九五八）詩作《火化山姆．麥吉》（*The Cremation of Sam McGee*）的主人翁。

我問田先生：「你自己對那些抗議活動有什麼看法？」

「我認為那是好事。」他一邊說一邊悄悄地點頭。

「可是政府表示譴責。你不認為那些活動代表資產階級自由主義會毒害人心嗎？」

他搖搖頭，露出微笑。他的頭髮像路跑選手般往上豎起。他說：「那些抗議顯示中國人民在思考。」

「可是只有學生。」我說，故意繼續唱反調。

「有些是工廠的勞工，」他說：「比如在上海。」

「有些人認為這些抗議活動可能導致資本主義與社會主義之間的衝突。」

「我們會選擇對我們最好的東西。」他說。他的話開始變得有點玄了。

我說：「你有沒有想過你可能是個走資派？」

「每件事都有好的一面，也有壞的一面。」他說。

這時他沒有微笑，因此我懷疑他可能是在表現幽默。他有時非常莫測高深，有時則完全起不了作用。「你需不需要我做些什麼？」他問，不過每次我提出請求，譬如買車票、打電話、查事情，他老是沒法搞定，但他依然繼續主動提議要幫忙我。

太陽升起時，火車冒煙喘氣地開進車站。車子是從九百六十公里外的大連開來的，站站皆停。車上到處是垃圾，多得令人抓狂——花生殼、蘋果核、啃過的雞骨頭、橘子皮、油膩膩的紙張。車子裡不只髒得不像話，也冷得不得了，連痰都在地板上凍成黃綠相間、奇形怪狀的冰片。車廂之間的通道宛如冰雪隧道，車窗上結了一寸厚的霜；車門的鎖都掉了，不斷劇烈敲打車體，並讓徹骨的寒風貫穿所有車廂。這是屬於黑龍江的體驗：我躲進火車避寒，結果發現火車裡甚至比外頭更冷。

我找到一個小小空間，跟其他人一樣彎腰駝背地坐著，帽子、手套一應俱全。我在讀的書是萊蒙托夫[3]的《當代英雄》（*A Hero of Our Time*），我在空白頁上寫了：

> 外省地區每一輛火車都像運兵車，現在這輛彷彿是從前線開回來，車上坐的不是傷患就是病人。

即使我穿了三層襪子和有保暖襯裡的靴子，我的腳依然冰冷；我的厚重毛衣、蒙古羊皮背心和皮外套雖然提供了一些暖意，但穿起來的感覺實在不怎麼舒服。我覺得自己戴著帽子和羊毛襯裡手套的模樣簡直像個傻瓜蛋，但令我惱火的是我仍然很冷，至少是完全稱不上暖和。我真懷念夏天在南方搭火車，以及在「鐵公雞」上汗流浹背的感覺哪！穿著藍色睡衣慵懶地躺臥或走動，多麼愜意啊！

田先生說：「你是從美國哪個城市來的？」

「波士頓附近。」

「波士頓附近有雷星頓。」他說。

「你怎麼知道？」

「我在中學的時候讀過美國歷史。所有中國人都會學習這個。」

「所以你知道美國解放戰爭的事，田先生？」

「對。我還知道有個叫保羅的人很重要。」

3 譯註：米哈伊爾・萊蒙托夫（Mikhail Lermontov），一八一四～一八四一，俄國作家、詩人，被視為普希金的傳人。

「保羅．列維爾。」

「沒錯，」他說，「他告訴農民，英國人要來了。」

「不只是農民。他告訴所有人了——農民，地主，走資派，臭老九，少數民族，奴隸，全都說了。」

「我覺得你在開玩笑，尤其是奴隸的部分。」

「我沒開玩笑。有些奴隸是幫英國那邊打的。英國人答應他們，如果英國贏了，他們就可以獲得自由。後來英國人投降，那些奴隸就被送到加拿大去了。」

「我沒讀到這一段。」田先生說。這時，門砰一聲被吹開了。

「我好冷。」我說。

「我太熱了。」田先生說。

這冷反而讓我睡著了。後來田先生把我叫醒，問我要不要吃早餐。我心想，吃點東西也許可以讓我暖和些，所以我說好。

餐車窗戶上結了霜，餐車地板上結了冰，我桌上的一瓶水結冰爆開了。我的手指冷得無法拿筷子，我把手伸進袖子裡，整個人縮成一團。

「這裡有什麼東西吃？」

「我不知道。」

「你想吃麵嗎？」我問。

「除了麵以外什麼都行。」田先生說。

服務員端來冷麵、冷的醃洋蔥、冷的切丁罐頭餐肉（看起來像被搗碎的海灘玩具），還有冷木耳，不過這道木耳非常美味可口，是黑龍江省的特產。田先生還是吃了他的麵，中國人是這麼做事的。就算那不是你想吃的東西，假如菜單上沒有別的選擇，你就乖乖吃它。

「這音樂是什麼？」我問。擴音器傳來一首曲調，先前我搭其他火車時也聽過。

「曲名叫《十五的月亮》。」田先生回道。

我聽不懂歌詞，請他解釋給我聽。歌曲是描述一名士兵在越南邊界打仗，就在我在雲南搭火車走過那條支線以南不遠的地方。士兵結婚了，可是他的妻子不在身邊。士兵經常想念妻子，他明白自己是為了她而打仗——他贏得了勝利，成為英雄，因為妻子激發了他。這樣的內容意味著某種改變。幾年前，這名軍人可能是為毛主席打仗。為自己的妻子打仗聽起來似乎有意義些，而那裡面傳達的訊息是「讓家庭的香火繼續燃燒」。

「我喜歡這首歌，可是我不喜歡中國的音樂。」田先生說。

「那你喜歡什麼？」我問。我已經放棄用冰凍的手拿筷子的念頭了，現在我是直接把黑木耳抓起來吃。

「貝多芬，第九號交響曲。我很喜歡這個。」

然後田先生張口開始哼唱，發出一陣像烏鴉哀鳴的聲音。

啊，里要氣蘇卡拔婁素集嗎？
歐齊、俗尾、迷迭蝦、百里蝦
浪偶想起一位那裡的姑娘
偶曾經素那麼愛她……

「這曲調聽起來很耳熟。」我說。可是我想不起是哪首歌。他邊盯著我看邊繼續興致高昂地唱，硬要我設法想起來。我說：「我放棄了。」

過了一會兒，他向我說明了一下，我才知道原來這首歌叫《史卡博羅市集》，是他最喜歡的美國歌手賽門與葛芬柯（Simon and Garfunkel）唱的。哈爾濱大學的學生非常喜歡他們的歌，大家搶著聽收錄了《惡水上的大橋》的專輯卡帶。

火車穿越平坦的雪原好幾小時之後，開始進入山區。這裡的村落非常小，大約短短三、四排平房，其中有些是磚屋，有些是用木頭和泥土建成的。這些斜屋頂房舍的造型簡單得難以想像，很像一年級小朋友畫的那種房屋，有窄窄的門，一扇窗戶，一座鈍鈍的煙囪，還有一縷捲捲的煙往上升起。

火車上的廁所看起來也像小朋友設計的傑作。地板上有個洞，直徑大約三十公分。我不是沒見過蹲式廁所，但這個廁所正以時速八十公里穿越中國北方的冰天雪地。廁所沒有管道或檔板，透過地上的洞，可以直接看到底下的冰雪飛馳而過。冰冷的空氣從洞口猛灌進來。如果有人傻到願意使用這個廁所，他會發現他身體上一個通常不可能被凍傷的部位被嚴重凍傷了。奇怪的是，乘客一個接一個走進這間「屁股急凍室」。他們走出來時，眼睛瞇成兩條縫，咬緊牙齒不斷打顫，彷彿剛被什麼可怕東西狠狠地鉗了一下。

「這裡的人會滑雪。」火車在中午抵達桃山時，田先生這麼告訴我。有些乘客在這裡下車。他們看起來像伐木工人，而不是滑雪客。可是西北方向確實有雪山，而且四處都可以看到銀樺樹林，為這裡的風景憑添西伯利亞氣息。

火車變得更冰冷了。如果火車得一直靠站，車門不停地開開關關，那車上開暖氣有什麼意義？

這是中國人的思維方式。廁所也是一樣的道理。如果廁所是地板上的一個洞，有冰冷的空氣會灌進來，那又有何必要裝暖氣？假如無法有效率地為一個房間制暖，那就乾脆不要有暖氣。這就是為什麼這個地區的居民身上永遠穿著長衛生衣褲，而且永遠不會把毛氈帽脫掉。

我凍僵在座位上讀《當代英雄》，戴著厚手套的手僵硬得無法運作，只好用鼻子翻頁。（旁邊的中國乘客可能會想：原來他們的長鼻子還有這個用途！）雖然這本書不厚，可是奇怪的是，我一直看不完；我好幾次從頭開始重新閱讀。總之，男主角沛霍林是個浪漫的小伙子，他的心願是死亡，而故事情節的鋪陳方式迂迴斷續，彷彿在抽搐。火車行進間，我注意到沛霍林的其中一個典型觀念是：

> 我坦白招認我對某些人有強烈的偏見，盲人、獨眼龍、啞巴、沒腿的、沒手的、駝背的等等等等。根據我的觀察結果，一個人的外表跟他的靈魂之間總是存在著某種奇異的關係，彷彿人失去某個肢體之後，靈魂也隨之失掉某個感知功能。

這是無稽之談。我認為事實剛好與此相反——當人失去一個肢體、或瞎了眼、或聾了耳朵等等，靈魂會隨之獲得某些新的感知功能。在威爾斯[4]的小說《盲人國》（*The Country of the Blind*）中，視力正常那個人才是真正的殘障者。我之所以特別注意到前面那段文字，是因為火車上有些乘

4 譯註：赫伯特・喬治・威爾斯（Herbert George Wells），一八六六～一九四六，英國作家、社會學家、歷史學家、記者、政治家，被視為科幻小說之父。

客是身障人士，而當我在朗鄉遇到一個獨力造出一棟房子的駝背人時，我又想起那段話。他不只是造了房子，還把房子規劃得完全適合自己的身體狀況，可以讓他順利執行他的兩種工作——他同時是收音機修理師和工作室攝影師。

火車繼續顛簸著前進，並經常靠站停車。車門開了又關、關了又開，發出類似冰箱門那種橡膠喘息的聲音，而每一次開門，都讓一股冷氣流灌進車內。我每次必須離座時都非常苦惱，因為等我重新坐下去時，座椅又會變得像冰塊。

我驚訝地看著沿途的小朋友站在屋外看火車經過。他們只穿了薄外套，沒戴帽也沒戴手套。許多小孩的臉頰紅撲撲的很有光彩。他們穿的是布質便鞋，很久沒洗的頭髮在頭上亂翹。他們看起來非常神勇，火車經過他們住的冰封村莊時，他們高興得大聲喊叫。

遠方的山巒是小興安嶺南端的山峰，前景則盡是森林。這些小社區大都是從伐木工人營區逐漸發展而成，而我要去的朗鄉就是伐木業中心之一。不過我選擇前往朗鄉還有一個理由：那裡有一條窄軌鐵道通往森林深處，把木材載運到鎮上的鋸木廠。

朗鄉幾乎算不上什麼市鎮，而是一個由平房組成的大村莊，中央是一處巨大的木材堆置場，還有一條大街，一些用大圍巾把整個臉幾乎全包住的人冒著天寒地凍的天氣整天站在街邊，販賣肉品和蔬菜。有一天我在朗鄉看到一個人站在一塊鋪在地面上的布後方，布上擺了六隻冰凍的老鼠，以及一堆老鼠尾巴。朗鄉真的貧困到民眾必須靠老鼠和老鼠尾巴來果腹嗎？

「這是你們吃的東西嗎？」我問那人。

「不不，」他的聲音隔著結了霜的圍巾模糊地傳出來，「我是在賣藥。」

「這些老鼠是藥？」

「不不！」他的皮膚在乾燥冰冷的空氣中幾乎快要發黑了。然後他又開始說話，不過他的當地鄉音讓我完全沒法聽懂。他說話時吐出的水氣在圍巾上結成小水珠，然後立刻凍成冰晶。

田先生說：「他不是在賣人吃的藥，他是在賣殺老鼠的毒藥。他把死老鼠擺出來是為了證明他的藥很有效。」

我們在下午三點前後抵達朗鄉，這時天色已經開始要變黑了。我走下寒冷的火車，踏上冰冷的月台，然後轉往賓館。那裡一樣冷得不得了，而且是室內那種黏濕的冷，我覺得比戶外的冰冷更讓人難以忍受。賓館大廳窗簾拉上，燈光昏暗，簡直就像置身地下墓穴。

「這裡好冷。」我跟旅館經理叢先生說。

「之後會暖和起來。」

「什麼時候？」

「三、四個月以後。」

「我是指旅館裡啦！」我說。

「我就是說旅館裡啊，整個朗鄉也是。」

為了疏通血液循環，我開始跳上跳下。

田先生只是耐心地站在一旁。

「我們要個房間吧？」我說。

田先生很快地跟叢先生說了些話。

「你想要清潔房還是一般房？」

「我想改變一下，來個清潔房好了。」

他沒有理會我話中的諷刺意味。他說：「啊，清潔房，」然後搖了搖頭，彷彿覺得這個要求很過分，「那你們得等一會兒。」

風吹進大廳，把掛在大門上的厚簾子吹得鼓起來，像一張大帆。

「我們可以先吃晚飯。」叢先生說。

「現在都還不到五點呢。」我說。

「五點就是晚飯時間。哈哈！」他這聲「哈哈！」的意思是：規定就是規定，並不是我制訂的，所以請你不要囉嗦。

朗鄉賓館的餐廳是我在整個黑龍江省進到過最冷的房間。我把帽子拉緊，坐下來時把手伸到大腿底下，整個人猛發抖。我把溫度計擺在桌上：華氏三十六度（攝氏兩度）。

叢先生說他很習慣這種寒冷。的確，他連帽子也沒戴！他是從很北邊的地方來的，五〇年代時他到那裡拓荒，在一個生產玉米和穀物的公社裡工作。雖然他年紀還不算老，但從中國的角度來看，他已經可以說是恐龍了。身為來自中國最偏遠地區之一的一名前公社成員，中國政府推動的改革政策令他百思不解。他有四個小孩，現在這麼可觀的數目被官方視為一種羞恥。「只要超過兩個，他們就會處分我們，」他露出不解的神情說，「你可能因此丟掉工作或被調職，他們是這樣處罰人的。」

田先生臉上的表情顯得無聊至極，不過他那種無聊倒也算是他心情平靜的表徵，我不難推斷他跟叢先生毫無共通之處。在中國，代溝具有相當特別的意義，是必須慎重處理的部分。

我問叢先生他的公社後來怎麼了。

「廢除了，」他說，「解散了。」

「那裡的農民離開了嗎？」

「沒有，每個人都分到一塊田自己耕作。」

「你覺得這樣有沒有比較好？」

「當然。」他說。不過我無法判斷他說這話是否當真。「產量變大了，收成變多了。」這似乎是一切的解答。任何能夠增加產量的政策都是好的。我心想：老天保佑中國不要出現經濟衰退。

小鎮已經完全暗了下來，旅館非常冷，我的房間非常冷。怎麼辦？雖然時間才六點半，我決定早早就寢。我幾乎把身上所有衣服都穿著就窩進床上，躲在被子底下聽我的短波收音機。我在朗鄉的每一個夜晚都是這樣度過的。

隔天我搭上伐木火車，沿著窄軌鐵路進入森林，但我對那森林感到失望。我期待看到的是原始的荒野，結果那裡面有一大堆伐木工人在砍樹或用推土機把樹推倒。

「找一天我們到原始森林去。」田先生說。

「今天就去吧。」

「不行，太遠了，我們另外找一天去。」

我們來到停放火車頭的機車庫，在那裡跟地陪金女士碰面。機車庫裡充滿煙霧和蒸氣，而且光線很差，不過相當溫暖，因為有人在撥旺鍋爐裡的火，鍛鐵爐裡的火也在燒著。我走在裡面時，金女士忽然整個人撲到我身上，把我緊緊壓在一面牆上，然後歇斯底里地笑了起來，那是一種聽起來喋喋不休的笑，是中國人最恐怖的笑聲之一。我發現原來她救了我，我差點踏進一個深深的洞，要是真的掉了進去，恐怕少不了會骨折。

我嚇出一身冷汗，趕快跑到外面深呼吸。整個小鎮的積雪都被壓得很實，所有街道和人行道上都是冰雪。中國人很習慣在冰上騎腳踏車，他們也懂得用一種拖著腳的方式走路，避免自己滑跤。

「這個城鎮是禁止旅遊的，」田先生用誇耀的口氣說：「你能到這裡非常幸運。」

「朗鄉有少數民族嗎？」我問他。我心裡想到的是布里亞特人、蒙古人、滿洲人、西伯利亞原住民等。

「我們這裡有回族人，」金女士說：「還有朝鮮族人。」

我們找到一些回族人（也就是中國的穆斯林），他們在一間肉鋪後面宰殺一頭牛。我不敢看，可是我知道身為穆斯林的他們是以一種儀式性的方式宰殺——把牛的頭包起來，然後進行放血，這就是所謂清真（「哈拉爾」）、不受玷汙。

在黑夜完全籠罩小鎮以前，我們前往一家朝鮮人的餐廳，這只是一棟簡單的木構建築物，裡面是鋪石地板，火正在一座開放式火爐中燃燒，既可供取暖，也是料理食物的火源。四名朝鮮族婦女圍坐火爐邊用餐，她們都是餐廳老闆的親戚，而老闆是一位年輕女子。她們都戴著毛氈帽，並圍了漂亮的圍巾。她們身材偏矮，膚色偏深，臉部略顯方正，牙齒大而整齊。

「我分不出朝鮮人和漢人的區別。」田先生告訴我。

全中國有兩百萬朝鮮族人，不過這個小鎮裡只有幾百人。

「來這裡吃飯的人都說朝鮮語（按：即韓語）。」一名用餐女子說。

這些女人年齡最長的大約四十歲，最年輕的頂多二十歲左右，她們都出生在中國，也都嫁給朝鮮族人，但他們的父母是在朝鮮（韓國）出生的。我很想問她們是否一直都戴那麼漂亮的帽子、圍那麼美麗的圍巾，而且她們的大衣看起來也很時髦。可是我又不想讓她們覺得我的姿態高高在上，結果我很難得地圓滑起來，決定保持緘默。

「我想到朝鮮看看，」其中一名女子說，「可是我不知道該去哪些地方。我們完全不知道我們的父母出生在哪裡。」

「朝鮮族人會跟漢人通婚嗎？」

「有時候會，不過我們都沒有。」

她們邊用餐邊輕聲細語地談笑，她們也問我問題：我從哪裡來？結婚了嗎？有沒有小孩？年紀多大？她們臉上掛著微笑，不像漢人那麼嚴肅、甚至冷漠。她們說她們對自己身為朝鮮族人感到驕傲，雖然她們的文化在中國只剩下食物和語言。

她們的丈夫不是在伐木業工作，就是經營商店。把這群人視為特定族群是非常中國的做法，中國人非常擅長進行族群區分，他們大老遠就可以辨識出文化差異。穆斯林在中國已經存在一千多年，可是到了今天他們依然被視為奇異、落後、莫測高深的族群，而且在政治上很可疑。

待在朗鄉這些日子裡，我的手腳一直處於凍僵狀態，甚至被凍得刺痛。我的眼睛也被凍得痛了起來，我的肌肉萎縮打結，腦袋裡彷彿有冰塊在嗡嗡作響。田先生問我要不要去看滑雪道，我說好，於是我們開車到離鎮上六公里的地方。這時太陽已經開始墜入遠山後方，隨著夜色降臨而來的是更嚴酷的寒冷。

在黑白相間的山上有十條滑雪道，那是一些從山坡上鑿出來的冰凍坡道。民眾把看起來像棺材的箱子拉上山，然後把箱子放在某個坡道頂端，坐進去以後就一邊尖叫，一邊跟著箱子左碰右撞、乒乓作響地滑下來。我在冷空氣中用力上下跳躍，並告訴田先生我不想去滑。

田先生抬著看起來不甚堅固的「棺材盒」踉踉蹌蹌地爬上山坡，然後露齒大笑，開心不已地滑了下來。他又玩了一次，看來他對這個活動產生了濃厚的興趣。

「你不喜歡滑雪嗎？」他問。

「這不叫滑雪，田先生。」

他用震驚的語氣說：「這不叫滑雪？」

不過他還是繼續爬上山坡再滑下來。

我沿著小路走了一段，來到一處棚屋，看起來類似守衛室。屋內有一座爐台。這個情景生動地說明了朗鄉的暖氣是怎麼回事——那爐火微弱到棚屋內的牆上結了一層半吋厚的霜，木頭和泥磚做成的牆壁整個變成白色。

我隨時記錄氣溫。大街上是攝氏零下三十四度，旅館大廳是零度，餐廳略高於零度。菜送到桌上以後一分鐘就冷了，油質很快結成固體。餐廳做的菜包括肥肥的肉、油膩的馬鈴薯、稀飯、切成大塊而且沒有煮過的青椒等。這是中國菜嗎？有一餐我吃的是甘藍菜包肉和米飯，上面淋了肉汁。我在俄國和波蘭吃過類似的菜餚，他們把它稱作 golomkis。

一天二十四小時沒有休止的冷是非常累人的事。我開始喜歡早早上床，躲在被子底下聽英國廣播公司和美國之音的節目。幾小時之後我把毛衣脫掉，再脫掉一層襪子，到早上醒來時，我在被窩裡暖和得忘了自己身處何處。然後我看到窗戶上結了一層霜，厚得我根本看不到外面的景物，這時我就想起來我在哪裡了。

沒有人提冷這件事。這倒也無可厚非，他們為什麼要提這件事？他們在寒冷中反而非常快活，就差沒有任何時候都在溜冰、跳舞。有一天晚上天黑以後，我看到一群小朋友在一塊冰棚上互相把對方推到底下結成冰的河面（居民會在這個河面上鑿洞取水）。在黑夜的刺骨嚴寒中，那些小朋友在雪地上嬉鬧的模樣，令我不禁想到南極大陸的漫漫長夜中，企鵝在浮冰上蹦蹦跳跳的景象。

☆

我旅行時很會做夢。或許這是我旅行的主要理由之一。這與那些奇特的房間、怪異的聲響和氣味有關；跟各式各樣的震動、形形色色的食物有關；跟旅行的種種焦慮，尤其是對死亡的恐懼有關；跟溫度有關。

在朗鄉，令我夜長夢多、筋疲力竭的是氣溫。寒冷使我無法沉睡，因此我只是躺在意識表層的下方，像一條在那裡漂流的魚。在此報告一個我在朗鄉做的夢：我被圍困在舊金山的一棟房子裡，但我知道我必須逃離，否則就會被殺害。我戴著耳機，一邊開槍一邊從窗戶逃出去，然後繼續用機關槍射擊，從前門往外跑。我搭上一輛這時正好經過的纜車，那是我的逃離路線的其中一個環節。現在我安全了。雷根總統人也在纜車上，他拉著吊環站著。我在他附近找到位子坐下，然後開始跟他說話。他跟我說他的右耳壞了，我得對著他的左耳說話才行。我問他會不會覺得當總統很辛苦。他說：「很可怕！」於是我把座位讓給了他。我醒過來那一刻還在跟他說話，然後覺得非常冷。

故事到此還沒有結束。我重新進入夢鄉，夢到自己參加一個耶誕派對。我在現場誰都不認識。那裡是一棟很大很時髦的豪宅，賓客看起來都像受邀到那裡度週末的樣子。有個人把我嚇了一跳，他看起來像個精靈，完全禿頭，深色的皮膚有著皮革質感，戴了一個耳環。他的手上拿著一個用塑膠做的小人像，那是他自己。人像跟他本人一樣醜，但只有十五公分高，他把它當成耶誕禮物送人。

雷根夫人南茜也參加了這場派對。她的頭髮用大型白色定型髮捲捲起來，她眼睛凸出，手臂非常細。我們聊了一下天氣，然後她說：「我得打電話回家。」她不好意思說她要打到白宮。她打完電話以後，我們走到涼廊上，那裡看起來像個觀景台，可以眺望大海的風景。她說她有一隻耳朵不好。「我的耳朵號角……」她說。她的意思是她需要用號角狀助聽器改善聽覺。然後她說：「你很幸運來自這裡。」她說這話時，我才發現其實我們就在鱈角，而那房子可能是我家的理想升級版。她悲傷地說：「我成長的時候家裡好窮。」

她說完以後，我說：「我剛才做夢夢到總統」，然後我開始在這個夢裡描述我之前做的夢。

我還沒說多少話，就被田先生大聲敲門的聲音給吵醒了。

「我們要到原始森林去。」他說。

我們開了大約五十公里路，然後金女士跟我們會合。司機姓鷹。狹窄的公路結了冰而且佈滿溝紋，不過除了偶爾經過一輛軍車外，一路上就只有我們這輛車。我們抵達的地方叫「清泉」，那裡有一間木屋，我們開始在森林中健行。到處都是積雪，不過不是很深，大約三十公分左右。樹木長得非常巨大而且密集，一根根肥碩樹幹彷彿簇擁在一起。我們沿著一條狹窄的步道前進。

我請金女士告訴我一些她的事。她是個開朗可愛的人，非常坦率、不造作。她今年三十二歲，有個小女兒，先生是政府部門職員。這個三人小家庭跟另外六名親屬一起生活在朗鄉的一間小公寓裡，她的婆婆負責為所有人做飯。在一個土地如此遼闊的地區，他們竟然被迫生活在那麼擁擠的環境裡，感覺很殘忍。可是這是相當尋常的事，而且他們畢竟是一個大家庭一起生活。我經常覺得這種承襲自儒家思想的古老家庭模式是中國社會得以維持秩序的要素。毛澤東攻擊家庭，文革刻意破壞家庭制度，鼓勵小孩舉發他們的資產階級父母。可是文革並沒有成功，家庭制度維持了下來，而鄧小平的重要改革政策之一就是允許家庭經營個體工商戶或個體農場。

在森林中踢著雪前進時，我問他們現在市面上是否可以買到《毛語錄》或《毛澤東選集》。

「我把我的都丟掉了，」田先生說，「那些都是過去的錯誤。」

「我不同意他的話。」金女士說。

「你會讀《毛澤東思想》嗎？」

「有時候會，」她說，「毛澤東為中國做了很多偉大的事。現在大家都批評他，可是他們都忘了他說過很多很有智慧的話。」

「他的思想中，你最欣賞的是什麼？哪個思想會讓你聯想到他的智慧？」

「『服務人民』，」金女士說，「我沒法全部背出來給你聽，太長了。不過確實很有智慧。」

「那『革命不是請客吃飯』呢？你會唱那首歌嗎？」

「會呀！」她說，然後我們一邊在森林裡走路，她就一邊唱了起來。那曲調不是很容易記得，不過感覺上抑揚頓挫很多，很適合搭配我們輕快的步伐：

革命不是請客吃飯，
不是作文章，
不是繪畫繡花……

同時我也忙著賞鳥。這裡的樹上棲息著非常多鳥類，在中國是相當不容易看到的景象。在非常高的枝椏上，有許多小小的鳥兒在飛動。我的麻煩是我必須光著手才能使用望遠鏡，有效調整焦距；但由於這裡的氣溫是零下三十多度，我的手套拿掉幾分鐘以後，手指就凍得無法再聽使喚。不過我很高興即使在這種徹骨的嚴寒中依然可以聽到小鳥的歌唱，而且整座森林都迴盪著啄木鳥用喙敲擊樹幹的聲音。

「田先生，可以請你唱首歌嗎？」我說。

「我不會唱毛主席思想。」

「那就唱別的。」

他一下就摘下呢絨帽，尖聲唱了起來：

哦，卡蘿！
我真是個傻瓜！
請你不要離開我
不要殘忍對待我……

他帶著驚人的激情和力量唱出這首尼爾・瑟達卡（Neil Sedaka）一九五九年的經典搖滾老歌，雖然他把歌詞搞混了，不過還是令人印象深刻。唱完之後他說：「這是我在哈爾濱大學念書時，大家很喜歡唱的歌。」

空氣中沒有一點風，整個森林裡唯一聽得到的是鳥的聲音——鳥兒們啁啾啁啾唱、嘰嘰喳喳叫、咚咚嘟嘟地敲響樹幹。田先生和金女士看到不遠處的山丘在冒煙，決定前往查看。我繼續努力走在雪地中，興奮地賞鳥。我看到一些沼澤山雀和三種啄木鳥，並設法尋找體型跟雞差不多的大黑啄木鳥。我看到一對旋木雀正在爬上樹幹，牠們已經把羽毛抖鬆，藉以保暖。看到這麼多鳥兒無懼嚴寒地在林間活動，我覺得心情非常愉快。

忽然我聽到「砰」一聲，那無庸置疑是槍響聲。我轉身一看，發現鷹先生衝進樹林抓一隻死鳥。他居然有槍！我循原路走回去，他正把鳥塞進外套口袋。

「你在做什麼？」

「你看，一隻鳥。」他說。他似乎對自己的表現相當滿意。他的槍是零點二二英寸口徑單發來福槍，也就是射擊練習場採用的槍。

「你打算怎麼處理這隻鳥？」

那是一隻朱雀，我把牠握在手心。牠很小、很軟，在這個冷得可以把東西凍焦的地方，這隻死去的鳥兒居然還是溫暖的。我感覺彷彿手裡握著的是一道絕品珍饈。

鷹先生可能聽出我聲音中的敵意，他沒有回答。

「你會把這鳥吃掉嗎？」

他目光低垂，用腳踢雪，一副小孩被罵的模樣。

這鳥根本也沒什麼肉讓人吃，我相信他獵殺這些鳥只是為了好玩。

「你為什麼要射這些鳥，鷹先生？」

他沒看我；他覺得沒面子，在賭氣。

「我不喜歡殺鳥，」我說，「這是一隻很好的鳥，很漂亮的鳥。現在牠死了。」

我也對自己生氣，因為我居然沒注意到這個持槍的惡棍就在我後面不遠處開槍打鳥，我一直以為我置身在安詳平和的荒野中。可是我已經說太多了。鷹先生看我的表情彷彿他想開槍把我給打死。我把小小的朱雀放回他手中就走開了，然後我回頭望了一眼，看到他正用力踏著小徑走回馬路。我看不到田先生和金女士，只知道他們在找某棵在山邊燃燒的樹。那是多麼刺激的事；那火是全然無謂的火。

我獨自走進森林更深處，看到更多鳥類——一群群在樹梢飛躍跳動的啄木鳥。在美國麻州的三文治角，每天大約都可以看到這麼多鳥，但這裡畢竟是早已被馴化、毒害、強取豪奪、不動感情的中國，地球上人口最多、受到最多人為介入的國家；當一個中國人看到野鳥，他的本能反應恐怕是舔嘴唇。

在中國，這是一個不尋常的地方。美麗的鳥兒在高大濃密的樹木間自在穿梭，放眼望去沒有任何人類的蹤影。

繼續在這片荒野中走路沒什麼危險，我的足跡深深烙印在雪地中，不可能迷路。我又走了一個小時左右，看到一縷輕煙。我一直走到那地方附近都還無法看出那是什麼東西，只覺得它似乎是從地底下燒起來的。等我走到那旁邊時，我看到煙從地面上的一個深洞冒出來，洞底下有三個中國女孩在火邊取暖。我打了聲招呼，她們抬頭看到上邊站了個長鼻子野蠻人，那人戴著愚蠢的手套和帽子，好幾層毛衣把他的外套撐得像一顆大球似的，她們看起來真的嚇了一跳，彷彿見到一個從國界另一邊流浪到這裡的西伯利亞人，而西伯利亞距離這裡約莫也只有一百三十公里。她們發出中國人典型的驚呼聲：「哎呀！」

「你們在做什麼？」

「中午休息呢！」

她們爬到洞口看我。她們穿著棉襖和毛皮靴子，頭部和臉部用圍巾圍住。她們說她們就在這裡工作，然後她們帶我到防風林後邊看她們育苗的地方。伐木工人想必長年進出，大片大片的山坡已經被砍伐殆盡，現在她們要重新種樹，預計在三百年後長成濃密的森林，然後再次砍伐。不過有鑑於中國歷年來的酸雨紀錄，我認為這項目標恐怕難以達成。話說回來，這裡的防風林造得相當考究，彷彿山坡上種了一排排互相平行的整齊樹籬，整體看起來會讓人想到地形圖上的等高線。

折返之前，我跳進那三個女孩的洞裡面，在火邊取暖一陣，她們則跪立在洞口往裡頭看我。我出來以後，她們才又進到洞中。

田先生看到我，大步走了過來。他說：「看來你挺喜歡這兒的。」

「這裡很美妙。」

「原始森林，」他說，「處女森林。」

「你會不會想在這裡蓋一棟房子，然後跟你太太在這裡過著閒雲野鶴的生活？」

「會啊，」他說，「在這裡成家，寫點東西，譬如寫詩或小說。」

「生四個孩子。」

「這是不允許的，」他說，然後微笑了一下，「可是這裡這麼偏遠，那些人也不會知道。不會有什麼事的。對，這個主意不錯。」

我們回到伐木工人工作的地方。這些林業人員很少有人戴帽子或手套，他們穿的是薄薄的夾克和耍炫的休閒鞋。他們居然有辦法在這麼酷寒的天候中穿得這麼「涼快」，我覺得真是不可思議。他們把剛砍下來的木頭捆成一大束，拖到一個地方堆放起來，準備裝載到卡車上。有些年紀比較輕的工人停下腳步看我，也許他們覺得我穿這麼多衣服很滑稽；不過工頭吼了他們一下，於是這些外型粗獷的小伙子又乖乖回去工作。這片濃密的森林可能是整個中國碩果僅存少數真正的森林型荒原之一，置身其中，卻聽到人的說話聲和牽引機的突突聲，感覺不但詭異，而且令人覺得不太舒服。

金女士已經走回到馬路上了。我們跟上她時，天色已經開始變黑。我們一邊往停車的地方走，一邊聊死刑的問題。田先生贊成死刑——把那些人都殺了，他說。這是唯一的辦法。金女士不同意，她說：挪用公款的、拉皮條的不需要處死，只要槍斃殺人犯就夠了。

說著，我們就談起中國處死犯人的確實數目。

我問他們政府是否會在媒體上公佈這些數字。田先生說：「大多數中國人不相信他們在收音機上聽到的新聞。」

金女士皺了一下眉，不知道她是不是覺得田先生跟我說這樣的話不太妥當。不過田先生一邊抓頭，一邊振振有詞地繼續表態。

「政府有時會撒謊。」他說。

「這樣的話，老百姓怎麼知道國家裡頭發生了什麼事？」

「有外國廣播啊，學生會聽英國廣播或美國之音。我也是透過這個管道，很快就知道北京發生學生抗議的事。政府是等到兩三天以後才把事情報出來。」

我很感動田先生這麼坦率地跟我說話，只不過我隱約感覺到金女士不予苟同，於是我決定不要問太多問題。雖然天氣很冷，可是我心情很好。我覺得我走了一個在中國非常不容易到達的地方，雖然有點辛苦，但卻萬分值得。我感受到的不是一種成就感，而是某種充滿希望的感覺，因為這個地方是我會非常樂意回來的——這是一個值得我真心期盼的願景。

我五點鐘就吃了晚餐，然後窩進床鋪裡聽收音機。隔天黎明，田先生和我搭火車離開朗鄉。天氣冷得令我覺得要是我撞到什麼東西，我的身體會馬上掉一塊下來。又是一個寒風刺骨、有如刀刮的早晨，天空一片晦暗。我待在朗鄉這幾天，天色一直都是這樣陰霾。一部分雲閃著淡淡的光彩，那朦朧的光圈是太陽，它在那裡彷彿只是不情願地暗示著可能有一種叫太陽的東西存在於蒼穹中。

我看書，睡覺，牙齒在寒冷中打顫。這輛火車採開放式設計，所有車廂內都是擁擠的木頭座椅。火車在沿線所有車站停靠，每次停車，所有車門都會打開，讓寒風在幾分鐘時間裡灌進整輛火車，讓它重新冰凍一次。然後車門關閉，火車開動，車內溫度慢慢恢復到勉強可以忍受的程度，接著下一站又來到，車門再度開啟，冷風又猛灌了進來。

火車上的餐食只要零點二美元左右，不過只是簡單一盤菜飯。盤子裡的菜是一種黑龍江北部的蔬菜，叫作黃花菜[5]，看起來像一堆切成小段的百合花莖桿。

我想到那位司機，以及我責備他開槍打鳥的事。我問田先生他對「丟臉」、「沒面子」這件事的看法。

在上海時，我的朋友王先生曾說：「外國人沒有『面子』。」我引述了這句話給田先生。

「可是我們有面子，」他說，「中國人是這樣的。」

「有沒有人不會沒面子，不會丟臉？」

「我們有句話叫『臉皮厚』，不過這是很不好的事，意思是說你無感。害羞的人碰到事情時是會覺得丟臉的。」

這樣很好，或者說至少是可取的，因為這是人的本性。

田先生說：「假如有人批評你，可是你不會覺得丟臉，那你這個人就不好。」

5 譯註：即金針花菜。

「文革期間很多人都被批判了，他們都丟了臉嗎？」

「文革是個天大的錯誤。」他說。

「那時最糟糕的事是什麼？」

「死了人。」

後來我們在餐車時，服務員走過來跟我們坐了一下。他說我應該穿兩層長衛生衣褲，不能只穿一層，而且要穿中國人那種厚的（我穿的是在美國滑雪時那種長內衣褲）。他是佳木斯人，他說這天那邊天氣非常好，溫度「高達」攝氏零下三十四度，平常是零下三十八度。說完，他笑了起來，拍了我的肩，然後回頭工作去了。

田先生沒說什麼，他一邊沉思，一邊點頭。

「確實是個好主意，」他說，「到森林裡蓋個房子，養幾個小孩，寫點東西。」他穿著磨破了的外套坐在寒冷的車廂中，邊說話邊擰著他的毛呢帽。他還在點頭，頭髮一撮撮地翹著，袖子沾進醬油裡也沒留意。「我的確很想這麼做。」

第十六章　開往大連的火車：九十二號列車

哈爾濱就一個「冷」字可以形容，無時無刻不冷，城裡城外、室內戶外到處都冷，所以唯一獲得溫暖的機會就是離開這個城市，離開這個省分，往南方去。根據《人民日報》的報導，在數百英里外渤海灣口邊的港都大連，天氣舒適宜人。田先生又一次告訴我，溫暖的天氣會使他覺得不舒服。

田先生和我正在進行一場熱烈的對話。他向我描述當年不同派系的紅軍是怎麼在哈爾濱市街上打鬥——不同學校互相打，不同工廠互相打，每一夥人都聲稱他們才是最純粹的毛澤東主義者。來到火車站時，田先生告訴我，這裡的牆上本來到處都漆了標語、畫了毛主席肖像。「真是糟蹋啊！」他說。中國人坦率的時候總讓我覺得非常感動而且感恩。火車鳴著汽笛進站，我把羊毛手套、圍巾和冬季保暖帽脫下來，這些東西都是我特地為這個嚴寒的地方準備的。我把它們交給田先生。

「我在大連不需要用到這些了。」我說。

田先生聳聳肩，跟我握了手，然後二話不說就走了。這是中國式的道別：沒有流連一陣互相回味相處的時光，沒有交換地址，沒有任何懷念的情緒。分別的時刻來到，他們只是轉身離去，因為你對他們不再重要，因為他們有太多別的事要擔心煩惱。這就跟中國人餐宴結束散會時的情形一樣，舞台布幕重重一聲驟然落下，所有人頓時消失無蹤。這種結束儀式顯得有點敷衍，但我其實並不在意，因為它至少讓當事人不需要表演任何虛情假意的戲碼。很快地，田先生成為一大群藍色身影中的一個小小藍色身影。

可是我真不該把手套和圍巾給他的。火車廂房裡的溫度只有攝氏五、六度，而且餐車裡還更冷。地板上到處是冰，窗戶上結了厚厚的霜。一直坐著實在太冷了，所以我從火車尾到火車頭來來回回走動。

但我能抱怨什麼呢？車窗外，人們正在挖地、修籬笆、走路上班，在雪地中的小木屋外晾衣服。大風不只猛颳在車窗上，也狠狠吹在那些人身上。他們穿著厚厚的冬季服裝，每一個都顯得圓滾滾，彷彿塞得鼓鼓的娃娃；他們的臉被凍得紅通通，從大老遠就可以看得出來。不難想像他們的生活非常艱苦，於是我決定不要埋怨我吃的這頓飯只有魚乾和骨頭肉。

火車在下午一、兩點來到長春。這裡的調車場中停了一大堆吐著蒸氣的火車頭，我數了數，一共有十四輛。蒸氣從發動機翻騰而出，冰冷的天氣使它顯得特別濃厚而壯觀。黑色的輪子上掛著小冰柱，煙囪冒出滾滾煙霧，活塞在蒸氣的壓力下發出尖銳叫聲。冰與火巧妙地共生，機關車在積雪的鐵軌上穩定行駛，展現強烈的黑白對比，這一切都令人印象深刻。

中國最大的電影片廠之一位於長春，這時一部關於中國最後一位皇帝的跨國合製電影正在這裡進行拍攝[1]。假如這部電影只是關於那位皇帝在位期間的故事，恐怕只能拍成一部短片。他登基時年僅三歲，三年後就退位，當時是一九一二年。他的名字是溥儀，長大後取了個英文名字叫亨利。日本在中國東北建立魁儡政權「滿州國」時，正好需要一個魁儡來領導它，於是他們就找了亨利先生，請他在長春統治滿州國。這個愚蠢的國家崩解之後，亨利被俄國人以戰犯身分逮捕。他的死亡跟他的出生一樣，都發生在充滿暴亂的時代動盪中；文革初期，他在紅衛兵高呼口號的氣氛中死於癌症。亨利．溥儀象徵了毛澤東竭力反對的一切：腐敗的滿州人，統治階級，財富，特權，親日，中國歷史上的羞辱。難怪時機一到，共產黨就立刻將他逮捕並拿他開刀。

我有點猶豫是不是要在長春待下來，不過要做決定並不難。長春冷得不得了，所以我就繼續前進了。火車內牆上結的冰越來越厚，時間過的慢得離譜。我陸陸續續把所有衣服穿上身，到下午三、四點時，我的手已經完全縮在衣袖裡，看《論語》時只能用鼻子翻頁，讓旁人親眼見識大鼻子的功用。

隔著結在窗玻璃上的霧淞，我看到雪地裡有一些身穿厚重衣物的小人影緩緩移動，樣子活像登陸月球的太空人。腳踏車騎士、牛車、背著書包的小朋友也在蹣跚前進。我看到馬匹在農作物殘梗之間找東西吃，但徒勞無功。有時大地一片銀白，上面唯一看得到的東西是一排電線桿——綿延不斷的中國式電線桿，看起來像淒涼的十字架。現在火車已經開進吉林省，雪地上方飄著一層冰凍的霧氣。

車上的乘客很少人會往窗外看。他們忙著用鋼杯吃麵、喝茶、大聲聊天、睡覺。許多人趁著最近政府放鬆對牌戲的管制，高高興興地打橋牌。那些在硬座車廂裡打牌的人其實是在賭博，有幾群人則在打麻將。

我在各個車廂間走動時，會跟人打招呼，交流了幾句之後，我總要說聲「好冷啊」！他們只是微笑或聳聳肩。他們對廁所裡的小冰柱、地面結的冰、灌進餐車的寒風、車廂之間形

1 譯註：即由義大利導演貝納多．貝托魯奇（Bernardo Bertolucci）執導、一九八七年出品的《末代皇帝》，是一九四九年中共執政以後首部獲其全力支持，於中國境內拍攝製作的西方電影。

成的小冰屋都毫不在意。我相當佩服他們這種不在乎。我在中國看到過不少軟弱的人，但中國人的主要特質還是堅忍。

後來有個人用一種不帶目的但又令人覺得有威脅性的方式向我揮動手臂，引起所有人側目。他開始大叫：「美國！季辛吉！尼克森！」

他一直喊叫這幾個詞，而且跟在我後面走。

有人說：「他醉了。」

「他一直在喝酒。」另一人說。

但他不是醉了，而是瘋了。一個中國人如果單獨行動又具有攻擊性，那他一定精神有問題。

他一直跟著我走，於是我吼了回去：「我聽到你說話了，同志，可是我聽不懂。」

眾人笑了起來，他們知道我只是在裝傻打發那人。他在遼寧省邊界上的四平市下車時，還在那裡大聲叫嚷。

在初冬的夕陽下，每個村落都炊煙裊裊，因為這時是準備晚餐的時間，所有爐火都已點燃。小小的房子像簡單的方塊般點綴著山邊，玩具般的城鎮座落在雪地裡，一道道對稱而規則的倒圓錐狀煙霧從中緩緩升起。

我在火車上閒逛時遇到一個法國人，他叫尼古拉，正在返回北京的路上。他是個來自尼斯的木工，對自己身處何處彷彿沒什麼概念。他不會說中文，不過他試著學一些英文。他說他在中國玩得一點也不開心，說這裡的食物很噁心，旅館很骯髒。我到過哈爾濱沒？

「我在哈爾濱，冷得很冷，」他用很勉強的英文說，「我進到電影院，心想裡邊會比較暖和。那不是電影院！只是個大房間。擺了椅子。中國人就坐在椅子上看一台小電視。我整天坐在那裡。那裡面也不暖和，不過比街上好些。」

我們互相分享了在滿州地區的冰凍體驗。

他正在讀一本《簡簡單單學英文》，不過只讀到第三章。

「這個字怎麼念？」他用戴著手套的手指了單字表。

「相信。」

「桑……姓。」他複誦。

「要不要上個英文課？」我說，心想這樣一來，我就可以問他一些個人問題。他高興地說好。

我解說了「相信」一詞的意思，然後說接下來要做幾個練習。

「尼古拉，你相信神嗎？」

「不，我不桑姓繩。」老天，他那法國發音。

「你相信克勞斯．巴比犯下納粹戰爭罪嗎？」

「也許。」

「請把整個句子說出來。」

「也許我桑姓……」

我問他對中國人、法國人、美國人的看法，請他談談他的旅行經驗、他的志向、他的家庭。可是他的答案不太有趣，最後我放棄嘗試，改而建議他學點中文。

火車裡的燈光很昏暗。地板上的雪還沒有融化，我冷得全身僵硬。尼古拉說他真希望趕快回到尼斯。我試著思考我自己又想去哪裡。我考量了一下種種可能性，最後的結論是：我想就在這裡，做我現在正在做的事——在中國的海岸地區往南向大連前進。或許這是個簡單的選擇——「在家鄉」或「在他鄉」之間的選擇。顯然這裡屬於他鄉？

火車從哈爾濱出發後行駛十三小時抵達瀋陽，這時我決定我真的受夠火車了。我明天再搭另一班火車繼續走，這樣我就可以在瀋陽稍作停留，看看這個地方。

這是個很中國的城市，所以令人有點像置身噩夢中，而且今晚瀋陽的氣溫是零下三十度，所有物體的表面都鋪滿小冰刺或鐫刻般的冰霜。街道上幾乎空無一人，在這個漆黑的夜晚，瀋陽看起來像一幅黑白老照片中的城市畫面。一切都處在完全靜止的狀態，少許街燈照出的景物只有黑白兩色。眼前我的切身問題是，我只要一呼氣，一層霜就模糊了我的眼鏡。

根據中國政府統計，搭火車旅行的中國人有三分之一都是要去很遠的城市開會，這是他們工作的福利之一。中國人的薪水很低，可是他們會在觀光地區舉行會議，於是所謂出差其實等於是度假。這種情形就像美國的公司會在阿卡普爾科[2]或巴哈馬群島舉行業務會議的道理一樣。

由於隨時都有很多中國人出行，因此即使在氣溫低於零度的冬天，也不見得隨處可以找到旅館，不過我在瀋陽沒碰到這個麻煩。擁有五百個房間的鳳凰飯店這晚除了我，只住了另外六個人。時間才晚上七點半，但旅館餐廳已經關門。我拜託他們開門讓我用餐，他們說好吧，不過條件是不能叫太特別的菜。鳳凰飯店的特色菜是熊掌（一份三百五十元）、駝鹿鼻、「棍棒豬排」。我叫了脆皮雞和白菜，不怎麼好吃，不過也沒關係，重要的是幾個星期以來，我頭一次覺得暖和。這家飯店有暖氣，我的房間有很好的燈光照明，牆壁上有仿製皮毛鑲飾，廁所壞了，不過房間裡有電視。

我需要有人幫我買前往大連的車票，因為（我事先怎麼可能知道這點？）往大連的火車總是客滿，臨時買幾乎不可能買到。於是我認識了孫先生。

孫先生是個自學有成的人，他在本來該上學讀書的年代被送到農場勞動——又是個文革犧牲者。可是他仍然相信一切靠自己、服務人民、秩序、服從等觀念。在他幫我買車票的過程中，我們有了一些深具啟發性的交流，我很高興他是個個性坦率的死硬派，因為我有時會覺得我碰到太多人都怨恨過去，認為毛澤東創造出一個缺乏大腦的社會。

「我認為學生沒有權利批評政府，」孫先生說，然後他開始激昂起來，「我的英文是自己學的。當年我沒有機會上大學。政府給了那些學生上大學的權利，出錢讓他們受教育。可是學生做了什麼？他們居然抗議政府！我完全無法認同他們。如果他們要抗議，那他們就不該繼續待在學校學習。」

孫先生帶我去看了瀋陽市區的大型毛澤東雕像。這是一座將共產中國國父毛澤東神格化的雕塑作品，以環氧樹脂打造，四周圍繞著五十八個象徵文革不同階段的人物。不用說也知道，這是文革期間造出來的東西。像成都的毛澤東雕像一樣，瀋陽這座雕像呈現的也是年高德劭的毛澤東，帶著慈愛的面容關懷無產階級大眾。建造這種雕像所費不貲，成都的雕像是拿原本要建一座體育場的錢蓋的，瀋陽的雕像則是動用市民基金。

我問孫先生會不會覺得這是在浪費公帑。

「不會。」他說。

「你認為它應該像其他毛主席雕像那樣被拆除嗎？」

孫先生回道：「如果只因為它是在文革期間立的，就要把它拆掉，這種做法沒有必要。毛主席是個偉人，我們不可以忘記他的成就。」

2 譯註：墨西哥南部太平洋岸的度假城市。

他認為毛主席毫無疑問是個傑出的人。毛主席曾說他花了很多年時間想找個辦法震撼中國人民，然後他想到文革的點子，認為這會是完美的震撼教育。但他做得太過了，結果沒有人知道什麼時候該停下來。

孫先生是個通譯，不過並不是很優秀，因為我們必須中英文夾雜，才能聊出真正有意思的東西。但是他說了一件事倒讓我很驚訝，他說不久後他就要到波斯灣地區的科威特，擔任一個中國工作團隊的翻譯。

中國最新的外匯賺取方式是把技術人力出口到國外的建築工地，那些人在沙烏地阿拉伯乃至整個中東地區蓋大樓。中國人被那些國家聘請為建築師或營建人員是很詭異的事，因為中國人自己蓋的建築物是那麼平庸，甚至有些只有一個「醜」字可以形容。這種情形有點像波蘭出口廚師，澳洲派遣演講指導老師到英國，美國人開班教外國人要怎麼謙虛，或日本人教授紓壓的藝術。在我這輩子看過的建築物當中，中國在一九四九年之後興建的樓房品質之糟、結構之鬆散、外型之醜陋，無疑都是名列前茅。

「你到科威特不需要說阿拉伯文嗎？」

「不需要。其他員工都是些德國人、韓國人、巴基斯坦人、美國人。所有人都說英文，這就是我被派到那裡的原因。」

我問他是否對自己的新工作感到焦慮。

「我的一個朋友剛從那邊回來，他說那邊天氣不好。」

「顯然跟瀋陽不太一樣……」順道一提，今天瀋陽的氣溫是攝氏零下二十八度。「那裡的人怎麼樣？」

「不太友善。」

「住房呢？」

「大家擠在一個房間睡覺。」

「吃的東西呢？」

「他都是吃罐頭食物。」

「是梅林牌牛腱、白蓮牌豬腳凍、向日葵牌午餐肉、中國糧油食品公司的辣汁無骨雞塊這類東西嗎？」

「對。還有麵條。應該就是這些東西。」

我可以想像在那些員工住的宿舍裡，有一箱箱、一籠籠即食食品從地板堆到天花板。

「在科威特的沙塵暴中住在那樣的環境裡，吃那些罐頭食物，這樣做有什麼好處嗎？」

「可以買一些東西。」

「你的朋友買了什麼？」

「一台冰箱，三台電視，其中一台有遙控，一台收音機，一台錄放影機，一台爐子，是微波爐，一台卡式錄音機，還有一輛本田摩托車。這些全都是日本製的。」

聽起來彷彿那人參加賭博節目贏得頭彩。

「想必他花了很多錢。」我說。

「他每個月的收入有一百零七美元。」

還有連續兩年吃梅林罐頭枇杷和雙喜牌乾麵——阿卜督爾，幫我把福鷹牌開罐器遞過來好嗎？

「他要那麼多台電視做什麼？」

「一台送給他母親，一台給他哥哥，一台給他自己。」

「你到科威特想買什麼？」

「買台日本冰箱。」

「你為什麼還要冰箱？」我這麼問是因為孫先生之前跟我說過，他跟父母一起同住。

「我會需要冰箱，因為在科威特待兩年之後，我就到了適婚年齡。」

他說在中國北部，法律規定可以結婚的年齡是男性二十六歲，女性二十四歲，在南部則分別少一歲。不過幾星期後我買了一本中國的婚姻法規宣傳手冊，發現內容跟孫先生說的似乎有出入。

「你就只要這個嗎？一台冰箱？」

「我也想要攝影機。我想在科威特和中國各地攝影，然後可以把照片拿給我母親看。她從來不曾離開過瀋陽。」

那天瀋陽的天氣霧霾很嚴重，暗褐色的天空跟積滿冰雪的街道在朦朧中輝映，而且氣溫跟哈爾濱一樣低。

孫先生說：「你應該在這裡留得久一點。」

我說：「可是好冷，我想往南方走。」

「你是美國哪裡人？」

「離新罕布夏州的朴茨茅斯不遠。」

他看起來很迷惑，似乎對此毫無概念。為什麼有這麼多中國人對古代歷史、黃帝、唐朝的事情如數家珍，卻對比較近代的中國歷史一無所知？

「你沒聽過《朴茨茅斯條約》嗎？」我問他。

日俄戰爭結束時簽的就是這個條約，其中一條是把那時稱作「奉天」[3]的瀋陽割讓給日本。那只是八十年前的事，大約是孫先生的祖母那個年代。那個條約是在美國總統羅斯福的倡議下簽訂的，地點就是朴茨茅斯這個濱海小鎮——精確地說是朴茨茅斯造船廠，那個地方其實已經剛好越過州界，位於緬因州的基特里轄區內。不過我覺得說這些細節可能會讓孫先生聽得更糊塗。

他對這一切真的一無所知。他要我看現在瀋陽有名的東西，不只是著名的「瀋陽三件寶」（人參、貂皮、鹿茸角）[4]，還有汽車裝配廠及其他林立在市區的工廠。就像中國人會造蒸汽火車頭、痰盂、沾墨鋼筆，他們也會造全新的老車——紅旗汽車，說起來其實就是一九四八年帕卡德汽車的腫脹版。我婉拒了參觀撫順的安排。那裡有中國最大的露天開採礦場，礦區直徑超過六公里，深度達三百公尺。在這個霧霾繚繞、充滿霜雪的空氣中，到那裡根本看不到礦坑底部，更不可能看到對面去。我只想離開這座又大又晦暗的城市。

孫先生很堅持。我知道遼寧旅遊局有安排許多特別遊覽行程嗎？有騎腳踏車的行程，有當地美食品嚐行程，有紓壓行程、療養行程——「採用傳統中國物理療法，療癒效果更顯著。」可是對我而言，瀋陽不但不可能使訪客獲得身心健康，它甚至會讓最健康的人都得了支氣管炎。

那些琳瑯滿目的行程都是各省旅遊局之間互相競爭的結果。孫先生還提到一個叫作「律師行程」的東西。

「所有對中國的法律和法律制度有興趣的外國朋友都會參加這個團，到法院旁聽審理過程，還

3 譯註：譯自滿文Mukden一字，意指「盛京」。

4 譯註：這是所謂「新三寶」，原來的「舊三寶」是人參、貂皮、烏拉草。

有參觀監獄，」孫先生說明道，「這樣他們就有機會看到中國的另一個面向。」

這樣的行程倒令我相當感興趣，不過我不想這麼臨時地做安排。我們聊了一下中國的法律制度，我問孫先生（這是我碰到中國人時最愛問的問題）對死刑的看法。他非常支持死刑，不過他強調死刑犯是被開槍打頭部，而我堅持認為子彈是打在後頸部。

我請他思考中國的死刑問題，過去三年間這已經導致一萬個人成為死屍（而由於中國剛把賣淫也列入死罪名單，未來這個數字只會越來越多）。

他說：「中國的死刑……」他停頓了一下，「很迅速。」

寒冷的天氣把我徹底打敗了。民眾霜雪滿面、在雪地上辛苦騎腳踏車的景象，刺骨的寒風，使我覺得彷彿全身凍傷的低溫，這些都使我舉雙手投降。

孫先生買到讓我離開瀋陽的車票，不過我們搭計程車到火車站時，他臉色不好看。「這個司機不吉利。上次我搭他車的時候，他把他的車撞爛了。」

時間是早晨七點三十分，煤灰使奉天的老城區顯得髒汙晦暗。我們有半個小時時間通過前往火車站這段路，但一出發就碰上塞車（路面電車因為集電桿從電纜上脫落，停在路中間擋住交通），耽擱了十五分鐘。重新開動時，後輪傳來搥擊作響的隆隆聲，車子又停了下來。原來是爆胎了。

「我就說這司機不吉利。」

「現在我怎麼去車站？」

「你可以用走的去，」他說，「可是你得先把錢付給司機。」

「為什麼我得付錢給他？他又沒把我送到車站。我會錯過火車呢！」

「那你付個十元就好，不必付十五元。這樣便宜些！你省了錢呢！」

我把錢丟給不吉利的司機，在滑溜溜的結冰地面上快步趕到車站，在火車開動前一分鐘跳上車。又是一輛冰凍的火車，不過至少它是往南開的。

我在這輛車上遇到理查．吳，他幫美國聯合碳化物公司工作，兩年來經常在瀋陽出入。我問他做這份工作需要什麼資歷。

「我待過薩克其萬[5]。」

啊，原來如此，這就說明了一切。他也懂得所有行話。「我們把設計包賣給他們……我們替工廠提供投入資料。」不過聯合碳化物公司並沒有實際參與工廠興建。

吳先生對中國的員工有一套見解。「他們的工作態度跟歐洲或美國的員工很不一樣。他們做事很慢，工資很低。中國人不是不好的員工，是體制不好。假如有獎勵制度，他們就會有比較好的表現。」

我沒有打算問他聯合碳化物在瀋陽的業務是什麼，因為我覺得問了，我恐怕也聽不懂他的說明。不過為了打發時間，我還是問了。

「防凍劑。」吳先生說。

火車繼續在平坦的雪原中行駛，雪地上到處都是犁溝和犁過田的痕跡，農作物的殘梗從雪中透出來。我看到一些工廠，它們在雪景中彷彿披上銀色衣裳，蒸氣從煙囪冒出，整個看起來有一種非常柔和的朦朧美。

火車上或許有一些臥鋪，不過我沒看到。我很怕我站起來走動以後位子會被別人占去，這件事

5 譯註：加拿大中部內陸的一個省分。

之前已經發生過了。到大連還有將近五百公里路，我不想在接下來的六個小時中一直站著。光是坐著就已經夠辛苦了，旅客肩膀貼著肩膀擠在一起，抽菸的、吃麵的、吐痰的、重感冒咳嗽的、剝橘子皮的，火車上簡直是個超級大雜燴。

這班火車上沒有餐車。一名女子頭戴類似睡帽的帽子，推著小車，販售魚乾和看起來一大團油膩膩的海綿蛋糕，這些都是中國人出外遠行時最喜歡吃的東西。我選了魚乾。這點心非常硬，看起來、吃起來都像舊鞋的內墊——我是指中國式的鞋子內墊，特別是少數民族的鞋子。果不其然，包裝上寫著「少數民族風味魚乾」。

天氣還是很冷，冷得令人匪夷所思。我討厭這種冷，就跟我討厭煩悶無聊或惡劣空氣的程度差不多。那像是一種身體上的疼痛苦楚，或許其中隱含了某種對死亡的恐懼，因為零度以下就代表死亡，因此這種冷令人異常害怕。我覺得這種天寒地凍使人活得沒有尊嚴，我忍不住在內心想到所有那些必須冒著嚴寒，在蒙古、黑龍江、吉林、遼寧生活與工作的人。可是奇妙的是，很多人都知道這些地區的居民特別精神抖擻、神采奕奕；中國內陸地區的人民素以士氣高昂聞名，他們把自己視為拓荒者。

但這種冰冷卻深深困擾我。不過我很慶幸真正的冷不容易描述，而且無法讓人清楚記得。我對那天寒地凍的天氣確實沒有太多具體的記憶，因此後來我對那一整個月間整個人彷彿被冰凍起來的日子沒有什麼值得細細撰寫的感受，主要記得的都是一些視覺意象：沾滿霜雪的臉孔，黏有結冰口水的圍巾，用保暖材料包成一大包的足部，厚厚的手套，被凍紅的臉頰，中國人烏黑頭髮上白花花的冰雪，遍地的積雪，以及只有在氣溫低到攝氏三十度以下才看得到的那種閃爍著鑽石光芒的美麗霧淞，還有就是飄在大城鎮上方的蒸氣，它能讓最灰暗的城市也顯得充滿魔幻氣息。

往南方推進幾百公里之後，積雪終於逐漸變薄，然後在瓦房店居然一整個不見了。跟所有平常我們習慣在雪中看到的地方一樣，這裡的風景在沒有了雪的時候顯得殘破而淒涼。雪沒了，竟然給人這麼極端的感受。

距離大連不遠，千山山麓的果園整齊對稱，果樹在葉子掉光的冬天裡顯得枝幹特別繁茂，鄉野間散落著石砌房舍，整個風景看起來頗像遍佈荒廢小農地的蘇格蘭山岳地區。

☆

我走出火車時，在月台上碰到一名年輕中國女子對我微笑。看得出來她是個非常現代的女人，戴著時髦的太陽眼鏡，頭髮燙成彈躍飛揚的大捲。她的綠色大衣有皮裘領子（是兔毛）。她說她是被派來接我的，姓覃。

「不過你叫我櫻桃就好。」覃小姐說。

「好的，櫻桃。」

「叫櫻花也行。」

把櫻花這個詞拿來當名字用，聽起來挺妙的。「到煙台的火車票要多少錢，櫻花？」我問完覺得有點想笑。她很快給了答案，而且說話的方式也很好笑：「會花掉你一隻手臂和一條腿[6]。」她很習慣用這種充滿意象的措辭說話。

她把我帶到外面，我們站在大連車站的階梯上。她問：「你覺得大連怎麼樣？」

6 譯註：這句話在英文中的意思是「貴得要命」、「貴得會讓人大失血」。

「我才到這裡七分鐘呢。」我說。

「玩得開心的話，時間一溜煙就飛走了。」櫻花說。

「不過既然你問了，」我說：「到目前為止，我看到的大連令我印象非常深刻。民眾看起來很快活也很勤奮，經濟發展非常活絡，生活品質也特別好。我可以感覺整個士氣非常高昂，這一定跟空氣新鮮、生活富足有關。港口顯得非常忙碌，我相信市場裡一定有琳琅滿目的貨品。我才看了一點點，不過這已經讓我急著想繼續看下去了。」

「很好。」櫻花回道。

「還有一件事，」我說，「大連看起來很像麻薩諸塞州的南波士頓。」

這是真的。大連是個逐漸老舊的港口，有許多磚造的建築，寬廣的大街，砌石路面，電車軌道，以及任何港都有的設施，諸如倉庫、乾船塢、起重機等等。我不禁覺得如果讓我在這裡走一走，不久後就會踏進一家聖洛克碳烤餐廳。這裡的天氣也跟波士頓這個時候類似，很冷，晴時多雲，雲朵在天空中快速飛過；還有建築物也很像。大連有很多大型磚造教堂，從前的名字可能是「聖派屈克教堂」、「聖喬治教堂」、「聖雷恩教堂」，現在則是幼稚園、托兒所，其中一間成為大連市立圖書館。不過改革的腳步早已來到大連，抬眼一看，盡是「即烘麵包連鎖」、「紅星剪燙」之類的商店招牌。

「連男人都搶著進紅星燙頭髮，」櫻花說，「像飛毛腿般衝進去。」

街道看起來像波士頓市區。如果不特別去注意市中心主要大道的路牌「斯大林（史達林）路」，會以為自己置身於波士頓的大西洋大道。

十九、二十世紀交替之際，俄國人打算把「達里尼」（Dalny，這是當年他們給大連取的名字，意思是「遙遠」）建設成大港，供沙皇的船舶停泊。這個地方是對抗日本的寶貴基地，與冬天會結冰的海參崴相較特別具有優勢。日俄戰爭結束後，日本人在大連（日本人念這兩個漢字的發音聽起來像「戴仁」）放風箏，風箏上寫著大大的「俄國投降了」——這座港都被割讓給了日本。日本人完成了俄國人的計畫，把原來的漁村建設成大港埠。大連迅速繁榮，直到二次大戰日本戰敗，大連按照《雅爾達密約》的規定，又落入俄國手中。俄國人在這裡待到中國解放很久以後才離開[7]。我很喜歡這裡的海風和海鷗。

我告訴櫻花，我到大連來是為了躲避中國東北的冰冷，而我需要一張船票從大連渡過渤海灣到煙台，不知她是否可以幫我買到這樣的票？

「雙手合十拜一拜吧！」櫻花說。

然後她就消失了。我找到一間老旅館，是戰前日式的豪華建築物，不過他們沒房間給我。後來我找到一間看起來有點淒涼的新式中國旅館，類似波士頓的華美達連鎖酒店，大廳中有一座水不會流的魚池。我一整天都在設法找古董店逛，可是唯一找到的一家讓我很失望。有一個店員試圖跟我推銷一座獎盃，我看到上面的漢字寫了一九三三年。「真正的銀，」店員輕聲地說，「清朝的。」在我追問之下，他才招認那是一間日本高中舉行標槍比賽時的冠軍獎盃。

第二天我跟櫻花見面，她還沒幫我把船票搞定。

「你得保持高度的信心！」

7 譯註：二次大戰結束前夕，蘇聯正式向日本宣戰，紅軍進攻滿洲國，占領東北三省地區，包括大連。戰後根據《雅爾達密約》，蘇聯繼續在大連駐軍，與中共共管達十年之久。

我們約了稍後再見面，這次她出現時面帶微笑。

「搞定了嗎？」我問。

「沒有！」她還是笑吟吟。她報出這個壞消息時，我才注意到她的臉滿圓潤的，上面長了一點點青春痘。她戴了一條孔雀綠圍巾，搭配她在勞動婦女單位宿舍裡自己編織的那頂羊毛軟帽（她跟四個室友一起住一個房間）。

「我完全搞砸了！」

那為什麼她滿臉笑容？老天，我真不喜歡她那頂愚蠢的帽子。

「可是……」她一邊咯咯地笑，一邊擺動手指：「等等！」

她說話的語氣相當犀利，因此每一句聽起來都像驚嘆句。她把手伸進塑膠手提包中。

「票在這裡！超級順利！」

她對著我擺動頭部，使她的捲髮像彈簧般跳躍。

我說：「所以你剛才是在耍我嗎，櫻花？」

「對！」

我很想打她。

「中國人是這樣拿別人開玩笑的？」

「喔對！」她又咯咯笑了一陣。

話說回來，不只是中國人，所有人拿別人開玩笑都含有某種虐待成分。

我來到一九七九年就開始營業的自由市場。市場裡賣了各式各樣的魚、貝類和海藻，肥大的明蝦一磅要價高達五美元左右，不過這是最貴的一個品項。商販也賣魷魚、鮑魚、牡蠣、海螺、海參、比目魚、成堆擺放的蛤蜊等等。漁民看起來不像漢族中國人，他們的臉比較扁，可能是滿州人。在遼東半島以及更北的地區，滿州人一共差不多有五百萬到六百萬。參觀市場使我食慾大振，晚餐時我點了一道蒜香鮑魚，實在太美味了。

櫻花說夏天期間外國郵輪會在大連靠岸，遊客有半天時間參觀。

「半天時間可以看到大連的什麼？」

她說他們都會搭上巴士，參觀貝殼雕刻工廠、玻璃工藝品工坊、一間模範小學（那裡的小朋友會唱《真善美》[8]選曲）。然後他們再度上船，前往煙台或青島。

「我想看斯大林廣場。」我說。

我們到了那裡。廣場中央有一座紀念俄軍的雕塑，二戰結束後，俄軍在這裡駐紮了幾年。

「櫻花，在蘇聯沒有斯大林廣場，你知道嗎？」

她說不知道，她覺得很驚訝，問我為什麼。

「因為有些人認為他犯了一些錯。」我說，不過我沒有提到細節——集體迫害、屠殺、祕密警察、殘酷的清算；還有，那個留鬍髭的前領導人為了處罰異議地區民眾，不惜策劃大規模飢荒。

「櫻花，大連有沒有毛澤東廣場？」

8 譯註：*The Sound of Music*，中國大陸直譯為《音樂之聲》，一九六五年好萊塢音樂電影，改編自一九五九年起於倫敦上演連續數年的同名音樂劇。電影版當時打破《飄》（*Gone with the Wind*）的紀錄，成為賣座第一的電影，累計至今則為影史第五賣座。

「沒有，」她說：「因為他犯了一些錯。不過覆水難收，哭也來不及！」[9]

我跟櫻花說，我在某個地方讀到邪惡天才林彪曾經住過大連。她說沒有，那不是事實。她一輩子都住大連，從沒聽人說過林彪跟大連扯得上關係。

但根據年紀比較長的司機的說法，林彪確實住過大連。林彪這位偉大的軍事策略家現在被抹黑，因為他曾經致力協助建立毛澤東的功業，其中《毛語錄》就是林彪搞出來的，裡面收錄的話都是他挑的。（據說）毛澤東身體變壞、進入他的「卡通大象期」之後，林彪曾策劃暗殺毛，但後來事跡敗露，他被迫搭乘直升機逃走（「……背叛黨和國家，成為蘇修主義叛徒……尋求莫斯科大老們的保護……」），結果直升機在蒙古人民共和國東部的溫都爾汗一帶墜毀。沒有人正式提出過陰謀殺害的可能性，各界都認為這個討厭陽光的人遇難早死，是上天給他的報應。

林彪怕光這件事，倒讓我特別想參觀他的故居。這位身材細瘦的小個子，生前對太陽光極度恐懼。我心想他的房子應該不會有窗戶，不然就是有特別的百葉窗，他甚至可能生活在地下防空室。

櫻花用中文跟司機說：「我不知道林彪住過大連。」然後她用英文跟我說：「現在要找他的故居，時間太晚了，我們去海邊吧。」

我們前往大連南邊一處稱為傅家莊海水浴場的地方。由於這個地方位於海岸峭壁區，道路比較崎嶇，司機開得很慢。

櫻花說：「這車的速度跟一月的冷糖蜜流得一樣慢。」

「櫻花小妹，你的用語真的很多采多姿。」

「對，我說話就跟魚一樣活蹦亂跳。」話一說完，她就用手遮住櫻桃小嘴咯咯地笑了起來。

「你一定跟蚌殼一樣開呀開——開心。」我說。

「這個我特喜歡！聽到你這麼說話，我覺得像中了百萬大獎。」

這種耍嘴皮子玩弄文字的遊戲本來是有點累人的事，可是因為難得看到中國人說話逗趣，我覺得非常好玩。而且我喜歡她這種拿自己開玩笑的個性。她知道自己有一點點磨人。

這時，車子開始下坡進入傅家莊了。這個地方有壯觀的岩石峭壁，空曠的黃沙海灘，一月的冷風不斷把海浪打上來。五座小島像小黑點般點綴在外海。一對情侶在海灘上卿卿我我。中國人習慣在背風的地方站著做這件事，通常他們會站在岩石或建築物後方，兩個人緊緊抱在一起。那對情侶非常親熱，看起來真的很甜蜜。他們看到我時，一下就跑掉了。一名喝醉酒的漁夫搖搖晃晃地越過沙灘，往他那艘划槳大木船走去。那船看起來簡直就像直接從古代的中國風景畫中冒出來，它有偏尖的圓底，有點像一隻荷蘭木鞋，看起來很笨拙，但說不定划出去很經得起大海的考驗。

我問櫻花，她陪其他觀光客時會不會把他們帶到這裡來。她說通常不會有時間。

「有些人的臉長得很好笑。」她說。

「你看過最好笑的臉是什麼樣子，櫻花？」

她尖聲叫了起來：「你的臉！」然後她一邊用手拍眼睛，一邊笑。

「你又在胡鬧了，櫻花小妹！」

這時，她的臉色忽然凝重了起來，然後說：「老實說西藏人的臉最好笑，好笑到我會覺得害怕。」

9 作者註：櫻花在這個部分的說明其實並不正確。毛澤東是自己提案禁止用他或其他在世領導人的名字為省分、城鎮、廣場等命名。詳見英文版《毛澤東作品集》，第六冊，三八〇頁。

「那美國人的臉呢？」

「美國人喔，還行。」

我們在一間偌大的餐廳裡喝茶，我們是唯一的客人。這家餐廳位於傅家莊的峭壁上頭，坐擁美麗海景。

「你想不想去看『龍洞』？」

我說好，然後我們上樓，走進一家裝潢得像岩洞的餐廳。這裡有纖維玻璃牆，鼓脹突出的褐色塑膠岩石，光線從塑膠製成的鐘乳石中透出，每張桌子都設在有陰暗綠色燈光的壁凹中，裡面有假的苔蘚，四周鋪滿石塊。這個概念本身還算不錯，不過這裡的裝潢再次顯示中國人在某些方面真的不懂得適可而止。整個地方沒有造型美感，毫無藝術氣息，俗氣到醜怪的地步，簡直像一個巨大的塑膠玩具經過細緻複雜的毀容程序後開始溶解、發臭，變得皺紋遍佈而且到處是異味。客人坐在皺皺的岩石堆裡，一不小心頭就會撞到鐘乳石，吃的東西則是蔥薑爆魚唇之類的菜餚。

櫻花問我：「你覺得這兒浪不浪漫？」

「有些人可能會覺得很浪漫，」我說，然後指著窗外：「我自己覺得那兒更浪漫。」宛如一顆大橘子般的夕陽已經墜入渤海灣口，大連的海濱峭壁、外海小島和長長的無人海灘都被染成金黃。

櫻花說：「讓你的想像翱翔吧！」

我們離開龍洞（我心想，在美國加州說不定有類似的地方）。我說：「我聽說有一種什麼療癒養生之類的行程。很多人到遼寧省是為了試試看中藥療程。」

「對，這種情形有點像減肥農場。」

「你怎麼知道這玩意兒，櫻花？」

「我們學院的老師有些是美國人，他們教了我好多東西！」

她很懷念在大連外語學院學習那幾年的日子。她今年才二十二歲，她想一邊工作一邊繼續讀書。她不打算結婚，我問她為什麼，她忽然變得嚴肅，整個人緊繃了起來。

她之所以決定不結婚是因為一次到北京的旅行。她帶一群來訪醫生參觀中國的醫院，看醫院怎麼運作、病人獲得什麼樣的治療、外科手術的過程等等。參訪醫生表示他們想看接生的情形。櫻花陪他們一起看，看到嬰兒又皺又扁的頭慢慢擠壓著出來，小臉蛋上都是血，一堆水跟著流了出來，母親和嬰兒都大聲喊叫，那情景使她驚愕得不能自已。

她描述的其實只是非常普通的分娩景象。

「那情景又亂又髒，」她說，然後帶著噁心的表情摸了摸她的臉頰。「我看了很害怕。太恐怖了！我永遠都不要經歷那種事，永遠不要。我永遠不要結婚！」

我說：「結婚也不一定要有小孩啊。」

她搖頭。這種想法太荒謬，超乎她的理解範圍。對她而言，結婚的目的就是生小孩。就算現在共產黨強調最好的婚姻是與工作結合的婚姻，也就是丈夫與妻子屬於同一個工作單位、同一個任務小組，但櫻花在北京協和醫院目睹的那個分娩情景對她造成難以克服的心理障礙，使她只要一想到就覺得恐懼。她說她打算繼續住在勞動婦女單位的宿舍，閒暇時就打打毛線。

我們在深夜時分穿越大連市區前往港口，我要在那裡搭船到煙台。我們經過舊的布爾喬亞住宅區，那是日本人和俄國人開發的。這些住宅區位於斜坡上，街道兩邊是光禿禿的路樹和一些缺乏維護的雙拼別墅及灰泥塗面住宅。這是我第一次在中國看到這樣的街景。木椿圍籬、磚牆都很像我平常在美國看到的一些郊區；然後我看到前院裡晾的衣服，以及窗口的中國人臉孔。

我常經過這樣的街道，看到一棟棟有點陰森的大別墅，它們有山牆、突出的屋簷、有豎框的窗，可是這樣的情景總是出現在噩夢中。夢裡，這種房子乍看都很熟悉親切，然後我會看到窗邊出現邪惡的臉孔，於是我明白我已經置身險境。在多少噩夢中，我被追著在這種街上逃跑……

我們抵達船邊時，櫻花說：「這樣送你走，我很難過。」

她是我在中國期間唯一對我說這種話的人。她用屬於她的老派方式、屬於她的陳腔濫調，顯現出她的善良。我祝福她順利愉快，然後我們握了手。我想告訴她，我很感激她照顧我，不過我才剛開口，她就把我打斷了。

「一路順風喔，保羅。」她說，然後又咯咯笑了起來，彷彿她對自己的大膽表現很得意。

第十七章 搭乘「天湖號」渡輪前往煙台

我搭這艘船叫「天湖號」，它在夜間航過渤海灣口到對岸山東省的煙台。船上有一千多名旅客，大部分在統艙，有些則是在六個床鋪一間的臥鋪艙房。從床上往回看，大連只是一排黑色的山丘和一座黑暗的港口，煙台則在一百多海里外的月光下某處。

天湖號上吐痰的人特別多，或許這跟海風有關，也可能他們是想趁機會用力清個喉嚨。我本來已經下定決心要無視中國人吐痰，但在這艘船上我明白了一件事：中國人吐痰的習慣之所以困擾我，簡單說是因為他們做得不高明。

他們隨時隨地都在吐痰[1]。他們清喉嚨時發出的聲音大得可以淹沒周圍的談話，有時簡直像下水道清潔服務公司羅托魯特的人在清通水管，或有人在抽疏洪道的水，或大型按摩浴缸的水快流完時發出的汩汩聲。他們用臉頰的龐大吸力「咯咳！」一長聲，然後露出奇怪的笑容，接著把牙齒的陣勢擺好，傾身準備出招。

1 作者註：一九〇〇年一首義和團的歌曲寫道：「八旗軍當然人多，洋鬼子兵確實也不少，但只要我們都吐一口痰，就能淹沒八旗軍和入侵者。」（譯自路易．艾黎〔Alley Rewi〕，《起義詩歌》〔*Poems of Revolt*〕，北京，一九六二年。）

我們會期待看到他們像懷俄明州小城拉勒米的牧場工人讓痰飛到籬笆外那樣，俐落地把痰吐到五公尺外，可惜事實並非如此。中國人從來不使勁吐痰，老是吐在距離自己頂多幾吋的地方。他們不是往外吐，而是往下吐。這個非常基本的文化差異是我在中國待了半年多才搞清楚的。他們不是又爽快又精準地一次就把痰吐進痰盂，而是滴滴答答地吐痰，經常還吐在那個令人噁心的容器邊緣，讓痰沿著外側緩緩流下。他們吐痰的時候會稍微彎身。當我們看到一個中國人身體往前一斜，膝蓋往下彎一下，他大概就是在做吐痰的預備動作了。沒有爆發性的推進力，幾乎沒有任何聲響，他們只是讓痰流下去，然後繼續往前走。這也罷，但中國是個人口眾多的國家，每當一個人側身清喉嚨準備吐痰，難免剛好就面對某個出現在他旁邊的人。可是在發出一陣豪放聲響、讓那黏液順利穿過身體通道後，最後卻虎頭蛇尾，實際吐痰的動作總像個軟趴趴的反高潮。

我才剛躺進床鋪就開始作夢，這時卻聽到一陣鈴響和霧笛聲。我們抵達煙台了，時間是清晨四點三十分。碼頭籠罩在冰冷的霧氣中，龍門架上結了冰，我可以聽到海水拍打繫船柱的聲音，但望出去一片模糊，海和霧彷彿都混在一起。能見度低並沒有妨礙乘客移動，一千多人迅速衝進海和霧的混合體中，迅速穿越碼頭，前往哪裡呢？清晨這個時間既沒有公共汽車也沒有計程車，而那些人之中住在煙台這個小城的人應該很少。他們必須等到天亮，才會有一些破舊的大巴士來把他們載到下一個目的地。

中國的交通工具通常都是客滿狀態，幾乎沒有任何空位或空的車廂，這點令人相當煩惱。無論什麼時間、日期、季節，不管是火車、公車、船隻，到處都擠滿了人。在這個非旅遊月份的週間夜晚，這艘天湖號居然會客滿，著實令我感到好奇。到大連的火車客滿，到瀋陽的火車也客滿。要保證有位子幾乎是不可能，即使拿到了位子，在擁擠的狀況下搭乘還是會覺得有壓迫感。整個中國的交通運輸總是人擠人，幾乎永遠都很不舒服，而且經常要推推擠擠。令人愉快的時候不多，但當愉快時刻出現時，感覺都分外強烈、特別值得回味。我覺得在中國旅行的結果可能會使我在很長一段時間渴望獨處。

由於我已經往南前進了好幾天，我決定在煙台至少休息個一天再說。這時的天氣冷得不符時節，帶著雨雪的刺骨寒風從大海吹來，薄薄一層結了冰的雪覆蓋住整個市區。這是個荒涼、被天候肆虐的地方，周邊是低矮的碎石山丘和圓石海灘。市區有很多廢棄的磚屋，上面原本漆滿毛澤東式的標語，但已經被塗抹掉。一整天，我坐聽風聲，喝茶、寫東西，在城裡溜達，吃了一頓晚餐。（我吃了菠菜蛤蜊炒蛋，湯裡的菠菜很不新鮮，顯然冬天蔬菜供應不易。）然後我想到一個計畫。

幾個月以來，我一直想找個人民公社參觀。我一直很好奇廣州郊區那個我在一九八〇年參觀過的人民公社後來變成什麼樣子，只可惜停留廣州期間沒找到機會去。山東省的農村人民公社非常有名，或者至少曾經很有名。過去中國人一直誇耀山東的人民公社。那麼，現在它們經過改革以後，變成了什麼模樣呢？

我在煙台請的導遊胡先生設法阻止我去看公社。他說，看鎖頭工廠、刺繡工廠、織錦畫工廠或製造老爺鐘的工坊不是比較開心嗎？我很想說：「你們還做蒸汽火車頭、衣帽架、夜壺、沾墨鋼筆、小型裝飾桌布哩！你們的市場調查到底是誰做的？」

我說：「公社是我真正想看的東西。」

「一九七九年公社就廢除了，現在已經沒有了，所以你不可能看得到。」

「那就去看個從前曾經是公社的村莊或合作社區吧？胡先生，我相信那些地方絕不可能通通都被放火燒掉了。」

「我設法幫你找個地方吧。」

他遵守諾言，隔天我們開車到一個從前叫「西關公社」的地方。現在這地方稱作「明珠合作社區」。這個新名字其實取自一篇報紙上的文章，文章把它稱為「山東的珍珠」。社區距離煙台市區大約三十公里，裡頭有五百個家戶，一共住了大約一千五百人，可以算是個小鎮。它看起來平凡無奇，可是我人一到，當地黨書記就告訴我現在這裡是個特別富裕的合作社區，一九七一年的人均收入只有每年一百元，一九八六年時已經達到九千元。錢多得遠超過生活所需，所以每個人每年分個一千元，其他都投資在社區上。

他們是怎麼讓財富達到這麼驚人的成長？黨書記馬偉泓（音譯）為我做了很長的說明，不過如果把他的話歸納起來做個總結，基本上他的意思是說，所有改變都是政府撒手不管以後才發生的。

「文革期間，這個合作社區是個以單一作物經濟模式運作的公社，那個作物就是小麥。我們都有能力做更多事，但黨不允許，所以我們沒法兒做。一九七九年以後，我們開始多元發展，栽培新的農作物，成立育兒園，建立各種產業，發展交通、商業，也蓋了一家旅館。這些項目都很賺錢。」

「你們現在錢是多了，可是你們的購買力也增加了嗎？」問題問完後，我跟他稍微解釋了「購買力」的意思。

馬先生說：「現在的物價確實比較高，不過抵銷物價上漲之後，我們的錢還是多。」

「假如你們維持單一作物，可是工作得更努力，你們就不可能達到這麼高的收入嗎？」

「我們原本就一直很努力工作，」他說，「可是單一作物的政策是不對的。」

「當時的你知道你們的工作其實是在執行一個不對的政策嗎？」

「知道，可是那時是文革，我們都無能為力。」馬先生說，「不過現在我們把那些都改了。我們與自由市場建立比較密切的關係，現在我們富了。」

聽到一位中國人說出「富」這個危險的字眼，感覺好怪。

我說：「富是好事嗎？」

「是，很好的事，」他說話時眼睛炯炯有神，完全沒眨眼。他雙臂交叉坐著，表情好像在說：下一個問題！

「可是這種態度不是很資本主義嗎？」

「不會。你跟我走在不同的路上，可是我們要去的是同一個地方。」

「哪個地方？」

「有更多財富的地方。」馬先生又說出一句就共產黨觀點而言屬於異端的話。接著他說：「從前我們有句口號說：『貧富與共』。」

「你還相信這個嗎？」

「不太相信。我認為如果一個人可以用自己的辦法富起來，他就應該去做。」

「你這是資產階級思想。」

「這麼做跟資產階級與否完全無關。」

他說得斬釘截鐵，使我好像想不出別的問題了。他的年紀比較大，二十年前這個地方還很窮的時候，他就已經生活在這裡。如果他今天想炫耀一下這地方的成功，有誰能怪他呢？而且我很喜歡他說話不用「我」這個字。他回答我的問題時幾乎總是用「我們」，不過那是社會主義式的「我們」，不是英文中代表「朕」的那個「我們」。

「如果你們這裡繼續發展得很好，到最後錢真的太多時，你們會怎麼做？」

「我們會捐給比較窮的村莊，或當成稅金繳給政府。」

我跟馬書記是在一間有穿堂風的大會議室裡談話，他給了我幾顆蘋果，是合作社區自己種的，這是他們比較新的生產項目之一。這些蘋果結實而多汁。馬先生說他們把蘋果賣到中國各地。我們走到外面（胡先生殿後），他帶我參觀他們其他的賺錢項目。這個合作社區也產銷洋菇。這聽起來是個小生意，可是後來我發現中國對美國的洋菇銷售量非常驚人，大多數必勝客披薩連鎖使用的洋菇都來自中國。

我說：「文革期間有沒有知識份子被下放到這個公社工作？」

他搖頭，「沒有。連我們這個地方都被認為對他們而言太舒服了。大部分知識份子都被送到鄉下的農場或山區。他們被下放到最落後的省分，比如青海、寧夏、甘肅，還有蒙古地區，很多知識份子後來都去了內蒙古。他們必須吃點苦，這是當時我們的說法。」

「你認為吃苦為他們帶來什麼好處沒有？」

馬先生說：「那個政策是不對的。」

可是那一切卻那麼自然而然地發生了。我想到那所有自命不凡的文人、博學之士、教師、評論家、書評家，他們都是我會想見的人，那些人都被送進開往蒙古地區的火車，到那裡鏟豬糞、住在穀倉裡。我當然也會是他們之中的一員。在中國，所謂知識份子經常是指非體力勞動者。所以我們這一大群人都會被送去挖洞，藉此處罰我們的無用和無聊。那是個可怕的命運，但我們不難想像為什麼會有那種政策。每個人一生中都曾在某個時候希望某個他不喜歡的人被送去做清理豬糞之類的事，特別是那種從來不需要把手弄髒的所謂高級人士。毛澤東以超乎想像的尺度執行了這個一般人用來在心裡自我滿足的小小幻想。

馬先生帶我參觀旅館。這棟建築物是兩年前蓋的，他們很有信心這個項目不會失敗，因為煙台只有兩家旅館。明珠合作社區賓館有四十間客房，內部漆成綠色和黃色，雖然有穿堂風，不過很乾淨，價格也便宜，以中國的標準而言相當划算。我說我可以考慮搬過來住，不過馬先生說他們還不能收外國客人。

大廳內有一座缺乏保養、底部顯得黏滑的水池，裝飾了一個烏龜標本，間歇性噴出的造景瀑布上方則是一幅萬里長城壁畫。這些都算是中國新派旅館中的標準裝飾物件，不同的只是水池的規模、烏龜的大小、藻類植物的深度，以及長城壁畫是採用漆繪或者刺繡。這家旅館的長城是用畫的，畫面上還出現了一個牆面設施，那是一個照明插座。

「胡耀邦去年來過我們這兒。」馬書記說。胡耀邦是精神高昂、活力充沛的中共中央委員會總書記，一般被視為鄧小平的接班人。「他到這裡開了一場簡報會。」

我們進入會議室，裡面沒有胡耀邦的紀念照片，但有其他一些裝飾和擺設：一條象牙雕刻的小龍，一位中國詩人的塑像，十六座小佛像，許多菸灰缸，一棵棕櫚樹，以及一個企鵝標本。標本置放於玻璃櫃中，上面的標牌寫著「南極遠征」。

「合作社區裡的每個人都賺一樣數目的錢嗎？」我問。

「不，我們的收入是按家戶中的人數和生產力決定的。」

「你們怎麼查生產力？」

「要說明這個部分太花時間了。」

我們來到社區首長官邸。首長是一名由黨委會指派的社區領導人。這時他不在家，不過我可以自由參觀他的房子。這棟房子裡有兩件事讓我覺得很有意思。第一是主人有很多書，小說、故事集、詩集等等，各式各樣的書都有，但就是沒有政治宣傳資料。第二，家具以舊式中國風格為主，包括黑檀座椅、紫檀桌、一張雕花長靠椅，以及幾個優美的櫃子。這些都稱得上是古董，不過在這裡都被當作一般家具使用。

馬書記說他們對合作社區設立的醫院非常自豪。興建工程是他們自己包辦的，而他們是中國唯一一個自行籌資興建社區醫院並聘請人員的合作社區。總經費是四十萬元（不到十萬美元），聽起來不多，但成果不容小覷——它絕不只是一間針灸診所，而是有現代化設備及合格醫生的真正醫院，裡面有心電圖儀器、X光室、手術室、家庭計畫諮詢室等。（所謂家庭計畫諮詢室基本上就是墮胎診所，這可能是中國的醫院裡最忙碌的單位。）醫療團隊中有一名針灸師，以及一名全職中草藥師，他掌管的中藥部門擁有三百種草藥。醫院很乾淨，沒有不好的味道，而且收費低廉。社區決定興建這家醫院是因為居民不想大老遠跑到煙台的縣立醫院看病，並支付他們認為過高的費用。到縣立醫院生小孩要付二十元，在這裡則只要一半的錢，相當於三美元不到。

「我們的座右銘是『服務人民』。」馬書記說。

這句話其實出自毛澤東，但馬書記用友善而熱切的態度把它說出來，使它聽起來像超市的廣告口號。

☆

煙台這個城市看起來相當淒涼，很像北愛爾蘭阿爾斯特海岸上那些長年被大風吹襲的城鎮。這裡曾經住了許多外國人，因此除了天候條件不佳之外，市區中其實有不少特色建築：規模相當可觀的獨立式住宅、感覺森嚴冷峻的醫院、以崗石及紅磚砌造的別墅，以及低矮的石砌房屋等。這些都是十九、二十世紀交接時期的建築物，但保存得相當好。早年為一個家庭興建的大房子，現在變得有點像蜂窩，十六個房間各擠了一整家人。黑石海岸看起來像愛爾蘭，被潮水沖上岸的海藻和雜物、翻覆的划槳船、糾結的漁網、用籃子提貽貝的人也是。唯一一個一點都不愛爾蘭的東西是一幅宣導圖畫，上面畫的兩個人說：「晚婚晚育，應予鼓勵。」為了特別強調這點，畫中女性（是個剛當媽媽不久的女人）的頭髮已經開始發白。由於絕大多數中國人在六十歲以前都沒有白頭髮，顯然生產對這女人造成極大影響。

煙台人會抱怨天氣，這點我很喜歡。天氣逐漸從濕冷、颳風轉成暴風雪，漫天飛舞的大雪落下，把街道上的泥土凍硬，建築物外牆也結出一層冰。這裡的人不會像哈爾濱或瀋陽的居民那樣對天氣無感得令人困惑；煙台人會瞪著紛飛的雨雪哀嘆詛咒一番，說：「到底怎麼搞的？」他們用一種看起來氣急敗壞的方式走路，在街道上用力踢雪，生氣地拖著步履，藉此避免自己摔倒。我接觸到的人幾乎都不斷評論天氣，有點像在幫天氣向我道歉。啊！他們這種反應真令我覺得窩心。

無庸置疑的是，下點雪使煙台的市容有所改善。煙台不是個漂亮的地方，它看起來沒有章法、受到蹂躪壓榨，有某種愛爾蘭的悲愴感，但雪使這一帶的乾燥大山丘有了溫柔的樣貌。山東地區的山在很多年前失去了表土，山上草木不生，看起來像由泥巴和鬆動的石頭堆積而成的碎石堆或礦渣堆，風景雖然說不上難看，但顯得非常無精打采。

除了沾墨鋼筆、夜壺、老爺鐘，煙台還生產掛毯。中國人習慣用十九世紀的工廠製造十八世紀的產品，所以看到他們回溯到更久遠以前的時代，為一種中世紀藝術表現形式賦予新生命，我們並不覺得奇怪。任何人只要在中國稍微走一下，就會明顯發現中國人致力於生產俗麗商品。煙台羊毛織錦掛毯工坊是這種努力的極致表現，它會讓人想到某些有特殊嗜好的人用牙籤和膠水打造西班牙無敵艦隊模型，或用舊瓶蓋裝飾大型建築物的整個立面（我在美國新罕布夏州真的看過這種東西）。

我問廠長，他們可不可以幫我複製一幅巴約掛毯[2]。即使在我向他描述這個作品有多繁複精細之後，他依然二話不說就答應了下來。工坊中的女工藝師們正在製作的織錦掛毯包括《蒙娜麗莎》、十七世紀荷蘭畫家揚・維梅爾的《彈詩琴女子》，以及不只一幅林布蘭特的作品。她們也製作一些花鳥，以及中國式俗麗藝術中最令人過目難忘的代表性傑作——毛茸茸的白色貓咪玩弄線團或驚嚇金魚的畫面。到中國旅行期間沒看到任何這種白貓咪是不可能的事，如果你是特別受重視的外國朋友或華僑，中國人還會送你一幅這樣的織錦繡當作禮物，而且精心裱上玻璃框。夏偉[3]在他的後期著作中對中國已經不再大肆讚揚，他提到這種白色小貓，並指出這種缺乏品味的作品是中國文化式微的徵兆。不過我認為問題應該沒這麼嚴重，這種東西只是一種無傷大雅的日常情趣，或者說創作技藝被發揮在不甚恰當之處，但它就跟美國人瘋狂製造中國風情裝飾品一樣，比如仿造的寶塔或留了愚蠢辮子的黃皮膚中國官僚，看在中國人眼裡，那些美國製品才叫俗不可耐。煙台織錦掛毯工坊生產非常多這種貓咪掛毯，我自己倒不覺得它難看，不過我還是很慶幸從頭到尾沒有人送我這個東西；對此，我甚至覺得難以言喻地感恩。

近來民眾的一大需求是把自己喜歡的阿姨姑姑舅舅叔伯或胖小孩的照片做成織錦畫。煙台掛毯工坊的女工藝師在大尺寸織錦畫框中製作的肖像畫包括：在雪梨郊區的一架鋼琴前擺姿的羅傑與貝蒂・蘭德隆夫妻，正朝著一盆花卉擠眉弄眼的周林福夫婦，兩個在玩翹翹板、看起來被寵壞了的日本小孩，煙台姊妹市——紐西蘭蒂瑪魯的市長等等。無論就色彩或相似度而言，這些畫都精確得令人讚嘆；價錢方面，大約花個四百美元，他們就可以為你把去年夏天迪克叔叔站在門廊上揮手的照片，做成一幅巧奪天工的織錦掛毯。可是我無法想像，到底為什麼有人會想付這麼一筆錢，把一張又小又有點模糊的照片做成一幅大型織錦畫或壁毯……

在煙台待到後來，我發現我比較有興趣的不是這裡的漁業活動或工業生產，而是導遊胡先生的個人背景。相處幾天之後，他向我透露他才剛結婚兩個星期。這個訊息使我簡直就像貓發現貓薄荷般深深受到吸引，我禁不住問他一大堆問題，可是他並不介意。他是個身材瘦削、活潑大方的人，左右腦應該都很發達。他對自己的一切相當得意，很快樂也很多話；他還有相當程度的世故，算是個見過世面的人。他很驕傲自己到過煙台以外的地方——他曾經去過青島和孔子的故鄉曲阜。根據他的描述，他的婚禮非常隆重。

兩年前，他在煙台其中一座遍佈石礫的老舊公園看到一個女孩，她正在跟朋友散步。女孩姓穆，她令胡先生意亂情迷。胡先生會約她出去散步，請她吃麵，到她父母家跟她一起看電視，兩人就這樣交往了一年以後，他決定把正事提出來。

胡先生說：「穆小姐，你覺得我們是不是就去登記一下？」

穆小姐興奮得幾乎說不出話來。說出「我們是不是去登記一下？」這樣的句子，毫無疑問就是在求婚。「登記」必然導向那個特定方向。一九八六年通過的《中華人民共和國婚姻法》第七條規

2　譯註：巴約掛毯也稱貝葉掛毯，創作於十一世紀，現保存於法國諾曼第地區的巴約。作品原長七十公尺，高半公尺，現存六十二公尺，描述黑斯廷斯戰役（Battle of Hastings）的過程。畫面上共有六百二十三個人物、超過兩百匹戰馬、五百多隻各種生物、兩千個拉丁文字等細節。

3　譯註：歐維爾．謝爾（Orville Schell），漢名夏偉，當代美國作家、學者。

定：「要求結婚的男女雙方必須親自到婚姻登記機關進行結婚登記。」

胡先生現年二十六歲，穆小姐是二十五歲。《婚姻法》第五條指出：「結婚年齡，男不得早於二十二週歲，女不得早於二十週歲。」

工作人員審查當事人年齡、身分、工作狀況及地址，確認無誤後，就會發給結婚證書。《婚姻法》其他條文指出，直系血親及堂表兄弟姊妹等三代以內的旁系血親不可結婚；如果患有麻瘋病等醫學上視為不宜結婚的疾病，也不可以結婚。胡先生期望他的工作單位能分配住房給他，讓他在煙台有個自己的家，他數度提出申請，但都沒有下文。

穆小姐跟他說沒關係，她表示如果要等分配到住房才結婚，他們可能永遠都無法成婚，於是她鼓勵他直接先辦了結婚手續再說。她問他，結婚後兩人跟他父母同住可以嗎？胡先生說沒問題，就結婚吧。不過還有一個麻煩：根據古老的傳統說法，舊曆春節前夕的一月不是個吉祥的月份，因此雙方父母都不希望他們在這個不吉利的月份成婚。

我問胡先生：「你也認為一月不吉利嗎？」

「我覺得還好，」他回道，「可是為了考量他們的看法，我們決定改日子。」

「你會迷信嗎？」

他發出喋喋不休的笑聲，整張臉都被笑容擠得變窄了。那表情應該意味著：你問了我一個不太妥當的問題，不過我還是願意回答。他說：「我覺得不會。」

「你相信上帝嗎？」我又問。

「有時候。」他說。這次他沒笑。

滿足了老人家的想法以後，他自己也覺得安心了些。他決定在耶誕節結束後馬上結婚。學習英文的中國人會把耶誕節當成一件大事——大肆吃喝、寄卡片、送禮物等等，也就是所有與基督教本身沒有直接關係的部分。

胡先生買了一箱箱的食物、啤酒和葡萄酒。他有一位姓華的老同學負責做菜。大日子來到那天，他包了一輛計程車（在此之前，他自己從來不曾租用過計程車），計程車把他載到穆小姐家。他穿了西裝打了領帶。接了穆小姐以後，他們前往他父母家，在轟天作響的鞭炮聲中抵達。這時是上午十一點。客人於中午陸續來到，所有人就在那裡吃吃喝喝，一直到晚上十點鐘。

接著，胡先生和穆小姐上樓休息。他們請了兩天假，那兩天都待在家裡。新婚夫妻只能斷斷續續地享有兩人的私密，因為他們住的地方絕對稱不上愛巢，有三間臥室的房子裡一共住了七個人，他們的「新房」是放了電視的那個房間，所以三不五時就會有家人跑進去看他們喜歡的節目。《婚姻法》第九條指出：「夫妻在家庭中地位平等。」這點在胡先生父母家倒有點不容易落實。由於穆小姐不會做菜，所有烹飪工作都由胡媽媽包辦，而所謂「家」其實只是個婉轉語，用來指稱那個有沙發床的電視間。

中國的《婚姻法》有一個特色是關於生育控制的部分，第十二條毫不含糊地規定：「夫妻雙方都有實行計畫生育的義務。」

雖然我深感好奇，但還是不好意思問胡先生這個部分他們是怎麼處理，我只問他是否享受他的新婚生活。

「到目前為止都很好。」他說。

他說他完全不介意妻子保有原來的姓。中國法律允許小孩冠父親或母親的姓氏，法律並強調為人父母者必須慈愛並展現負責任的行為。這個部分，法律有非常特定的細節規範：「以溺斃方式殺害嬰兒或其他對嬰兒造成嚴重傷害的行為均不被容許。」

假如胡先生的婚姻出問題，而且穆女士也認為兩人走不下去，他們可以很快獲准離婚。當然也有一些限制，其中最有意思的是第二十七條：「女方在懷孕期間、分娩後一年內或中止妊娠後六個月內，男方不得提出離婚。」不過，「女方提出離婚的，或人民法院認為確有必要受理男方離婚請求的，不在此限。」因此，即使穆女士還在懷孕期間，她依然可以申請離婚，而且也會依法獲得准許。在考量離婚這個議題上，這似乎是個相當文明而體貼的方式。整體而言，中國的《婚姻法》跟駕駛人手冊一樣直截了當。

☆

雪依然下個不停，雨雪繼續在煙台市區聚積。在來自西伯利亞的寒風吹襲下，這個城市顯得異常陰沉。

一個下雪的日子裡，一大群朝聖者出現在旅館，他們臉上掛著充滿慈恩的微笑，使人一下就聯想到那種身負基督訊息的虔誠信徒。這些人是美國人，來自德州，他們到煙台是為了尋找一位傳教士的足跡。那位傳教士名叫慕拉第（Lottie Moon，洛蒂．穆恩），她在一百年前到山東的這個地區宣揚福音。朝聖團在距離煙台六十公里的濱海村鎮蓬萊找到慕女士故居遺址。他們告訴我，他們把這位傳教士視為聖徒，並且志願用自己的錢修復那棟故居和她宣教的教堂。中國政府差不多已經正式同意這個計畫。在毛澤東領導中國的年代，這是無法想像的事。

短短六年前，我看過一張照片，上面是南京的一間天主教堂，我特別抄下了照片底下的說明文字。那段文字的口吻非常激烈，以下是其中幾句：

美帝只是把傳教當成幌子。他們在中國各地設立這種教堂，進行破壞活動……美國傳教士跟滿清部隊聯手攻擊小刀會的游擊隊，這座教堂則被當成作戰據點。

我問胡先生對官方態度的轉變有何看法。

「如果有人知道了慕拉第以及煙台其他傳教士的事，他們就會到這裡來玩。」

他說的「人」，是指外國觀光客。他的想法可以籠統地代表整個中國目前的態度：無論是傳教士、修復的教堂或各地的老山東風情布爾喬亞社區，假如不是不道德的事，而且可以帶來觀光人潮，那就值得鼓勵。不過觀光業顯然也有其危險。一名來自紐約州水牛城的醫生喬治·哈特姆（他後來歸化為中國人，並取漢名為馬海德），懷抱遠大的理想和熱忱，於一九三〇年代來到中國，經過長達五十年努力不懈，在中國完全根除了性病；但自從觀光開放，性病又死灰復燃，於是一九八七年開始，性病醫院重新出現。不過抗生素並不是唯一的藥方。中國政府最近立法規定，從事賣淫行為的人可處以死刑，也就是一槍斃命。

第十八章　開往青島的慢車：五〇八號列車

在這種當天可以抵達的鐵路旅行中，中國人還是有辦法讓整輛火車成為垃圾場。車上幾乎所有乘客都在把有限的空間弄髒。我坐著看書時，發現坐我對面的人在短短兩、三小時內就在桌上堆滿東西。我在空白頁上記下了細節：鴨骨頭，魚骨頭，花生殼，餅乾包裝紙，瓜子殼，三個茶杯，兩個玻璃杯，一個熱水壺，一個酒瓶，兩個食物罐頭，吃剩的食物，橘子皮，蝦殼和其他一些吐出來的殘渣，還有兩片用過的尿布。

中國人有時很整潔，可是有時卻會讓垃圾堆積，這時他們不只是邋遢，甚至可說是自得其樂，彷彿垃圾多是生活富足的表徵。車廂中菸氣瀰漫，而且非常擁擠，得費盡九牛二虎之力才能穿過走道。到處瀰漫臭味，尖叫聲此起彼落。擴音器播放中文版《瑪拉雅之花》（「玫瑰玫瑰最嬌美，玫瑰玫瑰最豔麗，春夏開在枝頭上，玫瑰玫瑰我愛你……」），有不少人在大肆玩牌。乘客閱讀的東西包括《煙台工人日報》、愛情小說（解放軍士兵與家鄉武漢的女友之間的戀情），以及一本我之前沒看過的中國雜誌《世界電影雜誌》，封面是羅傑．摩爾飾演〇〇七情報員詹姆斯．龐德的照片。

這不是一條老鐵路線。在美國淘汰蒸汽火車、陸續關閉既有鐵路線的那個年代，中國正在積極興建煙台到青島的鐵路。那是一九五〇年的事，短短幾年之後，一輛嶄新的老式蒸汽火車噗叱噗叱地開在鐵軌上，鍋爐上方還有紅旗飄揚。這條鐵路早就該開通了，但陸續占領山東省的德國及日本都沒有開發這條路線的意願。殖民主義者經常具有某種文明願景及利他精神，但這種情形不適用於中國。不若非洲及印度，來到中國的帝國主義者力圖與中國人競爭，這是毛澤東憎惡他們的原因之一。他們不見得從事非法勾當，但他們無疑都在靠中國這盤散沙致富。

這輛火車充滿五〇年代的氣氛，感覺有點嚴峻。大部分旅客都是在煙台上車，坐定之後就開始吃東西。他們吃麵、桶裝米飯、海苔，還有核果、水果及其他各式各樣的東西。他們一路進食，直到火車於晚間抵達青島。有一個情景是在中國的火車上比較少看到的：這班車上喝酒的人很多，其中喝醉的也不少，他們臉部紅腫，不斷喘氣、吐痰。

整列火車上只有六、七個人到餐車吃午餐，他們夾取桌上的炒菠菜和另外一種看起來有點可怕的蔬菜配飯吃。

「你想吃點什麼？」餐車負責人問。

「來點那個吧？」我指了別人桌上的菜餚。

「你不會想吃那些東西的，」他說，「我們的菜色很多，有不同價格。你要兩塊的、四塊的，還是五塊、八塊、十塊的？」

「哪一種最好？」

「十塊的，」他說，「你一定會滿意。」

人民幣十塊等於一個工人一星期的薪水。菜陸續送上來，做得相當美味，而且種類多得我忍不住計算起菜餚的數目。這是我在中國的火車上吃過最大的一餐，可能也是最好吃的一餐，真奇怪居然是在這條比較偏僻的路線上、在這輛慢車裡吃到的。第一道菜是冷魚、肉片和白色海菜；接下來陸續是紅蘿蔔、鮮筍炒豬肉絲、白菜炒蝦、芹菜雞丁、炒魚乾、煎蛋、炒菠菜、番茄蛋花湯，還有一大盆白飯。我吃了一部分，然後驚奇地觀賞這一大桌總價相當於二點七美元的午餐。

我的車票花了我不到兩美元。這一切實在很便宜，不過得付出別的代價。火車走兩百四十公里路要花七個小時，也就是平均時速只有三十公里左右。火車大致上每五分鐘就靠站停車。蒸汽火車在停車和啟動時會用力抖動一下，外加叮咚作響，給人一種不太甘願的感覺。一整天，在這個慢速康茄舞[1]般的律動中，當火車在紅通通的冬陽下奔馳在山東的平原，車頭煙囪冒出的煙霧就不斷掃過車窗。火車緩緩前進，到處停車，彷彿一輛支線列車在英國鄉間某個偏僻的郡裡行駛；車上乘客大都一副鄉下模樣，所有人都在聊天、吃東西、玩樂，就這樣度過一整個白晝的時光。

我們穿越山東半島，從地圖上看起來這個半島像個烏龜頭，青島位於南岸，也就是烏龜嘴下方。據說這天晚上是一整年裡最冷的時候。在眩目的燈光照射下，我可以看到霜雪的結晶體在空氣中閃爍。在火車頭冒出的滾滾蒸氣中，德國人建造的火車站、它的鐘樓，以及鐘樓上那個停擺的大鐘，忽然讓我覺得彷彿在經歷一場噩夢，這是我在中國的惡劣天候中置身於歐式建築物之間時常有的感受。噩夢終究就是世界顛三倒四造成的錯亂感覺，而現在我看到的景象就是一個絕佳的例子：成千上萬的中國人在霜凍的冬夜裡蜂擁在一座德國車站中。熟悉和荒謬糾纏在一起，造成令人恐懼的意象，車站四周則是一片漆黑。

在黑暗與燈光交界處，不畏嚴寒的年輕男女舉著旗子，用喇叭筒或大聲公大聲廣播：「請到我們的酒店住宿！」「歡迎光臨我們的賓館！」「我們這裡有美食，有熱水！」他們設法喊得比別人更大聲，竭力招徠出站旅客，整個場面充滿競爭及自由企業精神。

1　譯註：源自拉丁美洲的一種舞蹈。

青島具有某種超乎理性的夢幻特質，這種感覺在隔天太陽出來之後依然沒有消失。雖然在日光下這個城市不再充滿威脅感，但看起來依然十分詭異。深受歐式建築影響的外國城市向來令我感到不自在。當思鄉情切的帝國主義者建立起崗石樓宇、有高聳尖塔的浸信會禮拜堂和天主教大教堂，以及有漂亮前院的雙拼別墅住宅，我覺得有點可怕。這一切都不得其所，讓我頓時覺得不知所措；我心想，那麼多中國人在這個奇怪地方是為了什麼？那棟氣派堂皇的路得派教堂聳立在那些麵攤旁邊做什麼？這種五味雜陳的建築奇觀（哥德式尖塔矗立在佛塔之間，中國人的臉孔出現在英式住宅的窗口）雖然令我驚奇，但也使我神經緊張，因為它跟我那些噩夢中的情景相似度太高了。

對帝國主義者而言，建造那些壯觀的建築物可以帶來強烈的安全感，無論它們是否契合在地風土。德國在一八九〇年代搬出一個薄弱的藉口威脅中國，最後迫使中國割讓一些深具價值的租界地給德國。一八九八年，德國在一處中國小漁村複製出一座德國城市。中國最奇怪的建築物之一就位於青島，也就是德國前總督的官邸，那是仿造德國皇帝的宮殿興建而成的。我進去左看右看了一下，直到管理員跑來趕我走。官邸具有宮殿的樣式，有城牆，崗石和灰泥砌造的陽台，都鐸式木筋牆，琉璃屋瓦，圓弧形階梯，門廊、拱廊（在側面的挑高圓拱屋頂下方），以及一座天文觀測台。建築興建於一九〇六年，保存得極為完好，彷彿永遠都將矗立在那裡。一九五八年毛澤東訪問青島時，就下榻在那裡。基於這個原因，紅衛兵在文革期間大肆破壞青島所有外國鬼子遺留的文物時，唯獨放過總督官邸一馬。目前那裡沒有人居住，不具任何實用功能。

一八九八年，中國在德國威逼之下把青島租借給德國九十九年，但十多年後，也就是一九一四年第一次世界大戰爆發後不久，日本就占領了青島。德國人在那麼短的時間內發展出這麼一座德國城市，著實令人驚嘆。當年他們興建的所有建築物幾乎都還聳立於市區，火車依然開往濟南，青島酒廠依然生產中國最好的啤酒，而且品牌名稱的拉丁字母拼法持續沿用早期的拼音 Tsingtao，而不是現在中國使用的漢語拼音 Qingdao。

中國出版的青島指南在一開始這樣介紹這個城市：「青島是個相對年輕的城市，只有八十年歷史。這裡原本只是一個小漁村，一九四九年以後迅速發展。」關於殖民帝國的野心、外國勢力進占、兩次世界大戰，該指南隻字未提。事實上，甚至連美國海軍陸戰隊和第七艦隊都曾進駐青島。中國人沒有忘記這些屈辱，只是不去提它。現在的青島到處都是日本商人，我在我住的旅館裡遇到一些德國人（我問他們對市區的德國建築有什麼看法，他們說：「太舊了，太難制暖」）；一九八六年，四十年前「不當支持敵方」的美軍第七艦隊獲邀重訪青島，並獲得熱烈歡迎。

青島的中國歷史具有清晰的脈絡，但德國在此的歷史軌跡則顯得隱晦不彰。我問一位姓令的大學生在這方面有什麼認識——當年青島人口有多少？住了多少德國人？他們是怎麼興建那些大建築物、開發那些郊區？

「沒有相關數據。」令同學說。

「一定有。」我說。

「是有，可是官方不會發佈出來。假如我們知道當年占領青島的德國人其實人數很少，那會是很沒面子的事。那是一段不好的歷史。這是我們的想法。」

「你真的認為那是一段不好的歷史嗎？」

「不，」他說，「我很有興趣發掘真相，可是我們沒有相關書籍。」

這是中國非常典型的現象。遙遠的古代非常鮮明，輝煌的歷史事件振奮人心；最近的歷史也有清晰的面貌，特別是與毛澤東有關的歷史。但在這兩者之間，一千年的中國歷史是一片混沌。或許就政治而言，那段歷史會導致疑惑，令中國人感到屈辱，或充滿無解的矛盾，或者被視為醜陋而令人難堪，就像韶山的毛澤東博物館刻意抹除了一大段歷史。

青島的歷史建築以一種屬於這座城市的方式展現新疆曠野中的高昌故城那種詭異的氛圍。與沙漠中那些泥造寺院或傾頹的清真寺相呼應的，是林立在青島市區的教堂。其中最大的一座是天主教大教堂，興建於一九三〇年代初期撲朔迷離的時代中，那時青島由南京政府控制，市區到處都是傳教士。

這是一座外牆以灰泥粉刷的宏偉教堂，風格素雅，有兩座尖塔。它獲得完整修復，刷上鮮亮的油漆，雕塑和十字架都重新鍍金，耶穌受難苦路十四站繪畫甫獲修補潤色，裝飾精美的正殿塗刷得金碧輝煌；一切顯得光彩煥發、神聖莊嚴，祭壇上擺了一籃籃新鮮花卉。堂內容納得下六百人，據說每個星期天都坐滿了人，但在我前來參觀這天，裡面只有三個人在祈禱。這是個週間日的午後，跪在地上低聲祈禱的人都是高齡人士。高高的祭壇上方，漆有金色外框的柱頂楣上是一排以油漆塗寫的拉丁文字：VENITE ADOREMUS DOMINUM（齊來欽崇救世主）。青島的彌撒以拉丁文誦讀。

「我記得文革期間，他們把這座教堂尖塔上的十字架拆除的情景。」白先生說。那時他很年輕，剛從山東大學畢業。一九六七年時他才九歲，但他對文革的記憶非常清楚，因為青島的情況很激烈：這座城市充斥著毒害人心的外國影響，毛澤東光明思想的前鋒們必須徹底粉碎那些準備掀起右派偏差風潮的惡毒言論和封建思想。眾所皆知，他們把充滿外國風味的青島搞得天翻地覆。

但是大教堂的尖塔非常高。

「他們是怎麼上去的？」我想不出當時他們怎麼爬上那些尖塔。十字架聳立在尖塔頂端上方二點五公尺處，要搆著它又是一大問題。

白先生說：「紅衛兵舉行了會議，他們通過動議要摧毀十字架。他們行進到大教堂，爬上屋頂。他們把竹竿運上去，綁起來搭成鷹架。他們前後花了好幾天，利用晚上時間工作，並高唱毛主席歌曲。群眾聚集起來以後，他們爬上去拋繩索，把基督十字架圍住，然後把它拉垮下來。非常刺激！」

然後他們又在另外兩座教堂重施故技。其中一棟教堂屬於威尼斯風格，另一棟是又大又堅固的路得派教堂，尖塔造型很像一頂巫婆帽。他們把拆下來的十字架堆放在紅衛兵總部，可是虔誠的教徒把它們偷出來運走，埋在市區東邊的山上。改革蔚成氣象後，幾年前這些十字架才又被人挖出來。這些年來情況已經有了戲劇化的改變，比如說我用七十美分買到一個本地製造的十字架。現在這種東西在青島是大量生產銷售的商品。

白先生說他對文革記憶鮮明正是因為他不需要上學。他會追在紅衛兵後面，看他們破壞房屋、迫害民眾，他覺得那一切都非常刺激，而每當出現大規模的文物破壞行動，他都會出現在圍觀群眾之間。

他甚至在自家附近看過迫害場面。

「我們社區裡有個人被叫做『資本家』。他住在院子的另一頭。我們把那裡的每個人都貼了標籤，有個人是『木匠』，有個人是『學者』。我們付房租給『資本家』，因為他是那些房子的所有人。」

我說：「如果那時候你才九歲，你怎麼搞得清楚發生什麼事？」

「我除了觀看以外沒別的事做。那是一種狂熱。好幾年時間裡，每天我都在看那些事，聽那些東西。」他回憶起那些往事，不禁露出微笑，「一九六七年有一天，紅衛兵開了一場會。」

我看到小時候那個頑童白先生從窗口偷看那些手臂上圍著紅色袖標、正在大聲吼叫的青年。

「他們決定批判『資本家』。我們大約有八、九個人跟著他們走，全都還是小孩子。我們用紙做了一頂高帽給『資本家』戴。那個人姓張。我們進到他的房子，沒敲門就把門推開。他躺在床上，病得很重，因為他有胃癌。我們對他大聲吼叫，譴責他，要他承認他的罪行。我們強迫他低頭，這樣我們才能把高帽戴上去，而且低頭代表一種對人民意志的順從。」

「你們讓他遊街示眾了嗎？」

「他罹患癌症，沒法走路，我們就在床邊嘲笑他。然後鄰居們進來了，他們也指責他，不過不是罵他是個資本家。我記得有個女的大聲叫道：『你借了我們的鍋子和其他東西，可是從來不還！』她對很多年前張先生做的事還非常氣憤。還有一些人說：『你一直在壓榨大家』或『你拿我們的錢』。」

「那人怎麼說？」

「他沒說話。他很害怕。然後我們找到一個很棒的東西。在他的一把舊椅子上，有一個小小的國民黨標誌，那證明他是個資本派，是個間諜。這個發現讓所有人都很高興。我們對他大吼：『敵人！敵人！』不久後他就死了。」

我聽得感覺呼吸困難，說道：「這個故事真的很可怕。」

「當然，」白先生說，可是他的語調很弱，「很可怕。」

可是那都是根據上面的指示做的。毛澤東曾說：「矯枉必須過正，不過正不能矯枉。」他把中國成語「矯枉過正」的涵義顛倒了過來，原本成語的用意是要提醒世人，矯枉過正反而會導致災禍，可是毛澤東認為為了矯正過去的錯誤，農民就必須讓地主戴高帽遊街示眾，到地主的床上睡覺，取用他們的穀物，羞辱他們，藉此「建立農民的絕對權力」。

毛澤東在一九二七年提出的這個關於農民運動要「過分」的言論，在文革期間成為官方論述的一部分。即使年事漸高，毛澤東依然大力支持「過分」的做法，如他當年所言：「所有一切所謂『過分』的舉動……都有革命的意義。」他也寫過：「質言之，每個農村都必須造成一個短時期的恐怖現象……」

☆

但是在歷經多次圍城，陸續由日本、美國和國民黨政府管轄，並承受最凶猛的紅衛兵攻擊（這座城市的歐洲封建主義風貌和基督教迷信窩巢，無不令紅衛兵憤恨填膺）之後，青島這個德意志帝國在中國海岸上的前哨，最終成為了最具奇特氛圍的居住地、黃海岸邊的退休養老城市。青島的房屋如果擺在英國東南海岸的銀髮族養老聖地濱海貝克斯希爾，絕對不會遜色。這裡甚至有一條清風拂面的海濱散步大道，許多高齡人士在那裡悠哉悠哉地漫步。這裡也有突堤碼頭、冰淇淋攤，但不會有一日遊景點那種低俗雜亂的景象。它的樣子真的就跟性質相當的英國城鎮差不多，同樣到處是平房式別墅住宅。

黨政要員——書記、主任、代表等等，也就是中國人口中的「高幹」——憧憬在青島擁有自己的房子，在颯爽的海風中悠然度過餘生。或許這是個資產階級的夢想，但誰能責備他們？青島的氛圍不像大城市，充滿小鎮風情。它沒有被工業發展淹沒。一年之中大部分日子裡天氣都很舒服，暖和的夏天舒適宜人，清涼的冬天令人精神抖擻。颱風偶爾會吹到這裡，但顯然青島完全能夠承受這種暴風雨的襲擊。這個城市不會擁擠不堪，而且它擁有統一協調的建築風格，在中國的城市中可說非常獨特。雖說歷史發展在這裡造就出來的是德式而非中式的統一風格，但那又何妨？青島的年輕是它的幸運之處，當年它在很短時間內被規劃、開發出來，是造就它今日風貌的主因。它不像那些以千百年歷史堆砌而成，充滿歷史建築、佛塔、廢墟、工廠、公寓大樓的中國一般城市，在政治作秀式的建設和不良城市規劃的雙重作用下顯得極度缺乏美感。青島不僅是個漂亮的地方（縱使在我眼中，它的外觀既熟悉又荒謬），它也明顯是個繁榮富足的城市。煙台完全無法與它相提並論，青島看起來非常優渥。這裡的食物也很精采，有新鮮的海鮮以及山東的各種蔬菜。海灘非常乾淨，珩島在上面大剌剌地走動。海邊有一些老人在撿東西，乍看以為他們是清潔大隊的人，其實他們是在岩石和沙地中翻揀海膽、昆布之類的東西，裝進袋子裡拿到市場上去賣；不過他們的活動帶來一個不在計畫中的結果——青島的海灘清爽亮麗。難怪那麼多中國人想到這裡養老。

我四處晃遊，很想在這裡多待一段日子。整體而言，我在中國旅行期間很少有這種「野心」。我到一個地方以後，會設法感受它、掌握它的脈動，三、四天以後，我就會把它放下，往下一個目的地前進。中國人則總是很喜歡告訴我該到這兒該到那兒，去看看這個庭園那個樓閣。在青島，他們告訴我：「你應該去嶗山走走。」嶗山位於青島這個小半島東側，有「海上第一仙山」的美譽。可是我在景緻優美、海風徐徐的青島市區就覺得很快樂，而且市街入夜之後略略呈現噩夢般的詭異氣息，反而平添旅行樂趣。

青島位於海岸上的理想地點，周邊的海岸岩山為它提供完美襯托，前有大海、後有蘋果園，重工業都設在相對隱密的地方，整個城市規劃顯得非常完善。這裡也有一些大專院校，有好幾間技術學院和一間海洋研究所，所以除了度假客和養老族，這裡也有為數眾多的學生。

青島是全中國最適合走路的城市之一，想必當年的城市規劃非常重視「宜居」這個部分。我在街頭走路時遇到一些學生，我向他們請教各式各樣的問題，而且我告訴他們，我這樣「問題多多」的理由跟孔子有關——《論語．八佾篇》中有人說孔子「入太廟，每事問」[2]。

於是我得知青島這裡沒有舉行抗議活動。有個女學生說：「如果是幾年前的話，我可能會去抗議，可是現在我的羈絆太多了，政府可以一下就把我毀掉。」

她今年二十一歲，準備要當老師。她邊說邊聳了聳肩，意思好像是說：這其實也不是她真正想要的。

「當老師有什麼不好嗎？」我問。

「沒什麼不好，這是個好工作。可是你知道，工廠的工人工資比老師高，因為他們有比較多獎金。」

另一位女學生說：「我覺得我老了。」她才二十二歲。她進一步說明：「彷彿我的人生路線都已經被事先決定了，不會發生超乎預期的事。我會從大學畢業，然後攻讀碩士，政府會說我必須當老師，然後我就一輩子教書。」

「如果你有選擇餘地，你會想做什麼？」

「我會去旅行。不見得是到外國，」她說，「我會四處遊蕩，就是遊盪，在中國。你有沒有發現我們這裡沒有人在遊蕩？沒有人心胸開放，沒有人漫無目標，所有人任何時候都有某個特定目的。可是我想這兒走走，那兒走走，跟民眾聊天，我想到偏遠的地方去，比如甘肅或新疆。」

2 作者註：這是有人在嘲笑孔子太愛問問題。孔子聽到這種批評以後表示：「是禮也。」見《論語》〈八佾第三〉，十五條。

跟我聊上話的男學生在冒險方面比那些女學生遜色得多，他們非常保守。女學生雖然經常咯咯笑，但那只是害羞，她們說話可以非常直率。

「你是什麼時候第一次覺得自己老了？」其中一個問我。

我老實回答了，「我六、七歲讀小學一年級的時候。高中畢業時也曾經覺得自己老了。還有我滿三十歲的時候。從那時以後，我就一直覺得自己相當年輕——直到你問我這個問題。」

他們大部分都出生在文革最初那幾年，所以他們對文革沒有印象。他們看待文革的方式就像我看待經濟大蕭條[3]或第二次世界大戰。那些事似乎都已經屬於過去，還不算太遙遠，但重點是它們已經結束。大蕭條結束了，大戰也結束了。「大學畢業的人在街上賣蘋果，」我父親提到大蕭條的時候曾說，「社區空襲警衛會大叫：『把燈關掉！』」這是我聽過的大戰時的狀況。中國年輕人也有一些類似的經典文革故事，不過跟白先生不同，他們並沒有跟在紅衛兵後面湊熱鬧。他們知道的故事都與消失有關，譬如鄰居、親戚被送到鄉下勞改，從此再也沒有見到他們。

他們記憶最深刻的是毛澤東逝世、四人幫、鄧小平和他的改革等，不過儘管中國正在歷經變革，他們的心情與其說充滿希望，不如說是迫不及待。

「當一個人實際經歷這些變化，他會覺得一切都變得很慢，」有個學生說，「如果你覺得這些變化非常劇烈，那只是因為你是個從外面看的外國人。對我們而言，這些都很沉重、很緩慢。」

當我想到從前外國人連跟一般中國老百姓隨便聊天都算違法（那個老規定很少被確實執行，但它終究是個人人皆知的規定），我對於現在能夠這樣聽中國人開誠布公地說話，依然覺得很感恩。這種直言不諱的說話方式是當前中國體質中最健康的徵象。

由於這些學生不是在毛澤東的時代成長，因此他們對毛老先生的看法比較模稜兩可，有時我跟年輕人聊天時，甚至覺得我比他們對毛澤東更感興趣。我很欣賞毛澤東在軍事上的傑出表現，他的細膩思維，他的過人機智和領袖風範，他的足智多謀和強悍性格。有誰能不讚嘆他的兩萬五千里長征，他不屈不撓對抗日本人的毅力，他的豐富撰述，以及他統一這個巨大國家的能耐？當然，儒家思想也有助於中國人維持家族意識和團結精神，但對我而言，熱衷於矛盾的毛澤東（他甚至曾以長篇論述探討「矛盾」這個主題）依然是中國歷史上最引人入勝、也最難以捉摸的人物。

在這些學生眼中，毛澤東卻是個無趣的謎團。沒錯，他對中國影響深遠，但他們依然活在那些影響的陰影中，而他們不怎麼喜歡那個陰影。

「他是個奇怪的人。」青島的一名學生告訴我。

我問他覺得毛澤東像誰。中國人的心目中充滿人物典範，例如被奉為民族英雄的士兵雷峰、中國工人的光輝典範王鐵人（王進喜），以及移走大山的古代人物愚公等等。

「他不像任何其他中國人，」那個學生說，「我覺得他看太多書了，他開始想讓自己在中國歷史上留名。他是個高傲而自命不凡的人物，他的行為跟皇帝沒兩樣。」

我聽了以後心裡的反應是「沒錯，可是……」，不過我又何必向他們推銷毛澤東？他們才是一輩子將生活在這裡的人，我想走的時候隨時可以走。最終是他們需要處理關於他的記憶，不是我。

「毛澤東死的時候我知道我必須哭，」另一名學生說，「我們都被灌輸要敬愛他。那時我只是個小學生，其實我什麼感覺也沒有，可是老師們都在看，所以我不得不讓自己哭。」

3　譯註：一九二九年九月開始在美國發生，十月二十九日（黑色星期二）的股市大崩盤引起全球關注，隨後影響擴及世界各國，並一直持續到三〇年代末期。

☆

青島附近的海灣結了冰，畢竟現在是一月份。可是白天陽光普照，幾乎可以稱得上溫暖。青島周邊峭壁上的岩石凹縫中也積了冰，有些岩石周圍甚至好像包覆了一層玻璃裙般的冰殼。這個地區令人心曠神怡，我心想不知這是不是因為天氣好得不合乎節令。有一天，二號海水浴場上居然有個人在游泳。他走向海邊，然後跳進海水中。據說在天寒地凍的哈爾濱，民眾甚至會挖開河流上的冰層跳進去。可是那不是游泳，而比較像是一種沒有太多意義的意志力展現，有點像把點燃的火柴放在手指下面燒（被判有罪的水門事件[4]走狗之一戈登．李迪，曾經提倡這種神經病的娛樂活動）。假如一個人做這種事時沒有人在看，或事後不會有機會向別人放閃，那他還會去做嗎？

我在一個冰冷的黑夜抵達青島，感覺自己走入一場由德國老電影及冬季暴風雪共同譜出的噩夢——蒸汽火車頭、濃霧、黑色的火車站、少了指針的車站大鐘。離開青島時，我碰上一個春光乍現的大好日子，在眩目的陽光下，我才發現火車站真是一座歷史建築，錐狀屋頂上飄揚著一面中國五星旗。響亮的汽笛吹起，片刻後火車已經開出車站，掠過島嶼、燈塔、和風吹拂的街道，駛進山東的鄉野。這塊大地完全平坦，看起來像一片遼闊的氾濫平原。

---

4 譯註：水門事件又稱水門醜聞，是一九七〇年代發生於美國的政治醜聞，因白宮對當時設在華府水門綜合大廈的民主黨全國委員會進行竊聽被偶然查獲而爆發，隨後查出共和黨總統尼克森指示掩飾其本人及下屬的所有非法活動情事。事件導致尼克森遭彈劾被迫辭職，但新任總統福特決定赦免他的刑事責任。

第十九章 開往上海的山東特快：二三四號列車

一望無際的褐色農田不具任何地形特徵，溝圳、電線桿和瓦屋遍佈其間，整個風景看起來跟比利時一樣枯燥乏味。從農民的角度來看，這是一年之中最不好的時期。冰冷的一月微雨中，放眼望去盡是泥濘的道路、深陷的車轍、無處不在的水窪，沒有任何農作物可以收成。民眾辛苦地騎腳踏車行動，鞭打可憐的牛隻，用力推著人力貨車，讓它滾著搖搖晃晃的大輪子勉強前進。

我的廂房裡有個比利時人。我們稍微熟識一下以後，我壯起膽子問他一個我先在心中複誦了好多次的問題。

「山東這個地區跟比利時看起來像不像？」

我們看著窗外的溝圳、水窪、電線桿和犁過的田地。

「像，很類似。」

所以並不是我自己空想的。冬天在中國旅行非常累人，有時我會覺得疲勞似乎不是使我的感知能力變得遲鈍，就是讓我暈頭轉向、胡思亂想。犁過的空曠田地在中國鄉野中綿延不斷，看久了有時真的會令人心情低落。這整個人口眾多的地區都是這種一成不變的風景，跟在比利時旅行時一樣，我看得眼睛很累。

亞蘭來自安特衛普，他跟他的中國同儕李先生一起出差。他們要到合肥，但他們不知道合肥是新的學生抗議活動大本營。他們對政治不感興趣。他們是一個中比合資企業的電信工程師，該公司的業務是升級中國的電話系統。亞蘭說：「我認為我們來的時間正好。」

眾所皆知，中國的電話可說是無藥可救。要直撥中國的任何城市簡直是不可能的任務，甚至連撥打當地電話都難上加難。好不容易接通以後，你經常會聽到五個其他人的聲音，有時像是在同時進行多場對話。中國的電話跟中國人的生活很像：總是充滿許多其他人，大家擠在一起，所有人都在做你正要做的那件事。電話線路常常故障，有時得等八個小時才會修好。偶爾整個城市都會電話不通，甚至連續好幾天無法從上海打電話到其他地方。在山西省會太原，想打電話根本不可能，就算只是市內電話亦然；雖然透過摩斯電碼可以發電報到太原，但那個城市依然與現代通信隔絕。老舊的中國電話機是笨重的黑色酚醛塑料機種，受到撞擊時很容易破裂損壞；新的機種採用輕型塑膠，看起來像玩具，而且採用的顏色是粉藍色以及火鶴那種粉紅，令人非常沒有信心。看到中國人拿起電話機大聲吼叫的模樣，很容易想到他們是在對爛電話發脾氣。中國人講電話總是像在吼叫。在中國，我沒看到有人真的在用電話聊天。

我跟亞蘭分享了這些想法。他說他知道這個情形，也瞭解他的任務極為重大。幸好他對事情頗有幽默感，或者至少是有某種無感的愚蠢，這樣使他比較容易忍受他的生活。他的英文說得很勉強，而且由於深受法文字彙和表現方式的影響，他會說出許多奇怪的東西，例如：「你可以幫我翻譯她嗎？」（意思是：「你可以把她的話翻譯給我聽嗎？」而且他用的動詞是類似法文traduire的「traduce」，而不是正確的translate），「我覺得跟國王一樣高興」（他的「國王」是從法文roi變出來的「roy」，而不是英文的king），或「中國人有好的形成，可是動機不好」（意思是：「中國人訓練有素／教育程度不錯，可是缺乏動機」，其中「教育」一詞直接使用法文formation〔形成，引申為

「養成」、「教育」、「訓練」）一字，而不是英文的 education）等等。

亞蘭是最標準的「外國專家」：他不會說中文，對政治沒興趣。中國藝術對他而言就是友誼商店裡賣的琺瑯菸灰缸和竹製不求人。除了青島、合肥、上海，他哪兒都沒去過。不過他說比利時他已經跑透透，而且法語和法蘭德斯語[1]他都會說。他試著教我念一個法蘭德斯語的字 schild（即英文的 shield，「盾」），可是我再怎麼努力還是無法及格，而且聽起來彷彿在吞食一顆圓蛤。

為了打發時間，我們玩起猜首都的遊戲。李先生在這方面的知識真的很少，亞蘭就更糟了，匈牙利、印度和祕魯的首都他都搞錯（李先生至少還知道匈牙利首都是布達佩斯）。亞蘭也不看書，他喜歡把玩他那台攝影機，那是他花了一千兩百美元在免稅店買的。他拍攝了以後會把錄影帶寄回家，裡面的內容是看起來跟比利時一樣無聊的山東風景。

李先生跟亞蘭半斤八兩。

「想個國家吧。」我說。

他不知所措，「我想不出來。」

「任何國家都行，」我說，「比如巴西啦，尚比亞啦，或瑞典。」

他扮了個鬼臉——想不出來。他對地理毫無概念。他不僅是個只知道中國的地理本位主義者，他根本就是無知。

他們的領域是電話，包括電線、通信系統、衛星、交換機、連接設備、電腦。他們的專業領域很狹窄但也很深奧，而那是他們唯一關注的東西。他們可以興高采烈地討論電腦化電話系統，但說

1 譯註：法蘭德斯語即比利時北部荷語區（法蘭德斯地區）使用的語言，類似荷蘭語。

到其他事就變得啞口無言。聽到廣東的雨或哈爾濱的雪，他們面無表情。書的話就更甭提了。

他們是世界上的新型人類，一般人眼中前程似錦的人物，唯一值得公司聘請的員工：他們擁有專業技術，懂得解決問題，而且願意到遠地出差。在所有層面上他們都很愚蠢，但他們愚不愚蠢其實並不重要。我覺得他們很友善，因為他們對自己的工作充滿熱忱。

「我老闆今天對我不高興，」亞蘭說，「可是錯在那些員工身上。中國的工人很喜歡睡覺。」

李先生對此表示同意。

我們欣賞亞蘭帶來的照片，有一大堆在舒適的比利時住宅中拍攝的景象，畫面上是一些身穿亮麗服裝的胖子，或一群人在吃東西、坐在小客廳裡聊天。

「這是我祖母，這是我姐姐，我媽媽，我爸爸……」

我們把照片從頭到尾看了兩次，結果我開始可以認出亞蘭祖母家壁爐台上擺放的瓷像、某個特別的抱枕、他父親的藍色毛衣等等。他很喜歡看那些照片，他說他想家。

「你最想念的是什麼？」

「牛肉。」他回道。我在哈爾濱碰到那個人也是這樣跟我說的。牛肉到底有什麼特別？亞蘭接著說：「不過我有這個。」

他拿出一個鼓鼓的背包，裡面有一大堆罐頭食品。亞蘭說那是他從安特衛普特地帶來的「緊急救難包」，有罐頭紅蘿蔔、罐頭鯖魚、罐頭沙丁魚，以及一些「電視肉牌」什錦臘腸，說是很適合邊看電視邊吃。亞蘭自己也有一台十二吋電視，可以用來播放錄影帶。他帶的行李是我有史以來搭火車時看過最多的。「我在安特衛普的房東跟我說不可以把任何東西留在原來租的房子裡，所以我就把所有東西都帶到中國來了。」他的糧食還包括為數眾多的原汁牛肉塊罐頭，一種看起來像印地安乾肉餅、名叫「Bifi」的包裝食品，一罐「巧克牌」巧克力醬（可以塗在麵包上吃），以及十多條巧克力。

原本我打算在江蘇省北部內陸大城徐州下車，然後找個辦法往東南東方向推進一百六十公里左右，前往大運河濱的小城淮安。一八九八年，周恩來就誕生在那裡，我想去參觀他的故居。他的故居是否像韶山的毛澤東故居那樣被佈置得像一座聖堂，讓人民前往朝拜？如果是這樣，那今天它是已經變得像毛澤東故居那樣冷清，還是前去為他祈福的民眾絡繹不絕？許多人私底下說周恩來是中國共產革命的祕密英雄。當然他的撰述不多，他也不是個理論家，但他溫文儒雅、充滿慈悲。他是個君子，亦即儒家描述而且推崇的那種君子，具有仁、義、禮、智等特質。

想在徐州下車的話有個麻煩：火車是在凌晨三點鐘經過徐州。在那個時間點，整個中國都在沉睡。假如我決定在那個荒謬的時間下車，就得在冷颼颼的冬夜裡一直等到天亮，設法打發六個小時時間後，才能知道是否找得到前往周恩來故鄉的巴士或汽車。

最後我決定繼續睡覺，周恩來就等以後再說吧！

清晨五點，亞蘭和李先生在蚌埠下車，改搭另一班火車前往合肥。我們就寢以前，他們把一堆行李和箱子擺在走道上。列車長抱怨亞蘭的行李太多，李先生忙著說那都是這位外國專家從比利時帶來的行頭。

「按規定，按規定，」列車長說，「都要登記才行。」

可是他們懶得管。夜裡陸續有人來敲門抱怨，不過他們在早上五點起床時，我睡得很沉。我在恍惚中醒過來一下，因為他們其中一個坐到我的腳上了，可是不多時他們就下車了。搭火車旅行就是這樣，人來人往，有如夢幻。早上不到八點，亞蘭的床鋪上已經躺了另一個人，是個女的，在看一本漫畫書。她的臉上緊緊包了一塊面紗，作用是防塵。

「長江。」她說。也就是我們外國人所說的揚子江。

我決定往長江裡尿尿。我前往廁所，門上寫著「停車時請勿使用」。不過火車並沒有停車，它正全速通過揚子江上的大鐵橋。我走了進去，往洞裡觀賞了一下，然後自由解放。

走訪過新疆、東北和內蒙古的遼闊大地後，我現在知道古典中國的東半部在風景方面是最無趣的地區。這裡有很多褐色的工廠，以及遍佈黑色水圳的平坦甘藍菜田。這裡能生長豐富的農作物完全不是奇蹟，因為數千年來，人類一直在這塊大地上犁土、種東西、施肥。這裡的生產祕訣每天早上都會被展示出來——農民拿著長柄勺，從深色大桶中舀出人糞，為田地提供天然肥料。這個地區是中國最平坦、最難看、人口也最密集的區域，但它擁有足夠的糞便提供者可以讓它順利運作。上海的居民每天產出七千五百公噸糞便[2]，而且全部獲得再生利用。農業生產非常發達，但這整個地方卻是苦悶的最佳寫照。所有人的精力都耗在那份生活上，每一寸土地都已經被開發利用。而且如果可以種菠菜，為什麼要種花？如果陽光對農作物有益，為什麼要種大樹遮蔽它？至於無法耕作的土地，用來建工廠最理想也不過了。無錫太湖盛名遠播，但它是一座死水湖，而無錫這個城市看起來實在醜得可以。雖然無錫距離上海外灘足足有一百二十公里，但已經可以算是大上海郊區的一部分。

☆

在任何形式的旅行中，我們總有很好的理由回到某個地方，驗證原來對它的印象。或許初次造訪時對那個地方做了太輕率的判斷？或許你是在條件理想的月份去到那裡？某些天氣因素是否使你對它的印象特別甜美？無論如何，旅行的意義經常在於抓住某個吉光片羽，而且旅行是非常個人的事。假如我跟你一起旅行，你的旅行不會是我的，我們對那個旅行的描述會很不一樣。你會注意到我一直在用問題撩撥別人，我會在市場裡流連忘返，還有我對中國水質的恐懼幾乎到了恐水症的程度；我則可能發現你缺乏耐心，或你特別喜歡吃餃子，或你在炎熱天氣中會萎靡不振。如果要寫遊記，你可能會寫各式各樣的中國食物，我則可能描寫中國人狼吞虎嚥的模樣。如果你聊起毛澤東，我可能會跟你唱反調。

第二次來到上海，我被這裡的人群和交通嚇到——那人車爭道的情景著實可畏，醜陋和美麗的對比也使我震懾，還有這個城市幾近神經質的活力、某種上海所獨有的狂亂。

上海人對他們的城市有一種歸屬感，跟紐約人強烈認同紐約的情形很類似。那不是什麼愛鄉主義或公民自豪感。那是一種經驗共享的感受，所有市民共同的頭痛和抱怨，一種「它很糟，可是我很愛」的態度。那也是一種被這個地方占有的感覺，彷彿被它緊緊擁抱，同時卻又必須與它搏鬥。從我這個局外人的眼光來看，我認為上海和紐約都相當令人畏懼，光是噪音這個因素就足以讓我覺得這兩個地方不適合人居。我是在波士頓這個相對大的城市成長，但當別人談到紐約（或上海）的活力，我的腦海中只會浮現行人熙來攘往的瘋狂景象。此外，那些用文字頌讚城市的作家總是令我啼笑皆非，因為每一個城市居民為了生存並且避免自己發瘋，都會自我想像出他的城市。你的紐約不會是我的紐約，但另一方面，我的上海卻可能是你的上海。上海很簡單，但非常密集；它是個水平發展的城市，地標性建築物並不多。紐約是一座垂直發展的城市，它也是個存在於室內而且充滿

2 作者註：《中國日報》，一九八七年七月七日。

祕密的城市；但上海存在於它的街道上。室內空間容不下那麼多人，於是人們在人行道上工作、談話、做菜、遊玩、處理各種事務。這個城市還沒有別的辦法處理人口過多的問題。這是個可見度和明顯度都無與倫比的城市，或許這正是那些讚美它的人所感受到的魅力；連只是隨意逛一下的旅客，都能夠立刻注意到這個城市的生活和工作模式。街頭的生活情景也給人非常強烈的「老中國」印象，而這種景象似乎為中國賦予某種「氣氛」。可是我還是寧可生活在一個走路時不會不斷碰到別人、不需要隨時閃躲車輛的地方。或者說，一個我可以聽到自己思考的地方。

然而，城市團結的意識正是上海的特性之一，這對學生抗議活動造成顯著的影響。在這波學生運動中，上海是唯一一個工廠勞工與學生並肩行動的城市。由於抗議人數非常多（介於十萬到二十萬人之間），當時整個城市頓時停擺，沒有公車，沒有計程車，沒有人可以正常上班工作。

我來到上海郊外的復旦大學（這個郊區地帶看起來真的很殘破），跟一些學生聊抗議活動的事。其中一名學生告訴我：「我們開了一些會，可是我們希望跟黨做個區隔，所以我們堅持要學生幹部離開會場。那些幹部是由共產黨指派的，不是我們自己選出來的。」

「那些幹部有參加遊行嗎？」

「沒有，」這名學生說，「我們有把他們的名字放進海報，不過名字是上下顛倒印，或者用斜體字印刷。」

「這樣做用意何在？」

「把人的名字顛倒印是不尊敬的事。」

沒錯，中國人極度珍視自己的名字。名字不只代表他個人，也代表他的父母、他的大家族，甚至整個村莊。中國人罵別人時，最嚴厲的罵法之一是「操你的姓！」

那學生說「走狗」這個詞在抗議時被搬出來用，算是文革以來的頭一遭。另一個來自那個時代的東西——大字報也被拿出來用，不過這次上面寫的是「爭取自由」、「我們要民主」之類的標語。學生們抗議的其他問題包括物價上漲、薪資低、公共交通不完善、選舉程序太複雜、出國留學規制太多等等。

我仔細寫下這些東西，然後一個姓洪的年輕人說：「你知道詹與狄恩（Jan and Dean）二重唱的音樂會嗎？」

詹與狄恩？《童顏童語》（*Baby Talk*）、《衝浪城市》（*Surf City*）、《衝上野性海浪》（*Ride The Wild Surf*）？六〇年代初期，南加州，那個酷到不行的衝浪雙人組、男孩樂團的先鋒？是那個詹與狄恩嗎？我一直以為那個詹在一九六六年讓車子衝到一棵樹上、造成自己癱瘓及腦部受損以後，那個團體就不再運作了。

可是我錯了。這個從搖滾樂團「海灘男孩」的音樂形式衍生出來的美國樂團（海灘男孩一度也是他們的合作對象），後來浴火重生，又生龍活虎地站上舞台；在推出第一張唱片二十九年後，他們居然來到上海演唱《衝浪城市》。或許我不需要對此大驚小怪，畢竟在短短一個月前，田先生還在朗鄉的荒原中唱了一首尼爾．瑟達卡的歌給我聽。

洪先生說：「我們很喜歡詹與狄恩。學生們都很興奮。詹與狄恩邀請一些學生上台跳舞，他們跳得非常開心，可是後來那些學生被警察指控說他們擾亂秩序。」

「他們後來怎麼了？」

「他們被帶去拘禁，還挨打。」

這個事件進一步促使學生積極投入抗議活動。不過許多人覺得學生是被引誘到一個陷阱中，因為保守派似乎把學生抗議事件當作藉口，設法呼籲限制改革。

所有人都同意一件事：目前正在中國發生的事顯示共產黨內部出現權力鬥爭，鄧小平領導的改革派與彭真（人民代表大會常務委員會委員長）領導的八到十名反改革派（即所謂「左派」）大老之間互相角逐勢力。雖然彭真堅持教條式的毛主席思想，但他從不曾遭到整肅。這些走純粹路線的老派共黨戰士中，有許多人親身經歷過兩萬五千里長征期間的困乏生活，他們對學生的要求感到非常憤慨。美國也有類似的一批人，也就是「海外作戰退伍軍人」，那些人同樣痛恨學生示威抗議。中共面臨的問題在於，共黨內部有另外一批人致力推動進一步改革。

我再次拜訪美國駐上海總領事布魯克斯先生，幾個月前他令我印象非常深刻，因為他告訴我，他對中國接下來會發生什麼事毫無概念。

「中國人會繼續做他們的生意，」他說，「外國投資者不關心學生抗議，他們擔心的是中國回頭走史達林主義的路。」

然後我們談到鄧小平接班人的事。那個人會是鄧小平玩橋牌的搭檔胡耀邦嗎？鄧小平自己似乎是這麼暗示。

布魯克斯先生說鄧小平曾經表態要讓位，但他想要先確保他的各項政策會維持下去。他希望在自己下台時，可以把所有動機可疑的人物也都帶走。

布魯克斯接著說：「麻煩的是，胡耀邦消失了。外交部長向一個日本參訪團表示『他〔胡〕累了』。在中國的措辭中，這個意思是說他無法執行他的工作了。」

那天晚上我透過收音機廣播聽到一個消息：胡耀邦在一場自我批評的會議上說他「犯了許多錯誤」，接著被迫辭職。

就這樣，胡耀邦出局了，鄧小平的繼任者沒了。

復旦大學校長謝希德是中央委員會委員。隔天我見到她，我問她對胡耀邦辭職一事有何看法。「我在美國之音的廣播上聽到這件事了，」她說，「不過我不覺得驚訝。他經常沒有徵詢其他人意見就自行做決定。比如有一次他到日本進行官方訪問，期間他興致高昂，還邀請三千名日本學生到中國。」

「留學嗎？」

「不是，只是參訪，」謝校長說，「可是我們是個窮國，我們出不起這個錢。」

胡耀邦經常說錯話。他開始穿西裝。雖然他曾經被指定為東歐集團國家代表團（戴豬肉派造型帽的九名波蘭人、羅馬尼亞角力選手、匈牙利紅辣椒粉製造廠合資計畫訪問團等）的官方接待人，但他真正欣賞的是西方資本家。某個時候他開始對傳染病的問題非常有興致，甚至提倡廢除筷子，改用刀叉。他大剌剌地表示，與其把菜餚擺在餐桌中間，讓大家用自己的筷子夾取食物，為什麼不採用個人分量制？他最近到過西藏，並表示漢人應該離開那個地區，讓藏人自行管理。（這是非常大膽的思維，但如果真的實現，恐怕會帶來災難性的後果，危及中國對新疆、內蒙古等其他自治區的控制能力。）胡耀邦甚至還糊里糊塗地說：「馬克思主義無法解決中國的問題。」他似乎忘了自己的身分是中共中央委員會總書記。

關於胡耀邦辭職一事，官方說法是：胡耀邦在中國中央委員會共產黨政治局擴大會議中進行自我批判，承認他在一些政治原則方面的重要問題上犯了錯，違反黨的集體領導原則。這是中國官方媒體新華社發佈的版本。胡耀邦被進一步指控造成「意識型態控制鬆懈」。

簡言之，學生抗議事件被歸咎於胡耀邦，他被批為沒骨氣、軟弱、意識型態不健全。在現代中國的妖魔和敵人匯聚一堂的萬神殿中，除了走狗、紙老虎、牛鬼、蛇神以外，現在又多了個胡耀邦——最低賤、最不可信賴的資產主義自由派。毛澤東的論點依然屹立不搖：自由主義者無異於危險的偽善者。

胡耀邦不是唯一的犧牲者。約莫一天之後，作家王若望被開除共產黨黨籍。這件事是否具有特殊意義？是否有人真正關切這種無聊的政治游擊戰？我的感覺是，我寧可此刻身在黑龍江賞鳥；不過話說回來，這些政治事件確實不乏有趣的反諷性質。譬如說，王若望這個人過去已經碰到過麻煩。一九五七年，毛澤東在百花齊放運動（右派人士在政府哄騙之下紛紛對共產黨進行公開批判）之後推出反右派運動，當時王若望被貼上「右派份子」的標籤。一九六六年王若望再次落難，他遭到批鬥，最後被指控為「牛鬼」。他被迫忍受這個狀況長達十年。隨後他獲得平反，成為中國作家協會及上海作家協會理事、《上海文學》副主編。新華社指出，這次他的罪名是「鼓吹資產主義自由化」，以及批評共產黨：「現在老百姓可以自由寫作，挑他們喜歡的戲劇表演看，你們〔共產黨〕變得沒事可做了。」

這句話不無幾分道理，因為尤金．歐尼爾（Eugene O'Neill）煽情火爆的戲劇巨作《榆樹下的慾望》（*Desire Under the Elms*）剛在上海演出（這齣戲直到最近一直被禁演）。在某個意義上，王若望所犯的唯一一個「異端」，其實只是明白說出所有人都心知肚明的事。

很顯然，許多人的行為模式跟資本家或小資產階級商販並沒有兩樣。他們經營家庭公司，開商店。王若望再度落難的前一天，我剛好搭了一輛私人所有的計程車。司機說：「這輛車是我自己的。」那是一輛老爺車，不過所有權完全屬於他。民眾開始習慣換工作，他們會自己製作服裝，兜售自己的商品，用自己的推車在路邊賣菜。但假如有人說這叫資本主義，那他就大錯特錯了。這只能稱做「中國式交易」。如果有人刻意強調所謂新自由的出現，那也不太對。官方不得不擺出偽善的面孔。中國政府不希望自己顯得軟弱，共產黨則寧可活在一種假象中，幻想自己壓制人民的程度超過實際情況。

以上的例子再次說明了中國人不喜歡空談，他們對鬆散的行為和愚蠢的胡鬧具有某種清教徒式的排斥。中國人的態度是：好好做事，不要太多話，不要問問題。某個人是不是靠賣白菜賺大錢，是不是在把一齣西方戲劇搬上舞台，是不是相信用刀叉吃飯比較衛生，這些都不怎麼重要；錯是錯在談論這些事，因為這樣就造成了衝突。我想起去年我從北京出發到西部以前，在酒店大廳裡跟鐵路局的人開的那場小小的會議，那時他們決定讓房先生當保姆全程監管我，我提出抗議。這時，他們之中一個想必見多識廣的人看了我一下，然後閉上眼睛，搖了搖頭，那個動作的意思是：別再說話了！

同時，只要你不自吹自擂，大體上你想做什麼都可以。已經有好一陣子沒有人跟在我屁股後面管我了，他們已經忘了我還在中國東晃西晃。停留上海期間，有一天我碰到一群天津南開大學的學生，大約有二十個人，他們正準備出發前往美國巡迴演出。他們是一個劇團，預計到明尼亞波利斯、聖路易以及其他十來個城市表演一齣改編自小說《駱駝祥子》的戲劇。

這些學生很友善也很積極，他們對即將展開的海外行程非常興奮。我找了其中一個人，問他關於製作方面的事。這齣戲的原著是老舍那部知名小說，描述一九三〇年代北京一個人力車伕的故事。

我問他：「老舍不是被紅衛兵逼死的嗎？」

那學生只是「哈！哈！」了兩聲，那笑聲是在強調：別再提那個往事了！

☆

我在上海待了好一陣子。我在一家古董店買了一只舊金魚缸。我看了一部糟得離譜的中國片，內容充滿暴力，庸俗、市儈得無以復加。雨下了起來。人們談論中共內部的權力鬥爭；他們看待那些重大改變（革職、辭職等等）的態度，既不會尖酸刻薄也不至於無感，但由於對那一切無能為力，他們也只好默默接受。雨開始滲進我的心靈。我走在上海主教座堂附近那些土撥鼠迷宮般的街巷，在濛濛細雨中窺探古老中國的面貌。我在那些夜裡覺得快樂無比，獨自一人在雨中跋涉，瞄進路邊住家的窗戶，看到居民在燙衣服、煮麵、貼春聯，我看他們怎麼把雞勒死，看他們在蒸氣瀰漫的廉價食堂裡鬧哄哄地吃喝作樂。在那些上海的暗夜裡，沒有人看得到我的臉，我置身街頭當個無名氏，那種感覺實在美妙。我聽到一個媽媽罵小孩的聲音：「你到底到哪兒去了？」

第二十章 開往廈門的夜車：三七五號列車

離開上海的路線我已經熟悉，鐵路幹線通過遍地甘藍菜田的浙江省，通過花枝招展的杭州——那裡遊人如織，有很多俏皮可愛的日本小姑娘。山巒才剛開始出現在視野中，太陽馬上就落了下去，轉眼間夜幕已經降臨。我蓋上毯子就寢時，廂房裡有三個中國乘客，但隔天早上只剩下一個。他是倪先生。他說其他人在鷹潭下車了，火車在那個位於江西省的城市左轉開進支線（鷹廈線），繼續前往與台灣遙遙相望的濱海省分福建。倪先生也要到廈門，而且他提到這個城市時用的是英文對廈門的舊稱Amoy[1]，讓我聽起來耳朵輕鬆許多。

他即將開始參與一個近海疏濬工程。他說他是個測量員，他不喜歡中國南方，覺得被派到南方工作兩年是很倒楣的事。他在上海出生長大，渾身上下都是上海人那種典型的自以為是——他伶牙俐嘴，直率得有點簡慢而蠻橫。他認為自己很有文化。在他的觀念裡，南方人都是些土包子。而且他們很貪婪，而他認為這是許多南方人離開中國到海外生活的原因。（確實，這個世界上到處都看得到精力充沛、工作勤奮的福建人。）火車通過漳州，橘子的故鄉。

「上海人的求知慾非常高，」倪先生說：「可是廈門人只對賺錢有興趣。這是他們的主要特徵。

1 譯註：這個英文地名音譯自廈門古名「下門」的漳州閩南語發音。

他們不喜歡讀書、做學問，只要做生意。」

過不久，倪先生問我要不要換點錢，也就是用我的外匯券換他的人民幣。不然的話，我在廈門是不是需要找個通譯？如果需要的話，他也可以陪我走。他的英文是自學的，想找機會多多練習。然後他又再問了一次：需不需要換點錢？

那天倪先生對我而言彌足珍貴，因為他幫我解讀了《人民日報》中那些令人看得一頭霧水的政治新聞。英文《中國日報》沒有提供那麼多細緻微妙的報導。第一則有趣的報導引述政治局高幹李鵬的話：「黨對知識份子有充分的信心。」

中國人口中所謂「知識份子」指的是擁有高中學歷、做白領工作的人，而不是帶著厚眼鏡坐在書桌前邊喝茶邊讀《孟子》的書蟲。按照中國社會經常以否定語句下定義的習慣來說，知識份子就是「既不是工人也不是農民」的人。換句話說，知識份子是懂得讀書寫字，不需要把手弄髒的人。

報紙上最重要的報導是關於趙紫陽，這強烈意味著他已經取代了胡耀邦的位置。他獲得鄧小平的拔擢，這點無庸置疑。他接見了一個匈牙利代表團，而接見外國代表團原本是胡耀邦的工作。不過最足以顯示他已經完全替代胡耀邦的證據是，他對後者毫無保留的批評。

他說胡耀邦沒有能力對抗西化，推動政治改革太過度；他還以中國領導階層中非常罕見的坦白方式發出驚人之語：多年來胡耀邦已經數度得到警告。

很明顯，趙紫陽正在爬升，胡耀邦則逐漸被打入冷宮。趙紫陽穿著考究，總是穿西裝打領帶。他喜歡慢跑。不過他小心翼翼地與西化保持距離。西化依然幾乎是資產階級自由化的同義詞，但中國的西化腳步已經邁開，而且就現在看來，這個趨勢似乎無法逆轉。由於主張西化的人（也就是所謂知識份子）目前處於緊張、不快、意志消沉的狀態，趙紫陽必須特別留意讓自己顯得莫測高深。

倪先生和我仔細研究報紙的內容，然後我問他，他認為接下來會發生什麼事？趙紫陽最後會接替鄧小平嗎？

「我不知道。」他說著，就舉雙手做出投降姿勢。中國人談到未來時經常是這種不置可否的退縮態度，其中或許有幾分恐懼，可能也有幾分逃避。在中國人民被接二連三的震撼和局勢逆轉驚嚇之後，現在只有無知的笨蛋才會冒著出醜的風險，臆測未來可能發生的事。

可是，中國人喜歡賭博這件事又該怎麼說？賭博不也是一種臆測的活動嗎？我覺得是。不過中國式的賭博不屬於理性的範疇，它依據的不是對可能的結果所下的明智判斷，而是一種幾乎可說不計後果的孤注一擲，其中不乏歇斯底里的成分。中國人賭的可能是鬥蟋蟀（這是中國人喜歡的休閒活動）或擲骰子的結果，在這種賭注中，勝利仰賴的是運氣，而所謂運氣純粹是心靈層面的事。但政治非關心靈，它當然也不是碰運氣的樂透。政治涉及的是野心、尋求權力、貪婪，假如把政治當作賭博遊戲，那不僅讓眾人難以解讀，而且會被視為不恰當。中國人會願意因為一隻蟋蟀而忐忑不安，但他們絕不可能在誰當政治委員這種事上輕易下注。

倪先生說話比較謹慎，但後來進了這個廂房的鄧女士就比較口無遮攔了。她也要前往海岸地區。她現年三十歲，在政府部門上班，有一個小孩，先生還在讀工程。她的頭髮燙成時髦的捲髮，穿了一條裙子，亮黃色毛衣上繡有罌粟花圖案。「這裡頭好冷呀！」她一邊說，膝蓋一邊打顫。「我真該穿長褲的。」

我問她，胡耀邦被迫辭職的事是否讓她感到驚訝。

「一點兒也不驚訝！」她說。她眨眼睛的時候非常用力。她的牙齒比較小，但那話匣子一開，倪先生就靜下來了。「那傢伙離譜！你聽過他邀請一堆日本人到中國的事嗎？日本人花錢招待三十個中國人，中國人花錢招待三千個日本人。太誇張了！」

「也許他是想表現中國人的慷慨。」我說。

鄧女士拍了拍我的手臂。

「哈！慷慨！他根本不知道自己在胡言亂語！有一次他在一名將軍的葬禮上朗讀一篇講稿，他說：『我們很悲痛』，可是他居然在笑！他就是一張嘴巴愛胡說。大家都說：『他高興得連自己的名字都記不得了。』明白這個意思嗎？你去問他叫什麼名字，他會說：『哈哈哈！我忘了！』」

「你覺得他喜歡說話不好嗎？」我問鄧女士，不過我心裡非常清楚，多言在中國被視為危險而愚蠢的舉動。

「盡說些瞎話，」她說，「你知道他說臉太瘦的話要怎麼辦嗎？」

「抱歉，我不知道。」

「假如你的臉太瘦，那就打你的臉頰，」她邊說邊用凍僵的手指敲自己的臉，「這樣臉就腫啦！」

「這是什麼意思？」

「這叫打腫臉充胖子。」

「我懂了，就是設法讓自己顯得體面。」

「胡耀邦就是這種人。這種人能當中國這個泱泱大國的領導人嗎？永遠不能。」

《中國日報》把胡耀邦跟資產階級自由化和學生抗議活動牽扯在一起，但鄧女士說的東西似乎更有道理。胡耀邦真正的問題是他太多嘴了。

往廈門的路上又來了一個人，他做出一個我已經見怪不怪的請求——可以幫他取個英文名字嗎？他的中文名字叫李國慶，因為他的生日是十月一日，也就是大吉大利的中華人民共和國國慶節。我總覺得中國人取「隆尼」或「朱利安」這種名字聽起來有點怪，可是國慶堅持要我幫他取，於是我說：「喬治怎麼樣？」

他微笑了一下，試著念出這個名字。

我問他買上海到廈門的車票花了多少錢。他說四十元（十一美元）。我的車票花了我一百四十八元（四十一美元）。假如是搭飛機，他買機票的價錢是八十三元（二十三美元），我則必須花上一百七十三元（四十八美元）。外國人在中國付的價錢總是比較高，這是政府的政策使然。整體而言，外國人得到的待遇也比較好，不過火車是個例外。我曾經聽說因為有外國人上火車，中國乘客被趕出軟臥車廂的事，但我自己從沒見過這種事發生。

「外國人錢比較多，」國慶說：「所以多付點錢也是應該的吧？」

「如果你到美國來，也會覺得因為你是中國人，就應該付比較低的價錢嗎？」我問他。

不過他沒在聽我說話。「請叫我喬治。」他自顧自地說。

☆

位於海岸丘陵地區的廈門，號稱是全中國最富裕、房屋最華麗、居民最快樂的城市，有親人住在國外的家庭占全市家戶總數的比例也是中國最高。據說在廈門街頭隨便找個人問，他就會告訴你他有個叔叔在馬尼拉，或有個表親在新加坡，或家族的一整個支系都已經移居美國加州。他們互相保持聯絡。整體而言，離開中國前往海外發展的人主要是福建省的居民（十九世紀時，福建是中國最窮困的省分之一），他們大都是從廈門啟程。許多福建人向來以海為生，而廈門是中國最重要的港口之一，於是數以百萬計的人從這裡渡海而去。

但他們沒有忘記祖國。他們會回來找對象結婚，也會寄錢回家鄉。許多人落葉歸根，回到家鄉蓋大房子安享天年。廈門無疑擁有最華麗的住宅、最壯觀的別墅、最精美的庭園和圍牆，以及最慷慨寬宏、樂善好施的公司企業。這些都是成功的移民所締造的結果，他們在海外致富，而後基於情感上的理由把財富挹注在家鄉。

涉及波士頓茶葉集會事件[2]的船舶來自這裡。英文的「茶」（tea）這個字源自廈門方言的發音。廈門的建築風格——窄而深的店鋪式透天厝，二樓往前突出，底下是騎樓——在廣州、新加坡老城區乃至馬來西亞鄉村地區都可以看到。這種建築形式與海峽華人[3]（「東南亞的商店老闆」）的生活息息相關。中國其他地區沒有這種建築物。它不但實用而且漂亮，當我想到這種房屋，腦海中立刻會浮現一些人物的形象：穿著寬大睡衣的男子在騎樓走動，勤快的婦女從大麻袋中舀取白米，深情款款的少女隔著二樓的百葉窗往外窺探。

廈門的別墅住宅又大又堅固，有挑高天花板，四周都有涼廊。這些房子也很像新加坡和馬來西亞的老房子，不過在那邊，這種房子已經陸續被拆除，改建成銀行或旅館。直到最近，這種別墅在廈門一直被保留下來，因為沒有人有多餘的錢把它拆除或改建，然後它們的美學和歷史價值開始受到重視，政府下令予以保存。廈門的新式樓房興建於高架道路另一側的郊區，可說是適得其所。

我覺得廈門幾乎沒有任何毛病可以讓我挑。由於這是個南方城市，我可以吃到種類繁多的水果，山楂、柳橙、橘子、蘋果、梨子、柿子、葡萄等無不便宜又可口。由於這個城市位於海濱，漁產豐富多元，有各種蝦、鰻魚、大石斑魚。最好吃也最貴的是跟龍蝦一樣大的螯蝦，這種蝦被養在餐廳的水箱裡，要吃時才取出來料理。中國南方人喜歡這樣讓食材直到最後一刻都還活蹦亂跳，不過冷凍設備不夠普及也可能促使餐廳普遍採用這種做法。另外一些箱子裡可以看到鰻魚及其他魚類、青蛙、鴨子，甚至還有小鴨，客人想吃什麼就直接點，工作人員會現場宰殺。

在廈門的一條巷道中，我在一間髒兮兮的餐廳裡看到兩個籠子，一個籠子裡是一隻貓頭鷹幼雛，另一個籠子裡有一隻愁容滿面的老鷹。這兩隻鳥身上的肉少得恐怕不夠做一顆餃子，牠們搖搖晃晃地棲息在小小的籠子裡，身體彷彿因為焦慮而顫抖。我停下腳步看牠們，一群人也跟著圍了過來。我問老闆把這些鳥做成菜要多少錢，他說小貓頭鷹是二十元，老鷹是十五元。

「為什麼不讓牠們飛走？」

「因為這是我花錢買的。」老闆說。

「可是牠們很不快樂。」

老闆笑了，那意思是：你是個白癡！

他說：「牠們都很好吃。」

「牠們都很小隻，」我說：「吃一口就沒了。」

「這種鳥的肉對眼睛很好。」他說。

2　譯註：波士頓茶葉集會又稱波士頓傾茶事件，是一七七三年發生於美國波士頓的一場政治抵抗運動，旨在抗議英國政府在殖民地不當徵稅，以及英國東印度公司壟斷北美的茶葉貿易。抗議最後一天，運動人士登上茶葉船把所有茶葉丟到海裡毀棄。事件發生後，英國政府採取強硬措施壓制北美殖民地，對抗活動隨之升溫，最終導致美國革命戰爭爆發。

3　譯註：海峽華人一般指十九世紀以前移居東南亞、早已融入當地社會的華人，經常也稱「土生華人」，如新加坡的「老客」、馬來西亞的「峇峇娘惹」等。與十九世紀以後移民的華人不同，他們大都不認為自己是「華僑」或「中國人」。

「沒這回事，」我說：「只有野蠻人才會相信這個。」

他覺得被冒犯了，很不高興，嘴巴扭曲起來，什麼話也沒說。

「這是一種迷信，」我說：「是古時候的想法。就像有人說吃犀牛角可以壯陽。聽我說——」這時老闆已經轉身想走了。「這種鳥會吃老鼠，牠是有益的鳥，你應該讓牠飛走。」

那人開始噓我，這應該是他準備揍我的前奏。我身上沒帶錢，於是回旅館房間拿了三十五元，可是等我回到那家飯館時，鳥籠已經空了。我原本想盡一份小小心力促進放生運動，讓那兩隻鳥回歸大自然，但這天我慢了一步，可憐的貓頭鷹和老鷹已經被吃下肚了。

為了讓自己覺得心安，我到廈門市場用一隻相當於一美元的價格買了兩隻哀傷的鴿子，讓牠們飛走。牠們拍著翅膀飛到港口上空，越過鳴著汽笛的船隻，朝港外的鼓浪嶼方向飛去。我覺得那可能是某種徵兆，於是隔天我跟隨牠們的蹤跡前往那個離廈門市區不遠的小島。

☆

鼓浪嶼這個島上有非常優美的住宅區，裡面不容許任何有輪子的交通工具，汽車、自行車、手推車都不行。從廈門碼頭搭渡輪過來只要五分鐘，從島上的制高點「日光岩」往下看，感覺很像在義大利佛羅倫斯或某個西班牙的城市。一大片陶瓦屋頂緩緩起伏，其間點綴著綠色樹木和教堂尖頂。住宅區中心地帶有三座基督教禮拜堂；這個島上一度只住了外國人，包括荷蘭人、葡萄牙人、英國人、德國人。二次大戰期間這裡被日本人占領，日本人走了以後，國民黨和共產黨打了幾場硬仗，最後國民黨守住了金門——從廈門往東看，那個屬於中華民國的島嶼清晰可見。

「那裡是敵人的領土嗎？」我問。

「我們都是中國同胞。」我的導遊魏先生說。

「那為什麼有那麼多壕溝和散兵坑？」

廈門的整個東海岸都是土木防禦工事和砲台。

「因為有時候他們會向我們射擊。」魏先生回道。

不過我很喜歡充滿懷舊風情的中國海岸地區。這裡深受商人和占領者的影響，而且由於居民以海為生，這裡有一種視野向外開展的氣氛。在海外兢兢業業地工作、賺了大錢的華僑大亨遵守儒家教誨，紛紛做起慈善事業。他們興建的房舍和學校，與羅曼式教堂及舊德國領事館毗鄰；教堂上以拉丁文標了「天主教堂」字樣，領事館則曾有人傳說可能是由約瑟夫．康拉德[4]所設計，不過這點我非常懷疑。慈善大亨們在觀海園一帶興建別墅，與外國買辦、茶商、領事館小官僚的住家為鄰，人人都有自己的列柱涼廊，在婆娑椰影下悠然漫步。

鼓浪嶼的建築法規嚴格而繁瑣，在中國可說獨一無二。建築物不能超過三層樓，建材必須使用紅磚或鐫雕石，所有設計細節都必須獲得建築委員會審核通過。這裡的建築物是非常美觀的舊世界設計作品，即使最新的建築物——果菜市場和博物館，也是精心打造而成。許多別墅正在進行修復工程，在維持原味的前提下改裝成旅館或民宿。中國人平常總是錙銖必較、非常實際，因此他們像這樣願意多花時間和金錢把東西修整得好看而正確，我覺得是相當難得的事。老北京原本有一道壯麗的城牆圍繞市區，擁有四十四座堡壘、十六座城門，但毛澤東那些愚蠢無知的嘍囉們一邊高喊「破四舊！立四新！新思想！新文化！新風俗！新習慣！樹立——」，一邊用推土機把它剷平。一九

4 譯註：Joseph Conrad，一八五七～一九二四，波蘭裔英國作家。

七〇年到一九七四年之間，一個駐紮在古北口的部隊秉持相同精神，把一段長達三公里的萬里長城拆除，然後把古老的砌石拿去建造軍營。

但大肆糟蹋近年中國歷史的破壞之手沒有全面伸到鼓浪嶼，這裡稱得上破壞的只是一些大字塗鴉（譬如在一棟別墅的外牆上還可以看到用邊長六十公分的斗大字體寫成的口號：毛澤東思想萬歲！），以及某種程度的褻瀆神聖——天主教堂被挪用為工廠，基督新教教堂（三一教堂）成為發洩仇恨的批鬥大會會場，一些寺廟中的佛像被搗毀（廈門有四分之一的人信奉佛教）。

我問魏先生鼓浪嶼獲得精心修復的原因。

「因為政府希望讓這個島變成觀光勝地。」他說。他還表示，政府到處拆除舊東西，但最終決定把這個歷史區保留下來，使他感到非常寬慰。

我們往日光岩的方向走，在一條巷道裡遇到一名收破爛的人。他是個胖胖的年輕小伙子，用一根扁擔挑著一堆廢紙。我停下來跟他說話，但由於我完全聽不懂他說的方言，於是魏先生代替我詢問他。

小伙子說如果廢紙的品質夠好，比如像疊放整齊的舊報紙，一公斤他可以出五十分錢（大約六美分一磅）。感覺上這個價錢還算不錯。不過如果是其他比較零碎破爛的紙，他每磅只能給相當於一美分的錢。

生意好不好？

「不好，」他說，「這工作很辛苦，可是錢很少。」

他走了，廢紙的重量使扁擔不斷晃動。

魏先生問我：「你為什麼對文革這麼感興趣？」

「因為文革影響了我，」我說，「那是二十年前的事，當時我人在非洲，我把自己視為革命人士。」

魏先生微笑了一下。他今年二十一歲，他的父親跟我一樣年紀。

我說：「文革期間你父親在做什麼？」

「他就待在家裡。」

「待了多久？」

「六、七年。」

我們爬到日光岩頂端。一九八二年，七十八歲的老菸槍鄧小平同志也曾爬上這裡。他身邊有個嘍囉帶了氧氣筒以備不時之需，不過他沒用上。

隔著港口瞭望廈門，我可以看到輕工業區和金融區已經往西擴展。據說廈門是中國最繁忙、發展得最快的城市之一。很久以前，廈門人製造雨傘、爆竹、筷子銷到國外，現在他們生產的是自行車、玩具、駱駝牌香菸和微晶片。美國柯達公司也挹注重金，正在這裡建立膠片製造廠。

港口中有許多貨輪和漁船。岸上的街道和巷子裡有很多攤販，賣炒麵、水果、糖果、蔬菜、魚湯等各式各樣的東西。中國南方人最享受的事之一就是外食——到油膩膩的小餐館或掛著燈籠的小攤子吃東西。我無法原諒他們把珍稀鳥類吃進肚子裡，不過幸好很少有人有錢吃那種珍饈。他們麵吃得很多，而由於氣候溫和，他們喜歡在街頭閒逛，隨興吃些小吃；他們把這種生活習慣也外銷到馬來西亞、新加坡、印尼等地。

我在中國旅行期間，廈門是唯一一個不斷有漂亮姑娘來跟我搭訕的地方。她們會偷偷跑到我後面，抓一下我的手臂。「要換錢嗎？」她們說，然後開心地捏我的肉，耐心等我回應。她們要的就只是換錢嗎？

廈門人脾氣很好，不過他們的生活充滿緊張壓力。中國人的生活環境非常擁擠，因此無法避免地會發生一些爭執，但我很驚訝衝突情況並不多。出拳鬥毆的事相當罕見。小孩倒經常被打，而且打得很用力。不過最常見的衝突形式是大吼大叫，通常是兩個人面對面尖聲叫罵，不但音量驚人而且可以持續很長時間，吸引大群民眾駐足圍觀。為了面子的關係，這種爭執只能透過第三者解決，在第三方正式介入之前，吵架雙方會不斷大聲吼叫。

有一天我在廈門目睹了一場這樣的好戲。中國的觀光地區都有所謂「景點」，中國遊客到一個地方旅遊時一定會設法把所有景點都走一遭，不然就等於白去了那裡。旅遊中的儀式成分獲得悉心遵守。廈門有「大八景」、「小八景」，還有「景外景」。到了一個景點以後，就要擺姿勢拍個照，而由於中國人有錢買相機的不多，這些景點周邊都有很多專業攝影師提供照相服務，一張照片一元。我看到的叫罵大賽就發生在一名攝影師和幾個不滿意的顧客之間。

魏先生把叫罵內容翻譯給我聽。一開始他們爭的是錢——一對夫妻聲稱攝影師原本答應比較低的價錢，可是拍完以後卻把價錢抬高。不過為了面子的關係，爭吵內容逐漸擴大，也變得更歇斯底里。那不是理性的爭論，而是胡亂吼叫，所有人一起叫囂，不只那對夫妻、攝影師在叫，連旁觀者都加入吼叫陣容。事件爆發地是那個景點，然後沿著步道延燒，在一處岩石後方繼續進行，最後一行人進到一棟小屋裡。整個過程非常喧鬧，沒有片刻歇息，咒罵和叫囂如海浪般湧來，令人印象深刻。

「起先說的是一塊，然後這個賊居然要收兩塊！」

「單位領導來以前，我不再跟任何人說話。從來沒有人把我罵成這樣……」

「誰快去把單位領導找來！」

「太荒唐了！這些人全在睜眼說瞎話！」

「我們被騙了！」

「賊……」

魏先生說他們應該是遊客，他聽得出他們的北方口音，他覺得是山西口音。他低聲告訴我：

「女的說他們是賊，男的說他們是騙子。小屋裡有個小孩。攝影師用拳頭敲桌子……」

接著是一陣更厲害的喧囂，小孩開始尖叫。有人在對那孩子大聲吼叫，然後所有人都在吼叫。

「發生什麼事了，魏先生？」

「那小孩罵了攝影師。」

「他罵什麼？」

「他罵他王八烏龜。」魏先生有點不情願地說。

「這樣很糟糕嗎？」

「對，非常糟糕。假如一個結了婚的女人跟其他男人睡覺，她的丈夫會被叫作烏龜。」

「全中國都是這麼說的嗎？」

「不，這主要是北方人的用詞。北方人很強悍。長江以北的人高頭大馬，說話聲音特大，他們會用比較粗暴的語言。這就是為什麼北方的抗議活動規模比較大，而且很吵鬧。可是我們南方人比較瘦小，個性很溫和，我們不會用那種方式說話，不會因為某個人跟你索價太高就罵他『烏龜』。」

咒罵比賽展開十五分鐘以後還如火如荼地進行，我開始覺得無聊，就走開了。魏先生說他覺得必須幫我翻譯那個內容是很掃興的事，不過我說我需要知道那些事，這樣才能更瞭解中國。然後我向他解釋，中國人說的「烏龜」，在英文裡是cuckold，這個字源自cuckoo（布穀鳥），所以比較合邏輯些[5]。我跟他說烏龜在交配方面的表現其實很遜，母龜只要打一次炮，就可以擁有好幾年份的受精卵！

「你不但對爭吵有興趣，對生物學也挺有研究。」

「我對什麼都有興趣，魏先生。」

「中國人強調知識上的專業。某個人專門研究農業，另一個人的專業可能是工程。」

他繼續聊這個話題。不久後，我們看到一個小孩在庭院裡被他媽媽打。我看得目不轉睛。那小孩被打得很徹底，他開始歇斯底里地鬧，怎麼也無法靜下來。他回頭打他媽媽，繼續不斷哭鬧。他的年紀大約是七歲。通常中國人看到別人落難時的反應是笑，因此很快地，魏先生和其他在附近觀看的人就開始把那被折磨的可憐小孩當成笑料了。

☆

廈門讓我做了一些栩栩如生的夢，不過夢裡出現的不是廈門或遊蕩在這裡的鬼魂——馬可波羅、外國商人、摩尼教徒、傳教士、海盜或老廈門的買辦。我在一個夢裡夢到我的家，在另一個夢裡夢到塔吉克人（塔吉克人是中國少數民族中唯一屬於印歐民族的族群，所以這個夢似乎很巧？）；我再度夢到了雷根總統（他在夢裡魅力四射）。幾天以後，我夢到自己走在那星期稍早火車經過福建山區時我看到的那種深谷中。我被一些人虜獲，他們看起來像蒙古人，他們的領導者是個個子很小但非常驃悍的女人。他們全都拿著彎刀刺我，彷彿急著要把我殺死。

「把你的袋子清空！」女頭目尖叫道。

這時我才發現原來我提了一個袋子，裡面裝了一些我在中國的市集裡買的小古董塑像。

「給我看證明文件！」

「請看。」我從袋子裡找出一張文件拿給她。那張文件不對，不過我心想，廓爾喀人[6]會幫助我。

女頭目感應到我的想法，她說：「我們就是廓爾喀人！」

這個噩夢的主旨應該是關於我在中國非法買古董的事，而不是要警告我在中國的道路上獨自旅行、不斷跟陌生人接觸有多危險。就我穿梭在中國大江南北的經驗看來，在中國旅行是再安全也不過了。

廈門的市集非常美妙，騎樓邊的店鋪裡販賣五花八門的布料，這些都再度提醒我中國最有意思的商品不是在紀念品店或友誼商店中，不是那些玉雕、軟木雕、象牙開信刀、玩具熊貓、土耳其玉珠寶、景泰藍、銅器、塑膠筷、漆器、骨骼手鐲，或那些真的滿無聊的複製畫卷。假如要我推薦什麼既特別又價廉物美的中國商品，也就是品質好、具獨特性、值得帶回家珍藏的東西，我會說：套筒扳手、螺絲起子、水彩顏料和畫筆、鉛筆、書法作品、堅固的褐色信封、鎖頭、修理管道的工具、柳條簍、帆布便鞋、T恤、喀什米爾毛衣、盆栽樹木、絲綢地毯、絲綢抱枕套、桌布、陶土盆罐、熱水壺、插圖美術書籍、藥草、香料、論斤秤重的茶葉等等。竹製鳥籠也很漂亮，不過我一想

5　譯註：這個字最早是源自古法文cucu，「布穀鳥」。某些種類的布穀鳥會跑到別人的鳥巢裡下蛋。

6　譯註：Gurkha，尼泊爾的主要民族，殖民時代英國或印度軍隊中的尼泊爾士兵。這個字在尼泊爾的慣用拼法是Gorkha。

到鳥會被放進那種籠子裡，就覺得很沮喪。全世界可能也只有在中國可以買到蟋蟀籠，有些是竹片做的，有些則是瓷器。

這些商品有一部分是在廈門的湖里工業區生產。在革命思想還喧騰的年代，這個地區成為填土開墾計畫的一部分。紅衛兵和工作大隊決定興建一座高架公路，把廈門市和港口西側連接起來，然後把高架路外側的土地填實，栽種稻米。但那片土地非常貧瘠而且鹽分很高，稻米無法生長。時間過去，現在這個地區已經成為賺錢企業的大本營，林立著銀行、輕工業、各式各樣的工廠，以及廈門的新市政大樓群。

這一帶曾經有一個人民公社。廈門一度到處都是農村公社。我對先前在其他地方參觀過的公社都很有興趣，我看到它們是怎麼發展成合作社區及家庭農場，於是決定前往廈門市區東北方的鄉村地帶參觀一處原來叫「蔡塘公社」的地方，看那裡現在的發展狀況。

走在蔡塘的農田中時，我經過一座古墓，墓口設置了兩座超過兩公尺高的雕像，分別是一男一女。這座墓位於一座山丘後方的紅蘿蔔園邊。一隻可能是鶺科的鳥類，拍著翅膀來來回回飛。一些石雕動物包括馬、鹿、獅子及其他一些毀壞的動物像，已經被土埋到頸部。這座墓似乎一直靜靜地待在這裡沒有人留意，所以也沒有遭到嚴重破壞。早些年，走到這裡的旅行家可能會找人把它挖起來，裝箱運到哈佛的福格博物館[7]。魏先生告訴我，根據墓碑上的文字，這是清代胡式家族的墓，由於地點偏僻，沒有太多人來打擾它。

一位農民和他的妻子正在附近工作，動作匆促地在蘿蔔田裡來回走動，其中一個人肩上掛著一具軛，上面吊了兩個水桶。田地另一邊有一個擴音器正在播放中國戲曲。

「這裡從前是蔡塘公社的一部分，」那男的說，「那時我們只種稻米，因為他們不讓我們種別的東西。我們整天透過擴音器聽毛澤東思想。」

跟他說話時，我得跟著他在田裡走，因為他要澆水，不肯為了說話而停下腳步。不過他說他不介意我問他問題。

「這是我們家的土地。我從來沒喜歡過人民公社這種東西，我寧可在自己的田裡工作。」

「你覺得可以自由做自己想做的事怎麼樣？」

「很好啊，現在我有比較多自由了，」他說，「我可以種我想種的東西。以前他們就命令一句『種稻米』，也不管種稻米好不好。你知道從前的問題是什麼嗎？做官的太多了。」

他踩過爛泥，走到直立式水管邊，把自己和妻子的水桶都裝滿水，然後又進到田裡把水澆在看起來像羽毛的紅蘿蔔植株上。

「你的紅蘿蔔長得很好。」我說。

「是要給豬吃的，」他說，「現在市場上紅蘿蔔的價錢很低，我不想接受幾分錢的價格，所以乾脆餵給我的豬吃，這樣比較有意思。我可以把十隻豬餵得肥肥的，讓牠們長到一百公斤，然後每隻用一百元的價錢賣掉。等紅蘿蔔的價錢漲起來以後，我再拿到市場上去賣。」

他繼續忙著澆水，喘著氣在田裡跑上跑下。

「這樣才真的賺錢！」他回頭大聲說。

---

7 譯註：福格博物館（Fogg Museum）是全球藝術典藏及研究領先機構「哈佛藝術博物館」旗下三座博物館之一，另外兩座是布許—雷辛格博物館（Busch-Reisinger Museum）和亞瑟．薩克勒博物館（Arthur M. Sackler Museum）。

從那裡，我繼續前往廈門島東部，到他們所謂的「前線」，屬於台灣的金門就在不遠處的外海。由於過去兩邊之間偶爾會爆發衝突，東海岸的公路關閉了三十五年，不過最近終於重新開放。東海岸到處都是壕溝、掩體、防禦工事，但也有很美的潔白沙灘，岸邊是成排的棕櫚樹，海面上捲起美麗的浪頭，可是放眼望去，居然一個人都沒有。

我跳過一個散兵坑，走進海邊的棕櫚樹林。

「不要這樣，保羅，你可能會被開槍射擊！」

魏先生站在路邊發抖，緊張地把我叫回去。

「誰會開槍打我？」

「軍隊！」

「什麼軍隊？」

「可能是我們的軍隊，也可能是他們那邊的。」

我覺得有點掃興，他則試著安慰我。他說，或許有一天中國和他們心目中最東方的省分「台灣」能和平相處，到時我就可以在這裡安心游泳了。由於這個地帶被視為危險區，長期禁止進入（金門在一九五八年時遭到這些大砲轟炸，引發一場國際衝突），而且當地居民對這裡有恐懼感，因此這片海灘沒有受到人為破壞，顯得美不勝收。

☆

廈門最大的建築物之一是工人宮。中國其他城市也有這種師法蘇聯建立的社區活動中心（都是在一九五〇年代興建的），但我還不曾進去參觀過。我的興致勃勃使魏先生感到困惑，他說可能不容易獲准進去參觀。根據我現在對中國官僚體系的瞭解，參觀工人宮最快的方式就是直接走進去，根本不要管什麼申請許可的事。中國的行政部門對這種申請總是慌慌張張、互相推諉，到最後基本上都是拒絕，而大模大樣地走進去反而不太有人會管。

這座工人宮的主要用途曾經是放映製造階級仇恨的影片和開會灌輸政治教條。現在這裡的電影放映廳播放的是關於敦煌洞窟的紀錄片，閱覽室裡有很多人在閱讀報章雜誌（其中包括電影雜誌、健身雜誌等），訓練室則用來開設有氧運動課。

一堂有氧舞蹈課剛剛結束，我問其中一位女學員為什麼決定來上課。

「我來上課是為了健康和美麗，」她說，「而且我有頭痛的毛病。」

我就是在這座工人宮附設的圖書館裡發現董樂山翻譯的喬治．歐威爾小說《一九八四》，是一九八五年在廣州出版的。我在北京時，董教授告訴我這本書屬於「內參」，只提供給思想安全、行為穩當的知識份子閱讀，可是顯然他說得不對。廈門任何人都可以到這裡來借這本書看，這是我特別跟館員請教以後知道的。

館員問我：「這本書好不好看？」

我說：「好看極了，你一定會喜歡。」

「那我今晚就帶回家看！」

另一個房間裡擺滿了電子遊戲設備，我懷疑會有人來玩這些東西。魏先生說會有人來，不過大家都沒有多餘的錢花在這些遊戲上。我看到八個小孩在遊戲機附近流連，我問他們是否知道這些機器怎麼操作。他們說知道。可以教我嗎？我問。好啊。於是我丟了幾個銅板，啟動這些太空入侵者機器，小朋友們火速展開行動，手指在操作器上飛躍。他們跟美國的玩家一樣厲害，也同樣樂於把寶貴的青春年少耗在電子遊戲機的操控板前面。

一名年輕女子剛結束舞蹈課，正準備回家，我跟她搭訕。她叫萬莉（音譯），是一名經濟部的幹部。她讀過大連外語學院（可惜她在那裡沒見過櫻花小姐），不過她是在福建中部的三明市長大的。三明在中國人的心目中像是個桃花源，文革以前，來自中國各地的人都投入那裡的開發建設。萬小姐宣稱外面的人對三明的想像都是正確的——那裡沒有問題，沒有「任何」汙染，居民和睦相處，是個模範城市。

「三明有西藏人嗎？」

「沒有，」萬小姐說，「他們必須留在西藏解決他們自己的問題。可是三明的人非常文明，他們來自各個不同地方。就跟美國一樣！」

她的年紀大約二十五歲，除了會緊張地咯咯笑以外，感覺起來是個很坦誠的人。她說她每天都會到工人宮，因為她喜歡在這裡跟別人交流，也很喜歡跟外國人聊天。

魏先生只是在一旁看我們，不過感覺得出來他對這位年輕小姐說話大膽相當驚訝。

我問她：「你是中國共產黨員嗎？」

「你是在廈門問我這個問題的第二個美國人！」她說，「我們部裡這個單位有三百個人，其中只有二十個人是黨員。」

「為什麼那麼少？」

「因為入黨很難，不是想進去就可以進去的，必須有人邀請你進去。首先你必須有非常好的表現，讓人留下良好印象。努力工作，加班，進修，服從。」

「就像模範士兵雷鋒嗎？」我說。雷鋒曾經本著對毛主席的熱愛，一整個晚上刷洗地板。在中國，依據你的說話對象不同，他可能被當作笑柄，也可能被推崇為典範。跟我聊過的中國人大都覺得雷鋒這個人物使他們厭煩，甚至認為他的形象完全是假造出來的。

萬小姐給了我一個非常中國的回答。「不是像雷鋒，你得讓人注意到你才行。」雷鋒是在一九六二年被卡車輾死之後才被人注意到的。別人在他的日記裡發現許多充滿情感的文句，例如：「我又刷了一塊地板，又洗了一些碗盤！我對毛主席的愛在我內心閃耀！」

萬小姐說：「你得設法讓黨選中你才行。黨需要最優秀的人，而不是任何想加入的人。黨運作得好，國家才會運作得好。黨需要高質量的人。」

「我相信你是個高質量的人。」

「這我不知道。」

「你有健康的馬克斯列寧思想嗎？」

「我在努力，」她說完，笑了起來，「我也喜歡跳舞！」

萬小姐離開以後，魏先生說：「她把名片給我了，你有沒有注意到？」

「你高不高興？」

「很高興，我希望能再見到她。在中國要認識女孩子真的很難。」

他說他五年內應該不會結婚，不過二十六歲是很好的結婚年齡。

我盡可能發揮說話技巧，小心翼翼地問他是否跟女人上過床。我是旁敲側擊地問的。他很驕傲地說：沒有。

「這在中國似乎是個問題，年輕人沒有性愛。」這也是學生上街抗議時提出來的議題之一。

「確實是個問題。就算認識了女孩子，也沒地方帶她去。不過我不介意。」

「你的意思是說，你認為婚前不應該發生性行為嗎？」

他露出覺得有點噁心的表情，「那種事是不合法的，也違背我們的傳統。」

就這麼一句話，他就把中國數千年來光輝燦爛的豔情文化拋到窗外。魏先生似乎完全無視於中國文化根植於性愛指涉的事實。黃帝跟上千名女子做愛的事蹟千古流傳，甚至連玉這種常見的東西都帶有性的聯想——據說玉是天龍的精液石化而成。龍是陽具的象徵，蓮花則是陰戶的隱喻。諸如此類的性愛意象不勝枚舉。

「假如你跟女人發生關係，會有人把你抓起來嗎？」

「有可能。也可能被批評，或被舉報。」

「可是假如你有個女朋友，一定可以想辦法小心行事吧？」

「總有人會知道，」魏先生說，「就算你沒被逮個正著，別人也會瞧不起你。」

他的論點似乎斬釘截鐵，不過我繼續問他萬小姐的事時，他說話倒含糊了起來。

「我會保留她的名片。」他抽了一口氣說。

那是我最後一次見到魏先生，不過在廈門我要照顧自己一點也不難。而且這段時間所有人的心情都特別好，因為春節即將開始，這是中國最快樂的節慶，大家忙著買賀年卡、書法作品和寫了吉祥話的春聯。

☆

我快要離開廈門時遇到一個美國人，名叫吉姆．寇克，是柯達公司的員工，被派到中國來監督鍍膜設備的建置。這玩意兒聽起來好像沒什麼，其實卻花了中國人七千萬美元，整個投資項目的經費更高達三億美元。這個投資的目的是使中國有能力自行生產相機底片，不需要再靠日本提供攝影材料。

吉姆．寇克最近才跟妻子吉兒結婚，到廈門以前也一直很期待這份工作，可是來到這裡三個月以後，他承認他變得比較懷疑。他不是悲觀，但他的態度無疑謹慎了起來。最讓他感到訝異的是中國人在工作上的笨拙。

「問題在於他們習慣用手工作，」他說，「他們可以拿著一根鐵絲和一根棒子把東西拼湊起來，可是他們從來不曾接觸過複雜機械或高科技，所以每個細節我都得跟他們講解一百次。」

「可是中國的年輕人應該很好教吧？」

「他們反而是最糟糕的。最懶惰，動作最慢，又最目中無人。超過五十歲的資深工人最好。三十歲到四十歲的人似乎都覺得自己很委屈，彷彿以他們的能力他們應該做更好的事才對。」

「他們經歷過文化大革命，所以他們可能感覺自己被欺騙了。」

「也許吧。不過我本來認為事情會很簡單，很直截了當，也許八個月就可以搞定。後來中國人說十二個月，但現在看起來恐怕會更久。」

「最大的問題在哪裡？」我問。

「清潔，」吉姆說，「如果地板看起來乾淨，他們就認為很乾淨了。他們用竹掃帚掃地，可是這樣不行。這種設備一定要在絕對無塵的狀態下運作，否則微粒會跑到膠片上，這樣一來東西就毀了。所以現在我們必須把工廠封起來，全面安裝空調系統。」

「你會不會後悔到中國來？」

「不會，不過我本來以為的情況不是這樣。你知道的，大家都認為中國人應該很聰明，可是廈門這些開發項目有很多都出了問題。這就是為什麼現在這裡有那麼多空的工廠。」他的聲音停頓了一陣，然後補上一句：「這會是一場耐力賽跑。」

我倒不認為廈門的工廠目前只發揮一半的運轉能力是個悲劇。在世界各地致富的廈門子弟永遠會把錢挹注回這個城市。而且廈門之所以是個美麗的地方，正因為這裡沒有發展重工業，還有因為一些退休人士和有浪漫精神的人發揮了影響力，使這裡的老房子和優美庭園沒有遭到破壞。

☆

春節來到，整個中國動了起來，人們忙著在街頭放鞭炮慶祝。中國民眾確確實實地執行儀式般的年度返鄉運動，我想跟萬頭鑽動的乘客擠著旅行是不可能的事。我無法買到火車票，於是我在春節期間什麼事也不做，等著在假期結束時再度展開西進的旅程。

第二十一章 開往西寧的青海普通車：二七五號列車

前往青海的普通車是從西安發車，所以我得先回到西安。我在這段路上遇到一名登山家克里斯・波寧頓[1]，他說他這次到中國是為了攀登孟隆策（Menglungtse）山，那是一座位於聖母峰附近、幾乎跟它一樣高的山。

「我們也想找雪人。」波寧頓說。

波寧頓的體魄強健、勇氣十足，像一頭猛獸般轉頭用目光搜尋周遭，這一切都使他顯得充滿青春神采。他的微笑神情中同時洋溢著天真和堅毅，是個把生命奉獻給高山探險的快活男人。

他對喜馬拉雅雪怪非常認真。前一次聖母峰遠征期間，有人拍攝到雪人在孟隆冰河上留下的足跡。

「你打算抓一個雪人，放進籠子裡帶回來嗎？」

他露出微笑。他的眼神是不是閃了一下？他說：「沒有，我們只是想拍到照片。」

可想而知，這應該是個潛在的賺錢機會。冒著粉身碎骨的危險登上七千公尺的高山，這本身是

1 譯註：克里斯・波寧頓爵士（Sir Chris Bonington）是一九三四年出生的英國登山家，曾十九次攀登喜馬拉雅山，四度登上珠穆朗瑪峰（聖母峰）。

件無利可圖的事，但假使能順道拍到一張毛茸茸的喜馬拉雅大雪怪的照片，絕對可以成為媒體紅人，名利雙收。經費來源向來是登山活動的一大問題。波寧頓的小小登山隊只有四、五名成員，但有四十箱補給品，因此必須僱用許多雪巴人和犛牛。跟新疆的獵熊、遼寧的荒野休閒釣魚一樣，為登山遠征隊伍提供裝備與服務是中國人的重要旅遊產業項目之一。

波寧頓指出，中國的高山中十座有九座尚未被征服，其中許多是六千公尺以上的山峰。不過他說，在中國爬山所費不貲。

「比方說租用一頭犛牛的費用是每天三十元，」他說，「我不確定這裡面主人可以分到多少？」我說我到青海以後會找人問問看，那裡有很多牧犛人。

那天是三月一日。我還在廈門時，在一份《中國日報》中讀到鄧小平向訪問中國的美國國務卿表示，中國社會最近動盪不安的原因是「領導危機」，而這其實是「權力鬥爭」的委婉用語。鄧小平表示情勢已經穩定下來，但他語意深長地指出，這場動盪在中國人民心中將持續發酵一段時間。

☆

籠罩在冬季霧氣中的西安，顯得光禿禿而灰濛濛。這座擁有飛簷城門的城市曾經富強而典雅，現在它的平坦街廓和素樸建築卻使它即使在陽光下也散發著一股森嚴氣氛。固若金湯的西安城牆看起來真的能抵擋來犯的強敵。我二度參觀了兵馬俑。這些栩栩如生的藝術作品依然流露詭異樣貌，彷彿大軍被忽然活埋，在光陰淬鍊下化為頑石。紀念品商販悶得發慌，因為現在是淡季，在冬天還流連不去的月份中，外國觀光客非常稀少。服裝老舊的中國遊客看起來不太像觀光客，他們沒錢，所以不會買東西。他們的工作單位租用破舊的巴士，讓員工們擠上車，然後千里迢迢地來到遠方參觀佛塔或兵馬俑。他們甚至會把外國訪客下榻的旅館當成值得到此一遊的景點，站在住宿一晚一百美元的西安金花大酒店外面看外國客人進出。中國人還有些天真無邪，會把觀看外國人視為遊覽項目之一。

跟許多其他中國城市一樣，西安不怎麼乾淨，但給人非常空曠的感覺。中國人不太喜歡擦洗，但他們異常勤於掃地。掃地不會使一個城市顯得清爽，而會為它帶來一種令人迷惑不安的氛圍，彷彿整個地方遭到剝光、踐踏。

我走在西安的後巷中，置身在殘破的小院落間，嗅聞濕氣和灰塵揉合出來的異味，以及民家料理食物傳出的香氣。我在點了燈的房舍窗外駐足，看裡頭的小孩在做功課，婦女在廚房爐灶邊洗洗切切。我看到一家又小又髒的餐廳，食客圍坐桌邊，桌上的鍋子冒著熱騰騰的蒸氣。我很想走進去，不過每個位子都已經坐了人。早晨散步時，我會在路邊買中國人冬天早餐吃的油條，看起來有點像做成長條狀的約克郡布丁。攤販在路邊用油鍋把油條炸出來，民眾買了以後一邊吃一邊走路前往工廠上班。

第二次造訪西安，我發現這座城市不需要遊客也一樣可以繁榮。它有自己的都市脈動，有屬於它那種內陸都城的經濟運作模式，奠基於工業產品和農產品的交易活動。兵馬俑的發現當然促進了觀光業的發展，但那只是為既有經濟錦上添花。中國政府以一種迅速確實的策略管理遊客——快快地把遊客送來，快快地帶他們周遊一番，然後快快地把他們送走。他們不喜歡外地人長久逗留，找便宜的住宿待上一陣，然後在城市街頭四處流連，從小巷窗口探看尋常百姓的生活。他們並不希望我這樣待在這裡。可是他們能拿我怎麼辦？現在已經沒有官派保母看管我了。他們無法完全掌握旅人的行蹤，基本上外國觀光客進入中國以後，要消失得無影無蹤並不是太難。現在我已經辦到這件事了，而且我隨時都可以看到像我這種人。當地郵局是他們的參考座標，我在那裡經常遇到身材高大、長了大鼻子、看起來風塵僕僕的外國人。我們會交換一下眼神，雖然通常雙方交流僅止於此，不過我馬上可以感覺出他們與我有共通的質性。他們是不是在寫跟中國有關的書？有可能。似乎所有人都在做這件事，而做這件事唯一的正當理由是，任何旅行書寫不只是讓人看到旅行者造訪的國度，更重要的是它透露出旅行者自己的故事。

即使在冷濕三月的週二夜晚，西安車站依然人流湧動，可說是排山倒海而來。想穿越人群走到車站另一邊幾乎是不可能的事。我無法理解這種擁擠程度——人們睡在長椅上，在角落裡煮麵條，四處穿梭游移，坐在行李箱上休息，或忙著哺餵嬰兒。這是一座巨大的車站，但我居然找不到任何地方可以坐下來，偌大的大廳裡已經沒有多餘空間。接下來兩、三個小時中會有八個班次的火車開出，而且都是很長的列車，但這還是無法解釋為什麼車站裡會這樣人潮洶湧。萬頭鑽動的景象著實驚人，而且對我而言，這也有實際功用，因為這樣我就可以讓自己消失在群眾中。

我被分配到跟三個阿兵哥共用一間臥鋪廂房。雖然他們想必都穿了厚厚的長袖衛生衣，但他們的軍服還是顯得太大。他們年紀很輕，大約二十歲左右，臉孔長得很可愛。他們開始泡茶，並禮貌地說他們覺得能跟一個美國人同車真是幸運等等。

我說：「我想知道你們是把自己稱為『士兵』還是『戰士』？」

這種用詞上的區別是毛澤東引進人民解放軍的，據說「戰士」是解放軍普遍採用的字眼。他們同意我的說法，並表示「戰士」確實是常用的詞，不過現在沒有人在意這兩者之間的差別了。他們還說，「同志」這個詞現在也已經不太常用。

阿兵哥們窩進自己的床鋪，拿出言情小說，看著看著就打起盹來了。

後來其中一名士兵拿起我的那罐龍井茶說：「這是很好的茶。」

「我喜歡綠茶。」我說。

「我們是喝紅茶的，」他說，「我小時候住在一個種茶的公社裡，那時我還太小，沒法到茶園裡採茶，不過我父母做的是採茶的工作。」

「他們是在文革期間被送到那裡的嗎？」

「那是文革期間的事，不過他們是自願去的。」他說。

在臥鋪車廂另一頭，有個人在抽一根邱吉爾尺寸雪茄[2]。那個人個子很小，而他抽雪茄的行為讓我覺得是一種侵擾。整個車廂都瀰漫著雪茄菸味，不過儘管味道很嗆，車上卻沒有人叫他不要抽。

「我不喜歡那菸味，」我跟士兵說，「我想去叫他別再抽雪茄了。」

我說這句話時，阿兵哥顯得有點坐立不安。

他說：「最好不要吧！」然後他笑了起來，那笑聲的意思是：我們假裝那個人不存在就好了。

我走過那個抽雪茄的人旁邊時，看到他的臥鋪旁掛了一套軍服。據說解放軍裡沒有所謂軍官，但很明顯他是個軍官，他的階級高過跟我同廂房的戰士。

我正在看桑燁和張辛欣合編的《一百個中國人的自述》，這是一部透過一系列訪談所呈現的當代中國人圖像。我在這次旅行中國之初，在北京見過桑燁。這本書讀起來很有趣，內容平易近人，但深具啟示作用。它也證實了我的一個直覺：傳說中莫測高深的中國人，說起話來其實可以非常坦率直白，甚至輕率冒失。這本書因此也顯得格外清新。

一整夜，阿兵哥們進進出出，廂房門開了又關。有個人連續打呼了好幾小時，上鋪的其中一個

2 譯註：「邱吉爾尺寸」（Churchillian size）雪茄長十七點八公分，圓徑編號四十八。

人則一直讓他的燈亮著。門砰了一下。走道上總是有人在說話。經過車站時，外面的燈光在廂房內投射出黃色長條，然後火車又重新開進黑暗中。早晨來到，一個人坐在下鋪喝茶。

「你要去哪兒？」他問我。

「西寧，然後再到西藏。」我說。

「你到西藏會呼吸困難，那裡海拔高，空氣稀薄。」

「我儘量適應吧。」

火車通過遍布石礫的甘肅山谷，這是我在整個中國看到過最粗糙的風景——在結束整個鐵騎遊中國之旅以後，現在的我可以這樣確定地說。在前往蘭州這段路上，整個大地上沒有樹木的蹤影，除了鐵路沿著泥濘的黃河而行那段時間之外，幾乎看不到任何水。鬆碎的土壤呈現放了很久、彷彿在捕鼠器裡放了一整個冬天都沒被老鼠吃掉的切達乳酪那種顏色和質地。

我醒來時覺得很餓，於是決定「登記」吃早餐。七點半一到，餐車內已經擠滿急著想吃飯的乘客。一名穿圍裙的戴帽小姐推著食物推車走過車廂，把一碗碗飯菜猛地放在桌上，然後忽然一陣寂靜，接著出現呼嚕嚕吃東西的聲音。筷子連續一分鐘左右發出縫紉機般的叮咚敲擊聲，然後食客起身，把椅子推到身後，一下就消失無蹤。這就是吃早餐。

十點鐘左右，樣子像老乳酪般的黃河山谷開闊了起來，火車抵達蘭州。我已經到過這個城市了，這次不想停留。我趁工作人員為鍋爐重新加水的時間買了一些花生米，在月台上邊走邊吃。我注意到大部分旅客都在蘭州下車，上車的新乘客很少。蘭州下過一點小雨。中國的雨經常使城市變得比較髒，有時雨後甚至顯得塵土更多。雨在蘭州就造成這種效果，雨後的市容看起來不但慘淡，而且更顯乾熱。蒸汽引擎重新與車身連接上，火車再度出發，沿途三不五時就停車靠站。

開了大約八十公里之後，火車進入青海省。有中國人告訴過我：「青海什麼都沒有」，但這反而令我對這地方更有興致。鐵路沿線很快就出現造型圓潤的泥山，彷彿一座座扎實的巨大土堆，整片風景看起來像無邊無際的廢物傾倒場。這是我在中國看到過最荒蕪的地方，比內蒙古更荒涼，比吐魯番窪地更乾燥，比甘肅的山谷更貧瘠。鐵路沿著黃河上游的重要支流湟水前進，河水看起來似乎充滿毒性，無法為大地澆灌出生命，無怪乎山谷中完全沒有植被。

然而，人類仍舊在這裡找到生存的方式。他們用竹架撐起大塊塑膠布，構成簡陋的溫室，在裡面種植蔬菜。青海的所有農作物都是用這種方式生產。夜裡，民眾會用草蓆把這些溫室遮起來，因為氣溫會降到攝氏零度以下。白天時，陽光透過塑膠布為底下的植物帶來溫暖。但即使在正午時分，溝渠裡依然可以看到冰。

這裡的居民窮得養不起驢子或牛，於是一切都靠人力。他們會三人成組耕田，兩人拉犁，另一人控制方向，就這樣在滾滾沙塵中辛苦工作。這是我第一次看到人拉犁的景象。青海人也用手推大小貨車，他們完全用人工取代獸力。我覺得他們應該是用這種方式把田犁好之後，在上面架起塑膠溫室。

大土堆般的山巒從紅褐色逐漸轉成灰褐色再變成灰色，然後出現一條條侵蝕作用形成的溝壑，接著岩石開始變多，但景色依然一樣荒涼。很難想像，在這樣的地景中，人們依然在挖土、耙地、犁田，他們就在這樣的環境中生活著，小學生在紅旗飄揚的操場上玩耍，還有一些小孩在用水桶提水，或在石礫中撿煤炭。在某個四下無人的地方，我看到一個面帶笑容的人牽著一隻蹦蹦跳跳的猴子走在路上。

聚落都是由低矮的方塊狀房舍所組成，房屋擁有自己的院子，並以土牆圍繞。這個地區到處都是土牆。偶爾可以看到灌溉設施，以及一些暴露在嚴酷天候中的菜園。可是我剛進入青海這段時間，印象最深的是每個村落看起來都像一座監獄農場。確實，這也是這些村莊最初的功能——許多居民是早些年被送到這裡勞改的，據說當年中國政府希望藉由這種方式將犯人改造成拓荒者。

車站名稱用中文、蒙古文和藏文三種語言標示。我無法估計火車走了多遠，只知道它一直開得很慢。青海省幾乎跟歐洲一樣大，但無比空曠。葉子掉光了的樹木看起來彷彿沒有生命，儼然像是小朋友畫畫時用幾筆勾勒出來的簡單造型。土地非常貧瘠，房屋和山巒都呈土褐色，河流是灰色，岸邊積了髒汙的冰。山谷約有三、四十公里寬。由於去年夏天我見過新疆的景色，所以我猜這些田野在夏天時應該也會綠意盎然，不像現在看起來這般荒涼。可是這個乍看毫無生機、似乎不會產出食物的土褐色大地，還是令人有非常奇怪的感覺，宛如置身某個死亡的星球。這種景色讓到中國旅行的人感到害怕——想必中國人自己也會覺得害怕。對中國人而言，這裡不是世界的真正部分，而是它的邊緣，所以它什麼也不是。

我跟一些乘客聊天之後，知道北方的山脈應該是達坂山，山脈另一邊就是甘肅。某些山腰上有許多窯洞，其中有些建得相當細緻，有門窗和簡單的管道設施。我還看到有些窯洞擁有類似陽台的突出結構，形成比較複雜的建築立面。

火車吱吱嘎嘎的前進，海拔不斷上升，逐漸來到兩千公尺左右的高度。這裡空氣冰冷而稀薄，風力強勁。鐵道上方的峭壁上依然有洞穴，每個岩面都建有窯洞，各自有平台和鑿在岩石上的危險階梯。有些窯洞居民坐著曬太陽，有些在晾衣服，也有人在狹長如凹槽、彷彿靠大磁鐵吸附在岩壁上的菜園裡鏟地，還有人在做飯。與其把眼前的風景看成山，何不乾脆想像成一棟公寓大樓？這不是一座岩壁，而是某個大樓群的朝西立面，頂端還建有閣樓。青海這一帶可說是由窯洞構成的世界。

☆

西寧唯一令人讚嘆之處是它的海拔。在其他方面，它看起來就是個名副其實的邊城，有筆直的街道，土褐色的方形建築物，市區周圍的土褐色山巒。溪流中的水都結成了冰。這是個難看但友善的地方，居民說話很喜歡打趣，他們臉頰紅撲撲，宛如挫傷了的桃子。惡劣的天候為這個城市製造戲劇效果。下雨時周遭一片灰暗，而且非常冰冷，但雨不會下很久。大多數時候，這裡的氣候乾得嚇人，除了在塑膠布遮蔽的溫室中，其他地方種不出任何東西。下雪時，潮濕的大雪片直撲而來，強風則把表土捲走。短短一週之內，我經歷了這種種天候變化——雨，雪，沙塵暴，眩目的陽光。爬樓梯速度要是稍微快了點，一下就得停下腳步喘氣。很快地，我就學會要踏重步行走，這樣才能穩定前進。市區到處都是穆斯林，他們留有鬍髭，頭戴類似廚師帽的無邊帽；也有許多隨地吐痰的漢人，以及喜歡戴牛仔帽、穿長袍的藏人。

「這個音樂是什麼？」從火車站到旅館的路上我問司機。

司機沒立刻回話，不過他的朋友說：「貝多芬。」

「貝多芬，」司機說，「我喜歡貝多芬。」

司機姓傅，他說他可以載我到西藏。從西寧到拉薩需要五天，公路會經過青海的沙漠，然後進入山區，沿途可以在軍營過夜。怎麼樣？我說我很有興趣。

他的朋友李先生說：「我覺得這是第二號交響曲。」

「不是第六號『田園』嗎？」

李先生笑了起來，露出黃黃的牙齒。他的笑聲有點像狗吠，那意思很簡單：答錯！他說：「田園交響曲是滴—滴—嘟—嘟—滴。不對，這不是第二號。二號、五號、六號、七號、九號我都挺熟的。這不是交響曲，應該是序曲。」

傅先生在手套箱裡翻找了一下，拿出一個卡帶盒讓我們看。那上面寫著「科里奧蘭序曲」。傅先生說這是他特別喜歡的一個貝多芬作品。

旅館到了。「這是西寧最棒的酒店。」傅先生說。

李先生發出嚴正的笑聲糾正他。「這是西寧唯一的酒店。」

這家旅館讓我想到某個東西，但我一時無法清楚知道是什麼，總之是某一棟從前我去過的建築物。旅館是俄國人興建的，保留了原有的五〇年代風格。旅館裡霉味很重，甚至長出霉花。為什麼中國每個地方的地毯都腐壞發臭？我真不喜歡待在旅館裡的時間。六點鐘就得吃晚餐，晚間八點以前不會有熱水。房務員有每個房間的鑰匙。如果要使用馬桶，必須先裝兩桶水倒進水箱，而且裝水的桶子就是垃圾桶。

然後我記起我在學生時代打工的北安普敦醫院。我心想，難怪！這西寧賓館無疑就像一間瘋人院。房間很小，瀰漫著食物、消毒劑、下水道的味道，附近的房間會忽然傳出粗厲的叫聲，電視沒人看，牆上的刮痕令人想到可能發生過暴力事件，窗戶上設有鐵條，走道盡頭永遠有個人在拖地板，一言不發的病人蹲坐在椅子上，彷彿母雞在孵蛋……。那個我看過的老醫院中的種種情景，彷佛一一復刻在西寧賓館中。就連整理房間的女孩都跟平常看到那些客氣的中國服務員不同，她們就跟瘋人院工作人員一樣，板著臉不說話，一副天不怕地不怕的模樣。在這個彷彿「杜鵑窩」的旅館中，我無法斷定自己是病人還是房客；但有時我真的覺得自己像是那種被關進某個地方觀察療養之後就被遺忘了的可憐人物，在緊閉的房間裡完全發瘋，二十年後才又被人發現。

這種焦慮感使我迅速決定擬訂前往西藏的計畫。我跟傅先生說我想討論這件事。

「我父親去過西藏。」李先生說。

不過我多問了幾個問題之後，發現他父親是二十年前騎馬去的，當時他是自願到西藏當老師。

「那時沒有公路。」李先生說。

「現在有很好的公路，」傅先生說，「我已經開車到過拉薩好幾次。」

我問傅先生幾個問題，不過只得到模糊的答案，因此我難以判斷他到底是不是真的開車去過。

「而且從這裡到格爾木，一路上風景非常漂亮。」他又說。

「我可以搭火車到格爾木。」

這是我很想做的事。搭火車到格爾木可以說是中國鐵道之旅的終極體驗。這條鐵路的終點站是格爾木，再往前因為碰到西藏高原，蓋了一段就停了，鐵路就這樣消失在廣袤的高原中。說什麼我也不願意錯過搭這趟火車的機會。

「那個火車很可怕，」傅先生說，「是蒸汽機車。鐵路穿過沙漠，火車開很慢。」

這一串話聽在我耳裡宛如一陣仙樂。

「你開車到格爾木，」我說：「我們在那裡會合，然後再一起到西藏。我們可以沿路停車，我會帶一些吃的，路上我們可以聽貝多芬。」

傅先生稍微計算了一下，然後遞給我一張帳單，總金額大約相當於六百美元，其中包括他那輛日本小車的租用費、他的人工費，還有所有加油費，而且我還要另外支付所有餐費。

「就這麼說定。」我們握手成交。

將近兩千公里的公路崎嶇難行，必須通過西藏最荒涼的地區，我忍不住心想，傅先生那輛車會不會無法通過考驗。他的車型是「嘉蘭特」（Galant），我真不喜歡這名字，這是在廢料堆裡常見的車款。連傅先生在西寧市區開它時，每當大風吹起，車子就會左右晃動。這種車真不適合開去西藏。另一塊車牌上寫了「三菱」，看起來真像一輛碰碰車。

「你覺得這輛車承受得了這段路嗎？」

「這是一輛好車。」傅先生說。

「記得準備兩個備胎。」我說。

他說他會帶，不過他那拍胸脯保證的語氣使我不知怎地覺得他應該是在騙我。

接下來，我決定把待在西寧的時間用來準備西藏之旅。我買了乾麵、罐頭食品、水果和湯，也買了儲存容器、飯盒、熱水瓶，並再買了一頂帽子。我找到一個地方有人在賣瓶裝鵪鶉蛋，便買了一箱。這些食物便宜得離譜，一共頂多只花了幾美元，我連帳都懶得記了。我在街頭溜達時，發現一種西寧本地的餡餅，裡頭包了很多蔥，在鍋子裡煎得熱呼呼的就立刻賣給客人，咬下去時濃郁湯汁噴流，真是青海下雪的日子裡最理想的食物。

西寧是個看起來簡單而破陋的城市，我在中國期間慢慢喜歡上這種氣氛。市容雖然不漂亮，但這並不重要。食物平實而美味，沒有刻意裝飾，但就是好吃。天氣的變化時時令人驚奇。民眾會跟我打招呼，他們之間相處得也很和氣。我喜歡西寧的程度就像黑龍江的朗鄉，而且原因也一樣：它們都是鄉村地區的城市。我漸漸發現我是城裡唯一的蠻族。這時是淡季，遙遠偏鄉的三月中旬。這也是居民主動跟我說話的原因之一——他們看到一個從那麼遠的家鄉跑來的蠻族，覺得很新奇。

西寧有勉強稱得上百貨公司的購物場所，也有至少兩家電影院，市區還有一座規模龐大的清真寺。可是全城大概只有二十輛傅先生那種汽車，而由於主要街道都有四線道寬，感覺上市區幾乎完全沒有汽車通行。公共汽車則是中國鄉下隨處可見那種破舊生鏽的巴士。

西寧的人說格爾木很可怕、很原始，讓人聽了不免緊張。多帶點保暖的衣物，他們說；多帶點吃的喝的，也別忘了帶茶葉。想得到的東西都帶。當一個本身相當糟糕的地方的居民說另一個地方——也就是你的下一個目的地——非常、非常糟糕，感覺起來真的很怪。可是這種警告之語也使我感到深深的好奇與期待。

這一帶生產馬鈴薯，居民會吃油膩、酥脆的細薯條，看起來像麥當勞薯條，不太能引起我的食慾。

我遇到一個剛皈依佛教的年輕人荀先生，他正在學習英文。我跟他說我很喜歡我吃到的那種蔥餡餅，他有點不以為然。中國人聽到外國人說喜歡吃餃子、蓮藕、炒麵、蒸包子這類農民食物，經常露出這種神情。在他們的心目中，肉類才是王道。

荀先生說：「羊筋，犛牛筋，蒙古火鍋，冬蟲夏草，炒駱駝腳，這些東西我比較喜歡。」山區也出產一種叫「髮菜」的黑色苔蘚，很好吃，他們是把它做成湯，樣子看起來跟海藻差不多。不過在西寧以西的青海和整個西藏高原，稱得上蔬菜的東西只有一種，叫大麥；肉類也只有一種，叫犛牛。不難推測，面臨只有兩種食材的情況下，這個地區的居民早已學會用各種不同方式烹調它們；不過所謂變化終歸流於形式，烹煮出來的菜餚味道其實一成不變，就是犛牛的味道。

☆

皈依佛教的荀先生陪我一起參觀位於西寧西南方二十多公里的塔爾寺。一種純粹佛教形式——藏傳佛教格魯派的始祖，於五百年前在這裡降生。這位名叫宗喀巴的僧侶前往拉薩，在那裡的甘丹寺佈道。他建立了黃派（亦即格魯派）佛教。他離開幾年之後，他的母親寫信懇求他回家。他說不行，但他補了一句：「假如母親想做件有益世人的事，請為我建一座廟。」老母親還沒採取行動，一棵菩提樹（白旃檀樹）從宗喀巴出生的地點冒了出來，類似佛陀於其下獲得啟蒙的菩提樹。母親在樹的上方建立起一座佛塔，然後蓋了一間廟宇，整個寺院在一五八八年建成。達賴喇嘛和班禪喇嘛都拜訪過這裡。現任達賴喇嘛就出生在附近的山區。第九世班禪喇嘛的白馬於一九〇三年在這裡載運過主人之後忽然暴斃，牠被做成標本，供奉在寺院裡的其中一座廟宇。荀先生是這樣告訴我的。

荀先生沒說的是，這座最近才重獲政府允許開放的寺院，早已把那標本和它所代表的一切踢出寺院。不難猜想文化大革命造成了嚴重破壞，但早在一九五八年，毛澤東就已經頒佈「宗教改革」詔令；一開始那只是一種政治安排，但很快就成為宗教迫害。三十年後，「貢本噶丹賢巴林」（即塔爾寺的藏語名稱）重新蓬勃了起來。這座寺院的僧侶人數曾經達到三千六百人，後來這個數字減少到零。過去幾年來，已經有五百名僧侶陸續進駐，這還不包括學徒僧侶。臉頰紅撲撲的學徒總是開心地笑著四處奔忙，在夾雜了高昂興致和頑皮嬉鬧的氣氛中處理日常勤務。

毛澤東要求僧侶脫下僧袍時表示，不出三個月，他們就會全心相信共產主義。但經過所謂改革之後，現在這個寺院依然展現活絡的佛教信仰。我想這個地方可能太過偏遠，連平日愛找麻煩的共產官僚也懶得管。寺院座落在山谷邊緣的山坡較低處，院區內包括許多寺廟、佛塔、庭園，還有印刷工坊、醫院、教授草藥療法的醫學院，以及一些住宅（十三名活佛[3]和他們的母親就住在這裡）。附近也形成一個小鎮，從院區一邊沿著道路往下走一段就會到。

有荀先生陪我參觀塔爾寺非常好，而且由於這時還是寒冷的冬天，我可以看到所有轉經筒[4]在轉動。我們跟隨一個土族[5]的禮佛團，他們身穿棉襖、足蹬高筒靴、頭上戴著邊緣上翻的黑帽。

香客五體投地頂禮之後，進入小金瓦殿（護法神殿）。前庭中掛了許多小包裝的羊毛。荀先生表示這是為了祈求好收成，不過我的指南書提供了另外一種說法：待宰牲畜會被帶到這裡，用這種方式獲得恩典（「同理，牛羊也可以被牽著以順時針方向繞著寺院走，作為牠們在世間的最後行動」）。在這座廟宇中，頭髮凌亂、留著鼻涕的小朋友抓著桶狀的轉經筒玩。一名聲音尖銳的男子在一間上了鎖的房間裡擊鼓誦唱；香爐中插滿柏葉，冒出濃濃煙霧，香客把中國硬幣黏在香爐側面（香爐旁邊擺了一罐魚膠）。左右兩側的陽台上擺放了兩個身披薄紗供品的碩大犛牛標本、兩個山羊標本，以及一個棕熊標本，這些動物都撐立在欄杆邊，看起來像法官正在度量下方的香客。牠們的臉部皮膚經過拉撐，眼眶中塞了玻璃眼珠，露出野性的笑容。在信徒眼中，這種地方神聖無比，只有非信徒才會覺得詭異。

周遭瀰漫著腐敗犛牛油（也稱酥油）的氣味。從蒙古到西藏，所有寺院都飄著這種酸臭味，聞起來差不多像美國人家裡的冰箱在盛夏期間經過長時間停電以後散發的味道，那是過期牛奶的臭味。不過犛牛油不只是祭祀時使用的燃料，也被用來烹調、點燈、雕刻，而且是很好的車軸潤滑油。作為西藏地區的潤滑劑，犛牛油兼具宗教及產業功能。進香客剛完成車輪潤滑，又提了一桶到祭壇邊，一團團舀進擺在那裡的一個缸子中。

荀先生說這裡發生過很多顯靈的奇蹟，除了宗喀巴出生地點長出菩提樹之外，花寺也長出一些

3　譯註：活佛是藏傳佛教中的轉世修行者，也稱法王，但這兩個名稱是漢人發明的稱呼，在嚴謹的藏傳佛教語言中使用的稱謂是「祖古」。

4　譯註：也稱祈禱筒或嘛呢輪，是藏傳佛教的祈禱法器，在寺院周圍都會裝置一批這種經輪，供信徒依次轉動。

5　譯註：土族自稱土昆族或蒙古爾族，主要聚居在青海省東部及甘肅部分地區。這支少數民族源自古代中國東北的東胡鮮卑族，曾在中原的隋朝時期於青海地區建立吐谷渾國。

樹叢。荀先生強調那是奇蹟，而且上面還有神祇標示的訊息。

「我要去看。」我說。

荀先生非常高興我這麼有興致，於是介紹我認識花寺的住持。

這位僧侶說：「你看這些樹的樹幹，仔細看。」

我仔細觀察，看到上面有一些類似刮痕的小痕跡，有點像蟲子在剝離的樹皮上走出來的蹤跡。

「那是西藏文字。」住持說。

「請念給我聽。」我說。

「我不會念。」

「那它代表什麼意思？」

「我們不知道。不過我可以告訴你，那不是人造的。」

他的意思不是說那是蟲子造的，而是源自某種超自然的力量。

他看到一些中國遊客在抽菸。

「不要抽菸！」他用藏語腔很重的中文說，「這些都是木材，假如著火的話，誰要負責？這座寺院已經有七百年歷史了！」其實沒有這麼久，不過我想他是故意要讓那些遊客覺得心虛。「你們根本不在乎！這些酥油一下子就會燒起來的！」

中國遊客走了以後，住持說：「他們不在乎，老是抽菸。他們到處丟菸蒂，連在聖樹底下都丟。」

藏族僧侶相當明顯地不喜歡中國人，不過他們只是聳聳肩抱怨，不會起而反抗。在寺院的印刷工坊中，幾名僧侶告訴我，他們在文革期間被送到一處發電廠工作。

「你們喜歡那個工作嗎？」

「那叫浪費時間。」其中一人說。

印刷工坊以中世紀的方式運作。僧侶在一塊經文板上抹油墨，把一張粗糙的紙放上去壓，然後把紙取下晾乾，這樣就完成一頁經文的印製。

有一頁的內容是一串緞帶般的文字。

「把這張貼在門上，就不會遭小偷。」

「這上面寫什麼？」

「是印度文字，梵文，我們不知道意思。」

他在另一塊板子上抹油墨，印出一頁新的經文。

「把這個貼在房子上，你的客人就會開開心心。」

可是跟前面那張一樣，他也不懂上面寫的是什麼。

我到打坐廳參觀，那裡的犛牛油氣味幾乎使我招架不住。然後我參觀了大廚房。這廚房看起來像一間鞣革工坊，裡面放了很多直徑不下兩公尺的深缸。

「這間廚房最後一次使用是一九五八年的事，」荀先生說，「這些大鍋子一次可供烹煮十三頭犛牛，整個寺院的人要吃的東西都可以在這裡煮出來。」

第三世達賴喇嘛的靈骨舍利被供奉在這座寺院的九間殿[6]。他名叫索南嘉措，是第一位被奉為

6 譯註：此處作者似乎弄錯了，三世達賴喇嘛的舍利子是供奉在達賴遍知殿（藏名「譚傑乾貝拉康」）中的三世達賴靈塔。九間殿另稱「三世佛殿」，因為它在明末建成之初只有三間殿（燃燈佛殿、釋迦佛殿、彌勒佛殿），清雍正期間才擴建成目前的九間殿規模。作者或他的陪同者有可能把「三世佛殿」跟「第三世達賴喇嘛」混淆了。

「達賴」的喇嘛，十六世紀期間他拜訪蒙古首領阿勒坦汗[7]的宮廷時，可汗送給他這個封號。「達賴」在蒙古文中的意思是無盡的智慧。可是九間殿的真正特色並不是這位喇嘛的靈骨，來訪者最感興趣的其實是兩尊高大的金剛。

「有沒有看到那個簾子？」荀先生說。

佈滿灰塵的布幔覆蓋著大雕像底座。

「這裡用布蓋著是為了不讓人看到那底下的雕塑。」

「為什麼要把那些雕塑遮起來？」我問他。

「其中一個雕塑是一頭牛和一名仕女交媾的情景。」荀先生回道。

「什麼樣的仕女會跟牛交媾？」

「我不知道，」荀先生說：「因為被遮起來了。」

塔爾寺院區內的建築物並不美麗，甚至稱不上好看，不過它們流露出一種粗獷的山野魅力，某些雕花柱看起來既神聖又詭異。這個地方真正吸引人之處在於它散發的生命力——香客和僧侶來來往往，學徒僧侶忙著提水、吃爆米花；懺悔的信徒把黃白相間的「哈達」披在雕像上、燃燒犛牛油、旋轉轉經筒、趴在地上頂禮。他們五體投地做「大禮拜」的樣子不但虔敬而且耗費體力，令人看了印象深刻，而且他們每年必須這樣做大禮拜一萬次。那不是煞有介事的叩頭動作，而是一種充滿活力、類似柔軟體操的朝拜姿勢，而且為了防止瘀傷，他們必須戴上手套和護膝。

荀先生和我沿路往下走，經過一些紀念品攤和小店，然後走進一家餐館用餐。餐館裡只有我們兩個客人，我們點了炭烤犛牛肉、甜瓜、南瓜、肥豬肉、包子、海菜湯和薯條。犛牛肉包是我這天吃得最開心的食物，我把它記入筆記本，跟餃子、樟茶鴨和其他一些我特別喜歡的菜餚放在一起。

我們坐在一座富蘭克林爐[8]附近，它的煙囪足足有三公尺高。荀先生說前一年他到過美國，他是幫一個貿易訪問團擔任翻譯。為了得到那個工作，他必須通過一個競爭激烈的英文考試。他說美國東西南北他都走了一遭。

「我去了舊金山。」他邊說邊微笑，並告訴我他很討厭那裡的中國城。他認為「中國城」這個詞本身就有侮辱的意味，不過他尤其覺得中國城老套、庸俗而荒謬，令人感到尷尬。「而且那裡的菜很難吃。」他說。

「你第一次看到紐約有什麼感覺？」

「感覺沒溫哥華好。」

然後我問他在美國買了些什麼帶回中國。

「一支鋼筆，一本故事書，一本相簿。」

他沒有很多錢。可是假如他有錢的話，他會買什麼？冰箱、摩托車、電視機、電動製麵機！

我們聊起藏族的事。

「他們的臉黑黑紅紅的，」荀先生說，「漢人是白白紅紅的。看到白皮膚紅臉頰的就知道他是漢人。西藏人很髒。」

「可能是因為這裡水資源不足的關係。」我說。

「青海西部的草原上完全沒有水。他們都用犛牛的奶洗手，而且一輩子沒洗過一次澡。」

7　譯註：Altan Khan，也稱俺答汗（Anda Khan），十六世紀後期蒙古土默特部重要首領，是成吉思汗黃金家族的後裔。

8　譯註：一種壁爐狀鑄鐵火爐。

「那漢人呢？」

「我們一個星期洗一次澡。」

荀先生說他通常會在星期五到西寧的一間公共澡堂洗澡。他跟家人一起住在郊外的一棟三房公寓。

彷彿天外飛來一筆，荀先生忽然說出這句話：「全世界都同意一個道裡，擁有財富的單身男人必定缺乏一個妻子……」

「你讀過《簡愛》嗎，荀先生？」

「我最喜歡的書是《傲慢與偏見》。」

我忽然想到，這個標題其實還滿中國的。他也喜歡狄更斯和薩克萊[9]。在這個亞洲內陸的高原地區，他顯然有很多空閒時間可以閱讀那些篇幅浩大、人物眾多、情節複雜的英國小說。他說他也讀過經書。中學畢業之後，他決定成為佛教徒。「我是希望能在人生中擁有好運。」他說。現在他的信仰非常虔誠。

「你想不想要這個？」

「好啊。」他說。我拿出一幅流亡達賴喇嘛的法照，他非常感激地收下。

我在行李中放了五十幅達賴喇嘛法照，因為有人告訴我在中國買不到這種東西，而它可以幫助我在這個西部地區贏得友誼。那只是一個簡單而方便的手段；我個人並不反對送人這位戴著眼鏡、神情肅穆的轉世活佛的法照，而這個做法似乎相當有效。

返回寺院的路上，我們碰到一名香客，他說他是個牧犛人，他有大約三十頭犛牛。一頭犛牛的售價相當於一百美元（不過克里斯．波寧頓光是租一天就得付八美元），這次他為了帶妻子和兩個小孩來朝聖，賣掉兩頭犛牛支付旅費。中國人也把犛牛稱作「牦牛」，這種動物的毛很長，樣子很可愛，有點像盛裝打扮準備去聽歌劇的牛。

塔爾寺的油雕「酥油花」非常有名，由於犛牛油是這種創作的媒材，以致這些藝術作品散發出嗆鼻的味道。一間將近四十公尺長的廳堂中陳設了各式各樣的雕像和牆頂飾帶，呈現多彩多姿的花卉、小天使、樹木、廟宇、小動物，以及男女神祇。最大的雕塑之一是一尊大悲菩薩觀音像，不過黃派佛教把這位慈悲女神詮釋為具有三十六種形狀，而眼前這尊犛牛油雕觀音像是她化身為鬍鬚男的模樣。

看管油雕的僧侶收下我送給他的達賴喇嘛法照，折疊起來收進長袍裡，然後悄悄為我祈福。「你讓他覺得很高興。」荀先生說。

現任十四世達賴喇嘛出生於一九三五年，出生地點離這裡不遠，位於平安縣的紅崖村[10]。兩歲時他被人用一頭神聖的白犛牛載到塔爾寺，然後由三名專程從拉薩來找他的喇嘛負責教養。

事情發生的經過是這樣的。第十三世達賴喇嘛逝世以後，他的遺體被發現時面朝東方。遺體被安置好接受瞻仰之後，不久卻再度移動，頭部從朝南轉向朝東北方。國家級祭司戴上面具起乩通

9　譯註：威廉．薩克萊（William M. Thackeray），一八一一～一八六三，與查爾斯．狄更斯（Charles Dickens）齊名的英國維多利亞時代小說家。

10　譯註：紅崖村藏名為「當采」（Taktser，或譯「塔澤」）。達賴喇嘛出生時，該地隸屬於青海省同仁縣，中華人民共和國成立以後改劃入平安縣，隸屬青海省西寧與甘肅之間的海東地區。二〇一三年海東地區已改制為地級海東市，二〇一五年平安縣撤銷，改為海東市轄平安區。

靈，結果他也面朝東北。三名喇嘛於是出發往東北方行進，然後找到轉世的達賴喇嘛。他們訪問了那對育有三、四個小孩的夫妻。這個家庭很窮困。其中一個小孩名叫拉莫頓珠，他出生時有一些徵兆，特別是烏鴉奇異地造訪那個從前不曾出現烏鴉的地方。可是喇嘛們還無法完全相信；達賴喇嘛的身分是需要一段時間考驗才能證明出來的。結果這個小孩通過所有考驗，他拿到念珠時完全無誤地從中挑出第十三世達賴喇嘛的念珠，他懂得回答所有問題，而且相貌也符合天神的特徵：超大的耳朵，帶著悲憫的眼睛，腿部有「虎斑」，還有其他八個身體記號。他被送到塔爾寺，然後又轉往拉薩，被確認為達賴喇嘛轉世靈童，並起法名為「吉尊降白阿旺洛桑益喜丹增嘉措」[11]，意為「聖主、溫柔光輝、能言善道、悲天憫人、學問淵博的信仰捍衛者、智慧的海洋」。

「他在塔爾寺的時候住在那邊的一棟房子裡。」

僧侶伸手指了一下，不過那邊沒有什麼東西。

「我什麼也沒看到。」

「他的房子被紅衛兵毀掉了。」

這位僧侶是我在中國期間少數不願意跟我談文革的人之一。他不是害怕，只是覺得憤怒而反感。他跟另一位僧侶一起住在塔爾寺馬房裡的一個小房間，房間牆上有佛陀的法像。他有一個茶壺、一個小火盆、一個托盤和一條褪色的棉被。房間陳設稱不上嚴酷，不過很簡樸。他也有一大桶犛牛油，小床鋪上方則貼了一張老虎的海報。

塔爾寺外面的市集生意非常冷清。由於正值冬天，這裡沒有外國觀光客，中國遊客也很少。店鋪裡賣的東西有念珠、銅器、狼皮、搭配了帽子和號角的藏袍、手杖、佛像，以及各式各樣的紀念品。有一家店專門賣桶裝料理油脂，標籤上寫著：

挪威可食用油脂，Sandarit牌，重量：五磅
世界糧食計畫提供，挪威贈品
生產商：Jahres Fabrikker A/S公司，挪威桑德峽灣

「多少錢？」我問。

「一桶十五元。」

「你們有多少桶？」

「很多。」

店面裡堆放了許多運貨箱。這些東西是怎麼來到這裡的？也許是通過印度或阿富汗。無論如何，這個挪威送給某國的免費禮物，正在幫青海偏遠地區一家生意興隆的小商店賺進大把鈔票。

在同一處市集中，一些藏族男子正在買念珠、用銀塊交換琥珀塊、為灰獺皮討價還價。漂亮的裝飾品類交易熱絡，有些人在試戴藏人非常喜歡的中國製牛仔帽。

我想起傅先生那輛小車裡的卡式錄音機，以及我們即將展開的遠征拉薩公路之旅，於是我走進一家唱片行，買了一些錄音帶。回到西寧以後，我繼續採買音樂類商品，我發現市區的唱片行和百貨公司有琳瑯滿目的品項，於是我壯膽問他們有沒有政治歌曲的錄音帶。

「哪種歌曲？」售貨小姐問，「你知道名字嗎？」

「東方紅，」我說，「還有一首歌開頭是這句：『我愛北京天安門……』、《瀏陽河》、《白毛女》

---

11 譯註：最完整的法名是「吉尊降白阿旺洛桑益喜丹增嘉措師松旺覺聰巴密白德青布」，簡稱「丹增嘉措」。

選曲。」

這些都是毛澤東時代的革命歌曲，在過去二、三十年間想必被人民唱得響徹雲霄。

「我們沒有這些歌。」

荀先生說：「我們已經厭倦那種歌曲了。」

不過店裡有很多流行歌曲，有香港的搖滾樂，也有音樂劇《奧克拉荷馬》的卡帶。他們還有史特勞斯、孟德爾頌等許多古典音樂。我買了貝多芬交響曲全集，準備在前往西藏的旅途上聽。

幾天後，我在中午時分走在西寧市街，天空陰暗了起來。開始下雪了，起初下得比較小，然後逐漸大雪紛飛。似乎沒有人在意，不過無論如何，街上也沒什麼車輛或行人。積了幾吋雪之後，西寧變得比較好看了。一個瞎眼男孩被雪困住，他用棍杖敲打地面，如果沒聽到聲音或回音，他就會發出低沉的叫聲。幾分鐘後他就迷路了，因為他在雪中無法聽到棍杖的敲擊聲；他把頭抬起，雪打在他的臉頰上時，他舔了一下嘴唇上的雪花，然後一群穿黑斗篷的穆斯林走過瞎眼男孩身邊解救了他。那些穆斯林有的是目光嚴厲的家長，有些是嘻笑作樂的頑皮小孩。我跟著他們走進清真寺，那是我在中國看過最大的清真寺，不過跟我見過的所有其他宗教建築一樣，它也有一種被破壞後又修復的樣子。

我在西寧待的時間比原先計畫的久了些，因為我喜歡上了那裡的餡餅和雪花飛舞的天空，那些臉頰紅撲撲的漢人，以及衣著破舊、長袍油膩膩、但一臉笑容走在街頭的藏人。我爬了附近所有的山，參觀了著名的北山土樓觀。那裡的僧人住在窯洞裡，廟宇建築在峭壁上，整個地方看起來像木造的大型防火梯。在那些山丘頂端，我發現西寧比我想像中來得大，不過我沒去的那些區域都是些看不出有什麼功能的土褐色鞋盒狀建築物。雪融了以後，呼嘯的大風從山區吹來，把沙塵捲上天空。這個城市真的不怎麼好看，可是這裡的人非常友善，我很喜歡身為城裡唯一一個蠻夷洋鬼子的感覺。

第二十二章 開往西藏的列車

在中國比較偏遠的地區，政府不信任人民會守秩序，所以當局發展出軍事訓練般的上車方式，而西寧的做法是我看過最殘酷的。硬座車廂旅客在車站前排列成隊，可能有上千個人洋洋灑灑排成一長列，等得又冷又不耐煩。可是那是一個沒有方向的隊伍，它沒有通向任何地方。大陣仗的等車隊伍就這樣在寒風吹襲的站前廣場上形成，他們的前方有一座醜陋的雕像，呈現十多個少數民族互相競爭的景象。雕像擺在這裡可說是恰如其分，因為這條鐵路沿線住的就是同樣那些少數民族，他們也都在競爭——爭奪火車上的位子。

發車前十分鐘，一名鐵路局工作人員吹了哨子，民眾紛紛抓起包袱行囊，開始往前衝。他們啪嗒啪嗒地跑過縱深兩百米的廣場，然後氣喘吁吁地再跑一百米路繞過車站，衝上月台。吐著蒸氣的火車已經等候在那裡。這個跑步競賽使搶位子的群眾自然分出高下，而老弱婦孺總是殿後。

這是一輛可怕的火車。不過這倒不是一件壞事，因為最糟的火車會把旅客帶到最神奇的地方，這幾乎已經是個定理。我強烈地感覺（而且後來事實證明我的感覺很正確）我即將通過中國最美麗的風景之一。這輛火車又骯髒又邋遢，而且擠得水洩不通。火車開動前，旅客之間發生爭執，五個行李很多的藏人想擠進不該是他們坐的車廂。那些人並沒有大打出手，只是互相推擠、怒罵，藏人則大都一臉微笑地對陣。

這輛火車很糟糕的最明顯證據是發車一個小時之後，水就沒有了。沒水洗手也罷，連泡茶的水都沒有，這種事在中國不只是單純的麻煩，而是一場災難。可是居然沒有人抱怨，他們用含糊的聲音問了一下，然後就接受了這個事實，不會繼續發牢騷。這個情景雖然使我印象深刻，不過我還是有點惱火。這可不是幾個小時的車程，而是結結實實的三十個小時，沒有熱水怎麼得了！火車的目的地是青海荒漠中的格爾木，那是這條路線的終點。我計畫在那裡藉傅先生之力，自行前往拉薩。

火車上也沒有食物。我在杯子裡用最後一點熱水泡了麵。乘客擠在餐車裡，可是那裡沒東西可吃。他們叫囂咒罵了一陣，不過聲音被蒸汽火車頭叮鈴噹啷嘎嘎作響的聲音淹沒了。火車上也沒有燈光。我先是覺得光火，然後開始不舒服，最後是悶得發慌。我沒法吃東西，沒法看書；乘客大聲喧嘩、小孩尖叫嬉鬧，無不令我氣惱。我抓出一點東西吃，很遺憾自己沒帶更多食物。地板上一下就鋪滿了乘客吐出來的瓜子殼。

我的廂房裡坐了一個年輕人和一個老人。年輕人一直抽菸，老人則經常吐痰，除此之外，他們都很有客氣。他們也要到格爾木。火車搖搖晃晃地前進時，我忽然想到，我們現在早已遠離多數人心目中那個物產豐饒的中國。我們已經超越邊界，把古老中國遠遠拋在後方，距離文明和那些瀰漫臭味的龐大城市至少有四天車程。

風景美不勝收。火車越爬越高，蛇行穿越西寧西方的隘口，然後往下開進寒冷的山谷。冰凍的河流是令人驚異的粉筆白，連在暮色中都清晰可見，彷彿積雪的公路蜿蜒在灰褐色的山谷中。

「你要到西藏嗎？」老人問我。

他假定沒有人會在格爾木停留，當然他也說對了。所以這章的標題叫〈開往西藏的列車〉，而不是〈開往格爾木的列車〉。

其他乘客包括穿刺繡外套的撒拉族人[1]，一些身材矮小、褐色皮膚、頭戴碗狀毛氈小硬帽的人，穿著靴子和羊皮斗篷的哈薩克人，戴無邊帽的回族人，還有剃了光頭、身材高大、穿著油膩長袍、背破舊背包的藏人。他們大都是道地的鄉下人——牧羊人、牧犛人、住帳棚的游牧民族，到塔爾寺參拜或到西寧市場趕集後，現在要打道回府。車上也有許多軍人，還有喧鬧的、吐痰的、找麻煩的，我甚至看到一些穿著長衛生衣褲在火車通道上遊蕩的怪人把鼻涕擤在窗簾上。

附近的山巒有明亮的尖頂和溫暖的山坡，不過下方陰影中的山谷看起來彷彿冰凍的世界，土牆圍繞的方形村落看起來像新石器時代遺留至今的古老民居。這些村落是毛澤東號召的開拓先鋒在一九五〇年代興建的，那些離開原有舒適圈前往遙遠西部拓荒的漢人希望為西藏建立秩序，彷彿佛教無法有效帶來秩序一般。黑夜迅速降臨，黑藍色的夜空佈滿雲層，下方的結冰河流則在夜色中透出白色亮光。

我躺在床上，心裡詛咒著寒冷的火車上沒有熱水可以泡茶。我打開亞瑟・莫里森[2]的《牆上的洞》（*The Hole in the Wall*），這是一本老小說，描繪盜賊肆虐的年代中發生在倫敦東區的故事。稍早火車開出西寧時，我問年輕人外面的採石場開採的是什麼，他說那是石灰礦坑。在這本小說裡，

---

1 譯註：撒拉族是古代西突厥烏古斯部撒魯爾人的後裔，早期在現今新疆伊犁地區游牧，後來大都西遷至現在的土庫曼及土耳其，元朝時有一支又東遷至甘肅及青海交界地區定居，並與回、漢、藏等族裔通婚，成為今日的撒拉族。他們信奉伊斯蘭教，說突厥語系的撒拉語。

2 譯註：Arthur Morrison，一八六三～一九四五，英國作家、記者，作品包括偵探小說及以倫敦東區為背景的寫實小說。

作者用很恐怖的方式描繪了石灰的可能用途。瞎眼喬治遭到粗魯的丹・歐果攻擊，結果他的報復方式是潛進歐果的房間，把石灰抹進他的眼睛裡把他弄瞎。（「他的手指還忙著把冒煙的石灰擠進歐果的眼睛，石灰就這樣黏在他臉上，還流得滿頭都是……瞎眼喬治喘著氣說：『現在你跟我一樣瞎了，打我啊！』」）

這個情節害我做了噩夢，夢境中的恐怖之處在於我把雪和石灰搞混了（這兩種東西看起來確實差不多），結果我滑了進去，慘遭毀容。我睡得很不安穩。火車裡越來越冷，使我好幾次被凍醒。天亮以後，我看到北方有高山，四周則是沙漠般的荒原。這片充滿石頭的原始大地是我在中國看過最粗糙的景色。中午時分，在陰霾的天色中，我看到荒漠被薄薄的雪覆蓋住。那雪看起來不太均勻，彷彿被隨意傾倒在地面，遠方山脊則披著一道道白雪。大風猛烈地吹襲著高原，地面雖然一片平坦，但石頭都被暴露出來。

周遭沒有任何植被，沒有人居住在這裡，連設在這一帶的火車站看起來似乎都毫無意義，因為並沒有旅客上下車。除了站長舉著綠旗立正站著，車站中不見任何人影。

火車上依然沒有水，我很驚訝居然沒有人抱怨，可是我在廚房門口明明看到有個人在把水倒進一個壺裡。他沒有說話。他走過來對我微笑了一下，然後砰一聲把門關上。

一個穿工作罩衫的小伙子在餐車裡賣票，我問他那票是要做什麼的。他說是麵票。我買了幾張麵票，站在通往廚房的窗口排隊。等了十分鐘，我看沒有任何動靜，於是問了一聲：「麵呢？」

「沒了！」賣票小伙子說。他面帶微笑，不過那笑容顯得很曖昧。

我發起牢騷：「可是我付了錢——」

「一小時以後回來。」

「我現在就要吃麵，不然我要退錢。」

「等一下再說。」

這種氣氛真像監獄，或者軍隊，不然就是老時代的瘋人院。

我說：「你這樣真的不好，這火車上沒水沒暖氣沒東西吃，真的很糟糕。」

小伙子仍然面帶微笑。我心想，要是我打他一拳，會發生什麼事。他們可能認為我嚴重違反紀律，把我送到很遠的地方去勞改；他們很可能就是把我送到青海這裡，畢竟以前已經有太多他們眼中的反叛份子被送過來了，所以我也沒什麼好怕的，我人都已經身處流放區了。

「至少給我一點熱水泡個茶。」

賣票的小伙子終於發現我在生氣。「對，很糟糕。」他說。

「沒有熱水。」

「廚房裡有熱水，我親眼看到的。」

算你贏了——他的表情好像這樣說。他拿了一壺熱水給我，我跟廂房裡其他人分享這些水，大夥非常開心。

我本來已經以為我看到了最原始的風景，但現在外面的景色變得還更原始，感覺更冷，風更大，石頭更多，遠處的山巒也更黑。相較之下，我看過的荒涼新疆可以算是一片綠洲。寒風在遍佈石礫的曠野上呼嘯，令人感覺置身地獄，難以忘懷。中國的邊疆地區確實奇異，不宜人居，彷彿外星世界，我終於明白何以中國人會把這些地區視為世界的邊界、化外之境，而那個世界的中心就是他們熟悉的「中土之國」、平坦肥沃的中原。

上鋪的年輕人姓趙，是遼寧人，他說他這輩子沒見過這麼糟的地方。他是個工廠廠長，工作與鎂礦有關，他要到格爾木出差幾個月。

他說：「我真希望是到別的地方去。」

置身在這種原始的曠野中，我倒覺得非常開心。我安穩地坐在火車上，凝望著窗外荒涼的景致，心中的興奮感逐漸高漲。在新疆的羅布泊沙漠、哈密和吐魯番，他們喜歡說「馬可波羅到過這裡」或「這裡是絲路」。可是在青海，沒有人能宣稱這種事，歷史上沒有任何探險家遠道來訪。想通過這個地區的人只有死路一條，所以沒有人旅行過這裡，於是這裡一直就是這樣——一片空寂。

趙先生其實是跟他父親一起旅行，老先生從火車另一邊過來看他。他坐下來以後看著我，我試著跟他說話，可是他耳朵聽不到。他有失聰的人那種典型的燦爛微笑。每次我打開筆記本寫東西，老先生都會放下茶杯，把臉貼到我的筆記本上，欣賞我的字跡。

後來山巒、丘陵都消失了，取而代之的是一望無際的淺褐色沙漠。我再仔細看了一下，發現那其實是一片被細沙覆蓋的低矮雪堆。到了下午，大地上石頭又開始多了起來。再晚些，石頭變得更多，顏色也變得更深，不過依然算是沙漠；褐色的石礫堆排列出一種扭曲的對稱感，看起來像一堆堆狗糞，在荒原中無盡延伸。

每隔三、四十公里就有一座火車站，不過這個地區所謂火車站不過是三棟方塊狀的褐色小房子，顏色跟糞土色的沙漠幾乎一模一樣。這些房子兀自在風中矗立，四周空無一物，只有雲朵發狂般地在上方的天空中飄移。

「這地方真不好，」趙先生又說。顯然他很懷念遼寧的都市、那裡的擁擠交通和冰冷的小雨……

「我喜歡這個地方。」我說。

他爆出聽起來很像要吐痰的短促笑聲，那種笑聲在中國的意思是：你一定是吃錯藥了。

我補了一句：「不過我真希望車上可以有水。」

我問看起來年紀很輕的列車長為什麼車上沒水。

「因為這裡是沙漠。」

他說的英文略帶美國腔。

「可是你們有鍋爐啊！」我說。

「鍋爐裡的水是要給火車引擎用的。」

「有沒有人抱怨沒水這件事？」

「你啊，」他用略帶促狹的友善口氣說，「也有其他一些人抱怨，不過我只能跟他們說很抱歉出現這個問題，他們也能理解。」

「我不能理解。」

「因為你是外國朋友。」他說。這是中國人禮貌性的說法，意思大約是說：我是外星來的怪人。

他說他今年二十二歲。我問他叫什麼名字。

他用英文回道：「我的名字是Gold Country（黃金國家）。」

「金國？」我半猜著用中文說。

「對。我父親給我取這個名字是希望中國繁榮富裕。」

他似乎不怎麼勝任這個這麼重要的工作，而他的職責可是管理整列火車呢！不過他這人挺好玩。他說他沒受過多少正式教育，他的英文是透過美國之音廣播學的。

下午快結束時，石礫沙漠變成岩石比較多的地面，南方出現山巒，其中兩座山特別突出，型態也非常優美，山上的積雪呈現亮藍色澤。積雪覆蓋住整個山坡，因為那些山坡面朝北方，幾乎沒有陽光照射。我在地圖上看到那兩座山峰應該是雅拉達澤峰和喀喇塞峰，高度都有五千多公尺。它們巍峨地聳立在雪原上方，彷彿在俯視前方的粗獷荒漠和我們這輛咔嚓咔嚓跑的火車，浩瀚的黃河就發源在那些山的南麓。

「最近下了雪，」金國說，「這不是不尋常的事，這個地區經常在三月下大雪，山隘口則是全年都會下雪。外國朋友很喜歡雪！」

☆

八隻灰鶴彷彿在歡迎我們，牠們聚成一群以後在火車前方飛了起來，逐漸往上空飛翔，但牠們的翅膀彷彿沒有開展，看起來很像被強風從側面吹襲、難以打開的大型自動傘。

格爾木幾乎稱不上是個城鎮，只是一片散落在荒原中的低矮房屋，其間突出幾根無線電天線，以及一座水塔。小鎮上只有少數幾輛車，其中一輛是傅先生從西寧開來的那台可笑的嘉蘭特。街上有幾輛公共汽車，不過它們的樣子是我在中國看過最可憐的。這也難怪，畢竟這些巴士長年行駛在青藏高原的惡劣地形中。

「下雪。」這是傅先生開口說的第一句話。

我沒預料到會下雪，而從他陰沉的口氣聽來，他自己也覺得很意外。城裡頭雪下得不大，但在遠方山脈的陰影中似乎下得相當猛烈，呈現極為戲劇化的景象。

這時我們還在格爾木車站，傅先生從西寧開到這裡跟我會合。不過他在車上顯得垂頭喪氣。

我問他怎麼了，他沒直接回答。他說：「明天我們不能出發到拉薩。可能後天出發，也可能大後天，或者——」

我問他為什麼。

「下雪嘛，」他說，「到處都下雪，積雪很深。」他看也沒看我一下。他在佈滿車轍的格爾木街道上快速行駛，我覺得他開得太快了，可是在西寧坐過他的車以後，我知道這是正常的。連他開得最平穩的時候，對一般人而言都已經算很瘋狂了。「公路被雪封住了。」

「你確定？」

「確定。」

「你看到了嗎？」

他笑了起來，意思是：哈哈！你這白癡！

「你看嘛！」

他伸手指向窗外。可是我注意的不是窗外的雪，而是他手上那雙好看的手套。他開車時總要戴手套，這種舊式的東西讓人覺得像看到從前的人用的鞋套或綁腿。

「有人跟你說公路被雪封住了嗎？」

他沒回答，所以意思是沒有。我們繼續在這個話題上爭論。下雪的確是不好的消息，光芒閃爍的雪彷彿在宣告它打算永遠積在那裡。可是應該有人聽到路況報導吧？

「格爾木有沒有公共汽車站？」

傅先生點頭。他不喜歡我問東問西。他要當這趟路的總管，可是如果我一直問問題，他算什麼總管？而且他也沒法給我什麼答案。

「有人說路況不好。你看這雪嘛！」

「我們到公共汽車站問問看，那些巴士司機應該會知道。」

他說：「我們先到旅館再說。」他企圖掌握大權。

旅館又是個監獄般的地方，走道很冷，時間安排很奇怪，某些房間會傳出叫聲。我的房間裡擺了三棵仙人掌、一份月曆，還有兩張扶手椅。可是窗戶上沒有窗簾，浴室裡沒有熱水。「稍等一下。」他們說。大廳很潮濕，外頭的泥濘也被客人踩進來了。旅館後方的裝飾水池結了綠色的冰，通往餐廳的小路上則積了三十公分深的雪。我問什麼時候可以吃飯。他們說：「稍等一下。」有些房間裡擺的是雙層床鋪，有六或八個床位。所有人為了防寒，都穿著厚厚的大衣，並戴上毛氈帽。為什麼我房間裡的仙人掌還沒被凍死？旅館房價相當於九美元，餐費則是兩美元。

我說：「現在我們到汽車站去。」

傅先生沒回話。

「我們去問問看下雪的情況。」

我聽說格爾木和拉薩之間的長途巴士經常發車，尤其是現在，因為往西藏的空中運輸暫停，兩地間沒有飛機航班，所以巴士司機一定能提供我們可靠的訊息。

我們開車到汽車站。沿路景象讓我看到什麼叫終極的中國邊城——這裡基本上像是個大軍營，只有少數幾家商店、一個市場和寬闊的街道。建築物很少，不過因為蓋得不高，所以比較不會給人殘害市容的感覺。這是個屬於拓荒者的地方，跟西寧一樣，一九五〇年代期間也有很多人志願移居到這裡。他們是在毛澤東的感召下來到人口稀少的中國邊區進行開發。而且還有一個重要因素：當時中國打算入侵、臣服西藏，因此需要可靠的補給線，聚落、道路、電線、軍營缺一不可，於是探勘人員和工程師打頭陣來了，接著軍人和鐵路工人也來了，然後是教師和商人。

「傅先生，你覺得格爾木怎麼樣？」

「太小了。」他說完笑了一下，意思是：這個地方微不足道。

汽車站的人告訴我們公路上的雪況不算糟。當天上午一輛車剛從西藏開到，雖然有誤點，不過他們說誤點是一定的事，就算沒下雪也會誤點。

傅先生還是覺得不放心，他又伸手指了南方說：「下雪！」

他顯然憂心忡忡，不過我認為我們應該按原訂計畫出發。

我說：「我們明天還是走，可是很早就得出發，開到中午再說。假如積雪真的很嚴重，我們就掉頭回來，改天再出發。假如雪的問題不算嚴重，我們就繼續前進。」

他沒理由不同意我的提議，而且我這個建議也算是幫他保住了面子。

晚上我們吃了一頓大餐，當作提前慶功。我們點了木耳、麵條、犛牛肉片、饅頭等。傅先生說他不能沒有饅頭，他甚至自己準備了一堆饅頭準備在往西藏的路上吃。同桌坐了個年輕女子夾我們的菜吃。她什麼話也沒說，後來傅先生才把她介紹給我認識。

「這位是孫小姐。」

「她要跟我們一起走嗎？」

「對，她會說英語。」

傅先生完全不會說英語，他相信孫小姐的英語說得很流利。可是在接下來四、五天的行程中，我根本完全無法跟孫小姐用英語交談。偶爾她會說一個中文字詞，然後問我英文怎麼說。

「『旅行』的英文怎麼說？」

「Travel。」

然後她的嘴巴動了一下，發出一個很像噎到喉嚨的聲音：「Trow。」

才剛說出口，她就已經把這個發音不正確的叫聲忘得一乾二淨。

吃到一半時我問：「明天我們幾點出發？」

「吃完早餐就走。」傅先生說。

中國人堅持要吃飯的習慣有時真令人抓狂。

「早點出發比較好，因為雪會使我們沒法開快。」

「我們可以九點出發。」

「太陽六點半或七點就出來了，我們天亮就出發。」

「先吃早餐。」傅先生露出微笑說。

我們都知道早餐是八點才開始吃。傅先生不願意在時間上讓步。我很想向他引述《毛澤東思想》中關於做事要懂得彈性、要接受各種挑戰、透過意志力克服所有困難之類的句子，可是我一時實在想不起來。不過就算我想起來，傅先生也不會買單，這個身材瘦削、行事瘋狂、開車戴白手套，還會想到讓女朋友搭便車的年輕人屬於新生代中國人，怎麼可能管毛澤東說過什麼。他甚至連太陽眼鏡都有！

我在絕望之前作出最後一次請求。我說：「我們可以買點東西在路上吃。」

「我非得趁熱吃饅頭不可。」傅先生回道。

我聽了覺得很惱火。可是隔天早上我更是惱火，因為都九點半了我還在等傅先生，因為他還沒把付房錢的事處理完。快十點時我們終於離開了旅館，我坐在後座，心裡真希望有火車可坐。一想到接下來這幾天我得一直盯著前坐那位孫小姐的後腦勺，就覺得很彆扭。

拉薩距離格爾木足足有一千六百公里。

往西藏的方向看去，我瞥見一輛漆黑的蒸汽火車頭噴著煙霧，在崑崙山脈的藍色山頭和岩壁底下白花花的雪原上往前跋涉。那是我在中國見過最迷人的情景之一——火車咔噠咔噠地行駛在遍佈積雪的荒漠上，後方映襯著水晶雕塑般的山峰，上方是一片澄淨透明的天空。放眼望去一切宛如珠寶，整個青藏高原彷彿一塊大鑽石，上面閃動懾人光芒，還有一縷輕煙飄過。

鐵路線往前推進三十多公里之後，就在大山脈第一個高聳的隘口前方嘎然而止。那是中國鐵路網的盡頭，而且只有軍人能一直搭火車到那裡。再往後只有一條狹窄公路，傅先生就開著這輛嘉蘭特在上面打滑著前進。

我可以看到傅先生對雪有恐懼感。他對雪會對行車造成什麼影響沒有過第一手經驗，只是陸續聽過一些可怕的故事。這就是為什麼他本來希望在格爾木待一個星期，等雪融了以後再出發。他相信要在這個時候開車過去是不可能的。可是雪況並沒有那麼糟，一路上視線相當清晰，而且來往的卡車早已在路面上刻劃出兩條清楚的輪轍。只不過這也使路中央形成突脊，這條已經硬化的小雪丘不斷撞上底盤低的小汽車，使我們不斷搖晃。

最初通過的幾個鞍部都非常狹窄，幾乎曬不到太陽，公路有明顯的結冰現象。傅先生慢條斯理地前進。他的駕駛技術不好（這點在我搭他車的頭五分鐘就已經顯然易見），不過冰雪使他不得不放慢速度，小心謹慎地開車。結冰路段看起來相當危險，不過靠著以龜速緩慢前進，並設法無視路邊陡峭的深谷，我們還是順利通過了。連續好幾公里的路面上都是滑溜溜的雪，不過傅先生克服了這個挑戰。兩個小時就這樣過去。這天是個美好的大晴天，陽光照到的地方積雪融了一部分。可是我們逐漸爬升到風勢強勁的高處，縱使陽光燦爛，也無法掩蓋海拔升高後氣溫變得更低的事實。

緊張害怕的傅先生就這樣好幾個小時一言不發，他夾雜著喘息和哼氣的呼吸聲彷彿一場獨白。

我們跨越了第一道山脈，山的另一邊雖然很冷，可是雪沒有格爾木那一側那麼多。傅先生開始加快速度。每當他看到一段乾燥路面，他就會把油門踩到底飆速前進，等冰雪又出現時才又忽然減速。有兩次他沒留意到路面上忽然冒出的冰凍隆脹，結果我被震得從座位上彈飛起來，頭部撞到車頂。

「抱歉！」傅先生說，不過他依然在飆車。

公路轉彎的地方通常彎度都很大，傅先生不得不放慢速度。我利用這個片刻拿出熱水瓶喝茶，並把錄音帶遞給孫小姐請她播放。車子開了一百五十公里以後，我們聽完了布拉姆斯。接下來聽的是孟德爾頌，我心裡猶豫著要不要把貝多芬的交響曲拿給孫小姐。我邊喝綠茶邊聽音樂，盡情欣賞周遭的雪山和陽光灑落在公路上的情景，對於自己決定安排用這種方式前往拉薩覺得非常得意。

車子又撞上一個隆凸。

「抱歉！」

傅先生沒有減速。路變直了，他開得更快，時速恐怕不下八十，但他這種小車用這種速度開在這種公路上實在荒唐。路上的其他車子都是卡車——藏人開的生鏽大卡車裝滿了貨物，防水帆布隨風飄盪。傅先生一邊按喇叭一邊小心地超車，不過他似乎不會特別留意前方是不是有彎道。

他的駕駛技術真的很糟，想必行車經驗還不多。他可能上了國營駕駛訓練班，拿到執照，然後被派到西寧的工作單位開車。他的駕駛手套只是個裝模作樣的幌子。車子開動時他排檔不順，接著他加速過猛，開得太快，然後又會驟然減速，使車子猛晃一陣。而且他有一種無疑是最糟糕的駕駛習慣——一個在中國很常見的壞習慣：在下坡時關閉引擎，把車子排到空檔，以為這樣可以省油。

我並不是退縮型的人，不過我什麼也沒說。開車的人最大，如果你是乘客，最好還是閉嘴。我經常會衝動地想說個什麼，可是我又想：這是一段很長的旅程，沒必要一開始就爭論不休，破壞氣氛。而且我也很想知道傅先生的開車技術到底糟到什麼程度。

我很快就發現了。

他轉彎的速度老是太快，我不得不抓緊門把，以免被摔到座椅另一端。這時我不可能喝茶，茶水一下就濺得一身都是。他的車速是九十。我看不清楚速度表是以公里還是英里顯示，不過這個資訊在這種時候又有什麼意義？可是假如我在這時說：「請你減速」，他會覺得沒面子，自尊心會受傷，況且他不是順利通過積雪的路段了嗎？現在大約已經是中午，前方是乾燥的道路，照這樣的速度前進，我們應該可以在天黑以前抵達第一個目的地安多。

「孫小姐，請撥放這個。」

孫小姐把中國製造的貝多芬第九號交響曲卡帶接過去，推進播放機，悠揚樂句旋即流瀉而出。陽光從窗外照進來，天空湛藍清澈，灰色大山下方是一片碎石地面，左右兩側的山丘後方都有連綿不斷的雪峰。車子又接近一處彎道，我開始有點緊張，不過除此之外，我在這條全世界最高的公路上覺得非常幸福。我正前往拉薩，這是美麗的一天。

我清楚記得那個片刻的一切，因為大約兩秒鐘之後，車子出事了。

彎道上有條暗渠，路面上有非常明顯的大隆起，可是傅先生的時速高達九十，車子撞上隆起時飛了起來，我頓時覺得失去重力，車子摔回地面時往路邊一根石造路標撞過去。傅先生緊抓方向盤，車子打滑了一下，改變方向，接著衝到公路左側。在這個瞬間，我意識到大風往車體猛撲，發出噴射氣流般的聲音。聲音越來越尖銳，車子也震得越來越厲害，然後又飛躍起來，衝進一陣被強風捲起的沙塵和石礫中。我們離開了路面，以斜角暴衝進荒原中。車子持續顛簸，傅先生死命與方向盤奮戰。我記得最清楚的是可怕的風緊緊壓住扭曲的車體，漫天飛塵使窗外變得一片晦暗，一陣懸疑中後果未卜。我心想，下一刻車子就會撞毀，我們即將上天堂。

我依然抓緊門把，把頭緊壓在前座上。我很怕自己一鬆手，就會被拋向另一邊的車門。我感覺聽到孫小姐的尖叫聲，可是車子的噪音和風聲更是強大。

這場噩夢可能持續了七秒鐘。在失事打滑的車子中，七秒鐘是非常漫長的煎熬，時間滴流之際，恐懼益發劇烈，我從不曾覺得如此無助而且難逃一劫。

所以當車子終於打住時，我覺得分外驚訝。車子側翻了過來，所幸地面是充滿碎石的沙，否則它可能會整個翻覆。我得用肩膀用力推門才能把它打開。沙塵還在慢慢沉落。我這邊的後車胎剝落了，我可以聽到它嘶嘶作響。

我蹣跚地走到盡可能離車子遠的地方，看到傅先生和孫小姐在喘氣咳嗽。孫小姐的身體在抽搐。傅先生看起來又震撼又難過，因為他看到車子的受損狀況：鍍鉻層剝落，散熱器護柵被撞爛，輪圈扭曲，車門撞毀。車子距離路面大約五十公尺，陷進荒漠中的碎石地面。陽光依然耀眼，令人覺得不可思議。

傅先生笑了起來。那其實是一種充滿莫名恐懼的咳聲，意思是：老天爺，現在該怎麼辦！沒有人說話。那是一種無言的歇斯底里狀態，我們難以相信自己活了過來。傅先生拖著腳步走到我身邊，對我微笑一下，並伸手摸我的臉。他的手指上有血。我從車子裡脫身時不知道自己是否受了傷——我猜想大概是有。我檢查了一下，我的眼鏡被撞爛了，鏡框切進我的臉頰，不過只是輕傷，至少傷口不深。我的額頭被撞了一個包，肩膀疼痛，手腕也有扭傷，不過大致還算平安。

我很氣這件事發生在晴空下的乾燥公路上，而且是在旅途才剛展開時。現在我們被困住了，而這都是因為傅先生失職，他開得實在太快了。可是我也有錯，我不該什麼話都不說。

傅先生取出一把鏟子，開始在車子周圍挖地。這有什麼用嗎？只剩三個輪子的車子哪兒也去不成。情況顯得前途茫茫，我思忖著是不是要把行李收一收，設法搭便車離開。可是要往哪個方向去？傅先生自己搞出這件鳥事，現在就讓他自己想辦法脫困吧。我無法想像這車子要怎麼拖回路上。我環視四周，心想：全世界再沒別的地方比這裡更空曠荒涼了。

我們輪流挖了一陣子，可是這樣設法把車子挖出來真的是亡羊補牢，無濟於事。而且我們越注意看車子，就發現它的損壞情形越嚴重。

約莫二十分鐘後，我們已經筋疲力竭。孫小姐把車頭護柵被撞碎後撒落一地的塑膠破片撿起來放成小堆。她在搶救這些小東西，彷彿這麼做可以顯示她深深關切車禍的事。

幾輛褐色卡車在公路上緩慢駛來，那是我們先前超過的車。

「我們把他們攔下來。」我說。

「不要。」傅先生說。

中國人的傲氣。他搖搖頭，揮手叫我離開。他知道那些人是藏人，要是讓那些野蠻人看到他愚蠢駕駛的結果，那多丟臉。他沒有任何藉口解釋這件事。

「回來，」傅先生又說，「幫我挖。」

可是我沒有回頭。我揮手召喚逐漸接近的卡車，很高興看到他們減速。那是一個有三輛卡車的車隊，停好車以後，那些藏人慢慢走進石漠，開心地笑著看我們這輛側躺的汽車、跪在地上挖地的傅先生，以及發瘋似地坐在一堆塑膠破片旁邊的孫小姐。一共有七個藏人走來，他們穿的舊衣服看起來非常油膩，可是他們的笑聲、壓扁變形的帽子和破鞋子都讓我感到安心。他們平庸的外表使他們看起來像有能力救難的救援隊伍。

我抓出我那本《實用藏語詞句》，翻了一下。然後說：「Tashi deleg！」（「你好／祝好運！」）

他們回了一句話，又笑了一陣。

我指著車子：「Yappo mindoo.」（「那個不好。」）

他們點頭回道：「對，很不好。」

接著我說：「Nga Amayriga nay ray.」（「我是美國人。」）

他們說：「Amayriga, Amayriga!」

我又查了實用詞句表，看到一個句子，我說：「Nga Lhasa la drogiyin.」（「我要去拉薩。」）

這時，他們之中有個人把鏟子從傅先生手上拿走，開始挖地，另一人則用手挖。有個人把後車廂打開，搬出裡面的包袋箱盒，然後把備胎取下來。幾個人來碰了碰我臉上的傷口，發出「tsk、tsk」的聲音。

我說：「給你們一張達賴喇嘛的法照好嗎？」

他們點頭。好啊，好啊！

其他人也聽到了，他們說：「達賴喇嘛，達賴喇嘛！」

他們放下手邊的事，圍到我旁邊看我拿出那一大捲法照。我是特別買來應付這類場合的。他們都是粗獷的大漢，可是他們以非常溫柔而充滿敬意的態度收下法照，把它往頭上碰了一下，然後對我彎腰致謝。這個法照使他們讚不絕口，傅先生和孫小姐則站在一旁發悶。

「每個人都拿一張，」我說，「現在你們有好看的達賴喇嘛法照了，高興嗎？」他們聽到我嘰哩咕嚕地說英語，忍不住笑了起來。「我們需要你們幫忙。我們一起把車軸頂起來，把輪胎裝上，讓這輛車可以回到路上開。去拿一些繩子來……把它抬起來……」他們邊笑邊點頭。「然後把我們推到那個方向，因為 nga Lhasa la droigi yin（我要去拉薩），如果去不了那裡我會很煩惱。這麼辦好嗎？」

他們說「呀，呀！」，然後開始工作。

不到半小時光景，他們已經把輪子修好，把車子挖出來，然後傅先生坐上駕駛座操控，我們八個人在後面推，使出渾身解數讓車子回到路面上。車輪轉動時，泥沙濺了我們一身，我心想：我真喜歡這群人。

隨後他們讓我看他們在卡車駕駛座的後視鏡上掛的達賴喇嘛和班禪喇嘛小法照。

「達賴喇嘛，達賴喇嘛。」他們頌唱了起來。

傅先生用中文跟他們道謝，想必他是把傲氣強行吞了下去才有辦法說出這句話。他們不以為意地對他笑了一下，就揮手讓他走開。

這時是下午一、兩點左右。我們經歷了一場震撼，不過我卻因此覺得受到激勵，因為我們大難不死，還能這樣活著真是個奇蹟。可是傅先生沒說話。重新上路時，他的樣子有點慌亂，彷彿驚魂甫定。他的眼鏡在車禍時撞壞了，我看到他眼球充血，也變得一身髒兮兮。孫小姐則吸著鼻子輕聲啜泣。

車子的狀況真的很慘，跟我現在的感覺一樣糟。我很訝異它居然可以重新發動，四個輪子還能順利轉動，令我感到不可思議。換句話說，假如車子真的沒有嚴重問題，那實在太不合邏輯了。果不其然，重新開動幾分鐘之後，後車軸傳來尖銳響聲，那種聲音會讓人覺得車子馬上就要爆開。

我們停車，用千斤頂把車子抬起來，卸下一個後輪仔細查看。煞車器扭曲了，金屬機件插進輪圈，因此車子低速行進時會發出喀喀噠噠的聲音，但開得快些就會發出刺耳的撞擊聲。我們沒辦法修理，只好把輪子裝回去。傅先生旋緊螺絲時，我環視一下周遭。我這輩子從沒見過如此光燦的風景，天空彷彿一座明亮的海洋；經年受風霜侵襲的荒漠上長了一些外觀類似皮革的植物，往每個方向看去，遠方都是奇異的灰色山丘和白雪皚皚的高峰。我們置身於高原。這是個我不曾見過的世界，荒涼，空寂，濃烈的光線，被狂風肆虐的岩石。我心想，如果我非得落難在某個地方不可，我就要在這個地方。我想像自己被拋棄在青藏高原邊緣，不禁滿心喜悅。

傅先生把車子往前開了一百公尺左右，然後說：「我覺得車子好像在發熱。」

他的呼吸聲很沉重，空氣通過他的鼻孔時發出響聲。他猛踩煞車，跑到後輪邊，朝輪圈吐了一口口水。他不是不爽，只是在用他的方式判斷輪軸有多熱。

他繼續低著頭跪在後輪邊。

「你還好嗎，傅先生？」

他搖搖晃晃地站起來，對我露出猙獰的笑容，看起來好像發了瘋。他吼了一聲說他很好，而他說話的樣子顯然證明他一點也不好。

「這個地方很高！」他又吼了一句。他頭髮凌亂，臉上有沙塵，膚色也有了變化，現在顯得灰槁。

接下來我們一直走走停停。車輪發出的刺耳聲響很可怕，不過這還不是最糟的事。傅先生的開車方式變了。通常他開車太快，我會明白告訴他要減速。（我心想，我再也不坐超速車了，我一定會嚴正抗議。）現在傅先生卻過度小心，開車慢得離譜，而這幾乎跟他胡亂飆車一樣令我神經緊張。

這個情形持續不久。我們開到一處位於崑崙山脈東端、連接巴顏喀拉山系的隘口[3]。一道小水流在這附近的一處山谷中冒出來以後，逐漸匯入黃褐色的江河，最後從上海流進汪洋。那就是長江，也就是外國人口中的揚子江。長江是少數真正會讓中國人心中湧起神祕敬畏感的地貌元素之一，不過他們這種感受並非不尋常，大多數人看到遼闊江河都會感受到著魔般的震撼。

這個隘口高度將近五千公尺。傅先生把車停下，我走到車外看一座石碑，上面寫了這裡的海拔及附近山峰的名稱。空氣很稀薄，我覺得有點上氣不接下氣，但四周的風景令人震撼——高原輪廓柔和起伏，遍佈一條條長長彎彎的積雪帶，彷彿美麗的銀白衣裳飄落大地，又似印度人晾衣服的畫面無限放大。這個壯麗的地方令我如此心蕩神馳，以致於我對高海拔造成的身體不適毫不在意。

「傅先生，你看這些山。」

「我覺得不舒服，」他頭也沒抬地說，「這裡太高了。」

他揉了揉眼睛。孫小姐依舊在幽怨地啜泣，不知下一分鐘她會不會忽然尖叫起來？

我坐回車裡，傅先生再往前開五十公尺。他的開車方式又更糟了，連檔次都排錯，變速箱發出打嗝般的突突聲，後車輪仍然在刺耳地摩擦作響。

他沒有預警地把車子停在路中間，喘氣著說：「我沒法再開了！」

他不是在開玩笑，他看起來真的不舒服，而且一直揉眼睛。

「我看不到了！沒辦法呼吸！」

孫小姐哭了出來。

我心想：這下慘了。

「你想怎麼辦？」我問道。

3　譯註：即崑崙山埡口，海拔四七六七公尺，由北往南越過這個山口之後，就進入長江流域。

他搖了搖頭，已經不舒服到無法思考這個問題。

我不想傷害他的自尊，尤其是在海拔這麼高的地方，所以我小心翼翼地說：「我也會開車。」

「真的？」他眨了眨眼。我發現他真的很瘦，像一隻餓肚子的倉鼠。

「是啊，是啊。」我說。

他高高興興地坐進後座，孫小姐則幾乎沒意識到坐在她身邊的人已經換成我。我握住方向盤，踩了油門，車子重新上路。在過去幾個小時中，這輛滑稽可笑的小日本車已經成為貨真價實的大破車，一身凹洞，嘎嘎作響，嚴重冒煙，而它呈現的最顯著的破車特色是：車身往一邊傾斜。但這究竟是因為彈簧壞了還是車軸裂了，我不得而知。它遭受慘重打擊，可是依然能夠歪著身體掙扎前進。我必須一直緊握方向盤，因為可憐的車子拚命地要往路面右側的邊溝扭過去。

傅先生睡著了。我在中國早已見識到這種極度亢奮和全然疲憊之間的循環。那似乎是中國人生活方式的一部分：拚命工作、死命揮動手臂，然後忽然間身體動作嘎然而止，人就這樣睡著了。經常在火車上，我會看到兩個人比手畫腳、嘰哩呱啦地談天說地，轉眼間卻彷彿失去意識，像牛蛙一樣打呼了起來。

我透過後視鏡看到傅先生的面色已經改變，原先因為恐懼和不適而呈現的慘白面容轉為一種蠟黃。睡眠狀態下的他顯得比較平靜，不過他的打呼聲倒相當霸氣。孫小姐也在睡覺。我把貝多芬第六號交響曲推進卡匣，繼續往拉薩前進。我喜歡這種感覺。我喜歡這樣聽音樂。我喜歡同車旅伴都在沉睡的事實。我喜歡青藏高原的模樣。方才我差點死在半路上，但我還活著。能活著這樣開車，感覺真好。

公路直得有點詭異，彎道很少，沒有攀爬山坡的路段，沒有高山地區常見那種盤旋而上的髮夾式大迴轉，這點出乎我的意料。我必須很努力才能使目光集中在前方的路面，因為我一直想欣賞周遭的風景。現在車子行進在佈滿雪斑的荒原中，地勢相當平坦，彷彿一張巨大的餐桌，遠處的雪峰則像古代傳說中巨人的頭部和肩膀，從餐桌邊緣突出來。遠方的山峰雄偉而呈黑色，有陡峭的絕壁和險峻的燧石坡，令人怵目驚心。不過公路卻是平坦的，看起來純真可愛。路上沒有別的車輛。我忽然想到，一個人要在這條青藏高原的公路上騎腳踏車應該很容易，於是我忍不住開始構思「單騎遊青藏」的旅行計畫。

放眼望去，我一個人也沒看到。不過山坡上有犛牛在吃草，牠們的主人可能是藏人，因為據我所知，有一些藏人在青海省的這個地區游牧，他們生活在帳篷裡。犛牛的顏色是黑褐相間，有些還有白色斑塊。牠們的長毛上裝飾著緞帶，尾巴都長得非常可愛，而且跟馬尾巴一樣毛髮濃密。有時候我也會看到成群的西藏瞪羚在公路附近吃草。

傅先生繼續睡大頭覺，不過孫小姐醒了過來。我還來不及更換卡帶，她已經把她自己的一塊卡帶放進機器裡了。那是一部印度電影的原聲帶，歌曲以興地語（Hindi）演唱，但主題曲是用英文。

我是迪斯可舞者！
我是迪斯可舞者！

這首很白癡的歌曲搭配電吉他的撥弦聲，不斷地反反覆覆。

「這是印度音樂，」我說，「你喜歡嗎？」

「超喜歡。」孫小姐說。

「你聽得懂歌詞嗎？」

「不懂，」她說：「不過聽起來很棒。」

那歌聽起來糟透了。我繼續開車，不知道現在的確切位置在哪兒，不過這倒也無所謂，因為這裡就這麼一條路。車禍的事使我倍加小心，我把平均時速保持在八十公里以內。車子持續發出不祥的聲音，我心想要是開得快些，它恐怕會解體。傅先生醒來了，不過他完全沒有想要重回駕駛座的意思，這讓我非常高興，因為在燦爛陽光下沿著這條青藏公路顛簸前進，飽覽四周的山巒，觀賞犛牛和瞪羚悠然吃草，這種感覺實在太華麗了。

下午四點左右，我們的汽油幾乎快用光了。傅先生說他在後車廂放了備用汽油，裝在大桶子裡，不過我注意到油量的問題時，剛好車子也快要開到一處小聚落。

「在這裡停車。」傅先生說。

他引導我把車子開到一座小屋，原來那是一間加油站，我看到老式噴嘴、長長的加油管。跟青藏地區所有加油站一樣，這座加油站也是由人民解放軍所經營。

我說：「我們也該把輪胎修一修。」

傅先生說：「這兒不行，他們不會修輪胎。」

我在西寧時請傅先生帶兩個備胎，結果他只帶了一個，而且已經在使用中，所以現在我們是在沒有備胎的情況下前進西藏。

「到哪裡可以修輪胎？」

他隨意指了一下沿著公路往拉薩的方向，這個意思是說，他完全沒有概念。

我走到幫忙加油的士兵旁邊。

「這裡是什麼地方？」

「這裡叫五道梁。」

地圖上的名字看起來都很偉大，但事實上這個地方幾乎沒有正當理由被標示在地圖裡。就一個小小的加油站，加上幾棟營房，和一道鐵絲網圍籬，這樣怎麼配得上有個煞有介事的名字？而且在這當頭聽到「五道梁」這名字，等於是聽到一個壞消息，因為這樣一來我就知道我們距離目的地——位於西藏自治區的安多——還有遠超過一半的路程。

彷彿老天爺刻意要在這個節骨眼製造悲劇效果，這時天氣忽然變了，大風吹了起來，雲朵在太陽前方快速飛馳，周遭一下子變得又暗又冷。我的地圖劈劈啪啪地拍打著車頂。不久後，黑夜就要降臨。

「傅先生，我們什麼時候會到安多？」

「大約六點。」

傅先生當然是在胡說，他的計算不只不正確，而且是離譜。我再也無法相信他開過這條公路了。我的地圖或許會造成誤導，因為地圖上顯示的某些公路事實上並不存在，有些所謂聚落則只是幾棟殘存在風沙中的廢墟。

可是傅先生連地圖都沒有，他只拿了一張紙片，上面潦草地寫了七個城鎮的名字，也就是格爾木和拉薩之間可以停車休息的幾個地方。他陸續查看那張紙，所以已經皺巴巴髒兮兮了。這下他又把它打開來看。

「下一個地方是雁石坪。」

我們再度上路。還是由我開車，傅先生在後座打盹。

孫小姐繼續播放《我是迪斯可舞者》。

一小時以後，我們經過一棟小屋、幾頭犛牛和一條凶巴巴的狗。

「是雁石坪嗎？」

「不是。」

在逐漸黯淡的光線和冰冷的空氣中，高原看起來不再浪漫。一位法國旅行家曾經寫道：「這地方使戈壁沙漠忽然顯得肥沃豐饒。」一點也沒錯。這種地方常被形容為月球表面，但我認為月球表面都還沒這麼荒涼。這裡完全是另一個行星。

前方陸續出現一些聚落，它們都很小，樣子也都一成不變：髒汙的白色灰泥小屋，方形圍牆，平坦的屋頂，以及紅、藍、綠相間的錦旗，旗子上寫了咒語真言，固定於插在地面的樹枝頂端隨風飄揚。那些祈禱旗幟在風中纏捲拍打時，經文也彷彿在空氣中舞動，散發一股既神聖又雅緻的氣息。然後又出現一些犛牛和凶猛的狗。

「是雁石坪嗎？」

「不是。」

抵達雁石坪時，天色幾乎已經變黑了。這地方位於公路彎處，大約二十棟房舍座落在泥地中。村子裡有小孩、狗、犛牛和山羊，其中幾條狗是我這輩子看過最龐大也最凶悍的。這種狗叫西藏獒犬，藏文名字意思是「繫犬」，也就是可以綁起來看門守衛的狗。牠們慢慢晃盪，口水滴流，還會發出恐怖的吠叫聲。

我放慢行車速度，不過我都還沒問，傅先生就說：「這裡沒地方過夜。」

「下一個地方是哪裡？」

他又拿出那張髒髒的紙。

「安多。安多有一家旅館。」

「安多還有多遠？」

他沒回話，因為他也不知道。片刻後他說：「幾個小時吧。」

「旅館」本來是個很好的字眼，但中國卻讓我開始對它產生不信任感。中國人比較常用「賓館」這個稱呼，這種地方是我永遠無法恰當描述的，它像醫院，或瘋人院，也像住宅、學校或監獄。它很少像真正的旅館。可是無論如何，此刻我渴望走進任何一家賓館。現在已經晚上七點半了，我們已經在路上十個小時。

我們繼續在黑暗中前進。積雪越來越多，地勢越來越高，氣溫也越來越低，蜿蜒的公路在許多地方都結了冰。我們又通過一處隘口，由於它的海拔真的很高，超過五千公尺，因此終年積雪結冰[4]。長江的發源地就位於這個山口以西大約一百公里的唐古拉山北麓。

這時傅先生醒了過來，看到雪。

「路！小心看路！」他一直這樣叫著——路！看路！

高海拔使他一直想睡覺，可是每次他一醒來，就馬上化身為嘮叨的後座駕駛。我開始覺得，很

4　譯註：這是唐古拉山埡口，海拔五二二〇公尺。在先前的五道梁和雁石坪之間，作者已經通過所謂「長江源」，即長江上游——金沙江的主要支流所流經的區域。整個崑崙山脈和唐古拉山脈之間的青海南部地區都分佈著長江上游的支流。唐古拉山脈東段是太平洋水系和印度洋水系的分水嶺，越過唐古拉山口之後，往南就進入怒江流域（其下游薩爾溫江流向緬甸）。

多擁有權力的中國人可能都是一些又嘮叨又無聊的人物。傅先生不斷叮嚀我要好好看路，因為他自己很害怕。我很想說：「老兄，差點讓我們一命嗚呼的人可是你喔！」不過為了他的面子，我忍住沒說。

在這個唐古拉山南側的峽谷中，遠方對向來車的燈光總讓我以為看到了安多的城市燈火。在這個高海拔地區沒有任何植物生長，冰冷的空氣則純淨透明。在全然黑暗中，我看到遠處有燈光在閃爍。

「那是安多嗎？」

「小心看路！」傅先生又在後座叫道。「路！看路！」他那聲音真的讓我渾身不舒服。

他因為緊張而嘮叨。現在他是乘客，而我是司機。他們兩個現在都坐在後座，她還在幽怨地唉聲嘆氣，他則嘰哩呱啦地說個不停。「眼睛專心注意路面，」他說，「仔細看路。那不是安多，是卡車！」

偶爾他會拍一下我的肩膀，然後說：「廁所！」

這是個委婉的說法，通常意思是孫小姐需要如廁。我看著她走到路邊，蹲進排水溝裡。四周一片黑暗，連犛牛都看不到她，就在那寒風中，她獲得了解放。

三個小時又這樣過去。我不斷地想，是不是乾脆隨便在路邊停下，就睡在車上。接近午夜的青藏高原，黑暗中的冰雪和大風，這實在不是開車的好時間。問題是公路真的很窄，沒有地方可以停車。路兩邊都有排水溝，假如我們停在路上，不久後恐怕就會被最常使用這條公路的軍用大卡車壓扁。

我很高興我們還能順利前進。為什麼後輪沒有掉下來？為什麼後車軸還在一邊鬼叫一邊支撐住車子？為什麼車子沒有再度爆胎？我們可是在沒有備胎的情況下走這段路，結果居然沒出任何狀況。月亮從一朵雲後方露臉，照亮一片積雪的山坡，也讓我看到路邊是漆黑的深谷。

我只是稍微望了一下這景色，傅先生幾乎立刻就對我吼叫起來。

接近午夜時分，我看到一個路牌上寫了安多。在黑暗中，這個地方看起來荒涼而危險。這時我還不知道白天安多的樣子還比這個要糟得多。

「我們會在軍營過夜。」傅先生說。

為了讓自己有點面子，傅先生跟我交換位置，開了抵達崗哨之前這二十公尺路，然後他停車走出去，跟哨兵爭論了一陣。

他身體發抖地回到車上。

「他們客滿了。」他說。

「那怎麼辦？」

「賓館嘍。」

孫小姐輕聲啜泣。

車子開過一片岩石地，因為這裡沒有路。我們來到一處用木板封住的房子，但我們還沒下車，一條西藏獒犬就衝到車燈前面。牠的頭又大又方，舌頭渾厚有肉，站在那裡垂涎狂吠。牠長得跟小馬一樣大，有點像《巴斯克維爾的獵犬》[5]裡的狗，不過感覺起來要險惡得多。

「你要下車嗎？」

---

5 譯註：*Hound of the Baskervilles*，柯南・道爾（Conan Doyle）福爾摩斯系列偵探小說中的一部。

「不要。」傅先生說。他嚇得聲音都沙啞了。

瘋了般猛跳的大狗後方有一些站立著睡覺的犛牛。

傅先生繼續開過這片岩石坡地，假裝自己是在一條路上開車。他是不是希望在當了一天嘮叨的後座駕駛之後設法證明些什麼？

我們又遇到更多的狗。我可以接受以犛牛肉為主食的料理，可以理解為什麼藏人不洗澡，我覺得寒冷和高海拔大致上我都可以承受，我可以在高山公路上順利開車，但我無法忍受這些凶猛的大狗。我既不是生氣也不是覺得不耐煩，我根本就是受到極度驚嚇。

「那裡有賓館。」傅先生看著前方的微弱燈光，笑吟吟地說。

那是一棟髒髒的兩層樓建築，窗戶上裝設了鐵條。我想這大概又是個監獄般的地方，不過也無妨了。我們確認一下周圍沒有狗，孫小姐下車在一邊吐，我和傅先生則走進房子裡。一名藏人坐在地面上的一張破舊被毯上，正抓著一根犛牛骨頭，把生生的肉咬下來吃。他頭髮蓬亂，膚色因為髒汙而變黑，雖然天氣嚴寒，他依然打赤腳。他看起來活像個食人族，抓起一根小腿就大口撕咬紅肉。

「我們想要個房間。」傅先生用中文問。

那藏人笑了一下，說沒房間了。他咀嚼時嘴巴張開，露出牙齒，然後以一種充滿攻擊性的方式表現他的好客——他把那根大骨頭伸到我面前，要我咬一口吃。

我拿出我的《實用藏語詞句》。

「你好，我不餓，」我用藏語說，「我的名字是保羅，你叫什麼名字？我是從美國來的。你是從哪裡來的？」

「Bod。」眼前這野人用藏文說出西藏的名稱[6]。他看著我的手套，咧嘴而笑。我很冷，這房間裡溫度一定不到攝氏零度。他比手勢要我跟他一起坐在被子上，同時又揮手請傅先生走開。

根據西藏的「魔女神猴造人說」，所有藏人都是一個性慾旺盛的魔女的後代，她耍詭計讓一隻正在修煉的神猴答應跟她交媾，生下六個小孩。這當然是個編出來的美麗神話，不過當我看著這個人的樣子，不難想像為什麼當初會出現這樣的傳說。

他伸手撥開傅先生的身分證，不過對我的護照倒充滿好奇。然後他把鮮美多汁的肉骨頭放下，用手指撥弄我的護照，在上面留下血跡。他看到我的大頭照時笑了出來。他抬頭看了一下我被凍成灰色的皮膚和眼睛下方的傷口，然後又看了看照片，再度笑了起來。

「我知道照片不太像。」

他聽到我說英文，耳朵彷彿豎了起來，像一條狗聽到門外的腳步聲。

「你們有房間嗎？」我一邊問他，一邊拿出一張達賴喇嘛法照。

他咕噥著答了一句。他剃光的頭顱和方方的下巴都使他看起來像猿猴。我改用中文，因為我聽不懂他在說什麼。他溫柔地拿起那張法照。

「一個人六元。」他抓著達賴喇嘛法照說。

6 譯註：Bod是藏語བོད的慣用拉丁拼法，於現代藏語中的發音是〔pʰøʔ〕，近似*Bhö*或*Phö*。梵語稱西藏為僕吒（Bhota），印度半島各國稱之為Bhoṭa、Bhauṭa、Bauṭa等，皆直接衍生自此一藏名。至於歐洲慣用的Tibet一字應該是源自阿拉伯語或波斯語的稱法（Tibat、Tobatt、Tubbat），其詞源與中國唐代的「吐蕃」類似。古音為boan、boad的「蕃」即Bod的音譯。

「啊，謝謝，謝謝！」傅先生放下身段說。

「喝茶，喝茶。」野人遞了個馬口鐵茶壺給我。

我喝了點鹹鹹的西藏奶茶，然後看到一輛卡車停在外面。十二個藏人走了進來，都是婦女和兒童，他們把被子鋪在通道上，倒頭就栽了進去。

我付了錢，從車上取下行李，走上二樓的空房間。樓梯間的燈光讓我看到我是進了什麼樣的地方。有人在樓梯平台上嘔吐過，嘔吐物已經結冰。再走幾步路，牆壁上的東西更恐怖。不過因為東西都結了冰，所以不至於發出惡臭。整個地方都很髒，內牆只是最基本的水泥，室內氣氛比我見過的任何監獄都陰森。不過最像監獄的一點是，所有電燈都亮著——燈光數目不多，不過都是裸露的燈泡。我沒看到開關。其他房間傳出吼叫和低語聲。沒有水，沒有浴室；除了樓梯間以外，我沒看到廁所。

我聽到孫小姐在不遠的地方用病人那種氣急敗壞的哀訴聲責備傅先生。我把門關上，門上沒有鎖，我用一張鐵床把它堵起來。房間裡有三張鐵床，還有幾條發臭的被子。

我發現自己在發抖。我很冷，不過也很餓。我吃了半罐梅林牌柳橙片、一根香蕉，拿出自己帶的熱水壺泡茶。高海拔使我頭昏腦脹，略感呼吸困難，方才在走道上看到的冰凍嘔吐物使我自己也噁心得有點想吐。我剛吃完東西，燈光忽然全熄了。晚上十二點準時關燈。

我戴著手套、帽子，多穿了一件毛衣，穿上外套，套上第三雙襪子，穿上保暖襯裡鞋，然後上床睡覺。我這輩子也算經歷過寒冷，但還不曾需要戴著有防寒耳罩的帽子睡覺。我在身體底下墊了一條棉被，再用另一條棉被把自己裹起來，但即使如此，我依然沒法暖和。我不明白為什麼。我的心臟在悸動，腳趾凍得發僵。我試著想像克里斯．波寧頓過的是什麼樣的生活。片刻之後，我看到皎潔的月光照亮窗戶上厚厚的霜雪。

凌晨，我起來小解，用的是一個搪瓷盆，心想那應該是個夜壺。早上起來時，那裡面的東西已經凍成固體。罐頭裡剩下的柳橙片也已經結凍，我的鵪鶉蛋也是。我帶的所有會結冰的東西都已經結成冰。

我沒怎麼睡，不過陽光還是讓我覺得雀躍。我找到一點花生米，把它吃了，把結凍的香蕉也吃了。我去跟樓下的野人打招呼（白天裡他看起來更髒），跟他分享一些我泡的茶。他不想喝中國茶。他扮了個鬼臉，彷彿在說：「好噁心！你怎麼會喝這種東西？」

早晨的陽光帶來些許暖意，但卻使這地方看起來更恐怖，因為它把樓梯和走道上的臭味也喚醒了。整棟建築物裡隨處可以看到一坨坨人糞，有些黑黑乾乾的，有些濕濕捲捲的。在這個天堂般的國度，我居然住在一間茅廁裡。

傅先生起來以後就開始咕噥抱怨，他說孫小姐身體很不舒服，他自己也覺得不適。

「那我們走吧。」我說。

「先吃個早餐吧。」

「噢，老天！」

可是他很堅持。

一條死狗躺在一間冒著煙的小房子入口處，傅先生和孫小姐坐在那裡頭吃早餐——用犛牛油脂炒的蛋。其他的狗一邊抖縮一邊吠叫。一頭老羊的屍體躺在路面上，已經被壓扁，看起來跟火爐邊的地毯一樣又硬又舊。一個結了冰的水塘後方有一座軍營，幾棟建築物散落在石礫堆中。戴了深紅色頭飾的藏人看著我走進一條小路。我一直走到狗開始叫的地方，然後趕緊回到大路上。這個地方到處都是動物屍體，躺在路面上被壓得又扁又硬，像一張張令人毛骨悚然的地墊。

我們又是很晚才出發。不過這次我用地圖做了一些估算，衡量出各個村鎮間的距離以及適當的行車速度，覺得比較安心了些，直到我想起輪胎的事。

「你的備胎修了嗎，傅先生？」

他說他今天早上吃早餐以前會把它拿去修。雖然安多是個不毛之地，不過還是有修車廠，而且這裡是方圓幾十里內算比較有規模的聚落。

「沒有，最好到那區再修。」

那區距離安多還有一百六十公里以上。

傅先生負責開車。開了幾公里之後，他把車停下來，用手抓臉。

「我不行了！」他尖叫起來。他用中文說這句話時，聽起來像可憐的投降宣告。

傅先生又鬧罷工了。我很開心，在他爬進後座時努力安慰他。我把布拉姆斯放進卡帶播放器，在亮麗陽光下往南開去。

我自己也覺得有點衰弱。我頭上腫了個包，脖子鬧疼，臉頰上有車禍時留下的傷口，右手腕受了傷，應該是在車子打轉時緊抓把手造成的扭傷。高海拔也對我造成影響。我感覺頭昏眼花、噁心想吐，在安多時走那一小段路就令我心悸。可是相較於傅先生受到的折磨，這些都不算什麼。他的臉已經失去血色，嘴巴張開，過不久他就昏了過去，孫小姐也睡著了，兩個人在後座擠壓在一塊，彷彿一對服毒殉情的戀人。

抵達那區之前沒有別的聚落，只有一片狂風肆虐的高原台地；天氣冷得連西藏人稱作drong的野生犛牛都瞇起眼睛，野生驢群在我們經過時頂多只是抬頭看一下這輛嚴重受損的三菱嘉蘭特。約莫兩、三個小時以後，連公路也沒了，剩下滿地鬆動的石塊，以及更多的野生驢子。石頭敲在底盤上，不斷撞擊輪胎，但我們沒有備胎。就行駛在西藏而言，我們缺乏準備的程度簡直可以說是荒唐，但我不是很介意。我覺得既然已經在前一天的車禍中大難不死，最慘的部分應該算結束了。存活這個事實本身可以帶來某種強勁的生命力。而且我知道，只要是由我掌握方向盤，我就算是相對安全。傅先生的駕駛技術真的不好，身為一名緊張兮兮的駕駛新手，他實在沒理由挑戰西藏。

在某些山丘上可以看到一些飄揚著彩色祈禱旗幟的小房子，這個景象使我心情愉快，我喜歡那些用石灰粉刷得白花花的房子，喜歡從煙囪冒出來的裊裊炊煙，喜歡人們穿的衣服——狐狸毛皮帽，銀色搭扣，羊皮外套，又大又保暖的長靴。在遼闊荒原中，我看到一對戴帽子的母女走在山崖小徑上，她們的長裙隨風飄蕩；我還看到一名英俊的牧人坐在他的犛牛群中，他戴的是一頂有大耳罩的美妙紅帽。

傅先生很不高興那區沒有任何吃東西的地方。高海拔使他變得頑固而暴躁，他一分鐘都不肯多留，可是我一直跟他嘮叨，逼得他只好找個人修輪胎。修理地點是一個棚子，工具是火和鑿子；他們進行這個原始的鈑金作業時，我在城裡晃了一下。約翰・艾威頓（John Avedon）在一九八四年出版了一本《雪域境外流亡記》（*In Exile from the Land of Snows*），主要是從批判中國的角度探討最近在西藏發生的騷動，並以快活而激情的筆調描繪達賴喇嘛，他在該書中宣稱那區是中國核子工業的中心：氣體擴散場、彈頭組裝廠、相關研究實驗室都已經從羅布泊沙漠遷移到這裡。一般人看到這個地方，絕對無法想像就在附近某處，存有大量中程和中長程核子飛彈。我怎麼看也只能看到犛牛。

雪花又大又濕，像肥皂片般落下。雖然氣溫「高達」攝氏零下十度，但在強風和吹雪中，感覺比這個冷多了。我躲進一家漢人的商店，吃我那瓶金星牌醃鵪鶉蛋。我注意到一名藏族婦女在買一個橘色塑膠袋，一名中年藏族男子在把玩一個金髮洋娃娃。一根金屬鑰匙像灌腸器般從洋娃娃的屁股中伸出來，男子把它旋轉了一下，洋娃娃的手腳就擺動起來，男子笑著就把它買了下來。

在那區的一條巷子裡，幾個藏人跑來問我要不要換錢。他們也賣一些東西，包括銅製香菸罐、銀幣、用來把名字或訊息蓋在文件上的西藏印章等。我買了一個銀質印章，上面刻了一句西藏諺語：「拜天以成道。」

我想在這個遙遠的城鎮發送一些達賴喇嘛的法照，可是為了避免引人圍觀，我特別挑這種地面結冰的小巷子，跟上一些獨行的人，在附近沒有其他人時低聲用我事先學會的西藏文句子說：「達賴喇嘛像，達賴喇嘛像。」

我把照片遞給他們時，他們高興得發出嘶嘶聲，然後都會做出相同動作——把它拿起來碰一下額頭，然後收進棉襖裡。他們對這個法照的反應方式令我深深感動。不是因為他們頻頻道謝，而是因為藏人表達謝意的方式雖然非常不儀式化，但卻能透過最簡單的動作傳達出最溫暖的情感。而且他們無疑對他們的神王，也就是第十四世達賴喇嘛丹增嘉措忠心耿耿。

他們的行為就像最初的基督教徒，而我置身於他們之間，用小小的聖像激勵他們，悄悄進行某種煽動活動。幾乎所有藏人都是佛教徒，他們對達賴喇嘛懷抱著無法估量的愛和尊敬。班禪喇嘛是個政治僧侶，他住在北京，據說還是中共中央委員會成員，可是達賴喇嘛從來不曾降伏於中共。一九五九年三月，藏族民眾為防止達賴喇嘛被中共綁架，包圍他所在的夏宮羅布林卡，最終導致中共於三月十七日對夏宮展開砲擊。藏族僧侶和戰士對陣勢混亂的中國部隊背水一戰，當天深夜達賴喬裝成騎馬牧人逃出夏宮，與數以千計的追隨者離開西藏。自此他一直流亡印度，並誓言除非中國撤離，否則他永遠不回西藏。

西藏和中國之間的關係從西元七世紀的唐朝期間開始就一直充滿緊張，在過去一千三百年的歷史中，雙邊關係建立在拼湊的外交及和親政策上，而且中國經常拿出薄弱的藉口侵犯西藏。中共於一九五〇年入侵西藏時，西藏是個主權獨立的國家。當時西藏在所有層面上都是個極度孤立的地區，整個西藏沒有一輛機動交通工具，沒有學校（只有寺院為學徒僧侶和比丘尼提供宗教式教育），沒有銀行，貨幣不太流通。以薪水而言，支付方式通常是用實物替代，例如大麥、茶、酥油、布料等。西藏社會依據中古時代的制度運作，達賴喇嘛擁有天授神權據以管理。階級結構非常嚴謹，從最高等的貴族和少數富裕的類貴族世家，一直到最低下的賤民階層，這個階層在西藏社會中的唯一功能是處理屍體。

中國人急於奪取西藏並加以徹底改造。毛澤東曾說：「越是困難的地方越是要去，這才是好同志。」這個敦囑促使許多中國人移居青海進行開拓，接著軍隊開始開進西藏東部。刀劍、矛刺面對現代化的中國軍事裝備又有何用？藏人無力招架，於是籲請聯合國支持，試圖將他們對抗中國的決心公諸於世。但各國決定背棄西藏，西藏代表團被迫簽署在耀武揚威的中國主導下訂立的條約。沒有一個國家願意協助西藏。幾年之後，在毛澤東發狂般地推行所謂「宗教改革」期間，古老的西藏寺院被炸毀，僧侶被送進工廠工作，佛教儀式包括祈禱和各種宗教標誌完全遭到禁止，中國相信他們已經成功解放西藏。西藏受到屈辱，民心怨憤不平，於一九五六年多次發起暴動，但都被掃平，於是中國更確信解放任務全面達成。

文化大革命期間，狂熱的反宗教情緒在西藏完美地發揮其功力，於是碩果僅存的寺院不是被摧毀，就是被供作其他目的使用。拉薩哲蚌寺中最莊嚴的廟宇被用來養豬，神聖中最神聖的大昭寺宮殿被改為五號賓館，士兵駐紮在院區內的廟宇和庭院中。佛像被砍頭，祭壇上的鑲金古物被熔毀。紅衛兵拆除古老的傳統醫學院——拉薩藥王山上的蒙澤康（Mendzekhang）藥理暨天文寺院學校，在那裡立起一座電視塔。除了布達拉宮以外，拉薩可說全城被毀。

「那是一個錯誤。」一名中國官員輕描淡寫地告訴我。他這麼說並不是在刻意貶低拉薩被毀的事實，但畢竟他是個完整經歷過中國文革的人，在那個時期中，一部分長城遭到拆除，無數寺廟和歷史建築被毀，整個中國的文物受到空前破壞。相較於那一切，幾間瀰漫灰塵的廟宇、幾座彩繪神像又算得上什麼？

拉薩的情況只是一種「過度的作為」，在多數中國人眼中，那並不是嚴重的暴行。許多跟我聊過的中國人無法理解，為什麼有人會認為一間老舊的佛教醫學院會比一座擁有堅實鋼筋水泥地基的高大電視塔來得有價值。

可是中國式的文物破壞跟世界上其他地方的文物破壞不能相提並論。我們比較容易想像的是成群結黨的瘋狂年輕人高唱革命歌曲，衝進一座座寺院中砸壞建築結構和室內陳設。但這不是中國式的破壞。當命令宣達下來：「把封建的和尚窩毀掉！」士兵、紅衛兵和其他狐群狗黨的破壞者紛紛拿起粉筆，在寺院所有地方做記號——把這些木料保留起來，把這些梁架堆放起來，把這些磚頭收集起來等等。一磚一瓦、一石一木，寺院被拆除了。節省到家、忙於補衣修鞋的中國人把所有能夠重複使用的資源留了下來，古老寺院就這樣化身為穀倉和軍營。

達賴喇嘛繼續流亡，但中國人逐漸承認全面破壞是個錯誤，於是他們開始進行某種程度的重建。一部分的老西藏恢復了原有樣貌，但與此同時，學校、工廠也紛紛建了起來，西藏各地設立了軍營和砲台（西藏在這方面非常類似受蘇聯主控的蒙古）。達賴喇嘛的法照被禁止。我知道當我分發這些法照給民眾時，我是在做一件違法的事。可是我不管，我這麼做有一種故意搗亂的性質。這些法照讓西藏人滿心歡喜，同時也讓我覺得自己像個施洗者約翰。

☆

那區擁有拉薩以北的西藏地區唯一稱得上旅館的地方，不過就算到了那裡，我心裡還是想：下次我要自己帶帳篷和睡袋。傅先生開車載我們離開那區市區，不過那可能只是為了面子而做的動作，因為才出城不到兩公里，他就把車子停下來揉眼睛。

「我不行了！」

然後他又癱坐在後座。

這是我從展開這場鐵騎之旅以後感到最快樂的時候。車子由我負責開，行程由我掌控，我可以自由運用時間；而且西藏人口稀少，天氣非常戲劇化，山丘上下雪，風勢強勁，烏雲在前方山頭堆積。我又忍不住想起：我昨天大難不死。

今天，在白雪皚皚、雄偉壯麗的念青唐古拉山脈身影中，牧人騎馬穿梭在犛牛群間，公路筆直地穿越黃色的平原。這條修建得相當平整的公路進一步為我帶來安適感受——在一個如此遙遠的國度能夠感覺這麼安全，實在太美妙了。傅先生和孫小姐在後座睡覺，路上沒有其他車輛。我以合理速度開往拉薩，沿途欣賞形形色色的鳥兒，有老鷹、珩鳥、烏鴉等。我又看到更多西藏瞪羚，某個時候還看到一隻淺黃色狐狸跳躍著穿過馬路。

忽然下起一場暴風雪。前一刻我還在一座陽光普照的乾燥山谷，公路轉了個彎，車子卻進入一座晦暗而泥濘的山谷，大大的雪片斜斜掠過車窗。感謝老天爺，對雪有恐懼感的傅先生這時沒醒過來。雪勢逐漸緩和，到下一個山谷時已經剩下乾燥的雪花輕輕飄舞，不久後太陽又露出臉來。西藏人把他們的國度稱為「雪域」，但事實上這裡不常下雪，雨則從來不下。有時會颳強風，但很快就會停息，而且西藏人對風似乎不以為意。我看到小孩在暴風颳起時依然在玩耍。

我在旅途之初希望儘快抵達拉薩，但現在我完全不介意在路上耽擱。假使要我在沿途多待幾個晚上，我也非常樂意，只要住宿地點不是像安多那間糟糕至極的爛旅店就好。

當雄看起來似乎頗有希望。這個城鎮位於公路轉彎處，附近有一座軍營，還有六、七家只有一個房間大的小餐館。我們把車停下，點了四道菜吃，其中包括木耳和犛牛肉。傅先生似乎活了過來，居然有力氣責備女服務員多算了他錢，或者該說是多算了我的錢，因為付帳的人是我。廚房裡窩了六名軍人在取暖，但當我試著跟他們說話時，他們一哄而散。有些到中國旅行的人告訴我，他們會被軍人或官員找麻煩，可是我從沒遇到這個問題。每次我想跟他們接近，他們馬上就退縮了。

我看到傅先生吐口水在車子的輪圈上，看它是否過熱。他跪在車輪邊，邊吐口水邊塗抹邊檢查。

「我想我們應該在這裡過夜。」我說。

有個小男孩在一旁看我們，他的毛皮帽前端內側塞了一張撲克牌大小的達賴喇嘛法照。我的眼睛瞄到他以後，他一下就跑走，回來時那張法照已經不見了。

「我們不能在這裡過夜，孫小姐病了。拉薩再過一百七十公里就到了。」

「你覺得你的狀況可以開車嗎？」

「我沒事！」

可是他看起來糟透了。他的臉色是灰的，他沒吃什麼東西。先前他告訴我他的胸口會痛，也說眼睛會痛。

「輪子不太熱，」他說：「這樣很好。」

他一邊喘氣一邊勉強開車，然後在一個叫百滄（Baicang，音譯）的地方又舉白旗說他不行了。我高興地坐上駕駛座，然後來到位於河邊的美麗村鎮羊八井，從那裡進入一條岩石峽谷。我原本以為從格爾木開始就到處會是這種山谷，卻不知道原來西藏的這個地區大都是開闊的原野，道路經常平坦筆直，雪峰只在遠處出現。現在這座山谷又陡峭又寒冷，而且深邃得非常陰暗。山谷底下流著湍急的河流，鳥兒在河床上的岩石間跳躍。根據我的鳥類大全，那些鳥是鶇科雀鳥，其中最普遍的是白翅鴝。

車子開出山谷時，地勢變得比山谷另一頭高聳，周圍的山坡比較陡，山峰顏色比較藍、積雪也比較多。向晚陽光乍現，我們繼續沿著河流前進。這條小河往南流進拉薩河，然後拉薩河會滙入氣勢磅礴的雅魯藏布江。河谷地區開闊了起來，日照變多，環境顯得非常乾燥。不遠處光禿禿的美麗山丘上佈滿閃閃發光的碎石，後方遠處的大山則彷彿披著白沫般的雪衣。

再往前有一個小市鎮，乍看之下我以為那又是個軍營聚落，但那毫無疑問就是拉薩。遠遠就看到一個紅白相間的建築物，造型設計是中間高，側邊往下傾斜——那是布達拉宮，看起來真迷人，有點像一座山，又有點像有錘金上蓋的音樂盒。

這是有史以來我旅行進入某個城鎮時，感到最快樂的一次。我決定把車資付給傅先生，也把熱水瓶和剩下的糧食都留給了他。他看起來很不好意思，逗留了一會兒，然後伸手摸了一下我臉頰上那個車禍留下來的傷口。傷口已經結痂，血已經凝固，看起來很可怕，不過不會痛。

「真抱歉。」傅先生說。他笑了起來。那笑聲其實代表卑屈的道歉：請原諒我！

☆

我一下就明顯發現拉薩算不上是真正的城市。它是個看起來很友善的高原城鎮，周圍環繞著一些更高的山。街道上車輛非常稀少，沒有人行道，所有人直接走在路面上。沒有人是用跑的，畢竟這裡位於海拔三千六百多公尺高處。我可以聽到小孩笑鬧、狗兒吠叫、鈴鐺被拉響的聲音，所以整體上這是個沒什麼噪音的城市。市區相當髒，不過陽光普照。幾年前中國人用推土機把市區入口處的浮屠（佛塔）摧毀，他們用這種方式凌辱拉薩這個過去長期禁止外國人進入的地方。直到現在，這個城鎮的人口一直都不多。中國人嚴重損壞拉薩，希望把整個城都毀掉，然後重新建立一座由難看的工廠構成的新城市。但他們摧毀拉薩的企圖沒有成功。這個地方大部分的建築物，包括一些極其精美的神殿，都是用土磚建成的，雖然很容易毀壞，但要修補重建也非常便宜。佛像和犛牛油雕塑（「酥油花」）也是類似的情況，佛像每隔幾年就會被換新，酥油花則本來就會腐壞、融化，舊的壞了退場，新的馬上遞補上去。佛教的一整個教義都讓藏人將毀滅與重生的輪迴視為理所當然——這個宗教以非常高明的方式教導「連續性」這回事。我們很容易在拉薩意識到中國人曾經用多大的暴力試圖摧毀這個地方，但他們失敗了，因為西藏人是無法摧毀的。

拉薩是個神聖的地方，所以這裡有很多前來禮佛的朝聖者，拉薩因此顯得多采多姿。由於這些人自己也來自外地，他們不會以異樣眼光看待外國旅客；事實上，他們相當歡迎外國人，而且樂於向他們販售念珠和各種裝飾品。中國的城市素以人潮洶湧、喧囂吵雜聞名，但由於拉薩人口少，而且地勢平坦，因此街上有許多人騎自行車。這點讓我覺得特別驚訝。原先我以為會看到一個地勢陡斜的城市，飽經風霜、晦暗沉寂，由中國人全面掌控，無處不是堡壘、防禦工事，到處懸掛口號和標語。結果我看到的是個歷經戰爭蹂躪但卻益發明亮的小鎮，充滿快活的僧侶和友善的朝聖者，在布達拉宮宏偉、獨特而動人的身影下顯得朝氣蓬勃。

拉薩有一半的人口是漢人，但漢族平民通常都待在室內，就算人民解放軍的士兵也顯得相當低調。他們知道拉薩基本上是個巨大的軍營，道路、機場及所有通信設施都是依軍事需求而規劃，他們也知道藏人對此感到憎恨。漢族中國人在西藏沒有安全感，所以他們退居於一種半官方狀態中生活；他們看起來雖然一副政委或帝國主義者的模樣，但那種大搖大擺的姿態主要都是在虛張聲勢。他們知道自己身處異國，他們不會說藏語，也無法成功使藏人學習漢語。三十多年間，他們一直設法維持中文是西藏官方語言的假象，但到了一九八七年，他們終於放棄這個自我欺騙的幻想，把官方語言改為藏語。

中國人似乎認為他們擁有道德上的權利可以管理西藏人的生活，但一九七〇年代末期以來，中國人開始無法透過有效的政治方式解決中國本身的問題，於是他們對於統治西藏這件事也變得比較不自在。他們並沒有權利進入那裡。西藏人想必自己就可以找到辦法向富裕氏族徵稅，擺脫壓榨者，提升賤民（以乞討撿拾、處理屍體維生的階級）的地位，並釋放奴隸（奴隸制度一直維持到一九五〇年代）。但中國人的老大心態致使他們決定入侵西藏，徹底介入當地事務，因而疏離了大多數藏人的民心。中國人不只做到這個程度而已，接下來他們全面兼併了西藏，使它正式成為中國領土的一部分。無論中國人怎麼宣傳他們會將管制政策放鬆，我們都非常清楚一個事實：中國完全不打算讓西藏重新成為主權國家。

我的中國朋友們告訴我：「西藏感覺像個外國。」他們對藏人的老式服裝和習俗感到困惑，也無法理解藏傳佛教的奇異儀式——歌頌密宗儀式的性愛神祕主義、以擁抱及交媾姿勢闡釋「父母相」的「雙生佛」雕像，以及那些張牙舞爪、瞪目而視、被藏人視為保護者的金鋼。儘管中國密切監管、實施各種法令、興建學校、進行公共建設，拉薩看起來依然充滿中古氛圍，想必跟中世紀的歐洲差不多；放眼望去，盡是笑吟吟的僧侶、外表邋遢的農人、露天慶典活動，以及玩雜耍、表演特技的人。拉薩是個聖城，但它也是個趕集的市鎮，推車上堆滿蔬菜和可以保存一年的風乾犛牛肉塊（在西藏的乾燥環境中，穀物甚至可以保存五十年）。在西藏的所有中古特徵中，令人印象最深刻的恐怕是這裡幾乎沒有排水管道。

拉薩到處都可以看到朝聖者或盤腿而坐，或五體投地，並按順時鐘方向繞著每個神龕走一圈。無論在大昭寺外及布達拉宮各處的階梯平台，或在路上、河邊、山坡上，都可以看到他們趴地頂禮的身影。身為藏傳佛教信徒的他們性情快活，他們來自西藏各地，以拉薩為集散地，他們的身影讓拉薩豐富多采，使市集活絡熱鬧。他們無不遵奉達賴喇嘛——觀世音菩薩的化身。他們祈禱，俯臥在地，把小小的一角錢鈔票和大麥粒丟向神龕，將一團團酥油倒進燈台中。非常虔誠的人會吹響用人類大腿骨做成的號角（一塊形狀跟雙簧管類似的股骨），或以人類頭蓋骨上半部製成的碗取水。他們在布達拉宮瞻仰達賴喇嘛的各個寶座和座椅，甚至會去朝拜他那張裝飾藝術風格窄床、他的衛浴間，以及他的卡式錄音機（那是尼赫魯[7]送給他的禮物）和收音機。達賴喇嘛被當成活佛參拜，但朝聖者也會禮敬黃派創始人宗喀巴、佛主和其他仁波切的圖像，尤其是在拉薩興建宏偉寺院建築的第五世達賴喇嘛。朝聖者使拉薩成為外來訪客的城鎮，這些訪客不算真的異鄉人，在這種氛圍中，真正的異鄉人會找到一種歸屬感。拉薩的混亂、髒汙和叮噹作響的鈴聲都使它顯得非常親切好客。

拉薩是中國唯一一個從頭到尾令我感到快活的地方，我熱切地進城，歡喜地享受待在這裡的每個片刻，非常不想離開。我喜歡它的小，它的友善，它車輛稀少的平坦街道，而且每條街道盡頭都是一幅壯美的西藏高山景致。我喜歡這裡的清澈空氣和燦爛陽光、這裡的市集，以及活絡的珍稀古董交易。看到這種中國人找不到辦法「解決」的地方，使我覺得非常不可思議。他們承認他們過去在西藏犯下嚴重錯誤，但他們也承認不知道接下來該怎麼做。他們沒料到西藏人的信仰堅如頑石，他們可能也覺得無法相信這些膚色黝黑、從不洗澡、滿臉笑容的人可以如此慷慨激昂。中共官員帶著不可一世而沾沾自喜的姿態到此參訪。他們大都是在做公費旅遊。西藏是公費旅遊的天堂：這裡有一個臣服的民族、兩家不錯的旅館、形形色色的祭儀，而且這裡天高皇帝遠，做什麼也沒人管得著。中國人習慣提供的獎勵措施是公費旅遊和官方參訪，這種旅行經常等於是紅利獎金的替代品，而西藏無疑是終極的公費旅遊目的地。但這些遊客只是走走看看，西藏完全沒有在經濟上獲利，目前西藏依然必須全面仰賴中國的財政援助。這些到拉薩的中國人看起來幾乎總有種身體不適的感覺，原因除了海拔太高、食物奇怪、氣候不適應，可能還包括愛喧鬧的藏人：藏人讓中國人覺得有點野蠻而難以捉摸，他們是一群迷信的原始人，甚至比人類低等。

7　譯註：賈瓦哈拉爾・尼赫魯（Jawaharlal Nehru），一八八九～一九六四，印度獨立後第一任總理，也是在位時間最長的印度總理。一九五六年間，第十四世達賴喇嘛丹增嘉措獲印度政府邀請赴印參加佛陀兩千五百年誕辰紀念活動。當時藏區局勢緊張，達賴喇嘛在印度期間向尼赫魯尋求可能的政治庇護，周恩來專程飛到新德里與達賴喇嘛會談，最後達賴接受周恩來和尼赫魯的建議，於一九五七年返回西藏。但此時西藏的騷動已經難以控制，最終導致一九五九年達賴喇嘛率眾流亡印度。詳見前文。

拉薩乃至於整個西藏的另一個面向是，它跟雲南一樣已經成為嬉皮的天堂。這些嬉皮不是我在若干年前在阿富汗或印度遇到那種離經叛道、摒棄社會生活的嬉皮；他們大都是生活優渥的中產階級嬉皮，拿了父母親的錢買機票到這裡旅行。有些人是從尼泊爾搭巴士來的。他們的存在讓我覺得無所謂，對我而言，他們還是比逐漸湧向拉薩的有錢觀光客可取得多；拉薩正在為後面這群人興建高級旅館、從外國進口荒謬的美食，並為他們提供嶄新的日本旅遊巴士，在黎明時分載他們到野外拍攝「天葬」之類的儀式（藏人會把死者遺體放在野外讓禿鷲吃）。海外華人學者潘翎在她分析近年中國歷史的著作《中國的新革命》（*The New Chinese Revolution*）中指出：「我們難以避免達到一個結論，西藏文化雖然熬過了毛澤東及其勢力竭盡所能的消滅行動，但它終究將被觀光旅遊摧毀。」我對這個觀點抱持懷疑。我覺得西藏太大、太難以接近，也太奇異，沒有任何人能占有它。在我眼中它非常美妙，彷彿世界的盡頭；它就像一個極地冰帽，但是更加空寂。

☆

我花了一段時間才逐漸從長途開車的磨難中復原。因為車禍的關係，我的頭現在還會痛。我的脖子有扭傷，左眼下側依然有那個引人注意的傷口。高海拔使我失眠。我在寒冷的旅館房間中躺在床上時，強烈感覺心臟和脈搏快速跳動。在外面時，有時我會忘了自己身處西藏，開始跑起步來，結果一下就上氣不接下氣。

我找到一個對寺院瞭若指掌的藏族年輕人，他完全不會說中文。他小時候跟父母離開過西藏，也就是一九五九年達賴喇嘛帶領七萬名追隨者逃離西藏時。他在印度一待就是二十五年，陸續在喀什米爾、拉達克[8]等地區以及西姆拉[9]的一些西藏難民學校求學，然後返回西藏。我問他回到中國管轄的西藏有什麼感覺。

「覺得還好。不過我的心不在這裡，我的心在達蘭薩拉[10]。你懂得我的意思吧？」

「達賴喇嘛在達蘭薩拉。」

「對，他不在這裡。」

他的名字是拉帕。看到別人用中文跟他說話的情形，我覺得很好笑。他會對說中文的人微笑一下，然後說「不會不會」。他甚至說不出那句連我都會說的實用語句：「我聽到你說話了，可是我聽不懂。」由於漢族中國人不會說藏語，也幾乎完全不懂英語，因此拉帕回到西藏一年以來從來不曾跟漢人說過話。我問他這會不會使他覺得困擾，他說不會。「這裡又不是中國。」他說。

我們前往哲蚌寺。一九五五年毛澤東實施宗教改革以前，哲蚌寺可能曾有高達一萬兩千名僧侶，據說是全世界最大的寺院。這是個占地遼闊的地方，充滿灰泥刷白的建築物，層層疊疊座落在拉薩城外溪谷邊的山丘上。它有個別稱叫「米堆」[11]。寺內人口已經大幅減少，現在有五百名僧侶，都是不久前才回來定居修行的。其中一名跟我說話的僧侶告訴我，他在一九五九年到一九七九

8 譯註：位於喀什米爾東部，在地理上屬於崑崙山和喜馬拉雅山脈的西端延伸部，是世界上最崎嶇、最荒蕪的山地之一。

9 譯註：印度北部喜馬偕爾邦首府，於英國殖民時期是英屬印度的夏都。

10 譯註：位於印度北部的喜馬偕爾邦（該邦北鄰喀什米爾地區）。中國唐代時已有吐蕃人（藏人）移民至此。一九五九年十四世達賴喇嘛逃出西藏後，這裡成為西藏流亡政府的政治中心，號稱「小拉薩」。

11 譯註：「米堆」正是「哲蚌」在藏語中的意思，因為覆蓋大片山坡的寺院建築遠看有點像一堆米。

年之間在西藏東部的一座農場上生活，他的工作是挖蔬菜。他身上穿著厚厚的褐色長袍。

「你在農場上有穿這種袍子嗎？」

「沒有，那時穿的是農場的工作服，藍色制服。我很不喜歡。」

「那時你有祈禱嗎？」

「沒有，那是被禁止的事。」

「你是怎麼回到哲蚌寺的？」

「我聽說政治上的情況有所改善，所以就提出了申請。我問他們是不是可以讓我回到寺院，他們說可以。」

我遇到另一位哲蚌寺僧侶，他肩膀寬闊、肌肉發達，笑起來聲音低沉渾厚。他說：「我在牢裡待了二十一年。」

「你犯了什麼罪？」

「沒犯罪！」他的笑聲引人注意，朝聖香客紛紛盯著他看，不過他沒有把音量放低。「達賴喇嘛從羅布林卡逃走時，我在那裡保護他。簡單說就是我在那裡作戰，讓他可以順利逃出去。」他說這些話時看起來很得意。「中國人抓到我，就把我關進監獄裡。」

「監獄在哪裡？」

「有好幾個監獄，他們一直把我換地方。」

「你對中國人有什麼看法？」

「我不討厭他們，只是希望他們離開。」他說，「不過我最盼望的是達賴喇嘛回來，這樣我就死而無憾了。他沒回來以前我會一直很不快樂，我不希望他還沒回來我就死掉。」

「你覺得他會回來嗎？」

他沒說話，可是他做的動作等於是幫他回答了。他雙手合十，閉上眼睛，比了個祈禱手勢。我把達賴喇嘛的法照送給他和其他一些僧侶。有些僧侶走過來，用結結巴巴的英語問：「達賴喇嘛的法照？」想必我不是第一個到這裡來分發法照的外國旅客。

拉帕指了一下山邊一群白紅相間的建築物。

「那是乃瓊寺，那裡是護法住的地方。不過他現在跟達賴喇嘛一樣在印度。」

「護法都做些什麼事？」

「他在寺院裡的主神白哈爾大神附近靜坐，然後代替它說話。」

他帶我去看了主神像。那神像是一個擺在架子上的娃娃，穿著長袍，目光炯炯有神，雙臂開展，張開的嘴巴彷彿在尖叫。我看了有點毛骨悚然，心想，應該不是只有我一個人覺得這種娃娃大都顯得陰森而令人心煩意亂。

許多哲蚌寺的朝聖者來自好幾百公里以外，有些人的家鄉距離拉薩甚至有一兩千公里，他們必須坐在破卡車後面，在泥土路上顛簸個三、四天才能到。他們帶了自己僅有的一些錢，帶了棉被、食物，還把所有小孩都一起帶來；他們也帶了蔬菜和肉品到拉薩的市集上賣。這些人極度窮困，但他們卻互相分享食物，在神龕前慷慨解囊，還拿錢給乞丐，這些都讓我留下深刻印象。當他們看到長疥癬的野狗成群吠叫著在寺院外頭遊蕩時，甚至會分食物給牠們吃。

我們四處走動，拉帕忙著跟我說明怎麼從朝聖者的髮飾、長袍、耳飾或頭髮的編結方式辨識他們的身分。

來到院區內某座寺廟時，他說：「有沒有看到牆壁上那個綠度母菩薩？它是自己跑出來的，不是人刻上去的。某天早上，僧侶忽然間就在那面石牆上看到它在那裡。」

我看了一下。

「你不相信嗎？」拉帕說。

「我不知道。」我說。這種東西的荒謬程度不會超過摩門教徒對金頁片（Golden Plates）和天使摩羅乃的信仰[12]，而且我覺得可信度還高於法蒂瑪聖母顯靈[13]，或那些每個聖週五（耶穌受難日）時都會跟耶穌一樣在聖殤位置流血的義大利修士。

在西藏最神聖的地方大昭寺，還有更多顯現神蹟的牆壁及自然出現的雕塑：文殊菩薩的頭從某一面牆中突出來，一個綠度母菩薩像自己刻劃在某個架子上，某個寺廟一角忽然出現一頭石造水牛。

我抵達拉薩的時間正值西藏新年末尾，在這個長達十五天的著名節慶中，藏人一方面表達虔敬之意，一方面也盡情歡鬧作樂。這就是拉薩有這麼多朝聖客的原因。至少約有一千名僧侶聚集在大昭寺念咒，帶領他們的是一位年長的光頭人物，他的頭銜是「甘丹赤巴」，他是西藏最神聖的僧侶，也是所有這些寺院的精神領袖[14]。他身披金袍，背對其他僧侶盤腿而坐。僧侶們動來動去，而且常常笑。他們有的在誦經，有的則在笑鬧。他們什麼年齡都有，有些只是小少年，有些是婦女，不過婦女都剃了髮，穿著跟男性一樣的衣服，所以不太容易分辨。我是在二樓廊廳觀看這個景象，有些藏人從這裡把寫有咒語的紙片撒在下方的僧侶上，僧侶們則把紙片堆積起來。

我透過拉帕問一名僧侶，西藏佛教傳統的特色是不是針對一些細微的神學要點進行辯經。

那位僧侶猛點頭說：「是，是！」

「可以給我舉個例子嗎？」

「好。上師問：『兔子有沒有長角？』一位僧人站起來說：『沒有，兔子沒有長角。』然後上師用手杖打了一下這位僧人，其他僧人笑了起來。另一位僧人說：『有，兔子有長角。兔子會挖洞，用什麼挖？不是用牠的爪子，而是用爪子上的指甲，那就是牠的角。』

「這樣問題就釐清了嗎？」

「也許他們又繼續爭辯了一下，看那到底算不算角。」

在我停留的這段時間裡，拉薩所有地方的轉經筒都轉個不停。大部分朝聖者都會在手上拿著自己的小型轉經筒，看起來有點像直立式削鉛筆機。朝聖者依順時鐘方向慢慢繞著轉經筒走，並加以轉動；有時他們轉得非常快，因為轉經筒（筒內有潦草寫成的咒語）發出的「咒語聲」比人誦讀出來的禱詞微弱。這些轉經筒通常是以青銅或黃銅製成，有時也會有銀質浮雕圖案或鍍金裝飾。轉經筒固定設置在寺院範圍內，有些大如油桶，很難轉動，有些則跟放釘子的小桶子差不多大。轉動這些輪桶時，可以聽到咒語般的顫動聲從它的內部發出。轉經筒附有把手，用酥油潤滑，均以藏文及

12　譯註：摩門教徒所稱的金頁片別稱「金聖經」，他們認為這些金頁片是古代美洲先知於西元前兩千兩百年到西元四二一年之間，用來以埃及文變體撰寫神聖紀錄的質材。最後一位先知摩羅乃（Moroni）將金頁片埋藏在地下。一八二〇年代，摩門教創始人小約瑟．斯密（Joseph Smith Junior）在天使摩羅乃（Angel Moroni）的啟示及指引下得知埋藏地點，挖掘出土後，於一八二九年據以翻譯寫成《摩門經》。

13　譯註：一九一七年五月到十月間，葡萄牙的三名牧童宣稱在法蒂瑪（Fatima）附近看到聖母瑪利亞顯靈，並向他們透露「三個祕密」，時間都是在十三日同一時辰。一九三〇年，羅馬天主教廷正式宣布法蒂瑪聖母的奇蹟值得相信。

14　譯註：甘丹赤巴為「甘丹法座持有者」之意，他是藏傳佛教格魯派的精神領袖，其職務不是經由轉世傳承，而是通過考試，由達賴喇嘛和西藏噶夏政府指派。

梵文刻寫最靈驗的咒語真言「六字大明咒」（「唵嘛呢叭咪吽」）。其中「唵」是咒語真言中最強大也最神祕的一個元素，用同一個聲音組合了梵語中的三個語音，那三個音歸結了宇宙三元合一的本質[15]。這些真言咒語極為神聖，因此把它們寫下來或刻在岩石上（神聖的「唵」經常被刻在岩壁上）的舉動，被視為比豎立神像更虔誠。

藏族朝聖者湧進大昭寺，喃喃念咒，趴地頂禮，觀看僧侶活動。來自遠方的他們在這個可稱為藏傳佛教梵蒂岡的地方無不目瞪口呆；在金碧輝煌的雕像、描繪地獄與天堂的煽情壁畫、檀香和柏葉散發的香燻，以及咚咚響的低沉鼓聲中，他們虔誠的朝聖情懷似乎退去，取而代之的是一種觀光客般的好奇。他們的眼睛在光線昏暗的迴廊中閃閃發光，目光不斷搜尋奇異事物，彷彿喃喃誦經的僧侶、瀰漫周遭的香氣、垂掛在各處的唐卡[16]使他們無比驚奇，結果竟然忘了自己到這裡的目的是要祈願此生離苦得樂。

就在不那麼久以前，在大昭寺的內殿中，最神聖的尊貴佛祖覺沃釋迦牟尼像（釋迦牟尼佛十二歲等身像）[17]，以安詳慈悲的目光凝視中國軍隊在殿內養豬、把整個大昭寺徵用為軍營。毛澤東的手下在西藏全面實踐他有名的「過正論」：「矯枉必須過正，不過正不能矯枉。」這是中國為西藏立的墓誌銘。廟宇不是關了就好，還得在裡頭養豬。寺院不能只是清空，還得讓僧人們脫去僧袍，把他們送進工廠，禁止他們祈禱；寺院的木材要拆下來蓋雞舍。毛澤東對傳統信仰的系統化玷汙政策在西藏達到高峰。現在，中國終於逐漸承認過去的愚蠢行為；一九八七年，中國駐美外交官鄭萬真（音譯）在《華盛頓郵報》發表〈西藏是大家庭的一部分〉一文時，雖然目的是辯護中國的西藏政策，但他也承認中國犯過錯誤：「（……）文化大革命混亂十年期間的過度和過失（……）。」中國人一再強調他們挹注重金進行復原工作，但不用說也知道，西藏人永遠不會忘記中國占領西藏的行為是多麼過分，他們也會永遠記得中國人如何褻瀆了他們的聖地。佛教教導的是克己、節制、得體。中國的政策中最違背佛教精神、最惡劣的面向，就是它要求「解放者」和革命份子執行任務必須秉持「過正」的原則。

西藏地區經過重建和復原的建築物，在嶄新的油漆和缺乏個性的外表下，展現迪士尼樂園般簡單俗麗的外觀。其實在整個中國都是如此，這種風格可說無所不在。只有布達拉宮在野蠻瘋狂的文革期間逃過一劫，這是因為周恩來的介入。不過我參觀布達拉宮時，一名僧侶帶我去看一幅古老壁畫上描繪的一連串寺院。

他指了其中一座寺院。

「中國破壞。」他用簡單的英文說。

他又指了另一座。

「中國破壞。」

15 譯註：「唵」在印度教中也被視為宇宙中出現的第一個音，以及嬰兒出生後發出的第一個音。作者於此處提及的「三元合一」，應該是指佛教中的「三身」（【梵】Trikāya）概念，即佛的三種身：報身（受用身）、應身（變化身）、法身（自性身，也就是「涅槃」）。這個概念與基督教傳統中的「三位一體」有若干相通之處。

16 譯註：唐卡（tangka或thang-ka）是一種以布幔或紙為媒材的西藏宗教繪畫。

17 譯註：大昭寺覺沃釋迦牟尼像是西藏最神聖的兩尊佛像之一，另一尊是拉薩小昭寺的覺沃米覺多傑像。覺沃釋迦牟尼佛像是兩千多年前依照佛祖悉達多太子十二歲的德相而塑造的，後來由印度恆河中下游地區的摩揭陀（Magadha）國國王贈予漢帝唐太宗。唐朝與吐蕃（西藏）和親時，文成公主奉命嫁給吐蕃帝國創建者松贊干布，這尊佛成為嫁妝的一部分。

他再指了六座寺院，然後重複說這個句子。為了感謝他為我做的說明，我送給他一幅達賴喇嘛法照。他雙手緊握照片，對我發出嘶嘶聲表示道謝。

「達賴喇嘛來！中國走！」

中國人早已邀請達賴喇嘛返回西藏，但至今他一直表示，除非他的條件得到滿足，否則他拒絕回來。但中國人不可能同意他的條件，其中最重要的一條就是西藏獨立。藏人的情緒非常高昂，達賴喇嘛的擁護者人數眾多而且熱血沸騰，假如他要起而領導民眾反叛，可說是毫無困難。但他是個愛好和平的人，所以這件事應該不可能發生。然而，藏人的任何造反企圖顯然都會以失敗告終。中國會毫不留情地鎮壓，而且他們會強調他們這麼做不是為了報復，而是為了西藏的長期福祉。中共官員願意承認他們在西藏犯過的錯誤，但他們無法理解為什麼藏人沒有更感謝中國花大錢把公路、巴士、學校帶到這個荒涼的高原。他們總說：「這是現代！這是進步！這是文明！」

當藏人表示連那些公路和學校都是中國對西藏施暴的象徵，中國人似乎更加相信他們面對的是一味留戀過去的野蠻民族。但中國的決心不但沒有減弱，反而更加堅定。他們認為藏人的態度只代表一件事——中國必須在這個愚昧無知的地方做出更多努力。這種論調跟普天之下所有傳教士、殖民者、帝國主義者及百科全書經銷商的說法，如出一轍。

中國人有一種致命傾向是把自己和自己所做的計畫看得過度認真。在這個層面上，他們跟某些其他四處傳道宣教的種族大同小異。那些人到世界各地宣揚各種福音，建立教堂、工廠、速食連鎖，縱使每個作為的用意都不同，但它們的本質只有一個，都是強迫施加。認真但天真的傳道者不瞭解的是，這個世界上有一些人根本不希望獲得救贖。

西藏人一直處在極其孤立的環境中，他們無法理解西藏被納入中國何以是個無上的恩賜——這是中國的觀點。但很清楚的是，中國人自己過於孤立，無法理解許多有理性的人類對他們提供的進步和現代化版本是多麼深惡痛絕。這個現象一方面是由於中國人的缺乏敏感度，以及他們的孤立所導致的笨拙。總之，他們的認真嚴肅毫無用處；況且這種嚴肅並不代表他們特別睿智或警覺，因為嚴肅的態度經常表示某個人其實空洞而愚蠢。

中國入侵西藏一直沒有受到嚴厲抨擊。就某方面而言，世界各國對此並不關心。世人普遍認為中國人擁有某種智慧，這種人怎麼可能做出讓藏人失望的事？但這種觀點的立論基礎是中國莫測高深、外人無法理解，自有辦法以玄妙的方式找出解決問題的辦法。

我個人不同意中國人莫測高深的說法。我認為就像地球上許多其他人一樣，他們是可以理解掌握的，他們甚至比大多數人更顯而易懂。現在西藏人對中國人的認識已經比較多了，他們很可能（跟我一樣）同意約翰遜醫師[18]在兩百年前的說法：

> 中國的學問、政策、文藝向來獲得高度頌揚，這個事實足以顯示新奇感吸引目光的力量有多強大，而尊敬可以多自然地膨脹成讚佩之情。至於我個人，我極不願意置身於那些對中國卓越程度誇大其辭的人群之中。

由於西藏人口極為稀少，中國政府於是對藏人放鬆了一胎化政策的生育管制。而且畢竟就實踐上而言，這個政策在這片遼闊曠野中也不可能有效執行。西藏的空曠程度使得任何人群聚集的景象

---

18 譯註：參見第十三章譯註3。

都可以構成一個奇觀。這就是拉薩市集如此繁忙的重要原因：許多人只是到此流連旁觀，他們趁新年期間來到拉薩朝聖，眼見那麼多新鮮柳橙、香蕉，以及數以百計穿著華麗多彩的康巴人[19]用以物易物方式交換珠串項鍊，無不看得目不轉睛。

拉薩市集是我在中國看過最有趣的市集，因為中國人沒有辦法加以管制，因此商販在這裡銷售所有他們找得到可以賣的東西。古董交易非常活絡，有銀器、白蠟器皿、次寶石、刀、劍、鞍座、馬用黃銅製品及軛具、鞭子、地毯，以及琳瑯滿目的佛教文物等，令人眼花撩亂。這些物品有的是複製品，有的是假貨，有的則是真品。我看到一個飾有珠寶的銀色護身符盒，可以繫於腰際置放小物，有點像穿裙子的蘇格蘭人那樣繫個毛皮囊放東西。西藏的珠寶比較沉重，經常也非常美觀。由於觀光客越來越多，連這些鄉下人都會喊出數百美元價錢，販賣他們的珊瑚和土耳其玉串。我向一名年輕人買了一只銀碗以後，他把我看成認真的買家，於是掀起長袍，露出藏在裡面的一尊金質古董綠度母菩薩像。每位商販都會在袍子底下和袖子裡塞一些稀罕的古董。

我從拉薩的一邊走到另一邊，距離不算太遠，只有幾公里，不過因為海拔高的關係，我只能慢慢走。我到地毯工廠、鞣革廠、鞋靴廠參觀。充滿巴札氣氛的自由市場比這些工廠熱鬧得多。工廠裡的氣氛非常悠閒，員工嘻笑作樂，三不五時就停下來喝茶，工作經常停擺。這跟廣州或上海那些血汗工廠可謂天壤之別。

拉薩沒有郊區，走個十五分鐘路，就會來到山腳或河邊。看起來不太牢固的犛牛皮艇載運民眾渡河。河流兩側都有沙洲，然後是碎石平原以及綿延不斷的山巒。

一名早年到西藏探險的歐洲人看到一座白雪皚皚的美麗山峰時，忍不住流下眼淚。當我凝視著西藏的景致，我覺得會有那樣的反應並不足為奇。光線、空氣、平野、高峰，一片全然的空寂，這裡的大地風景不僅動人、感人，而且具有一種蠱惑能力。拉薩四周環繞著佈滿塵土的峭壁和陡坡，某些早晨，在夜裡的一陣驟雪之後，那些地方都覆上一層白雪。西藏沒有阿爾卑斯山那種蜿蜒的公路和黑色的斷崖，也不像洛磯山脈那樣看起來危險而無法穿越。望不盡的山巒擁抱美不勝收的草原和荒野，西藏的景色顯得如此遙遠，卻又那麼安全而令人安心。那是一個沒有太多山谷的高山風景，藍白相間的高原上蕩漾著犛牛的鈴聲，雪白冰河閃閃動人，小野花遍地綻放。此情此景，誰能不落淚？

我習慣了酥油的味道，也不再因為西藏人不洗澡而覺得困擾。

「水太冷了。」拉帕說。

「沒錯。」我說。

我比較難以理解的反而是哈爾濱那些在結冰的松花江上挖洞跳進水裡的人，我不懂他們為何在天寒地凍中從事那種瘋狂的戶外活動。

「他們如果洗澡，很容易就會生病。」拉帕說。

「沒錯。」

他們是很髒沒錯，可是寒冷把氣味凍結住了，經常吹襲的大風則彷彿使臭味成為抽象的概念。

西藏人穿戴華美珠寶、毛皮、頭飾，使他們不會顯得骯髒。到後來，我唯一還介意的事只有凶猛狂

19 譯註：康巴人是中國康地區的居民。康區為藏族三大居住區之一，與衛藏（現行西藏自治區的西半部）和安多（大致相當於青海省）並列，其範圍大約是原中華民國的西康省，即今天的西藏自治區東半部、四川省西部山區，並包括青海南部及雲南北部少部分地區。

暴的狗，尤其是藏人稱為「dhoki」（繫犬、游牧犬、守衛犬）那種體型碩大的西藏獒犬。我忍不住一直想像自己騎腳踏車在西藏這些美麗的道路上做長途旅行，然後一隻獒犬冷不防從一塊大岩石後方撲出來，把我咬成碎片吃掉。

停留西藏期間，我在一份兩星期前出刊的《中國日報》上看到中共政治局在北京開會的消息，政治局決議通過讓雷鋒繼續成為中國青年的楷模。政治局發表宣言表示，人民依然應該效法雷鋒精神。這則新聞在西藏讀起來感覺相當詭異。

雷鋒是個軍人典範、狂熱的毛澤東追隨者，一顆「不生鏽的螺絲釘」。他生前沒有人真的熟悉他，但他死後遺留下來的日記顯示他是個人民模範。他記下自己是如何反覆閱讀他深深喜愛的毛澤東作品，他描述他日以繼夜的工作情形。有一天晚上他為了洗一噸甘藍菜，一整晚沒睡覺，洗完以後天亮了，他又開始擦洗地板。有些持懷疑論的中國人認為這本日記是後人杜撰的。

雷鋒在日記中寫道：「一個人的作用，對於革命事業來說，就如一架機器上的一顆螺絲釘……螺絲釘雖小，其作用是不可估量的，我願永遠做一顆不生鏽的革命的螺絲釘。」

二十五年後，中共政治局內的重量級委員余秋里指出，今天中國需要的是更多的「螺絲釘精神」。

笑嘻嘻的西藏男子穿著自家做的毛絨襯裡大衣，雙手藏在四尺長的袖子裡，象牙鈕扣、珠寶耳飾，頭戴奇特帽子，腳穿堅韌長靴，頭髮中編結紅色絲綢，腰間掛著匕首和銀色護身符盒，把緞帶繫在犛牛身上，向他的獒犬大聲呼喊，抓起肉骨頭大口啃食——我們如何能想像這麼一條縱橫山野的莽漢畢恭畢敬地說：「我願做一顆不生鏽的革命的螺絲釘！」

藏族婦女更不可能那麼甘心順從。沒有任何亞洲女性比藏族婦女更強悍、更自由。西藏地區依然實行一妻多夫制，有些女人有三、四個丈夫（而且通常他們是兄弟）。我完全無法想像這樣一名女子穿起藍色連衫褲工作服，徹夜洗菜，為革命大業犧牲睡眠。

西藏人的天性中沒有當機器人的成分。身為游牧民族或游牧民族的後裔，作為全世界最空曠地區的居民，他們高度獨立，比任何雷鋒之輩都有更高的自主性。他們幾乎永遠面帶笑容，而這可能是因為他們正要前往某處禮佛或剛結束禮佛歸來，因為誦經禮拜總是能讓藏人心情愉快。他們很少顯得疲勞倦怠。他們動作迅速，但總是不慌不忙，從來不需要跑步趕路。跟中國人不同，他們從不嘮叨說教。他們使拉薩成為一個充滿歡樂行人的城鎮。他們穿梭在冬天光禿禿的楊柳間，走在乾淨透明的空氣裡。他們經常停下腳步，欣賞山巒景致。拉薩四周的山被新雪覆蓋，看在我眼裡彷彿上漿後擠壓過的白色被單，是一件件冰凍織品構成的山脈。在更遠方，山峰更高，顏色更藍，更深厚的積雪使它們的輪廓更加柔美。對西藏人而言，雪象徵神聖與純潔，他們翱遊在曠野中的精神需要這個純真無邪的象徵，用來證明他們依然自由不羈：白雪皚皚的山峰就是諸佛存在的證據。

☆

唯有親眼見過西藏，才能理解現在的中國。任何為中國的改革措施辯解或對其有所留戀的人都必須面對西藏，才不會忘記中國可以多麼冥頑不靈、麻木不仁、而且物質主義。他們居然真的相信這是進步。

然而，儘管他們實踐了「過正才能矯枉」的政策，儘管他們在西藏的近期歷史中造成莫大的動盪與破壞——轟炸、屠殺、處決（理由是「經濟破壞活動」）、壓迫性的嘮叨說教、各式各樣的法令、殺雞儆猴、酷刑、褻瀆神聖、白癡口號、政治歌曲、羞辱、民族歧視、寬大工作服、軍裝、銅管樂隊、劣質食物、強迫勞動、強迫捐血、鬥爭大會、粉紅襪……，現在的西藏卻幾乎看不到傷痕。西藏總有辦法使自己看起來不受玷汙。高山風景當然是因素之一，不過最重要的是人民的態度。他們找到辦法與中國人保持距離，而他們採用的是最有效方式是：嘲笑中國人。

近年來最顯著的發展趨勢是，中國人發現西藏是個一流旅遊資源。觀光客想要看寺院，觀光客要到廟裡敲鑼，觀光客喜歡喇嘛。於是，至少在表面上，中國人讓西藏回歸原本那種充斥著心靈信仰的沉睡狀態。中國人把西藏地區所有商品勞務的價格提升為兩倍，他們讓假日飯店集團進駐開設頂級酒店，也承諾要重建被炸毀的甘丹寺。觀光客慢慢湧進來，中國官方表示他們的目標是每年十萬人。假如這個目標實現，拉薩恐怕難保以另一種形式遭到破壞。

不過這是個不容易到達的地方。旅客從西安經陸路抵達需要六天，要不然就得冒險從成都搭乘嚇人的長途班機，到拉薩危險的小機場降落，而由於飛機是在早上起飛，乘客必須提前一天到成都過夜。辛苦的旅程使許多人望而卻步，因此目前西藏還算是個處女地。這裡的高海拔連身強體健的人都會覺得不適，因為人的身體幾乎一直處在三、四千公尺以上的高處。不過西藏這麼低度開發、這麼不中國、而且這麼徹底老派而怡人的主要原因是，這裡是中國境內唯一一個鐵路完全無法到達的地區。高聳的崑崙山脈確保了鐵路永遠不會通到拉薩。這或許是件好事。我禁不住心想，我這輩子一直熱愛鐵路，直到我見到西藏；然後我明白，我喜愛荒野更有過之而無不及。

我在離開拉薩以前跟傅先生湊巧重逢。他急著想向我表現他已經克服對雪的恐懼感和高山症。他忽然變身為人民典範雷鋒。

有沒有什麼我想去看的東西？

「我們就開車兜風吧。」我說。

他戴上駕駛手套。我們這次是兩個人上路，孫小姐待在房間裡聽卡帶，搖頭晃腦地唱著「我是迪斯可舞者」。

天色晴朗而清冷。「今天天氣真好！」我說。

不過我心中還是有個目的地——一處據說被紅衛兵毀壞了的門關。我在某個地方讀過關於它的清楚描述，但在任何地圖上都找不到。傅先生負責開車。車子開過地毯工廠，往東經過一座寺院遺跡，經過軍營、一些醜陋的中國式房屋，經過鐵絲網圍欄。路上有一些扁平的狗屍，中國軍用卡車的輪子早已把那些屍體壓成一塊塊大毛斑。沿路飛揚的紅旗不是隨風拍擊纏捲、讓咒語不斷閃現的祈禱旗幟，而是解放軍的軍旗。

傅先生迷路了。他迷糊時又變得魯莽起來，把車子開得太快。我們又經過一些寺院遺跡，看到漆在上面的標語。傅先生開始氣急敗壞地喘息。

「我覺得我們走得太遠了。」他說。

「你確實走得太遠了。」我說。

聽到我說英文，他一陣驚訝，投給我一個奇怪的眼神，彷彿我剛發出什麼難聽的聲音。他已經忘記自己說了什麼。他看到我皺眉，心生害怕地笑了起來。

這趟中國之旅真的很長，讓我傾注了無限的心力，於是到最後，它已經不再是個旅行，反而成為我的一個生命階段；旅行結束時，我的感覺不像要回家，反而像是要啟程，而我非常難過必須離去。

幾天後，離開西藏時，我抬眼望向綿延的山巒，雙手合十，自己發明了一串笨拙的咒語，意思是：請讓我再回來。

國家圖書館出版品預行編目資料

騎乘鐵公雞：搭火車橫越中國／保羅．索魯（Paul Theroux）作；徐麗松翻譯. -- 二版. -- 臺北市：馬可孛羅文化出版：英屬蓋曼群島商家庭傳媒股份有限公司城邦分公司發行, 2023.01
面；　公分. --（當代名家旅行文學；MM1132）
保羅．索魯旅遊經典改版回歸
譯自：Riding the iron rooster : by train through China
ISBN 978-626-7156-57-5（平裝）
1.CST: 保羅．索魯(Theroux, Paul)　2.CST: 遊記　3.CST: 火車旅行　4.CST: 中國
690　　111020731

當代名家旅行文學

【當代名家旅行文學】MM1132X

騎乘鐵公雞：搭火車橫越中國
Riding the Iron Rooster：*By Train Through China*

作　　者　保羅．索魯 Paul Theroux
譯　　者　徐麗松
封面設計　陳文德
內頁排版　張彩梅
總 策 畫　詹宏志
總 編 輯　郭寶秀
責任編輯　郭梧嘉
行銷企劃　羅紫薰

發 行 人　凃玉雲
出　　版　馬可孛羅文化
10483台北市中山區民生東路二段141號5樓
電話：(886)2-25007696
發　　行　英屬蓋曼群島商家庭傳媒股份有限公司城邦分公司
10483台北市中山區民生東路二段141號11樓
客服服務專線：(886)2-25007718；25007719
24小時傳真專線：(886)2-25001990；25001991
服務時間：週一至週五9:00～12:00；13:00～17:00
劃撥帳號：19863813 戶名：書虫股份有限公司
讀者服務信箱：service@readingclub.com.tw
香港發行所　城邦（香港）出版集團有限公司
香港灣仔駱克道193號東超商業中心1樓
電話：(852)25086231　傳真：(852)25789337
E-mail：hkcite@biznetvigator.com
馬新發行所　城邦（馬新）出版集團
Cite (M) Sdn Bhd
41, Jalan Radin Anum, Bandar Baru Sri Petaling,
57000 Kuala Lumpur, Malaysia
電話：(603)90563833　傳真：(603)90576622
E-mail：services@cite.my

輸出印刷　中原造像股份有限公司
二版一刷　2023年02月
定　　價　590元
電子書定價　413元

城邦讀書花園
www.cite.com.tw

ISBN：978-626-7156-57-5
EISBN：9786267156599

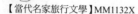